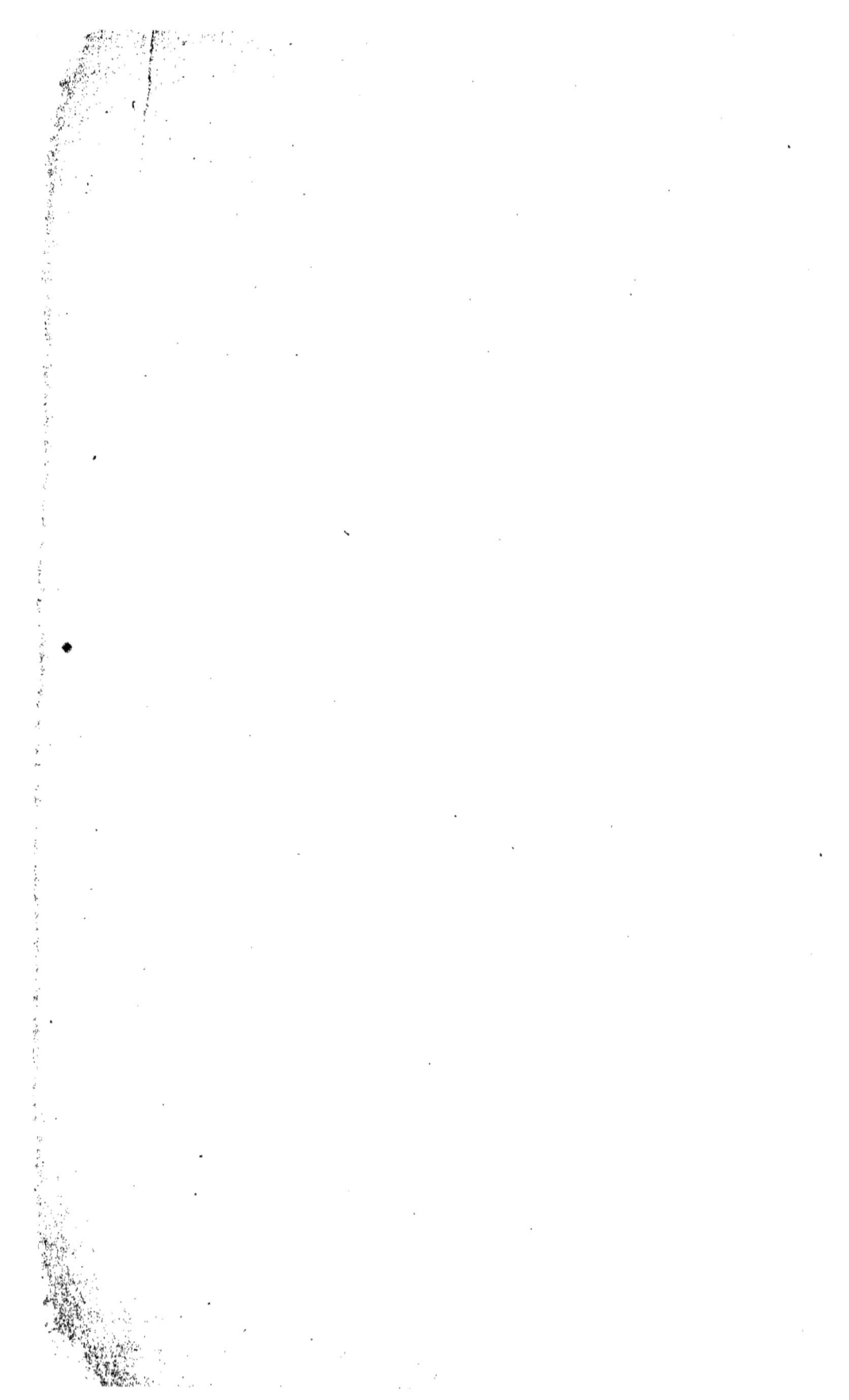

INTRODUCTION

A L'ÉTUDE HISTORIQUE

DU

DROIT COUTUMIER

FRANÇAIS

JUSQU'A LA RÉDACTION OFFICIELLE DES COUTUMES

PAR

HENRI BEAUNE

ANCIEN PROCUREUR GÉNÉRAL A LA COUR DE LYON

LYON

LIBRAIRIE BRIDAY

Avenue de l'Archevêché, 3

PARIS

LAROSE, ÉDITEUR

Rue Soufflot. 22

1880

INTRODUCTION

A L'ÉTUDE HISTORIQUE

DU

DROIT COUTUMIER

FRANÇAIS

JUSQU'A LA RÉDACTION OFFICIELLE DES COUTUMES

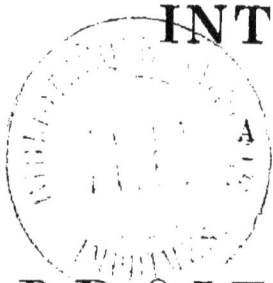

INTRODUCTION

A L'ÉTUDE HISTORIQUE

DU

DROIT COUTUMIER

FRANÇAIS

JUSQU'A LA RÉDACTION OFFICIELLE DES COUTUMES

PAR

HENRI BEAUNE

ANCIEN PROCUREUR GÉNÉRAL A LA COUR DE LYON

LYON

LIBRAIRIE BRIDAY

Avenue de l'Archevêché, 3

PARIS

LAROSE, ÉDITEUR

Rue Soufflot, 22

1880

AVANT-PROPOS

Les pages qui suivent sont le résumé succinct, mais fidèle, d'un cours professé en 1880 à la Faculté catholique de droit de Lyon. A proprement parler, ce sont des notes plutôt qu'un livre. En les publiant, malgré des lacunes et une aridité inévitables, l'éditeur a cédé moins au désir de conserver la trace d'une œuvre modeste et improvisée, qu'à celui de mettre entre les mains des étudiants et surtout des pro-docteurs, un abrégé des grands travaux accomplis par l'érudition juridique sur l'histoire du droit français, notamment sur les origines de la législation coutumière. Cet abrégé n'existe pas : la France n'en possède aucun, et l'Allemagne qui l'a précédée de plusieurs années dans l'étude rétrospective de nos vieilles coutumes, n'a rien produit qui puisse être à la portée de nos écoles.

Au moment où l'enseignement du droit coutumier se fonde définitivement chez nous et prend dans les programmes officiels la place que lui réservait déjà depuis longtemps le vœu de jurisconsultes éclairés, il a paru utile de condenser sous une forme brève les notions générales de ce droit, notions sans lesquelles le texte isolé d'une coutume serait, pour le plus grand nombre des lecteurs, non seulement une lettre obscure, mais une lettre morte. De plus, il a semblé indispensable de présenter ces notions d'après la méthode chronologique, afin que l'œil pût plus aisément suivre et la mémoire retenir, comme à leur insu, les développements d'une législation qui a connu bien des changements jusqu'à l'époque où la puissance souveraine crut la fixer en lui donnant une rédaction authentique.

Qu'elles soient traditionnelles ou écrites, les lois ne sont pas immuables comme le droit lui-même, tel qu'on l'entend dans l'acception la plus élevée de ce mot; elles subissent avec les mœurs des évolutions, des transformations incessantes et perpétuelles; il n'en est presque aucune qui ne soit le résultat d'une lutte dont l'histoire a conservé la trace; chacun de leurs progrès a été précédé d'un long et pénible effort. Pour les peuples comme pour les individus, dans le domaine juridique comme dans le domaine intellectuel, penser et chercher, c'est souffrir. *Quæsivit lucem, ingemuitque.* La méthode historique est donc nécessaire pour l'étude du droit coutumier ; elle a en outre l'avantage d'offrir des divisions naturelles. On peut ne pas s'y astreindre rigoureusement, mais on est tenu de les respecter, si l'on veut être à la fois clair, ordonné et concis.

Tracer dans un seul volume la physionomie générale du droit coutumier et du droit féodal depuis sa

naissance jusqu'à la fin du xv° siècle, indiquer leurs
sources principales non seulement dans les documents juridiques de cette période, mais encore dans
les législations qui les ont précédés ou avoisinés,
exposer en conséquence avec sobriété ce que nos
coutumes nationales ont pu emprunter des lois celtiques, romaines et germaines, décrire par suite l'état
politique et social de notre pays depuis le jour où il a
existé une France, jusqu'au moment où les coutumes
ont reçu une forme officielle, faire le tableau de nos
institutions civiles pendant ces siècles tourmentés
où la loi fut si mobile et si incertaine, c'était une
entreprise peut-être téméraire, à coup sûr laborieuse.
L'auteur n'ose se flatter d'y avoir réussi, et plus que
jamais, devant un sujet aussi vaste, le mot si juste
de M. de Maistre lui est revenu à la pensée : « Ce qui
suffit ne suffit pas. » Un abrégé ne peut en effet répondre à toutes les questions, satisfaire à tous les
besoins, ni rappeler toutes les règles, encore moins
toutes les théories. Il ne peut d'ailleurs prétendre à
l'originalité, bien que ce qui est depuis longtemps
oublié ait quelquefois passé pour original. Mais, en
restituant aux écrivains dont il s'est approprié la
substance tout le mérite de leurs savantes doctrines,
il peut les analyser fidèlement et inspirer à ses lecteurs le désir de les étudier de plus près à leur tour.
Atteindre ce but, n'est-ce pas une suffisante ambition et la meilleure des récompenses?

CONFÉRENCE D'OUVERTURE

LE DROIT COUTUMIER

ET

L'UNITÉ LÉGISLATIVE EN FRANCE

Messieurs,

Je ne viens pas vous enseigner, mais m'instruire et apprendre avec vous. Je ne vous apporte pas une science toute faite, éprouvée, car elle est encore presque entièrement à créer, ou plus exactement, à découvrir et à exhumer de la poussière des textes au sein desquels, depuis bientôt une centaine d'années, elle dort ensevelie. Je ne puis pas même placer mon autorité sous la protection de mon expérience. Hier encore, j'ignorais ce que j'essaierai de vous exposer demain. Dans le temple de nos vieilles lois, je suis un néophyte comme vous. Je viens seulement vous dire : Mettons-nous à l'œuvre, unissons nos efforts et travaillons ensemble, vous à me comprendre, moi à me tenir à la hauteur de vos études précédentes et à être compris de ceux qui m'écoutent. Je vous convie donc à la patience, à beaucoup de patience ; elle est l'auxiliaire et la garantie du travail, elle seule peut le féconder et en mûrir les fruits. Elle est enfin d'une nécessité absolue pour embrasser, même d'un regard superficiel, un sujet dont l'étendue et la prodigieuse variété sont bien capables d'effrayer l'imagination la plus robuste, puisqu'il remonte, par ses origines, jusqu'aux premiers âges de notre histoire pour se perdre, tout près de nous, par ses dernières ramifications, dans notre législation actuelle.

1

Il y a près de dix-neuf cents ans, un grand orateur, que je n'ai pas besoin de nommer, un homme dont la parole enflammait la foule et suscitait au sein des assemblées publiques de longs tressaillements, faisait l'éloge d'un jurisconsulte romain, et après avoir tracé dans ses périodes abondantes le tableau opulent des rares qualités de son héros, il se résumait en cette expression suprême de la louange : « Servius Sulpicius, s'écriait-il, rapportait la justice à l'équité. *Qui non magis juris quam justitiæ consultus esset, et jus civilis ad æquitatem referret.* » (Philip., 2). Plus tard, revenant à cette formule, il insistait et la précisait davantage : « Le droit, disait-il, est identique à l'équité ; sans cela, il ne serait pas le droit. *Jus enin semper quæsitum est æquum, neque aliter jus esset* »

Oui, sans doute, Cicéron a dit vrai : le droit, c'est le juste. Mais qu'est-ce que le juste ? Depuis que l'homme existe, c'est-à-dire depuis qu'il pense, il n'est pas de question qui ait plus souvent assiégé son esprit, il n'en est pas non plus qu'il ait plus diversement résolue. Dans la mêlée des passions humaines, chacun a voulu s'approprier le droit et a prétendu à la possession exclusive du juste. Chacun s'efforce de l'enfermer dans son système et de le plier à ses intérêts. Mais cette succession indéfinie de théories contradictoires a produit dans le domaine de la philosophie l'incertitude de toutes connaissances, et dans celui du droit l'instabilité de toute doctrine.

Ces théories, n'attendez pas de moi que je les envisage une à une et que j'entreprenne, ici du moins, de les réfuter, même d'un seul mot. Il en est une pourtant qu'au début de cet enseignement je ne puis passer sous silence, car il ne sera qu'une longue protestation contre elle. C'est cette thèse orgueilleuse de la liberté des actions et des pensées humaines, thèse relativement nouvelle, quoique notre intelligence se soit toujours enivrée d'elle-même, et qui voit dans la volonté de l'homme la seule origine et le principe exclusif du droit. D'après elle, dans la législation comme dans l'ensemble des phénomènes historiques, dans la naissance et les progrès des sociétés comme dans la formation et le développement des lois, tout procède de notre raison et de notre arbitraire. Le législateur n'est pas seulement un sage supérieur à son siècle, mais il est indépendant de lui. Dégagé de vulgaires entraves, son génie plane au-dessus des préjugés de sa nation et ne leur doit au plus que des ménagements passagers. Zoroastre, Solon, Lycurgue ont été des initiateurs. La loi positive a été le produit réfléchi, mais unique, de leur intelligence ; elle a jailli de leur cerveau, armée de toutes pièces, et n'a pu dès lors être interprétée qu'à l'aide de la connaissance de leurs desseins et de leurs intentions.

Plus près de nous, au dernier siècle, à ce moment où une civilisation, épuisée de bien-être et d'excès, s'était, sur la foi de Rousseau, éprise de l'état de nature et où l'on regardait, un peu naïvement sans doute, la philosophie non-seulement comme la science, mais aussi comme la panacée universelle, il se rencontra des princes assez confiants ou assez aveugles pour aller trouver un philosophe dans son orgueilleuse mansarde et pour lui dire : « Donnez des lois à mon peuple. » La chose semblait facile, le plan tracé d'avance était uniforme et pouvait s'accommoder à toutes les nations.

On tenait alors pour maxime que l'Etat fait des hommes tout ce qu'il veut. Rousseau disait : « Il faut altérer la constitution de l'homme pour le renforcer. » C'est en vertu de cet axiome que Morelly publiait en 1755 son fameux Code de la nature, où l'on pouvait lire : « Rien dans la société n'appartiendra singulièrement ni en propriété à personne. Les villes seront bâties sur le même plan ; tous les édifices à l'usage des particuliers seront semblables. A cinq ans, les enfants seront enlevés à la famille et élevés en commun aux frais de l'Etat, d'une façon uniforme. » Cela semblait alors admirable ; l'expérience se tenta même quelque part, mais ne fut point consommée, et l'humanité n'a pas à le regretter, bien que la leçon eût peut-être été utile à l'histoire, ou du moins à la philosophie.

Plus près de nous encore, la même théorie s'est fait jour et je la rencontre sur les lèvres d'hommes pourtant pratiques et éclairés, sur celles de certains rédacteurs du Code civil. Quelques membres de la commission de 1804 demandaient une loi absolument neuve, assez complète pour qu'elle pût résoudre tous les cas litigieux, assez claire et assez simple pour être à la portée de tous les hommes, même des plus bornés, assez impérative et assez explicite pour ne rien laisser à la discrétion du juge. Comme Hérault de Séchelles, qui cherchait à la bibliothèque nationale un exemplaire des lois de Minos, ils croyaient que tout pouvait être dans la loi écrite.

C'était, passez-moi le mot, une pure chimère. Ceux qui exprimaient ce vœu ne méritaient pas le noble nom de jurisconsulte ; leur prétention n'était pas seulement insolente envers le passé, elle était encore plus inintelligente de l'avenir. Une loi ne se fait jamais, elle se promulgue. Elle se combine, elle se prépare, elle se trahit dans les habitudes longtemps avant d'être transcrite dans un Code. On a pu dire d'elle que c'est une végétation des mœurs. Ce n'est pas la loi qui dicte les mœurs, mais ce sont les mœurs qui dictent la loi. Créée pour l'avenir, elle s'inspire en réalité du présent et du passé, du passé surtout, qui éclaire d'une vive lumière le présent auquel il a donné naissance et révèle ce que l'homme, non moins esclave de ses traditions que de ses besoins, peut supporter d'innovations. Les Codes ferment le passé, mais ne le suppriment pas. *Non possumus omnia omnes.* Nous ne pouvons ni tout savoir, ni tout prévoir ; nous sommes impuissants à nous isoler du milieu qui nous entoure et des faits dont nous recueillons l'héritage. Les devoirs, d'ailleurs, ne sont pas invariablement les mêmes, et par conséquent les droits se modifient incessamment avec eux. Ils se modifient selon les situations différentes dans lesquelles ils s'exercent et dépendent, plus que les devoirs eux-mêmes, des circonstances extérieures. Si l'homme est partout l'homme et si des causes semblables produisent en tout temps des effets identiques, on ne peut en dire autant des obligations que l'être humain contracte, ni des liens que lui imposent les nécessités sociales. Une législation qui ne tiendrait compte ni du génie, ni du caractère ou du tempérament d'un peuple, ni de ses mœurs, de ses usages, de son esprit, de ses croyances, de ses relations, de son voisinage, de sa marche historique vers un but déterminé, en un mot de sa vocation providentielle, serait une législation mort-née : elle ne répondrait ni aux intérêts, ni aux besoins, ni même aux désirs de ce peuple. Si parfaite que vous la supposiez, elle violerait la liberté humaine, au lieu d'en fournir la plus haute et la plus sainte expression.

Non, le droit n'est ni le produit, ni le contenu de la loi ; il ne dérive pas de la volonté, il lui est supérieur et antérieur. Il existe indépendamment de l'autorité qui le constate, le reconnaît et se borne à le revêtir d'une sanction. Il prend sa source dans les rapports nécessaires des choses, et ces rapports, à leur tour, résultent du développement social et politique des peuples, en d'autres termes de leur histoire. Celle-ci est le produit combiné de l'action de la Providence divine et de la liberté humaine ; il suffit d'en entr'ouvrir les pages pour y lire inscrit, en traits indélébiles, cet axiome populaire : *l'homme s'agite et Dieu le mène.*

Voilà pourquoi l'enseignement du droit ne saurait être uniquement théorique ou exégétique ; voilà pourquoi l'intelligence qui veut en étudier les origines et les longs dé-

veloppements à travers les âges ne peut se passer du
flambeau de l'histoire.

Et remarquez que cette étude nous fournit incidemment, en partie du moins, la solution de ce grave problème que je posais tout à l'heure en demandant : qu'est-
ce que le juste ? En dehors de la loi naturelle, qui plane
au-dessus de toutes les autres, en dehors de la loi positive,
qui n'a pu tout déterminer ni tout prévoir, en dehors de
ses commentaires qui peuvent l'éclairer, mais non y suppléer, quelle sera la règle devant laquelle s'inclinera le juge,
si la loi ne lui en a tracé aucune, et comment tranchera-t-il
les difficultés qui ont échappé à celle-ci? S'adressera-t-il
à cette équité cérébrine, à cette illumination soudaine qui
peut frapper un esprit impartial et probe, mais dont
l'attente problématique ne favorise que trop l'insouciance
et la paresse? Se confiera-t-il aveuglément à cette dan-
gereuse conseillère, qui faisait dire autrefois : *Dieu nous
garde de l'équité du Parlement?* Non, il invoquera les précédents, je ne veux pas dire seulement la jurisprudence
et les arrêts, qui statuent sur des espèces et varient
d'après elles, mais la législation et les usages dont procède la loi spéciale qui lui fait défaut ; il interrogera le
passé et lui demandera moins une réponse explicite qu'un
principe générateur. Ce qui sera juste, ce qui sera équitable alors, c'est ce qui sera universellement pratiqué dans
les mêmes circonstances, au cas de conflit des mêmes
intérêts et en présence des mêmes besoins. Loin de moi
la pensée de vous proposer l'opinion ou la pratique commune comme la règle et la mesure de l'équitable, et c'est
pour ce motif que je fais des réserves nécessaires (1).

---

(1) Il ne faut pas, en effet, dire avec Montaigne: « Les lois de la conscience que nous disons naistre de la nature, naissent de la coustume;
chacun ayant en vénération interne les opinions et mœurs approuvées et
receues autour de lui ne s'en peult desprendre sans remords ni s'y appliquer sans applaudissement. » (*Essais*, liv. I, chap. XXII). Nous ne parlons
ici que de la loi positive et non de la loi morale.

L'esclavage, par exemple, qui est réprouvé par la loi naturelle, n'est pas devenu licite pour avoir été en honneur
chez presque tous les peuples de l'antiquité et pendant
de trop longs siècles. De même, bien que le régime féodal
ait subsisté en France et en Europe, de l'an 900 jusqu'à
la veille de notre époque moderne, nul ne s'avisera, je
suppose, de prétendre que l'équité en exigeait le maintien. Mais de ce régime sont sorties mille institutions
juridiques qui ont pénétré notre législation actuelle et
l'ont marquée d'une ineffaçable empreinte, le douaire, la
communauté conjugale, certaines règles relatives aux
successions, la possession annale, la saisine. Ne faut-il
pas les connaître pour appliquer le code civil et, dans le
silence de celui-ci, n'est-il pas permis, n'est-il pas même
indispensable de recourir aux coutumes afin de s'assurer
de l'étendue des dispositions qu'elles lui ont transmises ?

Ainsi, l'histoire n'est pas, comme l'a dit avec tant de
bonheur Cicéron, le témoin du temps, la maîtresse de la
vie, la mémoire vivante, *testis temporum, vita memoriæ,
magistra vitæ,* elle est encore la source nécessaire de nos
connaissances juridiques, elle nous assigne parfois, en
quelque sorte, les limites de la loi positive, du droit écrit.
Justinien, l'illustre, l'immortel Justinien tombait donc lui-
même dans une étrange erreur, lorsqu'après avoir clos sa
compilation qui, selon lui, devait tarir toutes les dissi-
dences et éclairer toutes les obscurités, il se retournait
comme saisi de respect et d'admiration devant une œuvre
aussi parfaite et s'écriait : « Peuples, adorez, observez ces
lois, et que toutes celles qui les ont précédées se taisent,
omnibus antiquioribus quiescentibus. » C'était l'orgueil de
l'ouvrier qui parlait avec cette emphase digne de Byzance,
ce n'était le langage ni d'un jurisconsulte, ni même d'un
vrai législateur.

Pardonnez-moi cet avant-propos, qui ne sera sans
doute pas du goût des purs romanistes et qui paraîtra

peut-être légèrement irrévérencieux à ceux de mes collègues qui ont reçu pour mission d'interpréter devant vous la puissante et, à tout prendre, saine législation dont le pape Jean VIII disait au ixe siècle : « Elle a été vraiment promulguée par l'esprit de Dieu.» Je m'incline avec eux devant la majesté des lois de Rome, mais je leur refuse l'honneur d'avoir seules inspiré celles qui nous régissent et que vous étudiez chaque jour. Je leur refuse surtout, quelque énergique et salutaire qu'ait été leur influence, le privilège d'avoir seules préparé la société française et d'avoir été le moule d'où sont sorties les institutions modernes. Je crois que ces institutions ont eu, concurremment avec elles, d'autres facteurs non moins énergiques ni moins respectables, et qu'il faut en chercher le germe autant dans les traditions et les coutumes des peuples d'origine germanique, dont le sang s'est mêlé au nôtre, que dans la législation plus savante et mieux coordonnée de la race latine, qui nous avait pourtant vaincus, et en quelque sorte absorbés. Je crois, en un mot, que longtemps avant de posséder le code civil, nous avons eu notre droit national, j'allais dire domestique, droit né de nos habitudes séculaires, de notre vie propre et spéciale sous les divers régimes politiques qu'a traversés notre patrie et en portant la vivante empreinte, droit adouci, épuré, spiritualisé sous la bienfaisante action du Catholicisme, moins riche assurément, plus humble peut-être que la législation de Rome, parce qu'il était entouré par les juristes des derniers temps et d'une admiration et d'un culte moins universels, mais à coup sûr non moins fécond dans sa variété, plus original, et qui a laissé dans nos mœurs des traces si profondes que lorsque le législateur de 1804 se mit à l'œuvre, il ne se contenta pas, malgré sa répugnance, d'opérer un mélange, une fusion, une transaction entre le droit coutumier et le droit romain, mais dut subir, à son insu et comme malgré lui, la dominante influence de cette législation gothique et barbare, pour laquelle cependant le xviii° siècle n'avait jamais eu assez de dédain ni de sarcasmes.

Les conférences qui s'ouvrent aujourd'hui n'auront pas d'autre but que de vous le démontrer. Et à ce propos, on s'est étonné que dans un pays dont tous les efforts, depuis le xiii° siècle jusqu'à nos jours, ont tendu à la constitution de notre unité politique, où tous les grands événements, depuis cette époque, n'ont été qu'une réaction constante contre les idées et les institutions féodales, où la royauté n'a dû son triomphe qu'aux doctrines empruntées, dès avant la Renaissance, aux souvenirs des Césars, l'unité législative ait été si tardive, et que la monarchie victorieuse n'ait point réalisé ce vœu qui jaillit, à partir de la période moderne, de la bouche des jurisconsultes : une loi, un roi, un peuple ; on s'est étonné que cette monarchie, dont le monde du moyen âge avait reçu de si terribles chocs, ne se soit pas au dernier moment, lorsqu'elle se sentit affranchie et maitresse d'elle-même, violemment insurgée contre le droit issu du régime vaincu, et n'en ait point loin d'elle rejeté impatiemment les débris.

Loin de partager cet étonnement, pour moi, je ne suis surpris que d'une chose : c'est que l'unité législative ait pu s'opérer si tôt, c'est que l'on ait cru à sa facile réalisation au sein d'un peuple composé d'éléments si divers, imprégné d'idées et de souvenirs si étrangers les uns aux autres, en un mot, au milieu d'un peuple si étroitement lié malgré la mobilité apparente de son esprit, à ses usages héréditaires, que nous ne pouvons, aujourd'hui encore, faire un seul pas dans sa législation civile sans heurter les vestiges de nos coutumes et sans recourir à leurs origines, afin d'interpréter scientifiquement ce qui est par ce qui a été.

Ce qui m'étonne, ce n'est pas que cette unité se soit faite, car l'instinct des fortes nations, jalouses d'égalité comme la France, les pousse toujours à l'uniformité dans leurs lois, mais c'est que cette unité se soit opérée en un trait de temps, et, pour ainsi dire, d'un seul jet. Louis XI, Henri III, Richelieu peut-être, à coup sûr d'Aguesseau, l'avaient successivement méditée, mais tous avaient reculé devant la grandeur de l'entreprise. Pour la réaliser, il a fallu un fait immense, un fait que je ne qualifierai pas, que je ne me permettrai pas de juger, mais qu'il m'est bien loisible d'appeler extraordinaire, puisqu'il a dépassé par ses proportions et ses conséquences tous les événements de l'histoire moderne, je veux parler de la Révolution française. Il n'a fallu rien moins qu'une complète transformation sociale, il a été nécessaire non seulement que les bases de l'ordre politique et civil aient été ébranlées et violemment arrachées du sol, que toutes les conditions de la vie publique et privée aient brusquement changé, que l'on ait fait table rase de toutes les institutions, ruiné toutes les influences reconnues, effacé les traditions, bouleversé les intérêts et altéré jusqu'aux relations individuelles, vidé en quelque sorte l'esprit humain de toutes les conceptions sur lesquelles s'étaient fondés jusque-là l'obéissance et le respect ; il a fallu ce tremblement de terre dont nous ressentons encore les secousses, pour que l'unité législative naquit de l'impérieux besoin de réédifier la société. Et, témoignage bien précieux de la vigueur, de la virilité des institutions coutumières, dans des circonstances si rares, si prodigieuses et, l'on peut ajouter, si anormales, le législateur qui reçut cette lourde tâche s'avisa-t-il d'improviser la loi, de l'inventer, ou même, comme le rêvaient certains docteurs des derniers siècles, de copier purement et simplement, de ressusciter *in extenso* la loi romaine? Non; malgré l'admiration que son corps de doctrine, en quelque sorte universel, inspirait aux lettrés et aux érudits, malgré cette vénération instinctive qui, de nos jours encore s'attache au seul nom de Rome et atteste, mieux que les récits de l'histoire, la grandeur du peuple-roi, malgré le besoin qu'éprouvait alors la société de s'établir sur les bases, en apparence inébranlables, d'une autorité absolue, malgré le génie même de son principal inspirateur, le Code civil se tourna du côté du droit coutumier et alla lui emprunter ses dispositions les plus originales et les plus libérales, celles que la Rome antique ignorait, mais qu'un peuple doit toujours s'honorer de posséder et de connaître, celles qui consacrent la sainteté du lien conjugal, l'harmonie de la famille et l'indépendance de l'individu.

Ainsi, voilà une nation, je parle de la nôtre, qui a employé douze ou quinze siècles à se constituer, à rassembler les éléments épars, disparates, dont la Providence l'avait formée, à les mêler, à les confondre ensemble, à en cimenter l'union d'une manière si étroite que, sans la différence des noms et des climats, l'homogénéité de sa population défierait toute analyse, et qu'il serait presque impossible de distinguer les races dont le croisement incessant a donné naissance à la grande famille française.

Cette nation a accompli ce travail à travers les vicissitudes les plus étranges et sur un sol qui, à l'exception de celui de l'Italie peut-être, a été de toute l'Europe, par suite de sa situation favorisée du ciel, le plus souvent livré à l'invasion et à la cupidité étrangères ; tour à tour, elle a subi les Romains et les Barbares, elle a été successivement celte, latine, germaine, franque, visigothe : le Nord et le Midi sont venus se heurter chez elle, et elle a dû parfois assister silencieuse à leurs luttes, comme l'esclave qui sera le prix de la victoire. Elle a senti le rude contact de l'Helvète, du Teuton, du Normand, de l'Anglais, du Musulman ; elle a vu ses conquérants s'établir dans ses demeures, se distribuer ses terres, ravager ses cités, revêtir la pourpre de ses magistrats, et n'a dû, peut-être, qu'à leur dédain de conserver l'usage de sa langue et de ses lois. Lorsque, délivrée un instant de l'étranger et rendue à elle-même, sous la puissante main d'un homme de génie, elle se con-

centre en un grand empire, héritier passager de la gloire
et de la centralisation romaines, elle croit avoir enfin jeté
les bases définitives de sa nationalité. Mais son espoir
s'évanouit avec Charlemagne et les cendres de l'auteur des
Capitulaires ne sont pas encore refroidies dans le tombeau
d'Aix-la-Chapelle, que la France retombe épuisée, morcelée, expirante sous le joug d'une barbarie nouvelle,
d'une barbarie intérieure cent fois plus redoutable que la
barbarie étrangère. La nuit se fait pendant deux siècles,
nuit non seulement pleine de ténèbres, mais de convul-
sions et de tempêtes, au milieu desquelles surgit la féodalité. Celle-ci tente de constituer un nouvel ordre social en
enveloppant la terre et l'homme dans les liens d'une sujétion et de services réciproques ; elle protége la sécurité de
l'individu aux dépens de sa liberté, mais elle émiette le
sol, elle rompt le faisceau du pouvoir, elle chasse la vie
du centre aux extrémités du corps, et devient bientôt une
nouvelle menace pour la société qui s'était flattée d'y
trouver un remède contre l'anarchie. C'en serait fait de
notre nationalité sans les croisades qui appauvrissent et
déciment l'aristocratie militaire, sans le mouvement communal qui fait surgir une nouvelle classe des entrailles du
servage, sans la royauté qui, après cinq cents années de
luttes, finit par se faire jour à travers tous ses rivaux et
par asseoir son trône sur leurs débris. Les grands abdi-
quent; l'aristocratie descend au rôle d'une simple noblesse,
tandis que le peuple s'élève et le *souverain fieffeux*, longtemps réduit à la possession de quelques lambeaux de
terre, comme l'Ile de France, se trouve un jour le roi d'un
grand pays. Désormais il n'y a plus dans la vieille Gaule
vingt ou trente Etats, mais un seul; il n'y a plus de hauts
feudataires, mais des provinces, plus de petits suzerains
indépendants, guerroyant les uns contre les autres et souvent ligués contre le monarque; il n'y a plus que le prince
et ses sujets. Les distinctions de terre, les distinctions de

personne subsistent, mais elles ne servent qu'à constituer des ordres ou des degrés dans l'Etat, sans mettre en péril sa cohésion et son harmonie. La fusion des races, des pouvoirs, des territoires est définitivement accomplie. Enfin, la nation française est une et ne se désagrégera plus. Une bouche étrangère, une bouche non suspecte, puisqu'elle est allemande, l'a dit avec vérité: la France n'est pas un royaume comme l'Angleterre, ou une race comme l'Allemagne; c'est mieux que cela, c'est une personne.

Eh bien ! cette fusion si lente à venir, si longtemps souhaitée, si persévéramment poursuivie au prix de tant de labeurs et de sang, cette fusion, le plus rare phénomène que notre histoire puisse proposer à l'admiration des autres peuples, a pu s'accomplir, notre nation a pu, dans cette marche pénible, mais incessante, atteindre enfin à l'unité politique sous la monarchie, et cependant en même temps, elle n'a pu — ce qui était en apparence infiniment plus facile — atteindre à l'unité législative. Pourquoi le droit romain et le droit coutumier, qui se partageaient son empire, ne se sont-ils pas un jour réunis en quelque sorte d'eux-mêmes ? Pourquoi de leur voisinage et de leur pénétration réciproques ne s'est-il pas formé une législation uniforme ? Pourquoi, comme je le disais to it à l'heure, a-t-il fallu un coup de tonnerre, l'ébranlement et le déchirement d'une société, en un mot la Révolution ? Etait-ce la faute de ces deux législations parallèles et voisines, était-ce la faute de la monarchie, était-ce celle de la société ?

On a traité, sur la foi d'une expression mal comprise, le droit coutumier de droit *haineux*, de droit hostile au droit romain. C'est une erreur. Les deux législations vivaient côte à côte, parallèlement; elles ne mêlaient pas leurs eaux, mais les deux courants ne luttaient pas l'un contre l'autre. En principe, le droit romain lui-même, plus savant, ne résistait pas au droit coutumier. Il devait, sans doute, le merveilleux prestige dont il jouit en France du XIII° au

xviiiᵉ siècle, à la cohésion de sa doctrine et à l'universalité de ses solutions. Mais il le devait encore plus à sa tolérance ; il savait reconnaitre les coutumes particulières, sans
se les assimiler à la vérité, mais sans les heurter de front ni
les combattre. Il les acceptait comme une dérogation imposée par les temps et les mœurs ; il les respectait même,
au point de leur fournir parfois des arguments et de les
compléter. Dans le Nord, c'était une coutume générale qui
suppléait au silence des coutumes locales.

« Encore que les François, disait Loyseau, ne soient nullement sujets aux lois romaines par droit de supériorité,
en connaissant que les Romains ont été les plus braves
politiques et les plus grands justiciers de la terre, nous
avons en France reçu leurs lois pour droit commun, en
tant qu'il n'y est pas dérogé, ou expressément ou en conséquence, par notre droit françois, qui consiste aux ordonnances de nos rois, aux coutumes de nos provinces et
arrêts de nos cours souveraines. »

Il y avait donc, pour me servir de l'expression de Loyseau,
un droit français, qui n'était sans doute ni un ni uniforme,
mais qui, malgré le développement indépendant de chacune
de nos coutumes provinciales et la diversité de leurs prescriptions, reconnaissait des règles générales dont l'origine
n'était pas romaine, et qui s'inspiraient, au contraire, d'idées
tout à fait étrangères au droit de Justinien.

La principale divergence qui existait entre ces deux législations était en quelque sorte plus politique que juridique.

Ne l'oublions pas, le droit romain, c'est le droit impérial,
c'est le droit d'un peuple à la fois très civilisé et très as-
servi. On le vit bien en France et même dans toute l'Europe,
lorsque le pouvoir monarchique chercha à rompre les entraves féodales et à s'installer en maitre, là où il n'avait
été longtemps qu'un petit compagnon. Partout, il adopta
ce droit avec ardeur, et les empereurs d'Allemagne,
comme les rois de France, n'eurent pas de meilleurs auxi-

liaires que le vieil empereur de Constantinople, Justinien. A la fin du moyen âge, le droit romain était devenu la principale et presque la seule étude des légistes. Ceux qui allaient faire leur éducation hors du pays natal, dans les universités italiennes, en rapportaient à la fois le culte des institutions romaines et le dédain des coutumes indigènes. Il faut entendre les vigoureuses apostrophes, les objurgations indignées que les feudistes opiniâtres, comme d'Argentré, dirigent contre les docteurs qui, chargés d'appliquer le droit coutumier et ne pouvant l'abolir, le déforment à leur aise, afin de le faire entrer de force dans le cadre du droit romain. Plaintes inutiles ! Les légistes novateurs l'emportèrent, et le *jus romanum* finit par planter ses racines sur le terrain même de la législation coutumière. Cela alla si loin qu'on en vint à méconnaître jusqu'aux origines de celle-ci. Bouhier, le savant président Bouhier, l'homme universel soutenait, au XVIII° siècle, que la coutume tirait sa source, en partie, de la dégradation, de la mauvaise interprétation et du non usage de la loi romaine.

Il n'y avait donc pas, à vrai dire, antagonisme entre les deux droits, mais supériorité de l'un sur l'autre. Cela est exact surtout, en ce qui concerne le droit purement féodal, que je distingue du droit coutumier, en ce qu'il s'appliquait surtout aux personnes et aux choses issues du régime de la féodalité. Ce droit avait reçu la plus profonde atteinte des transformations opérées dans l'ordre politique, et de l'affaiblissement du système qui lui avait donné naissance. Si nous en recherchons les traces sous la monarchie absolue, au temps de Louis XV ou de Louis XVI, par exemple, nous avons peine à les saisir : elles ont presque entièrement disparu. Tous les droits féodaux, tyranniques, abusifs se sont évanouis. Il ne subsiste que des droits pécuniaires, lourds sans doute, mais qui n'attentent point à la liberté de l'homme. Le servage n'existe plus, si ce n'est dans une ou deux provinces de l'Est, pro-

vinces conquises et récemment annexées à la France.
Tandis qu'on trouvera encore des serfs en plein XIXᵉ
siècle, au sein de la vertueuse Allemagne, on n'en rencontrera chez nous, au XVIIIᵉ, que deux ou trois, perdus
dans les montagnes du Jura, et leur disparition est ailleurs si ancienne que la date en est oubliée. Le paysan
va, vient, vend, achète comme il l'entend ; il est libre.
Non seulement il a conquis la liberté, mais il tend à absorber la propriété. Celle-ci est si morcelée déjà que les
parcelles appartenant à des détenteurs différents atteignent, en plusieurs villages, les deux tiers du chiffre
actuel, et qu'un intendant déclare cette subdivision du
sol inquiétante pour l'agriculture. La charge la plus pesante pour le paysan, ce sont les rentes foncières non
rachetables, et elles éveillent de sa part de vives doléances dans les *Cahiers de 1789*. Mais ces rentes elles-
mêmes n'enrichissent guère ceux qui les perçoivent. En
province, le seigneur est encore le premier de son village :
souvent il n'en est pas le plus riche. « La noblesse de ce
pays, écrit l'intendant de Franche-Comté en 1750, est très
fière ; mais elle est aussi très pauvre. » Et un autre : « Sur
plusieurs milliers de familles nobles, il n'y en a pas quinze
qui aient 20,000 livres de rentes. » C'est la bourgeoisie, ce
sont les roturiers qui achètent presque partout les anciens
fiefs. Quant aux seigneurs, le plus grand nombre ne vit
que de pensions, de rentes foncières, de cens et de droits
de justice.

Que faut-il en conclure ? C'est que la législation féodale
se mourait au dernier siècle, ou, pour parler plus juste,
qu'elle était déjà morte. Son squelette était encore debout,
mais les ossements en étaient si fragiles qu'il eût suffi
d'un souffle un peu puissant pour le renverser. Au point
de vue politique et en dehors de la loi civile coutumière,
ce n'était plus qu'un misérable fantôme qui ne pouvait
résister à une fusion entre le droit des coutumes et le
droit romain.

L'obstacle vint-il donc de la monarchie ?

Bien qu'elle ait jadis tourmenté de grands et de nobles esprits, c'est une idée relativement très moderne que celle de l'unité et de l'uniformité des lois. Nous ne comprenons pas aujourd'hui que l'on puisse s'en passer et nous sommes tentés de plaindre les peuples privés de ce bienfait dont nous jouissons depuis moins d'un siècle. Mais nos ancêtres, qui marchaient pourtant à l'unité, auraient-ils aussi bien compris notre admiration ? A quelques lieues de nous, de l'autre côté de la mer, il est un peuple original et fier de son originalité même, qui ne veut rien emprunter aux autres nations et qui prétend marcher à la tête de la civilisation moderne. Malgré la variété et l'obscurité de ses lois, malgré ce pénible dédale que le juriste est chaque jour obligé de parcourir, sans jamais être certain de ne point s'y égarer, l'Angleterre a-t-elle porté la main sur ses vieilles coutumes civiles, contemporaines des nôtres, et ne résiste-t-elle point à ceux qui lui proposent d'élaguer cet arbre antique, sur lequel on compte moins de feuilles vertes que de branches mortes ? Non : quand les mœurs d'une nation se sont fixées sur une voie, il est presque aussi difficile de les pousser en avant que de les faire rétrograder. La loi s'établit encore de nos jours dans la Grande-Bretagne, comme elle se faisait chez nous en plein moyen-âge. Elle naît d'une occasion, elle jaillit d'une circonstance, elle répond à un besoin quelquefois simplement privé. On raconte que certains de nos édits royaux n'ont pas eu d'autre origine. En 1556, le duc de Montmorency voulait marier son fils à Mlle Farnèse, fille naturelle de Henri II. Mais ce fils avait fait une promesse de mariage à Mlle de Piennes, sans l'aveu de son père. Il fallut demander au pape Paul IV une dispense de cet engagement ; et comme la dispense se faisait un peu attendre, pour éviter que le jeune homme ne contractât une union secrète, Henri II. rendit son ordonnance contre les mariages clandestins

L'anecdote est-elle authentique ? Je l'ignore ; mais on rencontrerait des exemples analogues de l'autre côté du détroit.

Et pourtant, cette idée de l'unité législative, la monarchie française l'avait connue la première, et mieux que cela, elle avait tenté de la mettre à exécution.

Dès que les coutumes sont rédigées au xvi° siècle, elle n'obéit qu'à une préoccupation, elle ne poursuit qu'un but, réagir lentement, mais obstinément contre leur diversité, et y substituer une règle unique, une autorité législative, qui s'étende à toutes les parties du royaume. Chaque règne, presque chaque année voit naître une grande ordonnance.

Ce n'est pas seulement celle de Henri II sur les mariages clandestins, mais c'est celle de Blois qui exige la publicité des unions conjugales et la publication préalable des bans ; c'est le fameux édit des secondes noces de l'Hospital, qui a donné naissance à l'article 1098 de notre code civil ; c'est l'ordonnance de Villers-Cotterets sur les donations et celle de Moulins sur l'hypothèque judiciaire. L'édit de 1606 valide les obligations contractées par les femmes mariées pour des tiers et celui de 1609 prépare, en matière de subrogation, la théorie de l'article 1250 du code civil. Quelques années plus tard, le chancelier Michel de Marillac publie le *Code Michaur*, qui touche à toutes les matières du droit civil et du droit criminel, une grande œuvre qui fut bientôt enveloppée dans la disgrâce de son auteur, mais dont l'esprit libéral était digne d'une plus longue destinée et d'une meilleure fortune. Louis XIV attache son nom à la célèbre ordonnance de 1667 qui règle la procédure civile ; à celle de 1670 qui, sous les auspices de Lamoignon et la plume de Pussort, organise l'instruction criminelle ; à celle de 1673 qui est devenue le type de notre code de commerce ; à celle de 1681, enfin, qui fut pendant plus d'un siècle la loi de la marine. Les dates se pressent sous mes yeux et je ne puis tout citer ; mais lorsqu'on parcourt les édits qui, de la mort du grand roi jusqu'en 1789, se succèdent sur les donations, les testaments, les substitutions, le régime hypothécaire, l'état civil des réformés, l'abolition de la torture, on est saisi d'un étonnement mêlé de respect, et l'on se demande comment il a pu se rencontrer des hommes assez ignorants ou assez téméraires pour nier les admirables efforts tentés pendant les trois derniers siècles pour arriver à l'unité et à l'uniformité législatives.

Pourquoi donc ces efforts ne purent-ils aboutir, et pourquoi la Révolution trouva-t-elle la France encore partagée entre une centaine de coutumes, très-unies sans doute, pour la plupart, par leur esprit, par leurs règles générales, par les principes fondamentaux sur lesquels elles reposaient, mais d'une diversité dans les détails et d'un enchevêtrement si grand, que l'on pouvait alors dire avec quelque vérité : Il est impossible de faire trois lieues en France sans changer trois fois de législation?

Ah! il y a à ce fait en apparence extraordinaire une cause qui ne se trahit pas tout d'abord, une cause qui semble du moins insignifiante et presque insaisissable, que l'ancien régime ne pouvait guère deviner et qu'il était peut-être seulement donné à nos contemporains de découvrir en se retournant en arrière. Cette cause, je l'indique d'un mot : la féodalité, définitivement condamnée comme institution politique, existait encore à l'état latent dans les conditions sociales ; chassée de l'Etat, elle s'était réfugiée dans les mœurs, elle y avait du moins trouvé un humble asile et y avait poussé d'innombrables et imperceptibles rejetons. Et c'est le moment de remarquer une fois de plus combien l'unité législative diffère de l'unité politique, combien l'une est plus lente à se former que l'autre, et combien, quoique ceci semble un paradoxe, il est moins difficile de donner une nationalité à un peuple que de lui donner tout simplement un code.

Les déclarations du roi, les arrêts du conseil, les édis

qui se multiplient à mesure qu'on descend le cours des
années, et qui appliquent partout les mêmes règles et de
la même manière dans toutes les parties du royaume,
n'ont pas détruit toutes les minces barrières qui divisent
la société et la fractionnent presque à l'infini. Oui, la hiérarchie féodale a disparu ; oui, la nation semble une,
compacte, animée du même esprit et pénétrée des mêmes
sentiments. Oui, encore, les classes privilégiées font bon
marché de ce que le moyen âge leur avait attribué de
droits réels, et je n'en veux pour preuve que les *cahiers*
dressés par la noblesse de tous les bailliages en 1789. Ces
cahiers demandent tous que la servitude de la glèbe soit
abolie là où elle existe encore, que la liberté individuelle soit partout respectée, qu'on supprime la corvée,
les droits de banalité et de péage, le droit de franc-fief ;
qu'on favorise par tous les moyens la circulation des
biens, la vente et l'achat des terres. Mais ils demandent avec non moins d'instance le maintien des droits
honorifiques et la conservation de la noblesse comme un
ordre distinct dans l'Etat. Le Tiers, de son côté, sollicite
avec non moins d'énergie, non pas que l'on abaisse les
barrières sociales qui le subdivisent lui-même, mais
qu'on les fortifie, s'il est possible, et qu'on les multiplie.
A mesure que les coutumes semblent se fondre pour
ainsi dire d'elles-mêmes, l'homme s'y attache, pour
n'en retenir que les différences et les privilèges.

Un écrivain d'un mérite surfait comme historien, mais
bon observateur de son temps, le président Hénault disait
déjà sous Louis XV : « On ne vit point à Dunkerque
comme à Toulouse, à Marseille comme à Paris, en Normandie comme à Saint-Malo, et les bourgeois, la noblesse
et les marchands doivent être régis différemment. On
doit accommoder les lois à la république, c'est-à-dire au
naturel des sujets, en considérant les pays qu'ils habitent
et la position qui influe beaucoup sur les esprits. Dans

l'idée de faire des lois uniformes, quelle règle pourrait-on prescrire ? A quel ordre de citoyens aurait-on égard par préférence aux autres ? *Lex est commune præceptum*, il est vrai, mais ce n'est point pour les hommes en général, mais pour chaque province en particulier qui, par sa nature et sa position, a choisi de temps immémorial une manière de vivre qui lui fût propre, qu'on appelle *coutume*, qui est devenue loi par l'approbation du souverain. » Amendez légèrement ce texte : à la place des provinces qui, loin de s'isoler, cherchent de plus en plus à s'unir, et auxquelles le gouvernement des intendants communique chaque jour une existence plus uniforme, mettez les classes, les corps sociaux, et non seulement les classes reconnues comme des ordres dans l'Etat, mais les mille catégories introduites par l'usage dans leur sein, et vous aurez une idée vraie de ce fractionnement universel, de cette vie particulière qui animait chaque communauté, chaque genre d'office, de fonction ou d'emploi, en un mot chacun de ces groupes auquel la langue même est impuissante à donner un nom, à moins de recourir à une nomenclature scientifique comme celle de la chimie moderne.

Le gentilhomme s'enferme moins dans sa caste que l'habitant des villes, dont la vie s'écoule à l'écart de celui des campagnes, et parmi les citadins, que de degrés aujourd'hui devenus invisibles à l'échelle sociale ! Le notaire se sépare du procureur, l'officier de justice du négociant, les artisans eux-mêmes n'entendent pas se confondre, et il se rencontre des lieux où le corps des perruquiers refuse de se rendre à une assemblée de notables, afin de ne pas céder le pas à celui des boulangers. Si ténues qu'elles soient, ces corporations travaillent sans cesse d'elles-mêmes à s'amincir encore ; plus elles se morcèlent et plus leurs membres s'isolent, plus ils se cantonnent dans leurs prérogatives étroites et leurs démarcations surannées. Ils

sentent bien sans doute que l'individu n'aura rien à redouter de l'unité juridictionnelle et législative et qu'elle nivel-
lera moins les hommes que leurs distinctions. Mais ils
sentent aussi que les privilèges locaux y succomberont,
que l'usage particulier disparaîtra avec la coutume générale,
et comme il n'apparaît à personne que cette unité puisse,
dans l'état de la France, s'effectuer sans un trouble profond
d'un seul mot et en un seul jour, comme il semble manifeste
qu'on y doit procéder lentement et pour ainsi dire par
étapes, chacun répugne à donner l'exemple d'un sacrifice
qui ne serait pas immédiatement imité par son voisin.

Ainsi, le désir individuel de l'unité législative recule à
mesure que le sentiment commun s'en rapproche, et l'on
peut affirmer que les mœurs populaires n'ont pas fait,
pour retarder la fusion de nos vieilles coutumes, moins
d'efforts que la monarchie pour la préparer et l'opérer.
Même dans les empires absolus, les hommes obéissent
beaucoup moins qu'on ne pense. Ils s'obéissent à eux-
mêmes. Edicter une loi n'est rien. Ce qui est tout, c'est de
la faire accepter.

Il ne me reste plus qu'à vous faire connaître le pro-
gramme de ce cours, et ma tâche, ce me semble, est à cet
égard presque accomplie, puisqu'en vous faisant sentir l'importance de l'enseignement historique pour la connaissance
du droit, je vous ai laissé pressentir que nous devrions
commencer par son histoire. Le droit français s'est formé
sous une triple influence, et porte l'empreinte de trois sociétés, la société romaine, la société chrétienne et la société
barbare. Il est donc nécessaire que nous étudions ses origines à ce triple point de vue, et pour cela, il n'y a qu'une
méthode possible, la méthode chronologique.

Ce droit est celui d'une contrée qui a successivement
porté les noms de Celtique, de Gaule et de France. Je suis
donc contraint, ne serait-ce que par curiosité, de m'adresser une première question : y a-t-il eu un droit celtique?

Sans doute, la solution de cette question n'éclairera pas beaucoup nos études ultérieures, mais il n'est point permis de la passer sous silence, puisque nous nous occupons d'un droit traditionnel, longtemps non écrit, qui s'est perpétué par la seule coutume. Tout peuple, civilisé ou barbare, et le barbare encore plus que le civilisé, a des usages. Ces usages sont persistants et survivent aux révolutions politiques. En voulez-vous une preuve? Dans les premiers temps du Christianisme, les gens illettrés prirent la pieuse habitude d'apposer une croix au bas de leurs contrats, pour remplacer leur nom. Voici seize cents ans que l'Orient nous a transmis cet usage, et ceux de nos paysans qui ne savent pas écrire n'ont pas d'autre signature. Les Celtes ont eu évidemment des coutumes ; quelles étaient-elles et qu'en reste-t-il?

Nous examinerons ensuite le droit de la Gaule après la conquête romaine et la double influence qu'il subit du Code théodosien et du Christianisme. C'est une période d'absorption et d'assimilation qui se termine au moment de l'invasion germanique, avec laquelle commence une seconde époque, close à la dissolution de l'empire de Charlemagne.

Le courant de la civilisation antique est alors détourné par les nouveaux venus ; les Barbares sont accueillis en Gaule, non sans doute comme des libérateurs, des vengeurs du despotisme impérial, mais du moins sans répugnance, avec une résignation voisine de la complaisance, si ce n'est de la complicité. Les misérables colons qui cultivaient les *latifundia* des anciens chefs gaulois, transformés en patriciens romains, n'avaient peut-être rien à attendre, mais assurément rien à redouter des nouveaux envahisseurs. Ils en subirent le contact avec d'autant moins d'antipathie que ceux-ci ne prétendirent point imposer leurs lois aux indigènes, et que les statuts barbares demeurèrent rigoureusement personnels. Le

Franc relevait de la loi salique ou ripuaire, le Burgonde de
la loi Gombette, le Romain continua d'être jugé d'après
la loi romaine et cette personnalité de la loi persista jusqu'après Charlemagne. Mais ces lois d'origine germanique produisent par leur seule juxtaposition un grand résultat. Elles déposent sur le sol gaulois les germes féconds
d'un droit tout différent de celui de Rome ; elles infiltrent,
même dans la population qui n'était point pliée à leur
obéissance, des principes et des usages inconnus au
monde romain.

La base de la tribu d'origine germanique, c'est la famille, et la famille repose sur le mariage. Le mari achète
sa femme et une part du prix qu'il en donne constitue,
avec le don du matin, le douaire de l'épouse à la mort de
son époux. Celui-ci a autorité sur la mère et sur les enfants, mais ce n'est pas le pouvoir discrétionnaire du
pater familias, c'est un droit de garde, *mundium*. Comme
à Rome, les personnes se divisent en hommes libres et
en esclaves, avec un degré intermédiaire, les *læti*. L'homme
vraiment libre, c'est le guerrier qui, dans le partage des
terres du fisc, a reçu un lot, *alleu*. Si, pour abriter sa
faiblesse, il se recommande à un chef, à un puissant, il
accepte un patronage qui lui assure la sécurité, mais qui
le diminue. Les fidèles, les compagnons du roi sont également libres, ils sont honorés, mais ils doivent un service et ne jouissent pas d'une indépendance absolue. Les
successions se règlent au profit des mâles et à l'exclusion
des filles qui n'héritent de leur père qu'à défaut de frères,
et qui ne peuvent même jamais lui succéder pour la terre
salique. La justice criminelle se distribue enfin moins par
des pénalités que par l'exercice d'un droit de vengeance
ou par des compositions, le prix du sang. Vous voyez déjà
poindre des règles tout à fait étrangères au *jus romanum*,
et le germe d'un système qui, en se développant, deviendra le système féodal.

Franchissons un certain nombre d'années et arrivons à Charlemagne. Le monde gallo-franc a bien marché depuis que Clovis a battu Syagrius à Soissons et installé les compagnons de ses victoires dans les opulentes villas romaines. Les races diverses qui avaient franchi le Rhin pour s'abattre sur la Gaule se sont peu à peu fondues, mélangées et ne se rappellent guère leur loi d'origine que pour en faire une loi d'élection. Le droit romain est encore pratiqué; il persiste comme tradition, mais il reçoit des dérogations nombreuses. Sous l'action civilisatrice de l'Eglise qui tient une grande place dans les conseils de Charlemagne, la condition des personnes s'améliore, les esclaves peuvent désormais se racheter, la servitude corporelle se restreint et se localise, le joug du maitre se fait moins lourd et plus humain. Les canons ecclésiastiques et les capitulaires touchent à l'organisation de la société tout entière et y introduisent un principe conservateur, l'hérédité. Charges, emplois, concessions, liberté, servitude, relations de patrons à clients, bénéfices, tout deviendra bientôt héréditaire. Une seule chose échappe à cette loi commune, et c'était peut-être la plus indispensable. Charlemagne ne transmet pas son génie à ses successeurs qui laissent échapper sa couronne, et la nation retombe dans un inexprimable désordre, d'où sort la féodalité.

On confond volontiers le droit féodal avec le droit coutumier. Sans doute, il existe entre eux de nombreux points de contact, si bien qu'il est impossible de les étudier l'un sans l'autre. Mais l'un est, à vrai dire, un droit politique et l'autre un droit civil. La distinction à établir entre les coutumes et le régime des fiefs ressort tellement de la nature des choses que Dumoulin, le maitre des maitres, l'homme qui a le mieux pénétré les mystères du droit coutumier et qui le proclamait fièrement le droit national, a épuisé une part de sa vie laborieuse et enfiévrée à combattre la loi féodale. Nous examinerons d'où naquirent les fiefs, nous en suivrons les développements dans les *Assises de Jérusalem*, dans les *Etablissements de saint Louis*, dans le *Liber feudorum*, rédigé en Italie par les Lombards, mais reconnu dans l'Est de la France, dans la coutume du Beauvoisis et le *Conseil* de Pierre de Fontaines. Nous reconstituerons la pyramide féodale, au sommet de laquelle se trouvait le roi, le *souverain fieffeux*, qui dut à cette seule qualité de s'appeler un jour réellement le roi de France. Nous verrons toute la terre française constituée comme un grand fief, subdivisée en autant de seigneuries qu'il y avait de vassaux, et, par conséquent, soumise tout entière à la loi féodale, nobles, vilains, manants, roturiers, chevaliers qui rendent foi et hommage, et tenanciers qui détiennent une censive, c'est-à-dire, qui paient une redevance à leur seigneur. Il y a, sans doute, deux sortes de propriétés, la propriété féodale et la propriété roturière ; mais, lorsqu'il faut remonter du sol à l'homme pour connaître la condition de celui-ci, quand toute terre a un seigneur, lorsque la moindre glèbe est grevée d'un cens ou d'une rente, est-il vraisemblable que la loi du possesseur de fief n'ait pas réagi sur celle du censitaire ? Ainsi, le grand principe de la division des choses en meubles et en immeubles, à peine entrevu dans la loi romaine, mais qui tient une si grande place dans le droit coutumier, tire évidemment son origine du droit féodal, comme l'investiture pour les fiefs, et le *vest* ou le *dévest* pour la censive. Là où ces deux droits diffèrent, c'est le régime successoral : le privilège de masculinité et le droit d'aînesse règnent en maîtres pour les successions nobles, tandis que les roturières, celles du *vilenage* sont placées sous le régime de l'égalité absolue. Il n'y a pas, en effet, pour celles-ci l'obligation de fournir un mâle qui puisse faire le service militaire du fief.

Après avoir ainsi exposé les règles du droit féodal et l'avoir étudié dans la période de son complet épanouissement, c'est-à-dire du X° au XIII° siècle, nous passerons au droit coutumier pur, et nous arriverons, en analysant les principaux écrits laissés soit par les légistes du temps de Charles VI et de Charles VII, soit même les dispositions du droit canonique, qui exerça une si grande influence sur notre droit privé, nous arriverons, dis-je, à la veille de la Renaissance, ou à l'époque de la fixation du droit coutumier par la rédaction des coutumes.

Il s'est trouvé en ce temps, malgré les besoins et les vœux universels, des légistes, non, je veux dire des praticiens assez opiniâtres ou assez peu éclairés pour protester contre une mesure qui ne sauvait pas seulement la loi de la désuétude et de l'oubli, mais qui la protégeait contre un danger pire encore, la contradiction. Ces praticiens étaient sans doute ceux qui se livraient sur le menu peuple aux *pilleries*, aux *roberies* dont Louis XI parle quelque part. Ils méconnaissaient le sentiment public, les aspirations de toutes les classes. La rédaction des coutumes fut un grand événement national, auquel les historiens ne paraissent pas avoir attaché l'importance qu'il mérite, un bienfait presque égal à celui que nous assura plus tard une législation uniforme. Elle ne donna pas cette uniformité, impossible à réaliser dans un pays dont les habitants étaient à peu près aussi étrangers les uns des autres que la Grèce l'était à Rome avant la guerre de Tarente ; elle n'alla point au delà de ce qui était demandé au pouvoir royal par les doléances et les supplications des Etats ; elle ne fut pas l'œuvre de puissants génies, généralisateurs à leur aise, et ne suscita même aucun grand jurisconsulte. Mais il ne faut pas communiquer à l'esprit de l'homme, surtout dans le domaine juridique, plus d'idées générales qu'il n'en peut porter. Le Français du XVI° siècle, le timide justiciable de la province, estima ce travail bien au-dessus d'un code qu'il ne souhaitait pas encore et qu'il n'eût peut-être pas compris. Cette compilation ingrate, mais si utile, commencée en

Bourgogne dès 1459, ne fut entreprise dans le royaume
qu'à la fin du même siècle. La première coutume publiée
après celle de Bourgogne fut la coutume du Bourbonnais, promulguée en 1500. Lorsqu'Henri IV monta sur le
trône, c'est-à-dire cent ans plus tard, tout était à peu près
achevé.

C'est à cette date ou un peu antérieurement qu'il con-
viendra de nous placer pour examiner dans leur ensemble
et dans leurs grandes lignes les coutumes de France au
point de vue des personnes, des propriétés et des obligations. Nous dresserons à ce sujet une carte coutumière
de notre pays, afin d'indiquer aussi exactement qu'il est
possible de le faire, au milieu de l'enlacement presque
inextricable de petites seigneuries et de petits territoires
qui possédaient des usages différents, les provinces qui
relevaient du droit alors appelé national et de les distinguer de celles qui avaient adopté le droit romain, le droit
écrit, tout en ayant elles-mêmes quelques lois locales.
Mais bien que les coutumes ne se soient appliquées qu'à
la moitié environ de la France, le champ que nous nous
proposons de parcourir est si vaste, il est parsemé de tels
écueils, hérissé de tels obstacles, enveloppé de nuages si
épais, malgré la science et la prolixité des commentateurs, qu'il serait téméraire, qu'il serait même impossible
de renfermer un exposé, aussi sommaire et aussi bref
qu'on puisse le concevoir, dans les limites d'un cours
annuel.

Je me bornerai donc, cette année, à une introduction
historique qui sera close par un tableau rapide de la situation du droit coutumier aux approches du xvi⁰ siècle.
L'année prochaine, s'il plaît à Dieu, nous pénétrerons
plus avant dans son étude, en interprétant de préférence
une coutume particulière. D'ici là contentons-nous d'aperçus généraux que je m'efforcerai de rendre aussi clairs et
surtout aussi peu condensés que possible, afin de ne pas

encombrer, de ne pas inutilement surcharger votre travail.
Pour cela, le temps nous fera sans doute plus défaut
que la bonne volonté. Le temps est, en effet, notre maître :
nous n'avons en propre que le désir de bien faire et nous
devons nous estimer heureux, lorsque nous avons pu
achever la moitié d'une œuvre utile ; alors l'œuvre reste
et avec elle le souvenir de l'ouvrier. Puissiez-vous, l'année
qui vient, conserver quelque mémoire de celle que nous
allons passer ensemble !

LIVRE PREMIER

LE DROIT AVANT LES FRANCS

———

CHAPITRE PREMIER

LES CELTES

Le monde est relativement jeune et cependant il ignore, historiquement parlant, son berceau. L'homme vit à peine depuis quelques années; de toutes les créatures divines, il est la plus récente; dans l'immensité du temps, il n'occupe que la plus faible place et cependant il a perdu la mémoire de ce que fut sa famille ; l'origine de ses lois, de ses institutions, de ses mœurs, de son primitif état social lui échappe comme celle de sa propre existence. Quand il ne consulte que ses rêves, il serait porté à se croire éternel; quand il recherche ses traces, il s'aperçoit qu'il est à peine né d'hier, et ces traces sont elles-même si confuses, si insaisissables, elles sont enveloppées d'une obscurité si profonde, qu'il renonce bientôt à les remonter, et qu'il s'arrête dès les premiers pas de sa course rétrograde, désespérant de vaincre ce problème, dont il semble que Dieu ne lui ait refusé la clef que pour mieux lui apprendre combien sa science est légère et combien sont ici bas fragiles ses destinées.

Il ne faut donc pas s'étonner que nous ne sachions rien ou presque rien de nos premiers ancêtres; il ne faut pas s'étonner qu'en fouillant le sol de la patrie, dès le second ou le troisième coup de bêche, nous ne rencontrions qu'une couche de terre vierge, qu'il est inutile de creuser, car elle ne peut rien nous livrer ; il ne faut pas s'étonner surtout si à mesure que la lumière se fait rare et que les ténèbres s'épaississent, les conjectures et les hypothèses se multiplient. Il en est toujours ainsi : plus l'histoire est stérile et plus la curiosité humaine est stimulée, plus l'imagination se torture pour la satisfaire ; elle fait sans doute une grande dépense d'érudition, elle donne la mesure de sa fécondité et de sa souplesse, elle conduit quelques hommes à la réputation, sinon à la gloire ; mais elle laisse le problème comme elle l'avait trouvé, le voile demeure entre nous et l'inconnu, et il n'y a rien de changé si ce n'est deux ou trois noms sur la liste des académies.

Ce qui vient d'être dit de l'origine des races humaines, on peut le répéter, sans crainte d'être démenti, des origines de notre Gaule et par conséquent des origines de notre peuple. Sommes-nous Galls, Celtes, Kymris, Germains ? Issus de la grande souche aryenne qui a colonisé l'Hindoustan, comment nos premiers pères vinrent-ils s'installer sur notre sol, quelles mœurs y apportèrent-ils et quelles traditions nous ont-ils transmises ? Y trouvèrent-ils un peuple autochtone, une race indigène et que devint celle-ci devant les envahisseurs ? A quelle époque ces grandes immigrations se produisirent-elles et quels en furent les résultats ?

J'interroge l'histoire et c'est la légende qui me répond.

Un historien irlandais (1) raconte que les plus anciennes chroniques nationales expliquaient ainsi la colonisation de cette ile. Une fille de Noë, Césarée, avertie de l'imminence du déluge, vint se réfugier en Irlande. Elle y

_____

(1) Girald. Topographie de l'Irlande, lib. III, 1-5.

périt cependant et tous les habitants avec elle (1). Trois
siècles plus tard un descendant de Japhet, Partholan y
arriva de nouveau, mais la peste le moissonna ainsi que sa
suite. Nemeith vient ensuite de la Scythie et repeuple
l'Irlande. Sa postérité est encore anéantie et l'île était
déserte quand d'autres descendants de Nemeith y repa-
raissent et se partagent le territoire.

A côté de cette légende à laquelle l'historien qui la
rapporte, Girald, n'ajoute pas la moindre foi, une triade
galloise, c'est-à-dire une histoire légendaire de l'île de
Bretagne (2), raconte comment cette dernière île reçut ses
premiers habitants. Les Kymris, dit-elle, y arrivèrent autrefois sous la conduite de Hù le puissant. Ils venaient
à travers la mer brumeuse (3) d'une contrée nommée
Defrobani, ou pays de Haf (pays de l'été). Ces Kymris donnèrent leur nom à la race qui s'établit spécialement dans la partie méridionale de la Bretagne, et en
effet jusqu'au x° ou au xi° siècle les Gallois s'appelèrent
Kymris. Or, il est constant que les premières peuplades
qui habitèrent la Bretagne venaient de la Gaule. Hippar-
que, Pomponius Mela, César, Tacite, Strabon le laissent
nettement entendre. Les deux races étaient les mêmes :
elles avaient la même religion, les mêmes mœurs, le
même caractère, le même état social.

Sur cette double donnée, légendaire d'une part, et

(1) Comment sait-on alors que Césarée peupla l'Irlande ? Girald
déclare qu'il ne se charge pas de l'expliquer.

(2) On appelle triades historiques des Gallois un recueil de
poèmes et de souvenirs historiques nationaux, classés trois par
trois, non pas à cause de leurs liens chronologiques. mais à raison
de leur analogie. Cette collection a été publiée en 1811 à Londres,
sous le titre de *The Myvyrian archaiology of Wales*.

(3) L'Océan germanique. — M. Amédée Thierry dit qu'il existe
encore dans le pays de Galles et l'île d'Anglesey un vague souvenir d'une race antérieure aux Kymris, race de chasseurs, qui
dressait, au lieu de chiens, des renards et des chats sauvages, et
dont les habitations ruinées portent traditionnellement le nom de
maisons des Gaëls. (Histoire des Gaulois, t. I, p. 111.)

3

presque conjecturale ou du moins fort incertaine de l'autre, un historien renommé, M. Amédèe Thierry a construit tout un système que j'analyse en deux mots.

Nemeith est le chef étranger qni vient de la Scythie et amène en Gaule ses premiers habitants, les Galls ou Gaëls. Ces Gaëls envoient en Bretagne et en Irlande des essaims qui colonisent ces îles. Ils se confondent avec la population autochtone de la Gaule et de la Bretagne et prennent comme elle le nom de *Celtes*. Plus tard, une autre troupe, issue de la même souche, arrive en Gaule sous la conduite de Hù. Cette troupe occupe chez nous la partie septentrionale de la contrée jusqu'à la Seine et prendra plus tard le nom de Belges. En Bretagne, elle refoule au nord les Gaëls, d'où la race et la langue gaëliques de l'Ecosse. Mais ces Kymris que la légende dit venir de Scythie sont eux-mêmes un peuple connu. Ils ont une origine commune avec ces Cimbres descendus de la Chersonèse cimbrique ou du Jutland, et que Marius extermina en Gaule. Les Kymris sont des Cimmériens. Ils sont devenus plus tard des Galls Kymris et des Kymris Belges, mais leur origine n'est pas douteuse. Le souvenir de leur chef Hù ou *Hesus* est resté vivant dans la race Gauloise. Un des fameux bas-reliefs trouvés sous le chœur de Notre Dame de Paris au xviii° siècle représente le dieu Hesus, le corps ceint d'un tablier de bûcheron et une serpe à la main, coupant un chêne. C'est le symbole d'un colonisateur, d'un puissant chef qui a enseigné aux Kymris devenus sédentaires l'art de cultiver la terre et de défricher les forêts.. ... *Et voilà pourquoi votre fille est muette.*

La thèse de M. Thierry n'a pas d'autre base, et, si séduisante qu'elle apparaisse sous les couleurs éclatantes, les aperçus ingénieux et savants dont son art a su la revêtir, elle ne peut se défendre par d'autres arguments. Cependant elle a été longtemps accueillie avec enthousiasme, elle a été adoptée par M. Henri Martin qui a vu les Celtes dans Partholan et son peuple, et les Belges ou les Ligures dans les descendants de Nemeith, appelés par la légende *Fir Bolgs*. Aujourd'hui encore, elle compte de nombreux partisans; c'est un système accrédité et l'on se rend peut-être suspect d'hérésie historique, malgré les progrès de la critique la plus récente, qui a démontré le peu de fondement de la confusion des Cimmériens avec les Kymris, en essayant une timide objection à cet égard (1).

Toutefois un autre système, plus nouveau, vient de se formuler. Il n'est plus question de Kymris, de Galls ou de Belges. Mais il y a eu deux peuples bien distincts en Gaule, les Celtes d'un côté, les Gaulois de l'autre. Cela s'induit d'une phrase de Sulpice Sévère qui a écrit au IV° siècle une vie de saint Martin composée en forme de dialogue (2)· L'un des interlocuteurs demande à l'autre de lui raconter la vie de ce saint personnage. Le second de s'excuser sous prétexte qu'il ne parle qu'un latin grossier. «Il n'importe, lui réplique le premier ; parlez en langue celtique ou gauloise, si vous préférez ce dernier nom; *vel celtice vel gallice loquere, si mavis.* » Mais comment ce passage démontrerait-il l'existence distincte de deux langues gauloise et celtique, lorsqu'on n'a jamais trouvé trace de la première ?

Le propos semble n'accuser qu'une simple plaisanterie. Quoiqu'il en soit, on insiste et l'on dit : les Gaulois de la haute Italie, ceux que Rome appelait Cisalpins, ne venaient pas de la Gaule, mais des régions danubiennes, d'où sont sorties les tribus qui ravagèrent la Grèce et fondèrent la Galatie. Ces Cisalpins ont passé les Alpes et envahi la Gaule occupée par les Celtes qu'ils ont refoulés dans le

(1) L. de Valroger, *Les Celtes, la Gaule Celtique, étude critique*, Paris, 1879. — M. de Valroger a étudié avec soin les origines de la Gaule et a démontré l'invraisemblance du système brillant, mais chimérique de M A. Thierry. — V. aussi A. de Barthélemy, *Revue des questions historiques*, t. XXI.

(2) D. Bouquet, *Rerum Gallicarum et Francicarum scriptores*, I p. 574.

centre. Ceci se démontre par un passage de Polybe qui distingue les Γαλαται des Κελτοι et par l'archéologie qui en fouillant les *tumuli* a trouvé l'usage du fer dans la région de l'est occupée par les Gaulois et celui du bronze dans celles de l'ouest et du nord où avaient été repoussés les Celtes. Or les Gaulois du Danube connaissaient seuls l'emploi du fer.

Ce système est celui de M. Alex. Bertrand (1).

C'est un système ingénieux sans doute, mais dont les preuves historiques paraissent encore bien légères, quoiqu'il soit dès ce moment acquis que les mots *Celtes* et *Gaulois* ne sont pas synonymes, et s'appliquent non à deux races, mais à deux époques différentes. Sans entrer dans le domaine de l'archéologie, il est plus prudent de se contenter, sur les origines de la Gaule, de ce que nous ont laissé les anciens.

Aussi loin que peuvent remonter les témoignages historiques, nous trouvons sur le sol Gaulois, d'abord sur ses frontières, deux peuples aborigènes, distincts, les *Ligures* dans la partie qui borde le golfe de Ligurie ou de Lion, sur le littoral de la Méditerranée, et les Ibères dans la région voisine des Pyrénées, entre le Rhône, la Garonne et l'Océan. Ces derniers n'appartiennent pas certainement à la race Indo-Européenne. Ce sont eux qui ont peuplé la Bétique, l'antique Hespérie, l'Espagne moderne, et qui nous ont laissé un rameau de leur arbre généalogique ainsi qu'un vestige de leur langue dans le pays Basque. Ces deux peuples étaient installés sur notre territoire lorsque les Celtes, de souche Indo-Européenne, arrivèrent en Gaule ; à quelle époque vinrent-ils ? On ne saurait le préciser. On sait seulement par la linguistique que leur origine est asiatique. En effet, il subsiste encore aujourd'hui quelques monuments de la langue celtique ; on a re-

---

(1) *Archéologie celtique et gauloise*, 1876.

connu que le bas breton, encore ısité dans la basse Bretagne, et que la langue gaëlique, idiome de l'ancienne
Irlande et de la haute Ecosse, sont des rameaux détachés
de cette langue, et l'on a pu établir une certaine parenté
entre le langage celtique et le sanscrit, qui est de source
aryenne.

Quoiqu'il en soit, lorsque César mit le pied dans la Gaule,
il trouva cette contrée divisée en trois grandes régions et
habitée par trois peuples qu'il distingue (1) :

1° Au sud, les Aquitains, qui s'étendaient de la Garonne
aux Pyrénées ;

2° Au nord, les Belges, de la Seine au Rhin ;

3° Au centre, les Celtes ou les Gaulois.

Ces trois peuples ne sont pas, à proprement parler, distincts, étrangers les uns aux autres. Dans le midi, les
Aquitains sont seulement des Celtes, mélangés d'Ibères ;
dans le nord, les Belges sont aussi des Celtes, mélangés
de Germains. Au fond, ce sont trois familles issues du
même tronc, mais ayant reçu par leur situation topo-
graphique une infusion plus ou moins grande de sang
étranger. Les Celtes du centre, de l'Auvergne, du Berry,
du Poitou, du pays Chartrain, les Eduens, les Séquanais,
les peuples de l'Armorique, de l'Anjou ont seuls échappé
à cette promiscuité et ont gardé intacts tous les signes de
leur primitive origine, tous les caractères de leur race.

Ne confondons pas les Celtes avec les Germains. Non
seulement les deux langues sont distinctes, leur mytholo-
gie est distincte, leurs traditions et leurs souvenirs sont
distincts, mais César a grand soin de les séparer et il les

(1) *Gallia est omnis divisa in partes tres, quarum unam incolunt
Belgæ, aliam Aquitani, tertiam qui ipsorum lingua Celtæ, nostra Galli
appellantur* (t. 1. — César ne distingue donc pas les Celtes des
Gaulois et éloigne l'hypothèse de la coexistence de deux nations et
de deux langues, la celtique et la gauloise. Ammien Marcellin fait
la même remarque : *Celtas nomine regis amabilis, et matris ejus
vocabulo Galatas dicto ; ita enim Gallos sermo græcus appellat* (xv, 9).

distingue par les mœurs, par le caractère, par la constitution politique, par les habitudes de la vie sociale. Ils
peuvent sortir d'une même souche, mais ce sont des peuples depuis longtemps isolés et qui, pour ainsi dire, ne se
connaissent plus. La Gaule est agricole, la Germanie ne
l'est pas ; le Gaulois fait usage de monnaie qu'ignore ou
dédaigne le Germain. La Gaule a des *oppida*, des villes ou
au moins des bourgs fortifiés; la Germanie ne se retranche
que dans l'épaisseur de ses forêts. La Gaule a une certaine industrie, la Germanie ne vit que de ses troupeaux:
l'une, au moins sur le littoral, entretient des relations
commerciales, car César parle de l'importance de la marine armoricaine ; l'autre abhorre tout ce qui n'est pas la
guerre ou la chasse. La Gaule connaît la propriété foncière individuelle ou privée ; en Germanie, la jouissance
des terres est l'objet d'un partage annuel. Tous les ans,
les chefs assignent à chaque guerrier le lot dont il usera pendant l'année et un autre lot lui sera assigné l'année suivante.
Au-delà du Rhin, tout homme libre participe à la vie politique dès qu'il est capable de porter les armes. Chez nous,
le peuple est écarté des affaires publiques : *plebs pene ser-*
vorum loco habetur, dit César, *quæ per se nihil audet, et*
nulli adhibitur consilio. L'aristocratie y traîne seulement
derrière elle une nombreuse clientèle, et c'est dans des
diètes où siègent exclusivement les principaux, *principes*,
que se traitent toutes les grandes affaires.

Enfin la Gaule avait reçu de l'île de Bretagne, où César place le berceau du druidisme, un corps sacerdotal puissant,
non seulement au point de vue religieux, mais au point de
vue politique, corps qui s'était peu à peu emparé d'une part
du gouvernement et de l'administration de la justice, comme
de l'enseignement, corps qui avait ses lois, ses mystères,
ses profondes doctrines révélées aux seuls initiés et qui
exerçait une redoutable influence sur l'esprit des populations. *Fere de omnibus controversiis publicis privatisque*

constituunt, dit César en parlant des druides. La Germanie au contraire n'avait que des prêtres chargés de maintenir la police dans les assemblées au sein desquelles se rendait la justice, et par lesquelles seules elle était rendue.

Les Gaulois ne différaient pas moins des Germains par le caractère national. Strabon, Cicéron lui-même en ont saisi quelques traits, César et Tacite en ont fait une peinture immortelle. Les premiers sont un peuple belliqueux, prompt à la guerre et aux entreprises périlleuses, mais facile à se décourager, et plus propre à vaincre l'obstacle immédiat, à l'enlever de vive force qu'à supporter patiemment l'adversité (1). C'est un peuple généreux, sociable, enthousiaste, facile à persuader, qui se laisse captiver par l'agrément et la puissance de la parole, d'un naturel plein de candeur et de franchise, mais qui recherche le bruit et l'éclat (2). L'Hercule Gaulois, dont la bouche laisse échapper une chaine d'or pour entrainer les populations charmées, est le double symbole de la Force et de l'Eloquence. *Rem militarem et argute loqui*, dit Caton.

C'est un peuple qui a l'amour de la liberté, de l'égalité surtout, mais qui a plus encore l'amour des choses nouvelles: *In consiliis capiendis mobiles*, dit César, et encore : *Omnes Gallos novis rebus studere*. Aussi son grand mal, le vice inhérent à la race, c'est l'esprit d'antagonisme, de faction. César nous montre cet esprit régnant partout, divisant non seulement les différents Etats, les différentes tribus, mais chaque Etat, chaque tribu et même chaque famille (3). Ici, c'est le conflit acharné d'Induciomare et de Cingétorix son gendre (4) ; là, l'antagonisme de deux beaux-frères,

---

(1) Strabon, liv. IV, 2. (*Extraits des auteurs grecs concernant la Gaule*, par M. Cougny, 1878.)

(2) Strabon, liv. IV, 2.

(3) Cæs. VI, 11 ; VII, 75.

(4) Cæs. V, 56.

Dumnorix et Divitiacus (1). Quand Vercingétorix veut soulever les Arvernes, il trouve contre lui son oncle et ne l'emporte qu'à la pointe de l'épée (2). C'est pourquoi, afin de trancher leurs discordes, les Gaulois appellent volontiers l'étranger. L'esprit de parti l'emporte presque toujours sur l'esprit de nationalité, et l'on peut même ajouter que les peuples Gaulois n'avaient qu'un lien commun, un seul élément d'unité, la religion, le druidisme.

Chose étrange, avec un gouvernement aristocratique qui ne laisse à la plèbe presque aucune part aux affaires publiques, la Gaule est sans cesse en proie aux agitations de cette plèbe. Un chef gaulois, Ambiorix dit à César : « telle est la nature de mon autorité que la multitude n'a pas moins de droits sur moi que je n'en ai sur elle (3). » Ce n'est ni la domination ni la liberté. Par suite, aucune institution n'est solide, aucun gouvernement n'est assuré. Les rivalités politiques remplissent l'âme de la nation et la troublent incessamment.

Les Germains sont aussi un peuple belliqueux, mais ils sacrifient moins au dehors, plus à la force. Ils sont surtout jaloux de leur indépendance; ils vivent en groupes, *pagi*, mais dans ces groupes l'homme tient à rester libre, à être isolé (4). Ils ont des chefs, des rois même, mais c'est l'assemblée de tous les hommes libres qui décide de tous les grands intérêts : les chefs ne se réservent que les petites affaires et la conduite de leurs compagnons sur les champs de bataille, à la conquête de l'étranger (5). Les anciens disent que les Germains ressemblent physiquement et po-

---

(1) Cæs. ɪ, 9, 20, v, 67.

(2) Cæs. vɪɪ, 4.

(3) *Sua esse hujusmodi imperia ut non minus haberet in se juris multitudo quam ipse in multitudinem* (Cæs. v, 27).

(4) Tacite, *Germ.* 16; Cæs. vɪ, 30.

(5) Cæs. vɪ, 23; Tacite, *Germ.*, c. xɪ : *de minoribus rebus principes consultant, de majoribus omnes.*

litiquement aux Gaulois. Cependant Tacite et César montrent combien les mœurs et les institutions diffèrent d'un côté du Rhin à l'autre et je n'en saisis en passant que deux preuves. En Gaule, la constitution politique est essentiellement aristocratique. Chez les Germains, elle se rapproche de la démocratie. En Gaule, le père de famille a la *patria potestas* des Romains ; il a droit de vie et de mort sur sa famille (1). En Germanie, au contraire, l'autorité domestique n'est qu'un simple pouvoir de garde et de protection sur les personnes de la famille que leur sexe laisserait sans défense. D'une part, la puissance sans limites : de l'autre le respect de la liberté individuelle jusque chez l'enfant.

Ainsi, organisation religieuse, organisation militaire, organisation sociale, et sur certains points organisation politique, caractère, mœurs, civilisation, institutions judiciaires, tout diffère entre les Gaulois et les Germains. Ce sont deux peuples voisins, autrefois deux peuples frères, mais la vie commune a cessé depuis longtemps entre eux, et ils se sont séparés comme les deux branches d'un fleuve qu'un lambeau de terre divise pour leur interdire de jamais se rejoindre et de mêler leurs eaux.

Voilà les Gaulois, tels que nous les livre l'antiquité. Voyons maintenant ce qu'elle nous permet de connaitre de leurs usages, de leurs traditions, de leurs institutions juridiques.

Un savant écrivain, M. Fustel de Coulanges dit que « les Gaulois ne possédaient aucune législation qui fût l'œuvre de l'Etat et qui émanât de l'autorité publique ; que les seuls éléments de leur droit étaient la coutume patriarcale qui dérivait de l'ancien régime des clans. »

J'avoue que je n'ai rien trouvé dans l'histoire qui autorisât une assertion aussi absolue. Il est probable sans

_____

(1) Cæs. vi, 19.

doute que ce droit provenait surtout d'anciens usages, et qu'il était à proprement parler un droit coutumier. Il est certain d'autre part qu'il n'était pas écrit. Les druides, dépositaires de la religion et de la coutume, n'avaient point l'habitude de rien confier à l'écriture, mais tout à la tradition, à la mémoire des hommes. Cependant la seule existence de ce corps lui-même démontre qu'il y avait en Gaule des institutions générales, un corps de doctrines et un corps de lois, mais un corps en quelque sorte pontifical, mystérieux et caché. Les Commentaires de César font même une allusion directe à ces lois. Un chef Arverne, Cristagnat dit à ses concitoyens en comparant les Cimbres et les Romains dans leur conduite à l'égard des Gaules: « *Cimbri... jura, leges, agros, libertatem nobis reliquerunt* (1). » On a cru voir dans cette phrase une distinction établie entre le droit naturel et les lois privées (2). Je n'y découvre, pour ma part, qu'une insistance et une répétition, mais j'y aperçois aussi clairement la trace d'une loi qui est plus qu'un usage, d'un véritable droit reconnu, fixé, organisé.

Passons donc en revue les diverses conditions des personnes et des choses afin de retrouver, s'il est possible, quelques vestiges de ces lois.

Etat des personnes. -- Elles se divisent en personnes *libres* et *esclaves*. C'est la division naturelle dans toutes les nations de l'antiquité. L'esclave existe par le droit de la guerre. Si aucun document ne nous apprend ce qu'était l'esclavage en Gaule, nous pouvons aisément y suppléer en observant ce qui se passait ailleurs au même temps.

---

(1) Cæs. vii, 77.

(2) M. Laferrière remarque dans son *Histoire du droit civil de Rome et du droit français*, t. II, p. 59, que les triades galloises font la même distinction, *gwir a chyfraithd*, droit et lois. Mais si les deux expressions ne paraissent pas avoir été employées comme synonymes, il ne ressort nullement du texte qu'elles aient été placées en antagonisme.

Le maître peut tout se permettre sur son esclave, *servus*, dont il a conservé la vie (1).

Les hommes libres se répartissent en trois classes : les druides, les nobles, le peuple.

Le druidisme n'est pas un corps fermé, héréditaire ; il se recrute par l'élection, par l'éducation, par l'enseignement. Il faut 20 ans pour devenir druide (2).

Dans la classe noble, la classe des *equites*, qui fait métier exclusif des armes et qui jouit du privilège de l'hérédité, il existe, comme à Rome, un vaste système de clientèle. Les grands traînent à leur suite un long cortège de clients : ce sont les *devoti*, ou *soldurii* (3), clients qui touchent de près à l'aristocratie, et qui vouent leur personne à la défense de celle de leur patron. Puis les *ambacti*, clients de condition libre, mais inférieure, ceux qui se sont recommandés au patron, *sese in servitutem dicant nobilibus*, dit César. Y eut-il des concessions de terres faites par les puissants aux faibles, par les chevaliers à l'homme du peuple ? On l'a cru, mais rien ne le démontre, comme rien ne démontre non plus le contraire. Si ces concessions ont existé, ce serait l'origine des bénéfices et de la féodalité.

Le peuple enfin compose le troisième ordre, qui est adonné aux travaux agricoles et se trouve, quoique de condition libre, presque réduit à la servitude : *Plebs pene servorum*

---

(1) Tacite, *Germ.* 27.

(2) Les Druides se divisaient eux-mêmes en trois classes : les bardes ou poètes, les ministres des sacrifices ou *eubages*, et les druides proprement dits. Diodore parle aussi de philosophes ou de théologiens qu'il appelle *Saronides*. (v. 31). — V. Strabon. lib IV ; Ammien-Marcellin, XV, 9 ; Cæsar, I, 16, VI, 13, 14. « *Nonnulli annos vicenos in disciplina permanent*, » dit ce dernier. V. égalem. Belloguet, *Ethnologie gauloise*, t. II ; dom Martin, *la religion des Gaulois*, 1727.

(3) Cæsar, III, 22 ; VI, 15 ; VII, 40 — Les *Soldurii* gaulois ont-ils donné naissance aux *Soldearii* de la Bretagne, aux *Soldoiours* de la Lorraine, aux *Solidarii* d'Aquitaine et d'Italie ? V. Giraud, *Essai sur l'histoire du droit français au moyen-âge*, t. I, p. 63.

habetur loco, dit César. Toutefois, cette classe populaire, dans laquelle se recrute la clientèle de la noblesse, n'est pas privée de tous droits civils, et si elle supporte le fardeau des charges publiques, si l'on peut même supposer qu'elle ne jouissait pas du droit de *connubium* avec les deux autres classes, on ne saurait douter qu'elle ne possédât des biens et n'en pût librement disposer.

Famille. — Il y'a deux familles : la grande famille, la famille du clan, que César appelle *familia*, celle qui, descendant d'un auteur commun, se groupe autour du chef de clan, et forme pour ainsi dire une tribu cantonnée dans les environs de la demeure de ce chef, de son *mœnor*, de son *mansus*, le *meix* des chartes féodales, et la petite famille, celle qui naît de l'union conjugale. Je ne m'occupe que de celle-ci.

En se fondant sur un texte de César, applicable à l'île de Bretagne, on a prétendu que les Gaulois pratiquaient la communauté des femmes, ou au moins la polygamie (1). Mais dans ce texte, César ne parle pas de la Gaule, et cette idée de communauté ou de pluralité est contradictoire avec le respect professé par les Gaulois pour la sainteté du lien conjugal et pour la légitimité des enfants. D'ailleurs, plus loin, rapportant le serment des chevaliers gaulois, César déclare qu'ils jurèrent de ne pas revoir leur épouse, *uxorem*, avant d'avoir traversé deux fois les rangs ennemis (2). Ils n'avaient donc, en général, qu'une seule femme, comme les Germains (3). Ce qui le prouve encore, c'est que les liens de parenté s'étendaient presque indéfiniment. Ainsi, dans le pays Gallique, ils descendaient jusqu'au 18ᵉ degré. Avec la communauté ou la pluralité des femmes, ces liens auraient été presque impossibles.

Le père de famille, je l'ai déjà dit, a en Gaule une puis-

(1) Cæsar, v. 14.
(2) Cæsar, VII, 66.
(3) Tacite, *Germ.* 18.

sance absolue, *jus vitæ et necis*, sur ses enfants qu'il n'admet près de lui qu'à l'époque où ils deviennent aptes à porter les armes. *Filium in puerili ætate in publico, in conspectu patris assistere turpe ducunt* (1). Il a le même droit sur sa femme, d'après César. Si celle-ci le trompe, son adultère est puni des peines les plus terribles, de la torture et du feu (2).

Communauté conjugale. — Quels sont les rapports *réels* des époux ? Le douaire, la communauté qui existaient en germe dans les mœurs germaines figuraient-ils dans les institutions gauloises ? Les témoignages anciens ne nous l'apprennent pas. Il y a pourtant dans César un passage qui a été souvent commenté : le voici :

Viri quantas pecunias ab uxoribus dotis nomine acceperunt, tantas ex suis bonis, æstimatione facta, cum dotibus communicant. Hujus omnis pecuniæ ratio habetur, fructusque servantur. Uter eorum vita superarit, ad eum pars utriusque cum fructibus superiorum temporum pervenit (3).

« Le mari prélève sur ses propres biens, après estimation, une valeur équivalente et la réunit à la dot reçue. Un état des valeurs réunies est conjointement dressé ; les produits et revenus sont mis à part et conservés. Lorsqu'un des époux vient à mourir, le tout, capital et revenus, appartient au survivant. »

Voilà le texte. Il en résulte d'abord que le mari recevait une dot, que l'on formait ensuite une masse commune avec les apports réciproques, le mari apportant autant que la femme, enfin que cette masse se grossissait de tous les fruits pendant l'union. Mais à qui appartenait-elle à la dissolution du mariage ? C'est ici que commencent les divergences.

Les auteurs qui ont cru voir dans ce passage le principe de la communauté conjugale traduisent *pars utriusque* par

(1) Cæsar, vi, 18.
(2) et (3) Cæsar, vi, 19.

la moitié de la masse qui deviendrait la propriété du survivant, tandis que l'autre moitié irait aux héritiers du prédécédé.

C'est là une erreur. *Pars utriusque* ne peut signifier qu'une chose, la part de chacun, c'est-à-dire les deux parts.

Donc, les héritiers du prédécédé ne recueillent rien. Donc il n'y a pas communauté, mais simplement gain de survie. C'est une donation mutuelle et égale au profit du survivant des époux.

Mais comment interpréter ce compte des fruits mis en réserve ? Les époux ne pouvaient donc jouir des revenus de cette masse pendant leur union ? Des mille explications qui ont été fournies, aucune n'est satisfaisante; le problème reste encore insoluble (1).

Toutefois, en indiquant que les époux se faisaient à l'avance une donation mutuelle et égale de leurs apports, le texte de César nous permet de tirer une conclusion importante, c'est que les avantages entre vifs et les avantages pour cause de mort ou testamentaires étaient *pendant le mariage* interdits aux époux gaulois. En effet, s'ils avaient eu la faculté de s'avantager par testament ou par donation, pourquoi aurait-on fixé d'avance la quantité qui devait revenir à chaque époux dans la succession du prédécédé ? Or, nous retrouverons dans le droit coutumier de Bretagne cette double disposition du gain de survie constitué par un don mutuel et égal, et la prohibition

---

(1) V. Ch. Giraud, *Essai sur l'histoire du droit français ;* Gide, *Etude sur la condition de la femme.* — M Humbert (*du régime nuptial des Gaulois* Paris, 1858) a vu dans cette stipulation une convention particulière qui aurait frappé d'inaliénabilité pendant toute la durée du mariage les apports des deux époux et les revenus de ces apports. Le mari n'aurait eu ainsi que la jouissance de ces revenus, en ce sens qu'il aurait pu vendre les fruits et en placer le prix, tout en conservant le capital de ce prix, pour le restituer à la dissolution du mariage. Ce serait là, en effet, une convention bien particulière, et par conséquent bien invraisemblable.

faite aux époux de se faire des donations entre vifs ou à cause de mort postérieurement à la célébration du mariage. En un mot, on voit déjà apparaître chez les Gaulois le grand principe de l'affectation du patrimoine à la famille, qui sera l'une des règles les plus fécondes de notre droit coutumier.

Successions. — César classe les affaires de succession parmi celles dont les Druides étaient juges (1). C'est tout ce que les *Commentaires* nous apprennent du régime successoral des Gaulois. Cependant, comme ils se servent du mot *hœreditas*, on en a conclu qu'il s'agissait seulement de l'hérédité légitime et que la Gaule ignorait les testaments. Les enfants succédaient à leur père, mais celui-ci n'avait pas le droit de faire des dispositions testamentaires. On a cru confirmer cette opinion par une phrase de Symmaque, préfet de Rome au iv° siècle, qui disait en écrivant à Ausone, poète gallo-romain : *gignuntur hœredes, non scribuntur.* C'est là une conjecture bien hasardée. En admettant que Symmaque ait fait allusion au droit gaulois, ce droit n'avait-il pu se modifier pendant les trois siècles qui ont précédé le préfet de Rome ?

Donc, sur ce point, rien encore de certain.

On a cru voir en Gaule l'origine du *retrait lignager*, usité au moyen âge, c'est à dire du droit accordé au lignage, aux parents de racheter la terre patrimoniale aliénée, en un mot le droit d'écarter l'acheteur étranger. Et l'on a tiré cette induction d'une constitution de Valentinien, Théodose et Arcadius, de l'an 391, qui abolit l'antique usage du retrait exercé par les parents (2). Malheureusement, cette constitution ne dit point que cet usage était pratiqué en Gaule: elle est au contraire adressée au préfet

(1) Cæs. vi, 13.

(2) Cod. Theodos III, 1, 6. Cod. III, 14 — V. Perreciot. *État des personnes et des terres*, t. I, p. 565.

d'Italie. Il est donc difficile d'en conclure que le retrait lignager était dans les mœurs gauloises (1).

Propriété. — Serons-nous plus heureux en ce qui concerne le régime de la propriété ? Ce que nous savons, c'est que les Gaulois distinguaient deux sortes de propriétés immobilières ; la première était publique ; c'était *l'ager* ou *l'aire* en celtique ; ainsi les Eduens concèdent aux Boiens des terres publiques sur leurs frontières. La seconde était privée. César parle de procès soulevés *de finibus*, sur les limites des champs cultivés (2). Il ajoute d'ailleurs que les Germains, contrairement aux Gaulois, ne connaissaient pas la propriété foncière. Enfin, il est permis de voir dans les *ambacti*, ou clients d'un ordre inférieur, une sorte de colons attachés à la culture des champs, qui auraient été par conséquent possédés privativement par les patrons. Induciomare déclare son gendre Cingétorix ennemi du pays, et ordonne la vente publique de ses biens. On sait de plus que les Druides ne payaient aucun tribut, ce qui doit s'entendre d'un impôt territorial immobilier, et ce qui suppose une propriété particulière (3).

Mais là s'arrêtent nos connaissances historiques.

Obligations. — A Rome, l'obligation affectait non seulement les biens du débiteur, mais sa personne même. On se rappelle la rigueur de la loi des XII tables à cet égard. Il en était de même chez les Gaulois. Les débiteurs accablés sous le poids de leurs dettes, *obœrati*, dit César, tombaient en servitude ; ils se livraient à leurs créanciers qui les attachaient à la glèbe (4).

---

(1) M. Laferrière croit pourtant trouver la preuve que le retrait lignager existait en Gaule dans ce fait que la Constitution de 391 fut insérée en 506 dans le code d'Alaric, destiné à la Gaule méridionale (*Histoire du droit français*, t. II, p 102). On n'eût pas songé, dit-il, à l'abolir s'il n'eût pas existé.

(2) Cæs. VI, 13.

(3) Cæs. VI, 14

(4) Cæs. VI, 13

Ces obligations en général étaient garanties par deux sortes de liens : le serment et le gage. Le serment se retrouve au berceau de toutes les sociétés qui ont un culte quelconque. C'est quelquefois le plus sûr moyen de reconnaître la moralité de cette société. Le gage peut être de deux natures : le gage personnel ou la caution, l'otage ; le gage réel, mobilier ou immobilier. Nous ne rencontrons aucune trace de ce dernier dans les *Commentaires* ; mais nous voyons souvent des tribus ou des cités gauloises fournir des otages à l'appui de leur serment dans les conventions publiques. C'est ce qu'on appellera plus tard les *plèges de la foi*. D'après Pomponius Mela, les Gaulois stipulaient fréquemment le remboursement dans l'autre monde d'une somme prêtée dans celui-ci, ce qui atteste au moins leur croyance à l'immortalité de l'âme (1). Au delà de ces rares témoignages, un silence profond, il n'y a plus rien.

Institutions judiciaires. Droit criminel. — Avec les institutions judiciaires, nous revenons aux druides, qui administraient la justice et qui donnaient à la pénalité un caractère religieux, expiatoire (2). Cependant les Druides n'étaient pas les seuls juges. On voit souvent dans César des assemblées armées, ou des chefs, *vergobret* ou autres, prononcer des sentences capitales dans des affaires qui intéressaient sans doute le salut du peuple ou de l'armée (3). De plus, il y a quelque vraisemblance à supposer que dans les petites affaires on ne recourait pas au tribunal solennel des druides, mais à la juridiction domestique du chef de famille, du chef de clan (4).

Le tribunal des Druides tenait ses assises, ses grands

(1) Pomponius Mela, *de situ Orbis*, III, 2.

(2) Cæs. VI, 16.

(3) Cæs I, 16 ; VII, 4.

(4) Il en était du moins ainsi dans les lois galloises. *(Leges Wallicæ*, II, 22, 6, 20)

jours dans un lieu consacré, sur les frontières du pays Chartrain, considéré comme centre de la Gaule (1). Il ne se contentait pas d'appliquer des pénalités rigoureuses, vie pour vie, *pro vita hominis nisi hominis vita reddatur*, dit César, et des supplices atroces comme l'ablation des oreilles, l'aveuglement, le feu (2). Il ordonnait aussi parfois des sacrifices humains, non moins pour punir des coupables que pour plaire aux dieux (3). Mais il avait une sanction plus terrible encore de ses sentences, c'était l'excommunication, l'interdiction des sacrifices, ce que l'on appelait à Rome l'interdiction du feu et de l'eau (4). Quant à la *faida* germanique, à la composition qui était le rachat du délit ou plutôt de la lésion faite, du préjudice causé, on ne sait si elle était en usage en Gaule. Du moins César n'y fait aucune allusion, quoiqu'il soit vraisemblable que nos belliqueux ancêtres n'aient point volontiers renoncé au plaisir de la vengeance et aux profits qui pouvaient en résulter pour eux. — Pour les preuves judiciaires, les *ordalies* que nous trouverons plus tard chez les Germains, c'est-à-dire pour le combat singulier qui fut pendant tout le moyen âge le mode suprême de terminer les litiges, on peut supposer que cette pratique usitée chez les Germains l'était aussi chez les Gaulois. Pourtant, aucun texte ne nous permet de l'affirmer, et nous savons seulement que la torture fut employée par eux comme elle l'était en Grèce, à Rome, ou de l'autre côté du Rhin (5). Il est probable, sans être certain, qu'ils recouraient également au serment des proches, aux *cojurateurs*, pour attester l'innocence des accusés, en l'absence de toute preuve matérielle (6).

(1) Cæs. VI. 13. — Strabon, IV, 4, p. 68.
(2) Cæs. VII, 4.
(3) Cæs. VI, 16.
(4) Cæs. VI, 13.
(5) Cæs. VI, 19.
(6) Les *compurgateurs* existaient dans la législation galloise (*Triad.*, 250, § 3.)

Tels sont les uniques témoignages des anciens et les hypothèses, les déductions que le bon sens permet d'en tirer, pour déterminer le caractère de la législation gauloise, et rechercher ce que notre droit postérieur a pu recueillir de ces vieilles coutumes du sol national. On doit convenir que le bagage est mince et qu'il faut une certaine complaisance pour en conclure que le droit coutumier est né en Gaule, qu'il est l'expression des traditions et des usages celtiques.

Cependant il est une autre source de renseignements et de documents à laquelle on s'est avisé de puiser ; pour préciser les frontières du droit gallique on est sorti de notre territoire et on est allé invoquer le témoignage des nations qui ont avec les Celtes une communauté d'origine, de langue, de mœurs, sinon de nationalité. On s'est d'abord arrêté en Bretagne, dans la vieille Armorique, et l'on a consulté sa coutume : puis on a franchi la mer et l'on a suivi les Bretons de l'autre côté du détroit, dans l'île à laquelle ils ont donné leur nom, dans celle qui fut le sanctuaire et le refuge du druidisme, pendant l'occupation romaine, dans cette mystérieuse île de Mona, aujourd'hui Anglesey, dont les cavernes profondes récélaient les trésors des bardes et les mythes de la caste sacerdotale qui adorait Hesus et Teutatès ; on est allé surtout dans la province de Cornouailles, dans l'antique Cambrie, dans le pays de Galles, dont le nom seul rappelle la race qui l'a peuplé au moment où tout le reste de la Grande Bretagne appartenait aux Saxons, et de même que l'on a cru un instant pouvoir attribuer aux Celtes tous ces monuments étranges, menhirs, cromlechs, pierres levées, pierres branlantes, qui se dressent encore sur quelques points de notre territoire, quoique l'on rencontre des monuments semblables dans des contrées où les Celtes n'ont jamais mis le pied, comme en Algérie, on a voulu retrouver la trace des coutumes de la Celtique ou de la Gaule primitive dans les coutumes galloises.

Examinons donc cette dernière source de documents et nous conclurons ensuite à notre tour.

Cette source est double : la vieille coutume de la Bretagne et la législation du pays de Galles.

Coutume ancienne de Bretagne.— La Bretagne a eu trois coutumes ou plutôt trois rédactions successives de sa coutume. La plus vieille, celle qu'on appelait *très ancienne*, a été rédigée en 1330 par un auteur ou par une réunion d'auteurs inconnus, qui ont cherché à exposer le droit de leur pays au XIV° siècle (1). La seconde qui porte le nom *d'ancienne* a été rédigée en 1530(2), et la *nouvelle* en 1580(3). Bien que la première énonce dans son prologue qu'on a recherché les lois de *haute antiquité*, il est certain qu'elle a été profondément pénétrée du droit féodal qui dominait partout alors en France, et d'ailleurs elle est à une trop grande distance des usages gaulois, dont treize siècles la séparent, pour que l'on puisse espérer y rencontrer quelques traces de ces usages. Il en est à plus forte raison de même des deux rédactions postérieures. On ne peut donc espérer trouver quelques indications utiles sur les institutions gauloises qui auraient subsisté en Bretagne que dans les anciens cartulaires, dans les chartriers de la province, surtout dans ceux des abbayes. Ces cartulaires ont été fouillés, notamment celui de Redon, et qu'y a-t-on rencontré? Deux ou trois mots celtiques, qu'on n'a pu traduire exactement, et une institution originale, qui s'est perpétuée en Basse-Bretagne jusqu'en 1789. Cette institution, c'est le *domaine congéable* ou *convenant*.

On entendait par là un mode de possession et d'exploitation territoriale qui résultait de conventions particulières. C'était une tenure perpétuellement révocable à la volonté

---

(1) *Coutumier général de France*, t. IV, 199 et suiv.

(2) *Coutumier général*, t. IV, 291 et suiv.

(3) *Coutumier général*, t. IV, 360.

du concédant, sous la charge de rembourser au preneur ses améliorations, à dire d'expert. Le propriétaire retenait la propriété du fonds, le preneur acquérait les édifices et la superficie, mais il pouvait être *ad nutum* congédié par le propriétaire, quelle que fût la durée de sa jouissance, et perdait cette jouissance, sauf, comme je l'ai dit, le droit qu'il avait de rentrer dans ses impenses. Il n'avait pas la faculté de se retirer et, s'il n'était congédié, jouissait perpétuellement du fonds, en payant une redevance.

On distinguait ainsi dans ce contrat trois conditions substantielles :

1° Rétention de la seigneurie directe ou foncière au profit du concédant ;

2° Acquisition des édifices et superficies avec la faculté de jouir des fonds. moyennant une redevance annuelle, pour le *domanier superficiaire* ;

3° Droit accordé au seigneur foncier d'expulser le preneur moyennant le remboursement de la valeur des édifices et superficies.

C'était, en un mot, un contrat passé entre le capital et le travail, un accomodemment entre le propriétaire et le cultivateur.

Cette institution était évidemment antérieure à la féodalité. Mais provenait-elle des Gaulois ? On s'est efforcé de le soutenir, quoique sans aucune preuve. Dans une certaine localité, dans le pays de Rohan, le *domaine congéable* passait à la mort du tenancier, du *domanier superficiaire*, au plus jeune de ses enfants, au *juveigneur*. Nous retrouverons une disposition de ce genre dans le régime successoral du pays de Galles. Mais est-ce une raison pour soutenir qu'elle venait des Gaulois ? On l'a pourtant pensé; un médecin de Henri IV, Roch le Bailli l'a même fait remonter jusqu'aux Troyens. On l'a rapprochée d'une autre institution particulière à la Basse-Bretagne, les *communautés de laboureurs*, associations de colons qui

détenaient des terres sujettes à redevances et dépendant
du domaine d'un chef. Mais y a-t-il là un motif pour
croire que les unes et les autres soient d'origine celtique ?
Les jurisconsultes locaux attribuent la création du *convenant* aux migrations des insulaires de la Grande-Bretagne,
qui se sont produites du III° au VI° siècles. Expulsés
de leur pays par les Saxons, ils étaient venus chercher
un asile dans l'Armorique et demander à cette nouvelle
patrie un emploi de leur activité et de leurs bras. Les indigènes ne voulant pas leur céder le sol gratuitement, et les
immigrants n'acceptant pas la dure condition de simples
serfs, il intervint entre eux une transaction qui engendra les stipulations convenancières. M. Troplong au contraire en a cru trouver l'explication dans les longs voyages
des marins bretons (1). C'est peut-être exact ; seulement
on ne peut l'affirmer, on ne peut assurer qu'une chose,
c'est que rien n'établit que les Gaulois aient connu le
domaine congéable (2).

Droit Gallique. Lois d'Hoël. — Passons donc la mer, et
entrons dans le pays de Galles. Nous allons y rencontrer
encore la légende de ce personnage fantastique, que
M. Am. Thierry nous représente comme le grand conduc-
teur de la race Kymrique. Les Galles de l'île de Bretagne
auraient eu, d'après les triades galloises, trois instituteurs,
trois législateurs, Hû, Pridain et Moëlmud. Qu'ont fait
ces législateurs ? On l'ignore. Ils ont donné des lois à leur
peuple, mais quelles lois ? On ne les retrouve pas. Ce que
l'on sait seulement, c'est qu'au X° siècle, de 907 à 948,
Hoël-le-Bon recomposa l'unité de la monarchie Cam-
brienne, et fit rédiger une sorte de code ou plutôt de

_____

(1) V. sur le domaine congéable, Baudouin, *Institutes convenan-
tières* ; Hévin, *Questions féodales* ; Poullain-Duparc, d'Argentré, *de
laudimiis* ; Dufail, *Extrait des plus notables et solennels arrêts du
Parlement de Bretagne* ; Dom Morice, *Histoire de Bretagne* ; Furic,
sur l'usement de Cornouailles.

(2) *Contrat de louage*, t. I, 61.

coutumes locales par une assemblée de laïques et d'ecclésiastiques, choisis dans le pays parmi les plus doctes et les
plus sages. Ces personnages réformèrent les coutumes en
conservant parmi les anciennes celle qui leur semblaient
les meilleures. Malheureusement on n'a pas l'original de
ce code, on n'a que des coutumiers qui datent du XIII°
siècle et qui ont pris le nom d'Hoël-le-Bon, considéré
comme le grand législateur des Gallois. Ce sont ces coutumiers qu'un savant anglais du nom de Wotton publia
au siècle dernier (1). Ils ont été complétés par une publication plus récente faite en 1841 par M. Owen, sur l'ordre
du gouvernement anglais (2). Les uns sont en langue
latine, et les autres en langue cambrique. On a donné au
plus important de ces derniers le nom de *code vénédotien*,
parce qu'il s'appliquait à la Cambrie du nord, Gwynedd,
en latin *Venedotia*. Tous sont divisés en trois parties :
1° les lois concernant la cour du roi, *leges aulicæ* ; 2° les
lois et coutumes civiles, *leges patriæ* ; 3° les lois judiciaires,
liber de judiciis. Il y a aussi un livre de formules, dont la
date est incertaine.

Telle est la base de l'antique droit gallois. Voyons ce
qu'il contient, et s'il est possible de le regarder comme
l'héritier direct, légitime du droit celtique.

D'abord le régime politique est le régime monarchique.
Le roi a un nombreux personnel d'officiers, et vit du produit de ses terres, auquel il joint un tribut perçu sur
chaque propriétaire foncier, soit en nature, soit en argent.
Il a aussi le produit des amendes et un droit de mutation
sur les ventes d'immeubles et les successions.

(1) *Leges Wallicæ*, publiées en 1730, avec une préface de
G. Clarke.

(2) En 1825, William Probert a publié une traduction des lois
ou institutions de Moëlmud et des triades galloises. L'ouvrage de
M. Owen est intitulé *Ancient laws and institutes of Wales*. Il
comprend aussi les lois de Moëlmud, législateur légendaire, dont
les institutions ne paraissent être que la création de quelque barde
et n'ont aucun caractère historique.

Ce sont ses officiers fiscaux qui administrent le territoire divisé en *cantrefs* ou centaines de villages. L'autorité du roi n'est pas absolue, mais se partage entre lui et les principaux personnages du royaume, convoqués en assemblées plénières, à des époques périodiques. Quels sont ces personnages ? Ils forment sans doute une aristocratie militaire qui comprend tous les chefs de clan. En effet, il y a dans la Cambrie des petites sociétés, des groupes, appelés *kenedl*, que l'on considère comme des familles, qui sont unis par un lien de responsabilité commune, et dans le sein desquels la loi établit un ordre de succession, mais qui pourraient bien être de véritable clans, c'est-à-dire des associations formées par les descendants d'un auteur commun. Ce sont les chefs de ces familles qui conduisent les hommes à la guerre, la grande occupation des Cambriens.

Comme en Gaule la population se divise en hommes libres et en esclaves. Mais ceux-ci forment deux catégories, l'esclave proprement dit, celui qui n'a rien en propre, pas même sa vie, et un serf de condition moins rude, qu'on appelle *taeog* ou *bilaien*, d'où peut-être est venu notre mot de *vilain*. Ce dernier a un pécule propre, il est attaché à la glèbe, il est vendu avec elle ; mais il conserve sa personnalité, et sa vie est protégée par une composition.

La terre se partage en deux classes: les terres royales ou concédées par le roi, car toute propriété vient du souverain, et les terres communes, dont le jeune Cambrien, parvenu à l'âge de 14 ans, a le droit de demander un lot pour y établir sa demeure en attendant la succession de son père. Ainsi tous les hommes libres participent à la jouissance du sol. On cultive peu d'ailleurs ; le labourage est dédaigné par le Cambrien libre. C'est l'œuvre du serf ou du colon. Il n'y a point de commerce, point d'industrie.

Le liens de parenté et de famille s'étendent presque à l'infini, au moins jusqu'au 18ᵉ degré. Le père de famille n'a pas le droit de vie et de mort sur ses enfants ; il n'a sur eux qu'un pouvoir tutélaire. A 14 ans l'enfant mâle lui échappe. Quant à la fille, elle reste sous sa surveillance jusqu'à son mariage.

Ce mariage donne lieu à la perception d'un tribut, *amo-byr*, au profit du souverain. Le divorce existe, même du consentement mutuel ou à la volonté de l'un des époux· Quand il a lieu par la faute de la femme, il la prive de tous ses droits sur ses apports et sur sa dot.

La femme apporte en effet à son futur mari des objets mobiliers. Mais elle reçoit de lui plus qu'elle ne lui donne. Elle reçoit d'abord une dot qui lui servira plus tard de douaire, puis un don du matin, un présent qui suit la consommation du mariage comme en Germanie. A la dissolution naturelle de l'union conjugale, si celle-ci a duré moins de sept ans, la femme reprend ses apports et les dons qu'elle a reçus. Au delà d'une durée de sept ans, l'épouse peut demander le partage de toutes les valeurs mobilières laissées par le mari. Mais les porcs et la cave appartiennent de droit au mari, la laiterie et les brebis à la femme. Voilà bien le germe de la communauté conjugale, germe qui se développera plus tard chez nous sous l'influence des usages germaniques.

Le père ne peut exhéréder ses enfants. Il ne peut même aliéner son patrimoine sans le consentement de ses héritiers, à moins d'y être contraint pour vivre ou pour payer ses dettes. Il ne peut faire aucun avantage à l'un de ses fils au préjudice des autres. Mais la coutume, ici bien distincte de ce que nous verrons au moyen âge qui établit le droit d'aînesse, crée un privilège au profit du cadet, *juveigneur*, qui a un droit exclusif au manoir paternel et à la terre qui l'entoure. C'est aussi la règle des vieilles coutumes bretonnes du pays de Rohan. Sauf ce privilège, fondé sur ce que le plus jeune des fils est moins en état de subvenir à son existence que les aînés, l'hérédité se partage également entre tous les fils, car, pour la fille, elle n'a droit

qu'à la moitié de la part d'un fils dans la succession mobilière de son père, et à rien dans la succession immobilière.

Dans la ligne collatérale, il n'y a de droit à l'hérédité
que pour la descendance. Les biens patrimoniaux d'un
homme décédé sans enfants retournent à la ligne de ceux
auquel le fonds avait autrefois appartenu. *Paterna paternis, materna maternis.* C'est ce que dira la coutume de
Bretagne en posant cette règle que *les héritages doivent
aller à la ligne dont ils sont partis.* Les collatéraux ne sont
pas censés hériter du décédé, mais de l'auteur commun
dont celui-ci tenait son patrimoine. On veut que les biens
ne sortent pas de la famille et qu'ils suivent les générations, sans jamais les remonter. C'est pour cette raison
que les fils doivent consentir à l'aliénation des biens patrimoniaux par leur père, et que les parents peuvent
exercer le retrait lignager, c'est-à-dire évincer l'acheteur
étranger en lui remboursant le prix d'acquisition. Nous
retrouverons cette disposition dans notre droit coutumier.

Quant au testament, les lois d'Hoël déclarent que les
biens fonds ne peuvent être légués par testament, et que
le fils peut rendre inutile le legs fait par son père, à moins
que ce legs ne soit un don mortuaire à l'église ou le paiement d'une dette.

Au point de vue de la propriété, ce code contient une
disposition curieuse qui sera l'un des fondements de notre
droit coutumier. C'est la disposition en vertu de laquelle
le possesseur d'un fonds pendant un an et un jour conservait les fruits de ce fonds, si le propriétaire, présent
sur les lieux, n'avait pas dans l'année interrompu sa possession. Le droit de propriété restait intact, mais le propriétaire perdait les fruits. On reconnaîtra là l'origine
de la saisine qui a joué un si grand rôle au moyen âge.
Quant à la prescription acquisitive de propriété, elle
n'avait jamais lieu entre parents, frères ou sœurs, et entre

étrangers elle ne s'établissait que par une possession de trois générations d'homme.

Pour le droit criminel, une grande analogie existe entre la législation galloise et les coutumes germaniques que nous étudierons plus loin. Il y a plus de pénalités et les pénalités sont plus sévères chez les Gallois qu'en Germanie : c'est la mort, la mutilation, le bannissement, la mise hors la loi, la confiscation, l'amende. On applique ces peines avec une extrême dureté. Le viol par exemple peut être en certains cas puni de mort. Mais, comme chez les Germains, la composition pécuniaire joue un très grand rôle, et l'on peut aisément effacer un homicide ou des blessures en payant une indemnité tarifée d'après la condition des personnes. On rachetait ainsi le droit de vengeance qui appartenait à la famille de l'offensé, ce qui permettait à celle-ci de toucher le prix de la satisfaction offerte par le coupable. Chose bizarre ! celui-ci ne supportait pas seul l'indemnité. Il n'en payait qu'une partie; le reste était à la charge de ses parents paternels et maternels, les premiers acquittant le double des seconds. La responsabilité s'arrêtait seulement au 9e degré. Du reste, un tiers de la composition était prélevé par le roi, et les deux familles de la victime se partageaient inégalement le surplus, le côté paternel étant favorisé aux dépens du côté de la mère.

Satisfactions pécuniaires ou peines proprement dites, l'application des châtiments était confiée à des officiers royaux assistés des propriétaires fonciers qui avaient le droit et le devoir de siéger aux assemblées de justice. N'était-ce pas là une imitation du régime judiciaire anglais ? Au dessus de ces juridictions, le roi siégeait en sa cour. Mais il n'y avait pas à proprement parler appel; le recours du plaideur mécontent n'était qu'une prise à partie du juge, qui perdait la langue si son jugement était déclaré contraire au droit, à moins qu'il ne la rachetât par une composition

spéciale. Il en était de même pour le plaideur téméraire
qui avait à tort accusé d'injustice son premier juge. Les
coutumiers Gallois gardent le silence sur le combat judiciaire et les ordalies. Quelques auteurs prétendent
qu'Hoël-le-Bon en avait aboli l'usage. Cependant il paraît
démontrè qu'on y recourait encore au douzième siècle.

En résumè, le droit gallique renferme des dispositions
singulières dont nous retrouvons quelques unes dans notre
droit coutumier. Mais d'où les tirait-il lui-même? Des
anciens usages gaulois, comme on l'a soutenu, ou des lois
anglo-saxonnes, qui venaient elles-mêmes des coutumes
germaines? C'est là une question fort obscure, fort in-
décise, qu'il n'est pas possible de résoudre avec autorité
et sur laquelle on ne peut invoquer que certaines vraisem-
blances. Or, n'est-il pas plus vraisemblable de supposer
qu'Hoël-le-Bon, qui a réformé au x° siècle la législation de
son peuple, a tiré parti d'une législation voisine, bien
qu'appartenant à une nation ennemie, que de croire à une
conservation intacte, durant neuf cents ans, des usages
importés de Gaule en Cambrie par les Bretons qui ont
colonisé cette dernière province? Et si la raison, le bon
sens, la vraisemblance nous indiquent cette solution, que
restera-t-il, d'après les documents empruntés à l'histoire
romaine, c'est-à-dire à César, à Tacite et à deux ou trois
autres écrivains, de l'origine celtique de notre droit
coutumier? On s'est de nos jours beaucoup préocupé des
Celtes et je le comprends sans peine. Déjà, dans le siècle
dernier, Pelloutier, dom Martin et leur école avaient recherché dans les origines celtiques la clef mystérieuse des institutions anciennes de l'Europe. La Thaumassière et Grosley
surtout croyaient fermement à la persistance des coutumes
gauloises. On a pris à contribution, pour essayer de connaître nos aïeux, non seulement les légendes, les poèmes,
les traditions populaires, mais la terre elle-même, la géo-
logie, la crâniologie, l'archéologie, beaucoup de sciences

aux noms pompeux et de création moderne. A quels
résultats a-t-on abouti jusqu'à ce jour? A des systèmes
plus ou moins ingénieux, à des hypothèses plus ou moins
séduisantes, *domos vacuas et inania regna*, et c'est la
seule certitude que nous puissions atteindre, lorsque
nous recherchons ce que les lois du moyen âge ont emprunté
à celles de nos premiers ancêtres.

CHAPITRE DEUXIÈME

LES ROMAINS

En quittant le droit et les coutumes galliques, nous
sommes sortis des ténèbres. Avec l'invasion romaine en
Gaule, nous entrons désormais dans la période historique;
à la place de l'incertitude, nous allons rencontrer l'histoire; au lieu de conjectures et de rapprochements habiles,
mais équivoques, de déductions assurément fort érudites,
mais qui pèchent par la base, nous trouvons maintenant des
témoignages directs et précis, des documents authentiques,
qui ne nous permettent plus de nous égarer, et que nous
pourrons suivre avec confiance, sans crainte d'en voir
contester l'exactitude ou répudier l'autorité. Sans doute
les chances d'erreur seront encore innombrables, car
elles le sont toujours, et nul ne peut se flatter d'y échapper. L'histoire ressemble assez à la fameuse toile de
Pénélope dont nous parle le chantre de l'Odyssée : elle
n'est jamais finie, et chaque jour défait ce qui a été tissé
la veille. Mais lorsque le pied du voyageur s'asseoit sur
un terrain solide, il n'a pas à redouter de vaciller dans
sa marche, et peut toujours rentrer dans la voie qu'il

aurait un instant délaissée. César et, après lui, les historiens, les jurisconsultes, les lettrés de Rome vont nous
servir de guides; nous pouvons hardiment nous avancer
à leur suite.

Une observation me frappe tout d'abord, et cette observation est grave, parce qu'elle est celle d'un maître :
« De tous les peuples qui furent en guerre avec Rome,
dit Tacite, aucun ne fut soumis plus vite que les Gaulois. » Si cette remarque n'est pas favorable en apparence à nos ancêtres, elle n'a rien qui doive nous surprendre, car ils n'avaient pas, à proprement parler, de
nationalité, ils ne formaient pas un peuple, mais quatre-
vingts Etats ou peuples différents. Chacun de ces peuples
possédait au plus haut degré l'amour de l'indépendance
et de la patrie. Mais ils n'avaient ni l'unité de race ni
l'unité politique; ils n'étaient rapprochés entre eux ni
par un lien fédéral, ni par une autorité supérieure ; ils
étaient fréquemment alliés, mais aussi fréquemment
rivaux et adversaires, et dans leurs querelles intestines,
ne répugnaient pas à appeler à leur aide l'étranger. Dans
l'intérieur même de chaque Etat, les esprits n'étaient pas
moins divisés. Les intérêts, les ambitions, les dévouements se rattachaient plutôt aux factions locales qu'à la
patrie ; si César accuse les Gaulois d'être mobiles et
d'aimer les révolutions, c'est qu'il avait observé que
chaque déclaration de guerre avait été chez eux précédée
de grands troubles intimes, et que l'alliance ou l'inimitié
de ces peuples dépendait surtout des partis qui s'y dispu-
taient le pouvoir et le déplaçaient en s'appuyant sur une
intervention extérieure. Lorsqu'une faction appelait les
Germains à son aide, sa rivale s'adressait à Rome, et
l'on vit un jour discuter chez les Eduens la question de
savoir s'il était préférable de subir la domination d'un
peuple gaulois, ou de s'incliner sous le joug, à peine déguisé par la forme d'une alliance, de la reine des
nations antiques, de la nation romaine.

Les armées de César, qui comptaient peu de légions venues d'Italie, étaient en grande partie composées de Gaulois. Le conquérant de la Gaule la vainquit par ses propres armes, par ses propres fils : il la réduisit en servitude moins à titre d'ennemi qu'à titre d'allié.

Mais le mot de servitude convient-il bien à la condition qui fut désormais faite à la Gaule par ses vainqueurs ? On se la figure volontiers mutilée, écrasée, anéantie, ou tout au moins chargée de chaînes, avilie, dépouillée comme l'esclave antique. Rien, absolument rien n'autorise une opinion semblable. Ce qu'il y a de vrai, c'est que la Gaule reçut une nouvelle forme et un esprit nouveau.

Un peuple conquérant peut se conduire de deux manières très différentes à l'égard du peuple conquis. Il peut se substituer complètement à lui, soit par la destruction, soit par l'expulsion, le refoulement, comme on dit de nos jours en Afrique à propos des Arabes de notre grande colonie méditerranéenne , ou bien il peut se l'assimiler, l'absorber.

Rome usa de ce dernier moyen à l'égard de sa nouvelle conquête. Elle n'en détruisit pas les peuples, elle leur laissa même, sauf de rares exceptions, leur organisme et leur vie intérieure. Elle ne toucha tout d'abord à aucun État gaulois. Mais dès que la Gaule lui fut ouverte, elle s'y jeta tout entière. Je ne veux pas dire qu'elle envahit le sol et l'inonda de sa race : ce qui passa de citoyens romains dans la Gaule après la réduction de celle-ci fut imperceptible; mais elle la couvrit de ses institutions. Elle ne se contenta point de lui imposer une soumission facile, car elle apportait à ces peuplades naguère si divisées la paix durable, la paix romaine, *pax romana*, terme par lequel on désignait souvent l'empire ; elle ne se contenta point d'exiger le paiement exact d'un impôt (1) dont on se

(1) Suétone, *Vita Cæsaris*, ch. xxv ; Tite-Live, *Epitome*, ch. cxxxiv.

plaignit comme on s'en plaignait déjà au temps de l'indépendance ; elle voulut faire de la Gaule un pays italique, une province : elle lui donna la *forma provinciæ*, charte dont nous ne connaissons pas le texte, mais qui classait sans doute la nouvelle terre annexée, comme les autres pays soumis par les légions, dans une condition intermédiaire entre celle de la nation souveraine, *civitas*, et la nation asservie, *dedititii*. Tout en ménageant les individus, en respectant leurs propriétés, leur liberté, en les flattant, en les honorant même, elle mit vigoureusement la sape dans leurs mœurs et dans leurs institutions civiles, et pour cela, Rome n'eut pas besoin de recourir à la violence, elle rencontra ses meilleurs auxiliaires dans les Gaulois eux-mêmes, et se borna à leur montrer, avec l'ascendant de sa force militaire, l'ascendant peut-être supérieur de sa civilisation.

Chose singulière et dont on ne se rend pas bien compte tout d'abord, en quelques années le druidisme disparut. Auguste l'interdit aux Gaulois qui devenaient citoyens romains, et Claude étendit ensuite cette prohibition à tous les habitants de la Gaule. Mais il ne semble pas qu'aucune persécution ait ensanglanté le pays à cet égard. On serait tenté de croire, au contraire, que les temples de Jupiter, d'Hercule et de Mars, associés aux primitives divinités celtiques, aient poussé d'eux-mêmes sur le sol de la nouvelle province (1).

Le latin devint en même temps le langage usuel, non seulement celui du monde officiel, celui des actes de l'administration publique et des documents judiciaires, mais aussi le langage du monde gaulois. Il y eut également peu à faire de ce côté. La langue latine était si supérieure à l'idiome celtique, et la *Gallia facunda* de Juvé-

---

(1) Le culte des divinités inférieures se maintint pourtant longtemps, par exemple celui des *Matræ* et de *Taranis*.

nal était si éprise d'éloquence et de phrases harmonieuses
que cette langue parvint promptement à remplacer le
celte dur et indigent dans les classes élevées surtout, et
de celles-ci passa aux classes inférieures, toujours ten-
tées d'imiter celles qui les dominent. *Sermonis celtici
squamam depositura nobilitas*, dit Sidoine Apollinaire (1).
A cette époque surgirent de nombreuses écoles entre-
tenues pour la plupart par les Gaulois eux-mêmes, et les
académies d'Autun, de Trèves, de Marseille, de Besançon, de Bordeaux, de Toulouse portèrent au loin la réputation des rhéteurs de la Gaule (2). La jeunesse y apprit
sans peine que la civilisation romaine était supérieure à
la barbarie de ses aïeux ; elle y apprit aussi à rendre un
culte au génie de Rome dans la personne de ses empereurs, et ce fut ainsi que, peu d'années avant l'ère chrétienne, soixante peuples gaulois s'unirent pour élever au
confluent du Rhône et de la Saône, près de Lyon, alors
colonie romaine, mais en dehors de ses murs, sur le sol
gaulois, comme pour mieux marquer la spontanéité de cet
hommage, un temple consacré à la *déesse* Rome et au
dieu César Auguste.

L'aristocratie gauloise ne fut pas moins captivée que la
jeunesse. Cette aristocratie — qu'on me passe une expression qui rend très imparfaitement les divisions de
castes — était fière, vaniteuse, avide d'honneurs et de
jouissances, de prérogatives et de distinctions, imitatrice
de l'étranger à l'excès, c'est-à-dire très portée aux nou-
veautés — nous n'avons guère changé depuis César; —
on la combla de dignités. Seulement elle perdit son caractère national; elle cessa d'être gauloise, elle devint ou
elle se fit romaine. Bientôt elle n'eut d'autre ambition
que de faire partie du patriciat de Rome. Un grand

(1) *Epist.*, lib. III, 3.

(2) Strabon, IV, p. 181 ; Eumène, *Pro restaur. schol.* 5 et 14.

nombre de Gaulois entrèrent dans l'ordre équestre, qui admettait tous les candidats ayant 400,000 sesterces inscrits au cens. On leur ouvrit même le Sénat, l'auguste Sénat, sans les contraindre à résider dans la capitale du monde romain. On créa ainsi des sénateurs provinciaux qui avaient le rang, non les fonctions. L'empereur Claude fit surtout de ce système d'annexion un moyen de popularité et un mode de gouvernement. Rappelons-nous son célèbre discours sur la demande des Eduens qui sollicitaient l'admission à la jouissance des droits politiques et le *jus honorum* (1). Les peuples se jetèrent dans les bras de Rome, dès qu'ils y trouvèrent des avantages et des honneurs. Il y eut dès lors plus d'hommes qui se crurent affranchis que d'hommes qui se sentirent subjugués. Ils en vinrent bientôt à être reconnaissants de la conquête elle-même vis-à-vis la race conquérante, et loin de chercher à secouer son joug, ils l'aimèrent d'un amour ardent et passionné.

I. *Droit de cité*. — Le droit romain reconnaissait, quant à la capacité civile, trois classes d'habitants de l'empire, les *cives*, les *latini* et les *peregrini* ou étrangers. Rome concéda le droit de cité à une grande quantité de Gaulois individuellement, puis à un certain nombre de collectivités, de peuples, comme les Saliens et les Cavares. Il en fut de même du *jus italicum*, sauf qu'il fut encore plus prodigué. Sous Néron, les villes des Alpes Cottiennes le reçurent; Lyon, Vienne, Cologne, Orange, Fréjus, Arles, Nîmes, une partie de l'Aquitaine et de la Narbonnaise obtinrent également cette faveur enviée. Une constitution célèbre de Caracalla admit enfin au droit de cité tous les peuples et toutes les provinces qui, à la date de sa promulgation, faisaient partie de l'empire. Il resta sans doute des latins, par suite d'affranchissements individuels; il resta

---

(1) Tacite, *Annales*, x, 24.

surtout des *peregrini,* mais ce furent désormais des exceptions.

Les classes élevées accueillirent avec joie toutes ces concessions qui les élevaient au niveau des vainqueurs et qui leur assuraient, avec les bienfaits de la paix, la jouissance prolongée d'une civilisation dont elles ne pouvaient nier ni la supériorité, ni les agréments. Les classes infimes, les classes pauvres, qui rêvaient moins le rétablissement de l'ancienne indépendance que l'abaissement des chefs et des puissants, furent moins sensibles à cette égalité universelle, plus apparente qu'effective, puisqu'elle laissait subsister les privilèges et les distinctions honorifiques. Les nouveaux citoyens gratifiés de ce titre le reçurent souvent pour ce qu'il valait : Salvien va même jusqu'à dire qu'on le regardait non seulement comme une vaine distinction , mais comme une sorte d'abomination (1). La plèbe se romanisa donc moins vite que l'aristocratie, et si elle goûta sans peine la centralisation, parce qu'il plait toujours aux hommes de savoir que celui à qui ils obéissent obéit lui-même à un autre, si le pouvoir suprême de l'empereur parut à ses yeux une garantie contre la tyrannie des petits fonctionnaires, cet empereur était trop éloigné pour que la garantie fût toujours réelle, et le peuple alla souvent chercher un refuge contre le despotisme local sous l'autorité d'un chef, qui levait le drapeau de l'insurrection, moins pour restaurer la nationalité gauloise, dont le souvenir lui-même s'était effacé, que pour protester contre le joug de quelques lieutenants des Césars. Ce sont les libertés politiques qui transforment le plus vite une nation et qui la modifient le plus profondément. Or, il n'y avait alors aucune liberté politique. L'empereur était le maitre : *populus in eum omnem suam transtulit potestatem.* Tous étaient sujets : il n'y avait

---

(1) *De gubernatione Dei,* v.

qu'un despote. Seulement, ce maître avait des représentants, et l'on voit par le nombre des députations provinciales qui venaient à Rome accuser leurs gouverneurs, que, malgré la centralisation impériale, il y avait encore place à bien des abus, des excès et à un arbitraire, dont l'impunité fut souvent la principale cause des soulèvements populaires.

II. *Assemblées générales*. — Rome avait cependant laissé à la Gaule, devenue province romaine, une apparence d'autonomie, un fantôme de liberté. En mémoire d'une ancienne coutume des Celtes qui tenaient des assemblées générales, ou plutôt peut-être par imitation des féries latines de la primitive Italie, car ces réunions n'étaient point particulières à la Gaule et se tenaient dans toutes les provinces de l'empire, elle créa le *conventus*, *totius Galliæ*, sorte de concile national, qui s'assemblait à Lyon, et où étaient convoqués les députés de chaque peuple Gaulois. Les provinces avaient aussi leurs *conventus*, leurs conciles particuliers, comme le *conventus helveticus*, cité dans une inscription que rapporte Gruter, celui de la province ultérieure, et l'*epitome* du 134ᵉ livre de Tite-Live parle d'Auguste, *quum conventum Narbona ageret*. Ces assemblées, composées de propriétaires et de fonctionnaires, *possessores*, *honorati*, qui célébraient leurs réunions par de grands et pompeux sacrifices, disposaient d'un trésor commun administré par des officiers particuliers et alimenté par une taxe. Elles examinaient l'état des provinces et donnaient leur avis sur l'administration des gouverneurs impériaux. Elles étaient aussi des plaids juridiques, de véritables sessions d'assises présidées par le légat ou proconsul et dans lesquelles celui-ci rendait la justice avec ses assesseurs. Comparez-les au parlement ambulatoire de nos premiers rois, ou aux Etats généraux et provinciaux de notre ancienne monarchie, et vous aurez une idée à peu près exacte de leurs attributions, sans que celles-ci s'étendissent pourtant jusqu'au vote de l'impôt.

Le *conventus* national dura peu ; au iiie siècle, il avait déjà disparu et on tenta vainement de le restaurer deux cents ans plus tard. Les *conventus* provinciaux furent plus durables, probablement parce que, chargés d'administrer la justice, ils répondaient à un besoin plus impérieux et plus fréquemment renouvelé. Rome essaya même, à l'aide de ces assemblées locales, de galvaniser le régime municipal lorsque celui-ci s'en allait expirant. En 418, Honorius voulut les rétablir et convoqua à Arles les députés des sept provinces en joignant la menace d'une amende de trois livres d'or à la description des charmes de la cité arlésienne. Mais, si elle se réunit, cette assemblée des anciens magistrats, des grands propriétaires et des juges de chacune des provinces ne fit rien. La population était manifestement devenue indifférente à ce simulacre de liberté, qui se réduisait le plus souvent à couvrir d'éloges l'administration du gouverneur de la province, à ce point que, déjà au temps de Tacite, on fut obligé de rappeler aux assemblées provinciales qu'elles avaient pour mission de critiquer et non de flagorner les fonctionnaires impériaux.

III. *Provinces.* — Qu'entendait-on par provinces ? A l'origine, lorsque Auguste vint dans la Gaule pour organiser définitivement le pays conquis par César, il le divisa en quatre provinces, l'Aquitaine, la Belgique, la Lyonnaise, substituée à la Gaule celtique, et la Narbonnaise ou ancienne province citérieure. Quelque temps après, on démembra de la Belgique deux autres provinces, la Germanie supérieure et la Germanie inférieure. Ces provinces se subdivisèrent elles-mêmes en sections, qui prirent souvent des numéros d'ordre; il y eut ainsi quatre Lyonnaises, deux Aquitaines, deux Belgiques, deux Narbonnaises. Avec les Alpes grecques et les

Alpes maritimes, la Gaule finit par compter 17 provinces (1).

Ces provinces se partageaient en deux classes : les provinces du peuple romain ou celles qui relevaient directement de l'autorité du Sénat et les *provinciæ Cæsaris*, ou provinces de l'empereur (2).

Les premières étaient administrées par un proconsul ou propréteur. Il en était ainsi, du moins, pour la Narbonnaise. Les secondes étaient confiées aux *legati Cæsaris*, qui cumulaient les fonctions administratives, judiciaires et militaires. Ces dernières provinces étaient surtout les provinces frontières, celles dont la situation géographique exigeait le plus de surveillance et de vigilance. Mais peu à peu les lieutenants de l'empereur envahirent les premières et finirent par déposséder le Sénat de toute administration.

Au IVe siècle, les 17 provinces gauloises étaient régies chacune par un gouverneur ou *præses* qui, pour six d'entre elles, devait être un personnage consulaire. A la tête de ces gouverneurs et sous les ordres directs de l'empereur, était l'un des quatre préfets du prétoire, qui étendait son autorité sur la Gaule, l'Espagne et l'île de Bretagne. Ce préfet ou ce ministre universel — car il touchait à toutes choses — avait un *vicaire*, chargé exclusivement d'inspecter la Gaule et de contrôler l'administration des gouverneurs. Constantin, désireux d'affaiblir l'autorité des préfets du prétoire, créa des *magistri militum*, qui avaient le commandement militaire, les uns pour l'infanterie, les autres pour la cavalerie . Cassiodore, qui fut deux fois préfet du prétoire en Italie au VIe siècle, rapporte ridiculement l'origine de cette dignité aux Pha-

---

(1) Guérard, *Essai sur le système des divisions territoriales de la Gaule*, 1832.

(2) Dion Cassius, LIII, 13, LIV, 4.

raons; il déclare qu'elle conférait presque le pouvoir de faire des lois, et qu'elle était si considérée que l'empereur lui-même, avec lequel le préfet partageait certaines attributions, se levait en sa présence. Lydus compare non moins bizarrement les fonctions de ce préfet à l'Océan de l'administration, d'où partent et aboutissent tous les fleuves. Il faut ajouter que les préfets du prétoire statuaient sur l'appel des jugements rendus par les *judices* et les gouverneurs. L'on ne put même se pourvoir contre les décisions ainsi rendues sur appel que depuis une Constitution de Dioclétien et de Maximien, qui autorisa les parties à demander, pendant deux ans, à l'empereur la révision de la sentence du préfet du prétoire, *supplicandi non provocandi*, par forme de requête et non d'appel (1). Le préfet du prétoire des Gaules eut sa résidence à Trèves jusqu'au commencement du v° siècle, époque à laquelle elle fut transférée à Arles.

IV. *Organisation militaire.* — Bien que ce sujet ne se rattache pas directement à l'objet de nos études, je veux dire quelques mots de l'organisation militaire de la Gaule sous la domination romaine. Dans chaque diocèse de l'Empire d'Occident, le commandement des troupes était confié à un comte, *magister equitum per Gallias*, qui relevait des *magistri militum* et non du préfet du prétoire, et à des *duces limitum*, au nombre de six, chargés de la défense des frontières.

L'armée se recrutait par des engagements volontaires et par des appels forcés. Le contingent à fournir était déterminé par l'empereur. La charge de la conscription était réelle, c'est-à-dire qu'elle était imposée *pro viribus patrimoniorum*, comme aujourd'hui en Russie. Ceux qui n'étaient pas assez riches pour fournir un conscrit se réunissaient à d'autres, afin de supporter cette charge en

---

(1) Cod. Théodos. l. unic., *de offic. præf. præt.*

commun. Nous retrouverons cette disposition sous le
régime féodal, qui imposait à un certain nombre de feux
l'obligation de fournir un homme d'armes à l'Etat ou au
seigneur.

La durée du service militaire sous l'Empire était de
vingt ans. Le soldat était entretenu et nourri par l'*annona militaris*, réquisition en nature levée sur les possesseurs de fonds, au prorata des *juga* ou *capita*, c'est-à-dire des arpents de terre qui leur appartenaient. Les
esclaves et les juifs étaient exclus du service militaire,
mais non les cultivateurs du sol que nous verrons bientôt
apparaître sous le nom de colons. Certaines dignités
en dispensaient, comme celle de membre des curies ou
la qualité d'*illustres*, de *spectabiles* ; d'autres professions
étaient jugées incompatibles, comme celles de cuisinier,
de boulanger, de médecin, de cabaretier.

V. *Organisation financière*. — Les revenus de l'Empire
se composaient, outre le produit des domaines impériaux,
d'impôts directs et d'impôts indirects.

Les contributions directes consistaient en capitation
foncière, *capitatio terrena*, et en capitation personnelle,
capitatio humana.

L'impôt foncier était basé sur un cadastre commencé
sous Auguste en 727 et tenu au courant par un renouvellement périodique de 15 en 15 ans, qui était confié à
des *censitores*, choisis dans la corporation des *agrimensores*. Un édit impérial, *indictio*, fixait chaque année le
montant total de cet impôt pour la répartition duquel
on divisa, jusqu'à Dioclétien, le sol imposable en fractions superficiaires dont on faisait des unités cadastrales,
appelées *jugum* ou *caput*, d'une étendue variable (le plus
souvent 60 jugères ou 15 hectares), mais d'une valeur fixe,
établie à 1,000 *solidi* en capital (15,000 fr.). C'est ce qui fit
donner au *caput* le nom de *millena*, millène, inséré dans
la novelle de Majorien, de l'an 458.

La contribution se paya d'abord par douzièmes, puis en trois termes annuels, les 1ᵉʳ janvier, 1ᵉʳ mai et 1ᵉʳ septembre. De 8,183,333 fr. qu'elle était sous César, elle s'éleva avant l'empereur Julien à 577,000,000 fr., et fut réduite par ce prince à moins de 150,000,000. On estime qu'en moyenne la Gaule, dans les limites actuelles de la France, payait un impôt à peu près égal à celui que nous payons aujourd'hui (162 millions de francs). Mais la superficie cultivée était beaucoup moins considérable et la population ne dépassait guère dix millions d'habitants. C'était donc le 40ᵐᵉ du capital, chiffre énorme, que les contributions foncières actuelles sont loin d'atteindre, surtout si l'on se rappelle qu'en outre la terre devait l'annone militaire (1).

La capitation personnelle, *capitatio humana*, *census capitis*, n'était qu'un impôt subsidiaire qui atteignait ceux qui n'avaient pas de propriété foncière, les *rusticani*, les *plebeii*, les ouvriers des villes et des campagnes. Les femmes ne payaient que la moitié, puis le quart de la capitation des hommes. Mais les veuves, les mineurs de 25 ans, les majeurs de 65, les soldats ou vétérans, les peintres en étaient exempts. On appelait *tributarii* toutes les personnes frappées de cet impôt auquel étaient également soumis les esclaves et les colons (2).

Quant aux contributions indirectes, *vectigalia*, elles consistaient en un centième perçu sur les achats et

_____

(1) V. Savigny, *Histoire du droit romain*, t. I, et son *Mémoire sur les impôts sous les empereurs*, analysé dans le tome X de la *Thémis*, en 1831 ; Dureau de la Malle. *Economie politique des Romains* ; Giraud, *Essai sur l'histoire du droit français au moyen-âge*, t. I. p 93 ; Baudi di Vesme, *Mémoire* traduit par M. Ed. Laboulaye, dans la *Revue historique du droit français*, 1861.

(2) Cod. Theodos, l 7, *de tiron*; l 2, *de censu* ; l. 3, *de re milit.*; l. 4, *de excusat. artif.* ; l. 4, *de veteran.*; l. 3, *de numerariis.* Cod. Just., l. 4 et passim, *de agric. et censit.*

ventes, *centesima rerum venalium* (1), en un vingtième sur
les successions, *vicesima hereditatum* (2), aboli à une
date inconnue, et en droits de péages perçus sur le transport des marchandises, *portoria* ou *telonia* (3). Ces contributions étaient affermées.

Enfin, il existait des prestations en nature dues par les
citoyens pour la réparation des routes et des ponts, et
une obligation de transporter les fonctionnaires et les
convois publics, *cursus publicus* (4).

Tous ces revenus étaient administrés en Gaule, sous
l'autorité centrale du *comes sacrorum largitionum*, par
deux intendants, *rationales*, l'un pour le midi et l'autre
pour le nord, qui avaient eux-mêmes sous leurs ordres
à Trèves, à Lyon, à Nimes et à Arles quatre préposés,
præpositi thesaurorum; par trois *procuratores monetæ*, à
Lyon, Arles et Trèves, et par un trésorier général avec
une administration du cadastre à Lyon. Quant au trésor
privé de l'empereur, il avait deux *procuratores rei pri-
vatæ* à Trèves et à Besançon.

Mais ces administrateurs ne recouvraient pas les impôts, dont la perception était mise à la charge des cités
ou plutôt de leurs magistrats, de leurs décurions. Cela
même devint la cause principale de l'affaiblissement et
de la chute du régime municipal, car ces décurions
étaient responsables de la recette, et cela non seulement
pour leurs propres fautes, mais encore solidairement
pour celles de leurs collègues. On a fait un éloquent
tableau des misères attachées à cette charge, des efforts
tentés par les membres de la curie pour s'y soustraire,

(1) Dig l. 17, *de verb. signif* .

(2) Dion Cassius, lib. LV, p. 68, édit. de 1551.

(3) Cod. Theodos., *interpretatio*, l. 1, *de vectig. et com.*; Cod.
Just. l. 5, *de vectig.*

(4) Cod. Theodos., *de cursu publ.*

des pénalités inventées à l'effet de les y contraindre, des
jugements qui condamnaient les malfaiteurs à entrer
dans la curie, afin d'en renforcer ou d'en remplir les
rangs. Ce sombre tableau est dans toutes les mémoires :
je n'y reviendrai pas. Il me suffira d'ajouter que ce système oppresseur et impitoyable atteignit jusqu'aux con-
tribuables eux-mêmes. Si un possesseur de terres ne
pouvait acquitter la taxe dont son domaine était frappé,
les autres propriétaires fonciers étaient contraints de
l'acquitter pour lui. Le maître était également responsable des capitations personnelles imposées à ses colons,
et obligé d'en faire lui-même le recouvrement. Ce système de solidarité existe encore en Algérie, parmi les
Arabes, et a été évidemment importé chez eux par la
domination romaine.

VI. *Régime municipal.* — Quoiqu'il ait exercé la patience d'un grand nombre d'érudits, tout n'a pas été dit,
tant s'en faut, sur le régime municipal importé par Rome
dans la Gaule.

J'ai montré tout à l'heure que l'Empire avait adopté pour
principe de conduite d'assimiler les peuples conquis, non
de les asservir ou de les exterminer. Il y parvint en concédant à leurs villes le *jus italicum* d'abord, puis le droit
de cité. Ces villes prirent désormais le nom de municipes. Par une conséquence de la concession du droit de
cité, le municipe, *ubi fundus ei legi factus erat*, acquérait l'indépendance municipale, c'est-à-dire le droit de
régler lui-même ses intérêts, de faire sa police, d'élire
ses magistrats, d'obéir à ses propres lois, sous la condition de contribuer pour un contingent déterminé aux
charges de la guerre et de la paix, *muneris particeps* (1).

---

(1) Ch. Giraud. *Histoire du droit romain*, p. 251. Consultez sur
la table d'Héraclée le même ouvrage, p. 247 — Il ne faut pas
confondre la *lex julia municipalis* avec les *leges municipii*, faites
pour des villes déterminées, et qui étaient quelquefois de simples
coutumes locales. Voir Klippfel, *Revue hist. de droit, 1878*

Lorsque la Gaule cisalpine fut entrée dans la participation du droit de cité, après les lois *Julia et Plautia
Papiria*, on sentit le besoin de régler les formes de la
constitution municipale, non · seulement en Italie, mais
encore dans les provinces extra-italiennes, et de la mettre
en harmonie avec les institutions nouvelles de l'Empire.
Ainsi naquit la *lex Julia municipalis*, dont un fragment
nous a été conservé par la table d'Héraclée (709 de la
fondation de Rome, sous Jules César). En joignant le texte
de cette loi à celui des tables de Malaga et de Salpensa,
qui nous ont transmis les constitutions municipales particulières de deux villes espagnoles sous Domitien, aux
fragments relevés sur · les bronzes d'Osuna, découverts
vers la fin de 1870 en Andalousie, et en le rapprochant
d'un plébiscite connu sous le nom de *lex Galliæ cisal-
pinæ* ou *lex Rubria* (1), qui date de l'an 711 et qui eut
pour objet d'organiser le régime municipal dans la
Gaule, on peut connaître ce que fut ce régime dans
notre pays, quoique l'uniformité absolue n'en ait pas
été la conséquence immédiate, et que la distinction entre
les cités latines libres et alliées ait subsisté jusqu'au temps
de Pline l'ancien. Mais, à partir de cette époque, le régime municipal fut le droit commun gaulois et détermina,
pendant trois siècles, une véritable ère de prospérité.

Les citoyens étaient divisés en deux classes auxquelles
on pourrait ajouter l'ordre équestre, mentionné dans certaines inscriptions recueillies par Orelli.

La première était le Sénat ou l'*Ordo*, composé d'un
nombre invariable de membres nommés à vie, et qui admi-
nistrait le municipe, sous la présidence d'un doyen d'âge
ou de services, appelé *principalis*, disent les uns, sous celle
d'un président choisi dans le *principalat*, selon les autres.
Il rendait des décrets, percevait les impôts publics avec

(1) Egger, *Reliquiæ latinis sermonis vetustioris*, p. 308.

les magistrats qui ne pouvaient être choisis que dans son sein, et qui s'appelaient *duumvirs* ou *quatuorvirs*, chargés pour ainsi dire du pouvoir exécutif. L'*ordo* des décurions ou la curie correspondait plus spécialement au pouvoir législatif. C'était un honneur que d'être décurion, mais c'était encore plus une charge. Si les décurions étaient exempts de la torture et de quelques peines afflictives, comme les coups de lanières plombées, *plumbatæ*, ils étaient de véritables ilotes, parce qu'ils géraient à leurs risques et périls la fortune publique et ne pouvaient déserter cette fonction. Le propriétaire de 100,000 sesterces était, bon gré mal gré, inscrit sur l'*album* de la curie. On lui interdit d'émigrer, de vendre sa terre, de se faire moine ou soldat, on lui ferma toutes les portes par lesquelles il aurait pu échapper à l'obligation de donner des fêtes au peuple, de le nourrir parfois, de faire la police, de juger. Il ne lui resta que la ressource de se livrer en esclavage, et il en usa. Bientôt on ne trouva plus personne pour remplir le Sénat. Ainsi périt peu à peu la classe moyenne des *possessores*, et quelques siècles plus tard on ne vit plus en Gaule que quelques grands personnages, riches propriétaires terriens, et la plèbe, qui formait la seconde classe, comprenant tous les citoyens qui possédaient moins de 100,000 sesterces en biens-fonds, et ne jouissaient pas du *jus honorum* (1).

Les cités n'étaient pas seules en possession du droit de

---

(1) En ajoutant le clergé, qui formait une classe à part, on peut donc dire que la Gaule comptait au vi° siècle trois ordres, images de ceux que nous trouverons constitués au moyen-âge et jusqu'aux temps modernes. L'existence de ces trois ordres distincts est attestée par un texte que Dom Bouquet a recueilli dans ses *Scriptores*, au sujet de l'élection d'un évêque d'Autun : « L'an 500, le corps du clergé, toute la noblesse et le peuple de la ville et des campagnes se réunissent et élisent pour leur évêque Eptadius, comme le plus digne de cet honneur. » (*Scriptores*, t. III, p. 388.)

municipe, qui s'étendait aussi aux campagnes (1). Les
pagi, les *vici*, les *castelli*, les *mansiones*, toutes les agglo-
mérations rurales formées autour d'une hôtellerie, d'un
temple ou d'une source avaient aussi leur municipe de
second ordre, et quelques-unes possédaient une assemblée
propre, une juridiction locale avec le droit de marché (2).
Ces municipes formaient ainsi une commune imparfaite
d'une catégorie inférieure, sous l'autorité de leurs édiles,
de leurs *magistri vicorum*, de leurs *primates*. De simples
castra reçurent même la forme et les immunités municipales.

Lorsque la classe des décurions tendit à disparaître,
on s'adressa à la *plebs* pour la remplacer, et vers 365, on
accorda alors au peuple une charge nouvelle que les
plébéiens purent seuls remplir, celle du *defensor civitatis*,
choisi par la cité, c'est-à-dire par la curie, et qui fut
chargé du recouvrement des impôts, de la confection et
de la conservation des actes authentiques, tels que les
testaments, les donations, les affranchissements d'esclaves, et du jugement des affaires dont la valeur ne dépassait pas 50 pièces d'or. Peu à peu les fonctions de ce
nouveau magistrat absorbèrent toutes les autres : elles
lui attribuèrent même le droit de correspondre directement avec l'empereur. Les défenseurs devinrent les chefs
du gouvernement et les protecteurs de la cité, quoiqu'on leur reprochât souvent de faillir à cette dernière mission. *Eversores, non defensores*, disaient d'eux les contemporains. L'épiscopat finit par s'emparer de cette
charge, qui en forma pour ainsi dire, dans le Midi, une
dépendance et une annexe (3).

(1) V. la dissertation de M Beugnot sur l'origine des municipalités rurales. (*Revue française*, 2e série, t. VIII, p. 66, année
1838.)

(2) Festus, v° *Vici*.

(3) Cod. Theodos. l. 1, tit. 2. — Cod. Just. l. 1. tit. 55. —
Schmid, *Dissert. de civit. defensor*. Lips. 1759.

Enfin il existait dans les villes de la Gaule, aussi bien qu'en Italie, une autre magistrature, investie du devoir de surveiller les édifices et les travaux publics. C'était celle du *curateur* ou *quinquennal*, élu tous les cinq ans, mais pour une année seulement. Avec les questeurs, chargés de l'administration des deniers de la cité, il veillait aux intérêts financiers du municipe.

VII. *Organisation judiciaire.*— La justice était distribuée dans les provinces au premier degré, au bas de l'échelle, par les *duumviri jus dicundo*, qu'il ne faut pas confondre avec les *duumviri ædilitatis* dont j'ai parlé tout à l'heure. Ces juges ne connaissaient que des affaires les moins importantes et en première instance. Le véritable juge, le juge suprême était le gouverneur, *præses*, qui possédait l'*imperium* sur tous les hommes de sa province, qui tenait avec des assesseurs, *consiliarii*, des assises, *conventus*, et y expédiait toutes les affaires administratives et judiciaires, au civil comme au criminel, en se saisissant d'office de ces dernières. Ce gouverneur pouvait déléguer sa juridiction à un ou plusieurs lieutenants de son choix, *legati*, sauf toutefois le droit de glaive qui lui était exclusivement réservé (1). Mais ni lui ni ses lieutenants ne rendaient de jugement proprement dit ; ils renvoyaient la connaissance du fait à un *judex*, en lui donnant une formule suivant laquelle ce mandataire devait prononcer l'arrêt en appliquant au fait le droit déterminé à l'avance par le gouverneur. On distinguait ainsi, comme à Rome, le *jus* du *judicium*. Toutefois, le gouverneur avait la faculté de se réserver exceptionnellement, *extra ordinem*, la connaissance du fait, par les *cognitiones extraordinariæ* (2). Il en

_____

(1) *Non potest imperium merum mandari.* Dig. i, 4, *de off. proc. et de reg jur.*, l. 70 — Le *merum imperium* comprenait *jus gladii, jus belligerandi, jus administrandi.* (Cujas, *quæst. pap.* l. i.)

(2) Dig. iv, 1, 2, 5.

fut ainsi jusqu'à Dioclétien qui enjoignit aux *præsides* de statuer à la fois sur le droit et sur le fait, sauf à renvoyer les causes à un juge, lorsque la multiplicité des procès les y contraindrait. Ce juge fut ce que l'on appela le *judex pedanæus* (1), ou même, car on est peu fixé sur ce point, un arbitre public, un *recuperator*, dont le nom venait d'un vieux mot latin, signifiant compromis ou engagement, et qui statuait, en général, sur les petites causes, sur les réparations de dommages et d'injures, qui arrangeait en un mot les parties. L'usage de ces arbitres, dont l'existence est attestée par les constitutions théodosiennes, fut très répandu et se perpétua jusqu'au moyen-âge. Il ne contribua point médiocrement à rallier les provinces vaincues au peuple vainqueur, en évitant une foule de petits procès et en rendant plus rapide la solution des difficultés vulgaires.

VIII. *Droit privé.* — Passons maintenant au droit appliqué par ces arbitres et ces magistrats.

Nous ne connaissons pas la *lex provinciæ* qui fut donnée à la Gaule ; nous savons seulement que les proconsuls et les légats romains, les gouverneurs qui l'administraient eurent le droit de faire des édits à l'exemple des préteurs de Rome. Ces édits étaient sans doute une sanction accordée aux coutumes locales que l'administration impériale évitait de froisser, toutes les fois qu'elles n'étaient pas contraires à ses intérêts (2). Mais après Constantin, il faut chercher la grande source du droit civil dans les Constitutions impériales et les écrits des jurisconsultes. Dom Bouquet, et après lui, Hœnel, Baudi di Vesme,

---

(1) Ce qui semble confirmer cette opinion, c'est l'interprétation des sentences de Paul qui s'exprime ainsi : « Si pedanei judices, id est qui ex delegatione causas audiunt. » V. la Constitut. 2, III, 3 du Code de Justinien, *de pedan. jud.*

(2) *Longa consuetudo,* dit l'interprétation du code d'Alaric, *quæ utilitates publicas non impedit pro lege servabitur.* — *Mos regionis inspiciendus est,* dit à son tour Ulpien. (Dig. XXV, 4, 1, § 15.)

Clossius et M. Ch. Giraud ont donné la liste de celles de ces Constitutions qui furent spéciales à la Gaule, et l'on peut juger à leur longue nomenclature seule de la vive sollicitude des empereurs pour l'administration juridique de la province.

Quant aux recueils généraux de droit, on ignore si les Codes Grégorien et Hermogénien, c'est-à-dire si les compilations des Constitutions impériales faites par les jurisconsultes Grégorius et Hermogène, eurent jamais autorité en Gaule. Pour le Code Théodosien, élaboré de 429 à 438 par les ordres de Théodose-le-jeune, et communiqué officiellement par Valentinien III au sénat de Rome dans cette dernière année, il est certain que la Gaule ne le connut qu'un certain temps après, lorsqu'elle en reçut les exemplaires d'Italie, probablement peu avant l'année 462. C'est le Code Théodosien qui a vraiment conservé le droit romain parmi nous, c'est lui qui, à partir du VIᵉ siècle, devint la *lex romana* des Gaulois, à ce point que Montesquieu a pu croire que ceux-ci n'en ont point connu d'autre. M. de Savigny a démontré que cette opinion est exagérée et que les rescrits des empereurs, les Novelles, le Code de Justinien lui-même étaient répandus en Gaule, et que l'on y recourait pour compléter le Code Théodosien, dont l'autorité même finit plus tard par s'affaiblir et par disparaître devant celle de la législation justinienne, au moins devant les dernières Constitutions impériales. Mais il n'en reste pas moins acquis à l'histoire du droit que la compilation de Théodose-le-jeune exerça une très grande influence sur les Gallo-romains, et l'on peut s'en assurer en constatant avec quel soin les manuscrits qui la renfermaient étaient conservés dans notre pays aux VIᵉ et VIIᵉ siècles. Ainsi, le monastère de l'Ile Barbe en a longtemps possédé un, qui remonte à l'année 569. A la même époque, on fit à Lyon une collection des Constitutions impériales qui ne se trouvent pas dans le

Code Théodosien, et que le P. Sirmond a publiée en 1631 en appendice à ce Code (1). Bien que le savant Godefroy ait ardemment contesté l'authenticité de ces documents législatifs, leur valeur et leur origine ne semblent plus aujourd'hui douteuses (2), et l'on peut tenir qu'au vi° siècle les Gallo-romains observaient les Constitutions émanées des empereurs d'Orient (3). Ils étaient d'ailleurs portés d'instinct à l'étude du droit et professaient, au témoignage des contemporains, un grand respect pour le talent des avocats :

Gallia causidicos docuit facunda Britannos ,

a dit Juvénal, et saint Jérôme ajoute : *Viris eloquentissimis abundavit Gallia.*

Ce n'est pas à dire que cette législation, empruntée à des sources diverses, fut uniforme et ne contint point un grand nombre d'imperfections et de lacunes. Nous rencontrons sans doute à cette époque une foule de Constitutions, mais la plupart sont plus remarquables par l'emphase, par la recherche, par une phraséologie abondante et diffuse, particulière à l'Orient, que par la netteté et la précision. Elles se contredisent d'ailleurs le plus souvent, elles se détruisent les unes par les autres ; œuvres capricieuses elles-mêmes, elles introduisent dans le droit des fluctuations et des divergences incessantes. D'ailleurs, elles ne parviennent pas toutes en Gaule avec la régularité, la célérité désirables ; elles n'y pénètrent le plus fréquemment que de longues années après leur promulgation. Par exemple, la Constitution rendue en 424 par Théodose-le-jeune sur la prescription trentenaire, qui avait été envoyée à Rome en 438, et y avait été naturalisée par un acte solennel de la volonté des deux empereurs d'Orient et

---

(1) Sirmond, *OEuvres complètes*, t. I.

(2) *Comment. ad. l. I, lit. extravag. de episcopali judicio*, t. vi.

(3) Hænel, *Praf. ad conslit. Sirmond*, p. 430 et suiv. édit. 1844.

d'Occident à cette date (1), n'était point encore connue des praticiens dans le centre de la Gaule en 449, 12 ans après. En résumé, lorsque l'empire tombe en décadence, lorsqu'il est envahi de toutes parts et que la décomposition approche, le droit reçoit le contre coup de son affaiblissement et de sa ruine. Et pourtant, quelles que fussent les lacunes, les imperfections, les divergences de cette législation hésitante et tourmentée, la vénération qu'inspirait la loi romaine était demeurée si grande que les barbares n'osèrent pas porter une main sacrilège sur elle. La Gaule était presque entièrement tombée en leur pouvoir que le Code Théodosien était encore universellement appliqué. En 488, une assemblée solennelle d'évêques et de grands dignitaires en adoptait l'usage pour les pays Visigoths. Nous verrons plus tard que les Bourguignons se l'assimilèrent et l'appliquèrent à leurs sujets d'origine Galloromaine. Les Francs conservèrent aux descendants des Romains le droit de se faire juger d'après la loi de Rome. La majesté de l'empire déchu imposait encore à ses vainqueurs, *mole sua stat*, et la dernière conquête que firent les Césars désarmés et déjà penchés sur la tombe fut une conquête juridique, une conquête par le droit ; saint Boniface ne porta pas seulement en Germanie la lumière de la foi chrétienne ; il y introduisit en même temps le Code Théodosien.

A. *Condition des personnes.* — De ces généralités, descendons maintenant aux détails et examinons l'application de ces lois, d'abord à la condition des personnes. J'en ai déjà dit quelques mots en exposant le régime municipal, mais il est nécessaire de compléter ces brèves notions, notamment au point de vue du servage.

Au commencement du v⁰ siècle, on ne distinguait que

---

(1) Constit. 3, au code de Justinien, liv. vii, tit. 39.

deux conditions principales, les hommes libres et les serfs.

Les hommes libres se divisaient en trois classes : les privilégiés, les curiales et le menu peuple.

Les privilégiés comprenaient les sénateurs et ceux qui avaient le droit de porter le titre de *clarissimus* ; les officiers du palais, le clergé, la milice cohortale et les militaires.

Les curiales comprenaient tous les citoyens habitant les municipes et possédant une certaine fortune territoriale, (25 arpents), inscrit sur l'*album* et qui n'appartenaient pas à la classe des privilégiés.

Enfin, le menu peuple était la masse des habitants qui n'avaient pas de propriétés suffisantes pour être admis parmi les membres de la curie.

Je ne dirai rien des privilégiés, ni des six classes ou rangs qui servaient à régler leurs droits de préséance : 1° les *nobilissimi* ; 2° les *illustres* ; 3° les *spectabiles* ; 4° les *clarissimi* ; 5° les *perfectissimi* ; 6° les *egregii*. Ces titres n'emportaient aucun pouvoir, aucune juridiction et n'étaient utiles qu'au classement des citoyens, comme le *tchin* en Russie. Mais le privilège le plus considérable et le plus recherché était assurément l'exemption des fonctions et des charges municipales. Il n'était pas purement personnel et pouvait devenir héréditaire, pourvu que les enfants fussent nés depuis que leurs pères étaient revêtus du titre ou, dans l'ordre militaire, qu'ils embrassassent la carrière des armes.

J'ai parlé des *curiales* et de la *plebs* des cités qui vivait, qui surtout était amusée aux dépens de la curie. Voilà pour les villes et pour les lieux qui, dans les campagnes, avaient le rang de municipes. Mais restait encore une classe nombreuse, la plus nombreuse sans doute, la classe agricole. Qu'était-elle ? Nous arrivons ainsi au servage.

Après avoir transformé la population des villes par l'institution des municipes, l'administration romaine transforma la population rurale par deux institutions, le *colonat* et les *lœti*.

On sait combien, après avoir été longtemps honorée, la
profession d'agriculteur perdit de considération à Rome,
sous l'influence de la richesse et de la civilisation grecque,
qui méprisait le travail des mains. La population libre des
campagnes, vivant misérablement et foulée aux pieds
par les grands propriétaires, diminua si fort, qu'on fut
obligé de livrer aux esclaves la culture des *latifundia*, de
ces domaines immenses du patriciat, dont l'étendue égalait
souvent celle d'un de nos départements. Grâce à la guerre,
une population servile couvrit d'abord toute l'Italie : mais
cette ressource vint elle-même à diminuer avec la diminution des luttes extérieures, avec les affranchissements qui
devinrent de mode dans la Rome impériale après avoir été
longtemps hors d'usage sous les mœurs sévères et sordides
de la République, enfin parce que le travail de l'esclave
était un travail de désespoir et de malheur, qui produisait
moins pour le maitre que celui de l'homme libre (1). La
pratique d'abord, les lois ensuite introduisirent alors une
classe intermédiaire entre la liberté et la servitude, classe
qui fut spécialement attachée à la culture de la terre. Cette
classe fut soumise à un esclavage mitigé. Elle était libre de
servage personnel, mais se trouvait héréditairement liée au
sol. On a cru, par suite d'une fausse étymologie, en découvrir l'origine dans la clientèle romaine, et l'on a dit que les
colentes venaient des *clientes*. Mais la clientèle était beau-

---

(1) V. le témoignage de Varron : *gravia loca utilius esse merce-
nariis colere quam servis*. — Quant à la condition de l'esclave proprement dit, il est inutile de la décrire. Chacun sait que l'esclave
n'était qu'une chose aux yeux de la loi de Rome. « Vends tes
bœufs hors d'usage, dit Caton, vends tes veaux, tes agneaux, ta
laine, tes cuirs, tes vieilles charrues, tes vieilles ferrures, *ton vieil
esclave ou ton esclave malade* et tout ce qui ne te sert pas. » C'est la
religion catholique qui a fait de l'esclave un homme, et elle n'y
est point parvenue sans peine. Ce sont les barbares qui lui ont,
les premiers, reconnu les droits de famille et de propriété. (Hei-
neccius, *elem. juris germanici*, tit. I, *de prima hominum divisione*.

coup plus ancienne et le colonat n'apparait que sous l'empire. Qui forma donc cette classe ? La misère d'abord, qui
atteignit les agriculteurs libres et les força de mendier
leur pain, lorsque le système des grandes prairies fut
substitué au labourage. Ces agriculteurs libres accepte-
rent pour vivre d'échanger une part de leur liberté contre
les fruits de la terre qu'ils étaient chargés de cultiver.
Ensuite, l'usage de n'accorder aux esclaves affranchis
qu'une demi-liberté, afin de les réserver pour le travail
des champs. On appela ces colons *mancipes*. Tacite et
Pline, Varron (1) et Columelle en parlent et l'on ne peut
douter que cette nouvelle classe ne fût de condition servile ni que les enfants comme les pères n'eussent perdu
leur liberté. Y eut-il aussi des expropriations violentes et
arbitraires de cette liberté ? Cela est possible, quoique
nous n'en ayons pas la preuve.

Enfin, le gouvernement, redoutant avec raison la dépopulation des campagnes, imagina de transporter en
Italie des tribus barbares entières pour cultiver les champs
délaissés et en friche. Ainsi fit Marc-Aurèle en 169 à l'égard
des Marcomans, qui reçurent des terres auxquelles ils
furent désormais attachés avec leurs familles. Aurélien,
Probus imitèrent Marc-Aurèle, et Constance fit transporter
en Gaule toute une colonie franque. Dioclétien vint après
eux et donna une organisation définitive au colonat dont
il couvrit les provinces conquises, notamment la Gaule.
Il fut défendu au colon de quitter la glèbe, d'aspirer à la
liberté. *Inserviant terris*. Ils furent des esclaves éternels.
Le propriétaire ne put disposer de son domaine sans les
colons, ni des colons sans son domaine. S'il vendait
ceux-ci à part, la vente était nulle, lors même qu'elle eût
été effectuée du consentement des colons. Le colon qui
médite la fuite, dit une loi de Constantin, doit être lié

---

(1) V. *De re rustica*, 1, 17, § 2, 4 : 6, 18, § 1.

à sa condition par une chaîne de fer, *in servilem conditionem ferro ligari*. Le mendiant valide reçut un champ à cultiver, mais à la charge de devenir un colon perpétuel. L'enfant qui naquit sur une terre labourée par ses parents en devint l'esclave, le sol prescrivit le laboureur. On était décurion à la ville, colon à la campagne, partout serf, lié, emprisonné d'une façon indissoluble (1).

Cependant il restait au colon quelques vestiges, quelques débris de sa primitive indépendance. Ainsi, il pouvait contracter mariage, ce qui était interdit à l'esclave. Il pouvait posséder à titre de propriétaire, et son maître, *patronus*, ne pouvait le dépouiller de son pécule ni de ses biens. Seulement, il était défendu au colon d'aliéner sa propriété sans le consentement du *dominus*, intéressé à ce que son serf restât riche, pour payer son *canon* annuel, soit en argent, soit plus ordinairement en nature. Le colon était en outre autorisé à intenter une action contre le propriétaire du fonds qui augmentait arbitrairement sa redevance (*superexactio*), ou qui commettait un crime à son égard. Le colon pouvait servir dans les armées, contrairement à l'esclave, mais n'était pas libéré par la profession militaire. Il ne l'était pas non plus par son admission dans les ordres sacrés, si ce n'est dans l'épiscopat. En général, bien que l'usage différent se fût introduit en Gaule, au témoignage de Sidoine Apollinaire, le colon ne pouvait épouser une personne libre, même de l'aveu de son propriétaire, ce qui fut défendu expressément par Justinien. Le seul mode d'extinction légale du colonat fut la prescription de 30 ans pour les hommes, de 20 ans pour les femmes. Mais on ne devenait pas libre pour cela ; on changeait seulement de maître, de possesseur.

(1) Sur le colonat, v. Godefroy, *Paratitla* du tit. du cod. Théodos. *de fugitiv. colonis*; Guérard, *Polyptique d'Irminon*, t. I, p. 225 et suiv.; Savigny, dissertation traduite dans le tome IX de la *Thémis*; Ch. Giraud, *Essai sur l'histoire du droit français*, t. I, p. 148.

La seconde institution est celle des *lœti* ou *lœdi*, des habitants des terres létiques (1). On sait que les empereurs romains, impuissants à défendre les frontières de l'empire, achetèrent la paix des barbares et se rendirent leurs tributaires, afin de les intéresser à leur défense. Mais ils crurent mieux faire encore : ils leur offrirent des terres à la charge de les cultiver et de faire le service militaire, et les barbares sollicitèrent eux-mêmes souvent ces concessions. On appela ces émigrés volontaires *lœti*, du mot germanique *leüte* ou *lyt*, qui exprime une condition inférieure, subordonnée. Le Code Théodosien, Eumène, Zozime, la *notitia imperii romani* font de fréquentes allusions à ces *lœti*. Ammien Marcellin rapporte même qu'un jour des *lœti* germains vinrent brûler les faubourgs de Lyon : mais la ville, revêtue d'épaisses murailles, put leur résister jusqu'à ce que l'empereur Julien accourût assez à temps pour tailler en pièces ces insurgés barbares.

La condition des lètes était supérieure à celle des colons. Ils étaient admis dans l'empire à titre d'alliés, de *fœderati*. Cultivateurs en temps de paix, soldats en temps de guerre, ils ne perdaient pas leur liberté et suivaient leurs coutumes nationales. Mais la loi leur interdisait d'épouser des Romaines, ce qui, au surplus, fut fréquemment éludé. En Gaule, ils prenaient le nom des lieux où ils campaient. Ainsi l'histoire cite les *lœti nervii, franci, lingonenses, batavi, teutoniciani*, (dans le pays des Carnutes) etc. Il ne faut les confondre ni avec les lides germains dont nous aurons à parler plus tard, ni avec les *milites limitanei*, vétérans romains auxquels l'empire concédait des terres situées sur les frontières, à charge de service militaire. C'était

(1) Sur les *lœti*, v. J. Godefroy., *Comment.* sur la constit. 10 du code Théodos. *de veteranis*; Guérard, *Polyptique d'Irminon*, t. I, p. 250 et suiv.; Perreciot, *État civil des personnes*, liv. 4; Ch. Giraud, *Essai sur l'histoire du droit français*, t. I, p. 184.

une sorte de bénéfice ou de fief, puisque le titulaire devait prêter serment de fidélité (1). Cependant ce serment de fidélité n'établissait pas entre le soldat et l'empereur le lien de vassalité qui exista depuis dans le fief. Il y avait donc entre les deux institutions une certaine analogie qui a pu tromper quelques écrivains, mais l'analogie ne suffit pas pour expliquer des systèmes d'une nature et d'une essence tout à fait différentes, et qui naquirent l'un et l'autre de circonstances tout à fait particulières et distinctes.

B. *Condition de la propriété.* — En étudiant la condition des personnes, nous avons été incidemment amenés à jeter un coup d'œil sur l'état des propriétés qui ne diffère point en Gaule, pendant la période gallo-romaine, du régime décrit par les Institutes. Ils est toutefois un mode de possession qui s'introduisit à cette époque et dont je dois dire un mot, parce qu'il se rattache manifestement à un genre de propriété que nous verrons apparaître au moyen âge, la censive. Je veux parler de l'emphytéose (2).

Le droit romain connaissait le bail perpétuel appliqué au domaine public, aux *castra,* aux temples. Ces baux *in perpetuum* n'étaient ni la vente, ni le bail, ni l'usufruit. Le concessionnaire d'un *ager publicus* était un *possessor;* il faisait les fruits siens par leur séparation du sol, tandis que l'usufruitier les acquérait seulement par la perception. Il pouvait engager le fonds, il transmettait à ses héritiers son droit qui était perpétuel et non viager comme celui de l'usufruitier. Il n'était soumis qu'à une obligation, celle de

---

(1) *Fidem servaturos profitentur.* (Saint Augustin, cité par Ducange, v° *Beneficium).*

(2) Sur l'emphytéose v. Troplong, *Traité du louage;* Pépin-le-Halleur. *Histoire de l'emphytéose;* Ch. Giraud, *Essai sur l'histoire du droit français,* t. I, p. 198; Merlin. *Répertoire et quest. de droit,* au mot *emphytéose;* G. Hoffmann, *Collat. juris natur. rom. et canon. de emphyteusi,* Lips. 1720.

payer une redevance annuelle, à défaut de laquelle son droit s'éteignait. En transmettant à un tiers le bénéfice de la concession, il ne pouvait se décharger de la charge personnelle de payer la redevance, le *vectigal*. Enfin, il était tenu, comme *possessor*, des taxes fiscales qui existaient sur le fonds.

Sous l'empire, la dénomination d'*ager publicus* disparut pour faire place à celle de *fundi patrimoniales*, de *fundi divini domus*, c'est-à-dire que les terres du domaine public devinrent désormais celles du domaine impérial. Un grand nombre de ces terres demeurant en jachère, par suite de la dépopulation des campagnes et de la désertion de la culture, les empereurs en offrirent, non la propriété, mais la jouissance perpétuelle à ceux qui voudraient les cultiver, sous la seule obligation de payer une redevance, *salvo patrimoniali canone*. De là, le nom d'emphytéose, qui vient du grec ἐμφιτεύειν, planter, cultiver.

Les particuliers empruntèrent aux empereurs ce genre de contrat, qui s'introduisit ainsi dans le droit commun. Ce fut la ressource désespérée du propriétaire incapable de cultiver lui-même son domaine et qui ne trouvait plus de fermier, ce fut l'expédient de l'homme qui ne rencontrait ni dans ses revenus, ni dans son crédit, ni dans ses propres forces le moyen de remettre en culture des terres abandonnées par leurs laboureurs. Le contrat emphytéotique fut une combinaison de l'usufruit et de la location perpétuelle usitée à Rome. Sans entrer dans le dédale de la controverse qui s'est engagée entre les glossateurs et les jurisconsultes sur la nature de l'emphytéose, je me bornerai à dire que le droit de l'emphytéote était simplement un droit de servitude personnelle, *jus in re aliena*. L'emphytéote pouvait aliéner le fonds, mais sans se dispenser de son obligation personnelle envers le propriétaire. Cependant Justinien décida par sa constitution 3e *de jure emphyt*, au code, que l'emphytéote se déchargeait en vendant de la redevance, mais à la condition de faire connaitre son intention d'aliéner au propriétaire, afin que celui-ci pùt prendre le marché pour lui, sinon il recevait de l'acquéreur 1/50 du prix à titre de tribut.

Je ne veux pas en ce moment comparer la censive que nous étudierons plus avec l'emphytéose, ni discuter les analogies qui peuvent exister entre elles. Je me borne à faire remarquer qu'elles différaient surtout par la relation seigneuriale. Le cens du moyen âge était beaucoup moins pour le seigneur un mode d'accroître ses revenus, qu'un moyen de faire reconnaitre son droit de souveraineté, de directe, de *dominium*. Cette redevance de la censive avait plutôt le caractère d'un impôt que celui d'un produit, elle était plus honorifique que fiscale. Le droit de l'emphytéote était seulement un droit de jouissance sur la chose. Celui du censitaire comprenait tout ce qui n'était pas formellement réservé par la coutume au seigneur. Lorsque nous examinerons plus tard les caractères et la physionomie de la censive, on pourra juger si elle a tiré, comme cela a été soutenu, son origine de l'emphytéose romaine, qui eut, je le reconnais d'ailleurs, une certaine fortune en Gaule, surtout pour les biens d'Eglise(1). V. *infra* liv. III, ch. 8.

Si la censive n'est pas née du régime féodal lui-même, et s'il faut en rechercher le berceau dans les institutions gallo-romaines, nous le rencontrerons moins dans le bail emphytéotique que dans le *precarium* latin, tel qu'il fut transformé plus tard ou approprié par l'Eglise à la mise en produit de ses nombreux domaines dûs, pour la plupart, aux libéralités des fidèles. Voici comment l'on pro-

---

(1) *Concilia Gall.* de D. Labat, préambule des actes de l'assemblée de 488 ; *Capit. Ludov Pii*, 55 ; *Capit. Caroli magni*, apud Baluze, t. I, p. 746, 1166, et t. II, p. 241 ; *Arrêts de Frain*, par Hévin, p. 692. — Les nobles dédaignaient l'emphytéose, qu'ils regardaient au moyen-âge comme une bâtarde du fief.

cédait. Un donateur offrait par piété à l'Eglise la terre qui
lui appartenait, mais pour concilier ses intérêts temporels avec ses intérêts spirituels, il retenait la jouissance
viagère des biens donnés. Ou bien, il donnait sa propriété sans réserve, mais s'adressait ensuite à la généro-
sité de l'Eglise, en la priant de lui concéder à titre d'usufruit la chose dont il venait de se dessaisir. Deux chartes
étaient alors échangées, l'une, dite *precaria*, était remise
par le donateur à l'Eglise, et l'autre, dite *præstaria*, lui
était donnée par celle-ci. En vertu de cette seconde charte,
le concessionnaire cultivait la terre dont il s'était dépouillé
ou celle dont l'usufruit lui était accordé en échange de
son propre domaine. La concession de cet usufruit n'était
pas toujours soumise à la condition du paiement d'un cens
annuel, mais c'était le cas le plus fréquent, et la stipulation du cens se rencontre toujours lorsque le précaire
porte non sur le bien donné, mais sur une autre partie
détachée du patrimoine ecclésiastique. On n'attribuait
en général qu'un caractère viager, qu'une durée limitée
aux concessions de ce genre. Toutefois l'Eglise se montra
le plus souvent disposée, par humanité, sinon par reconnaissance, à continuer aux fils la jouissance des biens
dont la piété de leur père les avait dépouillés (1).

Nous rencontrons à la même époque une autre institution ou plutôt un autre usage qui a quelque analogie avec
le *précaire* romain et avec la censive du moyen-âge, c'est
le *patrocinium vicorum*. Lorsque la population de l'Empire
fut ruinée par les spoliations du fisc impérial et par les
déprédations des Barbares, mais surtout par les premières, qui furent une cause beaucoup plus active de misère
et de ruine, les petits propriétaires ruraux, des villages
entiers quelquefois, imaginèrent de se rattacher à un

---

(1) Formules de Marculfe, de Sirmond et de Lindenbrog. —
Baluze. II, 488. — L'interprétation des sentences de Paul reconnaît aussi l'existence du précaire. (v. 6, 7.)

personnage puissant, *potens*, qui, par la faveur dont il jouissait ou la crainte qu'il inspirait, était arrivé à l'exonération de tout impôt. Ils se démirent de leurs terres à son profit, à la condition d'en conserver la jouissance à titre précaire (1).

Ils les tinrent désormais de celui que les textes appellent déjà *Senior* (2), de celui à qui ils s'étaient recommandés. Ainsi, l'Empire romain est encore debout, qu'il existe déjà des seigneurs, cachés sous l'antique et familière dénomination de patrons, et il y en a autant que de villages en révolte contre une autorité qui ne peut plus donner que l'oppression en retour de l'obéissance.

En vain les empereurs, que les *patrocinia* dépouillent indirectement de leur puissance souveraine, s'efforcent de lutter contre cette coutume envahissante. *Abstineant patrociniis agricolæ*, s'écrient-ils, *removeantur patrocinia*. « Que les laboureurs n'invoquent aucun patronage et qu'ils soient livrés au supplice, si par d'audacieuses fourberies, ils cherchent à se donner de pareils appuis. Quant à ceux qui les accordent, ils devront payer pour chaque fonds et par chaque contravention une amende de 25 livres d'or. — Quiconque accordera son patronage aux paysans, de quelque dignité qu'il soit, paiera une amende de 40 livres d'or par chaque patronage accordé (3). » En vain Salvien s'élève-t-il lui-même avec indignation contre cet attentat à la majesté impériale (4). Menaces et déclamations impuissantes ! On dépouillait de leurs biens ceux qui prenaient sous leur sauvegarde les misérables

---

(1) Formules de Marculfe, lib. ɪ, 13 et 24. — Laboulaye, *Histoire du droit de propriété foncière en Occident*, liv. vɪ, ch. 10.

(2) Grégoire de Tours se sert souvent de cette expression pour signifier seigneur. V. liv. vɪɪ, ch. 32.

(3) *Cod. Théodos.*, xɪ, tit. 24, l. 2, 3. — *Cod. Just.* xɪ, 54.

(4) Salvien, *De gubernatione Dei*, à l'appendice de Laboulaye, nᵒ 1. V. Gourcy, *Mémoire sur l'état des personnes*, p. 159.

villageois dont la terre ne portait plus de récoltes suffisantes pour désintéresser le fisc ; on put flétrir leur apparente cupidité et les noter d'infamie, mais on ne parvint
pas à arrêter le flot toujours croissant des malheureux qui
cherchèrent dans le patronage, puis dans la recommandation, un abri contre la rapacité du trésor public.

C. *Condition de la famille.* — On ne saurait faire entrer
dans le cadre de cette étude l'analyse, même sommaire,
des dispositions du droit romain, relatives à la constitution réelle et personnelle de la famille ou au régime successoral adopté dans la Gaule sous la domination des
empereurs. Il importe seulement d'indiquer les points
spéciaux sur lesquels ce droit, commun à tout l'Empire,
reçut des dérogations, tacites ou expresses, soit des usages
celtiques conservés après l'occupation, soit des constitutions impériales elles-mêmes, dans le cas où elles reconnurent la nécessité de modifier la législation générale au
profit des populations gauloises, soit enfin des canons
ecclésiastiques. Ces points sont assez rares : on l'a déjà
dit, la transformation du pays fut complète à partir
de la conquête ; tous les intérêts, tous les rapports
civils, toutes les relations entre les personnes furent chan-
gés ; il ne resta pas plus de place pour le droit celtique
dans la nouvelle province romaine qu'il n'y en aurait aujourd'hui pour le droit féodal parmi nous ; la loi du pays,
la seule loi gauloise fut la loi du Code Théodosien et des
novelles, peu ou point corrigée, peu ou point adaptée aux
mœurs, à peine mitigée (1).

Le mariage, base de la famille, se contracte, comme à
Rome, avec des solennités nuptiales ou par le seul con-
sentement(2). La pièce de monnaie remise par l'époux au

---

(1) Strabon dit que de son temps toute la Gaule obéissait à la
législation de Rome et que les Celtes avaient perdu les traditions ou
les habitudes contraires à celles des Romains. (*Géogr.* liv. iv,
p. 299, 301, 303.

(2) *Gaii Epitome,* tit. iii.

moment de la bénédiction conjugale est encore, dans le rituel de l'Eglise, un souvenir de l'antique coemption. La diversité de race, de religion surtout, mais encore plus la parenté sont des empêchements à l'union légitime, et cette dernière est, en cas d'alliance, réputée si incestueuse que les époux sont notés d'infamie, les enfants déclarés illégitimes et la dot confisquée. Le concubinat est toléré, mais pour l'homme libre seulement, car il est défendu à celui qui est déjà marié. Sous l'influence de l'épiscopat, le divorce et la répudiation ne peuvent plus avoir lieu pour cause légère ou par consentement mutuel; malgré la novelle de Théodose-le-jeune et celle de Justinien qui rétablit le divorce par l'assentiment réciproque des époux en 556, le mari n'est autorisé, dans le midi de la Gaule, à rompre les liens conjugaux que lorsque sa femme est adultère, adonnée aux maléfices ou proxénète, et celle-ci ne peut divorcer que dans le cas où son époux est homicide, magicien ou violateur de tombeaux (2).

La femme gallo-romaine reste sous la puissance de son mari, bien qu'à Rome elle ait conquis sous l'empire une indépendance fatale à ses mœurs. Elle a un pécule personnel: ses biens se divisent en biens dotaux et biens extradotaux (3). Sa dot peut être constituée soit avant, soit pendant le mariage, et les époux peuvent se faire une do-

---

(1) Le mariage entre provinciaux et barbares est prohibé en 370 (Cod. théodos., III, 14). Mais cette prohibition tomba bientôt en désuétude. Le concile de Chalcédoine avait défendu en Orient l'union des catholiques avec les hérétiques, les païens et les Juifs. Cependant, en Gaule, celui d'Agde autorisa en 506 le mariage entre orthodoxes et hérétiques, pourvu que ceux-ci promissent de se faire catholiques. (Concil. ant. Gall., I, 173). Depuis les constitutions d'Honorius et de Constantin, rendues en 339, 355, 396, le mariage était interdit entre l'oncle et la nièce, le beau-frère et la belle-sœur et entre les cousins-germains. (Cod. théodos., III, 12, 1, 2, 3, 4.)

(2) Cod. théodos., III, 16, 1 et 2. — La novelle de Théodose-le-Jeune ne figure pas dans le code d'Alaric. — Formules du P. Sirmond, dans Canciani, t. III.

(3) Dig. XXIII, 3, 9, § 3, De pact. dotal.

nation mutuelle au profit du survivant, conformément au vieil usage gallique sur le gain de survie. Le concile d'Arles, de 524, va même jusqu'à exiger qu'il y ait toujours une dot : « *nullum sine dote fiat conjugium, nec sine publicis nuptiis quisquam habere præsumat.* » Et il invoque à cet égard l'autorité de saint Augustin : « *Namque de legitimo matrimonio dicit Augustinus : talis esse debet quæ uxor habenda est ; secundum legem sit casta in virginitate et dotata legitime...* » Mais il n'apparaît pas que l'on suive en Gaule la novelle par laquelle Justinien exigeait que la donation faite *ante vel propter nuptias* par le mari à sa femme fût égale à la dot de celle-ci (1). Quant à l'usage du testament mutuel entre époux, autorisé par une novelle de Valentinien III en 446, on en retrouve la trace non seulement dans les mœurs de la Gaule méridionale, mais même dans celles du nord, au témoignage de Marculfe (2).

A l'égard de la puissance paternelle, le droit gallo-romain adopte deux systèmes bien tranchés, bien différents. Dans le Midi, où les colonies italiques sont plus nombreuses, on applique dans toute sa rigueur la loi romaine qui constitue l'aïeul chef de la famille, et qui laisse le fils sous le pouvoir paternel, malgré son mariage, malgré sa majorité de 25 ans. Dans le Nord au contraire, dans les provinces qui seront plus tard coutumières, le fils ne demeure sous l'autorité de son père que jusqu'à son mariage, qui l'émancipe et lui confère une pleine liberté. Mais, en revanche, jusqu'à ce moment, cette autorité est si absolue que le père peut vendre son nouveau-né (3). On abusa tellement de ce droit odieux que, pour sauver de la mort les enfants ex-

---

(1) Pauli sent. II, 23, § 6. *Interpretat.*

(2) *Coutume de Bordeaux*, art. 54. — Formules de Marculfe, liv. II, ch. 17; Canciani, t. II, p. 197.

(3) *Cod. théodos.*, v. 8, 1, *De his qui sanguinolentos.* **La** constitution de Constantin qui accorde ce droit au père a **été** insérée au code d'Alaric.

posés sur la voie publique, l'Eglise dut autoriser les fidèles qui recueillaient ces épaves humaines à en faire des serfs, s'ils ne préféraient les adopter(1).

Le fils de famille continue, comme à Rome, à être incapable d'agir pour lui; ce qu'il acquiert appartient à son père : toutefois il peut disposer même par testament de son pécule *castrense* et *quasi-castrense*, mais non de son pécule *adventice* ou *profectice*, c'est-à-dire des biens d'origine paternelle, maternelle ou étrangère, à moins d'avoir, pour ces derniers, le consentement de son père et, en ce cas, de faire une donation entre vifs ou à cause de mort(2). Il est d'ailleurs placé sous l'empire du sénatus-consulte Macédonien qui refuse toute action aux prêteurs d'argent soit contre lui, soit contre son père.

La tutelle et la curatelle existent en Gaule dans les mêmes conditions qu'à Rome, avec les modifications qu'y ont apportées la loi Claudia et les constitutions de Constantin et de Théodose. Mais la curatelle y revêt un caractère obligatoire que ne lui donnent pas les Institutes de Justinien : elle succède de plein droit jusqu'à 25 ans à l'administration du tuteur(3).

A l'expiration de la curatelle, les femmes majeures, qui ont cessé depuis la loi Claudia d'être placées en tutelle perpétuelle, acquièrent la capacité civile de contracter, si ce n'est pour autrui, en vertu du sénatus consulte Velléien, qui condamne leur intercession au profit d'un étranger comme contraire aux bonnes mœurs, et dont l'autorité est généralement reconnue dans les provinces gauloises. Elles ne sont point par conséquent assimilées aux mineurs, excepté pour le cautionnement, et leurs engagements publics sont déclarés valables par l'interprétation gallo-

(1) Conciles de Bazas en 442 et d'Agde en 506.
(2) *Cod. theodos.*, VIII, 18, l. 1, 2, *de mat. bon.*
(3) *Gaii epitome*, VIII.

romaine donnée à la constitution d'Honorius et Théodose, de 414, qui les protégeaient contre leurs omissions ou leur ignorance(1).

En matière successorale, le droit gallo-romain se conforme généralement aux règles tracées par la loi des XII Tables, les édits des préteurs et les constitutions impériales, et, lorsqu'il vient, par exception, à les modifier ou à s'en écarter, c'est toujours dans le but de fortifier l'hérédité légitime et les droits de la famille. Ainsi, l'action en supplément de légitime, lorsque la portion donnée au successible est inférieure au quart, est formellement accordée à l'héritier par l'interprétation des sentences de Paul (2). Les biens de l'époux prédécédé sont, en cas de secondes noces soit du père, soit de la mère, affectés par la jurisprudence gauloise aux enfants du premier lit, bien que les constitutions de Théodose et d'Honorius n'imposent cette affectation que lorsque la mère se remarie(3). La loi romaine ne reconnaît pas, dans l'hérédité des agnats, la dévolution d'un degré à l'autre, et cependant, en Gaule, on admet le fils du frère à revendiquer la succession(4). La famille collatérale, les cognats, c'est-à-dire les parents en ligne transversale du côté paternel et maternel, prennent, à défaut d'agnats ou d'héritiers siens, la place que l'ancien droit civil réservait aux *gentiles* (5), et les femmes, comme les hommes, appelées dans cet ordre peuvent également succéder. En un mot, les mœurs entraînent sur ce terrain jusqu'à la législation elle-même, et c'est sous leur influence que les constitutions impériales favorisent le droit hérédi-

---

(1) *In firmitate sua perdurent*, dit cette interprétation en parlant des contrats solennels faits par les femmes. (*Cod. theodos.*, II, 16, 3, *interpret.*)

(2) *Paul Sent.* IV, 5, § 7.

(3) *Cod. theodos.* III, 8, *de sec. nupt.*, l. 2 et 3.

(4) *Paul. Sent.* IV, 8, *interpret.*

(5) *Gaii epitome*, tit. XVI.

taire dans la ligne maternelle, qu'elles respectent l'égalité des partages et qu'elles maintiennent l'équilibre entre les familles respectives des époux, à raison des avantages nuptiaux. Lorsque ces mœurs ne parviennent pas à modifier la loi commune, elles s'emparent des dispositions spéciales qui y sont renfermées et qu'elles trouvent plus favorables pour s'en approprier la pratique au détriment des autres. Dans le midi de la Gaule par exemple, on admet le principe romain de l'unité de patrimoine et d'hérédité. Dans le nord, où la vieille tradition celtique distingue les biens paternels et les biens maternels, on emprunte au droit de Rome la distinction du patrimoine militaire et du patrimoine civil, des biens *castrenses* et des biens *paganiques* pour consacrer et appliquer la règle, chère aux Gaulois, de la division de la succession selon l'origine des immeubles qui la composent, et pour affecter ces immeubles aux branches de la famille dont ils proviennent. Dans le midi enfin, nous voyons se répandre l'usage du testament solennel et de l'institution d'héritier, tel qu'il est pratiqué à Rome et dans la péninsule. Dans le nord au contraire, les populations préfèrent le codicille, innovation du temps d'Auguste, favorable surtout aux étrangers, pour qui elle a été introduite dans la législation, mais qui offre aux Gallo-romains le grand avantage de laisser à l'hérédité son caractère de succession *ab intestat* et qui respecte par conséquent les droits du sang, les droits de la famille. La Gaule soumise obéit donc toujours à la loi romaine; mais elle choisit dans ses prescriptions celles qui sont le plus conformes à son esprit, à ses usages, à ses vieilles traditions, et, sans faire violence aux textes assez riches pour s'accommoder à ses préférences, elle les interprète dans le sens qui s'accorde le mieux avec ses institutions disparues.

CHAPITRE III

Nous arrivons à une nouvelle période, à une grande révolution qui va transformer la face du monde antique, ou du moins du monde romain, à la révolution produite par l'invasion des barbares.

I. *L'invasion.*— On a coutume de dire que l'empire a succombé sous le poids de ces hordes indomptées qui du Nord ou de l'Orient sont venues fondre sur ses provinces dont la civilisation et les richesses étaient un juste sujet d'orgueil pour les Romains, mais excitaient aussi, non à un moindre degré, la convoitise et l'âpre avidité des peuplades errantes au-dessus du Danube. Il n'est pas douteux que les attaques des Barbares n'aient puissamment aidé à la chute de l'empire, mais il serait puéril de s'attacher à cette seule cause. Les sociétés ne périssent guère que par leurs vices organiques. La force brutale elle-même est impuissante contre ces grandes existences. Depuis mille ans, on fait porter aux Barbares le poids et la responsabilité d'un événement qui a des racines bien autrement énergiques et profondes. Il ne faut pas croire aveuglément ce qu'en disent Aurélien Victor et Eutrope Il faut aussi recueillir le témoignage des écrivains hagiographiques, de saint Augustin, de Salvien, qui étaient des témoins oculaires et qui ont pénétré dans le vif de la société romaine. L'empire avait des plaies intérieures plus dévorantes que ses ennemis du dehors : il avait la corruption, le fisc, l'esclavage. Les mœurs s'étaient gangrenées par la débauche, par une infâme et stérile débauche. La fortune de Rome s'était écoulée par les effroyables profusions des empereurs. La rapacité des maîtres de l'empire avait causé plus de maux et opéré plus de ravages que leur tyrannie. La servitude était devenue le seul refuge possible contre les charges intolérables de la vie civile. On y courut, on s'y précipita. Ce fut comme une circulation du genre humain. Rome recevait l'homme libre et le renvoyait esclave. Rappelons-nous ce qui a été dit du colonat, des municipes et de la misérable condition des curiales. Rappelons-nous qu'au iii° siècle des villages, des villes entières, pour échapper à la fiscalité romaine, renonçaient à leur indépendance et se donnaient un autre maître que l'empereur. Un peu plus tard, la Gaule et la Bretagne se sépareront de l'empire par le même motif. Une société ne peut vivre qu'à la condition d'intéresser chacun de ses membres à sa conservation. Si la majorité s'en détache, si elle brise le lien qui unit la tête aux extrémités, le corps entier se dissout et tombe en poussière.

Les Barbares n'ont donc fait que hâter la décomposition de l'empire romain et en accélérer la chute. Ils ne l'ont pas provoquée, ils en ont recueilli les débris.

Ces peuplades sauvages n'étaient pas inconnues de Rome. Depuis longtemps, elle les combattait, elle les tenait en échec, elle s'efforcait de les détruire en les opposant les unes aux autres. Sa civilisation voluptueuse et insouciante avait fait tomber les armes des mains de ses soldats; le citoyen ne savait plus se défendre; il crut suppléer à sa faiblesse en recourant à ses propres ennemis, à la race athlétique du nord. Dans les derniers temps de l'empire, ou compta ces dangereux auxiliaires non par légions, mais par armées. Probus en avait 16,000 à son service, et Constantin 40,000 ; Julien conquit la couronne impériale avec des Allemands et des Francs; Valentinien recourut aux mêmes bras pour la protéger contre les Quades et les Sarmates. Les Barbares seuls paraissaient en état de résister aux Barbares. Bientôt, au lieu de les

repousser loin des frontières, on les admit sur le territoire
de l'empire, et dès qu'ils y eurent posé le pied, ils refusè-
rent d'en sortir. Ils s'y façonnèrent non seulement à la
discipline et à la tactique romaines, mais ils apprirent sans
peine à préférer l'existence au milieu de campagnes qu'ils
ne cultivaient pas, mais qui étaient tenues de les nourrir,
à la vie nomade qu'ils menaient naguère au milieu des
forêts. Eux aussi prétendirent sinon à régner, du moins
à gouverner. Le Franc Arbogaste disposa plus d'une fois
du sceptre impérial. Ils exigèrent alors, non seulement
des tributs considérables sous forme de solde, mais des
dignités, des honneurs, l'apparence et la réalité du pouvoir.
Quand l'empereur d'Occident fut déposé par Odoacre,
celui-ci fit écrire par le Sénat à l'empereur d'Orient Zénon
pour que le titre de patrice lui fût concédé (1).

Les Romains n'eurent pas seulement à redouter les
Barbares qui débordaient les frontières, et descendaient
du Nord, chassés et refoulés à leur tour par les peuples
placés à leur arrière-garde, ni ceux qu'ils avaient admis
sur le territoire à titre d'auxiliaires, et qui ne tardèrent
pas à leur parler en maîtres ; ils n'eurent pas une moindre
crainte et ne coururent pas un moindre péril de ceux
qu'ils avaient eux-mêmes établis comme colons dans
leurs domaines pour remédier à la dépopulation des campagnes. Quand les empereurs avaient fait une heureuse
battue dans les forêts de la Germanie et rentraient, pous-
sant devant eux de longs troupeaux de prisonniers, les
indolents citoyens de la ville éternelle se félicitaient de
trouver dans ce bétail humain des bras robustes pour les
latifundia. De fait, toutes les provinces en furent remplies.
La *notitia Galliæ* nous montre, au v° siècle, la Gaule par-
semée de colonies franques, suèves, sarmates, bataves,

(1) V. Ozanam, *Etudes germaniques*, t. II, p. 330 ; Pétigny,
*Etudes sur l'histoire, les lois et les institutions de l'époque mérovin-
gienne*, t. II, *passim*.

allemandes, etc., qui s'étendent à mesure que le latin s'éloigne ou disparait. Ces colons, voués à la glèbe, sont désarmés sans doute, mais ils n'en sont pas moins des agents puissants, zélés, de précieux auxiliaires pour leurs frères d'origine qui viendront un peu plus tard prendre leur part des dépouilles romaines, et c'est ce qui explique en partie pourquoi la Gaule notamment opposa une si faible résistance à l'invasion des bandes germaniques. Il faut, dit M. Guizot, que des lois nous apprennent qu'une population romaine couvrait le sol ; autrement on en pourrait douter.

Oui, sans doute, il y avait encore des Romains et beaucoup de Gaulois. Mais il y avait presque autant de Barbares d'origine, acclimatés, quoique non romanisés, asservis au sol, mais ni dédaigneux de leur race, ni traitres à leur sang. Ne nous étonnons pas que ces serfs aient considéré les nouveaux venus comme des libérateurs : impuissants à l'insurection, ils pouvaient du moins servir la conquête et lui ont en effet fourni le concours le plus efficace.

Quel était, à la fin du v° siècle, l'état de l'empire romain et des Barbares ? Il est indispensable de le connaître pour la Gaule d'abord, puis pour les autres contrées jadis soumises par les armes romaines et à ce moment en voie de leur échapper. Nous aurons en effet plus d'une fois l'occasion de faire allusion aux lois particulières de ces contrées et de les rapprocher de celles dont nous nous proposons l'étude.

II. *Les Barbares en Italie.* — En Italie, nous rencontrons les Ostrogoths, descendus de la Suède, de l'Ile de Gothland, et séparés sur le Danube d'une autre branche de leur famille, les Ostrogoths qui renversèrent la domination d'Odoacre et fondèrent un royaume reconnaissant la suzeraineté nominale de l'empire. Les Italiens n'eurent pas à souffrir de ce changement de gouvernement,

l'administration et la législation demeurèrent toutes romaines ; la servitude, les municipes, les curiales existent
sous Théodoric comme sous les empereurs. Celui-ci publia un édit de 150 articles qui porte son nom. C'est un
emprunt, presque une copie textuelle des dispositions
contenues dans les constitutions impériales. Il faut compléter la lecture de cet édit par un recueil d'actes de
chancellerie, intitulé *Variæ epistolæ*, et que nous a transmis
Cassiodore.

Les Goths étaient chrétiens, mais ariens. Ils avaient
embrassé le schisme sous l'influence d'Ulphilas. Ce fut la
cause de leur prompte décadence. Justinien profita des
divisions opérées par les querelles religieuses pour re-
conquérir l'Italie par les armes de Bélisaire et de Narsès,
et dès que l'Italie fut redevenue impériale, pour y introduire ses œuvres législatives, dont il ordonna la publication par un acte appelé *Pragmatique sanction*. C'est à
cette publication que nous devons la conservation de ces
monuments juridiques, remplacés en Orient par les Ba-
siliques, et si bien perdus dans la mémoire des hommes
qu'on les salua comme un droit nouveau au moment de
la Renaissance. Mais Justinien ne se contenta point d'introduire son Code en Italie ; il y fit aussi entrer les Lombards, germains d'origine, ariens de religion, qui finirent
par s'approprier le pays, et y apportèrent leurs mœurs,
leurs coutumes germaniques. Cependant en se convertis-
sant au Catholicisme, ils se laissèrent pénétrer par les
idées romaines, quoiqu'ils aient peu emprunté à la législation de Rome. Le roi Rotharis fit le premier mettre par
écrit leurs usages en 643. Son édit qui compte 390 art.
touche à peu près à toutes choses, comme celui de
Théodoric, et c'est peut-être la raison pour laquelle
Rotharis lui donna un peu pompeusement le nom de *Code.*
Il fut complété et réédité par le successeur de Rotharis,
Grimoald, en 668. Enfin, un autre de ses successeurs,

Luitprand, promulgua successivement de 713 à 726 un nouveau recueil de coutumes ou de lois, qui témoignent d'une plus grande influence du droit romain sur les usages des Germains, déjà modifiés ou amendés eux-mêmes par les canons ecclésiastiques. Vers le milieu du XIIᵉ siècle, un auteur inconnu réunit et distribua par ordre de matières ces lois lombardes, que l'on appela *Lombardales* ou *Lombarda* (1).

Remarquons ici que ces lois étaient personnelles, que le droit dépendait alors de la nationalité du plaideur et qu'il survécut par conséquent à la domination des Lombards en Italie, d'où vint l'usage des *professiones* ou des *interrogationes*, questions que le juge adressait aux parties, pendant le moyen âge, pour savoir quelle loi il devait leur appliquer. « *Qua lege vivis?* » leur demandait-il (2). Le droit lombard fut longtemps cultivé en Italie, notamment à Pavie. Il nous reste des *Sommes* ou *Miroirs* de ce droit dressés par les jurisconsultes qui en éclairaient le texte à l'aide de gloses et recouraient au besoin au droit romain (3).

III. *Les Barbares en Grande-Bretagne.* — Remontons maintenant de l'Italie à la Grande-Bretagne, qui de toutes les contrées visitées par les armes romaines, porte peut-

(1) Elles ont été publiées, dans l'ordre chronologique, par Hérold, Muratori, Georgisch et Canciani.

(2) Des textes récemment découverts semblent démontrer que la confusion des nationalités devint telle que l'on put choisir sa nationalité et par conséquent sa loi. Mais s'il en fut ainsi en Italie, on ne saurait l'admettre pour la France. Montesquieu a pensé que dans la monarchie franque, chacun avait le droit de faire élection d'une législation particulière, et il s'explique ainsi que le midi de la France ait conservé le droit romain auquel sa population était plus attachée. Mais cette opinion qui reposait sur des textes mal interprétés ou interpolés, notamment sur un fragment de la loi salique *(Si quis ingenuus francum, aut barbarum, AUT hominem qui lege salica vivit, occiderit)*, est aujourd'hui repoussée par tous les historiens.

(3) V. Merkel, *Die Geschichte des Longobardenrechts*, 1850.

être la plus faible empreinte de la domination des Césars. Celle-ci y disparaît de droit avec l'empire d'Occident. Mais de fait, elle y était depuis longtemps débile, contestée ou du moins gênée dans son expansion. Lorsque les Bretons cessent d'être romains, ils n'acquièrent pas pour cela l'indépendance. Trois peuples ou plutôt trois grandes bandes viennent leur disputer le sol et la liberté. Au Midi, ils sont obligés de repousser les incursions de leurs voisins du Nord, qui descendent de leurs montagnes pour enlever les bestiaux et les moissons de la plaine. Plus haut, les pirates de la mer du nord, les Anglo-Saxons, puis les Danois jettent la terreur et la dévastation dans les cités bretonnes et finissent par s'établir dans le pays, grâce à la maladresse d'un chef breton qui appelle à son secours les Saxons. Ils fondent l'*heptarchie* qui se réunira ensuite en un seul royaume. Mais leur règne est le plus odieux, le plus sauvage, le plus tyrannique qui se puisse imaginer. La servitude couvre toute la partie de l'île devenue Anglo-Saxonne, et je ne puis mieux peindre l'avilissement, l'anéantissement de la race indigène, qu'en disant que les lois de cette époque ne font pas même allusion aux vaincus.

Les Anglo-Saxons apportent en Bretagne le culte sanguinaire d'Odin. Cependant ils se convertissent au Catholicisme et fondent de florissants monastères dont l'influence contribua sans doute à corriger et à adoucir peu à peu leurs mœurs. Il subsiste un grand nombre de monuments de leur législation, comme les lois d'Alfred-le-Grand, l'adversaire et le vainqueur des Danois, auxquels sa mort ouvrit un libre accès dans la Grande-Bretagne, les lois de Canut, qui furent appliquées sous la domination de ceux-ci, enfin les lois d'Edouard-le-Bon rédigées à l'époque Normande pour servir de lois aux Saxons, parce que la conquête de Guillaume n'eut pas pour effet de changer la législation du peuple conquis.

Ces documents législatifs reflètent fidèlement, sans aucun mélange d'idées romaines, l'état des mœurs et les coutumes germaniques. Il est visible qu'elles n'ont subi aucune autre influence que celle du Christianisme, souvent même impuissant à réagir contre la rudesse de la race saxonne ou danoise.

IV. *Les Barbares en Gaule.* — Redescendons maintenant sur le continent en Gaule et traçons les grandes lignes géographiques des invasions barbares.

A. *Les Visigoths.* — A la fin du vᵉ siècle, une branche de la famille des Goths, les Visigoths occupent la Gaule méridionale où ils se sont établis avec leur roi Ataulfe, à l'instigation de l'empereur Honorius en 412. Le centre de leur puissance est Toulouse, mais de là ils rayonnent aux alentours, et s'étendent en Espagne, aux dépens des Vandales et des Suèves, qu'ils refoulent sur les côtes d'Afrique. Ils dominent l'Aquitaine jusqu'à la Loire et la plus grande partie de la Gaule Narbonnaise jusqu'au Rhône. Ils se seraient répandus jusqu'au Nord sans les Francs que nous verrons apparaitre tout à l'heure, et qui finissent par les rejeter de l'autre côté des Pyrénées, en leur laissant toutefois la Septimanie qui leur fut plus tard enlevée par Charles Martel. On peut donc dire dès à présent que leur domination se borna à l'Espagne, à Tolède surtout, où leur royauté élective tenait des assemblées générales de la nation, et qui fut désormais l'objectif de leurs ennemis, les Arabes, sous le flot desquels la monarchie visigothique devait un jour disparaitre. Leur histoire se sépare de la nôtre, et je me hâterais de passer outre, si je ne devais dire un mot de leur législation, ou tout au moins en indiquer les sources.

En se cantonnant dans la Gaule, les Visigoths avaient partagé le territoire. Ils s'en étaient approprié un tiers, laissant les deux autres aux Gallo-Romains qui conservèrent également la jouissance de leur droit spécial, du droit romain. Ainsi nous trouvons dans cette région deux législations parallèles, la loi de Rome pour ses anciens sujets, la coutume visigothique pour les nouveaux venus, pour les conquérants. Le gouvernement fut de même à moitié romain, à moitié goth.

Les lois des Visigoths ne sont point entièrement parvenues jusqu'à nous dans leurs formes primitives. Cependant M. Blume a publié en 1847 52 chapitres de ces lois, qui ont été retrouvées en 1839 par Knust sur un palimpseste de Saint-Germain-des-Prés et auxquels il a donné le nom de Code de Reccarède, dont il a fixé la date à la fin du vi° siècle. Euric, qui régna de 466 à 484, avait commencé, parait-il, à les mettre par écrit. Leotwitgilde, qui monta sur le trône en 570, compléta le recueil et le corrigea. Ses successeurs, Gondemar, Sisébut et Sisénaud, Chindasuinthe et son fils Récésuinde rendirent un grand nombre de lois qu'ils réunirent aux précédentes et à des dispositions empruntées au droit romain ou à des coutumes non écrites de leur nation. Ils voulurent en faire un code complet, le Code visigothique, qui forma 12 livres (1) et que le roi Chindasuinthe défendit de vendre ou d'acheter plus de 12 sols, somme considérable, évaluée à 1080 fr. de notre monnaie. Cent coups de fouet devaient être infligés à ceux qui en exigeraient davantage. C'est ce Code, additionné encore par les rois Wamba, Erwige et Egiza, qui a formé la base de la loi espagnole ; une traduction espagnole en fut faite au xiii° siècle sous le titre de *Fuero Juzgo, forum judicum*, et le texte en a été publié par l'académie de Madrid en 1815 (2).

___

(1) Cette division en douze livres fut, disent quelques-uns, une imitation du code de Justinien, quoiqu'il n'y ait entre celui-ci et le code visigoth aucun rapport dans l'ordre ni la distribution des matières.

(2) La loi des Visigoths s'est conservée en Languedoc longtemps après la fin de leur domination dans ce pays. Il y fut fait allusion dans le second concile de Troyes, tenu par le pape Jean VIII, en 878.

Composé après la conversion des Visigoths de l'arianisme au catholicisme, le *forum judicum* porte l'ineffaçable empreinte de l'Eglise, qui trouva en Espagne son paradis, selon l'expression d'un jurisconsulte castillan ; il porte surtout la signature de l'évêque Isidore de Séville qui prêta son concours à sa rédaction. L'influence du clergé lui donna une forme philosophique, théocratique et adoucie, que Montesquieu a tout à fait méconnue, lorsqu'il l'a qualifiée de rhétorique idiote et frivole, et qui révèle un grand progrès sur les législations contemporaines d'origine barbare. Au lieu du duel judiciaire, on y rencontre la procédure sur pièces écrites et sur enquêtes ; au lieu du régime successoral basé sur les liens du sang, la liberté de tester; au lieu de la tutelle des femmes, le droit pour celles-ci de témoigner et de comparaître en justice ; au lieu du droit de masculinité, l'égalité absolue entre les deux sexes ; au lieu de la capacité réservée à l'homme de guerre, le droit, pour quiconque a reçu le baptême, de remplir toutes les fonctions de la vie civile. C'est presque une image de la loi romaine, mais c'est une image amendée, corrigée, purifiée par un souffle profondément chrétien.

Cette loi s'appliquait aux seuls Visigoths. Quant à leurs sujets romains, on dressa à leur usage une compilation grossière des Codes théodosien, grégorien et hermogénien, avec les ouvrages des jurisconsultes Papinien, Paul, Gaius, Ulpien et Modestin. Sous le règne d'Alaric II, et par l'ordre du comte du palais Gojaric, une commission de jurisconsultes romains se rassembla dans la ville d'Aire en Gascogne et fit un extrait de ces différentes sources juridiques, extrait qui fut ensuite soumis à une assemblée d'évêques et d'autres romains notables, par lesquels il fut approuvé. Un exemplaire de la nouvelle loi fut ensuite adressé à chacun des comtes du royaume visigoth, sous le visa du référendaire Anien. Ceci se passait en

50ὅ (1), un an avant la bataille de Vouillé, dans laquelle Alaric perdit la couronne et la vie.

On donna à cette loi le nom de *lex romana*, mais depuis le xviᵉ siècle elle prit plus spécialement celui de *Breviarium Alaricianum*. Le Bréviaire d'Alaric ou d'Anien se divise en deux sections, l'une, *leges*, composée des extraits des 16 livres du Code théodosien et des Novelles de Théodose, de Valentinien, de Marcien, de Majorien et de Sévère ; l'autre, *jus*, formée d'extraits des Institutes de Gaius, réduites à deux livres, des cinq livres des sentences de Paul, de treize titres du Code grégorien, de deux du Code hermogénien, et qui est terminée par un fragment très court du premier livre des réponses de Papinien (2). Tous ces textes, surtout ceux de Gaius, furent gravement altérés ou atteints par des coupures. La commission d'Alaric laissa en outre une œuvre propre, la paraphrase du texte publié par elle, et à laquelle on donna le nom d'*interpretatio* (3). Elle est précieuse en ce sens qu'elle accuse des changements introduits par des lois plus récentes ou des coutumes locales, ou survenus depuis le renversement de l'empire et de son système administratif. C'est le Bréviaire d'Alaric qui fournit à la monarchie franque les éléments du droit romain dont elle fit usage pour les Gallo-Romains soumis à son empire. Il finit même par pénétrer en Italie et fut, non sans doute d'un usage exclusif, mais d'un usage beaucoup plus général qu'aucune autre source

(1) On fit dans la suite un autre extrait de ce code, qui ne contenait que les interprétations d'Anien et qu'on appela *Scintillæ*. (Fleury, *Hist. du droit français.*)

(2) On lit dans le *Commonitorium* qui se trouve en tête du Bréviaire d'Alaric : *In hoc corpore continentur leges sive species juris de Theodosiano et diversis libris electæ,* etc. — *Breviarium codicis Theodosiani pro fundo juris habebatur,* dit Godefroy dans ses Prolégomènes au code Théodosien (ch. vii, t. I, p. 225.)

(3) M. Blume, dans sa préface au Papien, M. Dernburg, dans ses Études sur Gaius, et M. Fitting, dans son *Zeitschrift,* émettent l'opinion que la commission d'Alaric s'est servie pour la rédaction de l'*Interpretatio* de travaux déjà existants.

du droit romain à cette époque, bien qu'on recourût quelquefois à des parties du Code Théodosien qui n'étaient point transcrites dans le Bréviaire. Ainsi, il est certain que plusieurs portions du Digeste, du Code, des Novelles, et surtout la traduction abrégée latine que Julien, professeur à Constantinople, avait faite des Novelles en 556, furent connues et même admises chez les Francs.

B. *Les Bourguignons.* — Les Burgondes, peuples d'origine germanique, attirés en Gaule à peu près à la même époque que les Visigoths par une complication de circonstances que l'histoire ne nous fait qu'imparfaitement connaître, les Burgondes s'étaient d'abord établis à l'est, en Suisse, en Savoie, puis ils avaient descendu le Rhône jusqu'à Marseille et, s'étendant au nord, occupé la province que l'on désigne encore, de leur appellation générique, par le nom de Bourgogne. Le premier royaume burgonde avait été fondé en 413 par Gondicaire. Il comprenait une partie de la Narbonnaise, à l'est du Rhône, au nord de la Durance la première Lyonnaise et enfin la grande Séquanaise dont la métropole était Besançon.

Les Burgondes y étaient-ils entrés à titre de conquérants et par la seule violence ? Non, ce serait une grande erreur de croire que le barbare était redouté de la population gallo-romaine et que celle-ci fuyait partout devant lui. En ce qui concerne la région de l'est du moins, il est certain que les Gallo-Romains de la Lyonnaise allèrent au devant des Burgondes afin de se mettre à l'abri des soulèvements intérieurs, comme celui des terribles Bagaudes; afin de résister au joug impérial qui, à mesure qu'il devenait plus faible et qu'il était plus contesté ou plus méconnu, se faisait plus pesamment sentir aux peuples qui n'osaient ou ne pouvaient encore le secouer complètement, et surtout afin d'opposer une digue au flot des autres Barbares, francs, allemands, saxons, dont les corps d'avant-garde franchissaient chaque jour les frontières romaines. Les

Burgondes avaient une réputation justifiée de bravoure :
ils étaient chrétiens, peut-être même en partie catholiques ;
leurs mœurs étaient douces, ou du moins plus faciles,
plus paisibles que celles des autres peuples germains.
Longtemps, Rome les avait employés comme auxiliaires
et leur avait même donné le titre de fédérés. Les députés
des sénateurs lyonnais allèrent trouver les Burgondes et
les invitèrent à venir se fixer dans leur pays en qualité
d'*hospites* (1).

Qu'était-ce que *l'hospes* ? D'après le Code Théodosien, le
légionnaire romain était logé chez l'habitant comme nous
dirions encore aujourd'hui, et avait droit à la jouissance
du tiers de la maison. Pour lui assigner son appartement,
cette maison était divisée en trois parties. Le propriétaire
choisissait le premier, le soldat ensuite et la troisième
part restait au citoyen. On imagina d'appliquer ce système
aux Burgondes : seulement comme ces peuples ne se
composaient pas seulement de guerriers, mais traînaient
à leur suite leurs familles, leurs esclaves, leurs troupeaux,
et qu'il fallait pourvoir à la nourriture, au logement, à
l'entretien de tout ce monde, on leur accorda, outre une
part dans l'habitation, des terres labourables pour leur
subsistance et des pâturages pour leur bétail. C'est ce qui
fit croire que les Burgondes avaient pris les deux tiers des
terres cultivées et la moitié des autres propriétés gallo-
romaines. Le fait en lui-même est vrai : seulement on se
trompe en disant qu'ils s'en emparèrent, car ce fut le résultat d'une concession, d'un abandon stipulé à l'avance ;
de plus, à l'origine, le partage fut fait par moitié ; les
prairies, les landes, les bois restèrent indivis ; un tiers
des esclaves leur fut seulement livré, ou plutôt il fut stipulé
qu'on le leur livrerait, car les Burgondes dispensèrent les
Romains de l'exécution du traité à cet égard. Enfin, on se

(1) En 457.

trompe en disant que les Romains abandonnèrent aux
Burgondes la pleine propriété de la moitié des terres : ils
n'en cédèrent que la jouissance, c'est-à-dire les fruits. Ils
ne donnèrent en un mot que *l'hospitalitas*, et non le *dominium*. Le droit du Burgonde sur les terres arables ne fut
étendu aux deux tiers que longtemps après leur établissement dans la Lyonnaise. Ceci résulte positivement de la
loi gombette (1).

Le partage se fit également au point de vue législatif,
c'est-à-dire que, selon le principe germanique de la personnalité des lois, le Gallo-romain conserva sa législation,
tandis que le Burgonde continua d'obéir à la sienne.

Quelle était cette législation ?

Un texte publié par D. Bouquet peut faire supposer
que, dès le temps de Childéric, roi des Burgondes à Genève
en 466, le droit public de ce peuple avait été mis par
écrit (2). Mais le Code bourguignon ne fut publié à Lyon
par le roi Gondebaud que dans la seconde année de son
règne, le 4 des calendes d'avril 468, sous le nom de *liber
constitutionum de præteritis et præsentibus atque in perpetuum conservandis legibus*. C'est ce qu'on appelle la *loi
gombette*. Les dispositions de cette loi sont tirées en partie
des anciennes coutumes des Bourguignons ou des lois
des prédécesseurs de Gondebaud ; quelques-unes sont
empruntées au droit romain. Sa rédaction au surplus ne
fut pas unique, mais successive, car on y trouve des lois
datées du consulat d'Aviénus en 501, et d'autres de celui
d'Agapitus, de 508 à 517. Enfin des additions, *addimenta*,
paraissent avoir été ajoutées, l'une sous le roi Sigismond,
de 500 à 523, et l'autre, sous Godomar, dernier roi des
Burgondes, de 523 à 534.

---

(1) Tit. 54, § 1. V. Loi des Visigoths, lib. x, tit. i, §§ 8, 9, 16. V.
cependant Havet, *Du partage des terres entre les Romains et les
Barbares, Revue historique*. t. VI, année 1878.

(2) D. Bouquet, I, 646, *Vita S. Lupicini*.

La loi gombette contient 89 titres, subdivisés en para-
graphes. Elle emprunte beaucoup au droit romain. Ainsi,
pour la puissance du mari sur les biens de sa femme;
pour l'affectation de la propriété des biens aux enfants du
premier lit, en cas de secondes noces; pour le droit accordé au père de famille d'exhéréder sa fille qui se marie
sans son consentement; pour le droit de retour du père
dans les biens donnés; pour l'exercice de la tutelle; pour
le droit des mineurs devenus majeurs de se faire restituer
contre l'aliénation de leurs biens; pour les formes du testament et du codicille; pour la prescription trentenaire,
elle reproduit les dispositions du code Théodosien. Mais
on retrouve dans la loi bourguignonne un grand nombre
de dispositions d'origine germanique, comme le privilège
de masculinité en matière de succession, comme la pratique de l'hospitalité et le respect de la sévérité du mariage, comme les pénalités encourues par la femme adultère, comme le duel judiciaire. Enfin, on y découvre le
principe du fief, avec hérédité, foi et hommage, c'est-à-
dire la transmission de la propriété par le prince à un
vassal, à la charge de fidélité et de service. Les conventions de mariage sont constatées par écrit, *libellus dotis*,
et la femme a droit à une quote-part des bénéfices faits
pendant le mariage.

Cette loi a été éditée au xvi° siècle par du Tillet, et de
nos jours par M. Blume, qui en a revisé tous les manuscrits connus en Europe. Les 88 premiers titres publiés
par du Tillet paraissent seuls authentiques. Les autres
(de 89 à 106) semblent une reconstruction postérieure,
artificielle, conjecturale, opérée à l'aide de débris épars.
On trouve enfin la loi gombette dans les recueils de Lindenbrog, de Georgisch et de Canciani.

La conquête des Francs, qui réunirent, en 534, le
royaume de Bourgogne à la couronne des Mérovingiens,
ne fit pas disparaitre le droit burgonde, qui continua à

subsister comme droit personnel. L'archevêque de Reims, Hincmar y fait une allusion positive au ix° siècle : « Que les chrétiens sachent bien, dit-il, qu'au jour du jugement, ils doivent être jugés non par les lois romaine, salique ou gombette , mais par les lois divines et apostoliques. »

Les Burgondes avaient posé un principe éminemment favorable aux peuples dont ils étaient venus partager l'existence et dont ils avaient reçu une partie du territoire. Ils disaient dans le prologue de leur loi nationale : « Que les causes entre les Romains soient terminées selon les lois romaines; *inter romanos causam romanis legibus terminari.* » Ils mettaient même à cet égard le Burgonde et le Romain en parallèle, sur le pied d'égalité : *Burgundio et Romanus una conditione teneantur.* Cet esprit de justice leur inspira l'idée de rédiger une *lex romana* pour les indigènes, comme il y en avait une pour les Bourguignons. Cette loi fut dressée sur le même plan: la plupart des chapitres portent en effet des titres semblables. Mais elle diffère de la loi gombette en ce qu'elle fait très peu d'emprunts au droit germanique, tandis que celle-ci en fait de nombreux à la loi romaine. On appelle depuis Cujas cette loi le recueil de Papien, *Responsa Papiani,* parce que les copistes du Bréviaire d'Alaric, terminé, comme on sait, par un fragment de Papinien, mettaient à la suite et sans solution de continuité le recueil romain des Bourguignons. Cette compilation fort défectueuse, qui avait été promise aux Romains de la Bourgogne dès 468 et qui fut publiée avant 534, date de la chute du royaume, paraît avoir été une œuvre officielle, un véritable code, quoiqu'elle affecte la forme d'un ouvrage de jurisconsulte. C'est le pendant du Bréviaire d'Alaric, mais elle a beaucoup moins d'importance et fut promptement supplantée par lui dans la monarchie franque. Il semble même qu'elle tomba en désuétude dès que le royaume de Bourgogne disparut. Sous les Mérovingiens et les Carlovingiens, il n'y a eu en France d'autre source du droit romain que le Bréviaire d'Alaric ou le Code Théodosien.

C. *Les Francs*. — Nous venons de voir l'est et le midi de la Gaule envahis, dénationalisés par les Barbares; il nous faut maintenant remonter au nord et rechercher ce qui reste aux Romains de leur ancienne province. Ici encore nous allons rencontrer une nouvelle immigration germanique, et comme c'est à elle que se rattache notre histoire nationale, c'est à elle également que nous devons désormais nous fixer pour étudier les origines de notre droit et surtout de celui que l'on appelle le droit coutumier.

A l'époque où nous nous sommes placés tout à l'heure, il y a longtemps que la fortune de Rome s'est évanouie avec son génie, il y a longtemps qu'elle a cessé d'être conquérante, pour devenir conquise à son tour ; il y a longtemps que l'on ne peut plus dire à son égard avec Montesquieu : « Tous les peuples du monde, attaqués un à un, tombaient isolément, au milieu de la publique indifférence. » C'est maintenant à elle à être attaquée, dépecée et à perdre isolément chacune de ses provinces, chacune de ses glorieuses conquêtes, au milieu de l'indifférence, de l'apathie, et disons même quelquefois, au milieu de l'allégresse générale.

J'ai montré plus haut comment la politique des Romains vis-à-vis des Barbares, et notamment vis-à-vis des tribus germaniques de la rive droite du Rhin avait eu d'abord pour effet de contenir et de s'associer ces tribus, chargées d'arrêter les peuplades plus septentrionales qui tendaient toujours à descendre vers les plaines favorisées du Midi, et de fournir des recrues aux armées impériales; mais qu'elle avait eu ensuite un résultat aussi imprévu

que désastreux, celui d'éveiller les convoitises de ces
auxiliaires et, en les introduisant au sein de l'empire, de
leur laisser entrevoir la possibilité, mieux que cela, la
facilité de s'en emparer. J'ai dit que les Romains s'étaient
ainsi laissé absorber par leurs prétendus défenseurs, et
qu'une fois ceux-ci mis en possession des richesses et
des jouissances des fils dégénérés de la vieille domina-
trice de l'univers, les chemins s'étaient pour ainsi dire
ouverts d'eux-mêmes devant les peuples que les Barbares
stipendiés avaient mission de contenir.

Parmi ces tribus et au dernier rang, dans l'ordre chronologique, se place la tribu franque. C'est à la date de 242
que son nom apparaît pour la première fois dans l'histoire romaine. Il est prononcé par les soldats d'Aurélien,
vainqueurs des Francs sur les bords du Rhin, et qui le
répètent dans le refrain d'une chanson militaire, en mar-
chant contre les Perses. Depuis ce moment, on le rencontre presque à chaque page des annales de Rome.
Pourquoi cette illustration tardive et cette longue obscurité? Pourquoi Tacite, qui a énuméré une à une, au
IIᵉ siècle de notre ère, les nombreuses tribus de la
Germanie, ne dit-il de celle-ci pas un seul mot? Pourquoi les autres historiens sont-ils aussi muets à son
égard? Ce silence a fait naître de nombreux systèmes que
je ne puis analyser et qu'il est d'ailleurs peu utile de connaître. Il suffit de savoir que les Francs sont originaires
des marécages de l'Elbe et des côtes méridionales de la
Baltique, du pays qui forme à peu près le duché actuel de
Mecklembourg et celui de Lauenbourg, avec le pays de
Dithmarsen. Ce sont presque des Danois, et, sous Louis-le-
Débonnaire, on leur attribuait encore cette origine. Dès
le milieu du IIIᵉ siècle, ils ont quitté ces régions sauvages
et sont parvenus aux bords du Rhin, qu'ils traversent déjà
pour piller et ravager la Gaule. A la fin du IVᵉ, ils s'étendent du Rhin à l'Elbe et forment une ligue comprenant

les Cattes, les Bructères, les Chamaves, les Sicambres, les Chérusques, les Ampsivares, etc. Sont-ils, comme on l'a dit, des exilés, des bannis, loups ou brigands, car les mots *wrag*, *warg*, *free*, dont on a fait venir leur nom, ont ces sens divers dans les langues du Nord? Cela importe peu ; mais c'est du moins une nation fière, belliqueuse, qui se fait gloire de sa férocité même, ainsi que nous le voyons dans le prologue de la loi salique, une nation qui inspire aux Romains de la décadence les plus grandes craintes, et que, pour ce motif même, ils cherchent à se concilier en la chargeant de leur propre défense, en la fixant sur les frontières de l'empire, en lui confiant la garde du Rhin. Probus, Maximien-Hercule, Constance-Chlore parsèment la Gaule de colonies franques. Constantin leur livre les hautes charges de l'administration et de la milice tout en continuant de les jeter à Rome aux bêtes de l'amphithéâtre : le règne de ses fils est déjà celui des Francs dont leur palais est rempli. Stilicon leur attribue de nouveau la mission de protéger les rives du grand fleuve qui sépare la Gaule de la Germanie.

Mais le dernier décembre 406, cette barrière du Rhin, tant de fois abattue et tant de fois relevée, est renversée pour toujours par les Vandales, les Suèves et les Alains, suivis bientôt des Burgondes, et les Francs, qui se sont d'abord fait bravement tailler en pièces pour obéir à leur consigne, se joignent moins bravement aux envahisseurs pour les aider à démembrer l'empire. Ils s'avancent par stations et par campements d'abord jusqu'à la Toxandrie, puis jusqu'à Arras, puis jusqu'à la Somme, puis à Orléans, à Angers, et aatteignent le cours de la Loire. Une de leurs tribus, celle des *Ripuaires*, qui avait été établie sur notre rive du Rhin, dans le territoire impérial, s'installe à Mayence, à Cologne et s'avance victorieuse jusqu'à Trèves. Dans la seconde moitié du v⁰ siècle, les

Francs de diverses tribus occupent presque tout le nord
de la Gaule, la deuxième Belgique et les provinces qui
sont depuis devenues le Brabant, la Flandre, l'Artois, le
Hainaut, la Picardie. En 486, Clovis, chef des Francs-
Saliens, établis à Tournai, pousse jusqu'à Soissons, bat
Syagrius, le dernier général des légions romaines, reçoit
la soumission des villes voisines et étend sa domination
sur les bords de la Seine, dont les deux rives lui appartiennent. A partir de ce moment, l'empire ne possède
plus, même nominalement, une seule province dans la
Gaule, car la Bretagne armoricaine était indépendante.
Les Visigoths sont au Midi, les Burgondes à l'Est, les
Francs dans le surplus de la région.

Mais le vainqueur de Syagrius ne crut sa conquête assurée que lorsque l'héritier des Césars, une autorité légitime,
lui en eut en quelque sorte garanti la possession. Il n'y
avait plus d'empereur d'Occident : un roi barbare siégeait
à Ravenne sur le trône des descendants de Théodose.
Clovis s'adressa à l'empereur d'Orient Anastase, et en
reçut le titre de consul et de patrice, comme son père
Childéric portait déjà celui de généralissime. Ce titre le
remplit d'orgueil ; mais il eut encore un résultat plus sérieux et que le barbare poursuivait sans doute davantage :
il lui attacha la population gallo-romaine dont l'adhésion
ne fut complète qu'à partir du jour où le guerrier salien
reçut cette espèce de légitimation. Grégoire de Tours est
très explicite à cet égard. (II, 38.)

Ce ne fut donc pas, comme on l'a cru, l'empire d'Orient
qui chercha à gagner le chef franc, mais le chef franc qui
voulut gagner les indigènes, ceux qui avaient encore le
respect de la pourpre impériale. Il ne devint véritablement
leur roi que lorsqu'il put se dire un lieutenant, un représentant de l'empereur. Il ne dépendait pas de celui-ci ;
mais pour mieux assurer son autorité, il s'en déclarait
l'inférieur. A son exemple, ses successeurs se parèrent

de qualifications romaines : celles d'*homme illustre* qu'ils prennent dans leurs chartes et leurs diplômes, de *vir inluster*, rappellent l'administration impériale et démontrent qu'ils tenaient à honneur d'y figurer. On ne peut avoir une idée juste de la différence profonde qui existait alors entre le titre de roi et celui d'empereur qu'en lisant les lettres que les princes barbares adressaient au souverain de l'Orient ou celles qu'ils recevaient de lui. Théodebert écrit à Justinien en le qualifiant de *seigneur* et de *père*, et Théodoric, roi d'Italie, dit à Hermanfred, roi des Thuringiens, à qui il vient d'accorder la main de sa nièce : « Cette alliance vous rapprochera du sang des empereurs. »

Une fois en possession du nord de la Gaule, et d'une sorte d'investiture impériale, qui légalise en quelque sorte leur conquête, au moins aux yeux des populations qui avaient encore quelque foi en la puissance et la majesté impériales, les Francs étendent rapidement les limites de leurs nouveaux domaines. S'ils ne soumettent pas complètement l'Armorique, ils parviennent à obtenir des Bretons l'apparence d'une certaine obéissance et d'une certaine vassalité. Ils descendent ensuite au Midi et vont se heurter contre les Visigoths d'Aquitaine et de Septimanie ; Clovis défait et tue à Vouillé le roi Alaric (507) et s'empare de Poitiers, d'Angoulême, de Bordeaux, de Toulouse. Il faut que Théodoric, le grand Théodoric, roi des Ostrogoths, qui avait supplanté Odoacre et ses Hérules en Italie (493), intervienne dans la querelle et occupe la Provence pour arracher aux mains du vainqueur et au profit de son petit-fils Amalaric l'Auvergne et la Septimanie. Ils se tournent ensuite contre les Bourguignons auxquels ils imposent d'abord un tribut pour s'emparer un peu plus tard de leur royaume et faire disparaître leur éphémère monarchie. Ils s'incorporent une partie de la Germanie, battent les *Allemanni* à Tolbiac, puis les Bavarois, les Frisons et poussent jusqu'en Thuringe, pour ne s'arrêter que devant les Saxons, qui ne seront définitivement soumis que par Charlemagne. Il arrive un moment, sous les descendants de Clovis, où la Gaule se trouve tout entière dans la dépendance des Francs, à l'exception de cette petite langue de terre, située du Rhône aux Pyrénées, entre les Cévennes et la mer, et qui reste aux Visigoths.

Qui avait produit ces merveilleuses conquêtes ? C'était sans doute la vigueur et l'impétuosité barbares, c'était la valeur de la race franque. Mais c'était aussi et surtout le résultat d'un grand fait, qui communiqua une force surhumaine pour ainsi dire aux bandes armées de Clovis, peu nombreuses cependant, car elles ne s'élevaient guère à plus de 15,000 hommes et à celles de ses successeurs. Ce fait providentiel fut la conversion des Francs au Catholicisme. Avec une rare prescience politique, avec l'admirable notion des besoins et des intérêts des peuples qu'elle évangélisait, l'Eglise, plus préoccupée peut-être des dangers que faisait courir l'arianisme à l'orthodoxie que des ruines amoncelées par la dissolution de l'empire, s'était empressée de prendre possession des nouveaux Barbares qui apparaissaient au nord de la Gaule, et, lorsqu'il eut reçu le baptême des mains de saint Rémy, Clovis devint non seulement le fils aîné, mais aussi l'espoir de la Rome catholique. Sa domination, déjà recherchée par les Romains, fut, nous dit un évêque, Grégoire de Tours qui nous en a expliqué les secrets, désirée par tous les Gaulois avec un amour inexprimable, *amore desiderabili* (1). Pourquoi ? C'est que Clovis, chrétien et catholique, parut destiné à reconstruire sur la base de l'orthodoxie le vieil empire d'Occident ; c'est que tous les orthodoxes persécutés par les Ariens, — Goths, Suèves, Vandales, même

---

(1) Greg. Tur. *Hist.* II, 36. — *Collat. epis. coram rege Gondobaldo,* dans les œuvres de Grégoire de Tours.

une partie des Burgondes étaient tous Ariens, — tournèrent
leurs regards vers ces autres Barbares que n'animait
aucun fanatisme de secte; c'est que la doctrine d'Arius
était en horreur parmi tous les Gallo-Romains, et que
toutes les affections du cœur humain, tous les intérêts,
déplacés, épurés par le culte du Calvaire, s'étaient en
quelque sorte concentrés dans le dogme. Les peuples ne
restent pas longtemps au service des systèmes dans lesquels ils ne voient que l'autorité des hommes. L'arianisme
était de ceux-là. En niant la divinité du Christ, il ôtait le
mystère, il diminuait la foi. On peut donc dire que l'unité
passagère de la Gaule à cette époque fut avant tout l'œuvre
des évêques qui étaient, sans exception, sympathiques à
Clovis et à ses armes : *miles noster*, disait de lui Avitus.
Ils poursuivaient l'unité religieuse et réalisèrent par sur-
croît l'unité politique. Quand Clovis sortit chrétien du
bassin baptismal le jour de Noël 496, on aurait pu voir en
sortir avec lui quatorze siècles d'empire pour ses successeurs. Le Catholicisme seul a constitué la France, sous la
domination des Barbares, en substituant à des Etats in-
fectés d'hérésie l'autorité protectrice d'un chef unique,
uni étroitement à l'Eglise, et en renversant à son profit les rois Visigoths et Burgondes. La conversion des
Francs, qui a placé le pouvoir royal sous la loi de l'Evan-
gile, a fait plus encore, — et c'est ici qu'il faut admirer les
desseins de la Providence, — elle a constitué définitivement
la chrétienté. Elle ne nous a pas seulement donné une
patrie, elle a donné à cette patrie une foi, une foi qu'on lui
reproche et qu'on veut lui enlever aujourd'hui, mais qui l'a
faite grande et qui peut seule lui rendre sa vieille grandeur à l'avenir.

Le moment est venu de se demander quelles étaient les lois apportées par les Francs dans le sein de la Gaule et quelles furent celles qu'ils continuèrent d'observer depuis leur établissement. Mais pour répondre à cette question, il faut remonter quelques siècles en arrière et rentrer pour un instant en Germanie.

Les Germains n'avaient pas de lois écrites. Chez eux, la coutume réglait toutes choses, dans la vie publique comme dans la vie privée. Ils n'ont pas eu non plus d'historiens ou de chroniqueurs nationaux. Mais leurs mœurs ont été décrites par un étranger dans un tableau admirable, qui nous permet de pénétrer dans leur existence mieux que nous n'avons pu le faire pour l'intérieur de la tribu celtique. Ce tableau, c'est la *Germania* de Tacite. Sans doute Tacite ne doit pas être aveuglément cru sur parole. Son éloge des Germains est souvent une satire à peine déguisée de ses propres compatriotes : quand il loue si fort la chasteté des Barbares de la forêt Hercynienne, il se propose surtout de flétrir la corruption des fils dégénérés de Cincinnatus. Mais l'âpre censeur des Césars est un peintre de génie, et il faut toujours, en histoire, compter avec le génie et l'intelligence.

Ce qu'on aperçoit d'abord dans la Germanie de Tacite, c'est l'homme qui s'est isolé pour rester libre. Il vit solitairement, sans voisinage qui le gêne ou qui l'intimide. Il ne connaît ni soumission, ni châtiment, ni tribut. Il n'a d'autres compagnons que ceux qu'il se donne, d'autres obligations que celles qu'il a volontairement consenties. Maître de soi, il veut l'être aussi des choses qui l'entourent. L'espace clos qui enveloppe sa demeure, le champ qu'il cultive, s'il vient à cultiver, sont sa possession ; il en a la saisine. Dès qu'il ne cultive plus, la terre vacante retourne à la masse commune. Il use de tout le sol que couvrent ses troupeaux, mais pour le temps qu'ils le couvriront. Chacun a droit à la pâture de ses bêtes et au bois de son feu. L'homme libre possède ce produit naturel du sol comme il possède son armure, ses chevaux, ses vêtements, pour en user. Le marteau lancé dans le champ marque la prise de possession. Ce sont là les seules richesses individuelles. Les payements se font en troupeaux ou autres objets en nature; l'échange suffit aux besoins. Il n'y a point de monnaie. Quand, au jeu de hasard, le Germain a perdu tout ce qu'il possède, il se joue lui-même et, en cas de perte, se laisse vendre sans murmurer comme serf à l'étranger.

Tacite distingue quatre classes d'hommes chez les Germains : les nobles, les hommes libres, les esclaves, les affranchis. Les premiers ne s'élèvent au-dessus des autres que par le courage, le talent, la richesse. Cette noblesse est moins un droit qu'un fait. Elle est héréditaire en ce sens que la fortune passe du père au fils et que l'éclat de ses services rejaillit sur ses descendants. Mais elle ne confère aucun droit, aucun privilège. La servitude compte peut-être plusieurs degrés, notamment celui du *lide*; elle est le fruit de la guerre, elle nait le plus souvent en Germanie, comme chez tous les autres peuples, par la victoire, par la soumission des prisonniers. L'affranchi n'est rien ou presque rien, s'il n'est agrégé à une association, s'il n'a des parrains, des patrons qui répondent de lui. Pour jouir pleinement des droits de la liberté, il faut avoir été reçu dans une de ces sociétés, ghildes, qui forment l'élément constitutif de tout peuple germain. Les hommes libres sont tenus en effet de se garantir solidairement, mutuellement, leur liberté et leurs possessions. Il n'y a pas de villes, mais des villages, ou plutôt des habitations dispersées dans la campagne, *ut fons, ut campus, ut nemus placent.* Si plusieurs d'entre elles sont voisines, on appelle le groupe un village, quoiqu'il n'y ait nulle cohésion entre les édifices.

Dans chaque maison, il n'y a qu'une personne libre,

c'est le chef, *karl*, *ceorl*, à la fois seigneur et maitre, juge et pontife. La famille est basée sur la monogamie. Mais la femme n'est pas, comme à Rome, sous la puissance du mari, elle est sous sa garde, avec les enfants, sel parents mineurs, les parentes non mariées, le vieux père qui a fait démission de biens. C'est ce qu'on nomme *mundium*, *munt*, c'est-à-dire la *main*. Le mari achète sa femme, en présence des proches qui approuvent ses offres. C'est un douaire qu'il lui constitue, et en échange duquel il acquiert une certaine autorité sur sa personne et sur ses biens. Toutefois, quels que soient les pouvoirs du mari à l'égard de ces derniers, la femme a un droit qui suffit à les contenir, à la préserver contre les excès et la dissipation de son époux, c'est le droit d'obtenir sa séparation de biens (1). Quand le père n'est plus, sa veuve succède à une partie de sa puissance ; elle a la garde et l'éducation de ses enfants mineurs, et elle doit seulement se faire assister, dans les actes de la vie juridique, des conseils de son parent le plus rapproché.

Le patrimoine domestique n'est point, comme à Rome, la propriété privée, exclusive du chef de la maison. Il appartient également à tous ceux qui ont aidé à le conquérir, et qui ont un droit égal aux compositions dues pour l'offense ou l'attentat commis sur un membre de la famille (2).

Les testaments n'existent pas. C'est le sang qui transmet l'hérédité. D'abord les enfants succèdent ; puis les frères ; puis les oncles paternels et maternels. Le cheval de guerre passe cependant chez les Germains non à l'aîné des fils, mais au plus brave. L'ordre successif est déterminé par lignage, et non par degré.

---

(1) La séparation de biens accordée à la femme germaine n'apparait pas dans les historiens latins, mais seulement dans les *Grâgàs* d'Islande. Mais on conjecture avec raison que cet usage avait une origine germanique.

(2) Tacite, *Germ.* 21.

Le pays est divisé en *pagi* (1), dont chacun est placé sous l'autorité d'un chef, *graf* (Tacite dit *princeps*) qui s'appellera plus tard *comte*. Le *pagus* se partage en districts, composés de cent bourgades (2), et gouvernés par un centenier. Cette centenie se subdivise sans doute en dixaines, et les magistrats placés à la tête de chacune de ces circonscriptions par l'élection sont des officiers de guerre et de justice. La véritable puissance repose dans les assemblées du district, du canton, de la nation entière (3).

C'est dans ces assemblées que se rend la justice. Nous ignorons quelle était la procédure civile ; mais la procédure criminelle n'est pas inconnue. Les crimes publics, la trahison, le sacrilège sont seuls punis d'une peine corporelle, la mort, la mutilation, le bannissement. On immole le coupable comme la victime d'un sacrifice ; il est offert en expiation à Odin. Le guerrier qui perd son bouclier dans une bataille est exclu des cérémonies du culte et des assemblées publiques (4). Quant aux attentats à la personne ou aux propriétés particulières, ils ne donnent lieu à aucune peine, mais à une satisfaction, *fredum*, au prix de la paix, sinon à la vengeance exercée par la famille de l'offensé.

Le *fredum* était une composition ; on l'acquittait en livrant un certain nombre de chevaux ou de bestiaux à la

(1) *Pagus, gau* chez les Allemands, *scyre* chez les Anglo-Saxons.

(2) *Centenæ,* L Visigoth. ix, 2, ₰ 1ʳ. 3, 4. — *Hundred* chez les Anglo-Saxons.

(3) *Placitum, mallus.* — Les assemblées de canton se tenaient communément toutes les quinze nuits, quand le pays était tranquille, et tous les huit jours, lorsque la paix était menacée, *quando pax parva est in provincia,* dit la loi des Allemands, 36. 1. — V. Tacite, *German.* ch. xi. Waitz, *Deutsche Verfassugsgeschichte,* i, 327, n° 3.

(4) Tacite, *Germ.,* ch. 12.

partie lésée ou à sa famille (1). L'autorité n'intervenait que pour en fixer la valeur et pour assurer au coupable la protection sociale dans le cas où la famille voudrait, malgré la satisfaction, exercer sa vengeance (2). A ce titre, une part du *fredum* était appliquée aux pouvoirs publics. Les mœurs notaient d'infamie celui qui portait la main sur son propre parent. Mais autrement le crime d'homicide restait impuni. Il en était de même du meurtre du serf par son maître, car l'esclave ne pouvait trouver de vengeur contre celui à qui il appartenait. Dans les débats douteux, la procédure était un appel à la force. Le duel était le jugement de Dieu qui établissait la certitude du fait contesté. Si le litige portait sur un fonds de terre, on plaçait devant les combattants la glèbe symbolique. S'il s'agissait d'une dette, le débiteur ainsi condamné payait de son bien et, à défaut, de sa personne : *de vita componat*. L'homme qui refusait de comparaître devant l'assemblée était mis hors de la sauvegarde publique et chacun pouvait lui courir sus.

L'organisation politique ne différait pas, quant à la simplicité, de l'organisation civile. C'était dans l'assemblée générale de la nation que se traitaient toutes les questions importantes. On délibérait sur la paix, sur la guerre, sur les grands intérêts publics. Tous les hommes s'y rendaient armés, et les prêtres avaient la police de l'assemblée. Quand il s'agissait de faire la guerre, on élisait un chef, et tous ceux qui approuvaient l'expédition, ainsi que le choix du chef lui-même, s'engageaient par serment à ne point abandonner celui-ci. Le chef avait droit de vie et de mort sur ses compagnons, auxquels il distribuait des récompenses, un cheval, une framée, un grade, ou même la possession d'une terre à cultiver, pos-

---

(1) La seule tentative d'homicide était passible d'une composition de 126 bœufs ou plus tard de 63 pièces d'argent.

(2) Tacite, *Germ.*, 16.

session qui se répartissait, hors des expéditions, selon la dignité des rangs (1). Ce fut là sans doute l'origine de la royauté parmi les Germains. Dans l'intérieur et pendant la paix, le chef de bande n'était rien ou presque rien ; il subissait l'autorité commune. Au dehors, il avait une entière indépendance et devenait maître dans le territoire conquis, sauf bien entendu, le contrôle ou plutôt la suprématie de l'assemblée générale, dès que la lutte avait cessé. Mais cette assemblée ne se composait plus que des fidèles du chef, de ceux qui l'avaient suivi dans l'expédition et qui demeuraient autour de lui (2). Le produit de la victoire était vraisemblablement distribué entre les compagnons du chef ou affecté à leur entretien.

Voilà, en peu de mots, ce que nous pouvons savoir de l'ancienne Germanie et des institutions communes à ses peuples, de celles au moins dont la trace nous a été conservée par l'historien latin. Ce sont ces institutions et ces mœurs que les Francs apportèrent en Gaule, et nous en retrouverons l'empreinte dans les lois qu'ils rédigèrent alors ou qu'ils continuèrent d'observer. Il est nécessaire maintenant d'étudier plus en détail ces lois qui firent pénétrer le germanisme dans notre pays, et qui, malgré leur caractère personnel, substituèrent peu à peu la forme tudesque à la forme romaine, les principes germains aux principes issus du droit latin, et préparèrent ainsi le passage des institutions d'origine barbare aux institutions féodales, grande et profonde transformation, qui rappelle involontairement la révolution produite en Orient et en Grèce notamment, par le contact des armes romaines. Il ne faut pas s'y tromper : les peuples naissent, croissent et vieillissent comme les hommes. Leur existence a les mêmes périodes que la vie animale. Quand les prêtres

---

(1) Waitz, op. cit. i, 332, n° 2.
(2) Tacite, *Germ.*, 13, 26

d'Egypte disaient à Solon : « O Athéniens, vous n'êtes que des enfants, » ils disaient vrai. Le monde grec était un monde léger, capricieux, mobile à côté du monde romain, et celui-ci à son tour, malgré sa civilisation, ou plutôt à cause d'elle, lorsque viennent les années de décadence et de corruption, ne nous fournit plus que l'image d'un monde retombé en enfance, à côté de la sève sauvage, mais pleine de fécondité du monde germanique.

LIVRE II

LE DROIT SOUS LES MÉROVINGIENS ET LES CARLOVINGIENS

CHAPITRE PREMIER

Les sources du droit dans ces périodes comprennent des monuments de trois ordres différents :

1° Les lois, édits et constitutions promulgués par les rois dans un intérêt général, mais pour un but déterminé, lois qui sont nées en quelque sorte des circonstances, et qui sont des fragments, des additions, des compléments de la législation générale. On leur donnera plus tard, sous Charlemagne spécialement, le nom de *Capitulaires*.

2° Le *droit local*, c'est-à-dire les lois rédigées par écrit pour chaque peuple, également dans un intérêt général, mais plus particulièrement appropriées à l'usage de certaines tribus et de certains lieux. Nous en avons déjà des exemples dans les lois des Visigoths et des Burgondes. Nous allons voir maintenant celles des Francs.

3° Enfin, les formulaires, polyptiques et diplômes.

I. *Capitulaires*. — Les conquérants de la Gaule du Nord apportèrent, cela n'est pas douteux, avec eux leurs coutumes germaniques. La nécessité de régler la position respective des indigènes et des nouveaux venus, des Gallo-

Romains et des Barbares, et de préciser pour ces derniers eux-mêmes les droits qui naissaient de leur situation nouvelle, fit bientôt confier au papier les coutumes germaniques qui n'étaient encore conservées que dans la mémoire des hommes. On les rédigea en latin, la langue tudesque n'étant pas encore une langue écrite, mais seulement une langue parlée. Le latin devint d'ailleurs, en peu de temps, la langue officielle du royaume franc; il ne se passa pas chez nous ce que l'on vit à la même époque en Grande-Bretagne, où les lois d'Ethelbert et de ses successeurs furent rédigées en anglo-saxon dès l'année 561. Ainsi, nous pouvons plus facilement recourir à ces sources, sans être obligés d'emprunter le secours d'une traduction fort difficile pour un idiome peu connu, et très différent, à coup sûr, de la langue allemande actuelle.

A côté de ces coutumes rédigées pour l'usage général de la nation, il y avait les lois, préceptions, ordonnances, décrets, pactes ou édits, que le prince franc rendait avec le concours des assemblées nationales (1), afin de répondre aux besoins nés des circonstances. Ces règlements étaient rédigés *per capitula*, par chapitres, par articles, comme cela était pratiqué dans les actes dressés pour l'Eglise, pour les abbayes, pour les grands établissements religieux. De là, le nom de *Capitulaires*, qui devint surtout en usage depuis Charles-Martel. Ces ordonnances étaient portées à la connaissance du pays par des copies envoyées aux *comtes* qui en donnaient lecture, au besoin, dans leurs assises judiciaires, *in mallo publico*. Les minutes étaient conservées dans la chancellerie royale, dont les archives, fort mal tenues, ont toutes disparu. Mais le texte nous en est parvenu par les *libri legum*, manuscrits adressés aux juges, aux comtes des diverses provinces et d'après lesquels ceux-ci appliquaient la loi. Il se formait, près des évêchés

(1) Pertz, *Monumenta Germ.*, t. II, 361. — Capit. iii, 803, 19.

et des tribunaux, des collections plus ou moins complètes, selon que les évêques et les officiers publics avaient assisté avec plus ou moins d'assiduité aux assemblées nationales. Les particuliers eux-mêmes entreprirent de suppléer par leurs propres travaux à l'insuffisance des recueils ainsi composés, et leurs compilations ne tardèrent pas à acquérir, avec une grande notoriété, un immense crédit.

Anségise, abbé de Fontenelle et de Flavigny, s'avisa le premier, en 827, de recueillir et de classer les Capitulaires de Charlemagne, dont il avait été le conseiller, et ceux de Louis-le-Débonnaire. Son ouvrage est composé de 4 livres et de 3 appendices. Deux de ces livres concernent les intérêts de l'ordre ecclésiastique, et les deux autres ceux de l'ordre civil. Les articles du recueil d'Anségise sur les affaires ecclésiastiques sont les plus nombreux (200 sur 378). Ils ont été publiés pour la première fois par Fr. Pithou en 1558, d'après 19 manuscrits, et reproduits depuis par Baluze et Canciani. L'autorité de ce recueil fut telle que Louis-le-Débonnaire et Charles-le-Chauve l'invoquent dans leurs capitulaires (1).

En 845, un diacre de Mayence, *Benedictus Levita*, mort en 861, ajouta trois livres au code d'Anségise. Pour les composer, il puisa dans les archives des évêques de Mayence et au lieu de s'en tenir au texte authentique des capitulaires comme son prédécesseur et son modèle, il entremêla les édits de Charlemagne et de Louis-le-Débonnaire, omis par Anségise, de canons des conciles, de décrétales, de passages des Pères de l'Eglise et de l'Ecriture sainte, de fragments du droit romain, de la loi des Visigoths et de celle des Bavarois. Malgré ces éléments si hétérogènes, ou peut-être à cause d'eux, cette compilation eut un grand succès au moyen-âge et jouit d'une autorité incontestée. Cependant tous les documents qui y sont insérés n'ont

(1) *Capit.*, ann. 865, art. 15.

pas le même caractère d'authenticité, et plusieurs même sont fort suspects. Mais *Benoît Lévite* n'est pas, comme on l'a soutenu, un faussaire, qui s'était proposé de favoriser les prétentions ecclésiastiques. Il déclare lui-même qu'il ne rassemble pas seulement des Capitulaires et qu'il a puisé à toutes les sources (1). En résumé, c'est une œuvre équivoque, mais ce n'est pas une œuvre frauduleuse. Les quatre additions placées sous les noms de Charlemagne et de Louis-le-Pieux à la suite des Capitulaires dans le recueil de Baluze, ou les trois additions auxquelles il faut ajouter un abrégé de ces capitulaires, composé en 847 pour le royaume d'Italie par ordre de l'empereur Lothaire I", ont plus de vérité et d'authenticité que le recueil du diacre de Mayence (2).

Je viens de nommer Baluze. C'est en effet au bibliothécaire de Colbert que l'on doit la collection des Capitulaires de Charlemagne et de ses prédécesseurs (3). Un Allemand, M. Pertz, a depuis parcouru toute l'Europe pour recueillir les documents échappés à Baluze et a donné dans ses *Monumenta germanicæ historiæ* une édition qui semble définitive et à laquelle les découvertes postérieures n'ajouteront sans doute rien d'important (4).

D'après ces deux publications combinées, nous possédons neuf édits des rois mérovingiens, de Childebert I" à Clotaire II, de 554 à 614 ; et de Carloman à Charles-le-Simple, 256 capitulaires, parmi lesquels 87 appartiennent à Charlemagne. On peut y joindre les documents législatifs destinés à compléter ou à modifier le droit local, tels que la loi salique, et qui concernent principalement la constitu-

---

(1) Baluze, t. I, 802. V. le recueil de Pertz, t. IV, *pars altera capitul. spuria*, p. 19.

(2) Goldast, *Collectio consuetudinum et legum imperialium*, p. 102.

(3) 2 vol. in-fol.

(4) En général, le texte donné par M. Pertz est plus correct et plus pur que celui de Baluze.

tion de la famille, l'exercice des juridictions, les secondes
noces, ainsi que l'administration générale du royaume.
Ces documents ne constituent pas un ensemble de législation, mais ils caractérisent l'apparition d'un droit *mixte*,
né de la double influence du droit romain et du Christianisme, et qui tend à faire pénétrer dans la loi barbare des
institutions plus appropriées à une société qui cherche la
stabilité, qui se fonde en un mot, et qui substitue des mœurs
plus régulières, plus douces, à la vie nomade de la tribu
guerrière. Ils ont été publiés soit par M. Pertz, soit par
M. Pardessus dans les *Capita extravagantia* de la loi salique
et dans le recueil des *Diplomata*. Parmi eux on peut citer
le *pactum pro tenore pacis*, traité conclu en 593 entre Childebert II, roi d'Austrasie et de Bourgogne, et Clotaire II,
roi de Soissons, afin de réprimer l'enlèvement des personnes ingénues et la détention injuste des bêtes et des
esclaves dans les états limitrophes des deux rois ; les
décrets promulgués par chacun de ces deux princes pour
assurer l'exécution de ce traité par leurs sujets respectifs ;
l'edit de Chilpéric, de 574, qui avait pour but de transporter le système successoral des lois salique et ripuaire dans
la Touraine et au delà du fleuve de la Garonne, but qui
ne fut pas atteint, car l'édit ne fut point appliqué ; enfin les
Capitulaires de Charlemagne qui furent plus spécialement
destinés à compléter ces deux lois.

Telles sont les sources des ordonnances, édits ou capitulaires des deux premières races.

II. *Droit local.* — Voyons maintenant celles du droit
local, c'est-à-dire les lois particulières, et en premier lieu,
la *loi salique*.

A. *Loi salique.* — De toutes les lois barbares, c'est la plus
célèbre, et celle dont le texte a exercé la patience d'un plus
grand nombre d'érudits. Cela tient non seulement à son
origine, mais aussi à cette opinion communément répandue
au moyen-âge et au xvi° siècle, qu'elle avait posé comme

règle l'exclusion des femmes du trône de France. Cette opinion était erronée : elle ne s'accrédita pas moins jusqu'à nos jours et a communiqué une grande importance à la loi salique, qui n'était pourtant qu'une loi pénale, destinée à régler les tarifs des compositions criminelles.

Qu'est-ce que la loi salique ? C'est la loi ou la coutume des Francs-Saliens, de cette tribu franque, originaire, comme le reste de la nation elle-même, des bords de l'Elbe, mais spécialement cantonnée sur les rives de la *Sala*, l'un des affluents de ce fleuve.

A quelle époque fut-elle rédigée ? En quelle langue ? Dans quel lieu ? Ces questions relèvent moins du droit que de l'érudition et ne peuvent être examinées en détail, car elles ont soulevé de vives controverses. Le prologue et l'épilogue de cette loi fournissent cependant à cet égard des éléments précieux d'appréciation. En voici le texte :

PROLOGUE.

« L'illustre nation des Francs, constituée par la main de Dieu, forte dans la guerre, ferme dans les traités de paix, profonde dans le conseil, d'une noble stature, d'une beauté primitive de sang et de forme, pleine de courage, de promptitude et d'élan, convertie récemment à la foi catholique et exempte d'hérésie, lorsqu'elle était encore dans l'état barbare, cherchant la science sous l'inspiration de Dieu, désirant la justice et gardant la piété selon ses mœurs, dicta la loi salique par l'organe des grands, ses chefs élus parmi plusieurs, du nom de Wisogast, Bodogast, Salegast, Wodogast, lesquels, dans trois assemblées réunies aux lieux appelés Salachem, Bodochem et Widochem, après avoir discuté soigneusement les origines de toutes les causes et traité de chacune en particulier, décrétèrent le jugement suivant.

« Mais dès que, par la grâce de Dieu, le roi des Francs, grand et invincible, Clovis eut reçu le baptême catholique, ce qui ne convenait plus dans le pacte fut lucidement corrigé tant par le roi vainqueur que par Childebert et Clotaire... »

EPILOGUE.

« Là finit le livre de la loi salique que le premier roi des Francs a promulgué, et qu'il a ensuite retouché, d'accord avec les Francs, de manière à ajouter quelque chose aux titres et à les conduire ainsi du premier au soixante-dix-huitième. Depuis, Childebert résolut, après de lentes réflexions, d'ajouter, de concert avec les Francs, ce qu'il aurait pu trouver; et l'on sait qu'il porta les titres de 78 à 84, pour y comprendre ce qui lui en paraissait digne. En dernier lieu, Clotaire ayant reçu de son frère plus âgé la loi graduellement augmentée, fit avec les Sages du royaume une autre addition et la conduisit du titre 84e à sa fin. Et ainsi leurs efforts s'unirent de manière à donner la stabilité à toutes les choses par eux constituées (1). »

Il résulte de ces deux textes combinés que la rédaction latine de la loi salique fut promulguée par Clovis avant sa conversion au Christianisme, de l'an 481 à l'an 496, et qu'après sa conversion, de 497 à 511, il y ajouta un certain nombre de titres.

En quelle langue? Nous ne connaissons que le texte latin. Mais y eut-il auparavant une rédaction en langue germanique ? J'ai déjà dit que les Francs n'avaient pas de caractères alphabétiques pour écrire leur langue. Avant une formule de *renonciation au démon*, rapportée par Pertz au viii° siècle, et le serment de Charles-le-Chauve, qui est du ix°, il n'existe pas de document écrit en langue tudesque. Jusqu'au xii° siècle même, tous les actes rédigés en Allemagne étaient écrits en latin. Il est donc probable que jusqu'à la rédaction latine, la loi salique était seulement confiée à la mémoire des Francs, qu'on la répétait en public, mais qu'elle n'était pas transcrite. Cependant le texte originaire était évidemment germain. Ce qui le prouve, c'est qu'on *romanisa*, dans la traduction, des mots d'origine germanique, qui n'avaient pas de similaires en latin. Ainsi *mallum*, de *mall*, assemblée, *mallobergium*, mall tenu sur une montagne, le *berg*, *wehrgeldum*, de *wehrgeld*, le prix du sang; *fredum*, de *fred*, argent payé à titre

_____

(1) Nous empruntons cette traduction à M. Laferrière, *Histoire du droit civil de Rome et du droit français*, t. III, p. 80.

d'amende. On substitua également au mot tudesque des périphrases latines. Les deux langues se fondirent pour ainsi dire, afin de devenir plus intelligibles à l'auditeur franc, tout en rendant plus facile la conservation du texte par l'écriture. Enfin, le texte latin porte, en certains manuscrits, des gloses *malbergiques*, c'est-à-dire des interpolations de mots barbares, d'origine tudesque, qui étaient évidemment destinées à en rendre la compréhension plus aisée par les justiciables non familiarisés avec la langue officielle, le latin. Mais il est impossible de retrouver dans ces interpolations le moindre indice d'une rédaction générale et primitive en langue allemande.

Où la loi salique fut-elle promulguée ? Si elle le fut avant la conversion des Francs au Christianisme, c'est-à-dire avant 496, elle ne put l'être que dans la contrée où les Saliens résidaient, où Julien avait fixé leur demeure, entre l'Escaut et le Bas-Rhin, dans la Toxandrie, au nord de la Belgique. Ce qui semble le prouver, c'est la conformité qui existe entre cette loi et la coutume de Malines et des lieux voisins qui faisaient partie de l'ancienne Toxandrie, comme Anvers. M. Laferrière (1) a relevé cette analogie qui est frappante surtout pour le tarif des amendes, l'application de certaines peines, et le transfert de la propriété.

Ceci dit, rappelons qu'il y a trois textes importants de la loi salique puisés par M. Pardessus dans soixante-quatre manuscrits divers :

1° le *pactus antiquior*, le texte le plus ancien et aussi le plus court, publié par Hérold en 1557 sur un manuscrit de Fulde qui n'a pas été retrouvé ;

2° le texte accompagné des gloses malbergiques ;

3° la *lex emendata*, ou le texte de la loi révisée par

---

(1) *Histoire du droit civil de Rome et du droit français*, t. III, p. 86.

Charlemagne, qui a été publié pour la première fois par Jean du Tillet, évêque de Meaux, en 1548. Dans ce texte officiel, promulgué en 788, on corrigea les expressions qui parurent trop barbares, on omit les gloses malbergiques, ainsi nommées parce qu'elles étaient précédées, dans les manuscrits qui nous les ont conservées, des lettres M A L B, pour *malobergia*, et qui étaient devenues inutiles par suite de l'usage de plus en plus fréquent et général de la langue latine. Ce n'est donc pas le texte primitif, mais un texte amendé, qui renferme en outre certains changements survenus dans le droit depuis la première rédaction. Le texte le plus pur est aussi le plus court, c'est celui qu'a donné M. Pardessus en soixante-cinq titres principaux, à la tête de son recueil, et qui ne porte aucune trace du Christianisme.

B. *Loi des Ripuaires*. — A côté de la loi salique, il faut placer celle des Ripuaires, qui en est la sœur. Au moment où les fils de Clovis, Childebert et Clotaire, achevaient, en révisant la loi salique, d'effacer des coutumes franques les traits et les institutions du paganisme, leur frère Thierry I⁰ʳ fit rédiger la loi ripuaire, *lex Ripuaria, Ripuariorum*. Mais ce fut Dagobert I⁰ʳ, roi unique de la monarchie franque, de 622 à 638, qui peut en être regardé comme le principal auteur, car il ordonna à quatre de ses conseillers, Claudius, Chadoindus, Magnus et Agiluf, d'en refondre le texte en entier, « afin de livrer à chaque nation le texte écrit des coutumes qui avaient persévéré jusqu'alors (1). » Certains des manuscrits qui nous ont transmis la loi des Ripuaires, la divisent en quatre-vingt-onze titres, d'autres en quatre-vingt-neuf. Ils ont de nombreux rapports avec la loi salique ; ainsi la plupart des compositions sont évaluées au même taux dans les deux lois. Cependant

---

(1) Texte du prologue de la loi des Ripuaires. (Canciani, *Leg. Ripuar*, t. **II**.)

vingt-quatre titres de la loi salique ne se retrouvent pas dans la loi ripuaire, et cette absence, qui porte sur l'achat de la veuve qui se remarie, sur la solidarité des parents pour la composition en cas de meurtre, sur la renonciation à la parenté, est remarquable, car elle indique combien les Francs Ripuaires, qui avaient stipulé, en se soumettant à Clovis en 507, la conservation de leurs propres coutumes, différaient sur certains points de la tribu salienne. Au surplus, cette loi est beaucoup moins importante et parait n'avoir eu qu'une application restreinte, quoique Eginhard dise encore au temps de Charlemagne : « les Francs ont deux lois très différentes sur plusieurs points. » Le dernier manuscrit qui en contienne un fragment date du XI* siècle.

C. *Loi des Chamaves.* — Les Allemands ont cru découvrir une troisième loi spéciale aux Francs *Chamaves,* tribu qui faisait partie de la confédération des Francs sur le Rhin (1). Mais il n'y a là qu'une coutume particulière, non une loi officiellement promulguée. En réalité, les Francs n'ont jamais eu que deux lois générales et distinctes : la loi salique et la loi ripuaire.

D. *Loi des Allemanni.* — Le prologue de la loi ripuaire nous apprend que les Allemanni, habitants de la Souabe, battus à Tolbiac par Clovis, et soumis par les Francs, mais en conservant leurs chefs nationaux, *duces*, reçurent, en même temps que les Francs, une loi spéciale révisée à la même époque, c'est-à-dire sous Dagobert I\er\. Cette loi a été publiée par M. Merkel dans la collection de Pertz. Elle se divise en trois parties consacrées à l'Eglise, aux ducs et aux particuliers, tant au point de vue civil qu'au point de vue pénal.

E. *Loi des Bavarois.* — Cette division se retrouve dans la

(1) Le texte de cette loi, regardé comme la rédaction d'un coutumier par M Pertz, avait été publié comme celui d'un capitulaire par Baluze. Il a été réédité par Gaupp en 1855.

loi des Bavarois, édictée ou plutôt rédigée et révisée à la
même date. Le jurisconsulte Gans en signale, peut-être à
tort, la chétive nullité. En tout cas, elle nous intéresse
peu au point de vue de notre droit national. Nous pla-
cerons sur la même ligne la *loi des Thuringiens*, celle des
Frisons et celle des *Saxons* qui nous sont connues par
deux ou trois manuscrits, et dont il suffit de constater l'existence. Ces lois étaient des coutumes locales, fort analogues aux lois précédentes, mais qui n'ont
exercé sur notre législation aucune influence particulière.
La loi des Thuringiens et celle des Frisons ont été aussi
révisées sous Charlemagne. Quant à celle des Saxons,
qui a beaucoup de ressemblance avec la loi frisonne,
elle n'a été elle-même rédigée que sous ce prince peu
après la refonte de la loi des Bavarois par Tassilon.

III. *Formulaires, diplômes, polyptiques.*—Nous n'aurions
pas épuisé les sources du droit barbare ou du droit franc,
et nous n'en connaîtrions que très imparfaitement les monuments originaux, si ce rapide exposé n'était complété
par les formulaires et les *acta*, c'est-à-dire par les documents empruntés à la pratique.

Un peuple barbare ne se sert pas seulement de lois
écrites : ces lois sont même la plus mince part de son
bagage législatif et juridique. Ses mœurs, ses usages ne
se révèlent complètement que dans les faits de la vie quo-
tidienne auxquels ne peut faire allusion le texte forcément
bref et concis d'une loi générale. Les témoins les plus
irrécusables de leur existence sont donc les contrats, les
chartes ou les modèles dressés par les praticiens pour
arriver à la correcte rédaction des actes judiciaires.

Je donne ce dernier nom aux formulaires que nous possédons aujourd'hui sur l'époque mérovingienne et carlovingienne et qui ont échappé aux causes si multiples de
destruction des documents manuscrits jusqu'à l'époque
où ils ont été recueillis par les érudits du XVIIe siècle.

Le plus important et le plus connu de ces recueils de formules est celui de Marculfe, moine du diocèse de Paris, qui le rédigea vers l'an 660. Il comprend les modèles d'actes faits *in palatio*, *chartæ regales*, et ceux des actes faits *in pago*, dans le pays, *chartæ pagenses*. Ces modèles, au nombre de 93, sont répartis en deux livres, et ont été publiés par Jérôme Bignon en 1613, avec un appendice intitulé *Formulæ veteres incerti auctoris*, qui contient 58 formules, concernant surtout les territoires de Sens, de Bourges et du Maine. Les plus récentes datent du temps de Charlemagne et de Louis-le-Débonnaire, *actuellement régnant* (1).

On y trouve mélangés dans des proportions diverses la loi romaine, la loi ecclésiastique, la loi germaine et les usages locaux, *consuetudines pagi*.

D'autres formules provenant de divers manuscrits empruntés à d'autres provinces ont été également publiées. Telles sont:

1° Les formules de l'Auvergne, *formulæ arvernenses*, qui remontent au v° siècle et ont été publiées par Baluze, au nombre de huit.

2° Celles de l'Anjou, *formulæ andegavenses*, du vi° et du vii° siècles, publiées par Mabillon dans ses *Analecta*, puis dans son ouvrage sur la diplomatique au nombre de 59. M. de Rozière en a donné de nos jours une édition beaucoup plus exacte, dans l'*Essai sur l'histoire du droit au moyen âge*, de M. Giraud.

3° Les 46 formules de Sirmond, *formulæ sirmondicæ*, ainsi appelées du nom de leur savant éditeur, le P. Sirmond. Elles paraissent s'appliquer à la Touraine et sont d'une époque incertaine.

4° Les formules de Lindenbrog, savant de Hambourg, qui publia en 1613 un *codex legum antiquarum* avec une

---

(1) V. Marculfe., *Præfat. Bignonii*, Baluze et Canciani.

collection de 185 formules, dont 34 seulement n'étaient pas dans le recueil de Bignon. L'une de ces formules s'applique au pays chartrain et contient une donation d'immeubles faite par le futur à sa fiancée, *selon la loi salique.*

5° Les formules *allemaniques*, publiées par Goldast, et parmi lesquelles se trouvent six rédigées par un moine de Saint-Gall, Ison, vers 909, pour l'instruction de ses disciples.

6° Les formules de l'Alsace, *alsaticæ*, rassemblées par M. Walter dans le *corpus juris germanici.*

7° Les formules publiées par Baluze à la suite de ses Capitulaires, mais empruntées à d'autres collections précédentes.

8° Celles de M. Pardessus (15) données d'après un manuscrit de P. Pithou, et celles de son petit-fils, E. de Rozière, qui complètent heureusement les recueils de Sirmond et de Baluze.

A côté des formules, les actes et les diplômes constituent aussi une source abondante et précieuse du droit coutumier. Je me bornerai à citer les principaux recueils : le *Spicilegium* de d'Achery; le traité *de Re diplomatica* et les *Vetera analecta* de Mabillon; l'*Amplissima collectio* de D. Martenne; le *Trésor des antiquités germaniques* ou *livre des possessions et traditions* de l'église de Fulde, publié par Pertz, et les Cartulaires de nos principales abbayes, dont quelques-uns ont été publiés (1).

Il ne faut pas oublier enfin les polyptiques, comme celui de l'abbaye de Wissembourg, recueil qui contient 279 chartes mérovingiennes et carlovingiennes relatives à l'Alsace et se termine par un *liber possessionum*, registre des domaines et des revenus de l'abbaye. Le plus connu de ces polyptiques est celui d'Irminon, registre censier du

(1) V. le Cartulaire de Saint-Père de Chartres, publié par M. Guérard; les archives de la ville de Reims, publiées par M. Varin, etc.

monastère de Saint-Germain-des-Prés, dressé au IX° siècle, peu après 806, et publié par M. Guérard en 1836. Le polyptique de l'abbé Edelin, pour le couvent de Wissembourg, contient notamment la charte de fondation de cette abbaye par Dagobert I°° (1). On y indique la division des terres, leur situation, leur contenance, les personnes qui les habitent, leur condition et les redevances ou services dont elles sont chargées. Ces indications se trouvent également dans le polyptique d'Irminon, bien que celui-ci, d'après M. Guérard, ne soit que le quart de ce qu'il était autrefois. Mais tel qu'il est, il s'applique à une superficie de 221,187 hectares et à une population de 10,000 individus, répartis en 2396 familles. On voit quels précieux renseignements renferment ces registres censitaires.

CHAPITRE II

LÉGISLATION FRANQUE SOUS LES MÉROVINGIENS

SECTION I. — DROIT PUBLIC

§ 1. *Organisation politique.*

Après avoir aussi indiqué en quelques mots les sources de la législation franque, après en avoir tracé l'histoire externe, il faut maintenant examiner les institutions mérovingiennes dans leur essence et voir comment elles s'appliquaient.

Commençons par les institutions politiques et la royauté.

---

(1) Schopflinus, *Diplômes de l'Alsace*, t. I, n° 20 ; *Traditiones possessionesque Wizenburgenses codices duo cum supplementis*, publiés par Zeufs, Spire 1842. — La date de la charte de Dagobert se place entre 622 et 638.

Comment naquit la royauté franque? Quelle en fut l'origine et sur quelles bases s'est-elle établie?

Le premier qui fut roi, a dit le poète, fut un soldat heureux. Rien de plus juste pour les rois mérovingiens. Au-dessus de toutes les institutions sociales de la vieille Germanie, Tacite place une aristocratie guerrière, qui conduit la tribu au combat et qui la juge pendant la paix : *Eliguntur in iisdem conciliis et principes, qui jura per pagos vicosque reddunt.* La royauté n'est qu'une émanation de cette aristocratie, essentiellement mobile comme l'état social des barbares, qui n'a pas de terres, qui n'a pas de privilèges, qui ne possède en propriété que sa gloire et son renom personnel, mais qui les transmet à ses descendants. Le chef audacieux qui, entraînant ses compagnons dans une expédition lointaine, parvint à les retenir autour de lui sur le sol qu'il avait conquis avec eux, reçut le titre de roi. Cette dignité fut d'abord viagère ; mais, en fait, elle se fixa bientôt dans la famille du chef; l'hérédité et l'élection s'unirent pour la consacrer et la perpétuer. *Duces ex virtute*, dit encore Tacite, *reges ex nobilitate sumunt.* Mais Grégoire de Tours qui discute la question de savoir si les premiers monarques francs étaient des rois ou de simples chefs de bandes, n'établit aucune parenté entre eux, et selon lui l'on doutait même que Mérovée fût le fils de Clodion. Le principe d'hérédité ne s'introduisit donc qu'à la longue et par la force des choses. Ce fut une des applications du principe d'appropriation de la terre conquise; les descendants d'une race héroïque prétendirent avoir droit au pouvoir, à l'exclusion de tous autres, parce que le prince avait été déjà plusieurs fois choisi dans leur famille. Voilà comment s'établit la légitimité. D'ailleurs il est bon de remarquer que l'ordre de primogéniture n'était pas toujours observé et que l'on se contentait de prendre le roi dans la famille, sans tenir compte de la date de la naissance. Ce furent les Carlovingiens, qui firent les premiers une loi de l'hérédité. Pépin le Bref fit jurer aux Francs qu'ils ne choisiraient leurs souverains que dans sa lignée.

Quel était le caractère de la royauté primitive ? Ce caractère était double : vis-à-vis des Gallo-Romains, des peuples soumis, le roi était vraiment roi, il avait des sujets (1). Vis-à-vis des Francs, c'était un patron, il avait des compagnons, des *leudes* (2). Son autorité à leur égard était une *mainbournie*, un *mundium*, une protection, pas davantage, à l'origine. C'est le sens des paroles adressées par Clovis aux Francs Ripuaires, après la mort de Sigebert-le-Boiteux, roi de Cologne : « Tournez-vous vers moi, pour que vous soyez désormais sous ma protection (3). »

Les guerriers gouvernent et administrent concurremment avec le roi, ils règnent en quelque sorte avec lui. Ils en reçoivent des terres à titre de récompense, mais ils n'admettent pas que le souverain pouvoir soit sa propriété exclusive. Le seul fait qui puisse être objecté contre cette opinion, d'ailleurs unanimement admise aujourd'hui, c'est le partage du royaume entre les fils du prince décédé, par exemple entre les quatre fils de Clovis, partage fait en lots de même nature, au Nord et au Midi. Mais ce fait s'explique par cette circonstance qu'il s'agissait de récentes conquêtes que l'on ne pouvait conserver et défendre, sans

(1) Grégoire de Tours.

(2) Ce n'est pas le lieu d'établir la supériorité de la race conquérante sur la race conquise et de discuter les systèmes contradictoires du comte de Boulainvilliers et de l'abbé Dubos. Il suffit de faire remarquer que cette supériorité, ardemment niée par certains historiens, résulte cependant de l'inégalité du wehrgeld dû pour le meurtre d'un Franc et pour celui d'un Romain, et que, si les compagnons de Clovis n'ont point procédé à une dépossession régulière et uniforme des anciens habitants du pays envahi par eux, ils ont du moins inscrit dans leurs lois leur supériorité personnelle sur le peuple d'origine gauloise ou romaine. Ils gravèrent leur victoire moins sur le sol que sur le front des vaincus. (V. *Greg. Turon. Hist.* I, VI, c. 45 et *passim*).

(3) V. Deloche, *la trustis et l'antrustion royal,* 1873.

les diviser, pour ne point en laisser le fardeau exclusif à un seul des héritiers du conquérant. Une conséquence de ce principe, c'est l'exclusion des femmes de la couronne. Elles n'héritent pas, non point parce que la couronne est patrimoniale, mais parce qu'il faut un guerrier pour résister à ses ennemis, à ceux qui la convoitent ou voudraient la faire tomber.

A côté des leudes d'origine germaine, s'élève bientôt une autre classe, plus humble, mais non moins envahissante, celle des Gallo-Romains issus de familles sénatoriales, qui se rappellent l'empire et veulent en faire revivre les formes sous le nouveau roi franc. Ils se glissent dans sa domesticité, deviennent *palatini, ministeriales, majores domûs*, sont chargés de l'administration des comtés, et introduisent peu à peu dans la nouvelle monarchie les modes d'administration et jusqu'à l'étiquette des empereurs.

Cette domesticité, qui n'avait rien d'humiliant pour les Germains, cesse, à leur exemple, de l'être pour les Gallo-Romains, depuis qu'elle confère à ses membres un rang autour du roi et une part importante dans le pouvoir. Le *chambrier*, le *dapifer*, celui qui apporte les plats à la table royale, le *sénéchal* ou intendant, le *comes stabuli* ou connétable plus tard, le gouverneur des écuries royales, les maréchaux, chargés du pansement des chevaux, ont des charges influentes, enviées de tous. Ce sont les principales de la Cour. La simplicité germaine n'exclut pas un grand nombre de commensaux et d'officiers, encore moins un grand nombre de secrétaires et d'écrivains, placés sous les ordres du chancelier, et qui sont presque tous de race gallo-romaine (1). Au dehors, l'administration se modèle, quant à la division du territoire, sur l'ancienne division romaine, par cités, *civitates*, maintenue ou à peu près dans

(1) V. Deloche, *op. cit.*

l'ordre ecclésiastique. Le *comté* est substitué à la *cité*, qui était une expression territoriale et non une ville. A la tête du comté se trouve un comte, *comes*, *graf*, burgrave, le *graphio* tudesque. Chaque comté correspond à un diocèse dirigé par un évêque. Toutefois, cette division fut très mobile, et souvent le comté ne comprit qu'un district, une partie de l'ancienne cité.

Sur les frontières, le comté prenait le nom de *marche*, *marca*, mot tudesque qui veut dire frontière. Il était commandé par un chef, qui, au ix° siècle, s'appela *marchio*.

Le comté se subdivisait en *centaines*, *centenæ*, ancienne dénomination germaine, correspondant assez bien à nos cantons, et administrée par un centenier, qui présidait l'assemblée particulière de la centaine (1). Cet officier était subordonné au comte, à la fois chef pendant la guerre et juge pendant la paix, et participait, dans un rang inférieur, à la multiplicité de ses attributions. Une formule de Marculfe indique d'une manière assez précise ces dernières : « Gardez toujours, dit le prince au *graf*, la foi due à notre couronne ; gouvernez avec modération tous les habitants du pays, Francs, Romains, Burgondes et les autres nations ; appliquez-leur avec équité leurs lois et leurs coutumes ; montrez-vous le meilleur défenseur des veuves et des orphelins ; réprimez très sévèrement les crimes des voleurs et des malfaiteurs ; que tous les peuples vivant sous votre gouvernement y trouvent la joie et la paix ; n'oubliez pas enfin de verser vous-même, chaque année, dans notre trésor tout ce qui est perçu au profit du fisc (2). » Le comte avait lui-même le titre de lieutenant, *vicarius*, d'où les noms de viguerie, viguiers, ou *vicecomites*, vicomtes. Ceux-ci n'apparaissent guère qu'au ix° siècle (3).

---

(1) Hincmar, *Epist.* iv, 15. — Baluze. t. I, p. 19.

(2) Marculfe. i, 8.

(3) Du Cange, *Glossaire*, v° *vicecomes* ; Brussel, *Usage général des fiefs*. t. II, p. 675.

Enfin il y avait des *décanies* ou dizaines, *decaniæ*, qui étaient plutôt des subdivisions ecclésiastiques que des subdivisions administratives de la centaine. Celles-ci étaient destinées à former le noyau et le centre des *parochiæ*, des paroisses rurales.

Les comtes n'étaient pas les seuls agents ou représentants de la royauté. Sur certains points et dans certaines circonstances, il y avait des ducs, *duces*, dignité ou fonction accidentelle qui ne correspondait pas à une nouvelle circonscription administrative, mais dont les rois investissaient certains personnages selon les besoins du moment. On verra plus tard apparaître avec Charlemagne les *missi dominici*, destinés à mettre la royauté en relations plus directes avec la population et à recueillir les plaintes de celle-ci. Cependant l'institution existe déjà en germe sous les Mérovingiens et l'on ne peut pas en attribuer la création à Charlemagne qui en fit seulement un usage plus fréquent. Ces *missi dominici* étaient le plus souvent des évêques et des abbés, en qui le prince était sûr de rencontrer plus d'instruction et d'autorité morale.

L'institution de ces chefs qui cumulaient les fonctions civiles, militaires et judiciaires n'eut pas pour effet immédiat de détruire le régime municipal qui avait survécu à la dissolution de l'empire, grâce surtout aux défenseurs des cités, dont la charge se confondit le plus souvent avec celle des évêques. Le *Breviarium Alaricianum* atteste l'existence de la curie chez les Visigoths du Midi, comme les lois bourguignonnes la constatent à l'Est, et les formules dans un grand nombre de villes du centre et du Nord de la France (1). L'invasion franque améliora même la condition des décurions, en les déchargeant de la solidarité en matière d'impôts, dont le recouvrement

---

(1) *Formul. Sirmond..* 2, 3 ; *Formul. andegav.*; *Biblioth. de l'école des Chartes*, t. I, p. 219 et t. IV, p. 21 ; Raynouard, *Histoire du droit municipal*, t. II, p. 153, 1 8.

fut désormais confié aux comtes, jusqu'au moment où l'extension des immunités accordées aux leudes, aux hommes libres, aux églises et aux monastères fit à peu près complètement disparaître les contributions directes, qui se transformèrent en un cens privé sous les Carlovingiens. Mais si les cités conservèrent pour la plupart leur sénat, leur *ordo* et leur classe de décurions héréditaires, qui formaient des familles patriciennes et sénatoriales, le pouvoir administratif de la curie fut gravement altéré et passa presque en entier entre les mains des comtes (1) et des assemblées germaniques du *mall*. Les libertés municipales furent donc obligées de chercher un refuge, plus apparent que réel, au sein de ces assemblées et à l'ombre des associations d'origine germaine, des *ghildes*, dont les membres, unis entre eux par des serments, par de fréquents banquets, résistèrent souvent aux prohibitions des Capitulaires (2). La ghilde fut le berceau des corps de métiers si puissants au moyen-âge, et donna ainsi naissance à la *commune jurée* (3), d'où sont sorties nos municipalités modernes.

§ 2. *Organisation financière.*

Nous avons vu ce qu'était cette organisation sous les Romains qui connaissaient l'impôt territorial, l'impôt personnel et les impôts indirects. Cette organisation passa à la Gaule mérovingienne, mais si altérée, si profondément modifiée par les usages germaniques et le désordre de l'administration, qu'il serait impossible de la reconnaître si l'on n'avait pour guide le témoignage de quelques historiens comme Grégoire de Tours (4).

(1) Marculfe, *Formul.*, I. 8.

(2) *Capit.* ann. 779, ch. 16; *capit.* ann. 883, tit. III, ch. 14. (Walter, t. II, p. 60 et t. III, p. 231).

(3) *Ordonnances des Rois de France*, t. XI, p. 241, pour la commune de Compiègne, et t. XII, p. 563 pour celle d'Aire.

(4) Greg. Tur., IX, 30.

Les rois francs de la première race avaient deux sources de revenus : 1° leurs domaines, promptement épuisés par leurs libéralités ; 2° les impôts qu'ils s'efforcèrent de rétablir et de répartir en s'adressant directement aux personnes et à la propriété. Toutefois, ils se trouvèrent en présence de deux grands obstacles. D'une part, les Gallo-Romains étaient déshabitués de l'impôt et regardaient le nouveau régime comme une protection contre le retour des exactions impériales. De l'autre, les Germains, les Francs ne connaissaient de tributs que ceux qu'ils exigeaient et qu'ils se faisaient payer. Ils avaient bien coutume d'offrir des *dons volontaires* à leurs chefs, dans certaines grandes circonstances ; mais ils n'entendaient pas les répéter annuellement. Les rois francs recoururent donc d'abord à une contribution indirecte, frappant l'introduction et la circulation des marchandises, droit de *tonlieu*, qui produisait fort peu de chose, à un droit de mutation, attesté par les sentences de Paul insérées à la suite du Bréviaire d'Alaric (1), et qui portait sur les successions et donations, enfin à une taxe sur le revenu des terres et sur les personnes, taxe établie d'après des registres de recensement et un cadastre dont les éléments étaient déposés au trésor royal. Pour en donner une idée, disons qu'un arpent gaulois de 25 ares devait une amphore de vin de 26 litres sous Chilpéric (2).

Mais cet impôt, qui avait le caractère d'égalité sous les Romains, devint absolument inégal sous les Mérovingiens, parce que la terre franque, la terre salique, le franc-alleu était exempt d'impôt et jouissait de toute immunité, et en outre parce que, soit en vertu d'une remise expresse, soit en vertu de l'usage, les biens ecclésiastiques, quoique non affranchis en principe de la taxe, ne la supportaient point

(1) *Pauli Sentent.* IV, 6.
(2) Greg. Tur , v, 29.

en général. Les charges foncières et personnelles retombaient donc, en définitive, sur la masse des propriétaires gallo-romains et des colons, et cette inégalité engendra tant d'abus, tant de plaintes, qu'un Concile national, tenu par 79 évêques à Paris, dénonça en 615 l'impiété des taxes et la surcharge des impôts (1). Un édit de Clotaire II ordonna en conséquence la réforme des nouveaux cens établis. Les tributs furent peu à peu abandonnés : les uns furent cédés aux églises et aux monastères, ainsi qu'aux bénéfices laïques ; les autres tombèrent en désuétude, et à partir de Dagobert Iᵉʳ, il n'y a plus en réalité d'impôt direct ; le livre de recensement, le *liber censualis* lui-même disparut. Il ne resta que les *vectigalia*, ou impôts indirects, le droit de dixième sur le produit des mines, les dons gratuits des assemblées du champ de Mai, les services personnels et réels des possesseurs de bénéfices, le cens des serfs, colons et tenanciers personnels du roi, l'*heribannum*, ou le produit des amendes imposées aux hommes libres qui manquaient à l'appel de l'armée (2), et l'obligation pour les propriétaires de fournir des chevaux, des moyens de transport aux magistrats ou aux envoyés du prince, le *cursus publicus* du Code Théodosien. Encore faut-il remarquer que les propriétaires cessèrent bientôt de payer à l'Etat le cens de leurs colons, mais sans s'abstenir pour cela de le percevoir de ceux-ci. C'est ce qu'on appela au moyenâge le *chevage, caput*, capitation des colons romains.

§ 3. *Organisation judiciaire.*

D'après la loi salique, l'organisation judiciaire comprenait trois tribunaux : le *mallum*, le tribunal des Sagibarons, le tribunal du Roi.

---

(1) *Concil. antiq. Galliæ*, t. I. 474.

(2) *Lex Langob*, I. tit. 14. § 13.   De l'*heribannum* est venue la convocation de l'*arrière-ban* au moyen-âge. Charlemagne fit du service militaire une charge proportionnelle de la propriété.

Le *mallum*, mall, était le tribunal du *graf* ou comte, qui, assisté de rachimbourgs, hommes libres élus par l'assemblée générale ou nommés par le comte à défaut d'élection, rendait la justice en se transportant sur les divers points du comté. Le *graf* ou comte ne jugeait pourtant pas, à proprement parler ; il procédait aux mesures d'instruction ; il prononçait la sentence et la faisait exécuter, mais c'était la réunion des rachimbourgs qui décidait des litiges en fait et en droit. Ces rachimbourgs étaient au nombre de sept (1). S'ils refusaient de statuer, ils étaient passibles d'une composition ou amende. Si le *graf* se refusait également à accomplir les devoirs de sa charge, il était frappé d'une composition égale à celle de la vie. En revanche, les uns et les autres avaient droit à un *fredum*, si on leur imputait faussement un déni de justice. Tacite dit qu'autour de l'officier de justice, *centeni ex plebe adsunt consilium simul et auctoritas*. Que faut-il entendre par ces termes ? La loi salique et les institutions mérovingiennes nous l'apprennent. Il s'agit ici non de l'assemblée populaire, mais des assesseurs du *graf*, des rachimbourgs. Ce ne sont pas seulement, comme sous l'organisation romaine, des conseillers, mais des juges. Tous les hommes libres sont, il est vrai, convoqués au *mallum*, mais tous ne prennent point part au jugement. Les rachimbourgs seuls tranchent les questions qui leur sont soumises et prononcent la sentence par l'organe du *graf*. Plus tard, sous les Carlovingiens, ils prendront le nom de *scabini*, d'où viendront les échevins au moyen-âge, mais les appellations seules seront changées, l'essence et les formes de la justice demeureront les mêmes (2). Quant au reste de l'assemblée, il est convoqué pour assurer plus de

---

(1) *Lex salic.*, XLII, c. 2

(2) Cependant une formule de Lindenbrog semble indiquer que les habitants du comte, *pagenses*, jugeaient les causes avec les scabins. (*Form.* 124).

publicité aux actes judiciaires et pour servir en quelque sorte de témoins.

Au-dessous du *mallum* présidé par le comte, était le tribunal des *sagibarons* (1), présidé par le centenier ou *tunginus* (2), tribunal inférieur, qui siégeait au nombre de trois juges, et qui statuait sur les affaires urgentes et d'une importance secondaire. On appelait *mallobergium*, assemblée sur un lieu élevé, la réunion des sagibarons. C'est une institution propre à la loi salique et qui disparaît avec elle.

Enfin, lorsque les parties refusaient de comparaître devant les rachimbourgs, la cause était portée au tribunal du Roi, qui prit, sous les Mérovingiens, le nom de *placitum palatii*, et qui prononçait la confiscation du contumace ou du forbanni, avec interdiction à tous, même à sa femme, de le recevoir sous peine d'amende. Quelquefois, mais le cas était rare, l'assemblée générale de la nation, présidée par le roi, prononçait des jugements.

Y avait-il une juridiction patrimoniale, c'est-à-dire une juridiction particulière attribuée au chef de la famille sur les membres de celle-ci et sur les serfs, lites, colons ou esclaves ? Cette juridiction existait sans doute dans la haute antiquité, en Germanie ; mais on n'en retrouve aucune trace dans la loi salique dont le titre 52, *de fide facta*, soumet même le lite à la juridiction du *graf* et des rachimbourgs. Le maître avait évidemment un pouvoir domestique, disciplinaire sur ses esclaves. Mais ce n'est que plus tard, sous les rois mérovingiens et carlovingiens, que l'on voit apparaître une juridiction réelle et patrimoniale issue

(1) *Baron*, homme, et *sach*, cause

(2) M. Guizot croit, au contraire, que le *tunginus* était le même fonctionnaire que le *decanus* ou dixainier. (*Essais sur l'histoire de France*, p. 280).

du droit de l'héritage, *virtute prædii*, et qui sera l'une des origines des justices seigneuriales (1).

Quant à la justice municipale, qui existait sous l'empire romain au profit de la curie des municipes, elle tend à se fondre dans celle du *mallum*, qui se substitue peu à peu à la curie, et l'on n'en retrouve plus que des traces légères sous les Mérovingiens. Il résulte toutefois des formules de l'Auvergne et de l'Anjou que la curie avait conservé une juridiction volontaire, par exemple qu'elle recevait les actes d'adoption, de légitimation, de donation, de testament, qui restaient consignés sur les registres municipaux (2).

Les indigènes, les Gallo-Romains étaient-ils soumis à la même juridiction que les Francs ? Cette question a divisé les historiens et M. Pardessus n'hésite pas à la résoudre dans le sens de l'uniformité absolue de juridiction. Il convient pourtant de faire une distinction entre la justice criminelle et la justice civile, quoiqu'elles aient été le plus souvent confondues devant le *mallum*. Pour la première, il ne semble pas douteux que les Gallo-Romains n'avaient d'autres juges que les Francs. Cela résulte du système de composition admis par les lois barbares, et qui s'appliquait aux Romains comme aux descendants des conquérants. Mais pour la justice civile, il est certain que la législation franque avait réservé aux Romains le droit d'être jugés selon leurs propres lois. Au ıv⁰ siècle, une constitution de Clotaire Iᵉʳ avait maintenu ce principe en leur faveur. La loi gombette allait plus loin : elle distinguait positivement entre les juges bourguignons et les juges

----

(1) Pardessus, *Dissertation sur la loi salique*, p. 507.

(2) V. Canciani, t. III, p. 464 ; *Formulæ Sirmond.*, 2 et 3 : *Formul. andeg.*, 3, 4, et celle de l'année 805, qui est relative à la ville de Bourges, et qu'a publiée M. Giraud. (*Essai sur l'histoire du droit français au moyen-âge*, t. II, p. 461).

romains (1). Si le droit de Rome devait être appliqué aux anciens habitants du pays, par qui pouvait-il l'être, sinon par des magistrats qui le connaissaient et le pratiquaient, par des hommes appartenant à la race des vaincus ? On doit donc tenir pour démontré qu'à cet égard les anciennes magistratures municipales se perpétuèrent et que les décurions conservèrent le droit de statuer sur les causes de leurs compatriotes. Ils furent pour ceux-ci ce qu'étaient les rachimbourgs et les scabins pour les Francs. Mais ce droit, l'exercèrent-ils dans un tribunal distinct, dans la curie, ou au *mallum*, sous la présidence du comte ? Voilà le point douteux. Je serais disposé pour ma part, malgré certains témoignages contraires qui constatent l'existence de cours municipales dans le Midi et même à Reims (2), à penser qu'en général le *mallum* absorba la curie, comme je l'ai dit plus haut, et que celle-ci ne conserva de vie spéciale qu'à l'état d'exception et pour les actes de juridiction gracieuse.

Cette diversité dans la composition du tribunal donnait souvent lieu à des difficultés considérables. Par exemple lorsque les deux parties n'appartenaient pas à la même nationalité, quels juges devaient être saisis ? Quelle loi devenait applicable ? La loi gombette avait admis à cet égard une règle fort simple : en cas de conflit de deux nationalités, le droit romain s'effaçait devant le droit bourguignon. La législation franque ne trancha jamais cette question d'une manière précise, et ce fut peut-être une des causes pour lesquelles on voit, dès le viie siècle, le principe de la territorialité législative apparaître timidement à côté

---

(1) *Si quis sane judicum*, dit le prologue de cette loi, *tam Barbarus quam Romanus.....* » et plus loin : « *vel Romanus comes, vel Burgundio....* » Il y avait donc un comte romain chargé de juger les causes de ses compatriotes.

(2) V. Raynouard, *Histoire du droit municipal*, t. I et II; *Archives de Reims*, de M. Varin.

de celui de la personnalité des lois, et des coutumes locales se former à côté du droit écrit. Ainsi Marculfe déclare à cette époque rédiger les formules selon la coutume du lieu dans lequel il vit, du diocèse de Paris (1).

A côté des institutions judiciaires, se placent le droit pénal et la procédure.

La procédure reposait, il est à peine besoin de le dire, sur la base du témoignage oral. On ne pouvait songer, en ces temps où tous les hommes étaient illettrés, à la procédure écrite. Mais la loi reconnaissait deux sortes de témoins : 1° les témoins proprement dits, qui affirmaient sous serment ce qu'ils avaient vu ou entendu, ce qu'ils savaient; 2° les *cojurateurs*, aussi appelés dans certaines coutumes celtiques, *compurgatores*, chargés d'affirmer que celui avec lequel ils juraient méritait d'être cru dans son affirmation (2).

Les cojurateurs étaient choisis dans la parenté. Mais pour éviter que les liens de famille n'influassent sur le serment ou sur la confiance qu'il pouvait inspirer, l'une des parties devait désigner la moitié de ces témoins parmi les alliés ou parents de l'autre partie, ou elle pouvait récuser la moitié de ceux qui étaient produits par son adversaire. On les appelait *medii electi*. Si l'accusé produisait, par exemple, vingt cojurateurs, dix étaient à son choix, et les dix autres à celui de l'accusateur, qui en indiquait alors un plus grand nombre, afin que l'accusé pût exercer son droit de récusation. Il semble même, d'après certains textes, que le juge pouvait nommer directement tous les témoins appelés à prêter serment (3).

(1) Cependant, même dans le Midi, pendant tout le IX⁰ siècle, la nationalité des parties ne cessa pas d'être prise en considération pour le choix des juges. V. documents cités par dom Vaissette, *Histoire du Languedoc*, t. II, p. 56, 69, 119.

(2) L'usage des *cojuratores* s'est maintenu en Angleterre jusqu'en 1824.

(3) V. *Lex salic.*, tit. XLII, art. 5; LI, LXXVIII; *Lex ripuar*, tit. L; M. Pardessus, 11ᵉ dissertat. sur la loi salique, p. 627.

D'ailleurs, un cojurateur ne pouvait se présenter dans plus de trois causes, sous peine d'entraîner la perte du procès dans la quatrième, à moins qu'il ne s'agit d'une dot, de dépouilles conquises sur l'ennemi, *res in hoste prædata*, ou d'un homme rappelé en servitude. Le refus de se rendre à l'audience, de jurer ou le faux serment, le refus de déposer étaient punis uniformément d'une amende de 15 sols (1).

Lorsque la preuve faisait défaut, c'est-à-dire en cas d'absence de tout témoin ou d'aveu de la partie, les juges pouvaient renvoyer l'accusé à l'épreuve soit de l'eau bouillante, dans laquelle il enfonçait le bras, soit de l'eau froide, dans laquelle on le plongeait garrotté. S'il allait au fond, il était regardé comme innocent; s'il surnageait au contraire, il était déclaré coupable. On pouvait aussi lui imposer l'épreuve du fer rouge. L'accusé saisissait un fer rougi à blanc, et le portait pendant quelques pas. Sa main était ensuite enveloppée et au bout de quelques jours, lorsqu'on arrachait l'enveloppe, il était déclaré innocent, si le membre était sain et ne portait aucune trace de brûlure (2). Ces épreuves insensées, grossier hommage rendu par l'humanité aux forces de la nature, étaient sans appel; on s'inclinait devant leurs résultats comme devant une sentence divine. C'est ce qu'on a appelé depuis *ordalies*, (*ordæa*). On les retrouve au berceau de presque toutes les nations de race indo-européenne, et elles se pratiquent encore dans l'Hindoustan. Il en était une autre, dont la loi salique ne parle pas, bien que la loi gombette l'ait maintenue et que les Goths de la Narbonnaise en aient fait un constant usage : c'est le duel judiciaire, institution d'origine germanique et que l'on retrouve dans

---

(1) *Lex salic.*, tit. L, art. 3.

(2) On usait aussi de l'épreuve du pain bénit, qui devait s'arrêter dans le gosier du coupable. De là, le dicton connu de nos jours. « Que ce morceau me reste dans la gorge, si... »

presque toutes les législations barbares. En Scandinavie,
on la regardait comme une création d'Odin. « Tout homme,
disait-on, demandeur ou défendeur, a le droit d'en provoquer un autre. » Les Lombards, les Normands, les
Danois ne reconnaissaient pas de meilleure sentence. Les
Frisons, les Saxons, les Bavarois, les Francs-Ripuaires
eux-mêmes le pratiquaient dans certaines causes déterminées. Seuls, le code visigothique et la loi salique ne
l'avaient point admis. Pour le premier, il est certain que
l'influence religieuse a beaucoup contribué à faire repousser de la législation du Midi ce procédé barbare. Mais
pour la seconde, qui a été rédigée avant la conversion des
Francs au Christianisme, on ne peut expliquer cette exclusion par la même cause et il faut reconnaître que la loi
salique se montre, par ce seul point, fort supérieure aux
autres législations issues de la Germanie. Mais l'on peut
voir ici combien les hommes sont esclaves des préjugés
de leurs contemporains! Malgré les efforts de l'Eglise
pour extirper cette odieuse coutume des lois où elle existait encore, malgré les véhémentes protestations d'Avitus,
évêque de Vienne et d'Agobard, archevêque de Lyon, qui
s'élèvent avec éloquence contre l'usage de la loi gombette,
et demandent qu'elle soit remplacée à cet égard par celle
des Saliens, le duel judiciaire finit par vaincre toutes les
résistances, et le jugement de Dieu s'installe en vainqueur
dans les coutumes de la France mérovingienne, sous
l'influence des mœurs austrasiennes et normandes. Au
temps de Charlemagne et après lui, il devient la *suprema
lex*, la pratique universelle en Europe, en pleine féodalité.

Sous les Mérovingiens et même sous les Carlovingiens,
le droit pénal ne cesse pas d'être ce qu'il était dans les
sombres forêts de la Germanie, un droit de composition,
c'est-à-dire un droit fondé sur l'indemnité due à la victime
ou à sa famille, pour réparation du préjudice causé. Cette
famille conserve en effet, en principe, le droit de tirer

vengeance de l'attentat ou de l'outrage commis sur l'un de ses membres. Seulement la législation franque en restreint l'exercice ; par exemple, il est interdit de se venger dans l'église, dans le *placitum*, ou au foyer domestique de l'auteur de l'offense. La vengeance s'arrête également devant la satisfaction donnée par ce dernier. Ce droit de composition n'est pas un droit public, c'est un droit essentiellement privé. Bien qu'il n'ait point, par conséquent, le caractère d'une législation sociale, en ce sens qu'il ne tend pas à réformer les mœurs de la société, et à assurer l'ordre avec la paix de ses divers membres, il occupe une grande place, la plus grande peut-être dans les lois barbares ; la loi salique n'est presque tout entière qu'un code pénal. Tout se réduit à une indemnité, *fredum*, payée en échange de l'abandon du droit de vengeance qui appartient à l'offensé, *faida*. Cette composition est le prix du sang, ou le prix de la paix, selon que l'on fait dériver le mot *fredum* de *fried*, paix, ou le mot *wehrgeld*, de l'allemand *wehr*, défense, d'où notre terme *guerre*. C'est un véritable traité de paix conclu entre les parties. Elle variait non seulement selon la condition de la partie lésée, mais aussi d'après des considérations absolument étrangères à cette condition. Ainsi on payait 1800 *solidi* d'or pour le meurtre d'un barbare libre, compagnon du roi, *in truste regia* (1) ; 900, pour celui d'un évêque, chez les Francs-Ripuaires (2), ou pour celui d'un Gallo-Romain *in truste regia*, tué dans sa demeure par une bande armée, chez les Saliens (3) ; 600 pour l'homicide du comte, du *sagibaro* ou

---

(1) *Lex salic.* tit. XLIV, c. 2. — Le sou d'or valait sous les Mérovingiens 9 fr. 23 cent. au poids de l'or, et sa valeur relative serait aujourd'hui de 90 fr. environ. Après l'abolition de la monnaie d'or sous Pépin, Charlemagne ordonna que le sou d'or serait remplacé dans les compositions par le sou d'argent (*Capit.* de 801 et de 803). Le sou d'argent avait une valeur intrinsèque de 2 fr. 78 cent , et une valeur relative de 27 fr. (V. Guérard, *Polyptique d'Irminon*, proleg. ch. IV).

(2) *Lex ripuar.* tit. XXXVI, ch. 9.

(3) *Lex salic.*, tit. XLIV, c. 4.

du prêtre ; 500 pour celui du diacre chez les Ripuaires (1) ; 300 pour celui du Romain convive du Roi ; 200
pour le Franc voyageant chez les Ripuaires ; 160 pour
l'homme libre en général, chez les Allemands ; 150 pour
l'*optimate* ou grand burgonde, tué dans une attaque ; 100
pour le Romain qui possède des biens propres, chez les
Saliens ; 80 pour les affranchis en présence de l'Eglise ou
par une charte formelle, chez les Allemands ; 45 pour le
Romain tributaire chez les Saliens et le serf d'église ou
le serf du roi chez les Allemands ; 40, pour le simple
affranchi, le pâtre, l'ouvrier, le forgeron, l'orfèvre ; 36 pour
l'esclave chez les Ripuaires et 20 pour le même chez les
Bavarois. Ainsi la vie d'un Romain attaqué dans sa maison valait mieux que celle du simple Franc tué acci-
dentellement. Mais en général, le sang d'un Barbare était
estimé plus cher que celui du Romain, et l'homme libre,
propriétaire, valait plus que le lite ou colon germanique, que
l'esclave, à moins que celui-ci ne fût un excellent ouvrier,
par exemple un bon orfèvre, cas auquel le *wehrgeld* dû
pour son meurtre était supérieur au prix payé pour la
mort d'un homme libre de condition moyenne (2). On
trouve au surplus dans les *Essais sur l'histoire de France*
de M. Guizot ces divers tarifs répartis non par lois, mais
par classes ou catégories d'individus ; ce sont de précieux
éléments d'appréciation pour la fixation des conditions
sociales à cette époque.

Une part de la composition, le tiers ordinairement, était
réservée au fisc qui l'abandonnait aux comtes pour les
indemniser des frais occasionnés par la tenue du *mallum*.

Quant aux délits contre les propriétés, quant au vol
notamment, la composition se réglait d'après la valeur de
la chose soustraite. On tenait toutefois compte des circons-

(1) *Lex ripuar.*, tit. XXXVI, c. 7.
(2) August. Thierry, *Tiers-Etat*, t. I, p 6.

tances aggravantes, par exemple de l'effraction, de la circonstance de nuit, de celle de fausses clés, etc. Le vol commis à force ouverte était considéré comme moins grave que celui qui dépouillait une personne endormie, parce que ce dernier était un acte de lâcheté.

Enfin, les pénalités afflictives, comme la mort, la mutilation, les verges, la bastonnade, l'essorillement, étaient également usitées, mais seulement à l'égard des esclaves, qui ne pouvaient payer une composition, ou dans des cas exceptionnels, qui sont peu précisés ; elles furent probablement réservées aux délits qui intéressaient l'Etat, la religion et les mœurs, ou qui avaient été accomplis avec des circonstances aggravantes, telles que l'homicide commis dans une église. Un capitulaire de Childebert, de 595, décide même que le meurtrier sans cause, *qui sine causa occiderit*, doit être puni de mort, sans pouvoir se racheter à aucun prix, *nullo pretio*. Mais il ne paraît pas que cette disposition ait eu pour effet de substituer dans la législation pénale le principe de l'application des châtiments afflictifs à celui de la composition pécuniaire ; ce qui le prouve, c'est l'insécurité qui règne dans la société franque pendant toute la période barbare.

§ 4. *Organisation ecclésiastique.*

Au vᵉ siècle, la foi chrétienne pouvait déjà se regarder comme maîtresse des peuplades germaniques. L'Eglise avait des évêques sur tous les chemins suivis par les Barbares. On croit communément que la conversion de ceux-ci fut une chose facile. C'est une erreur. Elle était facile relativement à la doctrine, au dogme, que les Barbares ne pouvaient combattre qu'en le niant. Mais elle ne l'était point à l'égard des mœurs, en présence surtout de cet attrait presque invincible qu'inspirait aux rudes habitants de la Germanie une civilisation trop avancée pour eux, et dont ils comprenaient mieux les désordres que les bienfaits. On avait plus à redouter de leur corruption que de leur violence. Aussi les commencements du Christianisme furent-ils très laborieux. Mais peu à peu les hommes de guerre apprirent à laisser leurs armes à la porte des églises, à respecter la parole des prêtres et les lois des conciles. La royauté naissante ne fut pas étrangère à cette révolution pacifique. Une constitution de Clotaire Ier eut pour but de sanctionner non seulement les commandements de Dieu et l'indépendance de l'Eglise, mais encore la tutelle qu'elle exerçait dans l'intérêt des faibles. Cette constitution ordonna que les évêques surveilleraient la justice qui devait être rendue aux Romains selon le droit romain, aux Barbares selon les coutumes barbares, et qu'en l'absence du prince, ils corrigeraient les erreurs des juges. « Si le comte a injustement condamné quelqu'un contre la loi, dit Clotaire, qu'il soit réprimandé en notre absence par les évêques et qu'il procure, par une seconde et meilleure discussion, la réforme de son jugement inique (1). » En 614 le concile de Paris condamna les guerres privées, et, portant une main hardie sur le temporel, défendit aux juges de punir aucun accusé sans l'entendre et d'obéir aux volontés royales contre l'autorité des lois (2). Le droit canonique devient donc une source importante, quoique peu connue, du droit public et civil, et l'on ne saurait en négliger les grands traits. Les origines du Christianisme sont d'ailleurs l'épisode le plus héroïque de l'humanité. Jamais l'homme ne tira de son sein plus de dévouement ni de courage que dans ces siècles de désordre et de régénération. Jamais la conscience religieuse ne fut plus éminemment créatrice et ne poursuivit avec plus d'énergie ou d'autorité l'œuvre de la civilisation. Partout l'Eglise applique à la barbarie des mesures qui

---

(1) Baluze, t. I, 8 ; Pertz, t. III
(2) *Concil. antiq. Gall.*, t. I, 470.

la corrigent et qui ne prétendent rien moins qu'à la dompter.

Où rencontrerons-nous les monuments du droit canonique pour cette époque ? Il suffira d'en indiquer les principaux.

La première collection des canons de l'Eglise tirés des conciles œcuméniques, est le *codex canonum ecclesiæ universæ*, recueil de 207 canons suivis en Orient et auxquels, en les faisant traduire, le pape saint Léon fit ajouter le concile de Sardique, tenu en 344. C'est la base du droit canonique en Gaule à partir du v° siècle.

Il faut y ajouter la collection faite en 496 par un moine originaire de Scythie, Denys le Petit, *exiguus*, collection célèbre dans l'Eglise sous le titre de *Corpus Canonum* et de *Codex vetus Ecclesiæ romanæ*. Elle comprend :

1° les 50 premiers canons attribués par l'Eglise grecque aux apôtres, *canones apostolorum* ;

2° les canons des conciles de Nicée, de Constantinople, d'Ephèse et de Chalcédoine, auquel Denys joignit ceux de Sardique ;

3° les canons de l'Eglise d'Afrique ;

4° 34 décrétales authentiques des papes depuis l'an 385, c'est-à-dire depuis le pape Sirice.

Le *corpus canonum* eut une grande autorité en Occident, à partir de la fin du viii° siècle, époque à laquelle le pape Adrien en donna un exemplaire à Charlemagne (787). Ce code, dont les copies furent multipliées, devint officiel, et Louis XIV le fit encore réimprimer en 1687.

C'est là, avec les décisions et épîtres synodales, la source principale du droit canonique.

Quant à l'application de ce droit, il faut d'abord connaître l'organisation ecclésiastique en Gaule du v° au ix° siècles. Cette organisation est presque entièrement copiée sur celle de l'administration romaine : elle a pour but la centralisation. L'Eglise sent, dès les premiers âges, qu'elle ne peut fortifier et étendre son pouvoir qu'en le hiérarchisant. Mieux inspirée que les sociétés au milieu desquelles elle est appelée à vivre, elle réunit ses forces au lieu de les disséminer, et plus la notion de l'Etat se perd dans les nations barbares, plus le pouvoir civil va s'émiettant, se fractionnant en éléments divers, plus l'Eglise se fait une, plus elle se resserre, plus elle tend à placer l'autorité suprême en des mains uniques.

En Gaule, l'organisation ecclésiastique repose sur les évêques dont les diocèses correspondent, en général, aux *civitates* et se rattachent aux anciennes provinces romaines dont le métropolitain prend le nom d'archevêque. Ces évêques sont élus d'abord par les fidèles, puis par le clergé seul; mais leur élection est confirmée par le roi, qui souvent même propose et impose son candidat, malgré la résistance et les protestations de l'Eglise. L'institution canonique, indispensable au caractère sacerdotal, qui n'est conféré que par transmission, leur est conférée d'abord par la réunion provinciale des évêques, puis par le pape, chef de la chrétienté et successeur de saint Pierre. Le clergé inférieur est à la disposition des évêques, qui le distribuent dans toutes les parties du diocèse et qui créent bientôt le cadre de nos communes actuelles par l'institution des paroisses rurales, dont la fondation est souvent due à la munificence privée. De là naît pour le fondateur de l'église le droit de patronage qui subsista jusqu'en 1789.

A côté du clergé séculier, se trouve le clergé régulier des monastères, dirigé par des abbés, que désigne d'abord l'élection au sein de la communauté, puis qui sont nommés soit par l'autorité royale, soit par la papauté, mais qui, en ce cas, sont soustraits le plus souvent à la juridiction de l'évêque (1). Les abbés et les moines ne se con-

---

(1) Il faut dire ici un mot de la *commende*, au moyen de laquelle la société laïque, qui convoitait l'opulence des abbayes, parvint à

tentent pas de garder pieusement le dépôt des lettres au
milieu du déluge des envahisseurs. Ils font plus encore:
ils sauvent une partie du droit, non pas seulement en conservant dans leurs bibliothèques et en transcrivant sur
leurs manuscrits les monuments de la loi romaine, mais
en mettant en pratique cette maxime que le droit est
supérieur à la force. Ainsi les biens ecclésiastiques sont
placés sous la protection de la loi; les donations des fidèles
sont consacrées par des actes authentiques déposés sur
l'autel en présence de six témoins. Le rapt d'une chose
appartenant à un prêtre est puni d'une amende triple de
celle qui serait prononcée contre l'auteur du même crime
à l'égard d'un séculier. La loi reconnaît par là un domaine
pacifique, immuable entre des mains faibles et protégé
seulement par le droit. Je dirais presque que c'est l'origine du respect qui entoure la propriété chez les peuples
modernes. Mais c'est, en tout cas, le triomphe du droit
désarmé sur la violence et la conquête brutale, dans un
temps où l'épée peut tout, où elle légitime tout. Il n'est
pas jusqu'au droit d'asile, ce droit si décrié et si peu compris qui, en sauvant le coupable, non de la justice, mais
de la vengeance, en substituant la composition pécuniaire
aux représailles, en arrachant la cause aux hasards du
combat judiciaire et en changeant la guerre en procès, ne
faisait les affaires de la civilisation.

En ce temps, l'Eglise est partout et l'on sent son action
invisible, mais directe en toutes choses. Phénomène singulier, mais dont l'explication est facile, c'est au moment
où les lois civiles semblent s'occuper de préférence de ma-

mettre la main sur leurs revenus. Au lieu de laisser élire les
abbés par les communautés, on imagina de donner les abbayes
en garde et comme en dépôt à une personne qui ne remplissait
pas les conditions canoniques et qui percevait néanmoins les produits du domaine abbatial. La commende fut une source de
nombreux et criants abus, qui ne furent pas étrangers au mouvement anti-monacal des xvie et xviiie siècles.

tières ecclésiastiques, car la législation mérovingienne et
surtout les Capitulaires de Charlemagne sont en grande
partie consacrés à des sujets de l'ordre religieux, et un
tiers environ de ces Capitulaires n'a d'autre objet que les
églises ou les évêques ; c'est à ce moment que les conciles
font les plus fréquentes incursions dans le domaine séculier. On croirait volontiers à des empiétements réciproques
ou du moins à une profonde confusion des pouvoirs. Ce
serait une grande erreur. Les conciles n'édictent pas de
lois civiles, mais formulent et posent des principes que la
monarchie se charge d'appliquer et auxquels elle donne
sa sanction. Ils obéissent ainsi non seulement à leurs propres inspirations ou aux désirs de l'opinion, si fragile et
si impuissante qu'ait été l'opinion publique à cette époque,
mais encore aux volontés de la royauté elle-même. Quand
l'Eglise fortifie par des peines canoniques les pénalités
criminelles de l'ordre civil, qui étaient alors d'une rare
faiblesse et qui, pour mieux dire, n'existaient pas, quand
elle appuie de la menace de l'excommunication les prohibitions édictées par le pouvoir séculier, elle n'em-
piète pas sur le domaine de celui-ci, elle cède à ses demandes, et c'est à sa sollicitation qu'elle lui prête son
concours (1). En échange d'ailleurs, l'autorité royale lui
assure le sien : « Nous voulons, dit un Capitulaire de
Charlemagne, que, de bonne volonté et avec douceur de
soumission, chacun s'étudie à obéir à son évêque, à cause
de Dieu et par esprit de paix. Si quelqu'un d'entre vous
négligeait de payer les dîmes et cens, de renouveler les
précaires et s'opposait aux évêques sur des points qui
sont connus pour appartenir à leur autorité, qu'il sache
que, s'il ne s'amende de suite, il sera appelé en notre présence pour en rendre raison (2). »

(1) V. sur le rôle de l'Eglise dans les temps barbares le témoignage peu suspect de Macaulay. (Introduction à l'histoire d'Angleterre).

(2) Capit. de 800.

Je viens de prononcer le nom de *dîme* et je dois l'expliquer.

Pendant longtemps, l'Eglise ne vécut que des oblations des fidèles. Ce fut son régime sous les premiers rois mérovingiens et ce ne fut pas un régime de pauvreté, car les néophytes sont toujours généreux. Mais bientôt vint un moment où ce zèle se ralentit et où les offrandes diminuèrent, un moment surtout où les exactions des chefs francs s'accrurent et où le patrimoine ecclésiastique ne suffit plus à l'entretien du sacerdoce Un concile tenu à Mâcon en 585, d'après les ordres de Gontran, roi d'Orléans et de Bourgogne, décréta alors que l'ancienne coutume des Hébreux serait reprise par les peuples, et que la dîme serait attribuée aux ecclésiastiques qui exerçaient le saint ministère (1). Il réclama cette dîme non seulement pour les prêtres, mais aussi pour les pauvres et le rachat des captifs. Cependant, malgré la peine d'excommunication attachée par le concile à la transgression de sa décision, celle-ci demeura à peu près à l'état de lettre morte jusqu'aux Capitulaires de 779 et de 800, par lesquels Charlemagne lui donna la sanction de l'autorité civile et soumit à la dîme non seulement les terres des particuliers, mais encore celles du fisc impérial. Il réprimanda en même temps les officiers royaux, qui s'efforçaient d'arrêter en leurs mains une partie de cette oblation : « vous vous efforcez, leur dit-il, par une cupidité honteuse de distraire des églises les dimes et cens qui leur reviennent. » Par le Capitulaire de 801, il voulut que cette dîme fût divisée en trois parties, la première pour les dépenses de l'église et du culte, la seconde pour les pauvres, la troisième pour les prêtres et le clergé. En échange, les sacrements durent être distribués gratuitement (2).

---

(1) Recueil de Sirmond, t. I, 384.
(2) Baluze, t. I, 196, 331, 359.

Outre la dîme, l'Eglise jouissait, comme nous l'avons vu, d'autres privilèges, notamment du droit d'assister aux diètes nationales, du droit de percevoir pour ses membres une composition plus élevée, et surtout de la juridiction ecclésiastique.

Cette juridiction avait commencé dès la période romaine (1); elle embrassait une double compétence, *ratione personæ* et *ratione materiæ*, c'est-à-dire qu'elle s'appliquait à la fois aux clercs et aux biens appartenant à l'Eglise. D'après le code Théodosien, tous les intérêts civils des clercs, toutes les causes concernant leurs personnes, leurs propriétés, leurs contrats étaient du ressort des juges ecclésiastiques. Le droit carlovingien étendit ce privilège aux délits commis par les clercs, qui furent désormais soumis à un tribunal d'église, composé d'évêques pour les évêques, et de nature mixte pour le clergé inférieur. Les terres ecclésiastiques furent affranchies non seulement de tous droits de fisc, mais de toute juridiction royale.

Quant aux causes mixtes, c'est-à-dire à celles qui intéressaient à la fois un laïque et un prêtre, elles furent soumises par un capitulaire de 794 à la cour métropolitaine dans laquelle devait alors siéger le comte.

Il y avait ainsi deux degrés de juridiction : l'évêque ou ses commissaires rendaient la justice en premier ressort dans le diocèse, et le métropolitain, assisté de ses suffragants, statuait sur l'appel.

L'Eglise avait pleine juridiction sur les clercs ; toutefois, elle ne pouvait confisquer leurs biens, ni les frapper d'une amende, sans ordonner en même temps que cette amende serait affectée à des œuvres pies. C'est ce que le

(1) Une Constitution de Constantin, bientôt révoquée, avait investi les évêques de l'arbitrage qui leur serait déféré par l'une des parties, et un Capitulaire de Louis-le-Débonnaire paraît avoir ressuscité cet arbitrage forcé, que Justinien et Théodose n'autorisaient qu'avec le consentement de tous les intéressés.

droit coutumier entendra plus tard par cette règle qui résolut une question autrefois célèbre : « l'Eglise n'a ni fisc, ni territoire (1). » Les tribunaux ecclésiastiques avaient en outre compétence au civil sur certaines affaires qui se rapprochaient du for spirituel, notamment sur les testaments, les serments, l'usure (2), sur les mariages en tant que sacrement, et, par suite, sur les questions qui s'y rattachaient, comme le douaire, la dot. Mais cette compétence ne paraît s'être introduite que plus tard, à la longue, et ne se montre pas encore sous les rois mérovingiens. Elle n'est définitivement organisée, régularisée que pendant la période féodale (3).

Plus nous pénétrerons dans l'étude du droit des coutumes et par conséquent des juridictions civiles, plus nous verrons la justice ecclésiastique s'élever et se développer à mesure que baisse et diminue la justice royale, et au contraire s'affaiblir à mesure que celle-ci jette de plus profondes racines dans la législation comme dans les mœurs du pays. Le même phénomène se produira pour les justices seigneuriales. Quel que soit l'état de la civilisation d'un peuple, quels que soient ses progrès ou sa décadence, son premier besoin est celui de la justice, et lorsque le juge ordinaire, le juge naturel lui fait défaut, il provoque lui-même la naissance des justices particulières, des justices d'exception.

SECTION II. — DROIT PRIVÉ

§ I. — *Personnalité des lois*

Bien que Charlemagne ait plus tard déclaré que les édits royaux étaient le droit commun des peuples (4), il est

(1) Ansaldius, *de jurisdictione*, part. 4, cap. 3, n° 40

(2) Yves de Chartres, *138° épître.*

(3) C'est d'elle que Pasquier disait : « Les faubourgs sont trois fois plus grands que la ville.» (*Recherches de la France,* liv. III, ch. XXXII).

(4) *Leg. Langob*, lib. II, tit. 56, cap. 1.

certain que les lois et coutumes barbares, comme la loi romaine, étaient exclusivement personnelles.

Chez un peuple constitué, enfermé dans son territoire et ne cherchant pas à en sortir, la loi est réelle, c'est-à-dire qu'elle oblige, au point de vue civil, tous les régnicoles, sauf les étrangers. La loi n'est personnelle et ne suit le citoyen que lorsqu'il vient à quitter sa patrie et à en franchir les frontières. Voilà la règle actuellement commune à toutes les nations civilisées.

Il en était autrement en Gaule pour les lois barbares. Les vainqueurs avaient apporté leur droit ; les vaincus avaient conservé le leur. Il y avait ainsi en présence deux lois, l'une pour l'indigène et l'autre pour les nouveaux venus. Le Franc relevait de la loi salique, le Burgonde de la loi gombette, le Romain de la loi romaine (1). Montesquieu a cru voir la raison de ce phénomène dans l'obligation où se trouvaient les tribus germaines de rester unies pour conserver leur indépendance. Il est plus simple et plus juste d'y voir un souvenir vivant de la vie nomade que menaient les guerriers francs dans la Germanie. Du reste, ce principe de la personnalité des lois n'était point spécial au peuple de Clovis. On le retrouve chez les Visigoths, les Ostrogoths et les Lombards, et il persista même chez nous après Charlemagne, ainsi qu'on peut le voir dans des capitulaires de Charles-le-Chauve (2). Aussi Agobard, mort en 840, pouvait dire dans une lettre adressée à Louis-le-Débonnaire, que souvent cinq hommes se trouvaient réunis, dont chacun vivait sous une loi différente. Charles-le-Chauve jurait en 858 de conserver à tous les habitants de son empire la loi qui appartenait à chacun d'eux. Quand les Francs passèrent en Italie, ils emportè-

(1) Marculfe, *Formul.*, I, 8, *de ducatu*. — Pertz, t. IV, p. 13, *Capitul. Aquitanic.*

(2) Baluze, t. II, p. 231, *Capit. Carol. cal..*, année 873 V. aussi l'art. 34 de l'édit de Pistres.

rent avec eux leurs coutumes et les firent admettre sur le pied de l'égalité avec les lois lombarde et romaine. Cependant le droit lombard ne fut point reçu par réciprocité comme loi personnelle en Gaule, parce que l'Italie ne fut point annexée à l'empire des Francs.

La loi personnelle de chaque individu était le plus souvent déterminée par la naissance. Les enfants suivaient la loi de leur père; les femmes, pendant le mariage, celle de leur époux ; les veuves reprenaient leur loi d'origine. Quant aux affranchis, ils suivaient, chez les Francs, la loi franque ou la loi romaine, selon le mode d'affranchissement adopté par leur maître (1). Pour les testaments, on suivait celle du testateur; pour les ventes, celle de l'acquéreur; pour les contrats, celle du débiteur ; pour le mariage, celle du mari.

§ 2. *Condition des personnes.*

Ce qui attire d'abord l'attention dans les lois franques, c'est la condition des personnes. La liberté est la règle générale chez les Barbares, ou plutôt il n'existe de droit que pour elle, car l'esclave est une chose, comme dans toute l'antiquité. Le serf, *servus, mancipium, ancilla,* a sans doute une composition, et son meurtre entraîne le paiement d'une indemnité au profit de son maître; mais cette composition n'est que la représentation de sa valeur estimative, comme celle d'une tête de bétail (2), et le maître possède un pouvoir à peu près absolu sur son serf; il peut le vendre, si ce n'est à un païen, lorsque cet esclave est lui-

---

(1) *Lex ripuar.*, LVIII, § 1. — L'esclave affranchi par l'Eglise était soumis à la loi romaine, car l'Eglise suivait de préférence cette loi : *Romana lex qua Ecclesia vivit.*

(2) *Si quis servum alterius occiderit,* dit la loi des Frisons, *componat eum, juxta quod a domino ejus fuerit æstimatus.* Et elle ajoute : *Similiter equi et boves, oves, capræ,* etc. (Tit. 4. *De servo aut jumento alieno occiso,* 1 et 2). — D'après la loi salique, l'esclave ordinaire vaut 15 sols.

même chrétien ; il le suit partout où il se réfugie et le revendique comme un meuble perdu ou volé (1).

Au-dessus de l'esclave, mais peu au-dessus, et à un rang bien inférieur à celui de l'homme libre, apparaît le lide, lite, *litus, lidus, lassus, letus.*

Qu'est-ce que le lide ? L'étymologie de ce mot vient-elle des *læti* du droit romain, ou de *laet, lats,* qui signifie en langue anglo-saxonne *lâche, paresseux* ? Cela est peu important. Ce qu'il faut définir, c'est la condition. Or, la condition du lide est une domesticité voisine de l'esclavage, c'est une situation intermédiaire entre celle de l'homme libre et celle du serf. Le lide peut posséder des immeubles, mais seulement à titre précaire ; il a sur le sol un droit de jouissance héréditaire, et ses enfants lui succèdent dans cette possession, mais il lui est interdit de la vendre ou de l'aliéner, car la saisine est au seigneur ; il peut s'obliger, et posséder lui-même d'autres lides ou des serfs ; il peut succéder en abandonnant à son maître une partie des biens successifs, ce qu'on a appelé depuis *mortaille* ; il peut se marier. Son maître a droit, chez les Francs, en cas de meurtre du lide, à une composition égale à la moitié de celle de l'homme libre (2). Enfin, il peut être affranchi, mais, sauf ces faveurs, sa condition est celle d'un esclave et son sort n'est pas meilleur, car il est lié à la fois à la personne de son maître et à la glèbe qu'il cultive.

D'après le polyptique d'Irminon, les enfants d'un serf et d'une lide, d'un serf et d'une fille de colon, étaient rangés parmi les lides (3).

Au surplus, l'esclave, comme le lide, peut être affranchi. Le maître peut faire de son serf un lide, et de celui-

---

(1) *Lex Frison.*, tit. i, c. 8, *De rebus fugitivis.*
(2) *Lex Frision*, tit. xv; *Lex Ripuar.*, tit. lxii.
(3) *Irminonis polyptichon*, p. 124, 143, 272.

ci un homme libre. L'affranchissement a lieu de diverses manières, soit par une charte, *chartularius* (1), soit par devant témoins, *per hantradam* (2), soit en faisant passer l'affranchi par plusieurs mains interposées, soit devant le roi ou en justice, en lançant un denier hors de la main du serf, *denarialis*, soit enfin dans l'église, en présence du clergé, *tabularius*. L'affranchi vivait alors comme un homme libre, mais en restant soumis au patronage de son ancien maître, à moins qu'il n'eût été affranchi devant le roi ou dans l'église, cas auxquels il n'avait d'autre patron que le roi ou l'église. Il suivait la loi romaine lorsqu'il avait reçu la liberté à la mode romaine, *tabularius*, et ne pouvait plus lancer le denier devant le prince (3), car jamais on ne pouvait faire un Franc d'un Romain. Cette différence est bien accusée dans la loi ripuaire : « Si quelqu'un, dit le titre 62, a fait son esclave *tributaire* ou *lite*, le maître aura droit, en cas de meurtre, à une composition de 36 sols ; s'il a usé de la faculté de le faire *dénarial* (par le denier), la composition sera de 200 sols. » En un mot, l'homme qui reconquérait la liberté et devenait *liber*, *ingenuus*, *fulfreal*, n'avait de droits complets que lorsqu'il s'était à son tour racheté du patronage et lorsqu'il entrait ainsi dans le corps du peuple. Jusque là, il était sous la garde de son maître, de l'Eglise ou du roi.

A côté des lides, le polyptique d'Irminon nous montre

---

(1) *Leg. Luitprand*, iv, liv. 5.

(2) *Lex Francorum chamavorum*, art. 14. Les onze témoins prêtaient avec l'affranchissant le serment que l'esclave était libre.

(3) C'était la forme de l'affranchissement solennel. — Malgré la solennité de cet affranchissement, l'homme qui en était l'objet demeurait dans une condition inférieure.
Ainsi la loi des Ripuaires ordonnait qu'en cas d'alliance entre le Ripuaire ingénu et une femme appartenant à l'église, *une Romaine* ou *une affranchie du roi*, leurs enfants suivraient la condition pire, *generatio eorum semper ad inferiora declinetur.* (*Lex rip.* 58 ; Baluze, *Capit.*, t. I, p. 42). Il faut remarquer ici que la Romaine était placée sur le même rang que l'affranchie.

une classe considérable de demi-serfs, presque semblables aux lides et dont j'ai parlé plus haut, ce sont les *colons* d'origine romaine (1). Cette classe nombreuse, qui se multiplie de plus en plus, sera l'origine de la main-morte du moyen-âge ; elle est une des variétés de la servitude de la glèbe, et comme les lides, elle est soumise à des obligations étroites, au *census de capite*, chevage des temps postérieurs, au droit de consentement au mariage, sinon à l'amende de for-mariage, au droit d'héritage du maitre, ou tout au moins au paiement d'une redevance lors de chaque mutation dans la tenure (2).

La classe des hommes libres nés de père et de mère libres et jouissant de la plénitude des droits de la liberté (*arimanni*), admettait elle-même certains degrés. Chez les Bourguignons il y avait les *minores personæ*, les *mediocres*, les *nobiles* ; chez les Allemands, les *liberi*, les *medii*, les *primi*. Mais chez les Francs Saliens ou Ripuaires, on ne reconnaissait d'autre noblesse particulière que celle qui résultait de certaines circonstances. Ainsi les *comites*, les chefs compagnons du roi, les *optimates*, les *proceres*, les *homines franci*, les *seniores*, les *vassi dominici* ou *regales*, étaient des personnes privilégiées, qui se distinguaient du commun des leudes, qui avaient fait sur

---

(1) Le Polyptique d'Irminon les considère comme ingénus, p. 117. Il en est de même de celui de Saint-Bertin. V. Guérard, p. 294.

(2) Les colons du Polyptique pouvaient en effet posséder des biens acquis et des biens d'héritage. V. *Polypt. d'Irminon*, p. 126 et 240. La redevance due au seigneur par le colon lors de la mutation est l'origine du droit *de relief* du moyen-âge.

Les serfs du roi, *fiscalini*, et les serfs d'église, *ecclesiastici*, peuvent être rapprochés des colons décrits par le Polyptique d'Irminon. Comme eux, ils ont leur *wehrgeld* et leur possession. (*Lex ripuar.*, VII, VIII, IX, X, 1, 2 ; *Lex burg.*, LXXVI, 1 ; D. Bouquet, *Scriptores*, IX, 533, diplôme de Charles-le-Simple, de 917) ; comme eux, ils ont la faculté de vendre entre eux leur tenure. (*Lex salic. reform.*, *capt. min.*, c. 10. ann. 803). Mais ils ne peuvent la céder à un étranger (cap. III, c. 10). Les *fiscalini* purent aussi sous Charlemagne épouser des personnes libres. (Marculfe, *Form.* II, 29).

leurs armes le serment de fidélité, *sacramentum leudis*, à leurs chefs en échange de la protection de ceux-ci, *tutela*, *verbum*, et de faveurs, comme l'exemption d'impôts, la dispense de la question et des châtiments serviles, le droit de siéger dans les grandes assemblées de la nation et celui de n'être jugé en dernier ressort que par le roi. Les Romains, les lides eux-mêmes et les membres du haut clergé pouvaient entrer dans cette aristocratie privilégiée, que protégeait un triple wehrgeld en temps de guerre. On y voyait aussi les officiers de la maison du roi, *ministeriales*, *domestici*, *gasindii*, et au-dessous les *vassi casati* qui habitaient à la campagne un petit domaine donné par le souverain.

Tout homme libre pouvait devenir le *leude* du roi ou d'un chef de son choix (1). Pour cela, il se *recommandait*, c'est-à-dire qu'il demandait la protection du prince ou d'un de ses fidèles, en mettant les mains dans les siennes, en devenant son *homme*, d'où viendra plus tard le mot *hommage* (2). Ces rapports de patrons à clients ne venaient pas de Rome, où la clientèle était exclusivement civile. Ils tiraient leur origine des traditions germaines qui reconnaissaient l'existence d'une clientèle militaire et qui en avaient même fait le nœud le plus solide des relations formées entre hommes libres. Plus les liens politiques et sociaux sont lâches, moins la société est organisée et plus elle a à redouter du désordre, plus ces petits groupes de faibles réunis sous l'égide d'un puissant ont de tendance à se constituer et à prendre la place des organes réguliers du corps social. Chacun éprouve le besoin d'être fort soi-même ou de s'abriter sous la force d'autrui. Mais en même temps ces

(1) V. Deloche, *la Trustis et l'antrustion royal*, p. 270, 324 et 5. La *trustis* etait un degré plus élevé dans la vassalité pour quelques-uns de ses membres. Les antrustions étaient des *fidèles* et des *vassi*.

(2) V. l'hommage de Tassillon, duc de Bavière, en 757. (D. Bouquet, v, p. 198).

groupes réduits à eux-mêmes ne fondent rien et sont le plus souvent impuissants. Et c'est la raison pour laquelle, à toutes les époques, la barbarie a été stérile, de sorte qu'il n'y a rien de plus faible au fond que cette force qui abrutit les hommes quand elle les gouverne, et qui les laisse désunis quand elle disparaît.

§ 3. *Mariage.*

La famille est une autre association non moins étroite qui se suffit à elle-même et qui est fondée également sur le principe de la protection, du *mundium*, de la mainbournie. Cette protection spéciale accordée aux faibles est le caractère de toutes les lois germaniques, mais en particulier de celle des Saliens. J'ai déjà dit que la femme germaine était achetée par son mari. Mais l'idée de propriété que suppose cette forme brutale d'acquisition tend bientôt à faire place à l'idée plus humaine de surveillance ou de tutelle, et l'achat devient symbolique. Ainsi Clovis acquiert le *mundium* sur Clotilde sa fiancée par le paiement d'un sol et d'un denier seulement; c'était le prix le plus ordinaire que le mari payait au Ve siècle pour une vierge. Pour une veuve, le *mundium* était plus élevé : il était de trois sols et un denier, selon la loi salique (1).

Le mariage était précédé de fiançailles, *desponsatio*, et s'accomplissait lorsque la jeune fille était solennellement remise à son époux. Il pouvait se célébrer à tout âge, mais les tuteurs devaient attendre, pour l'autoriser, que leur pupille eût atteint sa douzième année.

---

(1) Nous verrons un peu plus loin que la veuve tombait sous la mainbournie de son fils. Du Cange, v° *Mundualdus*, en rapporte un exemple : « *Ego Helegrina, consensu et voluntate de filio meo Aliperto, in cujus mundium ego permaneo...* »

Quant au prix d'achat du *mundium*, v. Frédégaire, *ad Grégor. Turon Epitom.*, cap. 18, ap. Bouquet, t. II, p. 399.

Cependant la femme est respectée par le Germain, et s'il la rend impuissante, il sait la protéger. Ainsi les anciennes lois germaniques punissent plus sévèrement le meurtre d'une femme que celui d'un noble ou d'un chef. (Grimm, *Rechtsalt*, p. 404).

Une partie du prix offert par le futur époux demeurait aux parents de la fiancée. L'autre partie constituait le douaire de celle-ci, y compris le *morgengabe*, ou don du matin, d'où cette règle de l'ancienne coutume de Normandie : *au coucher, gagne la femme son douaire*. La loi salique ne parle pas du *morgengabe*, mais son existence, attestée par les lois des Ripuaires, des Burgondes, des Lombards, est confirmée par le traité d'Andelot, en 598, ou l'on voit Galsuinthe, épouse de Chilpéric et sœur de Brunehaut, transmettre en toute propriété à sa sœur et aux héritiers de celle-ci les villes de Cahors, de Limoges, de Bordeaux et d'autres qui lui avaient été données tant en dot que comme *morgengabe* par son mari.

Lorsque les parties n'avaient pas stipulé de douaire, la loi y suppléait. Ainsi, chez les Ripuaires, ce douaire coutumier était de 50 sous, à moins que les futurs époux n'en eussent décidé autrement. Mais, à défaut de stipulation expresse, le douaire proprement dit et non conventionnel n'était que viager, sauf dans le cas où les parents du mari venaient à en contester injustement la jouissance à la femme (1).

La loi des Ripuaires reconnaissait de plus le don mutuel entre mari et femme pendant le mariage. Toutefois, les biens donnés revenaient après le décès des époux à leurs héritiers légitimes, à moins que le dernier survivant ne les eût employés à des aumônes ou à ses propres besoins (2).

Le mariage pouvait se dissoudre par le divorce et la répudiation, mais le mari qui renvoyait sa femme sans cause légitime devait lui abandonner son douaire.

Au-dessous du mariage, il existait une union d'un ordre inférieur, le concubinat, assez semblable au *concubinatus*

---

(1) V. *Lex ripuar.*, tit. xxxvii, xxxviii ; *Lex. burg.*, xlii, 2 ; *Lex Langob.*, 201, 233 ; *Lex. Saxon.*, tit. viii ; *Lex. Alam.* tit. lv ; Marculfe, *Form.*, ii, 15.

(2) *Lex ripuar.*, tit. xlviii, xlix, *de adfatimi re* ; Marculfe, *Form.*, ii, 8, vi, 7, 8.

romain, qui n'autorisait la femme qu'à recevoir le *morgen-gabe*. C'est de cet usage qu'est venu le mariage morga--natique encore adopté en Allemagne. Les enfants nés de ces unions étaient naturels et suivaient la condition de leur mère, qui n'était pas achetée par son conjoint, comme dans le mariage proprement dit.

§ 4. *Communauté conjugale.*

Les lois barbares reconnaissaient-elles la communauté conjugale telle qu'elle fut plus tard constituée dans le droit coutumier ? Il existait sans doute entre le mari et la femme une communauté morale, une indivisibilité d'existence aussi étroite que l'indique la célèbre définition romaine, *consortium omnis vitæ*, masque splendide, mais trompeur, qui cacha tour à tour à Rome l'extrême dépendance ou l'extrême liberté de l'épouse. Mais cette communauté ne se traduisait point par un partage égal des acquêts entre les époux. Les lois barbares n'attribuaient à la femme qu'un gain de survie. Si elle survivait à son mari, elle avait droit au tiers de la collaboration (1). Si, au contraire, elle prédécédait, le mari, seul propriétaire, transmettait tous les biens à ses propres héritiers. C'était donc uniquement un droit de viduité et non un droit de communauté. Cela est si vrai, que la loi burgonde n'attribuait la *tertia pars* (2) qu'à titre d'usufruit à la femme survivante (3). Dans les usages de la Normandie, celle-ci recueillait, comme gain de survie, le tiers des meubles et la moitié des immeubles acquis pendant le mariage, mais la coutume

---

(1) *Lex ripuar.*, tit. xxxvii, c. 1 et 2 ; *Lex burg.*, tit. lxii, 1 ; *Capitul.* v, 295.

(2) Chez les Saxons, cette part était la moitié. (*Lex Saxon* tit. ix). Les Bavarois donnaient à la femme une part d'enfant. (*Lex Baj.*, tit. vii, c. 14).

(3) *Lex burg.*, tit. lxii..... *tertiam partem matri utendam*..... Il en était de même chez les Francs. (Frédégaire, v, 85).

dit expressément que la femme n'a rien qu'après la mort
de son mari (1). Il faut en conclure que la communauté
conjugale coutumière ne tire pas son origine des lois
barbares et qu'elle est sortie d'une autre source. Ce qui
achève de le démontrer, c'est que ni les lois anglo-saxonnes,
ni les lois anglo-normandes, ni l'ancien droit commun
de l'Allemagne, ainsi que l'attestent jusqu'au XIV° siècle
le *Miroir de Saxe* et le *Miroir de Souabe*, ne fournissent la
moindre trace d'une communauté d'acquêts (2). Partout
on ne voit que le gain de survie, et l'on constate même que
ce droit se développe, puisque la femme finit généralement
par recevoir, à la mort de son mari, la moitié des immeubles. Mais le principe subsiste : il faut qu'elle survive
à son époux, et si elle le précède dans la tombe, elle
ne transmet rien à ses héritiers. Donc, un douaire, un
don du matin, la propriété de ses apports pour la femme,
un gain de viduité plus ou moins large, voilà les avantages
matériels de l'union conjugale telle qu'elle exista de la
conquête de la Gaule jusqu'au temps de Louis-le-Débonnaire ; rien de plus, quoiqu'on ait cherché à confondre
le gain de survie avec la communauté moderne.

§ 5. *Majorité.*

Les enfants, comme la femme, sont placés sous la protection et la garde du père de famille jusqu'à leur majorité (3), dont l'époque variait selon les diverses coutumes

---

(1) *Cout. de Normandie*, art. 389. V. Terrien, *Comment. du droit
civil de Normandie*, liv. VII, ch. 7.

(2) En Allemagne, la communauté conjugale ne s'est réellement
développée et répandue qu'à la fin du moyen-âge, en Franconie
tout d'abord, et dans les villes, parmi les bourgeois plutôt que
parmi les nobles. Le régime de la communauté universelle fut surtout goûté dans les grandes cités commerciales, à Brême, à Hambourg, à Cologne, où on le considéra comme un précieux élément
de crédit, puisque la réunion des biens des deux époux doublait le
crédit du mari. (Mittermaier, v. § 385, et notes 18-22).

(3) *Lex burg.*, tit. XXXIV, c. 2 ; *Lex salic.*, tit. XLVI, c. 1 ; *Lex
Saxon.*, tit. IX.

germaniques. Les Bourguignons étaient majeurs à 14 ou 15 ans ; les Lombards à 18 ; les Saliens, quoique la loi salique se taise à ce sujet, à 12 probablement ; les Ripuaires à 15 (1).

§ 6. *Tutelle.*

Le tuteur, *mundeburdus*, *mundoaldus*, *bajulus*, administre les biens de son pupille, mais ne peut les aliéner. On ignore s'il a une certaine jouissance des fruits. Cependant cela paraît vraisemblable (2). Quand l'orphelin n'a point de parents qui puissent exercer la tutelle, il passe sous la garde du roi ou d'un juge.

La femme reste toujours en tutelle chez les Francs comme chez les Germains du nord. « *Placuit inter nos... et Sophia quæ... lege videtur vivere salica, ipso namque jugali et mundualdo suo consentiente,* » dit une ancienne formule (3). Cette tutelle de la femme est un droit de famille, une sorte de propriété patrimoniale qui peut se céder, quelquefois même se vendre à prix d'argent (4). Déclarée incapable par cela seul qu'elle est impuissante à porter les armes, la femme reste sous le *mundium* de son père tant qu'elle est vierge, sous celui de son mari quand elle est mariée, sous celui de son fils lorsqu'elle est veuve (5). Dans quelque condition qu'elle se trouve, la loi lui impose d'office un maître et un protecteur. Telle est sa situation sous les rois de la première race. Mais cette condition qu'aucun monument législatif ne vient modifier

---

(1) *Lex burg.*, tit. LXXXVII, 1, 4 ; *Lex. ripuar.*, tit. LXXXI.
(2) Les travaux du fils profitaient au père de famille qui avait l'administration et la jouissance de ses biens. (*Lex burg.*, tit. I, LI, c. 1, LXXVIII ; *Lex Lang.*, II, tit. XIV, c. 14).
(3) Muratori, *Antiq. Italic.*, t. II, col. 271.
(4) *Lex Rotharis*, 183, 199, 217.
(5) Idem, 205. — V. dans Canciani, II, 467, *Form.* 9, un curieux formulaire de la déposition d'un tuteur et du mariage d'une femme en tutelle.

en apparence, s'améliore en fait avec le temps. Déjà la
loi des Visigoths et celle des Burgondes reconnaissent à
la mère le droit d'être tutrice de ses enfants (1). Un peu
plus tard, sous Charlemagne, le pouvoir royal étendra sa
protection sur la femme qui est privée de défense, sur
celle qui n'a ni mari ni parents ; il la placera sous la
garde des officiers et des fonctionnaires publics ; il
remplacera les tuteurs incapables ou traîtres à leur
mission ; en un mot, il donnera à la tutelle féminine le
caractère d'une charge publique, d'un devoir social qu'il
ne sera désormais plus permis de violer on de méconnaître sans être frappé d'une amende (2).

§ 7. Propriété.

Passons maintenant à l'examen de l'état de la propriété.
J'ai déjà dit que dans la Germanie, du temps de César et
de Tacite, les habitants de ses épaisses forêts ne connaissaient point la propriété individuelle territoriale, mais se
bornaient à exercer sur le sol occupé par eux un simple
droit de possession. Cette absence de propriété individuelle tenait à la constitution guerrière de la tribu germaine. Mais cet état de choses fut modifié lorsque les
Francs s'établirent en pays conquis ; les lois salique et
ripuaire témoignent de la formation d'une propriété foncière appropriée aux individus, et qui n'est plus la simple
possession. En effet, à côté d'un titre *de migrantibus*, qui
nous montre des hommes libres réunis en petites communautés locales , *villæ*, où l'étranger ne pouvait être
admis que du consentement unanime des co-possesseurs
indivis, la première de ces lois nous parle d'une terre particulière, héréditaire, de la terre *salique*.

(1) *Lex burg.*, 59.
(2) *Capit* , ann. 788, c, 2 ; ann. 813, c. 8 ; ann. 819, c. 9. (**Wal-**
ter, t. II).

A. *Terre salique.* — Que faut-il entendre par *terre sali-que* ? Une controverse très vive s'est engagée sur ce point entre les érudits et n'est peut-être pas encore termi-née.

D'après Eckhard, Montesquieu et M. Guérard, qui s'ap-puient sur un passage de Tacite, on doit entendre par terre salique la terre comprise dans l'enceinte de la de-meure : « *suam quisque domum spatio circumdat,* » dit Tacite en parlant des Germains. C'est le patrimoine du père de famille ou, comme le rappelle M. Guérard, ce que nos vieilles coutumes nommaient le *vol du cha-pon* (1).

D'après M. Laferrière, au contraire, la terre salique est la terre conquise, la terre assignée à chaque guerrier dans le partage qui a suivi la conquête, c'est le don de la victoire, qui sera la propriété de l'héritier mâle appelé à le défendre, et qu'il faut distinguer de la propriété acquise par une autre voie, à titre onéreux ou gratuit, et à laquelle les femmes pouvaient succéder (2). En un mot, la terre sa lique est l'héritage paternel, *paternica*, *aviatica*; les autres terres sont des conquêts, *adquisita*, *comparata*, et le privilège de masculinité est réduit à la première, tan-dis que les autres sont placés sous le régime commun de l'égalité.

Ce qui semble confirmer cette dernière hypothèse, ce sont des documents empruntés au *liber possessionum* de l'abbaye de Wissembourg qui, rédigé en 1280, mais trans-crit *de verbo ad verbum* sur des titres plus anciens, indique un grand nombre de *terres saliques* (111) dont quelques-unes mesurent une superficie de 230 hectares, qu'il est difficile de confondre avec la *cour* de l'habitation, *curtis*,

----

(1) Eckhard, LXII; Montesquieu, XVIII, 22 ; Guérard, *Polypt. d'Ir-minon*, proleg., p. 118, 119, 120.

(2) Laferrière, *Histoire du droit civil de Rome et du droit fran-çais*, t III, p. 187.

avec son enceinte, *sala*, ou avec le *vol du chapon* de Guérard (1).

Quoi qu'il en soit, il est certain que la terre salique, fût-elle un *propre*, une terre patrimoniale par opposition aux acquêts, ou seulement la terre qui enveloppe l'habitation du père de famille, est l'apanage du fils, à l'exclusion des filles : *de terra vero salica in muliere nulla pertinet portio, sed qui fratres fuerunt, et ad virile sexum tota terra pertineat* (2). Voilà le texte célèbre de la loi salique, invoqué pour exclure les femmes de la couronne de France ; il est placé sous le titre *de alode* ou *alodis*, ce qui nous amène à rechercher le sens du mot *alleu*, *alod* (a-*lod*, *sors*, lot).

B. *Alleu.* — L'alleu a également différents sens, sur lesquels on n'est pas bien d'accord.

Dans son acception primitive, c'est le patrimoine en général, et ici il se confondrait avec la terre salique, d'après l'opinion de M. Laferrière (3).

Dans une acception dérivée, c'est le bien provenant de succession, le bien héréditaire par opposition aux acquêts : c'est le propre (4).

Dans une troisième, c'est le bien héréditaire, par opposition aux biens dont on n'a que la possession viagère, comme le fief, la censive, le précaire, le bénéfice.

Enfin, dans une autre, qui sera plus particulièrement admise dans le régime féodal, c'est la propriété complètement libre, qui ne reconnait aucune suzeraineté, et dont le détenteur est souverain maître, la terre sans seigneur, celle dont le propriétaire possède à la fois la directe et le domaine utile. On l'appellera plus particulièrement *franc-*

---

(1) *Polypt. de Wissembourg*, publié à Spire par C. Zeufs en 1842.

(2) *Lex salic.*, tit. LIX, 6, 3ᵉ texte. V. aussi édit. Behrend, 1874.

(3) Laferrière, *Histoire du droit civil de Rome et du droit français*, t. III, p. 194, 199.

(4) *Lex ripuar.*, tit. LVI ; *Lex salic.*, tit. VII ; *Lex burg.*, I, § 1 ; Marculfe, *Form.* 11, 12.

alleu. « Tenir en franc-alleu, dira plus tard Boutillier, si
est tenir terre de Dieu tant seulement » (1).

M. Klimrath définit l'alleu l'ensemble des biens meubles et immeubles possédés en toute propriété par une
personne de condition libre. Cette définition se rapproche
de l'acception dernière, qui a été la plus usitée. Mais elle
ne fait pas connaitre ce qu'était l'alleu sous les rois mérovingiens. Je préférerais donc dire que l'alleu est le bien
héréditaire et propre, celui qui a été transmis en toute
propriété par le père de famille, mais qui ne comprend
pas les acquêts. Dans la loi salique, il est souvent confondu
avec l'*heredilas*. Un évêque écrit dans son testament :
« Je lègue celte terre qui m'est échue par alleu de
mes parents. » Les formules de Marculfe distinguent
l'*alleu* paternel des acquisitions, c'est-à-dire des terres
achetées ou reçues à titre de donation par le chef de la
famille. Nous verrons plus tard l'allodialité disparaître à
peu près complètement sous la féodalité, et se perdre
dans le fief ou la censive. Mais au v° siècle et dans ceux
qui le suivent, l'alleu existe encore, il est même fort
répandu. C'est la propriété complète, élevée à sa plus
haute puissance.

C. *Modes de transmission de la propriété.* — Comment
acquiert-on alors la propriété des immeubles, lorsqu'ils
ne sont pas transmis par succession ? Toute aliénation
d'immeubles n'a son entier effet que lorsqu'elle est accompagnée de tradition. Cette tradition s'opère par l'investis-
sement et le dévestissement, origine du *vest* et du *dévest*
du droit coutumier. Mais comme on ne peut transmettre
la terre en nature, on est obligé de recourir à des formes
symboliques. Les symboles employés sont une poignée
de mains, *manufirmatio*, un fétu de paille, une branche
d'arbre, un brin d'herbe, une motte de terre ou de gazon,

_____

(1) Boutillier, *Somme rurale*, liv. I, tit. 84.

(*traditio per festucam*, *per ramum*, *per herbam*, *per cespitem*, *per wasonem*), qu'on jette dans le sein du nouvel acquéreur ou du juge, en présence de qui la transmission a nécessairement lieu (1). On peut aussi, quoique cela ne soit point indispensable, consigner l'aliénation dans un acte écrit, qui était ensuite déposé dans les archives municipales et plus tard dans celles du *Mallum*. Le vendeur se déclarait, par cet acte, dépouillé de tout droit sur la chose et allait investir solennellement l'acquéreur.

L'usucapion romaine était inconnue aux Barbares qui y suppléaient par la possession d'un an et jour, dont l'effet était de rendre incommutables les droits du possesseur sur la chose. Cependant il ne faudrait pas en conclure que la prescription était inconnue. Ainsi la loi des Bourguignons admet une prescription de 15 ou de 30 ans, selon que le possesseur est entré en possession du consentement du propriétaire ou malgré lui. Un décret de Childebert, de 595, fixa même le délai de la prescription à 10 ans entre présents, à 20 ans contre les orphelins, à 30 ans pour tous les autres cas. L'Eglise avait conservé le privilège qui lui avait été concédé par les Novelles de Justinien de ne perdre son droit que par un laps de 40 ans. Mais ces prescriptions furent peu usitées dans la pratique : la règle générale paraît avoir été la possession d'un an et jour qui conférait la saisine de droit. Cette possession devait, pour être efficace, se prolonger pendant ce délai sans contradiction, c'est-à-dire sans provoquer une contestation en justice. Le possesseur pouvait alors repousser toute action réelle, qu'il fût propriétaire ou fermier.

---

(1) « *Abscisso proprie arboris ramo et coram cunctis in manus Wagonis tradito...* » (Dipl. de 825, Kraut, *Privatrecht*, § 110, n° 21). — V. aussi Grimm. *Rechtsalterthümer*, p 604 et suiv. — D'après la *Lex ripuar*, tit. LX. art. 1, la tradition devait avoir en outre lieu devant trois, six ou douze témoins et autant d'enfants, auxquels on donnait des soufflets pour exciter leur mémoire; *alapas donet et lorqueat auriculas*.

La transmission des meubles isolés s'opérait également par la tradition et faisait perdre à l'ancien propriétaire tout droit réel en revendication sur la chose, sauf pour le cas de vol, cas auquel il pouvait la suivre en toutes mains, et soumettre le détenteur au jugement de Dieu. Si le propriétaire, plaçant mal sa confiance, se dessaisissait volontairement de l'objet qui lui appartenait, il supportait les conséquences de son imprudence et ne pouvait les faire peser sur un tiers de bonne foi (1).

La résiliation de la vente pour cause de vilité du prix n'était point admise, mais le vendeur était obligé de reprendre dans les trois jours la chose dont il n'avait pas déclaré les vices cachés, à moins qu'il ne les eût ignorés lui-même. Le vendeur pouvait toujours être appelé en garantie.

§ 8. *Obligations.*

Je ne parlerai pas des obligations dont le régime est peu connu et ne représente d'ailleurs aucune originalité. Cependant il importe de remarquer que l'obligation, volontaire ou judiciaire, engageait entièrement la personne du débiteur. L'insolvable était abandonné comme esclave à son créancier. Le débiteur qui ne peut payer entièrement la composition pour meurtre, ni par lui, ni par les membres de sa famille, doit, aux termes de la loi salique (2), payer de sa propre vie. Dans la loi des Burgondes, l'auteur d'un viol qui est incapable d'acquitter la composition, est abandonné aux parents de la victime, qui en disposent comme bon leur semble (3).

Quant au mode d'exécution des obligations, on ne peut mieux le connaître qu'en lisant un fragment curieux de la loi salique, au titre de *fide facta* :

---

(1) C'est ce qu'exprimaient les deux adages allemands : *Hand muss Hand warhen* et *wo einer seinen Glauben gelassen, da muss er ihn wieder suchen.*

(2) *Lex salic.*, tit. *de chrenechruda.*

(3) *Lex burg.*, XII, 1, 2.

« Celui à qui la foi a été faite doit se rendre, après quarante nuits ou à l'expiration du terme fixé, dans la maison du débiteur avec des témoins. Si le débiteur n'a pas voulu acquitter l'obligation, il subira, comme coupable, une condamnation de 15 sous. « Et si, depuis, la dette principale n'a pas été payée, le créancier doit ajourner le débiteur au tribunal, et dire : « Je demande, juge, que cet homme, mon débiteur, qui m'a donné sa foi pour telle dette, soit astreint envers moi, selon la loi salique. » Le juge doit répondre : « Je dis ce débiteur tien, dans ce mall conforme à la loi salique. » — « Alors celui à qui foi a été donnée doit déclarer publiquement au débiteur qu'il n'ait à payer à nul autre, et à ne donner aucun gage de payement avant qu'il ait accompli son obligation envers lui. Et immédiatement, il doit se rendre au domicile du débiteur avec ses témoins, pour le requérir de payer son dû. Que, s'il n'est pas payé, il donnera encore ajournement ; si l'ajournement est méprisé, il ajoutera trois sous à la dette, et cela jusqu'à trois fois pour trois ajournements... Si enfin le débiteur n'a pas voulu s'acquitter en audience légitime, le créancier ira trouver le grafion... et, recevant la paille, dira : « A toi, grafion, je m'adresse ; parce que tel homme est défaillant, et parce que je me pose comme répondant sur moi et sur ma fortune, je demande que tu m'autorises à mettre la main sur ses biens. » Le grafion se rendra avec sept rachimbourgs à l'habitation du débiteur et l'interpellera, s'il est présent, en ces termes : « Paye volontairement à cet homme ce dont tu lui as fait foi, et satisfais à ta dette selon la valeur légitimement appréciée. » Que si lui, présent, ne veut pas s'acquitter, ou s'il est absent, aussitôt les rachimbourgs enlèveront des biens du débiteur la valeur fixée, par appréciation, pour le montant de la dette (1). »

_____

(1) *Lex salic. emend.*, tit. LII, traduct. de M. Laferrière.

Le grafion avait le tiers du *fredum* pour prix de sa dé-
marche. S'il refusait de se rendre sur les lieux sans une
excuse légitime, il devait une composition égale à celle
de la vie.

§ 9. *Système successoral.*

Je négligerai moins le régime successoral, fort important à connaître dans les lois barbares.

A Rome, la liberté de tester était l'un des attributs les
plus précieux du citoyen. La succession testamentaire
était la règle, et l'hérédité *ab intestat* n'était admise qu'à
défaut de testament et d'institution d'héritier.

Dans les usages germaniques, au contraire, on n'a aucun
égard aux dispositions faites par le défunt et on ne lui
reconnaît pas même le droit d'en faire. Les descendants
sont les seuls héritiers de leur père, et à défaut d'enfants,
la succession passe de plein droit aux parents les plus
proches : *Solus Deus heredem facere potest, non homo* (1).

Il en est de même chez les Francs établis en Gaule.
Toutefois, ils admettent qu'un homme, en pleine possession de lui-même et de sa volonté, puisse, à défaut
d'héritiers naturels, créer entre vifs un héritier qui entre
immédiatement en possession de ses biens. La loi salique
contient à cet égard un titre intitulé *de affatomiæ* qui précise les conditions et les formes dans lesquelles cette
transmission pouvait être opérée (2). Le donateur se présente dans une assemblée de justice indiquée par le centenier et jette une baguette, *festuca*, dans le sein de celui
qu'il choisit pour héritier, en déclarant ce qu'il entend lui
donner. Après avoir pris possession de la chose donnée
en présence de témoins, et réuni dans la maison trois
hôtes à sa table, le donataire revient au *mall* et rejette la

---

(1) Glanville, *de leg. Angliæ*, VII, 1 ; Tacite, *Germ.*, XXI.
(2) *Lex salic. emend.*, tit. XLVIII.

baguette au donateur, en signe de restitution de sa libéralité ; puis, dans le délai de douze mois, ce dernier doit, s'il maintient la donation, jeter une seconde fois, en pleine assemblée, la *festuca* à son héritier désigné, en lui donnant de nouveau ce nom, *hæredem appellavit*. La donation ainsi effectuée se prouve par l'affirmation de neuf témoins. Bien que la loi salique n'indique point en termes formels que cette donation n'était valable qu'à défaut de postérité, il est certain que l'absence de descendance était la première condition de sa validité. Les lois ripuaire et lombarde ne laissent aucun doute à cet égard (1).

Il résulte du texte de cette loi deux choses importantes :

1° La libéralité ne devenait irrévocable qu'après un certain délai accordé à son auteur pour se repentir et se rétracter ;

2° Le donataire recevait le titre d'héritier, en d'autres termes, son acte était véritablement une institution contractuelle, qui avait pour effet de le dépouiller de son vivant.

Les Francs finissent également, sous l'influence de l'Eglise et sous celle du droit romain, par admettre, contrairement au principe germanique (2), la disposition testamentaire, conservée d'ailleurs par les Gallo-Romains. Ce mode de transmission de la propriété devait être encouragé par le clergé qui y trouvait le moyen de multiplier les œuvres pies et les offrandes aux églises. Mais le testament n'occupe jamais chez les Francs de la 1ʳᵉ et de la 2ᵉ race qu'un rang secondaire. On put faire des legs, non des héritiers. Cependant, comme le rappelle une charte du comte Angelbert, de l'an 709, « les lois et le droit permettaient, et le pacte des Francs portait que

---

(1) *Lex ripuar.*, tit. XLVIII ; *Leg. Rothar.*, ch. 168, 170, 171.

(2) Principe qui se maintint longtemps en Allemagne, ainsi que le constate un diplôme du pape Lucius, de l'an 1184. (Mæsar, *Osnab. Gesch.*, dipl. 76, t. II, p. 317).

chacun fît de ses biens ce qu'il voudrait et jouît à cet égard d'un plein pouvoir (1). »

Que fallait-il entendre par là ? Que le père de famille pouvait déshériter complètement ses enfants par testament ? Non sans doute ; la terre patrimoniale était spécialement affectée aux descendants, en vertu de ce principe que les biens héréditaires doivent demeurer dans la famille. Mais ce principe ne s'appliquait pas à la parenté collatérale, et celle-ci pouvait être dépouillée par un acte de libéralité du chef de famille qui choisissait son héritier et transmettait ses biens par donation. C'est ce que disait la loi des Visigoths, en énonçant que l'on pouvait faire un testament en faveur de qui bon semblait, lorsqu'on n'avait pas d'héritier direct, de descendant (2), et c'est ce qu'indiquait aussi la loi burgonde, lorsqu'elle autorisait le père à disposer au préjudice de ses enfants de tous ses biens, à l'exception de *la terre conquise* et des lots provenant du partage, c'est-à-dire de l'*alleu* (3). Encore le père ne pouvait-il exhéréder ses fils, d'après l'édit de Rotharis, que dans trois circonstances : 1° s'ils avaient conspiré contre sa vie ; 2° s'ils avaient exercé des sévices sur sa personne ; 3° s'ils avaient deshonoré sa femme.

Ainsi, d'après la loi ripuaire, celui qui n'avait ni fils ni fille pouvait adopter en hérédité même un étranger et lui transmettre ses biens en présence du roi ou devant témoins (4). Celui qui n'avait qu'une fille pouvait, par

---

(1) *Diplomat.*, t I, p. 280. — On suivait pour le testament la forme de la loi romaine. Le testament de saint Rémy, évêque de Reims, porte ces mots : « *Testamentum meum condidi jure prætorio* », et celui d'un autre évêque du Mans, qui vivait sous Clovis II, dit : « *Testamentum meum, si quo casu jure civili aut prætorio, vel alicujus novæ legis interventu valere nequiverit*, etc. » Mais il ne faut pas oublier que la loi des clercs était la loi romaine, *lex romana qua Ecclesia vivit*.

(2) *Lex Wisig.*, II. 5, ℥ 12.

(3) *Lex burg.*, tit. XLIII, tit. LX. ℥ 1.

(4) *Lex rip.*, tit. *de homine qui sine heredibus moritur.*

l'appel à succession, appeler sa fille, exclue par la coutume, à lui succéder au préjudice des oncles auxquels la loi attribuait l'hérédité. Enfin, le Franc pouvait, par la *démission de biens*, abandonner son patrimoine à un donataire, à la charge par l'institué de pourvoir à la subsistance et à l'entretien du cédant.

Cela dit, voyons quel était le système successoral.

D'abord, en principe général, la représentation n'est point admise. Le degré le plus proche exclut le plus éloigné. C'est la coutume germaine, et si, par accident, l'influence de la loi de Rome introduisit chez quelques peuples l'usage de la représentation, la règle contraire se maintint énergiquement dans les mœurs pour la plupart des autres. Cela tenait à cette idée que la *capacité* était une condition absolue de la jouissance des droits civils. Nul ne pouvait porter les armes sans en avoir été jugé *capable* par la tribu réunie. On ne pouvait donc représenter son père lorsqu'on était *mineur*.

En premier lieu, les descendants directs sont appelés à la succession. Ils héritent par parts égales et sans privilège de primogéniture. Pour les propriétés acquises qui ne sont pas terres saliques, les filles peuvent succéder, mais seulement à défaut des fils. Cependant M. Lehuérou soutient que les filles étaient *toujours* exclues de la succession immobilière et qu'elles n'héritaient que des biens meubles de la succession paternelle ; si, d'après lui, elles recueillaient des terres, c'était à titre de simple don. Aucune portion de la terre ne pouvait, dit-il, leur advenir aussi longtemps qu'il y avait des mâles du même degré. Le droit de *masculinité* est un droit essentiellement germain. La terre ne peut aller qu'à celui qui saura la défendre. Le mâle est toujours préféré à la femme. S'il s'agit au contraire d'une terre salique, la fille est toujours exclue de la succession. *De terra vero salica nulla portio*

hereditatis mulieri veniat, sed ad virilem sexum tota terræ
hereditas perveniat (1).

Pour les autres biens, c'est-à-dire pour la masse commune, que l'on distingue des propres, pour les biens
personnels, ces biens sont, à défaut d'enfants, dévolus aux
père et mère, puis aux frères et sœurs, puis aux oncles et
tantes, enfin au plus propre lignager paternel. On entend
par lignage la réunion des personnes qui descendent
d'un auteur commun. Ainsi le premier lignage est celui
du défunt, il comprend ses enfants et petits-enfants à
l'infini. Le second lignage remonte au père et à la mère,
et comprend d'abord ceux-ci, puis leurs descendants,
savoir les frères et sœurs, neveux et nièces, petits-
neveux et petites-nièces du défunt. Le troisième lignage
est celui de l'aïeul et comprend l'oncle et la tante du
défunt, et ainsi de suite. Les liens de la parenté légale
s'arrêtent au 7ᵉ degré chez les Francs, les Lombards, les
Visigoths, les Bavarois, et généralement presque tous
les peuples d'origine germanique. Mais le 7ᵉ degré est
exclu contrairement à ce qui se passait à Rome. Dans
les peuples de race celtique, au contraire, la parenté
se prolonge indéfiniment et n'a point d'autres limites
que celles du nombre des branches qui remontent à
un auteur commun.

Voici du reste le texte de la loi salique : *Si quis homo*
mortuus fuerit, et filios non dimiserit, si pater aut mater

---

(1) On corrigeait pourtant la dureté de la loi à l'aide du testament. Marculfe nous a transmis une formule importante à cet
égard. « Il règne parmi nous, dit un père à sa fille, un usage ancien, mais impie, qui refuse aux sœurs de partager avec les frères
la terre paternelle. Mais moi, songeant à cette impiété, et ayant
pour vous une égale affection, puisque Dieu vous a faits également mes enfants, je veux qu'après mon décès vous jouissiez
également de mes biens. C'est pourquoi, ma chère fille, je t'institue
par cet écrit mon héritière légitime au même titre que tes frères
et te donne part égale à la leur dans toute ma succession, de manière que tu partages également avec eux tant l'alleu paternel que
mes conquêts, » etc. (ii, 10; Canc. ii, 229).

superfuerint, ipsi in hereditatem succedant. Si pater aut mater non superfuerint, et fratres vel sorores reliquerit, ipsi hereditatem obtineant. Quod si nec isti fuerint, sorores patris in hereditatem ejus succedant. Si vero sorores patris non extiterint, sorores matris ejus hereditatem sibi vindicent. Si autem nulli horum fuerint, quicumque proximiores fuerint de paterna generatione ipsi in hereditatem succedant. Dans la ligne paternelle, les femmes étaient toujours exclues par les mâles. A défaut de ceux-ci seulement, il y avait dévolution de la lance au fuseau. Quand il n'y avait aucun parent mâle dans les lignages, la succession allait au fisc. L'appelé était saisi de plein droit de la succession qui lui était déférée. Dès qu'un enfant avait ouvert les yeux et regardé le toit et les quatre murs, il était réputé viable et successible. En cas de présence de plusieurs cohéritiers, l'aîné faisait les lots et le puîné choisissait.

Résumons-nous : au point de vue successoral, il y a trois classes de propriétés :

1° Les *alleux*, biens patrimoniaux, *res aviatica*, qui se divisaient en biens paternels et biens maternels. Les premiers étaient attribués aux fils à l'exclusion des filles, et aux filles à l'exclusion des frères, sauf pour la terre salique. Les seconds étaient attribués aux filles et aux fils, sans distinction de sexe.

2° Les *bénéfices*, possessions territoriales, reçues par les leudes à titre de récompense et à charge de service militaire, possessions viagères pour la plupart, mais qui pourtant sont déjà quelquefois héréditaires. Ils ne peuvent être recueillis en ce cas que par les mâles.

3° Les *acquêts*, qui se partagent également entre frères et sœurs. Ce sont en effet des biens personnels dont le père peut disposer librement et qu'il peut laisser à qui bon lui semble.

D'où venaient ces règles et qui les avait inspirées ?

Etait-ce une conséquence et une application de l'idée
d'infériorité que presque tous les peuples barbares attachent au sexe féminin ? Cette pensée n'a pas été sans doute
étrangère à la préférence accordée dans le régime successoral et dans la constitution de la propriété au sexe
masculin. Mais il existait aussi une autre cause, qui a
déterminé cette prédilection du législateur germain, je
veux parler de l'organisation de la famille et de la solidarité qui existait entre ses membres.

La base de la famille germaine ou franque est le
mundium, qui signifie à la fois autorité spéciale sur la
personne et les biens de ceux qui y sont assujettis, tutelle
ou garde, surveillance, enfin responsabilité civile du
chef pour tous les actes accomplis par les personnes
placées sous sa dépendance. Le père de famille est
responsable non seulement de sa femme et de ses enfants,
mais encore de ses esclaves, de ses animaux. Il satisfait
seul pour tous les délits et dommages commis par eux,
il satisfait même pour les gens qui *s'avouent* de lui,
qui se sont placés sous sa recommandation, pour l'é-
tranger *sans aveu* qui demeure chez lui et qui est son
hôte (1).

Or, quelle garantie offrirait le chef de famille, s'il n'avait
une propriété sur laquelle puisse s'exercer l'action de
celui qui a à se plaindre d'un dommage ? Quelle serait sa
caution, qui répondrait pour lui ? La famille germaine
est sans doute ainsi organisée que tous les parents sont
solidaires les uns des autres et que chacun doit payer
pour tous, si le principal débiteur est insolvable. Mais
cette garantie ne suffit pas ; il faut un gage, et ce gage,
la législation le trouve dans la propriété consolidée entre
les mains du chef de famille. Ce principe de la responsabilité est si général, si absolu, qu'il s'étend de proche

(1) Pertz, t. III, p. 192, *Capit. Longobard.*

en proche, qu'il passe de la famille aux voisins, à la dizaine, de la dizaine à la centaine, qu'il embrasse toute la tribu, et depuis tout le comté. D'après les lois anglo-saxonnes, les habitants d'un village sont classés dix par dix, et si l'un des dix commet un délit, les neuf autres répondent pour lui devant la justice. D'après le décret de Clotaire II, de 595, le voleur qui se réfugie dans une centaine doit être livré, et si les habitants refusent de le faire, ils sont condamnés à payer 5 sols d'amende et à rembourser le prix de la chose volée à son propriétaire.

Mais l'on comprend que cette responsabilité est pesante pour la tribu ou pour la centaine, pour le comté; par conséquent, en attribuant exclusivement la propriété immobilière au chef de la famille, il sera plus facile de poursuivre contre celui-ci la réparation de tous les dommages causés par chacun de ceux qui dépendent de son autorité. Le chef de la famille ne doit-il pas, au surplus, la nourrir, l'entretenir ? La propriété sera donc en quelque sorte commune entre tous les êtres issus d'une même souche, mais elle reposera sur la tête d'un gérant responsable. Aussi, lorsqu'un homme libre veut vendre sa terre, les membres de sa parenté, à commencer par les plus proches, ont le droit de l'acheter, de préférence à un étranger. De là, le retrait lignager qui occupera une si grande place dans le système féodal. Une autre conséquence logique du même principe, c'est que tous ceux qui avaient droit à une part déterminée dans une succession étaient tenus solidairement de toutes les dettes et de toutes les obligations du défunt. Pour s'en exonérer, ils devaient non seulement renoncer à la succession, mais renoncer à la famille elle-même. « Que celui, dit la loi salique, qui veut sortir de la parenté se présente au *mallum* devant le centenier, qu'il brise au-dessus de sa tête quatre bâtons d'aulne, qu'il en jette les débris dans le *mall* et dise qu'il renonce aux jurements de ses proches et à leur héritage, à tout ce qui concerne la parenté. »

§ 10. *Droit d'aînesse.*

Enfin, une dernière conséquence de l'organisation de la famille franque et du *mundium* attribué à son chef sur toutes les personnes qui habitent son toit et sur tous les biens patrimoniaux qui lui sont échus ou qui ont été dévolus par une cause quelconque à ceux dont il a la tutelle, c'est le droit d'aînesse, un droit qui n'apparaît pas dans les coutumes germaines (1), qui est même d'abord repoussé par elles, un droit que l'on ne rencontre pas davantage dans les lois barbares postérieures et qui semblerait plutôt antipathique à la race, mais qui cependant se fait jour et finit par entrer dans les mœurs. Déjà nous voyons dans les formules de Marculfe, un père s'arroger le droit d'avantager l'un de ses fils par un acte solennel, sans que la loi y mette obstacle (2). Un peu plus tard, il lui attribuera toute son hérédité. C'est au fond l'application de cette règle que la propriété foncière doit demeurer en des mains assez vaillantes pour la faire respecter, et reposer sur la tête de celui qui a la responsabilité universelle. Le principe se transforme sans s'altérer, et lorsque le moyen-âge fait du droit d'aînesse le pivot de la société féodale, il se borne à appliquer, dans leur plus pure essence, les règles de la famille germanique. Jetons maintenant un regard en arrière et mesurons le chemin parcouru. Au point de départ, la terre appartient à tout le monde et ne devient susceptible d'appropriation que pour une seule récolte. Puis, elle se fixe dans une espèce de clan, elle

---

(1) Tacite ne le mentionne qu'exceptionnellement et pour quelques tribus seulement.

(2) Marculfe, *Form.* ii, 11.

appartient à toute la parenté. Un peu plus tard, elle se concentre dans une seule famille ; enfin, dans le sein même de la famille, elle est le privilège des mâles à l'exclusion des femmes, des hommes faits à l'exclusion des mineurs, des aînés à l'exclusion des cadets. A force de se centraliser, de s'absorber dans la communauté domestique, elle finit par n'être plus que la propriété d'un seul.

CHAPITRE III

INSTITUTIONS FRANQUES SOUS LES CARLOVINGIENS

§ I. *Institutions politiques.*

Dans un chant de l'Edda, le chant de Rig, le dieu Heimdall parcourant la terre, s'arrête d'abord chez une femme appelée la Bisaïeule, qui lui donne pour fils le serf ; puis chez l'Aïeule qui lui donne le libre, et enfin chez la mère, dont il a le noble. Celui-ci engendre enfin plusieurs enfants, entre lesquels le dernier est le roi.

Ceci est la poésie, la légende ; mais elle n'est pas toutefois absolument inconciliable avec l'histoire des royautés d'origine germaine, qui ne sont en effet qu'une émanation directe de l'aristocratie, et la monarchie de Charlemagne, du puissant fondateur de l'empire d'Occident, à plus forte raison celle de ses successeurs, n'échappe point à cette loi, malheureusement méconnue par les historiens qui ont cru sincèrement à une restauration, au rajeunissement de la vieille dignité impériale par la main du petit-fils de Charles-Martel. Au fond, la royauté carlovingienne, un instant mise hors de pages par le génie du grand homme qui arrêta la dissolution de l'ancien monde, et donna à la société le temps de se reprendre, n'est pas autre chose que la royauté mérovingienne, un simple patronage, une *mainbournie*, soumise à toutes les entraves de l'antique compagnonnage d'outre-Rhin. Son autorité limitée est en même temps une autorité consentie : elle a son fondement légal, sinon dans l'élection proprement dite, du moins dans l'assentiment des grands. C'est un gouvernement aristocratique, qui n'a de la monarchie que l'apparence et la pompe extérieure. Quand Charles-le-Chauve se déclare élu de Dieu, il ajoute que la volonté divine lui est manifestée par les acclamations des hommes.

Voilà pourquoi, malgré les efforts tentés par Charlemagne pour transformer la législation de son pays et l'arracher définitivement à la barbarie, cette législation, quelque progressive qu'elle fût, modifia peu le droit antérieur, et surtout n'extirpa point du sein de la société les traditions, les usages, les lois d'origine germanique. C'est dans les deux plaids généraux tenus chaque année, en mai et en automne, et auxquels assistent tous les seigneurs, ecclésiastiques ou laïques, que Charlemagne décide de tous les grands intérêts de son empire comme de ses propres affaires domestiques. Les dignitaires qui prennent part aux délibérations de ces assemblées et qui seront pour la plupart chargés d'en faire exécuter les résolutions, ne se bornent point à émettre timidement des vœux ou à approuver les volontés impériales. Ils ont une autorité propre, ils prennent une part réelle et active au gouvernement. Pour s'en convaincre, il suffit de lire la description curieuse que l'archevêque de Reims Hincmar fait de la cour de l'empereur et des *placita* dans son traité *de ordine palatii*.

Mais à côté de cette persistance opiniâtre des idées et

des coutumes germaniques, une autre influence grandit
et conquiert chaque jour un terrain nouveau. C'est celle
de l'Eglise, de l'Eglise qui n'est souveraine nulle part,
mais qui est partout prépondérante, qui fait partie de l'Etat
sans doute , mais qui y occupe la première place, et qui
vient au secours du pouvoir civil toutes les fois que celui-
ci rencontre une résistance ou une rébellion, de l'Eglise
qui jette la pourpre des Césars sur les épaules de l'héritier des rois barbares et qui ne se contente pas de ce
vain simulacre, mais qui cherche de plus en plus à lui en
communiquer l'autorité réelle, afin de tempérer dans la
législation la rudesse des mœurs germaniques.

Ainsi la législation des Capitulaires de Charlemagne
se forme sous ce double courant, des idées germaniques
représentées par l'aristocratie, des idées romaines et surtout chrétiennes, propagées, personnifiées par l'Eglise.
Il reste maintenant à voir auxquelles de ces idées souvent
contradictoires cette législation obéira.

§ 2. *Institutions civiles*

D'abord, en ce qui concerne l'état des personnes, il est
sensible qu'une grande détente s'est produite sous l'action des doctrines si judicieuses, si clémentes, si respec-
tueuses des droits de l'humanité, j'allais dire si modernes
de l'épiscopat catholique.

Les esclaves, attachés au service de la personne, passent
graduellement à la culture servile des terres. Le concile
de Châlons, tenu en 650, défend de vendre des esclaves
chrétiens en dehors du territoire franc ; on ne peut plus
les mettre à l'encan comme une marchandise mobilière ;
leur trafic, qualifié au ixe siècle d'*inspiration diabolique*,
est réduit à se faire dans l'ombre, et l'édit de Pistres, rendu
en 864 par Charles-le-Chauve, frappe d'une amende de
60 sols ceux qui auraient vendu à l'étranger ou pour des
contrées d'outre-mer les hommes libres qui, pressés par

la faim, se seraient réduits à l'état d'esclave. Ceux-ci conservent la faculté de se racheter en remboursant le prix d'achat augmenté d'un cinquième, ou d'acquitter le montant de leur dette par des services d'une durée plus ou moins prolongée.

Les serfs du fisc, *fiscalini*, et ceux des églises ou des monastères, *ecclesiastici*, acquièrent une condition tolérable, bien préférable à celle des autres propriétaires. Les conciles interdisent la corvée arbitrai.e ; les *fiscalini* ont le droit de posséder des biens en propre et de vendre leur alleu.

Les serfs de la glèbe, affranchis, reçoivent des fonds de terre qu'ils cultivent en commun ou individuellement ; ils deviennent tributaires et occupent ainsi entre la servitude et la liberté une condition intermédiaire, qui prend le nom de *mainmorte*, et se développe particulièrement en Bourgogne, où l'héritier du mainmortable devait au patron, après le décès de son auteur, soit le plus beau meuble de la maison du défunt, soit, à défaut de meuble, la *main droite du mort* ; d'où la dénomination] de main morte, qui subsistera jusqu'en 1789. Les mainmortables pouvaient transmettre leurs biens à leurs descendants et en faire donation, mais cette transmission ne devait pas avoir lieu d'une seigneurie à une autre, car le successeur restait mainmortable. (V. *infra*, liv. III, ch. XII.)

Le colonat s'améliore lui-même, et le colon affranchi peut recevoir la qualité d'*ingénu*, bien supérieure à celle d'affranchi. Cependant le colonat ne peut s'éteindre par la prescription de liberté, et l'on n'admet pas que le fils puisse échapper à la condition de son père, bien qu'il n'ait pas été colon lui-même. Mais les mariages mixtes produisent, contrairement au principe posé par le droit romain et le droit barbare, des conséquences favorables à la liberté. Ainsi, le serf qui épouse la fille d'un colon voit ses enfants passer de la servitude dans le colonat, et

le colon qui épouse une fille libre, engendre des hommes
libres. Aussi la classe des colons se développe de plus en
plus : dans ses quatre abbayes de Ferrières, de Saint-
Loup, de Saint-Martin de Tours et de Saint-Josse, Alcuin
en possédait 20,000 ; le Polyptique d'Irminon nous montre
que l'abbaye de Saint-Germain-des-Prés possédait 1000
colons pour 100 serfs. Ces colons vivaient souvent en communauté sous le nom de *consortes* et la direction d'un
chef appelé *major* ou *villicus*. Ils étaient soumis à la loi
de la terre et à la juridiction du maître à la propriété duquel ils étaient attachés et hors de laquelle ils ne pouvaient
se marier sans payer le droit de *formariage*, mais cette
juridiction spéciale ne s'opposait pas à ce qu'ils pussent
réclamer devant le tribunal du comte contre l'oppression
ou l'aggravation de charges dont ils étaient l'objet.

Partout, en un mot, le niveau de la condition serve
s'élève et la population rurale se prépare à une existence
meilleure qui lui permettra de franchir la barrière qui
sépare encore le servage de la liberté.

Mais, en revanche, au sein de la liberté même, il se produit un phénomène opposé. Entre les grands, les nobles,
les *optimates*, les *proceres*, les leudes, les compagnons du roi
et les possesseurs de vastes bénéfices, exemptés d'impôts,
entre les ducs, les comtes, les dignitaires de la maison
royale et la classe serve, colons, mainmortables, esclaves,
il y a une classe intermédiaire, une classe d'hommes libres,
qui possède des biens libres, des *alleux*, reçus pour la
plupart lors du partage des terres provenant de la conquête, mais des biens d'une étendue assez peu considérable
pour ne créer à leurs possesseurs qu'une situation médiocre, plus ou moins précaire, une dépendance sinon de
droit, mais de fait. Cette classe est sans cesse exposée à
des exactions, à des violences, à des usurpations de la part
des puissants. Elle n'a ni paix ni sécurité. Toutes les charges publiques pèsent d'ailleurs sur elle : outre le service

militaire, qu'elle rend à ses frais et qui la ruine, elle doit le
cursus publicus, les droits de douane, de péage, le don gratuit, qui devient bientôt le don nécessaire, les corvées destinées à entretenir les ponts et les chemins ; parfois même
les comtes l'obligent, malgré la loi, à semer, à cultiver, à
récolter pour eux (1). De la liberté, elle n'a que le nom et
l'apparence. Elle se trouve dans l'état où nous avons vu les
petits propriétaires, les décurions dans les derniers temps
de l'empire romain, et, comme eux, elle ira se réfugier à
l'ombre des forts, elle sollicitera le patronage des grands.
L'indépendance se changera ainsi en clientèle. Et par
quel procédé ? Par la *recommandation*, dont j'ai déjà parlé,
imitation du *patrocinium* latin. Le faible se rendra près
d'un chef militaire, près d'un comte ou d'un abbé et lui
offrira sa terre, en échange de sa protection et en lui
promettant fidélité, s'il en reçoit un bénéfice. Bien loin
d'être gêné par la législation carlovingienne, ce mouvement, favorisé par les mœurs germaniques, sera secondé
par le pouvoir central, et les Capitulaires engageront
formellement les petits propriétaires d'alleux à se recommander soit aux seigneurs, soit aux comtes. J'ai cité plus
haut le Capitulaire de Charlemagne de 806 qui autorisait
expressément la commendise. Ce Capitulaire est confirmé
dans l'année 815 par Louis-le-Débonnaire en des termes curieux qu'il importe de connaître : « Que les Espagnols sachent, dit l'empereur, qu'ils ont la faculté par nous accordée
de se recommander en *vasselage* à nos comtes, selon l'usage
habituel, *more solito, in vassaticum*. Et si quelqu'un d'eux a
reçu un bénéfice de celui auquel il sera recommandé, qu'il
sache que, pour cet objet, il doit rendre à son seigneur une
obéissance semblable à celle que nos hommes ont coutume de rendre à leur seigneur pour un tel bénéfice (2). »

(1) *Capit. Ludov.*, ii, l. 32.
(2) Baluze, t. I, p. 499, t. vi, p. 471. — Vaissette, *Histoire du
Languedoc*, t. I, preuves n° 16. V. aussi *Capit.* de 816, 847, 856,
(Pertz t. III). — Le *præceptum pro Hispanis* de 844 distingue également les bénéficiers de ceux qui sont seulement *in vassaticum*.

On voit apparaitre dans ce texte la féodalité tout entière. Il crée les liens de vassalité et d'obéissance qui unissent le vassal au suzerain. L'expression *feodum* surgira plus tard au x⁴ siècle, beaucoup plus tard que celle de *vassi*, qui se rencontre déjà, comme nous l'avons dit, sous les Mérovingiens (1), mais la chose existe et, qui plus est, elle est donnée comme une chose ancienne. Le fait se transforme seulement en droit, *ex facto nascitur jus*.

En même temps, un autre changement s'opère à la la longue et par degrés. A l'origine, chez les Germains, les vassaux étaient de véritables domestiques, des familiers, des serviteurs, des hommes qui unissaient dans leur personne la dépendance et la liberté, des *vasleti, vassalleti*, vivant à la table du chef ou nourris par une terre détachée de son domaine sous le nom de bénéfice. Cette terre était le salaire d'un service rendu ; le bénéficiaire était le gérant responsable de la propriété qui lui était confiée et sur laquelle il vivait à discrétion en touchant sa solde en nature, en faisant les fruits siens. Celui qui se recommandait à un grand acquérait ainsi le droit d'être entretenu par lui. On lit dans une formule de Sirmond : « Au magnifique seigneur un tel, moi un tel. Comme il est à la connaissance de tous que je manque du nécessaire pour me nourrir et me vêtir, je me suis adressé à votre miséricorde et j'ai pris la résolution de me placer sous votre *mundeburd* et de me recommander à votre protection, ce que j'ai fait, à condition que vous me fournirez ma nourriture et mes vêtements à proportion du service que je vous ferai. Je m'engage à rester toute ma vie à votre service, en qualité d'homme libre, sans avoir la liberté de sortir de votre puissance et de votre *mundeburd*, mais de rester tous les jours de ma vie dans votre

---

(1) *Lex Allemann.*, tit. xxxvi, art. 5. — D. Bouquet, t. IV, p. 579, *Form.* 3. — Marculfe, *Form.* 44 à l'append. La loi salique appelait les esclaves *vassi* (tit. xxxiii).

pouvoir et sous votre protection (1). » En un mot, la recommandation dans ce sens et le bénéfice étaient un
contrat de louage, et par conséquent le bénéfice, qui représentait le prix des services ou l'équivalent de la nourriture et du vêtement, était le plus souvent viager. Il
durait autant que le service lui-même, pas au-delà (2).

Mais les bénéfices n'étaient pas à l'abri de révocations
arbitraires. Leurs possesseurs soutinrent qu'ils ne pouvaient en être dépouillés sans motifs. Ils se crurent en
droit de conserver les biens cédés tant qu'ils ne man-
queraient pas aux obligations contractées envers le donateur, tant qu'on ne pourrait leur imputer un défaut de
fidélité, une trahison, une révolte ou un autre acte par
lequel le compagnon nuisait à son chef au lieu de le servir. Les bénéfices temporaires ou d'une durée non fixée
devinrent insensiblement des bénéfices à vie, puis héréditaires. On en trouve de semblables en 860, 869 et 877
sous Charles-le-Chauve. Charlemagne lui-même en
avait constitué un dès 795, en faveur d'un nommé Jean qui
avait vaincu les Sarrasins dans le comté de Barcelone,
*ut habeat ille et posteritas sua absque ullo censu aut inquie-
tudine donec nobis aut filiis nostris fideles existerint.* » La
perpétuité de ces concessions est reconnue en Bretagne
au ixᵉ siècle. Plus l'institution des bénéfices se développe,
plus elle grandit et plus les prétentions des bénéficiers s'ac-
croissent à leur tour. Charlemagne est sans cesse occupé
dans ses Capitulaires à réprimer les empiétements de ses
vassaux, à déjouer les fraudes auxquelles ils recourent
pour transformer leurs bénéfices en alleux, ou pour enri-
chir leurs alleux en ruinant la terre du prince. Les détenteurs des offices, des principales charges du royaume, qui
les considèrent comme des bénéfices, bien qu'ils doivent

(1) Formul. Sirmond, 44, dans le Recueil de M. de Rozière, t. I
nᵒ 43.

(2) Waitz, *Deutsche Verfassungsgeschichte*, t. II, p. 246 et suiv.

les rendre à la mort du prince dont ils les tiennent, cherchent aussi à transformer leur usufruit en propriété. Plus la royauté faiblit, plus son impuissance la contraint d'être libérale à l'égard des chefs militaires dont elle a besoin, et plus ceux-ci redoublent d'exigences (1). Enfin Charles-le-Chauve est obligé de céder, et, à la veille de partir pour un dernier voyage d'Italie, il tient une assemblée générale de ses fidèles à Kiersy en 877, où il immobilise les bénéfices viagers, transformant en propriétés héréditaires les gouvernements de province, les duchés et les comtés (2).

« Si après notre mort, dit-il, quelqu'un de nos fidèles, touché de l'amour de Dieu et du nôtre veut renoncer au siècle, s'il a un fils ou un parent qui soit capable de servir l'Etat, il pourra résigner ses honneurs au profit de l'un ou de l'autre, à son choix. » Voilà le principe de l'hérédité définitivement consacré, et du haut en bas de l'échelle sociale, tous les bénéficiers s'en emparèrent pour consolider la possession de leurs bénéfices entre les mains de leurs descendants.

Cette triple révolution, l'adoucissement du servage, la transformation des petits alleux en bénéfices et des bénéfices viagers en bénéfices héréditaires qui deviennent une sorte de propriété, tel est le caractère principal du droit politique et privé sous le règne des Carlovingiens. Désormais l'esprit de clientèle, de vassalité soufflera sans obstacle sur la France et par suite amènera une autre révolution non moins radicale, la substitution de la réalité de la loi à sa personnalité, la naissance du droit de la terre, de la loi

---

(1) Baluze, t. II, 263, *Capit. ad Carisiac.* Muratori, t. I, p. 782.

(2) A chaque avénement d'un prince au trône, le nouveau roi faisait une large distribution de bénéfices. Lorsque Louis-le-Bègue apprit la mort de son père, il s'empressa, disent les annales de saint Bertin, de donner les abbayes, les comtés et les villes à qui en voulut : *Quos potuit conciliavit sibi, dans eis abbatias et comitatus ac villas secundum uniuscujusque postulationem.* » (*Annales de Saint-Bertin*, p. 259. édit. Dehaisnes, 1871).

terrienne, qui prendra la place de la loi attachée à la
personne, et qui la suivra partout où elle portera ses pas.

J'ai dit que le droit civil doit peu aux Capitulaires, mais
il fait à cette époque de nombreux emprunts à la législation
de l'Eglise. Le concubinat continue d'exister à côté du
mariage ; toutefois le mariage seul est un sacrement et ne
peut avoir lieu que sous trois conditions : le consentement
des ascendants, la cérémonie publique et la constitution
d'un douaire pour la femme, comme sous les lois barbares.
Les secondes noces sont absolument prohibées, l'Eglise les
voyait d'un œil défavorable et fit partager sa répugnance au
législateur civil. Le droit romain n'a pas perdu tout crédit ;
mais il n'est regardé que comme une coutume : il n'a que
l'autorité d'un souvenir, autorité vague et incertaine qui
ressemble plus à celle d'un conseil qu'à celle d'une prescription légale. Cependant son action s'exerce encore sur
certains points spéciaux, notamment sur les testaments
dont les Capitulaires déterminent les formes. Ces testaments sont plutôt des donations à cause de mort, des
institutions contractuelles, telle que nous les avons vues
dans la première législation franque, que de véritables
institutions d'héritier. En effet, la tradition est une condition essentielle de la validité de l'acte et les Capitulaires
s'attachent à fixer la forme de cette tradition. L'institué a
bien l'obligation d'accomplir la volonté du testateur, sous
peine de se voir enlever sa part héréditaire pour cause
d'indignité, part caduque qui appartient en ce cas à
l'évêque. Mais il n'existe pas d'autre sanction. Nous
sommes bien loin de la formule impérieuse de la loi romaine, *dicat testator et erit lex.*

§ 3. *Institutions judiciaires*

La justice civile se distribue comme sous les Mérovingiens, par les ducs, placés à la tête de sept duchés devenus
héréditaires à la fin du IXe siècle, les duchés de France,

de Bretagne, de Gascogne, de Bourgogne, de Normandie, de Lorraine et d'Aquitaine ; par les comtes, présidents des assemblées du comté, *malla*, mais qui ne sont plus assistés de *rachimbourgs*, comme sous la loi salique. Ceux-ci sont remplacés par les *scabini*, juges royaux directement nommés par le comte (1). Cependant les hommes du comté, *pagenses*, peuvent encore siéger avec les scabins dans les tribunaux. Le centenier mérovingien existe encore, mais sa compétence est amoindrie : Charlemagne lui a enlevé le pouvoir de prononcer des condamnations capitales et de statuer sur toutes les questions intéressant la liberté ou la propriété des alleux et des esclaves. Il ne peut désormais connaître que des procès pécuniaires et des simples délits (2). Enfin les possesseurs de bénéfices et les vassaux ont le droit de juridiction en premier ressort sur les hommes qui habitent leurs terres.

Au second degré de juridiction, s'élèvent les *missi dominici*, qui sont chargés de faire exécuter les lois, de surveiller l'administration de la justice par les comtes, les vassaux, les églises, les propriétaires d'alleux, de présider dans leur circonscription le *missaticum*, les assises où l'on statue sur l'appel des jugements de première instance, jugements qui ne sont pas toujours écrits, mais dont on établissait la teneur par des témoins ou *recors*, (*recordari*). Ces circonscriptions, d'après un capitulaire de Charles-le-chauve de 853, sont au nombre de douze, et les *missi* doivent y tenir quatre plaids par an et dans quatre lieux différents (3). Mais les *missi dominici* n'ont pas une longue existence et disparaissent vers 888, à l'époque où les rois cessent de faire des capitulaires.

(1) Baluze, t. I, p. 311, 321, 354. 514, 883 — Quand ces scabins étaient mauvais, les *missi dominici* avaient ordre de les remplacer par d'autres choisis avec l'assentiment du peuple. (*Loi* 48 de Lothaire).

(2) *Capitul.* lib. II, 1. 36.

(3) Pertz, t. III, p. 38, 96, 97 ; t. IV, p. 14.

Au-dessus de tous ces tribunaux, comme un recours suprême, siège le *plaid du palais*, la *cour du roi*. Louis-le-Débonnaire publia en 829 un édit portant : « Que nos commissaires fassent connaître aux comtes et à nos peuples que nous consacrerons toutes les semaines un jour aux jugements et aux plaintes en déni de justice » (1). Mais, on le comprend, ce n'était là qu'une voie extraordinaire dont il était assez difficile ou assez rare d'user. Au surplus, cette cour du roi, qui sera l'origine du Parlement, est ambulatoire et suit le prince partout où il se transporte. Elle a une compétence double, d'abord une compétence de ressort, lorsqu'on va la chercher pour se plaindre d'un déni de justice ; puis une compétence directe, en premier ressort pour les causes évoquées par le roi, sous son bon plaisir, et pour celles de certaines classes privilégiées, ce qui donnera plus tard naissance à la juridiction dite de l'hôtel et au privilège du *committimus*. Charlemagne avait conçu l'idée de faire ainsi une justice complétement hiérarchisée, et l'idée plus progressive, plus moderne encore de la distribuer partout uniformément en proscrivant les diverses coutumes et en n'adoptant qu'une règle, la *loi écrite*. Mais ce grand dessein périt avec lui, et ne semble par même avoir été soupçonné par ses successeurs. Bien plus, à partir du célèbre Capitulaire de Kiersy, qui transforme la propriété, la justice rendue au nom du Roi par les *missi dominici* disparaît avec ces derniers. Il ne reste plus que les juridictions locales, et par ce fait seul une grande révolution s'opère, la juridiction ne s'applique plus aux personnes et aux choses, selon la loi d'origine ou la nationalité des individus ; elle devient réelle, territoriale, elle s'applique aux personnes et aux choses à raison de leur situation dans telle circonscription ou tel comté.

Il est assez difficile de préciser l'époque à laquelle la

---

(1) Pertz, t. III, p. 352.

territorialité du droit l'emporta définitivement sur le principe germanique de la personnalité. Mais il est certain qu'après le x⁰ siècle, il n'existe presque aucune trace de la nationalité considérée comme source du droit. Dès le IX⁰, on voit en revanche apparaître la coutume du lieu et la juridiction terrienne, *justitia legis terrenæ* (1). Les Capitulaires de Charlemagne imposaient aux comtes et aux juges le devoir de déclarer sous quelle législation ils devaient vivre et de juger selon cette législation. Ce qui était une obligation pour eux devint bientôt un droit pour les seigneurs qui imposèrent une loi à leur terre. Quand on l'habita, on se soumit par là à la souveraineté de cette coutume, on lui jura pour ainsi dire obéissance, on perdit à la fois la notion et l'usage de sa loi personnelle.

Ainsi naquirent les coutumes, et la France se trouva désormais partagée en deux grandes régions : au nord, la région placée sous l'empire des usages germaniques, et au midi la région placée sous l'empire de la loi romaine. L'apparition des coutumes est donc concomitante à celle des justices seigneuriales et nous acquérons par là une nouvelle preuve de ce fait souvent contesté au XVI⁰ et au XVII⁰ siècles, mais néanmoins indubitable, à savoir que la féodalité fut non pas sans doute la source unique de la coutume, mais l'occasion qui la fit naître, qui la développa et lui imprima sa vigueur, son énergie, son originalité, sa variété.

Jetons enfin un rapide coup d'œil sur la procédure civile usitée au temps des Capitulaires. Cette procédure était double, car il y avait deux ordres de juridiction.

La première était la *procédure ecclésiastique*, qui n'était autre que la procédure romaine, modifiée scientifiquement et suivant l'esprit de l'Eglise.

---

(1) Sirmond, *Formul.* 28. — Ce mot de *justitia terrena* est employé avec le même sens par le roi Clotaire, en 985, dans une charte accordée au monastère de Saint-Père de Chartres. (*Cartul. de Saint-Père*, t. I, p 81).

La seconde était la *procédure laïque*, dont l'origine remontait aux coutumes germaniques.

De la fusion de ces deux procédures naîtra plus tard la procédure française, qui est de nature mixte, mélangée de droit germain et de droit romain.

Dans la forme laïque, le procès commence par une citation en justice, *ad mallatio, ad mallum*, ou par une *mannitio*, assignation directe, émanant de la seule initiative du demandeur. Lorsqu'au contraire l'autorité publique intervient, elle assigne un ban, *bannitio*, elle somme le défendeur de comparaître sous peine de désobéissance.

Le délai de comparution se compte ordinairement par *nuits*, surtout à l'origine. Le plus fréquemment, 40 nuits étaient accordées au défendeur pour se présenter. Chez les peuples barbares, en effet, le temps se mesure par les révolutions de la lune et non par celles du soleil.

La partie citée doit comparaître en personne et non par procureur. Elle n'a pas même la faculté d'employer le ministère d'un avocat. « Que personne dans les plaids, dit le capitulaire de 802, ne pratique l'usage de discuter pour autrui, mais que chacun rende raison de sa propre cause, du cens de sa terre et de sa dette personnelle. »

Si la partie citée ne comparaît pas, on l'attend jusqu'à un certain point de la course du soleil, jusqu'à une certaine heure, *solsadire*. Passé ce délai, les juges prononcent une amende contre le défaillant et lui accordent un second délai, dont l'expiration, suivie de défaut, entraîne une seconde amende. Selon l'importance du litige, ces délais successifs pouvaient se répéter 5 ou 6 fois, mais toujours avec des pénalités pécuniaires. Du reste, le comte pouvait contraindre la partie à se présenter, et mettre ses biens au ban du roi (Capit. de 864). S'il s'écoulait an et jour avant que satisfaction ait été donnée, le fisc était définitivement saisi. Si c'était un bénéficier, on lui enlevait son bénéfice. Lorsque le jugement est rendu, il n'est pas sus-

ceptible d'opposition, sauf en matière immobilière, où l'on
peut faire tomber la possession du demandeur victorieux
pendant le délai d'un an et jour. Ce jugement est défi-
nitif : la partie a bien, sans doute, un droit de recours,
mais on ne saurait, à proprement parler, lui donner le
nom d'appel, quoique Charlemagne ait déféré à ses *missi
dominici* le droit de réformer les sentences des comtes et
des centeniers. C'est plutôt une prise à partie du juge à
qui l'on reproche une prévarication, un manquement à ses
devoirs, un jugement faux. De là l'usage, au XIIIᵉ siècle,
d'appeler des faux jugements et de mettre en cause le
juge de première instance. Mais celui qui interjette appel
sans prouver le *mal jugé* de la première sentence est condamné à une amende de 15 sols, au profit de chacun des
juges, ou à recevoir 15 coups de bâton, s'il est de condition servile. Si le juge refuse de statuer, c'est encore un cas de recours pour déni de justice ou *défaute
de droit*. La partie peut d'avance se soumettre à l'exécution du jugement, en ce sens qu'elle s'engage, en
cas de non exécution, à une semi-servitude au profit de
son adversaire. Cet engagement prenait le nom d'*obnoxia-
tio*. Mais les Capitulaires en réduisirent beaucoup la gra-
vité et se bornèrent à imposer à la partie condamnée de
simples services personnels qui ne diminuaient pas sa
condition et ne la privaient pas de la liberté.

La preuve se fournit par témoins; à leur défaut, par enquête, et lorsque l'enquête ne produit rien, on recourt à
l'épreuve par l'eau chaude ou le fer chaud, puis au duel.
Les juges carlovingiens usent des ordalies avec la même
confiance et le même respect que les Germains. On soumet
à l'épreuve du fer chaud et de l'eau bouillante non seulement les litiges civils et criminels, mais les questions
d'Etat et de nationalité comme le partage de l'Allemagne
en 876 (1). L'usage du combat judiciaire, qui n'existait

(1) *Annales de Saint-Berlin*, p. 250, édit. de 1871.

pas chez les Francs Saliens et que l'Eglise avait vainement réprouvé, est en pleine floraison au temps de Charlemagne, et, chose curieuse, après l'avoir imposé aux
parties, on arrive à l'imposer aux témoins eux-mêmes.
« Si les témoins sont en contradiction, dit un Capitulaire
de 832, et que les uns témoignent en faveur d'une partie
et les autres en faveur de l'autre, qu'on leur demande
s'ils sont prêts à défendre leur témoignage par les armes.
S'ils s'y montrent tous également disposés, qu'ils jurent
encore, et que le combat décide : mais si une partie des
témoins recule, que le témoignage des autres soit reçu
sans contestation. »

Le combat avait lieu, d'après un capitulaire de Charlemagne, de l'an 801, avec le bouclier et le bâton. L'épée
était réservée pour les cas de félonie. Les femmes, les
vieillards, les infirmes devaient se faire représenter par
un champion, et l'Eglise elle-même fut soumise à l'obligation de se battre par les mains d'un avoué (1).

Celui qui n'avait pas une propriété suffisante pour répondre de son propre témoignage n'était point admis à
témoigner. La responsabilité était toujours proportionnée
à l'importance du litige. Enfin, le faux témoin était condamné à perdre la main droite (2). Malgré la rudesse de
ses mœurs, la France carlovingienne avait en effet la
religion du serment, et parfois elle admettait l'accusé lui-
même à se purger de l'accusation dirigée contre lui en
jurant de son innocence sur les Saints Evangiles. C'est
ainsi qu'un grand chambellan de Louis-le-Débonnaire,
Bernard, comte de Barcelone, se lava en 831, dans un *mall*

---

(1) V. dans les *Annales de Saint-Bertin*, p. 127, le duel de deux
chefs normands. Edit. de 1871.

(2) « *De eo qui perjurium fecerit se sciente, nullam redemptionem
habeat; nisi manum perdat et emendare studeat.* » (*Capit.* de Louis-
le-Débonnaire, liv. IV, art. 95).

public, du reproche d'entretenir un commerce coupable avec l'impératrice Judith (1).

Quant au duel judiciaire, dénoncé par le célèbre Agobard, archevêque de Lyon, comme une impiété, et réhabilité par un autre prélat, Hincmar, à propos du divorce de Lothaire-le-jeune et de la reine Teutberge, il s'appliquait à toutes causes, aux affaires civiles comme aux affaires criminelles, bien qu'en réalité on en usât moins dans les premières que dans les secondes. On y recourait même pour résoudre les grandes difficultés politiques. Tel était l'empire du préjugé et de la tradition, que Charlemagne lui-même défendit de douter du jugement de Dieu, et qu'au ixe siècle, en 942 ou 943, lorsque l'Allemagne s'avisa d'agiter la question de savoir si le principe de la représentation devait être admis dans le régime successoral, devant la contradiction des docteurs et l'hésitation des juges, on convint d'abandonner la solution de ce grave problème aux hasards d'un combat judiciaire : les champions du droit descendirent en champ clos et la représentation en sortit victorieuse (2).

(1) « *Jurejurando satisfecit* », disent les Annales de Saint-Bertin, p. 5, édit. de 1871.

(2) Vitikind, p. 17 (édit. de Meibom) — Sigebert Gemblac, ad ann. 942. — *Sachsen Spiegel*, I, 5.

LIVRE III

LE DROIT DU Xᵉ AU XIIIᵉ SIÈCLES

CHAPITRE PREMIER

DE LA FÉODALITÉ

Nous avons étudié l'histoire du droit national dans les trois périodes, celtique, romaine et franque. Nous allons maintenant entrer dans une époque non pas plus intéressante, non pas même mieux connue, mais dans laquelle les monuments du droit sont plus nombreux, et qui se rattache d'une manière plus étroite au droit coutumier. C'est l'époque féodale.

On peut diviser l'époque féodale en trois périodes. La première se place au xᵉ siècle : c'est la période de naissance. La seconde remplit le xiᵉ et le xiiᵉ siècles : la féodalité est alors parvenue à l'âge adulte, à la virilité : elle est entièrement constituée et règne sans partage. La troisième, qui est peut-être la plus importante au point de vue juridique, parce que les institutions judiciaires s'organisent à leur tour à travers des luttes terribles, est celle du déclin pour la féodalité considérée comme institution politique. Elle occupe le xiiiᵉ siècle, à la fin duquel la chute de l'édifice féodal est consommée. C'est l'époque de la renaissance du droit, comme le xviᵉ siècle fut celle de la renaissance des belles-lettres et des arts. Le droit s'épure, il ne revêt pas encore une forme didactique, scientifique, mais il s'efforce déjà de tirer de la pratique des règles générales qui deviendront un peu plus tard des principes, des axiomes, et serviront de base à la rédaction postérieure des coutumes. Avec lui, les conditions sociales s'améliorent : elles sont encore loin d'être parfaites et portent l'empreinte d'une rudesse, je dirais volontiers d'une barbarie, pour laquelle on a le droit de se montrer sévère lorsqu'on compare les mœurs du temps à celles des siècles qui vont suivre. Cependant il y a un progrès manifeste et l'on pourrait presque assurer que les institutions de saint Louis se relient étroitement à celles du xvᵉ et même du xviᵉ siècles, si, entre ces deux époques, ne se plaçait une période de troubles et de désordres immenses, dus en entier à la guerre étrangère, qui faillit ruiner, avec la monarchie, l'indépendance et la nationalité françaises, et dont cette dernière ne sortit que pour reconstruire péniblement, au prix d'efforts surhumains, l'édifice qu'avaient laissé debout Louis IX et ses successeurs immédiats.

La féodalité est donc née au moment de la dissolution de l'empire carlovingien, et l'on peut ajouter qu'elle est née de cette dissolution même. Elle n'a pas surgi tout d'une pièce, elle ne s'est pas faite d'un seul coup, en vertu d'une charte fondamentale ou d'une loi positive, comme on l'a longtemps cru en Allemagne, à propos de la célèbre Constitution de Conrad-le-Salique *de expeditione romana*. Elle avait des racines bien plus anciennes et bien plus profondes : c'est une œuvre qui a exigé le travail de plusieurs générations. Elle s'est formée comme toutes les institutions humaines se forment, lentement, progressivement, par de petites causes pour la plupart invisibles et cachées, au moins aux yeux des contemporains ; elle s'est infiltrée dans le corps social par mille veines ténues, par mille canaux imperceptibles qui ne se sont ni creusés ni remplis en un jour. Elle a été, en un mot, la résultante d'événements et de faits multiples dont il convient seulement de retenir les principaux.

Ceux qui soutiennent qu'elle a jailli du sol comme une source inconnue, au moment où le premier des Capétiens s'installait sur le trône des héritiers dégénérés de Charlemagne, et qu'elle s'est alors tout-à-coup révélée telle qu'elle a existé trois cents ans plus tard, commettent un grossier anachronisme. Ils transportent le XIIIᵉ siècle au Xᵉ. Parce qu'ils ne peuvent démêler aucun principe général, parce qu'ils ne saisissent la trace apparente d'aucun progrès, ils croient volontiers que la société est demeurée stationnaire au milieu du chaos. C'est une erreur manifeste. Le chaos s'était produit à un moment sans doute. Il frappait tellement les yeux les moins clairvoyants, que le peuple attendait, vers l'an 1000, la fin du monde, « *appropinquante mundi fine,* » disent les chartes voisines de cette époque, « *intonante jam per universum mundum evangelica tuba* (1). » Mais l'ordre, un ordre relatif allait se substituer à ce chaos et donner naissance à un monde nouveau. Aucune société humaine ne reste en effet stationnaire ; aucune même ne fait de pas rétrograde. Toutes, elles marchent toujours, non sans doute infailliblement vers le progrès, vers l'amélioration, mais elles marchent, c'est-à-dire elles changent de place et, pour elles, il n'est pas d'effort qui demeure infructueux ou inutile.

On serait disposé à croire qu'au Xᵉ siècle le peuple est tombé dans une complète servitude et qu'il y restera plongé pendant trois ou quatre cents ans. On ne s'aperçoit pas qu'au contraire l'affranchissement du peuple commence véritablement, dès cette époque, à être en progrès. On s'imagine que le pouvoir royal est alors nul et qu'il n'existe pour ainsi dire plus, et l'on n'a pas tout à fait tort. Cepen-

(1) D. Lobineau, *Histoire de Bretagne*, preuves, p. 64 et 114.

dant dès ce moment le pouvoir royal gagne du terrain. A
mesure que la féodalité grandit, à mesure qu'elle semble
plus forte et plus irrésistible, la monarchie et la liberté
percent l'enveloppe, et rompent lentement, un à un, les
liens dont on les surcharge pour mieux les étouffer. Il
n'est pas d'obstacle qui ne devienne pour elles un moyen.
Plus la féodalité se fit oppressive, et plus elle fournit
d'armes pour la vaincre et en triompher.

Il en fut de même à sa naissance. Elle était en germe
dans la société franque, qui était elle-même l'héritière
directe de la société germanique, et tous les efforts tentés
pour détruire ce germe presque invisible ne servirent
qu'à en précipiter la floraison. Sous le voile impérial que
Charlemagne avait étendu sur la France, cette vieille
société germanique avait crû en silence, comme une plante
en serre chaude. Une fois le voile tombé, la végétation
s'élança à l'air libre et couvrit la terre de ses rameaux.

Qui déchira ce voile, quelles furent les causes de la dissolution de l'empire Carlovingien ? Il y en eut trois principales, que j'indiquerai sommairement.

La première fut la persistance des divisions géographiques et ethnographiques de l'empire, qui négligea presque
partout de s'incorporer les territoires soumis, bien plus,
qui leur donna des chefs empruntés à la race indigène,
quelquefois à la dynastie dépossédée. Chaque jour amena
une révolte nouvelle, et chaque insurrection la formation
d'un petit état indépendant.

La seconde fut l'application à la transmission du pouvoir
royal des règles germaniques sur la translation de propriété et les successions. Le royaume se divisa comme un
héritage ordinaire. Pépin-le-Bref partagea avec son frère
Carloman, et il en fut de même de Charlemagne. Les trois
fils de Louis-le-Débonnaire firent également un partage
au traité de Verdun, et chacun des trois répartit de nouveau son héritage entre ses enfants. La France du moyen-

âge se sépara de l'Allemagne et de l'Italie. Elle fut plus
étendue que la nôtre au nord, puisqu'elle comprit la Flandre, la Hollande et la Belgique, mais elle fut plus restreinte
au midi où elle était bornée par le Rhône. Pendant vingt
ans, l'Aquitaine fut disputée par trois princes qui avaient
les mêmes droits et la même incapacité : Charles, fils de
Charles-le-Chauve ; Pépin le jeune, fils de Pépin et petit-
fils de Louis-le Débonnaire, et Louis le jeune, fils de Louis
le Germanique.

La troisième cause est en partie une conséquence de la
seconde. Les compétitions d'hérédité arment les princes
les uns contre les autres et les mettent à la merci d'une
aristocratie militaire qui fait payer ses services au prix
des plus lourdes concessions. L'insubordination est partout, au cœur de l'empire comme à ses extrémités, et partout chaque homme de guerre, assez puissant pour vivre
de ses propres ressources, se fait une existence à part,
isolement que favorise Louis-le-Pieux en cédant les terres
du fisc, non pas seulement en bénéfice, mais en propriété,
in possessionem sempiternam. En aliénant ses domaines,
l'empereur aliène son pouvoir ; mieux encore, il aliène son
crédit. En même temps, les Normands arrivent, et leurs
audacieuses incursions font sortir du sol une foule de forteresses, destinées d'abord à la protection du faible, puis
bientôt à son oppression. L'aristocratie guerrière se multiplie de toutes parts, et plus elle se multiplie, grâce à
l'hérédité des bénéfices, plus la division éclate en elle.
Un diacre de Lyon, Florus, s'écrie à la mort de Louis-le-
Pieux : « L'empire a été dépecé en trois lambeaux : au lieu
d'un roi, il n'y a qu'un roitelet ; au lieu d'un royaume, que
des fragments de royaume. L'immense muraille menace
ruine de toutes parts ; elle est déjà toute inclinée, toute
lézardée, et pour la raffermir, on n'a qu'une boue délayée,
qui glisse déjà et qui tombera demain. » Et un autre
ajoute : « Chaque jour voit la dépopulation des provinces,

des cantons et des villes; si quelques malheureux échappent à tant de fléaux réunis, la force leur manque pour se défendre, et ils n'ont d'autre alternative que de fuir ou de se laisser égorger. »

Alors la petite propriété disparait de plus en plus : les petits alleux deviennent censives, tandis que les possesseurs de grands fiefs s'arrondissent en recevant l'hommage des petits propriétaires qui se donnent à un seigneur afin d'échapper à un autre, et la censive elle-même se rapproche parfois du servage, parce que, dans ce désordre universel, personne ne songe à la protéger, mais au contraire à l'absorber. Les grands officiers de la couronne transforment leurs offices en bénéfices héréditaires ; les ducs et les comtes, qui étaient révocables, s'immobilisent dans leurs charges que la royauté est impuissante à leur enlever; ils les transmettent à leurs descendants, et l'on voit jusqu'aux évêchés se convertir en bénéfices conférés par voie d'investiture, à charge de service militaire. Cette inféodation, l'un des grands périls du moyen-âge, n'est pas même une ressource pour la monarchie qui la concède ou qui l'accepte. Les liens du vasselage ne conservent d'énergie et de puissance que vis-à-vis les hauts seigneurs qui peuvent, eux, se faire respecter. La population libre s'écoule, pour ainsi dire, par tous les pores de l'Etat ; chacun ne songe plus qu'à sa défense et vend sa liberté pour sauver sa vie: les abbayes elles-mêmes s'entourent de fossés et de remparts, les vieilles cités de la Gaule réparent leurs murailles chancelantes, et lorsque le dernier Carlovingien descend du trône de France, sans éveiller un regret, une France nouvelle apparait en armes derrière une ceinture de créneaux.

Le double avènement de la féodalité et de la dynastie Capétienne fut donc un véritable progrès, du moins un progrès relatif, si l'on compare la situation de notre pays à la mort de Louis V avec celle que lui firent bientôt les successeurs de ce prince. D'une part, la féodalité lui apporta la hiérarchie et la cohésion ; de l'autre, les Capétiens lui donnèrent une capitale, lorsque jusqu'alors la monarchie avait été errante et instable, une capitale, qui était celle du duché de France, dont Hugues Capet était seigneur, et dans l'enceinte de laquelle se trouvait cette grosse tour du Louvre, d'où relevèrent désormais les fiefs directs de la couronne ; ils lui donnèrent comme par surprise, par voie indirecte, en tout cas avec une habileté profonde, l'hérédité, qui n'avait pas été fermement constituée sous les Carlovingiens ; ils lui donnèrent enfin l'indivisibilité du royaume, en ce sens que les fils puînés du roi ne reçurent plus que des apanages réversibles à la couronne, lorsque les apanagistes ne laissaient pas d'hoirs ou de descendance directe. Ainsi se justifie la proposition que j'énonçais tout à l'heure, à savoir que la féodalité trouva dans son sein sa plus implacable ennemie, la royauté, et que les obstacles qu'elle semblait opposer à la consolidation du pouvoir furent précisément les moyens dont la Providence se servit pour fortifier et développer l'autorité centrale.

CHAPITRE II

SOURCES ROMAINES DU DROIT FÉODAL

Le droit féodal s'est alimenté à trois grandes sources, la législation romaine, la législation ecclésiastique et les coutumes. Il faut indiquer successivement ces trois sources.

Nous avons précédemment vu que le Code Théodosien, promulgué en 438, et remplacé en 500 par l'édit de Théodoric pour l'Italie, avait inspiré en Gaule deux législations particulières destinées à régir les populations d'origine gallo-romaine, le *Breviarium Alaricianum*, ou Code d'Alaric II, et la *lex Romana* des Burgondes, qui date de 517. Vingt ou trente années plus tard, Justinien publia sa grande compilation suivie des Novelles, dont le patrice Julien donna une traduction latine et abrégée en 570. Que cette législation toute entière ait été connue presque aussitôt en Italie, cela n'est pas douteux, puisque Justinien la fit promulguer par sa pragmatique sanction de 554, et elle se maintint, après l'invasion des Lombards, à Rome même, ainsi que dans l'exarchat de Ravenne, qui demeura soumis à la domination de l'empereur d'Orient. Cela est attesté par un fragment d'un recueil de droit canonique et de droit romain, conservé en manuscrit à l'université de Prague (1), et par le recueil des *Quæstiones et Monita*, composé probablement vers 1006 et qui cite positivement les Novelles de Justinien (2).

Mais on est beaucoup moins assuré qu'elle ait été également connue en Gaule. Ce que l'on peut affirmer cependant, c'est que *l'Epitome Novellarum Juliani antecessoris* y était répandu au IX° siècle. Hincmar, archevêque de Reims, y fit plusieurs emprunts et cite la *lex justinianea*. Abbon de Fleury, moine de l'abbaye de Fleury sur Loire dans l'Orléanais, qui vivait aux dernières années du X° siècle, rapporte dans son recueil de canons plusieurs fragments de cet *Epitome*, et Benedictus Levita en donne vingt-trois dans ses faux capitulaires. Il n'est pas moins certain que plusieurs Capitulaires de Charlemagne, de Louis-le-Débonnaire et de Charles-le-Chauve se sont

---

(1) Merkel, p. 27, 52; Pertz, IV, 590-594; Muratori, *anecdota*; Ficker, *Forschun. gen.*. t. IV, p. 92.

(2) Ch. 256, *de testamento qualiter fiat*. Ce manuscrit a été décrit et analysé par M. de Schulte dans le bulletin de l'Académie de Vienne, 1867, t. LVII, p. 175.

directement inspirés des Novelles ou de l'abrégé de Julien, notamment pour les propriétés ecclésiastiques. Mais ni les Pandectes, ni le Code n'avaient pénétré en Gaule, car l'on n'en rencontre aucune trace, pas même dans la constitution du pape Jean VIII sur la peine du sacrilége, publiée à la suite du concile de Troyes tenu en 878, et qui se borne à faire une allusion à une loi d'Arcadius et d'Honorius, insérée dans le Code Théodosien.

Les premiers documents où l'on trouve une citation formelle des Pandectes, du Code ou des Institutes, sont le recueil intitulé *Petri exceptiones legum Romanorum*, composé à Valence, pour l'usage du viguier de ce pays, publié en 1500 par Jean Schott, puis en 1816 par M. de Savigny, et dont le manuscrit le plus ancien date à peine de la fin du XIIᵉ siècle, le livre dit de *Tubingue*, manuscrit d'origine française, sur lequel l'auteur du précédent recueil semble avoir travaillé (1), puis le recueil canonique appelé *Décret* d'Yves de Chartres, qui remonterait à une époque antérieure à la mort de cet évêque, décédé en 1115, s'il sort bien de sa plume. Malheureusement, on ne saurait affirmer qu'Yves de Chartres soit l'auteur du *Décret* ou de l'abrégé de ce *Décret*, qui est connu sous le nom de *Pannormia* ; de telle façon qu'il est encore aujourd'hui fort douteux, malgré les recherches de M. Laferrière (2), que les Pandectes et le Code aient été connus en France avant le XIIᵉ siècle. Pour rester dans le domaine de la certitude historique, il faut se borner à dire que la connaissance de ces monuments du droit romain passa d'Italie chez nous à cette époque.

Comment ces monuments précieux s'étaient-ils conservés chez nos voisins transalpins ou comment y furent-ils retrouvés ? C'est encore une question douteuse. On a

---

(1) Fitting, *Zeitschrift*, 11, 15-17, 23. Ce manuscrit parait être du XIIIᵉ siècle.

(2) *Histoire du droit français*, t. IV, p. 292 et suiv.

prétendu qu'un manuscrit des Pandectes, qui paraît être contemporain de Justinien, fut découvert en 1135 ou 1136 dans la ville d'Amalfi prise par l'empereur Lothaire II, assisté de la flotte des Pisans. Pour récompenser ses alliés, l'empereur leur aurait fait don de ce manuscrit qui demeura à Pise jusqu'en 1406, époque à laquelle il fut transporté à Florence (1).

La découverte de cet important document au sac d'Amalfi n'est pas très authentique, quoiqu'elle soit rapportée par les anciennes chroniques de la ville de Pise et par un poème de l'an 1320. Cependant elle est assez vraisemblable, mais le fait en lui-même nous intéresse peu; il suffit de constater que les Pisans possédaient le texte complet des Pandectes au XIIᵉ siècle, qu'ils l'entouraient du plus grand respect, *cum magna solennitate et reverentia*, dit Antoine de *Pratovetere*, et qu'ils le communiquèrent au reste de l'Italie.

Mais avant même le siège d'Amalfi, c'est-à-dire avant l'année 1135, les Pandectes, ou pour employer les dénominations usitées au moyen-âge, le *Digestum vetus*, le *Digestum novum* et l'*Infortiatum* (partie découverte en dernier lieu, qui vint renforcer, *infortiare*, les deux premières), les Pandectes étaient publiquement lues et commentées à Bologne par un professeur des arts libéraux, *magister in artibus*, Irnérius, protégé de la comtesse Mathilde, et qui fonda, de 1113 à 1118, avec la célébrité de l'école bolonaise, l'enseignement de la glose, imité des anciens jurisconsultes lombards (2).

On appelait glose non pas la traduction, puisque les

---

(1) Sigonius, *de regno Italiæ*, lib. II, t. II, p. 678.

(2) Il y avait, en effet, avant l'école de Bologne, de vieilles gloses, comme le commentaire des Institutes, connu sous le nom de *glose de Turin*, rédigé entre 543 et 546, les *nouvelles gloses de Turin*, qui datent en grande partie du Xᵉ et du XIᵉ siècle, et la *glose* des *Brachylogus*, composée entre 1002 et 1004.

lectures ou leçons se faisaient en latin, mais l'explication sommaire des textes du droit romain, c'est-à-dire des grands recueils de Justinien, car les glossateurs ne reconnaissaient pas d'autre base de leur doctrine (1). D'interlinéaire qu'elle fut d'abord, cette glose ou cette explication ne tarda pas à devenir un véritable commentaire. Mais l'enseignement ne cessa point d'être exégétique. Le glossateur s'attachait à bien faire ressortir l'espèce, le *casus*, et la solution donnée par le jurisconsulte de Rome. Il en rapprochait les textes, signalait leurs antinomies, notait les questions soulevées et formulait des règles sommaires, conçues en un langage bref, d'où peut-être est venu depuis le mot de *brocard*. Outre la glose, les professeurs de Bologne entreprirent de composer des exposés méthodiques de la doctrine, qui furent connus sous le nom de *sommes* ou *paratlites*, des *questions*, c'est-à-dire des recueils de points controversés entre les maîtres, et parfois de petits traités, surtout sur la procédure.

Tout sommaire et imparfait qu'il fût, cet enseignement eut le plus grand succès et attira à Bologne des étudiants accourus de toutes les parties de l'Europe. Il en vint surtout de France ; au xiie siècle, on ne comptait pas moins de 10,000 élèves à l'Université bolonaise, uniquement consacrée au droit, et qui fut, avec celle de Paris, la plus fameuse université du moyen-âge. Un disciple de Bulgare, l'un des quatre grands docteurs de Bologne, de celui que l'on avait surnommé *Bouche d'or*, un disciple du plus remarquable des jurisconsultes de cette époque et de cette école, Placentin vint à Montpellier et y apporta, avec les leçons de son maître, les textes de Justinien, avant l'année 1192. Azon enseigna dans la même ville de 1191 à 1229, et y composa sur les Institutes et le Code une somme qui rendit son nom populaire pendant plusieurs siècles.

(1) Stintzing, *Geschichte der popularen Litteratur*, p. 91.

Avant lui, au milieu du même siècle, un autre Bolonais, Vacarius était passé en Angleterre, d'où la science italienne pénétra en France par la Normandie. Tel fut l'entraînement des esprits vers cette doctrine nouvelle que l'Eglise, dont le droit s'était pourtant inspiré des lois romaines, en prit ombrage et qu'un concile de Reims défendit en 1131 aux moines l'étude du droit romain, défense confirmée, sous peine d'excommunication, par le concile de Tours, en 1163, pour toutes les *lois mondaines*, *leges mundanas*.

Mais cette interdiction ne s'appliquait encore qu'aux religieux que l'on voyait avec regret s'éloigner des sources purement ecclésiastiques. A l'Université de Paris, les laïques ou les simples clercs n'étaient pas moins curieux de droit romain que les monastères. Abailard, qui se moquait volontiers des juristes, se vantait néanmoins de connaître et de pouvoir expliquer tout le *corpus juris.* Un évêque de Chartres, Jean de Salisbury, mort en 1180, introduisait dans son *Policraticus*, œuvre encyclopédique, comme les aimait le moyen-âge, des fragments des Pandectes et du Code. Enfin, les candidats à la licence reçurent en 1213 l'autorisation de lire sur les *décrets* et les *lois* dans leurs examens. Cette autorisation ne dura pas longtemps. Sept années après, en 1220, le pape Honorius III publia la décrétale *Super specula*, qui interdit aux clercs d'enseigner le droit civil (c'est-à-dire le droit romain) à l'Université de Paris, par ce motif, dit-elle, que dans le nord de la France les laïques n'usent pas des lois romaines et qu'il se rencontre rarement des causes ecclésiastiques qui ne peuvent être décidées par les canons (1). N'oublions pas, pour bien comprendre cette défense, que l'Université parisienne était, avant tout, une école de théologie; l'Eglise était si peu hostile au

(2) Collect. de D. D. Martène et Durand, t I, p. 1146.

droit romain qu'elle autorisait peu d'années après, sinon par une disposition expresse, au moins par sa tolérance, la fondation à Orléans d'une université de lois, qui enseigna à la fois le droit civil et le droit canonique (1).

Quelle fut l'influence de cet enseignement et qu'en résulta-t-il pour le droit national ? Sans doute, même dans le midi, où l'Université de Toulouse vient renforcer celle de Montpellier, même dans ces provinces où la *lex romana* est toujours en vigueur, la science ne fait pas d'aussi grands progrès qu'en Italie. Elle ne fournit aucun travail comparable à ceux d'Accurse et de l'école bolonaise. Cela tient à ce qu'en France, on cherchait alors surtout des solutions pratiques, on demandait en premier lieu au droit romain de compléter les lacunes de la jurisprudence, de la coutume. Mais l'invasion du droit de Justinien eut une autre influence, peut-être plus considérable encore, quoique moins directe et moins apparente. Elle forma d'abord des légistes, c'est-à-dire des hommes qui s'efforçaient d'allier à la pratique quelques connaissances théoriques, comme Pierre de Fontaines. Elle provoqua ensuite, par le spectacle d'une loi écrite, la rédaction des coutumes, sans laquelle le droit français n'aurait peut-être pu briser l'enveloppe épaisse qui lui servit de berceau, ni assurément se dégager des ténèbres dans lesquelles la nécessité de recourir à une tradition toujours incertaine et confuse l'aurait maintenu pendant de longs siècles. Elle fit notamment jaillir cette pensée féconde de l'intelligence de l'un de nos plus grands rois, de saint Louis, qui, devançant les âges, projeta un jour de fixer

(1) V. le privilège de Clément V, daté de 1305, dans les *Recherches sur la France*, de Pasquier, IX. 37 Ce privilège rappelle que l'école d'Orléans était depuis longtemps célèbre par son enseignement du droit romain.

officiellement le texte des coutumes de France et fit
commencer par ses baillis une vaste enquête pour en
rassembler les éléments. Dans le même but, afin d'avoir
un modèle de rédaction uniforme, il fit faire une traduction des Instituts, dont une copie existe encore à Montpellier. C'était, je le répète, une grande pensée, moins
prématurée qu'on le suppose, quoiqu'elle fût peut-être
au-dessus des hommes de ce temps, mais qu'il n'eût
été pourtant ni impossible ni imprudent de réaliser. Si
Louis IX eût eu le temps et les moyens de poursuivre
son dessein, qui sait si l'histoire du droit et par suite
les institutions civiles elles-mêmes n'eussent pas, d'un
bond, franchi trois siècles ?

CHAPITRE III

SOURCES CANONIQUES DU DROIT FÉODAL

La seconde source du droit aux approches de la féodalité, ce sont les canons ecclésiastiques. Examinons cette
législation à son tour.

I *Décisions des Conciles.* — En pénétrant au sein des Barbares, en leur faisant fléchir le genou devant la croix, le
Christianisme avait accompli une grande chose, dont on ne
saurait jamais assez reconnaître les bienfaits; il avait
introduit au milieu de ces tribus violentes l'idée la plus
civilisatrice qui fut jamais, l'idée d'une société de tout le
genre humain gouvernée par une puissance exclusivement
spirituelle, dédaigneuse de la force et supérieure aux
passions terrestres. L'Eglise renfermait en elle-même,
dès sa naissance, le gouvernement complet du monde.
Elle ne plaçait en effet l'autorité qu'en Dieu seul, dont la

volonté est la sanction de tous les droits. Au dessous, elle ne reconnaissait que des pouvoirs délégués : le souverain pontife n'avait d'autre titre que celui de Vicaire de J.-C. parmi les hommes. Cependant ces pouvoirs devaient avoir une législation, car il n'y a pas de société sans lois. Ces lois furent les décisions des conciles. Nous avons précédemment vu qu'elles avaient été condensées dans l'œuvre de Denys-le-Petit, le *Codex vetus ecclesiæ romanæ*, que le pape Adrien avait envoyé à Charlemagne et dont il lui avait recommandé l'observation. C'était là un recueil authentique, qui fit foi pendant tout le moyen-âge et dans lequel on pouvait puiser sans hésitation ni défiance.

II. *Fausses décrétales*. — Mais il arriva à la papauté ce qui arrive à toutes les puissances qui triomphent : on lui attribua plus de droits qu'elle n'en avait prétendu et on lui soumit plus d'affaires qu'elle n'en désirait. Quand tous les regards étaient tournés du côté de Rome, lorsque tous ceux qui attendaient justice lui demandaient de leur faire droit, lorsque les rois eux-mêmes soumettaient leurs différends au suprême arbitrage d'un chef spirituel qui tenait dans ses mains les intérêts temporels de plus de la moitié de l'Europe, lorsque ce chef était le protecteur reconnu contre l'avidité des princes, les vexations des seigneurs et l'ambition des hommes de guerre trop souvent élevés à l'épiscopat, il n'est pas étonnant que l'on ait songé à légaliser en quelque sorte les voies de recours ouvertes aux faibles près du siège apostolique contre les entreprises des puissants et des forts. Ce fut l'origine des *fausses décrétales*.

Saint Isidore, évêque de Séville, mort en 636, avait à l'imitation de Denys-le-Petit recueilli une collection de canons destinés à l'Eglise d'Espagne. Cette collection jouit du vii° au x° siècles d'une grande autorité, due non moins à la sainteté de son auteur qu'à l'absence de tout autre recueil de même nature. Elle avait même passé de l'autre côté du Rhin où on la trouve avant 814 entre les mains de Riculfe, archevêque de Mayence, et à Strasbourg, en 788 (1). Un peu plus tard, vers 845, dix ans après le concile de Thionville, où les archevêques de Reims, de Lyon, Narbonne et plusieurs évêques avaient été violemment de déposés, on vit apparaître une collection nouvelle, portant le nom d'Isidore, et que l'on chercha à présenter comme une œuvre de l'évêque de Séville. Outre des documents très authentiques, comme les canons de dix conciles grecs, de dix conciles des Gaules, de vingt-quatre conciles d'Espagne, et quelques autres pièces supposées, mais déjà connues, comme la donation de Constantin à l'église de Rome, cette collection contenait 59 décrets et épîtres, attribués aux trente plus anciens papes, et 35 décrétales, datées du ive au viiie siècles (2).

Dans l'état actuel de la critique, la fausseté de ces documents est manifeste et se trahit à chaque pas, ne serait-ce que par la grossièreté des anachronismes. Mais à l'époque où les fausses décrétales se répandirent, elles furent accueillies sans défiance, mieux que cela, avec satisfaction. Le but de la supercherie qui transformait en décrets solennels les allusions des biographes aux actes des premiers papes, qui consistait à placer des décisions plus récentes sous des dates ou des noms anciens, enfin à décider que les conciles provinciaux ne pourraient juger un évêque sans l'autorisation du souverain pontife, le but de la supercherie, dis-je, était de protéger les évêques contre les accusations dirigées témérairement contre eux et dont

---

(1) *Notices des manuscrits de la Bibliothèque nationale*, t. VII, notice de M. Koch. — Cardinal d'Aguirre, *ad concilia Hispaniæ*, t. I, p. 39.

• (2) Le manuscrit le plus ancien des fausses décrétales date du ixe siècle; il est déposé au Vatican. On trouve les fausses décrétales dans les *Conciles* de Merlin, 1524, 2 vol. in-fol., dans le recueil des *Conciles* de Crabbe, 1588, et dans les *Acta conciliorum* du P. Hardoin, 1715.

le concile de Thionville venait de donner un fatal exemple. A cette époque, l'épiscopat, envahi par les fils des belliqueuses tribus franques, était devenu un pouvoir aussi politique que religieux, et la déposition de ses membres était le plus souvent une œuvre de parti. Rien d'étonnant par conséquent à ce qu'on ait tenté d'affaiblir l'autorité des conciles provinciaux et des métropolitains, en décidant que leurs synodes peuvent être réformés par le pape, en admettant les appels des évêques au Saint-Siège contre les décisions des métropolitains dans tous les cas, appellations déjà admises par le concile de Sardique, dès l'année 346, en réservant au souverain pontife le jugement des évêques accusés, et en proclamant l'abolition des chorévêques, enfin en attribuant au Saint-Siège une juridiction directe, en premier et en dernier ressort, sur toutes les causes majeures.

Tel a été le but des fausses décrétales et telle a été aussi la raison de leur succès. Ce but apparaît mieux encore, lorsqu'on remarque que le recueil apocryphe a été fabriqué soit à Reims, soit à Mayence, mais en tout cas sur le territoire français, au IXe siècle, probablement par ce *Benedictus Levita*, dont j'ai déjà parlé, par le continuateur de la collection des Capitulaires carlovingiens de l'abbé Anségise, par ce diacre qui achevait sa compilation précisément à la date où le recueil pseudo-isidorien faisait son apparition dans le monde (840-847). Il serait donc injuste d'attribuer à la Cour romaine la paternité de cette falsification, qui devait surtout profiter à l'épiscopat français.

Ce fut aussi, je le répète, le motif de son prodigieux succès. Les fausses décrétales n'étaient pas, en effet, une innovation : elles en avaient plus l'apparence que la réalité. Au fond, elles répondaient à un besoin général dans l'Eglise, à une nécessité sociale qui poussait tous les peuples en décomposition à chercher, au centre de l'univers chrétien, une autorité suprême, une

autorité qui ne pût leur faillir. Elles énonçaient plutôt
des idées reçues et accréditées que des idées nouvelles,
combattues ou répudiées d'avance par l'opinion, en un
mot hostiles au sentiment général. Les pouvoirs dont
elles parurent investir la papauté lui appartenaient
déjà en fait pour la plupart. L'œuvre de Benoît Lévite n'eut
pour résultat que de les consacrer : elle opéra une *évolution*, non une *révolution* dans l'Eglise, mais cette
évolution s'effectuait déjà avant la publication des
fausses décrétales, et si la juridiction du Saint-Siège
embrassa désormais toutes les causes du monde catholique, ce résultat fut moins dû à la frauduleuse initiative d'un obscur lévite, qui n'avait point d'ailleurs porté la
main sur le dogme, qu'à l'impuissance où était alors la société de trouver ailleurs une lumière, une discipline,
une règle, une justice suprêmes ! Lorsque l'archevêque
de Reims Hincmar répondit au pape Nicolas qui invoqua contre lui pour la première fois l'autorité des
fausses décrétales : « *Je ne les trouve pas dans le code des
canons de l'Eglise*, » le pape aurait pu lui répliquer à
son tour : « Cherchez-les dans l'espoir, dans le vœu,
dans la conscience de vos évêques, de vos diacres, de
votre peuple ! »

III. *Recueil de Réginon, de Burchart et d'Yves de Chartres.*—
Après le recueil apocryphe de *Benedictus Levita*, le premier document historique que nous rencontrons sur la
discipline ecclésiastique est un recueil ou traité intitulé
De ecclesiasticis disciplinis et de religione christiana, composé par Réginon, abbé de Prumas dans le diocèse de
Trèves en 906. Il est surtout destiné à déterminer les
rapports des évêques soit avec les laïques, soit avec
les ecclésiastiques, et s'applique plus particulièrement
au diocèse de Trèves. En 1020, Burchart, évêque de
Worms (nous sommes toujours en Allemagne), publia à
son tour en vingt livres un recueil ou décret, qui s'ins-

pire notablement de l'esprit des fausses décrétales. En Italie, Anselme, évêque de Lucques au xi° siècle, et le cardinal *Deus dedit* se livrèrent à des travaux semblables. En France, Yves, évêque de Chartres, mort en 1115, passe pour avoir rédigé aussi un *Decretum*, ou *Excerptiones ecclesiasticarum regularum*, dont j'ai déjà parlé au sujet du droit romain, et que M. Laferrière croit devoir positivement lui attribuer, bien que plusieurs savants allemands lui aient contesté cet honneur (1). Ce qu'il y a de certain, c'est que ce *Decretum* est du xii° siècle.

IV. *Décret de Gratien.*—Mais tous ces recueils furent éclipsés par le *Décret de Gratien* publié en 1151, qui résume tous les travaux antérieurs faits en Occident principalement sur le droit canon, et qui fonde à Bologne l'enseignement de la science juridique ecclésiastique, sur la base déjà posée par les décrétales, c'est-à-dire sur la suprématie, la juridiction universelle du souverain pontife.

Gratien était un moine de l'abbaye de bénédictins de Saint-Félix, à Bologne, qui vivait dans cette ville au moment où la célèbre école fondée par Irnérius commençait à fleurir, et y mourut vers 1160. Son intention fut plus pure que celle de Bénédictus Levita, en ce sens qu'on ne saurait lui imputer la plus légère supercherie. Mais il use de tous les documents qu'il a pu réunir, sans se livrer à la moindre critique, et dans le but unique d'être complet, de ne rien laisser derrière lui. C'est pourquoi il cite aussi bien la collection d'Isidore *Mercator* ou *Peccator* (le pseudo-Isidore) que le véritable recueil de l'évêque de Séville, aussi bien les œuvres d'Alcuin, de Ruffin, de Cassiodore, que le pénitentiel de Saint-Thomas de Cantorbéry en Angleterre, et celui de Bède le vénérable : il joint les lois romaines

---

(1) Aug, Theiner, *Disquisitiones criticæ ad Ivon. Carnot.*

à l'Ecriture-Sainte, aux livres pontificaux et aux rituels, la règle de saint Benoît aux faux capitulaires et à des ouvrages profanes. De cette alliance d'éléments si multiples, ressort pourtant une œuvre des plus importantes, une œuvre de haute conciliation qui eut, comme les Pandectes, les honneurs de la glose, qui valut à son auteur le titre de Tribonien du droit canonique, et qui a mérité de devenir le fondement de tous les travaux postérieurs sur le droit canonique.

Cette œuvre est divisée en trois parties :

La première, divisée en 101 titres ou *distinctions*, est consacrée au droit en général, droit divin, droit naturel, droit positif, droit civil et décrétales, puis à l'organisation hiérarchique de l'église, à ses rapports avec les princes temporels, aux ordinations et aux dignités ecclésiastiques. On attribue cette première partie à un élève de Gratien, Pocopalæa.

La seconde est distribuée sans aucun ordre réel ou apparent. Elle est divisée en 36 *causes*, ou, si l'on aime mieux, 36 espèces, subdivisées elles-mêmes en *questions*, nées de ces espèces. Toutes les matières s'y trouvent confondues, mélangées : les mariages et les prohibitions de mariage, qui y occupent de la 27e à la 36e causes, les sortilèges, l'élection des abbés, la procédure ecclésiastique en premier ressort et en appel, les biens patrimoniaux des clercs et leurs testaments, les privilèges des églises, la prescription, les vœux religieux, les libelles diffamatoires, la pénitence, etc.

La troisième partie est la moins considérable. Elle ne compte que cinq titres ou *distinctions*, appliqués aux sacrements, moins la pénitence et le mariage, et à la liturgie.

Malgré la juste réputation de ce vaste recueil, réputation consacrée par Dante qui a placé Gratien dans son Paradis, l'incorrection et quelquefois l'inexactitude de son texte en nécessitèrent la révision au XVIᵉ siècle sous le pape Grégoire XIII, en 1580. Cette révision avait été provoquée par les juristes français ou plutôt par les canonistes contemporains de Cujas. Démocharès, de son nom véritable Antoine de Monchi, théologien du XVIᵉ siècle, Dumoulin et Antoine Leconte qui publia une édition du *corpus juris canonici* en 1556, l'avaient préparée par leurs savantes critiques. De ce travail de correction fait à Rome est sortie l'édition de 1582. Mais jusque là, le décret de Gratien fut lu avec avidité dans les universités de Bologne et de Paris, et peut-être est-ce au respect qu'inspirait dès lors la savante compilation du bénédictin de Saint Félix, et au désir d'y attacher les étudiants ecclésiastiques, que l'on doit attribuer la célèbre décrétale de 1220 qui proscrivit l'enseignement du droit civil à Paris

V. *Décrétales de Grégoire IX.* — Le décret de Gratien, qui dépasse par son ampleur toutes les œuvres précédentes, est resté la base du droit canonique, mais il devait être évidemment complété plus tard et recevoir des additions successives, au fur et à mesure de la publication des constitutions pontificales ou des canons des conciles. Ce fut l'objet de la collection de décrétales composée sur l'ordre du pape Grégoire IX, en 1230, par Raymond de Pennafort, général de l'ordre de saint Dominique et chapelain du pape, qui fondit dans cette collection les travaux de précédents compilateurs et ne craignit pas, à l'imitation des rédacteurs du Digeste, de modifier la forme des constitutions.

Le recueil Grégorien est divisé en cinq livres, auxquels on a donné, par un procédé mnémotechnique, un vers latin pour titre :

> *Judex, judicium, clercus, connubia, crimen.*

Le premier livre concerne plus spécialement la juridiction ecclésiastique et compte un certain nombre de titres empruntés aux lois justiniennes, comme celui *de in integrum restitutione.*

Le second, et le plus important de tous, est un véritable code de procédure, car il a fourni les règles de procéder dont les tribunaux civils ont fait usage jusqu'aux temps modernes.

Le troisième est un code disciplinaire et un code bénéficiaire. J'entends par là qu'il traite à la fois de la discipline des clercs et des bénéfices ecclésiastiques.

Le quatrième a pour objet le mariage, les secondes noces, et tout ce qui tient à cette matière qui était de la compétence des tribunaux ecclésiastiques.

Le cinquième enfin est un code pénal et d'instruction criminelle, qui traite de la purgation canonique, de la pénitence, de l'excommunication et des diverses autres pénalités employées par l'Eglise.

Le tout se termine par deux titres imités des Pandectes, *de verborum significatione* et *de regulis juris*.

Voilà ce qui forme, à l'imitation du *corpus juris civilis*, le *corpus juris canonici*, dans lequel le décret de Gratien correspond au Digeste et les décrétales de Grégoire IX au Code. On ajouta depuis à celles-ci deux autres collections, le *Sexte* et les *Clémentines*, *liber sextus* et *liber septimus*.

Le *liber sextus*, publié par le pape Boniface VIII en 1299, avant les démêlés de ce prince avec Philippe-le-Bel, et joint comme sixième livre aux cinq livres de la collection grégorienne, est divisé comme celle-ci en cinq parties et sous les mêmes titres.

Le *liber septimus*, ou plutôt les *Clémentines*, publiées en 1317 par le pape Jean XXII, a reçu ce dernier nom parce qu'il ne contient que des constitutions de Clément V, avec les canons du concile de Vienne en Dauphiné sur l'abolition de l'ordre des Templiers.

Quant aux collections postérieures, elles figurent au nombre de deux, sous le titre d'*Extravagantes*, *Extravagantia*, dans le *corpus juris canonici*, parce qu'elles n'ont pas été primitivement insérées dans ce recueil. Ce sont les *Extravagantes de Jean XXII* recueillies après 1334, et les *Extravagantes communes* qui contiennent les constitutions de 25 papes, de 1261 à 1483.

VI. *Speculum juris de Duranti* et *Ordo judiciarius de Tancrède de Bologne*. — A cette réunion de textes, à ce code des lois ecclésiastiques, il faut joindre un manuel, ou pour être plus exact, car les livres du moyen-âge ne sont pas facilement maniables, un traité pratique qui atteignit presque, dès son apparition, au crédit et au respect de la loi elle-même. Je veux parler du *Speculum juris* de Guillaume Duranti (1), évêque de Mende, professeur de droit à Bologne, puis à Modène, chapelain apostolique d'un grand jurisconsulte, Guy Foucault, son compatriote, qui monta sur le trône pontifical sous le nom de Clément IV, après avoir enseigné le droit comme lui. Guillaume Duranti publia son Miroir judiciaire ou son *Speculum juris* après avoir pris une part active et glorieuse au concile général de Lyon en 1275. Il le divisa en quatre livres qui correspondent à l'ordre adopté pour les décrétales de Grégoire IX. Bien que ce *Miroir* ait suivi chronologiquement une autre œuvre de même nature, *l'Ordo judiciarius* de Tancrède de Bologne, qui vivait en 1226, il lui est infiniment supérieur, non seulement par la richesse des documents mis en usage, mais encore par la rigueur de la méthode et la précision des déductions, qualité fort rare parmi les jurisconsultes laïques ou ecclésiastiques du moyen âge. On a dit de Duranti qu'il résume tout avec lumière, parce qu'il voit tout avec profondeur. Cet éloge n'est ni usurpé, ni exagéré. Aussi le *Speculum juris* eut-il de suite son entrée dans les écoles, et le nombre considérable des manuscrits qui en subsistent encore atteste la grande influence qu'il exerça sur les esprits de son époque. Il prépara, avec les règles de procédure tra-

(1) V. sur G. Duranti, *Histoire littéraire de France*, t. xx.

cées vers 1230 par Tancrède de Bologne, dans son *Ordo judiciarius*, la grande période juridique où nous voyons apparaître les *Etablissements de Saint-Louis*, le livre de Beaumanoir et le *Conseil à un ami* de Pierre de Fontaines.

VII. *Caractère général du droit canonique.* — En posant en principe que l'Eglise, à tous les degrés de sa hiérarchie, est indépendante du pouvoir séculier, et que le pape est le suzerain spirituel des souverains, le *corpus juris canonici* posait une règle qui n'était nullement antipathique aux idées du moyen-âge, puisqu'elle était une conséquence logique, nécessaire de la puissance spirituelle reconnue au successeur de saint Pierre. Si l'Eglise a un chef visible unique, il est de toute nécessité que ses ministres relèvent de ce chef et ne reconnaissent d'autre autorité que la sienne. Il est également logique que sa juridiction embrasse toutes les matières qui appartiennent au domaine religieux, et que le prêtre ait, à tous les degrés, les immunités que les constitutions apostoliques réclamaient pour lui. Bien loin d'y répugner, le peuple du moyen-âge souscrivit avec empressement à cette doctrine qui était une conséquence forcée de la primauté spirituelle du Pontife de Rome, et lorsque la résistance se produisit, il ne faut pas s'y tromper, elle vint non des masses, non même de la partie la plus éclairée de la nation, mais uniquement des juristes entretenus par les Cours, et nourris de la moëlle des jurisconsultes du vieil empire romain.

Cependant c'est l'Eglise qui conserve le mieux le souvenir de ce droit antique, et qui en imprègne le plus profondement sa législation. Tandis qu'il disparaissait partout dans la société laïque, elle continuait à le cultiver dans ses écoles épiscopales et dans ses monastères, asiles toujours ouverts aux lettres et aux sciences qui s'étaient faites ecclésiastiques pour échapper à la barbarie, elle le plaçait au frontispice et à la base de ses lois canoniques. Elle l'épurait en le pénétrant du souffle chrétien, qui est avant tout un souffle de mansuétude et de charité, un souffle d'amour et de tendresse fraternelle. Lorsqu'elle venait à le transformer, elle l'améliorait et lui substituait un droit évidemment supérieur. Je n'en veux pour preuve que ses règles sur la procédure et sur les actions posses-soires. La procédure civile est le plus grand bienfait que la législation moderne doive à la législation canonique : celle-là n'a rien de romain, elle se trouve tout entière dans les décrétales, et quand l'ordonnance de 1667, qui se l'était appropriée et qui l'a transmise à notre code actuel, déclara qu'elle serait applicable aux tribunaux d'Eglise, le pouvoir civil ne faisait que restituer au pouvoir ecclé-siastique ce qu'il lui avait emprunté. Aussi avec quel empressement la juridiction de l'Eglise était-elle recher-chée au moyen-âge ? On se faisait clerc pour devenir son justiciable ; on surprenait la tonsure, moins pour s'assurer quelques privilèges que pour être certain d'ob-tenir une rapide et bonne justice. Cet entraînement alla même si loin qu'on fut obligé de le réfréner. Pasquier a décrit les abus qui en résultèrent, sans en rechercher la cause pourtant si facile à deviner.

Au point de vue civil, le droit canon n'eut pas une moindre influence sur le droit privé. Il conserva au ma-riage son caractère consensuel, qu'il tenait déjà du droit romain, et il l'éleva dans le respect universel en refusant de reconnaître, même à un degré inférieur, le concubinat. Il en entoura la célébration d'une garantie indispensable, la publication des bans, dont l'usage naquit en France et fut rendu obligatoire par le concile de Latran de 1215. Il introduisit la légitimation par mariage subséquent, et la distinction, encore admise de nos jours entre les empê-chements prohibitifs et les empêchements dirimants. Tou-tefois, il multiplia trop peut-être ceux-ci qui ne s'élevaient pas, si je ne me trompe, à moins de dix-sept. Mais en même

temps, et comme par compensation, il maintint énergiquement la sainte loi de l'indissolubilité de l'union conjugale,
tout en admettant un certain tempérament dans la rigueur
des liens, comme la séparation de corps. Il fit plus : en face
d'une société livrée à tous les excès de la force, il proclama
l'égalité du plus fort et du plus faible, de l'homme et de la
femme. Il fit lever les prohibitions que la loi romaine avait
établies pour les unions entre des personnes de conditions
différentes ; il adoucit les peines portées par elle contre les
veuves qui se remariaient dans l'année de deuil ; il y dé-
rogea à l'égard des stipulations au profit d'un tiers ; il
inspira la plupart des règles coutumières relatives aux
legs pieux ; ce fut à lui que les engagements durent, au
moyen-âge, d'être délivrés des formes solennelles et des
traditions symboliques de la Germanie. Le simple consentement suffit, contrairement à l'esprit des coutumes,
et ce fut également malgré elles que le droit canonique,
en ceci héritier fidèle et consciencieux du droit de Rome,
remplaça la possession annale par la possession de 30 ou
40 ans, dont il exagéra peut-être cependant le principe
tutélaire, en exigeant la bonne foi de celui qui prescrit.
Enfin, grâce à lui, le droit romain et le droit germanique
se rapprochèrent et s'unirent dans une foule de coutumes ;
lui seul pouvait tenter d'assouplir et de dompter ces éléments rebelles, et, en s'efforçant de les relier en un faisceau unique, il a servi, selon l'heureuse expression d'un
écrivain, comme de ciment dans l'édifice des législations
modernes.

Mais comment l'Eglise arriva-t-elle à ces progrès,
disons mieux, à ces durables et glorieuses conquêtes ? La
propagation du Christianisme sur la terre est la page la
plus sublime de l'histoire humaine, ce fut le coup de foudre
de la vérité, qui vint atteindre, au milieu de ses erreurs et de
ses folies, une société chancelante et dépravée. Cependant
il est une autre page peut-être plus admirable encore,

c'est celle qui nous montre l'Eglise, après avoir pris possession de ce monde subjugué, le gouvernant et l'administrant avec une sagesse et une prudence que l'on n'a guère
coutume de rencontrer chez un vainqueur. Inflexible et
inébranlable en ce qui touche l'esprit et la pratique de la
foi, elle se fit indulgente et patiente pour tout ce qui toucha les intérêts, les habitudes invétérées et les préjugés
enracinés. Elle se confia à l'action du temps pour la
consommation de l'œuvre divine ; elle accepta les éléments
de la société existante, mais elle s'en empara et les façonna
à des besoins nouveaux. Loin de compromettre sa victoire
par la précipitation de ses actes, elle ne s'appliqua point
à bouleverser le monde pour mieux le gouverner, mais au
contraire à mieux le gouverner pour éviter de le bouleverser. Voyez, par exemple, sa conduite à l'égard de l'esclavage. Certes, s'il est une théorie opposée à la doctrine
évangélique et à ses dogmes sur l'origine et la dignité de
l'âme humaine, c'est celle de l'esclavage, telle que l'avait
conçue Rome, telle que l'avaient pratiquée et la société
antique et la société barbare. Eh bien ! cette théorie, l'Eglise
ne l'attaqua pas de front, elle ne la détruisit pas d'un coup,
comme elle avait renversé les idoles et les temples païens ;
elle consola l'esclave, elle adoucit sa servitude, mais elle
lui enjoignit de supporter ses fers et d'attendre la liberté
dans un monde meilleur. Il en fut de même pour le colonat ; il en fut de même pour la féodalité : ce qui étonne
dans ses origines, c'est de n'y trouver rien de chrétien.
Le Christianisme a béni la chevalerie, il lui a ouvert la lice
des croisades et les cloîtres guerriers des milices du Temple ou de Saint-Jean de Jérusalem ; mais il ne fit rien pour
affermir l'aristocratie militaire. S'il ne la condamna point,
il la supporta comme une nécessité des temps, sans jamais
consacrer le principe païen de l'inégalité des races.

Il ne faut donc pas s'attendre à voir le droit canonique
opérer une violente réaction, une révolution soudaine dans

les institutions juridiques et dans·les mœurs sociales. Ce
droit canonique n'éclate pas, comme on pourrait le croire,
au XIIᵉ siècle, et le moine Gratien n'en est pas l'auteur·
Son œuvre n'est qu'une expression particulière et pour
ainsi dire moderne du droit primitif de l'Eglise, dont la
forme la plus ancienne se trouve dans les traditions des
premières communautés chrétiennes. La vie civile et privée des chrétiens s'en pénètre, mais à la longue, parce que
l'Eglise, qui a foi en sa durée, attend tout du temps et ne
construit rien pour un jour. Ainsi, lorsqu'on demande
pourquoi le droit canonique, une fois créé, reconnu,
accepté, partout obéi, n'a point brusquement transformé
le droit antérieur et réalisé d'un trait de plume toutes les
réformes compatibles avec l'esprit de l'Eglise, pourquoi il
a été souvent au contraire une œuvre de tempérament et
de transaction, on pose inintelligemment une question
qui se résout d'elle-même. La papauté n'a jamais dévié
de sa marche, mais elle ne l'a jamais précipitée. On ne
voit nulle part des plans si arrêtés, si simples, poursuivis
si persévéramment, mais avec autant de longanimité et
de prudence. Aucun pouvoir, depuis deux mille ans, n'a
montré autant de suite, ni autant de modération. C'est
l'explication humaine de sa perpétuité, et aussi celle de
sa constante influence.

CHAPITRE IV

SOURCES COUTUMIÈRES DU DROIT FÉODAL
HORS DE LA FRANCE

Nous arrivons aux monuments du droit féodal, c'est-à-
dire à l'histoire externe des documents que ce droit a
laissés en France et dont le témoignage nous est nécessaire pour connaitre la législation du Xᵉ au XIIIᵉ siècles.

Toutefois, dès le début, il importe de le remarquer, la féodalité n'a pas été un régime spécial à notre pays : elle ne s'est pas épanouie seulement sur notre sol, elle a étendu ses rameaux au loin : elle a dominé en Italie avec les trente ducs lombards et les empereurs d'Allemagne ; elle a conquis l'Angleterre avec les Normands du duc Guillaume ; elle a occupé la Sicile avec d'autres Normands et Charles d'Anjou ; elle a conquis la Palestine avec les croisés, y a fondé le royaume de Jérusalem, les principautés d'Achaïe et de Morée, et l'empire latin éphémère de Constantinople. Elle s'est même établie, quoiqu'à une date postérieure, dans les pays du Nord, d'où elle a semblé à quelques-uns avoir tiré son origine, par exemple en Danemark, sous Canut VI, vers 1182 ; en Pologne, au xi" siècle ; en Prusse, en Courlande, au xiii° ; en Russie, à une date un peu obscure, mais qui n'est certainement pas antérieure à celle de l'établissement des fiefs dans les provinces polonaises. Elle a, en un mot, couvert l'Europe, et partout où elle a pénétré, elle a imprimé aux nations comme aux individus une marque uniforme. Partout, c'est la même physionomie, la même organisation, les mêmes rapports de vassal à suzerain, la même constitution des villes et des campagnes, la même condition des personnes, le même régime des propriétés. Il est donc nécessaire de parcourir rapidement l'Europe et de recueillir les monuments principaux que la féodalité y a laissés, afin de les comparer à ceux que nous rencontrerons sur notre territoire.

I. *Espagne.* — L'Espagne d'abord, par exception, nous fournira très peu de chose. Le vieux code des Visigoths demeure la base du droit national, les XII Tables des Espagnols. Il se forme bien, à côté de lui, des coutumes locales, *fueros locos*, et la royauté d'Aragon comme celle de Castille promulgue des lois spéciales, *fueros reales*, dans le but de suppléer au silence du *forum judicum*.

Mais les lois visigothes s'allient aux lois romaines et canoniques pour lutter contre les coutumes et, en définitive, malgré les protestations des Castillans et des Aragonais, un droit romano-gothique sort de cette alliance, en tenant à égale distance et le droit des *fueros* et la féodalité, qui trouve son code complet en Catalogne, dans les *usages de Barcelone*, *usatici Barchinione patrie* (1), rédigés en 1068. Sauf cette exception, sauf l'antique *fuero de Sobrarue*, *forum Suprarbris*, religieusement respecté par la Navarre, comme sa véritable charte politique, administrative et judiciaire (2), sauf également la grande compilation rédigée vers le milieu du XIII° siècle par les ordres d'Alphonse X, sous le nom de *Siete partidas* (3), l'Espagne ne peut nous livrer aucun monument du droit féodal, et, seule peut-être de toutes les contrées de l'Europe, elle parvient à échapper à peu près complètement au régime qui, des Pyrénées et du littoral méditerranéen jusqu'à la mer du Nord, régna sans partage sur notre continent pendant tout le moyen-âge. Nous verrons d'ailleurs plus loin les emprunts qui furent faits à ce régime par les coutumes des pays placés sur les frontières de la France et de l'Espagne, comme la Navarre, le Béarn et la Biscaye.

II. *Allemagne*. — L'Allemagne nous présente, outre un

---

(1) Les *Usages de Barcelone*, promulgués par le comte Raymond Bérenger, ont été publiés pour la première fois en 1544, puis dans l'*Essai sur l'histoire du droit français au moyen-âge*, de M. Ch. Giraud, t. II Ils s'appliquent plutôt à régler les rapports de seigneur à vassal et à déterminer la juridiction féodale qu'à édicter des préceptes de droit civil. La loi civile se trouvait dans le *forum judicum*.

(2) Le *fuero de Sobrarue* remonte, dit-on, à l'an 839. Il est inséré dans la compilation des fors de Navarre, qui se place entre les années 1020 et 1127. (P. de Marca. *Histoire du Béarn*, Paris. 1640.)

(3) Dans le code des *Siete Partidas*, on voit en effet apparaitre l'hérédité des fiefs, quoiqu'elle n'y soit pas encore universellement consacrée. Il y a alors des fiefs, mais point de hiérarchie féodale.

libellus antiquus de beneficiis, découvert par Canciani, et qui est le monument le plus ancien du droit féodal teutonique, deux recueils coutumiers, tous deux d'un caractère privé, et qui portent tous deux le nom de *Miroirs*.

Le premier est le *Miroir de Saxe*, rédigé pour le Nord, entre les années 1215 et 1235, par Epko Repkovius qui déclare l'avoir d'abord écrit en latin, puis traduit en saxon. Il a été condamné par le pape Grégoire XI, en 1374, à raison de ses propositions « fausses, téméraires, iniques, hérétiques, contraires aux bonnes mœurs ; » mais il n'en eut pas moins une grande autorité dans le nord de l'empire (1).

Le second est le *Miroir de Souabe*, dont l'auteur est inconnu, et qui paraît avoir été compilé entre 1250 et 1290, mais rien à cet égard n'est encore bien certain (2). Il est écrit en vieil allemand et a été traduit au moyen-âge en français pour la Lorraine et le pays Messin, ainsi que le démontre un manuscrit récemment découvert dans la bibliothèque de Neufchâtel en Suisse. Il a eu aussi une grande autorité en Alsace. D'ailleurs il était admis dans tout le midi de l'empire, en Souabe, en Autriche, en Bohême, en Tyrol, en Bavière, en Suisse, en Franconie.

Ces deux ouvrages, copiés l'un sur l'autre, ou composés d'après un type plus ancien, qui serait dans ce cas le *libellus antiquus de beneficiis*, cité plus haut, se divisent en deux parties : la première concerne le droit féodal, *lehnrecht* ; la seconde le droit coutumier ou le droit provincial, *landrecht*. En se combinant avec le *liber feudorum*, ou livre des fiefs, composé en Lombardie sous Frédéric Iᵉʳ, et reconnu par toutes les provinces en état d'alliance ou de dépendance féodale avec l'empire germanique, les

---

(1) Le *Sachsenspiegel* a été l'objet d'une étude très approfondie dans l'*Histoire du droit criminel*, de M. Albert du Boys.

(2) K. Haiser, *Zur genealogie der Schwabenspiegelhandschriften*, Weimar, 1876.

Miroirs de Saxe et *de Souabe* établirent dans l'Allemagne un droit public uniforme à l'égard des fiefs, droit qui diffère de notre droit coutumier français sur plusieurs points, notamment sur la prohibition absolue d'aliéner, d'engager ou d'hypothéquer le fief.

III. *Angleterre.*—L'Angleterre nous fournit des monuments plus intéressants encore pour le droit féodal, parce qu'ils sont d'origine française ou, pour être plus exact, normande. Citant un jour une coutume anglaise devant le parlement de Paris, D'Aguesseau disait que de l'existence d'un usage anglo-normand au moyen-âge, on peut sans hésitation conclure à l'existence d'un semblable usage en France, à la même époque. L'illustre avocat général exagérait évidemment ; mais il n'y a pas lieu de s'étonner de la ressemblance de deux législations, dont l'une avait puissamment contribué à former l'autre. Après avoir conquis la Grande-Bretagne dont Edouard-le-Confesseur lui avait par reconnaissance laissé la couronne, Guillaume-le-Bâtard ne s'était pas borné à respecter les institutions nationales des vaincus et à rédiger pour eux un recueil de lois placées sous le nom vénéré d'Edouard, mais il avait apporté avec lui le système féodal français, divisé les terres en tenures et distribué toutes les propriétés en fief à ses capitaines ; par suite il avait introduit les coutumes normandes dans l'île dont il avait pris possession.

La simple coexistence des lois anglo-saxonnes avec ces coutumes suivies par le peuple conquérant était de nature à faire pénétrer dans les premières un grand nombre des dispositions des secondes. Aussi, malgré le titre qui leur a été donné, les prétendues lois d'Edouard-le-Confesseur ne sont que des coutumes normandes pour la plupart, en tout cas, des coutumes fortement imprégnées de l'esprit normand.

Outre les *Loys et Coutumes du roi Guillaume*, publiées

par Canciani, et qui sont empruntées au droit coutumier de la Normandie, on peut citer comme sources
principales du droit féodal en Angleterre le *livre des tenures* ou *domes-day-book*, livre terrier qui donne le dénombrement et la description de tous les fiefs du royaume
(dans lequel toute allodialité avait disparu).—Ces fiefs
s'élevaient au chiffre de 60,215. Il y sont classés suivant
la dignité de la tenure, avec l'indication de l'importance
ou de l'étendue des terres.

A côté de ce terrier, et comme pour lui servir de
commentaire juridique, il faut placer le coutumier de
Glanville, lord-chancelier du xii⁰ siècle, auquel on attribue 14 livres sur le droit civil et criminel, et les
Institutes de Littleton, publiées bien plus tard, vers
1475, pour rapprocher la commune loi, *commun-law*, du
roi Guillaume, c'est-à-dire le droit commun, applicable
à toutes personnes hormis aux princes, des anciennes
coutumes à l'aide desquelles on avait suppléé, au len-
demain de la conquête, au défaut d'une loi écrite.
Littleton s'attache surtout à indiquer comment on peut
conserver, partager, acquérir les fiefs.

Le régime féodal a inspiré un autre traité ou plutôt
un autre coutumier que l'on appelle le *livre de Britton*,
écrit par un évêque d'Herford en langue normande et
publié vers 1275. Il se trouve dans le recueil des coutumes anglo-normandes de Houard, tome iv, et a été
destiné surtout à purifier la législation anglaise de tout
élément étranger, particulièrement de l'élément romain,
en soutenant l'indépendance des barons anglais.

C'est pourquoi, vers la même époque, le roi Edouard Iᵉʳ,
successeur de Henri III, qui cherchait à réduire ces
barons sous son autorité souveraine, fit rédiger, sous le
pseudonyme de *Bracton* et le titre de *De legibus et con-
suetudinibus Angliæ*, un autre recueil écrit en latin, qui
s'inspire tout spécialement du droit romain, et fait de

nombreux emprunts au glossateur Azon. C'est une œuvre
de polémique, plutôt qu'une compilation exacte et im-
partiale. On en donna un abrégé, reproduit par Houard
dans sa collection sous le nom de *Fleta*, probablement
le nom de la prison dans laquelle étaient détenus des
magistrats condamnés pour concussions, et auxquels on
attribue cet abrégé.

Tous ces recueils n'ont point de caractère scientifique,
et sauf le livre de *Bracton*, ne valent que comme témoignage des usages anglo-normands. Mais de ce que le
droit anglais se tint toujours à l'écart du droit romain,
il en résulta un fait considérable, je veux parler du
grand développement de l'aristocratie et de la liberté
politique de la Grande-Bretagne, aristocratie et liberté
qui semblent en ce pays avoir contracté une alliance
intime et n'avoir pu vivre l'une sans l'autre.

IV. *Italie*. — Si l'Angleterre est une source intéressante
du droit féodal du xiᵉ au xiiiᵉ siècles, l'Italie en est une
autre plus abondante encore. Nous savons que sous
Charlemagne les coutumes franques y avaient fait invasion et que la personnalité de la loi y avait pénétré avec
elles. Les Capitulaires de Charlemagne imposaient aux
comtes et aux juges le devoir de juger selon la loi des
parties : de là les *interrogationes* et les *professiones* dont
j'ai déjà parlé ; de là cette question posée au seuil de
chaque procès au demandeur : *sub qua lege vivis* ? De là
par conséquent un partage fait dans l'enseignement du
droit. Tandis que le droit romain était cultivé à Bologne,
le droit lombard s'était installé en maître à Pavie, capitale des anciens rois lombards, et d'où sortirent de nombreux ouvrages juridiques, comme ces formulaires de
pratique dans lesquels le demandeur s'appelle invariablement *Martin* et le défenseur *Pierre*, comme ces recueils
par ordre méthodique et non chronologique des lois
lombardes, dressés en forme de code, et conservant scru-

puleusement l'ancien titre de *Lombarda*, recueils d'ailleurs enrichis de gloses et compilés en *sommes*, comme le droit romain.

Mais à côté de Bologne et de Pavie, un troisième foyer juridique se créa dans la ville de Milan, qui avait acquis par la guerre une grande suprématie en Lombardie et qui ne tarda point, par l'habitude qu'avaient conservée ses consuls de présider les cours de justice, à devenir le berceau du droit féodal non seulement pour l'Italie, mais encore pour l'empire germanique, ce prétendu successeur de l'empire romain, *sanctum imperium romanum nationis germanicæ*. Les Lombards étaient d'origine teutonique et avaient apporté la première semence des fiefs de leur patrie dans les contrées transalpines. Soumis plus tard à la monarchie franque de Charlemagne, ils avaient accepté sans peine un droit qu'ils connaissaient déjà. Ils le cultivèrent donc avec ardeur et poussèrent si loin cette culture que leurs travaux finirent par être considérés comme le droit supplétif de la féodalité, lorsque les règles locales faisaient défaut, comme la loi romaine le fut plus tard pour les institutions coutumières.

Une seule différence, mais une différence capitale, se maintint entre le droit féodal lombard et le droit féodal français. D'après certains auteurs, elle remonterait à un rescrit de l'empereur d'Allemagne, Conrad le Salique, qui, en 1038, 160 ans après le capitulaire de Kiersy, par lequel les bénéfices avaient été rendus héréditaires en France, établit la même hérédité en ligne directe pour les bénéfices ordinaires, non pour les offices ou les bénéfices de dignité, mais sans en autoriser l'aliénation.

Cette constitution, regardée par un grand nombre de feudistes comme la charte féodale de l'Allemagne, a été l'objet de fréquentes et vives controverses, bien qu'un contemporain, Wippo, ait rapporté en détail les circons-

tances dans lesquelles elle aurait été promulguée (1).
Quoi qu'il en soit, il est certain qu'à partir de cette époque,
les fils et petits-fils purent, en ligne directe, recueillir les
fiefs tenus par leur père, et qu'en ligne collatérale les
fils de frères ou les neveux y furent également admis,
mais seulement lorsque le bénéfice venait de l'aïeul. Toutefois, d'après une constitution de Frédéric I⁰ʳ (2), les héritiers ne purent aliéner ces fiefs (sauf à Milan même), et ce
fut le point sur lequel le droit français se sépara du droit
lombard.

A ce droit, il fallait un texte. Voici comment il naquit.

En 1154, l'empereur Frédéric I⁰ʳ, voulant rétablir sa
suzeraineté sur les vassaux de l'empire qui cherchaient
à se rendre indépendants, passa avec une puissante armée
dans la Péninsule, et convoqua dans les champs de
Roncale une grande assemblée où il revendiqua les droits
de la couronne impériale sur les terres de l'Italie. Par un
rare phénomène, au lieu d'être résolu par les armes,
le litige fut soumis à quatre docteurs de l'école de
Bologne, Bulgare, Martin, Jacob et Hugo, qui, assistés
de 28 représentants des cités, jugèrent le procès et
et attribuèrent tous les droits régaliens à l'empereur. En
d'autres termes, ils déclarèrent tous les duchés, marquisats et comtés de l'Italie fiefs de la couronne. A cette célèbre diète avaient pris séance deux consuls de Milan,
Gerardus Niger et *Obertus ab orto*, qui passaient pour très
savants dans la science féodale et qui en avaient réuni
les principaux monuments. On compila leurs œuvres, on
y joignit les arrêts de justice et les constitutions impériales, quelques extraits des lois lombardes et du droit
romain, quelques emprunts faits aux *mores majorum*, et
on fit du tout un *liber feudorum*, qui fut offert à Frédéric I⁰ʳ

(1) V. Canciani, *Leg. barb.* t. 1, p. 236 : *Lib feudor.*, I, 1 ; II, 24,
26 ; v, 1 ; Wippo, *de vita chuoredi salici*, dans les *Script. rer.
Germ.*, t. III, p. 430. — V. également Pertz, t. IV, p. 3.

(2) *Liber feudor.*, lib. II, fr. 55.

et envoyé par celui ci à Bologne pour y être publiquement enseigné. Le docteur *Hugo*, qui avait jugé en faveur
de l'empereur à la diète de Roncale, se chargea d'expliquer ce livre et de l'éclairer par des gloses. Tel fut le
succès du nouveau recueil, qu'il fut annexé par Hugolinus
dit le prêtre au *corpus juris*, sous le nom de dixième
collection, à la suite des neuf collections de Novelles de
Justinien, où il forme deux livres divisés, le 1er en 28 et le
2e en 58 titres. Ce succès ne fut pas seulement grand en
Italie et en Allemagne, où les *libri feudorum* devinrent la
seule règle écrite des fiefs, mais il se manifesta même
chez nous. Lorsque la France s'éprit de tout ce qui était
italien, ces *libri* obtinrent une faveur considérable, mais
passagère. On s'aperçut vite que le système féodal de
l'Italie ne pouvait être celui de nos provinces, parce qu'il
partait d'un point de vue différent, et la réaction, une vive
réaction se produisit.

En effet, tandis que chez nous le fief était un bien
patrimonial, en Italie c'était un simple droit de jouissance perpétuelle, à charge de service militaire ; tandis
qu'en France le fils aîné héritait des grands fiefs (duchés,
marquisats ou comtés), en Italie, il recevait l'investiture
de l'empereur qui pouvait, à son gré, choisir entre tous
les fils du possesseur. Quant aux fiefs ordinaires, l'hérédité ne s'étendait en Lombardie qu'au second degré en
ligne directe. Il était interdit d'engager, de donner ou
de vendre le fief italien sans le consentement du seigneur,
et par conséquent il n'y avait, dans les *libri feudorum*,
aucune trace du retrait féodal. En un mot, le fief était
resté en Italie un bénéfice militaire, tandis qu'il était devenu chez nous une véritable propriété.

Cependant on ne peut passer sous silence ce document,
qui a été la loi commune de l'Italie et de l'Allemagne pendant de longs siècles et qui a été fréquemment appliqué
en France même dans la zone des terres d'empire, en

Provence, en Dauphiné et dans les deux Bourgognes (1).

V. *Sicile.*— Il convient de citer, mais pour mémoire seulement, les *Constitutions du royaume de Sicile*, codifiées en 1231 par Pierre des Vignes, chancelier de Frédéric II, et qui sont une émanation directe des lois lombardes, et surtout des coutumes féodales de Normandie apportées dans cette île par les fondateurs du royaume de Naples et de Sicile, vers 1057, par les compagnons de Robert Guiscard.

VI. *Orient.*— *Assises de Jérusalem.*— De la Sicile passons en Orient, à la suite des croisés qui viennent d'y fonder en 1099, sous le sceptre de Godefroy de Bouillon, un nouveau royaume, le royaume de Jérusalem, remplacé un siècle plus tard par le royaume de Syrie. Nous nous trouvons là en pleine féodalité, car les confédérés chrétiens y transportent de toutes pièces les institutions de la mère patrie, et y fondent leur domination sur la base du fief. Si nous voulons donc connaître l'essence même du régime féodal primitif, c'est en Orient que nous devons aller, c'est à Jérusalem que nous devons en étudier les règles et le fonctionnement. Mais ici encore, comme en Italie, il se manifeste une profonde différence entre la féodalité telle qu'elle existe en France ou plutôt telle qu'elle s'y est modifiée et la féodalité des croisés. Tandis que, chez nous, le régime féodal prend insensiblement un caractère politique et civil, et s'applique à la fois aux nobles et aux vilains, au fief et à la censive, aux biens nobles et aux biens roturiers, à Jérusalem il reste exclusivement militaire et ne s'applique qu'aux nobles seulement : il n'y a point de censive, c'est-à-dire point de propriété roturière ; on y trouve bien une classe de bourgeois, qui a sa juri-

(1) Guy-Pape, *Quæst.* 297 ; Grivel, décis. 63, n° 8 ; Cujas, *de Feud.* in princip. ; Salvaing, *de l'usage des fiefs en Dauphiné*, ch. II, p. 14 ; Bouhier, t. I, p. 358, n° 27 ; Julien, *Éléments de jurisprud.*, p. 326 ; *Commentaire sur les statuts de Provence*, t. II, p. 62.

diction et sa législation particulières, mais cette bourgeoisie se compose de marchands attirés par l'appât du lucre,
et constitue une classe peu nombreuse, qui ne jouira point
du droit de commune. On y parlera bien de *vilains*, mais
ces vilains seront, sous un terme déguisé, de véritables
serfs qui ne possèdent aucune propriété, et qui par conséquent ne relèvent pas du seigneur à titre de cens. Le
peuple, celui qui se forme ailleurs par l'affranchissement
des indigènes, n'existe pas ; on ne le rencontre nulle part,
partout on ne voit apparaître que des nobles ou des com-
merçants. Ainsi donc, ne cherchons pas en Orient le droit
coutumier proprement dit, mais presque exclusivement
le droit féodal, celui qui régit les choses et les personnes
de qualité noble.

Cela dit, voyons ce que firent les croisés.

Ils commencèrent par constituer trois cours de justice,
qui nous indiquent bien de quels éléments se forme le nouveau royaume ; la *cour des barons*, la *cour des bourgeois*
et la *cour ecclésiastique*. Ensuite, pour donner des règles
stables aux deux premières juridictions, ils firent recueillir les usages, les coutumes suivies dans leurs pays
d'origine, et qu'ils prirent pour modèles des lois de leur
nouvel empire, *ibi quasi nova Francia est erecta* ; ils
amendèrent ces usages par la jurisprudence, par les décisions judiciaires des assises ou des cours de justice et
en formèrent un recueil qui prendra, dans l'histoire, le
nom d'*Assises de Jérusalem*, et qui, déposé dans l'église
du Saint-Sépulcre, sous la garde du roi, retint pendant
quelque temps de cette circonstance le titre de *Lettres du
Sépulcre* (1).

_____

(1) Tout hommes de guerre qu'ils étaient, les croisés avaient des
notions juridiques plus développées qu'on le suppose généralement. Guillaume de Tyr, parlant de Baudouin, l'un des successeurs de Godefroy de Bouillon, dit qu'il était si versé dans la
science coutumière, que les plus anciens magistrats le consul-
taient sur tous les points douteux : *Juris consuetudinarii plenam*

Lorsque Jérusalem tomba en 1187 au pouvoir des musulmans de Saladin, le recueil fut perdu, mais les traditions restèrent vivantes dans la mémoire des hommes, et les deux cours de Saint-Jean-d'Acre, où les chrétiens s'étaient réfugiés, continuèrent d'appliquer avec respect le droit des assises de Jérusalem. Quand Guy de Lusignan prit, en 1191, possession de l'île de Chypre, conquise sur les Grecs par Richard, roi d'Angleterre, il y transporta le régime et les usages féodaux, y institua aussi deux cours, celle des nobles et celle des bourgeois, et adopta pour loi commune les mêmes assises.

Comment cette loi fut-elle rédigée? J'ai dit tout à l'heure que la tradition du droit féodal de Jérusalem s'était conservée pure et entière, sous la forme orale, parmi les Francs d'Orient. Deux seigneurs, qui siégeaient à la haute cour de Nicosie, Philippe de Navarre et Jean d'Ibelin, comte de Jaffa, issu des comtes de Chartres, conçurent, vers 1250, la pensée de recueillir par écrit ces souvenirs et de les combiner avec la jurisprudence de la cour des barons de l'île de Chypre. Leur travail conservé dans plusieurs copies manuscrites, et auquel on joignit plus tard un livre de Jacques d'Ibelin, un livre de Geoffroy le Tors et le livre dit *au Roi*, sorte de sommaire ou de table qui paraît venir directement de Jérusalem, fut révisé et complété en 1368 par les seigneurs de Chypre, ou plutôt par seize hommes-liges de la cour de Nicosie, chargés de « corriger et d'élire le plus vrai livre des assises, » et devint, à partir de cette révision, la loi féodale du royaume de Chypre. Nous n'avons donc pas l'œuvre originale de Jean d'Ibelin lui-même, mais une révision, une correction

---

habebat experienciam, ita ut in rebus dubiis etiam seniores regni principes ejus consulerent experienciam, et consulti pectoris eruditionem mirarentur. (Guill. Tyr, lib. xvi, cap. 2). Il dit la même chose du roi Amaury, qui régna sur Jérusalem en 1197 : *In jure consuetudinario quo regnum regebatur, subtilis plurimum et nulli secundus.* (Guill. Tyr, lib. xix, cap. 2).

de son recueil. Quant à la partie concernant la cour des bourgeois, il est probable que le texte conservé par des manuscrits provenant de saint Jean d'Acre n'en avait pas été altéré et n'eut pas besoin d'être remplacé par une nouvelle compilation.

A la mort du dernier des Lusignan, en 1489, l'île de Chypre fut cédée aux Vénitiens, qui ne trouvant plus le texte authentique de la révision des anciennes assises, texte détruit par un incendie, en firent rechercher les autres exemplaires qui existaient entre les mains des particuliers et le firent traduire en italien. Quant à l'original français, il fut envoyé à Venise, d'où il passa en copie à la bibliothèque du roi Louis XVI, en 1791. M. le comte Beugnot a fait usage de cette copie, rapprochée du manuscrit original lui-même, acquis par la France en 1828, dans l'édition qu'il a donnée en 1841 des assises de la haute Cour. Déjà auparavant, au XVIIᵉ siècle, le savant La Thaumassière avait publié cette partie des assises qui qui concernait la cour des Barons, sur divers manuscrits existant alors en France, notamment sur la copie d'un manuscrit du Vatican, et bien que son édition fût très défectueuse, bien qu'elle comprît des documents étrangers, et jusqu'à des hapitres entiers tirés du *Trésor* de Brunetto Latini, la publication de La Thaumassière avait déjà permis de connaitre cette source importante du droit féodal en Orient, dont Eusèbe de Laurière, le président Bouhier et Montesquieu n'ont jamais, chose curieuse, invoqué l'autorité (1).

(1) La Société mekhithariste de Saint-Lazare a récemment publié les *Assises d'Antioche*, qui ont un fond commun avec celles de Jérusalem. Ces Assises. rédigées en français pour la principauté d'Antioche sous Boémond IV (1201-1233), ont été conservées dans une version arménienne du XIIIᵉ siècle, dont le P. Alischan vient de donner une traduction française. Elles comprennent 17 chapitres pour la haute cour et 21 pour la cour des bourgeois.

VII. *Assises de Romanie*. — On sait que les Croisés ne s'étaient pas seulement attaqués à la Palestine ou à la Syrie, mais qu'en 1204 ils s'étaient emparés de Constantinople et avaient élu Baudouin, comte de Flandre, empereur de Romanie. Pour gouverner son nouvel empire, Baudouin demanda en Syrie un exemplaire du texte des assises de Jérusalem, tel qu'il y avait été conservé par la tradition, et en remit lui-même une copie à Geoffroy II de Villehardouin, fils et successeur du conquérant de la Morée, sous le titre de prince d'Achaïe. C'est cette copie même donnée au souverain de la Morée par l'empereur de Constantinople qui nous a conservé le *liber consuetudinum imperii Romaniæ*, dont l'autorité fut maintenue en Grèce par les Vénitiens, jusqu'au moment où les Turcs les chassèrent de la principauté d'Achaïe. On a donné le nom d'*Assises de Romanie* à la traduction italienne faite de ce recueil au xvᵉ siècle (1).

Ainsi l'authenticité de ces documents et la ressemblance qui existe entre leurs diverses leçons ne permettent pas de douter que nous ne possédions au moins une partie du texte des anciennes assises de Jérusalem. Si les provenances sont différentes, si les versions même varient parfois, l'esprit général est le même. Précisons maintenant cet esprit en quelques mots.

J'ai dit qu'il existait à Jérusalem deux juridictions correspondant à deux classes d'hommes libres : la cour des nobles et celle des bourgeois.

Cette division subsiste dans le texte des assises : il a deux parties bien distinctes, la partie relative au droit des barons et la partie relative au droit des bourgeois.

La seconde est par conséquent la moins intéressante au point de vue féodal. Cependant elle renferme des dispositions curieuses sur l'état des personnes, la constitu-

_____

(1) Canciani, t. III, p. 495 et suiv.

tion de la famille et de la propriété, les successions et le droit commercial ou maritime, dispositions empruntées pour la plupart au droit romain, aux institutions gréco-byzantines et au droit italien de cette époque (1). Je me borne à en citer quelques-unes.

Tout esclave qui se fait chrétien est libre, disent les Assises.« Terre des chrétiens, terre de francs. » L'affranchissement a lieu à l'aide de cette simple formule : « Je te donne franchise devant Dieu. »

Le mariage, étant un sacrement, est indissoluble et le divorce n'est permis que lorsque la femme devient lépreuse ou épileptique. La communauté des biens existe entre époux. Les dettes antérieures au mariage deviennent aussi communes ; mais si le mari dissipe sa fortune, la femme peut demander la séparation de biens. Elle a la moitié des acquêts, et peut la transmettre à ses enfants. En revanche, elle est tenue des dettes de la communauté, sans faculté de renonciation. Le mari ne peut disposer que par testament en faveur de sa femme ; au contraire, celle-ci peut lui faire une donation entre vifs.

La puissance paternelle cesse lorsque l'enfant a atteint l'âge de 25 ans. Le père ne peut rien laisser à sa postérité naturelle sans le consentement de ses enfants légitimes. Bien plus, si le mari n'a pas fait de testament, tout son bien appartient à sa femme, quoiqu'il ait des enfants, ainsi que son père et sa mère, et il peut léguer à sa femme tout ce qu'il veut. C'est un principe tout à fait contraire au droit féodal ou coutumier de la France. Tout testament, au surplus, doit contenir un legs au profit de l'Eglise, à peine de nullité. L'Eglise même hérite de la maison dans laquelle on a enterré un mort. Le combat judiciaire est autorisé en matière civile, mais seulement lorsque l'in-

---

(1) V. le livre *des Assises et des usages dou réaume de Jérusalem*, publié par Kausler, Stuttgard, 1839.

érêt du procès dépasse un marc d'argent ou lorsqu'il y a
l'impossibilité de se procurer aucun témoin. En matière
criminelle, outre le duel judiciaire, on use fréquemment
d'une épreuve particulière, la *juyse*, fer rougi au feu, que
l'accusé doit tenir dans sa main pendant un temps déterminé. Enfin, les décisions de la cour des bourgeois, qui
statue par jurés, sont sans appel, c'est-à-dire que celui
qui se permettrait d'appeler doit payer une forte amende
à chaque juré.

A côté de cette cour des bourgeois, il existe d'autres
juridictions particulières : la *cour de mer* ou cour de la
chaîne, ainsi nommée parce qu'on fermait les ports avec
des chaînes ; cette cour statuait sur les affaires maritimes ; la *cour de la fonde*, pour juger les contestations
commerciales soulevées entre chrétiens et étrangers ;
enfin la *cour du consul*, juridiction spéciale aux Vénitiens,
Gênois et Pisans. Chaque cour de fonde a un président franc,
souvent chevalier, d'autres fois bourgeois, et huit jurés,
quatre Syriens et quatre de naissance franque. — Lorsqu'un litige se présentait entre un noble et un bourgeois,
c'était la cour des bourgeois qui devenait compétente.

La première partie des assises de Jérusalem qui concerne la cour des barons est de beaucoup plus intéressante
au point de vue féodal. Elle est l'œuvre de Jean d'Ibelin,
qui n'a point collaboré, comme on le prétend, à la seconde
partie, celle qui est relative à la cour des bourgeois dont la
rédaction peut être placée entre les années 1173 et 1188.
J'ai déjà indiqué quelques traits de l'esprit qui l'anime. Je
vais maintenant en compléter la physionomie générale.

Tout d'abord, les vassaux du roi de Jérusalem, qui lui
rendent tous *hommage lige*, c'est-à-dire qui doivent le
servir envers et contre tous, même contre leur seigneur
immédiat, sont *pairs les uns des autres*, quoiqu'il y ait 22
seigneuries principales ; ils sont égaux, et tous justiciables
au même degré de la cour des barons. Ils collaborent avec

le roi à la confection des lois et ont chez eux droit de justice, ce qu'on appelle en langue féodale, « cour, coins et justice, » parce qu'ils scellent de leur sceau les décisions de leur tribunal.

Le fief est indivisible, il n'est pas patrimonial, comme nous le verrons en France; il appartient, comme en Sicile et en Normandie, exclusivement à l'aîné. La fille peut y succéder, à défaut d'héritiers mâles, mais seulement si elle est l'aînée. Il ne peut être vendu, et la femme qui, propriétaire d'une seigneurie, se marie sans le consentement du seigneur, commet un acte de trahison, passible de la peine capitale et de la confiscation. C'est là le caractère d'une féodalité exclusivement militaire. Il faut des défenseurs à la terre conquise ; il faut des vassaux toujours à cheval, et prêts à voler au secours de leur suzerain. C'est le fait d'un Etat entouré d'ennemis et qui n'a pas la paix de ses frontières. Cet Etat n'a pas même la sécurité intérieure, il est comme un camp sans cesse exposé à se lever et à se transporter en un autre lieu. Aussi la propriété s'y acquiert-elle très facilement. Il suffit de la possession d'un an et jour pour prescrire la terre ou pour repousser toute action soit mobilière, soit immobilière. Le maître de la maison baillée à cens qui reste un an et jour sans réclamer le cens, perd tout droit sur sa propriété. Je signalais tout à l'heure l'absence de la censive en Palestine. Cette disposition spéciale ne me donne pas un démenti. Le cens d'une maison ou d'un jardin est, en Orient, plutôt un bail à loyer qu'un droit féodal. Il ne transporte pas au censitaire le domaine utile de la chose affectée d'une redevance. Par suite, le censitaire ne peut construire sur le sol baillé à cens, sinon il est obligé de démolir l'édifice.

Tels sont les principaux monuments du droit féodal hors de la France. Il faut maintenant rentrer sur notre terrain et y rechercher les sources de ce droit.

CHAPITRE V

SOURCES DU DROIT FÉODAL EN FRANCE
DU X° AU XIII° SIÈCLES

§ I. *De la Coutume*.

« Coustume, dit le grand coutumier de France, est ung raisonnable establissement non escript, nécessaire et profitable pour aucun humain besoing et pour le commun proffit mis au païs et par le prince gardé, et approuvé notoirement par le cours de 40 ans (1). » Et il la distingue de l'usage : « Us et usaige est une chose fréquentée d'ancienneté (2). »

Beaumanoir donne une définition à peu près semblable : « Coustume, dit-il, est quand elle est générale partoute le conté, et maintenue de si long tans comme il pot souvenir à home, sans nul débat.... ou quand débat a été... et fu approvée par jugement. »

(1) Liv ii. ch. 3.

(2) Il ne faut pas confondre les mots *us et coutumes* avec ceux de *fors et coutumes*, de *franchises* et de *privilèges* Ils n'étaient point synonymes dans la langue juridique du moyen-âge, quoique celle-ci n'eût point de précision très rigoureuse. Le nom d'*us et coutumes* s'applique plus spécialement aux relations de droit privé. L'expression de *fors et coutumes* s'entend des privilèges de communauté en ce qui touchait le droit public. Ainsi l'on disait les *fors* de Béarn, les *fors* d'Oloron, les *fors* de Navarre, le *for* de Sobrarue pour désigner principalement la constitution politique de ces pays. Les *franchises* étaient surtout des concessions de droits et faveurs, ou des exemptions de charges féodales accordées par les princes et les seigneurs à leurs vassaux et à leurs sujets. Enfin le mot *coutumier* désigne plus particulièrement les recueils faits par les praticiens pour résumer les lois en usage dans une contrée.

La coutume diffère donc de l'usage, en ce qu'elle a été confirmée, approuvée soit par le souverain, soit par un jugement, d'où le terme usité au moyen-âge de *consuetudo approbata*.

La loi de la coutume ne s'établit point en effet à jour fixe et par un acte spécial, positif : elle naît insensiblement de la répétition des mêmes faits. Lorsqu'elle existe, on peut la constater, on peut même expliquer en vertu de quelles nécessités elle a dû naître ; mais dire avec précision quand et comment elle est née, nul ne le peut. Elle va d'ailleurs sans cesse se modifiant, parce que des faits nouveaux réclament des décisions nouvelles. Seulement celles-ci, pour être bonnes, devront rester fidèles à l'esprit de la coutume, tout en statuant sur ce qu'elle n'avait pas expressément prévu.

Ainsi, deux sources principales du droit coutumier à l'époque où les coutumes n'ont pas encore reçu une rédaction officielle.

D'abord les recueils faits par des praticiens, pour servir à l'usage quotidien des parties, recueils qui comprennent à la fois la lettre des coutumes transcrites par eux, mais sans caractère officiel, et les solutions apportées à certaines difficultés par les tribunaux.

Ensuite les décisions mêmes de ces tribunaux.

De ces dernières, pourtant nombreuses, je citerai peu de chose, parce qu'il est difficile d'en faire sortir un corps de doctrines. Cependant il faut les connaître, au moins de nom, afin que le jurisconsulte puisse au besoin y recourir. Ce sont d'abord le *recueil de la haute cour de l'Echiquier de Normandie* qui siégeait ordinairement à Rouen, et les assises de la même province, de 1234 à 1237 (1); les extraits ou les copies des arrêts du parlement de Toulouse

---

(1) M. Marnier a publié les assises et établissements de l'échiquier normand en 1839. M. Warnkœnig a fait une publication semblable en Belgique.

pour la langue d'oc ; ceux des *grands jours de Troyes* pour
le comté de Champagne, dont Brussel a fait un si judicieux
usage dans son traité sur les fiefs ; les *sentences du parlouer aux bourgeois* de Paris, dont le recueil a été imprimé en 1844 par M. Leroux de Lincy dans son *Histoire
de l'Hôtel-de-Ville de Paris*, et comprend des décisions
de cette juridiction municipale de l'année 1268 à l'année
1325, décisions qui s'appliquent à la fois aux affaires commerciales de la corporation des mariniers de la Seine,
aux propriétés de la corporation des bourgeois et aux
questions d'hérédité dont le parloir était saisi par un
privilège singulier dû sans doute aux souvenirs de
l'ancienne municipalité romaine ; les *anciennes constitutions du Châtelet de Paris* et les *décisions* de Jean
Des Mares, recueil de 422 consultations ou solutions rendues par le Châtelet et le Parlement de Paris de 1300 à
1383 (1) ; enfin et surtout les *Olim* ou les arrêts rendus par
la Cour du Roi, appelée depuis le Parlement de Paris, de
1254 à 1318. Ces arrêts recueillis par Jean de Montluc ou
Montluçon, principal greffier de la cour, de 1254 à 1298,
puis par Pierre de Bourges et Godefroy Chalop, de 1298
à 1318, ont été publiés par M. Beugnot, de 1839 à 1848, et
contiennent en germe la plupart des grandes règles juridiques qui se condenseront plus tard dans la coutume de
Paris. La cour avait en effet l'usage d'envoyer des en-
quêteurs sur les lieux, lorsqu'il s'agissait de rechercher
si une coutume alléguée par une partie et contestée par
l'autre existait réellement. De là un grand nombre de
décisions très importantes pour l'histoire du droit.

Quant aux autres sources, que l'on appelle impropre-
ment *coutumiers*, quoique les coutumes, à de rares excep-

---

(1) Elles ont été imprimées par Brodeau à la suite des *coutumes
tenues pour notoires et jugées au Chastelet de Paris*, qui suivent
elles-mêmes le commentaire de ce jurisconsulte sur la coutume
de Paris, 1658-1669.

tions près, n'aient pas encore à ce moment reçu de rédaction officielle, elles proviennent, je l'ai déjà dit, de l'initiative de simples particuliers qui conçurent 'le dessein d'assurer le maintien des usages consacrés par le temps, à l'aide de monuments moins fragiles que la mémoire des hommes. Ces recueils n'ont jamais été des codes émanés du pouvoir législatif. Il a existé sans doute des chartes ou des coutumes locales, provenant les unes du souverain ou des seigneurs, les autres des habitants de certains pays ou de certaines villes, qui tenaient à consigner par écrit, contrairement à l'habitude générale, les franchises obtenues et les usages communément adoptés. Tels sont les statuts ou coutumes de la Réole, donnés en 977 au monastère de ce nom par Gombald, évêque de Gascogne, et son frère Guillaume Sanche, duc des Gascons ; la charte de liberté donnée à Aigues-Mortes par Philippe Ier en 1069 ; les coutumes d'Alais, d'Alby, d'Amiens, dont la législation municipale fut confirmée par Philippe-Auguste en 1190 ; les lois promulguées pour la Normandie par Guillaume-le-Bâtard au concile de Lillebonne en 1080 ; la célèbre *assise* du comte Geffroy qui établit en 1185 le pur droit féodal dans la Bretagne, jusqu'alors demeurée fidèle aux traditions de l'égalité celtique ; la charte accordée à la ville de Laon par Louis-le-Gros en 1128 ; celle de Lorris qui date de 1155 ; les coutumes de Montpellier, de Champagne et de Brie ; celle d'Auvergne, donnée à Montferrand en 1291 par le comte Louis de Beaujeu pour étendre dans cette dernière province le respect des ordonnances du bon roi saint Louis ; les *Libertates et .consuetudines* de Carcassonne ; les statuts de Provence ; la vieille coutume du duché de Bourgogne ; l'*Alphonsine* ou charte donnée à Riom par Alphonse, comte de Poitiers et frère de Louis IX ; plusieurs autres enfin qu'il est impossible d'énumérer. Mais ces recueils sont pour la plupart eux-mêmes des œuvres privées. Leur autorité réside uniquement, si ce n'est en ce qui concerne les chartes, dans la conformité de leurs prescriptions avec la coutume non écrite, mais reconnue. Les coutumiers exposaient le droit, mais ne le promulguaient pas, c'étaient moins des lois que des conseils. (V. *infra*, liv. IV, ch. I, §§ 1, 2, 3).

Ces compilations peuvent être divisées en deux grandes classes : celles qui émanaient de simples praticiens, et celles qui émanaient de légistes, en d'autres termes, celles qui recueillaient purement et simplement les décisions rendues, les traditions locales constantes et celles qui joignaient à ces règles et à ces solutions, pour les compléter ou les corriger, des principes empruntés au droit romain.

§ 2. *Coutumes du Beauvoisis.*

Dans la première classe se placent les *coutumes du Beauvoisis*, de Philippe de Beaumanoir.

Si un écrivain du moyen-âge a moins mérité l'appellation un peu dédaigneuse de praticien, si par l'élévation de la pensée, par la droiture et la largeur des vues, par le profond savoir et l'expérience consommée, par le don d'agrandir et de généraliser sa pensée sans tomber dans la fausseté ou l'exagération, un homme de ce temps s'est montré digne du titre de jurisconsulte, c'est assurément le bailli de Vermandois. Mais je le nomme praticien, parce qu'il s'est toujours, avec une prudence et une indépendance d'idées très peu communes parmi ses contemporains, renfermé dans le domaine de la pratique française et qu'il a pu ainsi nous laisser un pur modèle de notre droit coutumier, sans aucun alliage étranger. Il fait sans doute usage de la loi romaine, mais un usage si intelligent et si éclairé que la trace de ses emprunts s'évanouit et qu'il demeure original alors même qu'il répète ce que des sages ont pensé et dit avant lui. L'homme qui a écrit au XIIIᵉ siècle la phrase suivante : « *Selonc le droit naturel, çascuns est franc, mès celle francise est cor-*

rompue, » l'homme assez illuminé par le Christianisme pour proclamer en ces termes l'existence de la loi naturelle et de la loi divine devant les seigneurs et leurs serfs, n'est pas un vulgaire praticien, ni, comme on l'a supposé à tort, un ignorant du droit romain ; c'est un de ces hommes qui, comme dit Nicolle dans ses Essais, « laissent des traces et cavent ce qu'ils manient, » c'est un moraliste dont le flambeau éclaire tout le droit et projette sa lumière par de là le moyen-âge.

Les coutumes du Beauvoisis ne s'appliquent en effet qu'en apparence au comté de Clermont dont Beaumanoir semble se borner à décrire les usages. Les règles qui y sont énoncées sont celles du droit qui, comme il le dit lui-même, « *est communs à toz ès coustumes de France.* » Elles embrassent la société féodale toute entière, les nobles, les roturiers, les bourgeois, les clercs, le droit public et le droit privé, le droit criminel et le droit politique, je dirais volontiers le droit royal. C'est le bailli de Vermandois qui pose cette maxime nouvelle que « ce qui plest à fere au roi doit estre tenu por loi, » en ajoutant que le roi a le droit « de fere tex establissements comme il li plest por le commun profit, » en lui attribuant par conséquent le pouvoir législatif, à l'exclusion des barons, auxquels il est pourtant très sympathique, mais dont il n'entend pas étendre les prérogatives. Cependant, il est assez sage pour donner à la royauté ce sévère conseil : « Ne faites rien contre Dieu ni contre bonnes mœurs ; car, si vous le faisiez, vos sujets ne le devraient pas souffrir ! » Après avoir proclamé de tels principes, il étudie dans ses 70 chapitres, sans ordre scientifique en apparence, mais avec une vigoureuse dialectique et une admirable netteté de pensée et de langage, toutes les matières du droit coutumier, en s'imposant la tâche, non de le réformer ou de le corriger, mais seulement de l'éclairer et de le mettre à la portée du plus grand nombre. C'est en effet, ne l'ou-

blions pas, un bailli qui parle, et un bailli qui a
une haute idée de ses fonctions, c'est un juge qui invoque
souvent sa propre expérience et qui pose moins des questions que des solutions. Il n'est pas avocat, dit-il, c'est-à-dire
qu'il ne plaide aucune thèse juridique, il est plutôt témoin,
il rapporte ce qu'il a jugé ou ce qu'il a vu juger, et se borne
le plus fréquemment à confirmer la décision par une courte
sentence qui formule la règle appliquée. Nous pouvons
donc recourir avec confiance à Beaumanoir pour connaître
exactement l'état de la jurisprudence à la date où il écrit,
en 1283 ; son livre est un miroir de la science pratique
du droit dans le nord de la France à cette époque.

§ 3. *Grand Coutumier de Normandie*

Peu d'années avant le moment où Beaumanoir rédigeait ses coutumes du Beauvoisis, un praticien anonyme
composait, de 1270 à 1280, le coutumier de Normandie,
afin, dit-il dans un des prologues de son ouvrage, de
mettre un terme aux procès. Si l'intention était bonne,
les Normands ne paraissent pas avoir beaucoup profité
de ses leçons. Quelques auteurs pensent que cet anonyme
ne serait autre que Pierre de Fontaines, le fidèle et savant
conseiller de saint Louis, dont je citerai tout à l'heure le
conseil à un ami. Il existe trois textes différents de ce coutumier : 1° un texte en latin, dans lequel on a voulu voir
le texte original, parce que le latin était alors la langue judiciaire ; 2° un texte français, qui semble au contraire la
première version; 3° et enfin un texte en 7000 vers, traduction donnée en 1200 par Richard Dombald, pour le
fixer plus facilement dans la mémoire. L'autorité de ce coutumier, qui se rapproche beaucoup des Institutes de Littleton, dont j'ai parlé il y a quelques instants, et qui est très
profondément marqué au coin de l'esprit féodal, fut rapidement établie en Normandie, et s'y maintint avec un
tel empire qu'aujourd'hui encore les îles anglaises de

Jersey et de Guernesey observent cette coutume comme
la loi du pays. Bien que la contrée Normande fût à cette
époque, grâce aux circonstances politiques dans lesquelles elle se trouvait engagée, le pays le plus avancé
de la France au point de vue de la civilisation, la rédaction
de son coutumier est bien inférieure à celle de l'œuvre de
Beaumanoir; on y rencontre cependant des principes nettement définis et une certaine rigueur scientifique ; mais
les deux recueils ont ceci de commun qu'ils constatent
exclusivement la pratique française sans aucun mélange
du droit romain. « Nous n'avons presque rien emprunté
de la loi romaine, disait Basnage en parlant de la Normandie, et notre droit y a fort peu de conformité. Notre
coutume est née pour nous, et quoique nous ayons conservé beaucoup de choses qui se pratiquaient par les
Neustriens, nous pouvons la réputer nôtre, à cause du
mélange et de l'union des deux peuples. » S'il parlait
ainsi de la nouvelle rédaction de la coutume normande,
à plus forte raison pouvait-il tenir ce langage de l'ancien
coutumier de la province.

Beaumanoir et l'auteur anonyme de ce vieux coutumier
sont des praticiens qui s'efforcent d'éclairer la législation féodale par elle-même, et de trouver en son sein
les principes d'une loi plus générale, et peut-être plus
populaire. Voici maintenant venir une autre classe d'écrivains qui, tout en invoquant les antiques usages, cherchent
à y introduire un élément étranger, qu'ils connaissent mal,
mais qui excite en eux un enthousiasme excessif et par
conséquent d'autant plus dangereux. Ce sont les *légistes.*

§ 4. *Conseil à un ami de Pierre de Fontaines*

Dans un moment où la guerre faisait trève, saint Louis
conçut le projet de faire «endoctriner de bonnes meurs, »
dans la connaissance des lois et coutumes du pays, son
fils Philippe qui devait lui succéder sur le trône, dans ce

but, il chargea un maître des requêtes de son hôtel, Pierre
de Fontaines, ancien bailli de Vermandois, de rassembler
et de mettre par écrit ces anciennes coutumes qui sont, dit
celui-ci, presque «corrompues et molt se diversent par les
chasteleries», si bien «que li païs est à bien prèz sans cos-
tume », et d'en faire un recueil, sous le titre de *Conseil à
un amy*, et dont la date peut être fixée entre les années
1253 et 1270.(1)

Entre la loi romaine et la législation féodale, il ne pouvait exister rien de commun. Mais entre le droit romain
et la législation coutumière, il y avait plusieurs points
sur lesquels la conciliation était possible, parce que si
le premier découle de la loi naturelle, la seconde tendait
chaque jour à s'en rapprocher davantage, et que les deux
droits n'avaient, au fond, rien d'antipathique. Le difficile
était de déterminer exactement ces points et de ne pas
s'abandonner sur les autres à la tentation d'opérer un
mélange qui donnât naissance à l'arbitraire. Ce fut pourtant la tentation à laquelle céda Pierre de Fontaines : il
crut le droit coutumier compatible en toutes ses parties
avec le droit romain et alla hardiment chercher dans le
Digeste, dans le Code et dans les Novelles l'explication
des rapports du seigneur avec son vassal et de tous les
usages établis par la féodalité. Il emprunta même le plan
et l'ordre du Code de Justinien. Mais il se fatigua bientôt
de cette œuvre téméraire, presque impraticable, et après
avoir forcé le caractère des deux législations en parcourant les matières du 2e et du 3e livre du Code, il s'arrêta
épuisé, se bornant à terminer son ouvrage par l'insertion,

(1) V. l'édition du *Conseil à un ami*, donnée par M. Marnier en
1846. Chopin, Charondas attribuent en outre, sans raison, à Pierre
de Fontaines le *livre la Royne*, qui a été composé en partie de ses
ouvrages et en partie des œuvres d'autres jurisconsultes contemporains. V. à ce sujet Klimrath, *Mémoire sur les monuments inédits du droit français*, et *Histoire littéraire de la France*, t. XIX,
p. 137 et suiv.

sans commentaire, d'une foule de lois romaines traduites en français. Les 35 chapitres qui traitent à la fois des serments, des cautions, des obligations, des mineurs ou *sousâgés*, de la procédure et de la compétence civile et criminelle, des arbitrages, des testaments, des donations d'un père à ses enfants et de la possession, renferment donc, au point de vue de la législation coutumière, un grand nombre de contre-sens, parce que Pierre de Fontaines revêt des solutions purement romaines de la forme et du langage juridique qu'employait le moyen-âge. Il ne saurait être par conséquent un guide sûr pour le lecteur qui cherche dans son *Conseil* la législation exclusivement coutumière.

§ 5. *Livre de justice et de plet*

Un autre essai, ni moins téméraire, ni moins confus, de transaction ou d'alliance entre le droit romain et le droit coutumier se rencontre dans le *livre de justice et de plet*, publié en 1850 par M. Rapetti. Cette compilation paraît avoir été faite vers l'année 1270 (1). Est-elle originale, ou est-elle seulement la copie d'un travail plus ancien ? La conjecture la plus probable est qu'elle provient d'un écolier de l'Université d'Orléans, où l'on enseignait, dès l'année 1236, la loi romaine en langue vulgaire, avec une hardiesse qui a souvent scandalisé les jurisconsultes du xɪvᵉ siècle. C'est la rédaction plus ou moins soignée de notes prises par un étudiant au cours d'un lecteur de droit d'Orléans. En effet, la coutume à laquelle le *livre de justice et de plet* fait le pius souvent allusion est celle de l'Orléanais. Quoi qu'il en soit, sur les 342 titres dont ce recueil se compose, 195 sont une traduction parfois très libre des Pandectes ; 96 offrent des dispositions du droit coutumier, et 31 ont été compilés dans les décrétales de

(1) M. P. Viollet la croit antérieure aux *Etablissements de Saint-Louis,* quoiqu'elle semble citer ces derniers.

Grégoire IX. C'est donc une alliance tripartite du droit
romain, du droit canonique et de la coutume d'Orléans,
coutume dont la rédaction en langue vulgaire est fort
ancienne, puisqu'elle remonte à 1330 environ, mais en
contenant des chartes octroyées aux Orléanais dès les
années 1137 et 1180. Comme on le voit, la loi de Rome domine dans cette compilation dont elle a d'ailleurs réglé la
distribution et l'arrangement des matières. Les vingt livres
dont l'ouvrage se compose sont classés d'après le Digeste.
Mais le droit romain y est exposé, comme s'il était la coutume elle-même. La langue est forcée de se prêter à cette
inconsciente supercherie de l'auteur. Les mots de *prœses*, de
senator, de *provincia* sont traduits par ceux de bailli, prévôt,
seigneur, pays. Les décisions de Gaius, d'Ulpien, de
Pomponius, de Florentinus sont attribuées à Geoffroy de
la Chapelle, à Jehan de Beaumont, à Renaud de Tricort.
Le sénatus consulte Tertullien est le *conseil* de l'évêque
Guillaume d'Orléans. Il en est de même pour les Décrétales
dont les prescriptions sont données comme des coutumes
communales, approuvées non par le pape, mais par l'autorité laïque. En un mot, c'est une audacieuse et naïve
tentative d'assimilation de systèmes juridiques étrangers
les uns aux autres, et qui se brisent dans leur choc, sans
parvenir à se concilier.

§ 6. *Etablissements de Saint-Louis*

Enfin, nous rencontrons une sorte de code, auquel
on a longtemps attribué la valeur d'une œuvre législative officielle, mais que les recherches de l'érudition moderne ont réduit au rôle plus modeste d'un traité
compilé par un praticien, demeuré inconnu ; je veux
parler des *Establissements le Roi de France, selon l'u-
sage de Paris et d'Orléans, de Touraine et d'Anjou, et
court de baronnie.* C'est l'œuvre publiée par Du Cange

et Laurière sous le nom d'*Etablissements de Saint-Louis*.

On a beaucoup discuté sur l'origine de ce monument, dont on ne conteste pas l'authenticité, mais dont certains auteurs, comme Charondas, Montesquieu, Hévin, Pardessus et Klimrath ont nié l'autorité législative, lorsque d'autres affirment qu'il a été régulièrement promulgué comme une loi de l'Etat par Louis IX avant son départ pour l'Afrique, en 1270 (1). Ce qui a donné lieu à cette controverse, c'est que les manuscrits des *Etablissements* contiennent l'ordonnance rendue en 1260 pour prohiber le duel judiciaire dans le domaine royal, et en outre un préambule en forme d'ordonnance de promulgation, avec la formule exécutoire. « Nous avons, dit ce préambule, ordené ces Establissements selon les quieux nous volons que len us ès cours laïes par tout le réaume et la seignorie de France. » On n'ignore pas du reste que saint Louis avait donné, vers 1264, mandement à ses baillis de faire une enquête sur les diverses coutumes de leur ressort pour l'envoyer au parlement. Cette enquête eut lieu, comme le prouvent les anciens *usages* d'Anjou, recueillis en 1268 et publiés par M. Marnier. D'ailleurs, on invoque le témoignage de Beaumanoir et du *livre de Justice et de Plet* qui paraissent citer les *Etablissements* comme une loi royale.

Sans entrer dans le détail de la controverse soulevée par cette question, et qui aujourd'hui paraît épuisée, il est facile de remarquer que l'insertion dans les *Etablissements* de l'ordonnance de 1260 sur le combat judiciaire a été le fait maladroit d'un copiste, puisque, dans le cours de l'ouvrage, l'usage du duel est plusieurs fois reconnu comme constant et encore en pleine vigueur. Du reste, il n'est point rare de rencontrer à cette époque des actes de promulgation simulés, tels que celui qui se trouve en tête

_____

(1) Du Cange, la Thaumassière, Laurière, le président Bouhier, Mignet, Beugnot, Laferrière.

des principaux manuscrits des *Établissements*, et l'on
pourrait citer plus d'un exemple de ces audacieuses interpolations des transcripteurs. Enfin, chacun s'apercevra
que le prétendu code de saint Louis n'a pas la forme rigoureuse d'une ordonnance ou d'une loi, forme impérative et brève, comme il convient à l'expression de la volonté législative, mais qu'il est un véritable travail de
concordance entre le droit coutumier et le droit romain,
une compilation juridique où les jurisconsultes de la
vieille Rome sont mis à contribution non moins que les
décrétales. Dans certaines parties même, par exemple
dans le second livre, le législateur supposé n'apparaît
plus que comme un vulgaire praticien qui se borne à rédiger des formules de procédure, pour mettre le droit à
la portée de ses lecteurs.

Mais ce qui tranche la question, c'est qu'au lieu d'être
le reflet des principales coutumes de France, ainsi qu'aurait dû l'être une loi générale, applicable à tout le royaume,
les *Établissements* reproduisent simplement dans les sept
premiers chapitres de leur livre 1er une ordonnance et un
règlement de la prévôté de Paris, dans les chapitres 8 à
103 du même livre les anciens usages de l'Anjou et du
Maine et qu'ils se réfèrent pour le reste à la coutume
d'Orléans. C'est pour l'Orléanais qu'ils ont été écrits, c'est
du moins dans un ancien coutumier de ce pays, coutumier aujourd'hui perdu, que le compilateur anonyme a
cherché son modèle et puisé ses inspirations (1). La com-
paraison des manuscrits des *Établissements* avec les vieux
textes orléanais recueillis par La Thaumassière ne laisse
aucun doute à cet égard.

Au surplus, l'érudition moderne n'aurait pas fait la lumière sur ce point longtemps discuté, qu'il resterait encore

_____

(1) V. les *Sources des Établissements de Saint-Louis*, par Paul
Viollet, 1878.

aux partisans de l'opinion soutenue par Laurière, MM. Beugnot et Laferrière à expliquer pourquoi, si les *Etablissements* avaient eu le caractère d'une ordonnance générale, applicable à tout le royaume, ils laissèrent intactes et debout les coutumes locales, *consuetudines speciales locorum*, qui demeurèrent en vigueur après leur publication comme auparavant et furent seules appliquées par les baillis royaux.

Sans doute ce recueil jouit promptement d'un puissant crédit dans les contrées du domaine de la couronne ; sans doute il eut une action visible et une influence considérable sur la jurisprudence dans les autres provinces d'apanage et dans les grands fiefs qui relevaient du Roi. On ne saurait le nier, les principes de droit public que son auteur eut le mérite de traduire le premier dans une expression énergique, comme celui-ci : *Li rois ne tient fors de Dieu et de son espée*, les grandes règles d'intérêt national, les maximes qui répondaient à l'esprit général des coutumes, les institutions judiciaires dont les *Etablissements* renferment la formule ou fournissent le germe, devinrent bientôt et sans peine le droit commun de la France, et on ne tarda guère à les regarder comme obligatoires pour tous ; mais Beaumanoir lui-même, qui déclare les *Etablissements* faits pour le *commun profit du royaume*, reconnaît qu'ils ne peuvent déroger aux usages ou au droit particulier du comté de Clermont ; mais, au moment même où cette vaste compilation apparaît, d'autres recueils se forment, d'autres coutumiers s'élaborent, qui contredisent nettement, à certains égards, les doctrines formulées par le soi-disant législateur. Si ce prétendu code fournit un grand nombre de dispositions spéciales sur le droit civil ou privé aux coutumes locales, comme le parage, le douaire fixé au tiers entre nobles, l'égalité absolue dans les partages de succession de biens propres entre enfants roturiers, la tierce-foi ou le partage noble des fiefs acquis

originairement par un roturier, après trois transmissions
héréditaires et trois hommages successifs, la défense de
porter atteinte à la réserve coutumière de la plus grande
partie des propres, reconnaissons-le, ces dispositions ont
dû leur autorité et leur fortune non à leur caractère officiel,
mais au respect inspiré aux populations par le nom de
saint Louis, à la libre adhésion des justiciables à des règles
juridiques plus humaines, plus modérées, moins dédai-
gneuses de la liberté et de la dignité de l'homme, moins
empreintes surtout des idées féodales contre lesquelles la
réaction commençait dans les classes populaires, en un
mot à des préceptes qui apparaissaient déjà comme une
source de l'ordre, de la justice et de la civilisation. Le noble
prince qui avait entrepris de clore l'ère sanglante des
guerres privées et du combat judiciaire, de réduire les
impôts, d'en rendre la répartition plus facile et plus
égale, de proscrire la diversité des monnaies seigneuriales, d'affranchir l'agriculture, de doter son pays d'une
administration régulière et d'une marine nationale, était
assurément capable de lui donner en même temps une
législation générale et uniforme. Toutefois, le temps lui
manqua moins que la volonté pour accomplir ce grand
dessein, et il fut donné à un obscur praticien, dont le nom
reste encore mystérieux, d'ouvrir la première brèche dans
l'édifice féodal, et d'opposer à la loi des fiefs, essentiellement militaire, une loi purement civile, d'où jaillirent
bientôt les principales coutumes, qui demeureront pendant de longs siècles comme le réservoir commun du
droit national, du droit particulier à la France.

CHAPITRE VI

CARACTÈRES GÉNÉRAUX ET ESSENTIELS DU DROIT FÉODAL

Après avoir énuméré les principales sources du droit féodal et fait son histoire externe, il convient d'en exposer les règles les plus importantes. Une observation est ici nécessaire. Pourquoi se servir, demandera-t-on peut-être, de cette expression, *droit féodal*, et non de celle-ci, *droit coutumier* ? Cette distinction est faite à dessein. On a jusqu'ici confondu à tort le droit féodal et le droit coutumier ; ils se touchent sans doute par beaucoup de points ; ils se sont pénétrés réciproquement, mais, dans leur essence même, ils sont distincts. Le droit féodal est le droit qui a régi la propriété constituée sur les bases de la féodalité, et la condition ainsi que les rapports des personnes unies entre elles par le lien de seigneur à vassal. Le droit coutumier au contraire est le droit appliqué aux .terres, aux choses ou aux personnes sur lesquelles n'a pas directement réfléchi l'institution politique de la féodalité.

On comprend du reste qu'on les ait confondus. Le régime des fiefs et les règles juridiques qui en sont issues ont tellement embrassé, absorbé, gouverné la France du xe au xiiie siècles, et même dans les siècles postérieurs, que toutes les conditions et toutes les relations sociales en ont été profondément modifiées. Entre les seigneurs et les vilains, il n'existait pas encore de classe intermédiaire, ou du moins, si elle existait, elle naissait à peine. Elle n'avait donc pas de droit, à proprement parler, elle se formait à peine quelques usages. C'est à partir du mouvement communal, qui commence au xiiᵉ siècle, que les chartes d'affranchissement jettent les premières bases d'un droit nouveau, né de besoins nouveaux, applicable à une classe et à des sociétés nouvelles, qui s'imprégnera sans doute plus ou moins des idées féodales, mais qui s'étendra à mesure que celles-ci s'affaibliront et s'effaceront. Le droit spécial aux fiefs se fondra ainsi peu à peu dans les coutumes générales, il en deviendra une branche importante, mais il ne les gênera plus, il ne les absorbera plus. Aux xiᵉ et xiiᵉ siècles, c'est le contraire : il est jeune, il règne en maître : c'est le droit souverain.

La France nous offre, je l'ai dit déjà, un lamentable spectacle aux approches de la chute de la dynastie carlovingienne. A la place de la puissante monarchie, moins fondée que rêvée par Charlemagne, nous ne trouvons plus qu'une royauté débile, qui domine à peine sur un territoire comprenant environ cinq de nos départements et qu'on appelle le pays *en l'obéissance le Roy*. Encore n'y est-elle qu'une humble maîtresse. Les barons du domaine royal, qui ont usurpé la plupart des droits régaliens, la tiennent parfois en échec et ne craignent pas de lui faire la guerre. Un de ces souverains de France, qu'une chronique contemporaine appelle par dérision *regniculus*, peut dire à son fils, en lui montrant les débris d'un château-fort voisin de sa capitale : « Vois les ruines de cette tour; elle a fait blanchir mes cheveux, et j'ai usé une partie de ma vie à réduire la puissance dont elle était le siège. »

En dehors de ce domaine, c'est bien pis encore. Dans les pays *hors l'obéissance le Roy*, la monarchie n'a qu'une autorité fictive et de convention, le plus souvent bravée. En 942, le pape Etienne VIII envoie en France un légat pour enjoindre aux seigneurs de cesser les hostilités contre le roi Louis d'outremer, sous peine d'anathème. Mais la menace apostolique reste impuissante et les foudres de l'excommunication sont agitées en pure perte. Les grands feudataires, les pairs du royaume, les ducs de Normandie, d'Aquitaine, de Bourgogne, les comtes de Flandre, de Vermandois et de Toulouse, sont de puissants princes qui enserrent de tous côtés la royauté et que Richer qualifie de tyrans, moins parce qu'ils gouvernent leurs peuples par la violence et l'arbitraire que parce qu'ils sont, à vrai dire, indépendants. Vassaux apparents du roi, ils ont eux-mêmes, mais plus réellement, des vassaux, comtes, barons, justiciers, qui relèvent d'eux et leur obéissent. A ces puissants chefs il ne manque, pour être au-dessus du roi, que la couronne royale, car ils ont de plus que lui, la force, la force qui est alors la seule garantie du droit.

Qui a créé ces vassaux? D'où est née cette formidable aristocratie politique et militaire? De deux causes ; de l'anarchie sociale dont profitent les seigneurs pour s'isoler, afin de mieux être leurs maîtres, et de l'hérédité des bénéfices.

Nous savons déjà ce qu'étaient les bénéfices. Cependant il n'est pas inutile d'y revenir en quelques mots.

On a dit qu'après la conquête, les Francs avaient enlevé la propriété du sol aux Gaulois dont ils avaient envahi le territoire. Que les Francs aient beaucoup pillé, qu'ils aient beaucoup saccagé et détruit, cela n'est pas douteux. Qu'ils se soient emparés d'un très grand nombre de terres, on essaierait vainement de le nier, car une foule d'actes, de diplômes mérovingiens nous montrent les rois de cette race obligeant les Francs à restituer les domaines usurpés par eux. Mais par là même, ces monuments diplomatiques nous apprennent qu'il y avait usurpation, violence, non appropriation autorisée, légitime. Bien que l'idée d'un partage universel du sol opéré par la race conquérante soit aujourd'hui très accréditée, et qu'on ait réuni, pour la justifier, une foule de conjectures et d'arguments fort ingénieux, je cherche en vain une pièce authentique d'où puisse résulter la preuve que les rois francs avaient ordonné une confiscation générale des terres appartenant aux vaincus à titre privatif. On possédait au vi^e siècle la terre par achat, par donation, par succession, jamais par droit de conquête, par le seul droit de l'épée. Salvien nous dit que les Gaulois de son temps avaient conservé plus de richesses que de bonnes mœurs. C'est aussi le témoignage de tous ses contemporains qui nous les montrent vivant, côte à côte avec les conquérants germains, dans le luxe, l'opulence et les délices d'une oisiveté efféminée. Ils n'étaient pas même traités sur un pied inférieur à leurs envahisseurs. Ils possédaient comme eux les plus hautes dignités, les grades militaires les plus élevés. Les deux races fusionnaient ensemble par le mariage, et, au siècle suivant, on eût été en peine de les distinguer et de les séparer. Cette égalité, cette fusion, cette harmonie, ces richesses excluent, ce semble, toute idée d'une appropriation non violente, mais légale de la terre gauloise par le guerrier germain.

Ce qui paraît certain du moins, c'est que Clovis s'empara des terres du fisc impérial et des terres abandonnées par leurs possesseurs, et que ces terres furent, soit par lui, soit ses successeurs et surtout par ceux-ci, distribuées aux compagnons du prince, aux leudes, aux fidèles, sous la condition sous-entendue que le donateur assurerait au donataire sa protection pour la terre concédée, et à la charge pour le concessionnaire de rendre au concédant, outre le devoir de fidélité, le service de cour ou de justice et le service militaire.

C'est là ce qu'on appela les bénéfices, *beneficia*, *honores*. L'hérédité s'y introduisit, par exception d'abord, enfin par droit général, depuis le capitulaire de 877 ; et les possesseurs de ces bénéfices, qui devaient un service militaire au roi, auteur de la concession, purent les transmettre à

leur descendance masculine, avec la même obligation de
suivre le prince à la guerre. De même, les comtes, les ducs
qui détenaient leurs offices à titre de bénéfices temporaires
ou viagers, se perpétuèrent dans la possession de ces
offices et les transmirent à leur postérité masculine. De
là la formation d'une nouvelle classe de biens, auxquels
s'applique le principe germanique de la masculinité, d'une
classe de biens distincte de la propriété allodiale, c'est-à-
dire de la propriété provenant de la famille. Ainsi, avant
la fin du x° siècle, nous voyons apparaître une nature
particulière de la propriété territoriale, propriété réelle,
héréditaire et pourtant reçue d'un supérieur, relevant de
lui. Cette propriété impose à son possesseur, sous peine
de déchéance, un certain nombre d'obligations personnelles, en échange desquelles le bénéficier a droit à une
protection.

Mais les bénéficiaires, devenus propriétaires de leurs
bénéfices, imitent le roi lui-même et distraient de leurs
terres ainsi concédées des fragments, des parcelles qu'ils
concèdent eux-mêmes à leurs fidèles, aux hommes libres
de leur clientèle, à la même charge du service militaire et
du service de cour (1). Ceux-ci ne relèvent pas directement du roi, mais du concédant, et c'est à celui-ci qu'ils
doivent ces services. Ils ne les devront au roi que média-
tement, c'est-à-dire s'ils y sont appelés par l'intermédiaire
de le r propre concédant lui-même. A leur tour, ils pourront également détacher des terres reçues de leur suzerain immédiat d'autres parcelles au profit d'autres per-

(1) Le service de cour et de conseil, en d'autres termes l'obligation pour le bénéficiaire d'assister le concédant du bénéfice dans
l'administration de la justice et de le conseiller dans les affaires
graves, obligation qui devint plus tard l'un des caractères essentiels du fief, se retrouve déjà dans les concessions de bénéfices
sous les monarchies mérovingienne et carlovingienne. (V. Chron.
Frédég., ch. 40, 42; Du Chesne, *Scriptores rer. Franc*, p. 276; Baluze, t. II, 909; D. Bouquet. t. VI, p. 193).

sonnes qu'ils voudront lier à leur service. Ils en exigeront les mêmes devoirs et leur imposeront les mêmes obligations. Ces sous-concessions seront de nature à se multiplier presque à l'infini (1). Elles produisent une autre grande révolution dans l'état social : elles dispersent l'homme sur le territoire, elles font passer la force, l'importance, l'autorité de la ville dans la campagne. Il ne reste dans les anciennes cités romaines qu'une population vouée au petit commerce, dépouillée, presque avilie : la vie, l'activité, la puissance se concentrent dans les châteaux et les donjons. Vous voyez d'ici comment la société se transforme grâce à la hiérarchie féodale : cette hiérarchie qui lie entre eux les possesseurs de fiefs depuis le suzerain jusqu'au dernier vassal et qui forme de chaque Etat comme une confédération aristocratique basée sur des devoirs réciproques, cette hiérarchie qui compense l'isolement de l'homme par sa dépendance, est tout entière dans l'application du système des sous-inféodations aux bénéfices héréditaires.

L'hérédité des bénéfices et l'anarchie sociale donnent donc naissance à une aristocratie nouvelle, aristocratie essentiellement militaire, et elles engendrent en même temps une autre conséquence, très grave, très importante au point de vue spécial qui nous occupe, la substitution de la territorialité à la personnalité du droit.

Il faut examiner séparément ces deux résultats.

On commettrait une grossière erreur si l'on confondait l'aristocratie militaire du xe siècle avec la noblesse romaine ou avec l'aristocratie gauloise et franque. A Rome, au

---

(1) Pour combattre cette subdivision des bénéfices qui affaiblissait les liens des arrrière-vassaux et du souverain, Charlemagne avait exigé que tous les hommes libres lui rendissent l'hommage. (Cap i, ann. 802, Walter, *Corpus juris germ. antiq.*, t. II, p. 159; c. 2, *de fidelitate promittenda domino imperatori*). C'était le moyen de rattacher à la couronne impériale tous les services et tous les dévouements. Mais cette prescription de Charlemagne tomba promptement en désuétude sous ses successeurs.

moins sous l'Empire, l'aristocratie était surtout une caste.
C'était un Etat dans l'Etat. Le noble avait de nombreux
privilèges, il possédait souvent de très grandes propriétés ;
mais ce n'était pas exclusivement de la possession de ces
privilèges ou de ces vastes domaines qu'il tenait son rang :
c'était plus encore de sa famille, du souvenir et de l'illustration de ses ancêtres. La terre ne faisait pas la noblesse,
elle y aidait, mais elle ne suppléait pas à la généalogie.
On pouvait appartenir à la classe des chevaliers ou à celle
des sénateurs sans posséder un seul arpent. Il suffisait
de payer un certain cens, perçu sur le sol ou sur des valeurs mobilières. En outre, l'aristocratie romaine n'était pas
militaire. Les empereurs avaient interdit aux sénateurs de
faire partie de l'armée. Ils étaient aussi loin des barons
du moyen-âge que nous pouvons l'être de ceux-ci.

Sous les rois francs, nous trouvons une classe spéciale
d'hommes, dans laquelle des écrivains, comme le comte
de Boulainvilliers, ont voulu voir l'origine de la noblesse
féodale. Cette classe est celle des leudes, des antrustions,
(de *trust*, foi) ou des convives du roi. Mais il s'en faut
beaucoup que le mot *leude* indique une classe supérieure.
Elle peut être, à certains égards, privilégiée, elle n'est
pas au-dessus de celle des hommes libres, elle serait plutôt
au-dessous d'elle. Les leudes dépendent en effet de leur
chef. Etre le leude d'un roi, c'est lui appartenir. Etre son
antrustion, c'est lui avoir juré fidélité et par conséquent
service. De plus, la qualité d'antrustion n'est pas héréditaire ; elle ne passe point du père au fils. C'est une distinction purement personnelle que l'on peut perdre ou abdiquer.
Le comte, le duc mérovingien ou carlovingien n'est pas davantage, à proprement parler, un noble. C'est un simple
fonctionnaire. Le prince le choisit là où il lui plait, dans les
conditions les plus humbles, comme dans les plus relevées.
On voit sous la première race des comtes qui avaient été
esclaves, et Grégoire de Tours nous apprend que le duc

Gontran Boson était le fils d'un meunier. Comte ou duc, cet officier était révocable et pouvait être destitué. Ainsi donc, chez les leudes francs, point de généalogie, point de transmission de dignité, point de vraie liberté. Mais une illustration ou un honneur viager, sous lequel se dissimulait une étroite dépendance.

Ne disons donc pas que la noblesse française est sortie des compagnons de Clovis, qu'elle est d'origine germaine, qu'elle est le produit de la conquête. Tous les Francs se firent-ils nobles ? Je l'ignore, car aucun document original ne le constate. Ce qui est du moins certain, c'est que beaucoup de Gaulois prirent rang dans l'aristocratie franque ; or, ces Gaulois étaient des vaincus. Pour être réputé noble, il ne suffisait donc pas d'être issu de race germaine, d'appartenir aux conquérants, mais il fallait posséder de vastes terres, exercer de hautes fonctions et descendre d'une famille qui avait également possédé de grands domaines et de grandes dignités. Après deux ou trois générations, on prenait rang parmi les *optimates*, les *proceres*. Jusque-là on pouvait être un homme libre, même un homme considérable, on n'était pas, à vrai dire, un noble.

L'aristocratie féodale n'est pas sortie de la race, elle est sortie presque exclusivement du sol .L'homme, a dit un écrivain, ne possède pas seulement la terre, il en est possédé. Cela est plus vrai encore de la noblesse : c'est la terre qui l'a engendrée, c'est elle qui lui a servi de berceau, et c'est elle qui plus tard lui servira de tombe, parce que lorsque la terre sortira des mains de la noblesse, il y aura peut-être encore des nobles, mais il n'y aura plus d'aristocratie. Elle seule lui concède même les privilèges qui sont en apparence le plus rigoureusement personnels. Ainsi le droit d'être jugé par ses pairs, droit dont l'origine remonte jusqu'aux tribus germaines, n'est attribué au gentilhomme que lorsqu'il est possesseur d'un fief; il ne peut revendiquer la faveur de soumettre ses différends à des vassaux

comme lui, que parce qu'il jouit comme eux d'une propriété
inféodée et qu'il est astreint aux mêmes obligations
féodales. S'il a la simple qualité de noble, sans l'appuyer
sur le sol, il demeure justiciable des tribunaux communs,
ou pourra, seulement à partir de saint Louis, réclamer la
juridiction royale. Mais alors il est isolé, il n'a que des
juges, il n'a plus de pairs. Au moyen-âge, la glèbe est la
seule mesure de la condition des personnes, et c'est, indépendamment de toute autre qualification sociale, par le
mode de sa détention qu'on distinguera le plus facilement
le noble du roturier. Quel que soit son rang, l'homme est
désormais l'homme d'une terre : essayez de l'en détacher,
il n'a pas même de nom, il n'est plus rien.

Aussi, il est facile de comprendre comment ce grand
phénomène de la constitution de la société féodale a été
accompagné d'une autre révolution dans le domaine juridique et comment, de personnelle qu'elle avait été jusqu'alors, pendant la période barbare, la loi devient territoriale. Il n'y a plus de Romains, de Gaulois, de Francs,
de Burgondes, de Visigoths. Mais il y a des hommes qui
sont liés à une terre et des hommes qui en habitent une
autre. Ce seront les lois, ou plutôt les coutumes de ces
terres qui en gouverneront les habitants, qu'ils soient serfs,
étrangers, ou simplement nomades, passagers, et chaque
terre, chaque lieu pourra avoir sa propre coutume, parce
que chaque terre et chaque lieu ont une existence particulière et un maître distinct, plus ou moins indépendant.
Le droit s'immobilise, il se matérialise, il n'a plus de
vivant que sa variété, conséquence nécessaire de sa localisation et de ce que j'appellerai sa réalité, c'est-à-dire de
son caractère territorial. Et cette diversité même sera
une garantie de sa conservation et de sa durée : si, dès le
XIIe siècle, le droit eût été uniforme sur toute la surface
de la France, comment aurait-il résisté aux déchirements
de la patrie pendant l'invasion anglaise, et à l'ébranlement, pour lui plus périlleux encore, de l'édifice féodal ?

CHAPITRE VII

DU FIEF

§ 1. *Qu'est-ce que le fief?*

Féodalité vient de fief, ou plutôt du mot latin *feudum*, dont nous apprendrons tout à l'heure à connaître le sens. Le nom de féodalité indique en conséquence un régime politique et civil dans lequel le fief occupe la première place. En effet, dès le xe siècle, quoique les propriétés se divisent encore en deux classes, les alleux et les bénéfices ou les fiefs, la seconde de ces classes a presque complètement absorbé la première, au moins dans le nord de la France, au-dessus de la Loire. Les alleux sont encore nombreux dans le Midi, moins envahi par la législation et les mœurs des hommes du Nord, et s'y partagent à peu près également la terre avec les fiefs. Mais en-deçà de la Loire, grâce à la transformation des bénéfices, grâce à l'usage de la *recommandation* qui s'étendit de plus en plus depuis Charlemagne, les terres allodiales, c'est-à-dire les terres complètement libres, ont presque entièrement disparu ; partout on ne trouve que des seigneurs et des vassaux ; la coutume arrive à reconnaître que nul ne peut tenir d'alleux et pose cette maxime, qui devient une loi dans tous les pays de droit coutumier : *Nulle terre sans seigneur*, maxime à laquelle le Midi oppose celle-ci, qui obligeait le détenteur d'une terre prétendue féodale à justifier sa prétention : *Nul seigneur sans titre.*

Le mot *fief* vient de *feudum*, *feodum*, *feodus*, qui probablement tire lui-même son origine du mot allemand *feh-od*, récompense, solde en terre, sens à peu près identique à celui du mot *beneficium*. Des érudits veulent que le fief dérive du mot *fié, quasi à fide*, par lequel serait désigné le lien de fidélité, l'hommage rendu par le vassal à son suzerain. L'hommage est en effet de l'essence même du fief. Un vieux jurisconsulte breton, Eginhard Baron, disait dans la préface de son traité *de Nobilitate* que Dieu a donné le monde aux hommes en fief, afin d'exprimer que la créature doit à son Créateur adoration et fidélité. C'est bien déterminer le caractère des relations qui unissaient l'homme-lige à son seigneur. Mais c'est pousser un peu loin le culte de la féodalité, qui n'a pas sans doute une origine aussi ancienne ni aussi respectable (1).

Le terme *feodum* était connu dès le ix⁰ siècle peut-être, à coup sûr dès le x⁰. On le trouve employé en 930, sous une forme presque équivalente, *feum*, dans le testament d'un comte Adhémar, et en 961 dans celui de Raymond, comte de Toulouse. Sous sa forme précise, il existe dans les coutumes du monastère de la Réole, près Bordeaux, en 977. Jusqu'au milieu du xii⁰ siècle, il est employé indifféremment pour le mot *beneficium*, et celui-ci pour *feodum*, avec un sens identique (2). Quelques auteurs ne rencontrant ce terme qu'à cette époque, en ont conclu que le fief n'avait pris naissance qu'au commencement de la troisième race. Les explications qui précèdent ont démontré suffisamment, je pense, l'inexactitude de cette opinion. Le fief ne dérive, chez nous, ni des Celtes, ni des bénéfices militaires romains, ni des institutions lombardes que Charlemagne aurait rapportées en France (3), mais,

---

(1) V. Du Cange, *Glossaire*, v⁰ *feudum*; La Thaumassière, *sur les anc. cout. du Berry*, ch. 38; Coquille, *sur la cout. du Nivernais*, p. 46.

(2) V. charte de Frédéric Ier, portant don en fief du comté de Forcalquier en 1162. (Brussel, *de l'usage général des fiefs*, t. 1, p. 78. L'expression de *beneficium* était cependant quelquefois employée dans les concessions de précaires sous la seconde race.

(3) Ce fut Charlemagne au contraire qui introduisit les fiefs en Lombardie.

comme l'a nettement aperçu Montesquieu, de la clientèle germanique et des distributions de bénéfices par les chefs francs à leurs compagnons. Un seul point peut encore être discutable; c'est la fixation du moment précis où ces concessions créèrent, non seulement une vassalité royale, mais une arrière-vassalité.

Dans le langage des feudistes, le mot *fief* a deux significations. Il exprime d'un côté la *mouvance*, c'est-à-dire la subordination qui existe d'une terre à une autre, du *fief servant* au *fief dominant*; puis il indique la terre elle-même, l'héritage concédé par un seigneur à un vassal, à charge de foi, hommage et services nobles, avec rétention de la seigneurie directe (1).

Pour qu'un fief existât, il fallait deux personnes, et en principe deux propriétés, deux choses. Les deux personnes étaient le seigneur et le vassal, les deux propriétés, les deux choses étaient le domaine dont le fief était démembré, et l'héritage lui-même qui était l'objet de ce démembrement. Nous verrons cependant tout à l'heure que cette seconde condition n'était pas essentielle, puisque l'on put inféoder des choses incorporelles, des droits, des revenus, ce que l'on appela des *fiefs imparfaits* ou *fiefs en l'air*. Mais il n'y avait pas de fief sans un double contrat, sans une convention qui engendrait des droits et des obligations réciproques. Le seigneur concédait le domaine *utile* de l'héritage, en se réservant le domaine *direct*. En d'autres termes, il abandonnait à son vassal la jouissance et la possession de la terre avec ses revenus, jouissance et possession qui devinrent bientôt patrimoniales, en ne se

---

(1) Outre le fief, on connaissait au xıı⁰ siècle le *casement*, qui n'entraînait pas à l'origine des obligations de vasselage, mais qui était la jouissance d'un héritage accordée à une personne pour sa vie durant, à la charge d'une redevance annuelle en argent. Le casement finit par dégénérer et se confondre dans le fief. (Du Cange, *Glossaire*, vⁿ *Casamentum*; Du Chesne, *Histoire de la maison de Vergy*, charte de 1197, p. 122).

réservant qu'un droit de souveraineté, exercé lorsque le vassal rendait foi et hommage, ou lorsqu'il était appelé aux services spéciaux que lui imposait la vassalité. En échange de cet hommage, de cette fidélité, de ces services, le seigneur devait à son vassal justice et protection. Si le vassal manquait à ses devoirs de fief, il y avait *commise*, le contrat était résolu, et la terre devait être restituée. Si, au contraire, le seigneur manquait à son devoir de protection envers le vassal, il y avait *meffait*, le vassal pouvait rendre le domaine et s'affranchir de la vassalité. Le seigneur perdait alors son droit de seigneurie sur lui, et lorsqu'il s'agissait d'un seigneur qui avait lui-même un suzerain immédiat, le vassal ne relevait plus que de ce dernier. On lit dans les *Etablissements* de saint Louis : « Quand li sires vee (refuse) le jugement de sa cour à son home, il ne tiendra jamais rien de luy: ains de celuy qui sera par dessus son seigneur . »

§ 2. *Choses qui pouvaient être données en fief.*
Fiefs en l'air

En général et dans l'origine, la terre seule pouvait être donnée en fief. Toutefois, on contracta très rapidement l'habitude de tout inféoder, non seulement les immeubles, mais les charges, les offices, les prestations en nature, les rentes, les pensions en argent, les droits utiles, tout ce qui représentait, en un mot, une valeur appréciable, même certains privilèges honorifiques. C'est ce qu'on appela des *fiefs imparfaits* ou *fiefs en l'air*, *feuda aerea*. A Bragerac, dans le Périgord, les consuls tenaient en fief la maison de ville, le sceau, les poids, les droits de justice et les autres privilèges octroyés par le seigneur. On inféoda les droits de chasse, de péage, de banalité, le droit de cornage, c'est-à-dire le droit de percevoir une redevance sur chaque bête qui pâturait dans un bois seigneurial, celui de chercher les abeilles dans les forêts ou de

faire cuire son pain dans un four. Il en était de même dans
les autres contrées de l'Europe soumises au régime de la
féodalité. Henri Ier, roi d'Angleterre, s'engagea en 1101 à
payer annuellement 400 marcs d'argent en fief, pour le
service militaire d'un de ses alliés. Les seigneurs de Fran-
kenstein, en Allemagne, tenaient en fief de la ville de
Darmstadt une rente annuelle de dix muids de blé, en
retour de laquelle ils devaient fournir au magistrat de la
cité un âne destiné à promener les femmes qui battraient
leur mari.

On concédait aussi des terres à charge d'autres services que ceux de l'*ost* ou de la justice. Ainsi les grands
officiers de la couronne, les chambellans, le grand écuyer
recevaient des fiefs à la condition de remplir les devoirs
de leurs offices. Quelquefois même, les hauts seigneurs
concédaient des immeubles nobles à des personnes qui
s'engageaient, pour toute redevance féodale, à exercer
des arts mécaniques dans leurs châteaux ou leurs palais.

§ 3. *Fiefs de reprise*

Jusqu'ici, je n'ai parlé que des concessions directes de
fiefs, concessions faites soit par le roi, soit par un grand
feudataire, soit par un seigneur, déjà vassal lui-même, à
un autre vassal, à titre d'arrière-fief. Ces concessions pouvaient en effet se subdiviser presque à l'infini et le
moyen-âge comptait autant de variétés de fiefs qu'il y
avait de variétés de choses possédées. Le possesseur du
fief, ainsi que nous le verrons plus loin, pouvait être astreint à une multitude de charges variées et fort différentes les unes des autres. Ainsi, par exemple, il existait
à Péronne un grès long de quatre pieds, large de deux,
élevé de quatre ou cinq pouces au-dessus du pavé. Ce
grès était à lui seul un fief. Quand le roi faisait son entrée
dans la ville, le possesseur de ce fief devait ferrer d'argent le cheval du roi sur ce grès, puis le présenter au

souverain. En échange, il avait droit à la vaisselle royale après le repas offert à S. M. ; il percevait une redevance sur la bière qui se buvait à Péronne et une autre sur les baraques qui s'établissaient à la foire. De plus, ce grès était un lieu d'asile : un homme décrété de prise de corps ne pouvait être détaché de la pierre, s'il y avait cherché un refuge (1).

Mais quelque nombreuses qu'elles fussent à un moment où tout devint matière à fief, et où le régime féodal prit possession de toutes choses, ces inféodations n'auraient ni cru ni multiplié avec autant de rapidité, si les propriétaires d'alleux, les hommes libres qui n'étaient pas encore entrés dans la voie de la recommandation ou qui n'y trouvaient pas une garantie suffisante, n'avaient imaginé un moyen nouveau de s'abriter sous la protection de puissants seigneurs, qui étaient peut-être disposés à les dépouiller les premiers, en leur offrant leurs alleux à la condition de les reprendre immédiatement à titre de fief. On appela les terres dont le caractère était ainsi transformé, des *fiefs de reprise*.

Cette pratique, encouragée par les désordres et l'anarchie du xᵉ siècle, fut si universelle, que Beaumanoir put dire dans sa *Coutume du Beauvoisis :* « Selon nostre coustume, nul ne peut tenir d'alleux. » La propriété libre devint si rare, qu'on la regarda comme un phénomène, qu'on en fit une royauté. L'existence du royaume d'Yvetot est devenue en France un article de foi populaire. Ce prétendu royaume n'était pourtant qu'un alleu, qui s'était maintenu comme un ilot au milieu de l'océan féodal.

Quelquefois, l'abandon de la propriété avait lieu moyennant une somme convenue payée au nouveau vassal, lorsqu'il prêtait foi et hommage. Mais le plus souvent, il ne se produisait qu'en échange de la protection féodale promise par le nouveau seigneur à son homme.

(1) Michelet, *Origines du droit français*, p. 425

19

§ 4. *Fiefs par dévotion*

La disparition de l'alleu fut encore favorisée par une pieuse coutume qui, tout en satisfaisant la dévotion, plaçait les petits propriétaires sous la tutelle enviée du clergé. On conféra son domaine à une église, à un monastère, pour le reprendre ensuite à titre de fief. Ce fut ce qu'on appela le *fief par dévotion*. Si le possesseur décédait sans postérité masculine, le monastère ou l'église devenait son seul héritier et annexait le bien à ses autres domaines.

Mais la propriété ecclésiastique n'était elle-même guère plus à l'abri des exactions et des violences des hauts seigneurs ou de leurs gens. On sait que Charles-Martel l'avait fort entamée et ne s'était point fait scrupule de tailler dans les terres religieuses de somptueux bénéfices pour ses officiers. Les évêques et les abbés, non contents de se choisir des vidames, c'est-à-dire des défenseurs laïques, en vinrent bientôt à céder, à titre de fief, les dîmes ecclésiastiques à de grands seigneurs qui les reçurent à charge de service militaire et qui les concédèrent à leur tour en *arrière-fiefs*. Malgré les prohibitions de plusieurs conciles, notamment de celui de Latran, en 1179, cet usage se conserva en France et Philippe-le-Bel obtint même du pape Clément V la permission pour les laïques de retenir et d'aliéner les dîmes inféodées. On inféoda jusqu'à des églises, avec les populations serves qui en dépendaient. De plus, à l'imitation des seigneurs qui donnaient en fief leurs droits-seigneuriaux, surtout leurs droits de justice, le sacerdoce eut des vassaux qui lui rendirent hommage pour de simples redevances, des rentes à percevoir sur des tenanciers ou des colons.

§ 5. *Précaires*

Enfin nous retrouvons au moyen âge un autre genre de concession qui ne fut pas, à proprement parler, le fief, mais qui s'en rapprocha beaucoup, je veux parler de la *précaire*, dont la définition a été donnée plus haut (V. *supra*, p. 91.)

L'usage de la précaire se répandit si bien du x° au xiii° siècles que de nombreux hommes libres, désireux de se placer à l'ombre des églises afin d'y trouver asile et protection, se firent serfs eux-mêmes avec leurs familles. On les appelait *votivi homines*, c'est-à-dire hommes offerts à Dieu et à ses Saints ; le Polyptique d'Irminon en présente de nombreux exemples, et tous les coutumiers indiquent que ce procédé, inspiré non moins par le besoin de sécurité que par la dévotion, accrut considérablement la population servile en décuplant les propriétés ecclésiastiques. Ainsi, se justifia ce mot d'un savant feudiste, Chantereau-Lefèvre, qui disait, en rapprochant les affranchissements des serfs et la naissance des communes du développement inouï des fiefs et des précaires : « La féodalité mit le serf en liberté et l'homme libre en servitude. »

Au surplus, la précaire ne fut pas une ressource réservée aux faibles et aux roturiers, la noblesse elle-même y recourut souvent. Ainsi, en 991, l'évêque de Grenoble concéda *in præstaria* au comte Manassès et à sa femme plusieurs bourgs et villages situés en pays genevois, moyennant l'abandon de six villages et de deux bourgs, aux abîmes de Mians dans le comté de Savoie (1).

§ 6. *Formalités de la concession du fief*

Quatre cérémonies principales accompagnaient la concession d'un fief ou devaient la suivre de près. C'étaient l'hommage, le serment de fidélité, l'investiture et l'aveu ou dénombrement. Elles devaient, à l'origine, se renouveler à chaque mutation du fief.

(1) Salvaing, *de l'usage des fiefs*, 3e édit. p 139.

A. *Hommage*. — L'hommage que les Italiens appelaient *vasselage* se distinguait en *hommage ordinaire*, en *hommage simple* ou *plane* et en *hommage lige*.

On a confondu les deux premiers que, dans son *Traité des fiefs*, Brussel a eu pourtant le soin de bien séparer. Par l'hommage ordinaire, le vassal se déclarait l'homme de son seigneur, *homo*, et s'engageait à lui donner conseil lorsqu'il tenait ses plaids généraux, c'est-à-dire à l'assister dans sa justice, à siéger dans sa cour féodale, *sequi et juvare dominum de placito* ; à accepter cette justice, en d'autres termes à demeurer dans son ressort; enfin à le suivre à la guerre pendant quarante jours, à le servir dans l'*ost* ou la *chevauchée*, obligation qui finit par dégénérer et par se convertir en la fourniture d'un cheval ou d'un *roncin* pour le service de l'armée (1). Le vassal qui rendait l'hommage ordinaire était en outre tenu de secourir son seigneur dans tous les cas pressants, soit à la guerre, soit en temps de paix, et il était dépouillé de son fief, s'il négligeait d'accomplir à cet égard les promesses qu'il lui avait faites en lui rendant hommage (2).

Par l'hommage plane ou simple, le possesseur du fief n'était assujetti envers son seigneur à aucun service, soit d'*ost*, soit de cour ou de *plaid*. Il ne lui devait que des prestations féodales, ou même quelques hommes d'armes en cas de guerre, mais aucun service personnel. Toutefois il s'engageait à ne prendre ni directement, ni indirectement parti contre son suzerain, qui, de son côté, ne pouvait lever aucune taille, aucune taxe sur les hommes de son vassal.

---

(1) On distinguait le service de l'*ost* de celui de la *chevauchée*. Le premier était dû lorsque le prince ordonnait une levée pour la défense du pays. Le second était le service féodal dû au suzerain lors de ses guerres privées.

(2) « Qui viderit seniorem suum necesse habere et fallerit eumdem de juvamine et de servicio quod ei debuerit facere et propter hoc fecerit redimere, redemptionem illam nullo modo debet assequi vel habere.» (*Usatici Barchinione patrie*, art. 35. Giraud, *Essais sur l'histoire du droit au moyen-âge*, t. II, p. 472).

Enfin, par l'hommage lige, le vassal était lié au service
de son seigneur d'une manière beaucoup plus étroite et
plus directe. Outre les obligations qui caractérisaient
l'hommage ordinaire et l'hommage simple, l'hommage lige
astreignait le vassal à prendre les armes toutes les fois qu'il
en était requis par le seigneur dominant et à marcher à
ses propres dépens tant qu'il plairait à ce dernier (1). Ce
devoir était rigoureusement personnel au vassal, qui ne
pouvait ni se faire remplacer à la guerre par un autre
homme, ni s'exonérer de ce service par l'abandon du fief.
Aussi appelait-on l'hommage lige, hommage *de corpore et
persona*. De plus, le vassal s'engageait à servir son seigneur
envers et contre tous ceux *qui puissent vivre ou mourir.*

Pour exprimer cette dépendance étroite et personnelle,
l'hommage-lige se rendait sans épée, ni baudrier, ni éperons, à genoux, les mains jointes dans celles du seigneur
et placées sur un Évangile, tandis que l'hommage ordinaire
se rendait debout, l'épée au côté, les mains libres. Le vassal disait a son suzerain : « Sire, je deviens votre homme
lige de tel fief, et vous promets vous garder et sauver contre toutes personnes et contre toutes choses qui puissent
vivre et mourir. » A quoi le seigneur répondait : « Je vous
reçois en Dieu et en ma foi comme mon homme lige, sauf
mon droit et l'autrui. (2) »

---

(1) V. Chantereau-Lefèvre, *des fiefs*, p. 77, 81, 233, 365 ; Hotman, *de feudis*, p. 819 ; Chopin, *sur la coutume d'Anjou*, liv II,
p. 238 ; Hévin, *Consult*, t. I, p. 329 ; Dunod *Histoire de Franche-
Comté*, t. II, p. 395.

(2) *Assises de Jérusalem, haute-cour*, ch. CLXIV. p. 313. — Des
lettres-patentes de Philippe-Auguste, rapportées par Brussel, t. I,
p. 116, renferment l'hommage-lige rendu à ce roi par Thibaut,
comte de Champagne en 1198. «Juravit autem nobis comes Theo-
baldus super sanctissimum corpus Domini et super Evangelium,
quod nos juvabit bona fide sicut dominum suum ligium contra
omnem creaturam quæ vivere possit et mori. »
Le nom d'hommage-lige exprimait bien le lien personnel qui
unissait le vassal à son seigneur. *Ligius a ligamine*, disaient les
feudistes, ou *à ligâ*, ce qui indiquait ou un lien ou une ligue. La

Ensuite il le baisait sur la bouche en signe de foi ou de fidélité réciproque (1).

Dans l'hommage simple, au contraire, le vassal se présentait au seigneur et se bornait à lui dire : « Sire, je vous requiers comme à mon seigneur que vous me mettiez en vostre foy et en vostre hommage de tèle chose assise en vostre fief. » Puis il lui exprimait comment il était devenu vassal par achat, succession, etc. , et ajoutait : « Sire, je deviens vostre homme et vous promets féauté dorénavant comme en mon seigneur, en telle redevance comme le fié le porte, en fesant envers vous de vostre rapchat comme vers seigneur (2). »

Un vieux feudiste allemand examine la question suivante : « Certains disent que le vassal doit trembler des mains dans l'acte d'hommage. Mais tout son corps ne doit-il pas trembler quand il aborde son seigneur ? Que ses mains, ajoute-t-il, tremblent donc aussi. »

On pouvait prêter plusieurs hommages simples à plusieurs seigneurs pour différents fiefs. Si le même fief avait plusieurs seigneurs, la foi et l'hommage se rendaient valablement à l'un d'eux, au principal manoir. Si le vassal était déjà engagé à un autre suzerain pour quelque terre ou quelque droit particulier, il ne pouvait contracter un nouvel engagement que *salva ligietate prioris domini*, c'est-à-dire en réservant formellement son lien primitif (3). On ne devait, en effet, rendre un hommage-lige

---

ligence était en effet réciproquement obligatoire entre le suzerain et le vassal. Si le second devait suivre le premier à la guerre *personnellement*, le premier devait également protéger *personnellement* le second.

(1) *Etablissements de Saint-Louis*, liv. II, tit. 18 ; *Assises de Jérusalem*, ch. CLXIV ; *Chronique de Morée*, édit. Buchon, p. 378.

(2) Littleton, *de feauté*, sect. 91, 92, 93 ; Houard, *Anciennes lois*, t. I, p. 123 et suiv.

(3) Littleton, sect. 89 ; Houard, t. I, p. 120 et suiv. — Du reste, la réserve de la foi due au premier seigneur était de droit, et le premier seigneur pouvait réclamer le service militaire de son vassal contre celui à qui ce dernier n'avait rendu hommage que postérieurement.

qu'à un seul seigneur, car on ne pouvait à la fois servir personnellement plusieurs suzerains envers et contre tous.

Quelquefois l'hommage était provoqué, c'est-à-dire qu'un tiers interpellait le seigneur et le vassal qui se présentait pour accomplir la formalité féodale sur leurs liens et leurs obligations réciproques (1).

L'hommage ordinaire fut d'abord le plus répandu en France, et l'hommage-lige, qui était général en Italie, sous l'empire du *Liber feudorum*, et en Orient, sous celui des *Assises de Jérusalem*, n'apparut guère parmi nous que vers le XIIIᵉ siècle, et encore à l'état d'exception. Mais à cette époque les hauts seigneurs prirent l'habitude de n'accorder de nouvelles inféodations qu'à charge de *ligence*, et firent à leurs vassaux des concessions de terres en *augment de fief*, afin d'obtenir d'eux qu'ils se déclarassent leurs hommes-liges. Par suite, l'hommage ordinaire diminua beaucoup et tendit à se confondre avec l'hommage *plane* ou *simple*, qui était lui-même fort rare. On donna donc ce dernier nom à tout hommage qui n'entraînait pas la ligence (2).

Ajoutons que lorsque le fief était possédé par une corporation, par un propriétaire de main-morte, celui-ci devait constituer un homme *vivant et mourant* pour rendre hommage au seigneur.

B. *Serment de fidélité.* — A la suite de l'hommage, le vassal prêtait sur les saintes Ecritures serment de fidélité ou de foi à son seigneur. Il lui disait : « Je vous promets de vous être féal et loyal homme, de porter fidèlement les ténements que je proclame tenir de vous, et que loyalement je vous rendrai les droits, coutumes et services que je vous dois et aux termes assignés. Ainsi, que Dieu et les

---

(1) *Assises de Jérusalem*, livre de Geoffroy-le-Tort, ch. II, p. 445, édit. Beugnot.

(2) Brussel, *Usage général des fiefs*, t. I, p. 115.

Saints me soient en aide (1). » La fidélité jurée par le vassal
à son seigneur dans ces circonstances était celle qu'un
sujet doit à son souverain. Dans son remarquable traité
des fiefs, Brussel a fort bien démontré que le mot *fidelis*,
employé par les plus anciens actes de ce genre, ne signifiait pas *vassal*, mais *sujet*, que le serment de foi ne devait
pas être confondu avec l'hommage, qu'il n'y suppléait
point et qu'il entraînait seulement l'obligation de ne point
trahir le seigneur, de lui demeurer attaché et soumis.
Plus tard, on joignit la prestation de ce serment à la reddition de l'hommage et l'on en vint même à dispenser le
vassal de la fournir personnellement ou formellement.
Mais dans la période féodale primitive, elle constituait
une étroite obligation, sans l'accomplissement de laquelle
la concession du fief n'était pas valable (2).

C. *Investiture.* — Pour être admis à la jouissance du
fief, il ne suffisait pas au vassal de rendre hommage et
de prêter le serment d'allégeance ou de fidélité. Une troisième cérémonie était indispensable : c'était l'*investiture*.
De même que l'on n'était regardé comme détenteur d'une
chose acquise ou reçue que lorsqu'il y avait eu tradition
réelle de l'objet, de même on ne devenait possesseur du
fief que lorsqu'on en était *saisi* ou investi. La foi et l'hommage ne donnaient point la possession s'il n'y avait appréhension de fait : cette appréhension devait résulter d'un
acte matériel, public, extérieur, le plus souvent symbolique. Ainsi le seigneur, ou son fondé de pouvoir, ses
mandataires remettaient au vassal une motte de terre,
un bâton, une branche d'arbre, une pierre ; c'est ce qu'on
appelait l'investiture *per festucam, per cespitem, per lapi-
dem*, comme chez les Germains et les Francs (3). (V. *supra*,

(1) *Liber feudorum*, liv. II, tit. VI.

(2) Hervé, *Matières féodales*, t. I, p. 352, 357 ; Salvaing, *Usage
des fiefs*, p. 26.

(3) Du Cange, v° *Monstra*, indique 98 modes d'investiture du fief.

p. 185). Cette formalité s'accomplissait en présence des pairs du vassal, c'est-à-dire des autres vassaux du seigneur dominant, ou du moins de deux d'entre eux. Toutefois leur assistance pouvait être suppléée par celle de deux étrangers qui étaient alors témoins (1).

D. *Aveu* ou *dénombrement* — Enfin, le vassal était obligé de fournir au seigneur, au moins une fois dans sa vie, une description de son fief, un état détaillé de toutes ses dépendances, des droits et des obligations qui y étaient attachés, droits de patronage, de corvées, de banalité, de justice, et surtout des mouvances féodales ou censuelles relevant de la terre inféodée. En général, cet aveu et ce dénombrement devaient avoir lieu dans les quarante jours qui suivaient l'hommage et se renouveler à chaque mutation du fief (2). Dans les premiers temps du régime féodal, les seigneurs n'exigeaient pas que leurs vassaux fournissent spontanément la description du fief pendant le délai fixé. Seulement ils se réservaient de l'exiger dans le cas où la conduite du vassal exciterait leur méfiance. Mais, peu à peu, l'usage s'introduisit de ne point tolérer d'omission à cet égard et le dénombrement devint une condition essentielle de la juste possession du fief (3).

§ 7. *Services du fief*

En étudiant l'hommage, j'ai indiqué la nature des services féodaux ou services nobles que le vassal devait à son seigneur.

Le premier et le plus ancien de tous était le service

---

(1) Hotman, *de feudis*, c. 25

(2) *Cout. du Beauvoisis*, ch. 6, § 4; *Anc. cout. de Paris*, art 7; *Cout. d'Anjou*, art. 3; *Assises de Jéusalem.* ch. III, p. 455, édit. Beugnot.

(3) *Ordonn. des rois de France.* note de Laurière sur les *Etablissements de Saint-Louis*, I, 46; Boucheul, sur *la cout. de Poitou*, I, p. 23, 399 et suiv., 413; Ferrière, *Prolégom. sur la cout. de Paris* tit I, n° 47; Chantereau-Lefèvre, *Des fiefs*, p. 89; Livonnière, *Des fiefs*, p. 36.

militaire, le service de l'*ost* ou de la *chevauchée*, qui était
comme la base de la relation du possesseur de fief avec
son suzerain. On ne concédait à l'origine, je l'ai déjà dit,
une terre à un vassal que dans le but d'obtenir son concours et son appui en temps de guerre. Or, l'état de guerre
était presque continuel au xᵉ siècle, lorsque la féodalité
prit naissance parmi nous. L'obligation imposée au détenteur du fief était donc très lourde, et ne tarda point à
lui paraître fort dure. Aussi, dès que la société féodale
reprit un peu d'ordre et une apparence de paix, dès que
les luttes entre les hauts seigneurs devinrent moins fréquentes, on s'empressa de réduire la durée du service
militaire, afin de ne point écraser les vassaux sous le poids
du harnais de guerre qu'ils pouvaient jusqu'alors être
astreints à porter toute l'année. Nous avons vu plus haut
qu'en général, cette durée fut limitée à quarante jours.
Cependant, d'après les *Etablissements de Saint Louis*, le
roi pouvait encore, au xiiiᵉ siècle, retenir ses vassaux à
son service pendant soixante jours à leurs frais et dépens (1). En Syrie, elle était au contraire d'un an, d'après
les Assises de Jérusalem (2). Celui qui ne possédait qu'une
partie d'un fief ne devait, d'ailleurs, le service militaire
qu'en proportion de la part qu'il détenait. Ainsi, le vassal
qui avait la moitié seulement d'une terre inféodée, ne
servait que vingt jours (3).

Lorsqu'il avait rendu l'hommage lige et s'était engagé à
suivre son seigneur à la guerre envers et contre tous,
il devait, à la réquisition de celui-ci, prendre les armes
même contre ses parents, contre son fils, contre ses
frères, contre son père! Une seule exception était admise:

---

(1) *Etablissements*, liv. i, ch. 61.

(2) *Assises de Jérusalem*, ch. 217.

(3) Du Cange, *Glossaire*, vᵒ *feudum*; v. au surplus sur les divers
services féodaux, Dominicy, *de aliod.*, p. 138 et suiv., 155 et suiv.;
Hévin, *Consult.* t. II, p. 250.

c'était dans le cas où la guerre était manifestement injuste.(1).

Le second service féodal était le service de cour ou de
plaid, c'est-à-dire l'obligation d'assister aux audiences
de la cour du seigneur, et de prendre part au jugement
des contestations soumises à cette juridiction baroniale.

Un troisième était ce qu'on appelait les *aides* féodales
dont nous parlerons un peu plus loin, en indiquant les
cas dans lesquels ces subventions pouvaient être perçues.

Enfin il existait un quatrième service, dû seulement
par le vassal, lorsqu'il avait été expressément stipulé dans
l'acte de concession du fief. C'était le service d'*estage* ou
de garde, dû au château du seigneur. Toutes les fois que
le donjon seigneurial était menacé, les vassaux tenus à ce
service étaient obligés de s'y transporter en armes pour
contribuer à sa défense. Mais ce ne fut, je le répète,
qu'un service exceptionnel, qui devait être prévu par une
convention et que l'on ne saurait, par conséquent, rigoureusement classer parmi les services féodaux proprement
dits, c'est-à-dire parmi ceux qui résultaient de la prestation de foi et hommage.

Je ne parle pas ici des devoirs ou des services si variés
et parfois si bizarres que les seigneurs imposaient à leurs
vassaux par l'acte même de constitution du fief. Ces
obligations résultant, comme le service d'*estage*, de stipulations particulières, étaient une conséquence non du
fief, mais de la convention. Ainsi l'évêque d'Auxerre
avait le droit de se faire porter à l'église le jour de son
installation par quatre barons ses vassaux, à peine de
saisie féodale de leurs baronnies. Dans le Maine, il était
un fief qui n'obligeait son possesseur qu'à contrefaire
l'ivrogne et à jeter son chapeau en courant. En d'autres
lieux, le vassal devait présenter à son seigneur une

(1) Hotman, *de feudis.*

alouette liée sur un char à bœufs. On étendrait à l'infini la liste de ces prestations ou de ces devoirs étranges, qui attestent sinon le bon goût, du moins la fertilité de l'imagination de nos ancêtres.

La promesse de rendre tous ces devoirs féodaux était implicitement contenue dans la formule de l'hommage qui a été donnée plus haut.

§ 8. *Droits et devoirs réciproques du seigneur et du vassal*

Examinons maintenant la condition du possesseur de fief vis-à-vis son seigneur et celle de ce dernier vis-à-vis son vassal.

Une première observation à faire, c'est que tout possesseur de fief ne relève pas directement du roi. *Le vassal de mon vassal n'est pas mon vassal*, dit la maxime féodale. Le roi est sans doute le *souverain fieffeux* du royaume, il est le suzerain de tous les seigneurs. On lui doit, à ce titre, le service militaire du haut en bas de l'échelle sociale, lorsqu'il s'agit d'une guerre nationale. Mais il ne forme que le sommet de cette pyramide à laquelle a été comparée la féodalité, et qui compte un grand nombre d'assises ou de degrés. Le roi est le suzerain direct des grands vassaux, qui sont à leur tour les seigneurs des vavasseurs auxquels ils ont concédé des fiefs. Sauf les propriétaires d'alleux, qui n'existent guère que dans le Midi, chaque noble est le vassal de quelqu'un. Tout possesseur de fief pouvant, avec l'agrément de son suzerain, constituer des arrière-fiefs dans ses domaines, devient, lorsqu'il opère une concession de cette nature, le seigneur direct du concessionnaire, quoiqu'il ait lui-même un seigneur, et qu'en remontant de degré en degré, on puisse atteindre jusqu'au roi.

Une seconde observation non moins importante, c'est que si, à l'origine et même à l'apogée du régime féodal, sous la réserve de ses devoirs de fidélité et d'hommage envers son seigneur, chaque possesseur de fief, grand ou petit, est souverain dans ses domaines (1), il arrive bientôt un moment où, tout en restant maître chez lui, ce possesseur perd la pleine souveraineté de son fief. Les jurisconsultes ne lui en reconnaissent pas même la pleine et absolue propriété, mais seulement le domaine utile. *Feudi proprietas*, dira Cujas, *non pertinet ad vassalum, sed ad superiorem dominium*. Un autre ajoute : « Le vassal possède non pour lui, mais pour le seigneur, *non sibi possidet, sed domino*. » Il percevra les revenus de sa terre, mais sa sujétion sera exprimée par le double service féodal auquel il est astreint, et, au XVIᵉ siècle, Godefroy sera autorisé à formuler cette règle énergique : le fief est une sorte de servitude, *feudum est species servitutis*.

Cette révolution dans le régime féodal se produira sans doute postérieurement au XIIIᵉ siècle ; mais, dès ce moment, on se tromperait en concluant du principe alors incontestable de la souveraineté du baron dans sa baronnie que cette souveraineté est rigoureusement synonyme de propriété. Nous verrons bientôt que le vassal doit à son seigneur des droits pécuniaires, comme le droit de *quint*, de *relief*, qui sont une véritable rétention d'une part du *dominium* sur la terre concédée. De plus, il est assujetti à certaines obligations dont la sanction affirme avec non moins d'énergie le droit de propriété du seigneur dominant. Cette sanction est la perte du fief lui-même qui retourne, en ce cas, à celui qui l'a créé. Il y a alors lieu à ce que j'ai appelé plus haut la *commise*.

Le vassal perd son fief par faute d'hommage, par défaut des services féodaux, par démembrement ou *abrégement* du fief, par manque de fidélité. Les *Etablissements de Saint-Louis* énumèrent d'ailleurs avec soin tous les cas qui opèrent *commise* et dans lesquels le seigneur dominant

---

(1) Beaumanoir, *Cout. du Beauvoisis*, t. II, ch. 34, § 41.

peut saisir le sol servant, le confisquer et faire les fruits siens. Ainsi il a le droit de le reprendre s'il est frappé par son vassal avant de le frapper lui-même ; s'il est accusé par lui de trahison ; s'il est désavoué, c'est-à-dire si le vassal nie faussement et frauduleusement qu'il tient le fonds du seigneur ; « c'est grand péché mortel de désavouer son seigneur, car l'on perd l'âme et le domaine ; » si le possesseur du fief frappe celui qui porte les ordres du seigneur ; s'il injurie celui-ci ; s'il met une fausse mesure en circulation ; s'il attaque son suzerain par mal d'esprit ; s'il pêche dans ses étangs ou chasse dans ses garennes sans sa permission ; s'il séduit sa femme ou corrompt sa fille vierge. Il y a également *commise* lorsque le vassal souffre qu'on fasse tort à son seigneur, soit en refusant de témoigner en sa faveur, soit en contractant des alliances avec ses ennemis, soit en s'abstenant de le défendre, même au péril de ses jours.

Du reste, la *commise* n'a pas lieu *ipso jure* : c'est une peine, et les peines ne doivent être infligées qu'en connaissance de cause. Le fief servant n'est donc point, en cas de *félonie* du vassal (on appelait ainsi tous les actes attentatoires au devoir de fidélité), acquis de plein droit au seigneur dominant. Celui-ci a seulement une action pour demander que la terre inféodée lui soit adjugée en réparation de la faute commise à son égard, et il n'en recouvre la propriété que par la sentence qui en ordonne la restitution. Cette sentence est rendue par la cour du suzerain immédiat, de celui qui est placé au-dessus du concédant et du concessionnaire du fief, cour dans laquelle siégent les pairs du vassal poursuivi.

Il peut y avoir également *félonie* du seigneur vis-à-vis son vassal, car le premier a, par la concession du fief, contracté des obligations à l'égard du second. « *Autant l'homme doit à son seigneur*, dit Beaumanoir, *autant le seigneur doit à son homme.* » C'est le texte même que se sont approprié les *Assises de Jérusalem* : « *Autant le seignor est tenu à son home, comme le home à son seignor, fors que seulement en révérence.* » Des deux côtés, le devoir est le même. Le seigneur doit à son vassal bienveillance, protection et surtout justice, comme celui-ci lui doit fidélité. Seigneur ou vassal, celui qui déchire ce contrat mutuel est coupable du même crime, le crime de *foi mentie*. Si le vassal manque de fidélité à son seigneur, il ment sa *foi*, et si le seigneur manque à la protection qu'il doit à son vassal, il ment aussi sa *foi*. Tout engagement est alors brisé, non seulement entre les personnes, mais même pour la possession des biens. Le fief cesse d'appartenir au suzerain, et lorsqu'il s'agit du roi, qui ne peut être dépouillé de sa seigneurie, son vassal immédiat, son homme a, d'après les *Établissements de Saint-Louis*, la faculté de lui déclarer la guerre, et même de forcer ses arrière-vassaux à s'unir à lui contre le roi, dès qu'il est certain que celui-ci lui a refusé jugement dans sa cour (1). Le crime de déloyauté est le crime impardonnable sous le régime féodal ; il frappe, comme un trait, la conscience elle-même ; la foi réciproque est ici plus qu'un contrat, c'est une religion. « Si nul ment sa foi l'un à l'autre, disent encore les *Assises*, celui à qui on la ment est quitte de la foi qu'il doit ..... et celui qui la ment n'est mie quitte. »

Mais si le seigneur, par sa félonie, perd sa directe sur le fief, si le vassal est affranchi de sa dépendance, il ne faut pas croire que la terre inféodée devienne par là même une terre libre, un franc-alleu. Le vassal n'est pas libéré *à conditione feudali*, et son fief, au lieu de relever du seigneur déloyal, devient alors le fief immédiat du seigneur supérieur dont il ne dépendait jusque là que comme un arrière-fief.

Toutefois, bien que le seigneur ait des obligations

(1) Brussel, t. I, p. 348.

envers son vassal, il est à peine besoin d'ajouter que sa
condition est bien meilleure que celle de celui-ci. Il ne lui
prête pas serment, il peut l'appeler en duel, tandis qu'il ne
peut être provoqué par lui. S'il l'offense, il perd seulement
son droit de féodalité, lorsque l'injure proférée par le
vassal prive ce dernier de tout son fief. De là cette maxime:
« Un seigneur de beurre mange un vassal d'acier (1). »

Quelle que soit au surplus l'infériorité du possesseur
du fief vis-à-vis son suzerain, la loi féodale ne va pas jusqu'à les lier indissolublement l'un à l'autre. Si la charge
devient trop lourde pour le premier, si les services du
fief lui paraissent trop pesants, il lui est loisible d'abandonner la concession et de la remettre entre les mains
du concédant. Le contrat est alors rompu et le vassal
cesse d'être l'homme du seigneur.

De même que le possesseur du fief n'a pas la pleine propriété de son domaine, de même le seigneur dominant
n'y peut exercer tous les droits de souveraineté. Ainsi,
d'après les *Etablissements de Saint-Louis*, le roi n'a pas la
faculté de *faire ban*, c'est-à-dire de promulguer une loi
en la terre du baron sans son assentiment, et le baron ne
peut mettre un ban dans la terre du vavasseur (2). C'est le
principe féodal dans sa pureté originaire. Aussi les suzerains ne faisaient acte de puissance législative qu'après
avoir convoqué leurs grands vassaux, et ceux-ci ne rendaient une coutume obligatoire dans leurs domaines
qu'avec l'adhésion des seigneurs qui relevaient d'eux.
Mais les légistes ne tardèrent pas à reconnaître à la
royauté le pouvoir de légiférer dans toute l'étendue du
royaume, sous prétexte que celui-ci n'était qu'un grand
fief. (V. *infra*, ch. x)

Le premier ou tout au moins l'un des premiers exem-

---

(1) Loysel, *Institutes coutumières*, l. iv, tit. 3, art. 102.
(2) *Etablissements*, i, 24.

ples de l'exercice de ce pouvoir législatif conféré au
roi dans toute l'étendue de la monarchie est ce qu'on a
appelé l'*assurement*. Les vassaux avaient, en vertu de la
souveraineté qui leur était reconnue à l'origine sur leurs
terres, le droit de faire la guerre, et ces luttes privées
étaient si profondément entrées dans les mœurs que l'E-
glise, ennemie de l'effusion du sang, n'était point parvenue à les éteindre, pas même à les modérer. Plusieurs
conciles provinciaux, notamment celui de Toluges en
Roussillon, tenu en 1041, avaient imposé la *paix de Dieu*,
sous peine d'excommunication, et défendu de poursuivre
toute vengeance, en tout temps, contre les femmes et les
enfants, contre « le laboureur à sa charrue, le berger à
son troupeau, le marchand en chemise. » Mais la *paix de
Dieu* n'étant respectée par personne, l'Eglise y substitua en
1095 la *trève de Dieu*, qui suspendait les guerres privées
pendant l'Avent, les grandes fêtes et du lundi au jeudi de
chaque semaine. Vers 1220, Philippe-Auguste convertit
cette trève ecclésiastique en une trève royale, sous le
nom de *quarantaine-le-Roi* ; les parents de l'offensé ou
l'offensé lui-même ne purent désormais poursuivre leur
vengeance qu'après un délai de quarante jours. Saint
Louis fit mieux : il autorisa la cour du roi et celle du seigneur haut justicier à faire promettre et jurer aux plai-
gnants qu'ils ne porteraient dommage ni à l'offenseur, ni
aux siens, tant qu'il ne serait pas fait justice. Si le plaignant
manquait à *l'assurement*, il devait être pendu (1) ; s'il refusait de jurer, sa maison devait être brûlée, ses vignes
coupées et sa personne même pouvait être tuée. L'assurement put bientôt être donné par tous les officiers du
roi, et la connaissance des faits leur appartint *par
prévention*, quand ils avaient les premiers commencé

---

(1) *Etablissements*, I, 28, 37. On appelait l'infraction à l'assurement « trève enfrainte, qui est une des grans traïsons qui soit, »
disent les *Etablissements*.

la procédure (1). L'institution de la chevalerie, protectrice des faibles et des opprimés, cettegrande création que le moyen-âge dut à l'Eglise comme la trève de Dieu, contribua autant que *l'assurement* à apaiser les querelles intestines et à mettre un peu d'ordre dans une société si turbulente et si agitée. La chevalerie et la royauté, voilà au moyen-âge les deux grands juges de paix du pays.

De ce double principe que le possesseur de fief est tenu du service féodal envers son seigneur, et qu'il n'a pas la pleine propriété de son fief, découlent des conséquences importantes qu'il reste à faire connaitre.

La première est que le vassal devant suivre son seigneur au camp et à la cour, prendre les armes avec lui et rendre avec lui la justice, ce vassal ne peut appartenir qu'au sexe masculin. Il en est ainsi du moins à l'origine lorsque le régime féodal n'a encore reçu aucune atteinte.

Les clercs (2), les moines, les muets, les sourds, les aveugles, les femmes ne peuvent, en principe, recevoir la concession d'un fief. *Miles* et *vassalus* sont synonymes dans le *liber feudorum*. Ce dernier recueil donne même le motif de l'exclusion des personnes d'Eglise : *desiit esse miles sæculi qui factus est miles Christi* (3). Comment, en effet, ces personnes qui ne peuvent porter les armes pourraient-elles suivre la bannière de leur seigneur sur les champs de bataille ? Comment seraient-elles ses *consortes*, aux termes de la législation féodale ?

---

(1) *Etablissements*, II, 28. — Boutillier. *Somme rurale*. liv. ι, tit. 34.

(2) Launay, sur Loysel, p. 379, 420, 421; Dumoulin, *in antiq. consuet. paris.*, § 41. nᵒˢ 54 et s.; d'Argentré, *anc. cout. de Bret.*. p. 1517.

(3) Liv. ιι. tit. 21. — *Assises de Jérusalem*, ch. 39; *Cout. du Beauvoisis*, ch. 16 et 17, t. I, p. 263, édit. Beugnot. — Cette exclusion des clercs ne dura pas longtemps. On distingua dans le fief le service militaire que les ecclésiastiques firent rendre par des sergents et la perception des fruits que rien ne leur interdisait de recueillir. Seulement, on frappa les fiefs détenus par l'Eglise d'un droit d'amortissement.

Les femmes sont, par la même raison, exclues du droit de rendre hommage et de posséder un domaine noble à charge du service militaire. Cette exclusion est la règle générale jusqu'au commencement du XII° siècle ; les mâles seuls succèdent aux fiefs comme aux alleux, conformément au droit de masculinité qui domine le régime successoral germanique. En 1091, Guillaume IV, comte de Toulouse, meurt sans laisser d'héritier mâle, mais seulement une fille. Son comté passe en conséquence non à son héritière directe, mais à son frère Raymond.

Cependant le principe fléchit à la suite des croisades qui ont décimé la noblesse, afin de ne point priver les familles de leurs possessions héréditaires, si elles ne pouvaient être recueillies par les filles. Aussi, à partir du XII° siècle, le droit de masculinité s'efface devant une règle plus équitable et moins rigoureuse pour le sexe féminin. Mais les héritiers mâles, en concurrence avec des filles, obtiennent toujours la préférence sur celles-ci. « Là où le meilleur sexe manque, dit une lettre de Louis VII, mais là seulement les femmes peuvent succéder. »

Désormais donc il y aura des *dames de fief* qui rendront hommage par procureur, à moins qu'elles ne soient tenues, par une stipulation expresse, de le rendre en personne. Ces *dames de fief* ont d'ailleurs, malgré la très ancienne coutume de Bretagne, le droit *d'aller à plet et à jugement*, en d'autres termes, de rendre personnellement la justice. Si elles ne peuvent porter l'épée dans l'ost ou la chevauchée, elles peuvent siéger à la cour féodale ; quelques-unes même participent au jugement des pairs de France dans la cour du Roi. Une charte de 1220, insérée dans le cartulaire de St-Bertin, indique positivement que Sara Esblousarde et sa fille siégèrent comme pairesses dans un procès jugé à cette époque, et la comtesse d'Artois, Mahaut, assista en la même qualité à la sentence rendue en 1315 par le parlement et la cour des pairs contre Robert, comte de Flandre (1).

Toutefois, à partir du xive siècle, les femmes cessent de prendre part à des actes de juridiction dans leurs fiefs ou à raison de leurs fiefs. Déjà Pierre de Fontaines disait d'elles à ce propos : « qu'il soviègne as femes de lor, chastée et des œvres que nature lor otria, et desqueles ele comanda qu'eles se tenissent ; et jà soit ce qu'eles soient de très bone opinion et de haute, qu'eles soient départies de tote compaignie de jugement (2). » Est-ce une influence du droit romain, qui les déclarait incapables de remplir des fonctions publiques ? Est-ce une conséquence du droit canonique, qui les excluait également de la justice ? On peut le présumer, sans en donner la certitude. Ce qui n'est pas douteux, c'est que les *dames de fief* ne purent désormais exercer leur droit de juridiction que par des fondés de pouvoir ou des juges spéciaux.

L'obligation imposée au vassal d'accompagner son seigneur à la guerre entraine une autre conséquence à l'égard des filles qui héritent d'un fief. La jeune fille mineure, âgée de plus de 12 ans et qui n'a plus son père, peut être contrainte par le seigneur à prendre un époux, afin que le fief soit desservi. D'un autre côté, elle ne peut se marier sans le consentement de ce seigneur, qui a le droit de s'assurer si le mari de sa vassale pourra remplir le devoir féodal. La damoiselle qui ne choisit pas son époux parmi les trois chevaliers qui lui sont présentés par le seigneur dominant ou qui le choisit en dehors des candidats agréés par lui, perd son fief pour l'an et jour, et ne le recouvre qu'après ce délai, si elle se soumet à la dure condition qui lui est faite. Le droit féodal est si exigeant à cet égard

(1) Brussel, t. I, p. 262.
(2) *Conseil à un ami*, xix, 74.

que la femme détentrice d'un fief ne peut se marier à
son gré qu'à soixante ans, parce qu'à cet âge l'obligation de suivre le seigneur à la guerre cesse de peser sur
le possesseur de fief. Tant que la jeune fille n'est pas
mariée conformément au désir du seigneur immédiat,
son fief demeure en la garde de celui-ci, qui ne doit
aucun compte des revenus du domaine à sa pupille jusqu'à ce qu'elle ait treize ans révolus.

§ 9. *Droits d'aînesse, de parage, de frérage*

Si des filles nous passons aux héritiers mâles du vassal,
nous nous trouvons en présence d'une autre règle qui
découle également de l'obligation du service féodal. Cette
règle, c'est le droit d'aînesse.

Toutes les coutumes féodales reconnaissent le droit
d'aînesse en matière de fief : seulement elles en déterminent l'application et l'étendue de différentes manières.

Le principe constant est celui-ci : il ne faut pas que le
fief soit démembré contre la volonté du suzerain, car les
services féodaux dus par la terre en souffriraient. Dans
les *Assises de Jérusalem*, entre deux petits-fils de deux
frères, le petit-fils du cadet, s'il est né le premier, exclu-
le petit-fils de l'aîné. Dans les *Etablissements de St-Louis*
et dans la coutume du Beauvoisis, la succession des fiefs
a lieu par *descendement*, c'est-à-dire en ligne directe à
l'infini, ou par *eschoite*, c'est-à-dire en ligne collatérale.
Lorsqu'il y a des descendants mâles, l'aîné prend le
chief manoir et un préciput noble dans le partage de la
succession, en général le tiers des autres fiefs. « Baroine,
disent les *Etablissements*, ne départ mie entre frères, (ne
se partage pas), se le père ne leur a faite partie (si le père
n'a fait un partage). » L'aîné a donc droit au fief principal, au *chef-lieu* de la baronnie, et à quelques terres à
l'entour. Ce droit est appelé dans certaines coutumes le
vol du chapon, pour indiquer que le fief principal dévolu à

l'aîné des fils, doit être entouré d'une petite ceinture de
terres. En ligne collatérale, au contraire, il n'y a pas de
droit d'aînesse ; tous les héritiers partagent également,
mais paient au seigneur un droit de *rachat*, et doivent
dans la quinzaine faire hommage au suzerain.

Le droit d'aînesse est tellement de l'essence du droit
féodal, qu'en cas de partage entre l'aîné et ses frères, non
seulement le premier est avantagé sur les autres, mais il
devient leur seigneur direct. Brussel fait remonter l'origine
de cette règle jusqu'à Isaac qui établit Jacob maître et
seigneur de ses frères. C'est remonter bien haut. Il est
plus simple de dire que l'institution du *parage* (1), car
c'est le nom donné par les feudistes à ce droit de suzeraineté accordé à l'aîné sur les cadets ses co-partageants, es
une conséquence de l'obligation du service féodal. Le
seigneur dominant est plus intéressé à n'avoir qu'un seul
vassal qu'à compter plusieurs vassaux pour le domaine
qui ne formait originairement qu'un seul fief. Lorsqu'il
aura besoin de l'épée de ses hommes, il s'adressera à
l'aîné des possesseurs du fief, qui appellera ensuite ses
frères à son tour. Une expression des coutumes peint
énergiquement ces relations hiérarchiques : la partie du
fief appartenant à l'aîné s'appelle le *miroir de fief* (2).
Pour le seigneur, à ses yeux, elle représente le fief tout
entier. Les autres parties démembrées ne constituent plus,
pour ainsi dire, que des arrière-fiefs. Aussi les frères
cadets doivent-ils rendre hommage à leur aîné pour la
portion qui leur est attribuée, et cet hommage prenait le
nom de *frérage*. L'aîné devenait par là le seigneur, l'*appa-
rageur* de ses frères, qui sortaient de la mouvance directe
du seigneur originaire du fief, et entraient dans la

(1) Abréviation du mot *parentage*.
(2) La Thaumassière, *anc. cout. du Berry*, ch. XXXVI, p. 47. — Le
parage existe dans les *Etablissements de Saint-Louis*. (I, 22, 42.)

sienne (1). Il était en quelque sorte considéré comme leur garant vis-à-vis ce seigneur et prenait leur place. En un mot, il devenait le seul représentant de son père décédé (2).

Le droit de *parage* et de *frérage* avait toutefois un inconvénient à l'égard du seigneur dominant.

Si l'aîné ne remplissait pas les devoirs féodaux à son égard, le seigneur était contraint de recourir aux cadets, qui n'étaient plus ses vassaux immédiats, mais ses arrière-vassaux, ses vavasseurs. Par l'effet des partages successoraux, ceux-ci recevaient à leur tour des arrière-arrière-vassaux, et cette subdivision pouvait aller à l'infini. Pour remédier à cette multiplication qui étendait les liens féodaux au lieu de les resserrer, Philippe-Auguste décida, par l'ordonnance du 1ᵉʳ mai 1209 (1210 anc. style), que toutes les parties démembrées d'un même fief, soit par l'effet d'un partage, soit par toute autre cause, seraient tenues directement et immédiatement du suzerain du chef-lieu, comme le fief lui-même avant son démembrement, et que chaque possesseur de ces parties devrait le service féodal à ce suzerain au lieu de le devoir à son frère aîné. On ne s'opposait pas ainsi directement aux partages, mais on en prévenait les effets désastreux pour l'autorité seigneuriale, par suite du morcellement toujours croissant des fiefs (3).

Cette disposition était imitée d'une loi bretonne, qui ne

---

(1) Othon de Frisingue constate que cet usage existait en Bourgogne et dans presque toutes les provinces de l'ancienne Gaule au xiiᵉ siècle. (*De gestis Frederici*, lib. ii, c. 29.)
Le parage n'était pourtant pas admis par la coutume de Paris. (Art. 72).

(2) Si l'aîné vendait les fiefs tenus de lui par ses frères en parage, l'effet du parage cessait, et les cadets relevaient directement du seigneur supérieur. Leur frère aîné devait alors leur donner une terre pour remplir leur devoir féodal envers le seigneur (*Établissements de Saint-Louis*, i, 126.)

(3) *Recueil des ordonnances*, t. I, p. 29.

sortit guère des frontières de la Bretagne, et qui ne fut jamais reçue en d'autres provinces, la Guyenne excepté.

Cette loi est celle qui fut promulguée dans la fameuse assise de Geffroy, duc de Bretagne, en 1185, et qui défendait de faire aucun partage des baronnies ou des fiefs de chevaliers, mais concédait le domaine entier à l'aîné des fils, sous la réserve de pourvoir à la subsistance de ses frères cadets et de leur fournir honorablement le nécessaire. La même disposition attribuait le fief en totalité à la fille aînée, s'il n'y avait que des filles, à la charge de marier ses sœurs. Mais, je le répète, cette exagération des principes de l'indivisibilité du fief et du droit d'aînesse ne fut jamais admise dans les autres provinces coutumières, et si l'on s'efforça souvent de concentrer dans les mêmes mains les parcelles détachées d'un même fief, si l'on tenta de prévenir les démembrements de la terre et la multiplication de ses possesseurs, on n'arriva jamais à réaliser complètement cette monstrueuse inégalité du droit breton.

§ 10. *Garde noble*

Je parlais tout à l'heure du cas où le vassal venait à décéder en ne laissant qu'une fille mineure comme héritière de son fief. Dans cette circonstance, le seigneur prenait la garde du fief. Il en était de même lorsque le vassal mourait en laissant des héritiers mâles en état de minorité. Comment, en effet, la terre soumise au service féodal aurait-elle acquitté ce service ? Le seigneur qui ne s'était dépouillé de son droit sur le fief que sous condition, prenait alors à la fois la garde du mineur et celle du fief jusqu'à la majorité de l'héritier. Il devenait *bail* ou *baillistre* et sa fonction s'appelait *garde noble* (1). En principe, elle ne s'exerçait que sur les terres nobles, ce que

---

(1) Dans les plus anciens titres, le baillistre est appelé *bajulus*. (Dumoulin, *sur la cout. du Loudunois*, tit. XXXII, art. 1er.) Le mot *garde* vient de l'allemand *waerden*.

la coutume de Normandie appelait *fiefs de haubert* ou *membres de haubert jusqu'à un huitième*, et non aux tenures d'un ordre inférieur. Elle conférait au gardien tous les attributs de la seigneurie proprement dite, à l'exception des droits de propriétaire. « Bail, garde, mainbour, gouverneur, administrateur, régent, c'est tout un, » disent les Institutes coutumières de Loysel (1).

Ainsi, le gardien, obligé de restituer un jour l'héritage au vassal, ne pouvait rien faire qui ressemblât à une aliénation. Son droit était à peu de chose près celui d'un usufruitier. Il lui était interdit d'*essilier* les héritages (2), selon Beaumanoir, c'est-à-dire de les transformer, de couper ou d'arracher les vignes, les arbres fruitiers, d'abattre les hautes futaies ; de faire « destruccion de tenemens, exil de *villeyns* ou vente de terres. » Il prenait les fruits et *yssues* du fief, et devait entretenir les choses dans l'état où le vassal les avait laissées à sa mort. Il avait l'obligation de réparer tous les dommages causés par sa faute, sous peine de perdre son droit de garde ; il était chargé de payer, dans les dettes du vassal qui venaient à échoir pendant la garde, toutes celles qui étaient assises sur l'héritage dont il avait l'administration, comme les arrérages des rentes seigneuriales et foncières et les hypothèques (3). En un mot, il ne pouvait rendre pire la condition du mineur dont la personne était confiée à ses soins ; il se trouvait aux lieu et place d'un véritable tuteur.

Toutefois la garde de la personne du mineur et par conséquent l'obligation de pourvoir à ses besoins ne se joignaient à la garde du fief que dans trois cas : quand le mineur succédait à un fief mouvant directement du prince en sa qualité de prince, lorsque les parents et le tuteur du

---

(1) *Institutes Coutumières*, liv. I, tit. IV, art. 1.

(2) *Cout. du Beauvoisis*, ch. XV, 12, p. 250, édit. Beugnot.

(3) *Grand coutumier de Normandie*, ch. XXXIII.

sous-âgé y consentaient, et enfin lorsque celui-ci n'avait
recueilli d'autres héritages que le fief noble tenu du seigneur (1).

La garde noble, du reste, n'appartenait pas seulement
au seigneur. Elle pouvait être attribuée aux parents du
mineur, « au plus prochain du lignage, » selon Beaumanoir, à la charge de desservir le fief, et sous réserve de
leur acceptation, car « nul n'est contrains à prenre bail,
s'il ne veut. » Ceux-ci faisaient leurs tous les profits de la
terre, en compensation et en récompense des services
féodaux auxquels ils étaient astreints; mais ils devaient
compte des héritages tenus en vilenage dans le fief, « les
despens et les cous resnables des enfans rabattus, » dit
Beaumanoir, c'est-à-dire après avoir prélevé les dépenses
faites pour l'entretien du mineur (2).

On distinguait la garde naturelle et la garde collatérale
plus spécialement appelée *bail*. L'une était celle qui était
confiée aux parents de la ligne directe; la seconde au
contraire était attribuée aux collatéraux à qui le fief serait
advenu, si le vassal décédé n'avait pas laissé d'enfants.
En ce dernier cas, le collatéral qui était investi des fonctions de *baillistre*, avait bien la garde du fief, mais non
celle de la personne de l'héritier, qui était confiée à un
ami du père. On se défiait en effet de ces parents collatéraux qui pouvaient être intéressés à la disparition
du mineur. « Soupeçons est , disent les *Etablis-*
sements , qu'ils ne voulissent plus la mort de ces enfants que la vie, pour la terre qui leur escharroit (3) »

(1) *Grand coutumier de Normandie*, art. 218, 219.

(2) *Cout. du Beauvoisis*, ch. xv, 10, p. 249 ; Jean des Mares, décis 250.

(3) *Etablissements de Saint-Louis*, lib I, ch. 115, 117.
                    Ne doit mie garder l'aguel
                    Qui en doit avoir la pel,
disaient également les *Assises de Philippe de Navarre*, ch. xx, édit.
Beugnot.

De même les *Assises de Jérusalem* consacrent ce principe que la

Au surplus cette défiance peut-être fondée ne se maintint pas longtemps dans les institutions féodales et on ne la retrouve exprimée, après les *Etablissements de Saint Louis*, que dans les coutumes du Maine, qui ont une étroite parenté avec eux (1). Elle n'existera point pour la *garde bourgeoise*, c'est-à-dire pour la garde des mineurs en état de roture ; la coutume de Paris autorise le collatéral qui a la garde de la terre, à conserver aussi la garde des enfants.

Dans le cas où personne ne se présente pour prendre le bail, lorsque, par exemple, le mineur n'a ni père ni mère, ni aucun autre parent, ou lorsque ses proches sont frappés d'incapacité, « li sires pot prenre le fief en sa main par défaute d'omme, » le seigneur reprend la garde de l'héritage noble, mais alors sans être tenu de payer les dettes. Il doit seulement la « vesture et la pasture » au mineur, c'est-à-dire l'entretenir et éviter qu'il ne succombe à la misère, même dans le cas où il ne percevrait pour lui-même aucun revenu. Enfin, à son défaut, le prévôt royal intervenait.

Si le tuteur refuse, lorsque son pupille a atteint l'âge de 21 ans, de lui remettre le domaine dont il a pris la garde sous prétexte de minorité, on doit alors faire entendre contre lui le parrain qui a tenu l'enfant sur les fonts baptismaux, et le prêtre qui l'a baptisé. Cette preuve testimoniale tiendra lieu des registres de l'état civil et fera

---

garde de la personne du mineur ne peut être confiée qu'au plus proche parent à qui le fief ne peut jamais échoir. « Et ce fu establi, ajoutent-elles, por ce que l'eir fust gardé de damage et de périll, et le baill de honte et de péchié. » (*Assises de la haute cour* ch. 170.)

(1) Les *Usages de l'Anjou*, ½ 108, donnaient au noble lignager le bail de la terre et celui de l'enfant. — En Champagne, on appela de bonne heure tous les parents, soit en ligne directe ascendante, soit en ligne collatérale, à la garde des biens et de la personne des mineurs, et l'on ne se préoccupa plus de confier cette garde à un autre qu'un héritier présomptif. Cela est attesté par le procès-verbal de la rédaction de la *Coutume de Troyes* en 1509.

condamner le baillistre infidèle à une honteuse restitution (1).

§ 11. *Démembrement du fief*

Une autre conséquence du principe que le possesseur d'un fief est tenu de rendre à son seigneur le service féodal d'*ost* et de *justice*, c'est qu'il ne peut établir dans la terre concédée un successeur sans le consentement de son suzerain. Sans doute, il ne lui sera pas interdit de vendre son fief, mais le seigneur conservera le droit de reprendre le fief à la charge de payer le prix d'acquisition. Il sera en tout cas préféré à l'étranger. Nous examinerons plus tard ce droit qui a pris le nom de *retrait féodal* et dont on trouve la plus ancienne trace dans une charte de la Réole de 977. Mais dès aujourd'hui nous pouvons dire qu'il est la démonstration la plus énergique du grand principe sur lequel reposait la féodalité, à savoir que le fief ne constituait pas, à proprement parler, une concession absolue et entière de la terre inféodée, mais un contrat par lequel le seigneur abandonnait au vassal la jouissance de sa chose, en échange d'un service à la fois réel et personnel. Si ce service avait été seulement réel, le retrait féodal n'eût pas existé, car il eût peu importé au suzerain de recevoir l'hommage d'un détenteur ou d'un autre. S'il avait été exclusivement personnel, le retrait féodal n'eût pas encore existé, car le remboursement du prix d'acquisition et la réunion du fief à son propre domaine ne privaient pas moins le suzerain d'un vassal dont la personne était pour lui un secours dans ses luttes contre ses voisins ou contre ses ennemis. Le fief était donc, à l'origine, un traité d'alliance conclu entre deux hommes de force, de puissance et de richesses inégales. Par ce traité, le plus faible et le plus pauvre recevait une terre qui assurait son existence et une protection

---

(2) V. du reste sur la garde noble, *infra*, ch. xiii, § 2.

qui lui garantissait sa sécurité. En échange de cette double
concession, il promettait ses services et sa fidélité au plus
riche et au plus fort, il lui assurait non seulement un
client, mais un soldat, un *homme* pour employer le langage féodal. Le bénéfice des époques mérovingienne et
carlovingienne avait déjà sans doute créé ce lien de subordination et de dépendance entre le concessionnaire
et le concédant du bénéfice. Mais il n'était pas allé au-
delà. Le fief a été plus encore, il a été un contrat d'assu-
rance entre le seigneur et son vassal contre les désordres,
les violences, les convoitises d'une société qui ne trouvait
plus en elle-même assez de vigueur ou de cohésion pour
échapper à une désastreuse anarchie. Par la même
raison, le vassal qui pouvait cependant, avec le consentement de son suzerain, démembrer son fief, n'avait pas la
faculté de donner en arrière-fief le *chef* de sa châtellenie,
c'est-à-dire le manoir principal qui relevait directement
du seigneur immédiat. La vieille coutume de Bourgogne,
art. 185, nous apprend que le duc de Bourgogne fit saisir
par le bailli d'Auxois la terre de Rouvray que Guillaume
de Rouvray avait cédée en arrière-fief à son frère, et dont
celui-ci lui avait rendu hommage, parce que cette terre
relevait directement du duc, et ne pouvait, au moins
quant au manoir, être distraite de sa directe.

§ 12. *Droit de franc-fief*

Je n'aurais pas suffisamment démontré que le fief était,
à l'origine, une institution essentiellement militaire, si je
ne rappelais une dernière règle qui connut peu d'exceptions
dans le premier âge de la féodalité: la terre inféodée est
une chose noble, qui ne peut être détenue par un roturier.

Sans doute, au x⁰ siècle, la noblesse n'a pas encore reçu
sa constitution et sa forme définitives; le mot *nobilis* n'est
employé que dans un sens vague et n'exprime pas une
situation particulière. Le vrai noble à ce moment, c'est le

soldat,   est celui qui doit à sa franchise le privilège de
porter les armes. Tout homme d'extraction servile était
exclu d'un droit réservé à la liberté. « Les serfs, disaient
déjà les Capitulaires, ne porteront point de lance ; s'il en
est un que l'on rencontre hors le ban, qu'on lui brise son
arme sur le dos. » On avait vu dans les siècles précédents
des serfs posséder par tolérance des *manses ingénuiles,*
c'est-à-dire des terres libres; mais une possession de ce
genre ne leur conférait ni le titre de *miles,* ni le droit de
combattre parmi les hommes francs. Aux XIᵉ et XIIᵉ siècles,
cette exception elle-même tend à disparaitre, et l'on repousse plus rigoureusement encore du rang des guerriers
tous les descendants des anciens *ruptuarii.* Le fief par
conséquent ne peut être détenu que par un homme admis
à ceindre l'épée. Dans toutes les chartes de cette époque,
miles est synonyme de *vassalus.* Les coutumiers postérieurs recueillent le principe et le formulent avec énergie :
« Li home de poeste, dit Beaumanoir, ne poent ne ne doivent tenir fief, nen riens auroistre en fief (1) », et les anciens
stilles de Bourgogne ajoutent : « non nobles ne peuvent
fere ne acquérir fié d'alleu, et les alleux repris de bour-
goiz ou de non nobles sont mis en la main de Monsei-
gneur (2) ».

Cependant les croisades, en appauvrissant la noblesse
militaire, et le mouvement communal, en développant la
bourgeoisie des villes, introduisirent une dérogation à la
règle générale. Les seigneurs cherchèrent à vendre leurs
terres et les roturiers, enrichis par le commerce, se pré-
sentèrent pour les acquérir. Peu à peu, on vit des non-
nobles devenir possesseurs de fiefs et, par une longue
possession, se glisser dans le corps de l'aristocratie mili-

(1) *Cout. du Beauvoisis,* ch. 48.
(2) Art. 189. Ch. Giraud, *Essais sur l'histoire du droit,* etc., t. II
p. 300.

taire. Celle-ci s'en plaignit et la royauté s'en effraya. On ne maintint pas une prohibition absolue, dont les contemporains ne tenaient plus compte dès le temps de Beaumanoir, on n'osa point annuler les acquisitions de terres nobles faites par les roturiers, mais on les soumit à un droit dont le paiement relevait l'acquéreur de son incapacité légale. Ce fut le droit de *franc-fief* qui prit naissance sous le règne de Saint Louis. Le roturier ne devint pas noble par l'acquittement de cette redevance, et la coutume de Paris consacra ce principe avec l'axiome : *fiefs ne donnent pas noblesse ;* mais les *Etablissements de saint Louis* reconnurent que les descendants de l'acheteur roturier pourraient partager noblement le fief entre eux à la troisième génération. C'est ce qu'on appela la *tierce foi*, consécration indirecte de la validité des fiefs possédés en roture et de l'anoblissement par prescription des roturiers. Toutefois ceux-ci ne furent admis à rendre pour les terres nobles qu'ils détenaient que la foi, et non l'hommage par lequel le vassal s'engageait à faire le service féodal. Une ordonnance de Philippe III, de 1275, déclara que les possesseurs de fiefs qui rendraient les services féodaux, quoiqu'ils ne fussent pas d'extraction noble, ne seraient pas inquiétés, mais que les autres, qui les détiendraient par *abrégement,* en d'autres termes sans être astreints à ces services et en diminuant par conséquent la valeur des fiefs, devraient les abandonner ou payer deux années de revenus.

Pendant ce temps, la cour du roi continuait à déclarer les roturiers incapables de posséder des terres nobles ; mais la jurisprudence fut moins puissante que les mœurs et, à mesure que les années s'écoulent, l'on rencontre des exemples de plus en plus fréquents de fiefs détenus par des personnes de condition roturière. Le moment vint enfin de donner à leur possession une légitimité législative. En 1371, Charles V octroya aux bourgeois de Paris le privilège de franc fief, c'est-à-dire le droit d'acquérir sans taxe les biens nobles, et en 1470, une charte particulière de Louis XI accordée à la Normandie, le pays féodal par excellence, déclara tous les possesseurs de fiefs anoblis par le seul fait de la détention.

CHAPITRE VIII

DE LA CENSIVE

Jusqu'à présent nous n'avons étudié la féodalité qu'au point de vue des seigneurs. Nous allons maintenant la retrouver au bas de l'échelle sociale, car du xe au xiiie siècles, tout se modèle sur le fief, tout remonte ou retourne au fief.

Si large en effet que soit la place occupée dans la nation par la classe noble, tous les hommes n'en font point partie ; il n'y a pas seulement des seigneurs et des vassaux, il n'y a pas seulement des terres concédées ou acquises à charge de services féodaux, il y a aussi des hommes et des terres auxquels l'obligation de ces services n'est point imposée : les premiers parce que leur condition s'oppose à ce qu'ils les rendent, les secondes, parce que leur propriétaire a besoin, pour vivre, d'en tirer parti et de percevoir, sans les cultiver lui-même, une portion de leurs fruits. Placé au centre de son domaine féodal, entouré de ses vassaux immédiats qui lui rendent hommage, mais qui, à part certains droits déterminés en cas de mutation et de succession, ne lui doivent que l'ost, la chevauchée et l'assistance dans sa justice, ne cultivant par ses serfs qu'une faible partie de son territoire réservé, dont le produit direct ne suffit pas toujours à l'entretien de son manoir et de sa famille, le seigneur serait presque en danger de pauvreté, si toutes les terres oisives sur lesquelles s'étend sa seigneurie, si les bois, les landes, les chaumes, les marais, qui n'attendent que la main de l'homme pour être défrichés et fertilisés, ne devenaient pour lui une source de revenus et n'étaient concédés à de patients ouvriers de la glèbe, sous la réserve de redevances annuelles. Ces pionniers, ces laboureurs, il ne les trouvera pas dans la classe des hommes d'armes, qui dédaignent la charrue ; il ne les rencontrera pas non plus dans la classe servile que réduisent les affranchissements et à qui l'on vend la liberté pour remplir le trésor seigneurial vidé par les pieuses expéditions en Terre-Sainte ou par les guerres privées ; le serf qui ne peut payer son indépendance, l'habitant du bourg qui ne parvient pas à conquérir son droit de bourgeoisie et à constituer sa *commune jurée*, deviennent rares, même sous l'ombre du donjon, en pleine campagne. Que fera le seigneur laïque ou ecclésiastique ? Il démembrera de nouveau sa seigneurie, ou plutôt il la divisera, pour mieux en jouir, par un nouveau genre de contrat. Il créera le *bail à cens* et concédera des héritages en *censive* (1).

La censive est donc la concession perpétuelle d'un immeuble, lot de terre ou maison, à la charge d'une redevance annuelle appelée *cens*. Comme le fief, elle divise le domaine en deux parties : le domaine direct qui est réservé au seigneur féodal et le domaine utile qui appartient au *censitaire*. Celui ci jouira de tous les fruits de la propriété, pourvu qu'il acquitte fidèlement les obligations du bail, qu'il paie le cens. Ce cens n'est, à proprement parler, qu'une part du produit du sol versée au seigneur en échange de l'abandon du reste. Il consacre la possession du tenancier et la suzeraineté du seigneur ; c'est pour ce

---

(1) V. Léopold Delisle, *Etudes sur la condition de la classe agricole en Normandie*.

motif que beaucoup de chartes l'appellent *fundus terræ*,
et c'est par là que le contrat de bail à cens diffère du simple bail de rente foncière, qui ne contient la réserve d'aucune seigneurie de l'héritage, mais seulement celle d'une
redevance foncière. En un mot, le cens est pour le roturier ce qu'est le service féodal pour le détenteur d'un
fief. Beaumanoir donne à la propriété ainsi affectée d'une
prestation matérielle le nom de *vilenage*, afin de bien
faire comprendre qu'elle ne peut être détenue qu'en forme
de roture. « *Vilenage*, dit-il, *est héritage tenu de seigneur
à cens ou à rentes ou à campart, car de celi qui est tenu en
fief, on ne doit rendre nule tele redevance.* » La censive,
c'est le fief du vilain. Cependant un noble peut être soumis au cens, c'est-à-dire posséder un héritage en roture,
mais alors il devient roturier par rapport à cet héritage.
Pierre de Fontaines dit que les *gentilshommes couchant
et levant sur héritages en roture* sont comme des vilains.
Ils ne peuvent invoquer leur qualité de noble près du
seigneur censier.

La censive a une autre ressemblance avec le fief tenu
en hommage simple. Quel que soit le produit du terrain
concédé, les droits, les redevances dus par le censitaire
au seigneur sont des charges réelles. Ils affectent l'immeuble seul ; ils sont imposés à la chose par la chose,
disent les feudistes : *sic fit ut debeantur rei à re.* Aussi le
tenancier, comme le possesseur de fief, peut s'affranchir
du cens en déguerpissant, en délaissant l'héritage. S'il ne
paie pas sa redevance, comme si le vassal ne rend pas le
service féodal, ou diffère le dénombrement, le seigneur peut poursuivre le recouvrement de cette redevance en saisissant la terre grevée. Mais en outre le
tenancier sera frappé d'une amende, afin de punir son
retard ou sa mauvaise volonté.

Cette amende était en certains lieux, notamment à Paris,
à Amiens, à Auxerre, de cinq sols parisis. Elle n'était due

qu'une seule fois pour plusieurs années de cens non payé.
En général, le seigneur auquel la redevance n'était point
versée au terme accoutumé s'indemnisait lui-même en
procédant à la saisie des fruits pendants par racines. C'est
l'origine de notre *saisie brandon*.

Le cens étant une redevance seigneuriale était imprescriptible, parce que, d'après la maxime : *nulle terre sans
seigneur*, le possesseur de l'héritage était censé le posséder pour le seigneur dont il relevait : il ne pouvait donc
opposer aucune prescription contre sa seigneurie directe
ni contre les devoirs qui en étaient la conséquence. Mais
il pouvait prescrire la quotité de la redevance, c'est-à-dire,
s'il devait 4 sous de cens, acquérir la libération de la
moitié de cette redevance en ne payant que 2 sous pendant trente ans.

Le cens se payait en argent ou en nature, mais surtout
en nature, à l'origine du moins.

Il consistait en mesures de blé, d'avoine, en vo-
lailles, etc. Il était *quérable* lorsque le seigneur était obligé
de le demander, ou *non quérable* lorsque le tenancier
avait l'obligation d'aller le porter au manoir de son seigneur. Il se partageait entre les différents détenteurs de
l'héritage servant ; cependant en certains lieux, par
exemple dans le Nivernais, on le considérait comme
indivisible.

Les concessions de terres à charge de cens pouvaient
en effet être faites soit à des individus pris isolément, soit
à des communautés de mainmortables affranchis, à des
villages entiers. Les premières étaient transmissibles et
héréditaires. Les secondes, faites à titre collectif, constituaient ce que l'on appelait des *communaux*, et appartenaient non à chacun des membres de la communauté,
ut singuli, mais à la communauté elle-même, *ut univer-
sitas*. Dans ce cas, celle-ci détenait perpétuellement l'héritage et ne pouvait l'aliéner.

Lorsque la censive était aliénée par le tenancier, l'acquéreur devenait naturellement seul passible du cens envers le seigneur. Mais, comme la redevance était généralement inférieure au produit de la terre, le vendeur retenait pour lui-même, surtout dans les villes, un cens particulier qui prenait le nom de *surcens* ou de *cens costier*.

Au surplus, le cens n'était pas la seule charge de l'héritage tenu en censive. Les seigneurs qui concédaient la terre la grevaient ordinairement d'autres redevances, qui étaient comme le prix de la liberté accordée aux serfs qui devenaient pour la plupart des censitaires, lorsqu'ils étaient affranchis. Parmi ces redevances, il y en avait de bizarres, de grotesques, d'humiliantes, quelquefois même de honteuses. Dans la nuit de l'Ascension, à vêpres, les tenanciers de l'église de Condé devaient présenter au seigneur, c'est-à-dire au chapitre, un mouton « lainu, cornu et dentu. » Dans une seigneurie près de Roubaix, les vassaux devaient un jour de l'année se réunir devant le château de leur suzerain et faire la moue, le visage tourné du côté des fenêtres. L'argent étant rare et le commerce nul, le seigneur se faisait tout fournir en nature : meubles, ustensiles, fers de chevaux, socs de charrue, jusqu'aux verres et aux cornes à boire. Ici, on devait lui bailler une hure de sanglier, un épervier, un faucon, un *chapel* de roses, un quintal de cire ; là, une paire de gants ; ailleurs, on devait nourrir ses chiens lorsqu'il était en chasse, ou racheter ce droit par quinze muids d'avoine. La taille elle-même, c'est-à-dire l'impôt personnel perçu par le seigneur sur ses hommes, devint le plus souvent, avec le cens, une charge réelle de l'héritage, ainsi que les corvées imposées aux anciens serfs transformés en tenanciers. Ceux-ci ayant, aux termes du contrat de cens, l'obligation de résider dans les limites de la seigneurie, étaient tenus de faire le service des corvées, non à titre de serfs, mais à titre de censitaires. Ils les devaient à proportion de l'étendue de l'héritage concédé; lorsque la censive était indivise, leur jouissance et par conséquent leurs obligations étaient calculées *pro modo jugerum*. En un mot, l'institution du cens, comme celle du fief, eut pour résultat de transformer tous les devoirs personnels imposés à l'homme en obligations réelles, dues par la chose elle-même. La terre fit la loi; elle supporta seule les charges qui jusqu'alors avaient grevé la créature humaine dont les sueurs la fécondaient. Ainsi le moyen-âge résolut un problème qui est un péril pour le nôtre : avec des ressources bien moindres, il put organiser la terre, le capital et le travail; si imparfait qu'il fût, le bail à cens fut un grand progrès, une cause féconde de prospérité et de liberté pour les classes qui sortaient du servage (1).

En se répandant dans toute la France, la censive n'y prit pas seulement des noms divers, selon les lieux, mais aussi des formes et des caractères particuliers. Ainsi le *bordelage* du Nivernais (de *borde*, enclos, ferme, petit bien) était une censive d'un ordre inférieur, une tenure qui fai-

(2) On s'est quelquefois étonné que le moyen-âge n'ait pas connu les grandes crises du paupérisme et du salariat qui troublent et menacent la société actuelle. Cet étonnement cesserait sans peine si l'on connaissait mieux le régime économique d'une époque que l'histoire n'a pas encore suffisamment étudiée à ce point de vue. Nos socialistes modernes ont eu leurs précurseurs ignorés dès les siècles de foi. Longtemps avant eux, des utopistes ont affirmé que la misère humaine était fille de la propriété individuelle et que le communisme pouvait seul constituer une société équitable. Un flamand, Van Maerlant, prêchait cette théorie insensée au XIIIᵉ siècle. D'après les hérétiques d'Anvers, pour assurer le salut des pauvres en ce monde et celui des riches dans l'autre, il fallait répartir entre les premiers les biens possédés par les seconds. Pourquoi ces thèses audacieuses, qui se produisirent surtout dans les contrées industrielles et commerciales comme les Flandres, où l'élément ouvrier était prépondérant, demeurèrent-elles isolées et ne rencontrèrent-elles pas d'écho? C'est que la constitution de la censive et de la rente foncière plaça une partie de la terre entre les mains du laboureur ou du roturier. Pour employer le langage socialiste, le producteur devint alors le propriétaire de ses moyens de production. Le paysan des campagnes eut désormais son champ et sa charrue, l'artisan des villes son échoppe et son métier. L'ouvrier

sait retour au seigneur à la mort du tenancier, à moins
que celui-ci n'eût laissé des héritiers ayant vécu en
communauté avec lui. Nous rencontrerons au contraire
en Normandie une autre censive d'un ordre supérieur,
le *bourgage*, qui ne laissait à la charge du censitaire
qu'une rente récognitive de la seigneurie. Mais parmi
les modifications apportées par les contrats privés au
mode de détention de l'héritage en roture, il importe de
citer deux variétés principales du cens, le *champart* et
la *rente foncière*.

Par *champart* ou *torsage, campi pars*, on entendait une
convention qui autorisait le seigneur à percevoir sur la
terre de son sujet une certaine quantité de fruits, ordinairement une gerbe sur douze. Mais, à la différence du cens,
le champart n'emportait la seigneurie directe que lorsqu'il était établi sans aucun autre droit seigneurial. Le
débiteur ne pouvait changer la nature de son fonds sans
le consentement du créancier qu'il devait prévenir avant
d'enlever aucune récolte. Toute fraude de sa part, à cet
égard, tout fait de nature à diminuer la portion due au
seigneur ou à lui rendre l'exercice de son droit plus difficile, était punissable d'amende.

ne fit qu'un avec son instrument de travail; l'individu fut moins
absorbé que protégé par la communauté et la corporation. Un
régime économique qui se base sur la division du travail confère
naturellement aux producteurs la propriété de leurs produits et,
par suite, la forme de l'échange correspond à la forme de production. En élevant les anciens serfs à la dignité de propriétaires, la
censive et la rente foncière rendaient donc pratiquement impossible toute aspiration à la résurrection de la promiscuité du sol, de
ce vieux et enfantin communisme des peuples barbares, dont nous
avons reconnu les traces dans les institutions germaniques. L'agriculteur et l'ouvrier, possesseurs de leurs outils (terres ou métiers), se
suffirent à eux-mêmes; chaque famille produisit directement pour
sa propre consommation; elle fut indépendante et n'eut pas besoin
de recourir à un intermédiaire pour placer l'excédant de ses produits, c'est-à-dire la marchandise. La condition économique des
classes laborieuses ne les disposait donc nullement à des révoltes
contre la propriété ou le capital; elles avaient moins de bien-être,
mais plus de paix et de sécurité que de nos jours, et l'on ne s'é-

La *rente foncière* différait aussi du cens en ce qu'elle était une simple charge de l'héritage, n'entraînant pas non plus une reconnaissance nécessaire de la seigneurie directe ; elle pouvait être constituée par toute personne qui aliénait son héritage et était prescriptible. Mais on ne pouvait jamais la racheter, à la différence de celle qui était constituée à prix d'argent. Elle prenait le nom de rente foncière seigneuriale, lorsqu'en cédant une portion de son domaine, le seigneur imposait à l'acquéreur l'obligation de lui payer annuellement une certaine somme ou une certaine quantité de denrées en nature. Dans ce cas, si la rente était le prix d'une aliénation opérée par le seigneur sans démission de foi, c'est-à-dire sans renonciation au lien féodal, le crédit-rentier conservait la seigneurie directe sur l'héritage aliéné, et le débiteur n'en avait que le domaine utile.

Au reste, les obligations imposées au débiteur du champart comme à celui de la rente foncière étaient les mêmes que celles du censitaire ; seulement la rente foncière n'était jamais divisible.

CHAPITRE IX

PROFITS ET DROITS SEIGNEURIAUX

Comme le fief, l'héritage tenu en censive demeurait dans la mouvance du seigneur et ne pouvait changer de main sans son consentement. La chose donnée soit à charge de foi et hommage, soit à charge de redevance, était pré-

tonne plus dès lors de cet aveu récemment échappé à l'un des apôtres du collectivisme : « Les institutions du moyen-âge résolvaient mieux certains grands problèmes que celles d'aujourd'hui. »

sumée concédée à la seule personne du concessionnaire. Si celui-ci venait à mourir ou à s'en dessaisir, elle retournait fictivement au concédant, qui en reprenait la saisine de droit. En conséquence, l'acquéreur ou l'héritier devait payer à ce seigneur une somme d'argent pour obtenir son consentement à la transmission de jouissance, et recevoir de lui soit l'*investiture* pour le fief, soit l'*ensaisinement* pour la censive.

De là ces droits particuliers appelés droits seigneuriaux ou profits pécuniaires du seigneur.

Pour le fief, aucun droit n'était dû lorsque le possesseur venant à décéder, la succession de celui-ci était recueillie en ligne directe par ses descendants.

Mais quand le fief était transmis à la ligne collatérale, ou quand il était passé en d'autres mains autrement que par hérédité, par exemple lorsqu'il était donné par le père à son enfant pour son établissement, un droit était dû au seigneur immédiat. C'était le droit connu sous le nom de *droit de relief* ou *de rachat.* Il était souvent appelé *à merci*, parce que son importance dépendait de la volonté du seigneur, et consistait, à son choix, dans le revenu d'une année du fief, ou dans une somme pour une fois offerte par le vassal. On comprenait dans le revenu tous les fruits, émoluments et profits ordinaires du fief, sauf ceux de justice.

Lorsque la mutation du fief s'opérait par suite d'une vente, il n'y avait plus lieu au droit de relief, mais au droit de *quint.* L'acquéreur devait alors au seigneur la cinquième partie du prix de vente, et quelques coutumes y ajoutaient la cinquième partie du quint, qu'on appelait le *requint.*

Il en était de même pour l'héritage tenu à cens. Quand il passait entre les mains d'un héritier collatéral par voie de succession, cet héritier était soumis au droit de *rachat.* Quand au contraire l'héritage était aliéné par une vente, le vendeur payait un droit pour vendre, et l'acquéreur en payait un autre pour acheter. Ce double tribut prit le nom de *lods et ventes* (*laudemium*, *laudimia*, du verbe *laudare*, approuver). A Paris, il était du douzième du prix de vente ; ailleurs d ı huitième ou du sixième. C'était pour l'héritage roturier ce qu'était le *quint* pour le fief. On le devait de plein droit au seigneur censier, et l'acquéreur ou le vendeur qui dissimulait la vente, afin de se soustraire au paiement de ce tribut, était passible d'une amende.

Par là l'acquéreur obtenait la saisine de droit de l'immeuble. Mais il fallait y joindre la tradition réelle de la chose par le vendeur, qui pouvait du reste être contraint par jugement à faire l'*ensaisinement*, et le jugement valait alors comme une saisine de fait.

Les profits du seigneur féodal sur les terres données par lui soit en arrière-fief, soit à cens ou à rentes peuvent fournir une idée approximative de la richesse de la classe noble dans les premiers âges de la féodalité.

Ils comprenaient ainsi :

1° Les droits de *quint* et de *requint*, perçus sur les mutations par vente des fiefs placés dans la mouvance du seigneur ;

2° Les droits de *lods et ventes*, dus dans le même cas de mutation par les acquéreurs et les vendeurs des héritages tenus en roture ;

3° Les droits de *relief* touchés des héritiers collatéraux d'un fief ;

4° Les droits de *rachat*, également perçus des héritiers collatéraux des héritages à cens ;

5° Les droits de justice, consistant dans le prix de la ferme payée par les baillis et prévôts pour rendre la justice au nom du seigneur ;

6° Les amendes perçues sur les hommes du fief qui commettaient quelque méfait; les forfaitures et droits de formariage ;

7° Les tailles et corvées, dues par les *hommes* de *poeste*;

8° Les cens, rentes, champarts, *bordelages*, *agriers*, droits de *vinglain*;

9° Les redevances imposées par convention aux héritages à cens, indépendamment du cens lui-même;

10° Les épaves qui appartenaient au seigneur, avec le produit des mines de métal précieux et les droits de déshérence;

11° Les droits de péage ou pontonnage, en certaines localités;

12° Enfin les droits de chasse, de pêche, de colombier, de garenne qui étaient essentiellement des droits seigneuriaux (1).

De plus, les acquisitions faites par les communautés ou corporations ecclésiastiques, d'héritages féodaux, censiers ou francs-alleux, les libéralités faites aux églises et aux monastères par les seigneurs qui leur concédaient des terres à titre de fief, introduisirent deux autres espèces de droits qui étaient à l'origine seigneuriaux, et qui plus tard furent réservés au roi seulement.

Les domaines acquis par les églises ou les communautés sortaient de la circulation ou du commerce. Par suite, les seigneurs perdaient les droits de quint, de relief

(1) Il est impossible de donner ici une nomenclature complète des droits seigneuriaux qui variaient à l'infini. Toutefois, on peut citer, outre ceux qui sont indiqués plus haut les droits d'*éminage*, perçus sur le mesurage des grains; de *fournage*, perçus sur les pâtes portées à la cuisson du four banal; de *banvin*; de *ventes*, *issues*, *rouage*, *étalage*, perçus sur la vente et l'achat des marchandises; d'*hébergeage*, de *messerie*, de *forestage*, ou droit pour les usages dans les bois; de *gîte*; de *rupt du bâton* ou *plat de cuisine*, qui consistait à prendre les poules du vassal pour la table du seigneur à un prix déterminé; de *moulin banal*, de *pressoir*; de *bienvenue*, redevance imposée lors de l'arrivée d'un nouvel abbé; les prestations pécuniaires dues par les nouveaux mariés, etc. A Esbarres, en Bourgogne, les hommes nouvellement mariés devaient rompre une lance contre une quintaine, ou payer 65 sols d'amende.

ou de lods et ventes qu'ils auraient perçus en cas de mutation. Ils perdaient également un droit éventuel au retour de ces domaines, en cas de commise ou de déshérence, puisque l'Eglise, personne morale, poursuivait sans interruption sa possession. Les profits du fief dominant étaient donc diminués, ou pour emprunter le langage des feudistes, le fief était *abrégé, apeticié*, ce qui était un cas de commise. Pour remplacer ces droits éventuels qu'ils ne pouvaient plus percevoir, les seigneurs exigèrent que les églises et les corps de mainmorte vendissent les biens acquis par eux à titre de fief, dans l'année de l'avertissement qui leur serait donné, ou, à défaut de vente, qu'ils leur payassent deux ou trois années du revenu de ces biens. On appela ce versement *droit d'indemnité*. De leur côté, les hauts barons octroyèrent, moyennant finance, aux établissements de mainmorte la faculté d'acquérir et de posséder, à la charge de payer un droit d'amortissement. Peu après Saint Louis, la perception de ce droit ne fut autorisée qu'en faveur des pairs du royaume et, au XIVe siècle, le roi finit par se le réserver, en l'étendant à tous les biens de roture acquis par des gens de mainmorte, laïques ou ecclésiastiques.

CHAPITRE X

INFLUENCE DU RÉGIME DU FIEF
SUR LE DROIT PUBLIC ET ADMINISTRATIF

J'ai dit que le régime des fiefs était du Xe au XIIIe siècles la loi commune de la France et que toutes les institutions politiques, militaires ou civiles s'étaient plus ou moins exactement calquées sur lui.

Pour justifier cette proposition, il convient de jeter u
coup d'œil rapide sur le droit public de l'époque, avan
de s'arrêter sur le droit civil.

Et d'abord, comment se transmet le pouvoir royal? San:
doute, comme le disent les *Etablissements de Saint-Louis*
le roi ne relève que de Dieu et de son épée. Mais c'est li
une maxime si nouvelle et si ambitieuse, que ses auteur:
jugent prudent de la placer sous la protection du droi
romain. Il faut le reconnaître avec Montesquieu, si à l'o-
rigine de la 3e race la royauté fut purement élective
la couronne de France ne se transmit pas autrement que
comme un grand fief. On objecte en vain qu'Hugues Cape:
crut nécessaire, pour assurer l'hérédité de son trône à
son fils, d'associer de son vivant celui-ci au pouvoir royal.
Ce fut de sa part un acte de précaution et d'habile politique, ce ne fut pas un défaut de confiance dans la règle
féodale qui attribuait l'hérédité du fief à l'ainé des fils du
seigneur. Ce qui le prouve, c'est que les successeurs
d'Hugues Capet ne partagèrent jamais leur royaume entre
leurs descendants, tout en associant le plus âgé d'entre
eux à leur couronne. Celui-ci succéda en vertu du principe
de masculinité et du droit d'ainesse établis par la loi féodale
pour tous les fiefs de dignité, et si, à la mort de Louis-le-
Hutin, on invoqua la vieille loi salique pour exclure les
femmes de la succession au trône de France, cette résurrection d'un droit antérieur, déjà presque oublié, ne servit
qu'à fortifier une règle qui commençait à faiblir dans la
pratique, puisque le principe de la successibilité féminine
aux fiefs était déjà reconnu dans un grand nombre de coutumes locales.

La constitution des apanages attribués aux fils puinés
des rois est un emprunt plus direct encore à la législation
féodale. La concession faite par le père à ses descendants,
par le frère ainé à ses puinés d'un territoire destiné à leur
entretien n'est qu'une application directe de la règle féodale

que nous rencontrons dans tous les feudistes de la première
époque, et que formule énergiquement l'assise de Geffroy
de Bretagne. Pour le fief, point de partage. L'aîné pour-
voira à la subsistance de ses cadets, et leur fournira honorablement ce qui leur sera nécessaire. Les grands fiefs et
surtout le plus élevé, celui de France, sont indivisibles:
ils ne se fractionnent jamais.

Nous avons vu plus haut qu'un principe incontesté du
droit féodal au xi⁰ et au xii⁰ siècles était que le vassal
possédait dans les limites de son fief le droit de faire des
lois, l'exercice du pouvoir législatif. Or, lorsqu'au moment
même où les *Etablissements de Saint-Louis* semblent définitivement consacrer cette règle, le monarque essaie
d'étendre son action législatrice sur les terres de ses
grands vassaux et de se passer de leur assentiment pour
édicter des ordonnances applicables à tout son royaume,
lorsqu'en un mot il commence à mettre le pouvoir législatif hors de tutelle, comment y parvient-il ? Pose-t-il
fièrement cette sentence empruntée au droit romain, et
que je rencontre déjà sous la plume audacieuse du moins
romaniste des juristes, de Beaumanoir, du sage et dévoué
bailli de Vermandois : « *Ce qui li plest à fère doit estre
tenu por loi* (1), » traduction littérale du vieil axiome de la
Rome impériale : *quod principi placuit legis habet vigorem* ?
Non : cette sentence n'est qu'une de ces pensées que l'enthousiasme suggère, mais que la réflexion vient aussitôt
comprimer. Si pénétré qu'il soit de la grandeur de la
mission royale, si ardent qu'il se montre à reculer les
frontières de l'autorité monarchique et à en accroître les
prérogatives, Beaumanoir est comme effrayé de sa témé-
rité, et ce secret confident, cet auxiliaire infatigable de la
politique royale s'empresse d'ajouter : « *Cascuns barons
est souverain dans sa baronnie. Voirs est que li rois est*

(1) *Cout. du Beauvoisis*, t. II, p. 57, n° 27, édit. Beugnot.

sovrains par dessus tous et a, de son droit, le général garde de son roiame, par quoi il peut fere tex establissemens comme il lui plest por le commun profit, et ce qu'il establist doit estre tenu (1). » En d'autres termes, le roi, par la bouche de Beaumanoir, invoque encore la règle des fiefs ; il ne se déclare pas législateur, parce qu'il est roi, mais parce qu'il est *souverain fieffeux*, le baron supérieur de son royaume. C'est comme gardien suprême de la grande association féodale qu'il revendique le droit de promulguer une loi commune à toutes les conditions et à toutes les baronnies.

Si du domaine législatif, nous passons au régime militaire, le roi nous apparait aussi manifestement comme un simple possesseur de grand fief. Il fait la guerre, il commande aux armées, moins à titre de roi qu'à titre de suzerain. C'est en vertu du devoir féodal qu'il appelle ses hommes au guet ou à la garde de ses châteaux en temps de paix. C'est parce qu'ils manquent à ce devoir qu'il punit les réfractaires d'une amende de 60 sols (2). Il s'en faut beaucoup que le droit de guerre lui appartienne exclusivement : tous les seigneurs, grands et petits, tous les gentilshommes, dit Beaumanoir, peuvent à leur aise guerroyer. Les *gens de poeste* sont exclus de ce droit, qui est inhérent à la noblesse terrienne. « Guerre, dit encore le bailli de Vermandois, pour nostre coustume, ne pot queir entre gens de poeste, ne entre borgois (3). » Quand un gentilhomme a « meffait » à un bourgeois ou à un roturier, celui-ci peut « procacier, » c'est-à-dire aller en justice, mais il n'a pas le droit de tirer vengeance à main armée de l'injure qu'il a subie. Les représailles, issues de la *faida* germanique, sont un privilège noble que la royauté, que l'Eglise chercheront à restreindre, mais qu'elles

---

(1) *Cout. du Beauvoisis.* t. II, p 22, nº 41.
(2) *Etablissements de S'Louis,* ch. LXI; *Ordonnances,* t. I, p. 153.
(3) *Cout. du Beauvoisis,* t. II, ch. 59, § 5, p. 355, édit. Beugnot.

ne tenteraient pas encore de contester. Le lignage prend les armes pour son lignage, le vassal pour son seigneur, c'est la loi de défense et de protection mutuelles, qui est la base de l'édifice féodal.

Mais le vassal seul peut être appelé à monter à cheval dans l'intérêt de son suzerain et pour son fief seulement. Si le roi a une querelle particulière avec l'un de ses vassaux, il ne peut *semondre* contre lui, c'est à-dire appeler aux armes que les vassaux de ses propres terres, et les seuls vassaux d'un rang égal à celui qu'il se propose d'attaquer. La loi des fiefs lui défend en effet de traiter en ennemis ceux de ses hommes avec lesquels il est en différend avant de les avoir cités et fait juger par leurs pairs (1). Si au contraire la guerre est déclarée à un prince étranger, le roi peut convoquer sous son oriflamme tous les seigneurs du royaume, qui se font à leur tour suivre de leurs vassaux à l'*ost* royale, mais ceux-ci ne lui doivent le service militaire que parce qu'il est leur suzerain supérieur, c'est-à-dire en vertu de la loi féodale et dans les limites qu'elle a fixées, pendant quarante jours. Chaque baron reçoit en ce cas une *semonce* directe, dans la forme prescrite par l'usage des fiefs ; Philippe-le-Hardi les taxe en 1272 et les met à l'amende quand ils ne comparaissent pas ; mais il ne les frappe de cette taxe que parce qu'ils ont manqué à leur devoir féodal (2). Ce fut là peut-être sinon l'origine, du moins l'un des premiers exemples de la solde militaire et l'une des causes qui détermineront plus tard la royauté à créer les armées per-

---

(1) Brussel, *De l'usage général des fiefs en France*, t. I. p. 163.

(2) Sans cela, il n'y aura t pas eu de redevance pécuniaire. « La coutume, disait d'Argentré, exclut formellement toute intervention d'argent, car une redevance pécuniaire est contraire à la substance même du fief. Le fief cesse d'être un fief, s'il y est question d'argent; une concession de cette nature devient alors une convention d'une autre espèce, mais ce n'est plus un fief. » (D'Argentré sur l'art. 335 de la *coutume de Bretagne*). On appelait ces amendes encourues pour défaut à l'appel *auxilium exercitus*, aydes de l'ost.

manentes, en rassemblant autour d'elle des corps de mercenaires, toujours prêts à entrer en campagne et à y demeurer, tant que cette solde ne leur ferait pas défaut. Lorsque Philippe-Auguste, dans sa lutte contre l'empereur d'Allemagne, lorsque Philippe-le-Bel, dans sa guerre contre les Flamands, appellent aux armes l'arrière-ban du royaume, par un souvenir de l'ancien *bannum* de l'époque franque (1), et lorsque toutes les forces vives de la nation se rassemblent pour écraser l'ennemi national, en dehors de nos frontières, est-ce la monarchie qu'elles vont défendre ? Non, c'est la « seignorie » de France ; hauts barons et arrière-vassaux ne remplissent encore sur le champ de bataille de Mons-en-Puelle que leur devoir de fief.

Allons plus loin encore, pénétrons plus avant dans l'administration intérieure du royaume ; de quelque côté que nous portions nos regards, nous ne rencontrons partout dans l'exercice du pouvoir royal, sous les premiers Capétiens, que l'application du droit pur de la féodalité.

Voyons par exemple le régime financier. Les finances de l'Etat sont celles du roi lui-même, et celles-ci ne sont pas autres que celles des seigneurs. Elles ont du moins la même origine et se perçoivent, s'administrent, se dépensent de la même façon. Que le seigneur s'appelle le roi de France ou le duc de Bourgogne, le duc de Normandie, les recettes s'effectuent par les mêmes officiers, prévôts, baillis, qui sont chargés de l'administration générale, et qui sont comptables, responsables devant une *camera computorum*, devant une chambre des comptes, c'est-à-dire devant des conseillers du maître, investis de la fonction de régler tous ses intérêts (2).

---

(1) *Bannum*, service manuel.

(2) Brussel, *loc. cit.*, t. I, p. 309 et suiv M. N de Wailly évalue le revenu des domaines de Saint Louis, pendant la seconde partie de son règne, à 206,000 livres.

Mais de quoi se composent ces recettes ? Pour la couronne, comme pour le haut vassal, elles ont deux sources différentes : 1° le domaine de la couronne ou du seigneur ; 2° les droits domaniaux, c'est-à-dire les droits qui dérivent de ce domaine.

Des produits du sol, je n'ai rien à dire : ils étaient évidemment partout identiques. Mais parmi les droits domaniaux, il y en avait sans nul doute de bien différents. En effet, les uns pouvaient provenir de la seigneurie, tels que les cens, les rentes, les redevances, les droits de mutation, les amendes, les péages, les *tonlieux*, le for-mariage, les droits de greffe et de sceau, les profits de fief en un mot. D'autres pouvaient enfin résulter de la souveraineté ; c'étaient les droits régaliens, le droit de monnayage par exemple.

Eh bien ! je parcours la liste de tous ces droits, et je n'en trouve pas un seul que des seigneurs n'aient pu percevoir à l'exemple du roi.

Le droit de battre monnaie, ce droit régalien par excellence, appartint au moyen-âge, dans sa première période surtout, à une foule de seigneurs, autres que le souverain de France. Du Cange a soutenu qu'au roi seul incombait le droit de frapper des monnaies d'or et d'argent et que les hauts barons, les églises, les évêques, les monastères ne pouvaient émettre que de la monnaie de cuivre, à moins d'une autorisation expresse. Mais son assertion est démentie par les faits, car nous possédons des monnaies d'or ou d'argent frappées par les ducs de Normandie, de Bourgogne, par le comte d'Alençon, par les églises de Cambrai, de Saint-Étienne de Dijon, de Saint-Quentin, de Saint-Denis, par l'évêque de Langres. Bien plus, les hauts seigneurs qui avaient le droit de coin jouissaient du privilège d'empêcher qu'aucune autre monnaie ne circulât sur leurs terres, même celle du roi. En 1195, le duc de Bourgogne Eudes III stipula avec Manassès, évêque de

Langres, que les seules monnaies de Dijon et de Langres auraient cours à Châtillon-sur-Seine (1). En 1225, un évêque de Meaux, qui avait fait frapper de nouvelles pièces, défendit l'usage des anciennes, et sur les observations du roi Louis VIII, qui se plaignit que cette prohibition causait préjudice aux habitants des terres de la mouvance royale, promit de l'avertir désormais quatre mois auparavant des changements apportés à sa monnaie (2). Saint Louis fut le premier roi qui osa en 1262 prescrire le cours de la monnaie royale dans tout le royaume (3), ce qui indique bien qu'auparavant elle n'était pas reçue dans les terres situées hors de son obéissance ou qu'elle y subissait au moins un décri. En 1313 seulement, Philippe-le-Bel, entre les mains de qui le sceptre royal s'était consolidé et avait acquis une plus grande autorité (4), Philippe-le-Bel put défendre aux barons et prélats qui jouissaient du droit de battre monnaie, de frapper de nouvelles pièces jusqu'à ce que le roi eût fabriqué les siennes, dont il avait projeté la refonte. Cette défense temporaire eut pour tous un grand résultat : plusieurs seigneurs en profitèrent pour vendre au roi leur privilège de monnayage, et à partir de ce moment, sauf quelques exceptions, ce droit régalien ne fut plus exercé que par le souverain lui-même, qui en usa malheureusement trop souvent pour se créer des ressources, en altérant le titre de ses monnaies et en en imposant le cours à des taux exorbitants. On vit en même temps se perdre le droit de *fouage* ou de *monnéage* que les habitants de quelques pays payaient à leur seigneur, à la condition que celui-ci ne changerait pas sa monnaie, et ce tribut cessa même d'être levé sur les terres de France à partir de 1380 (5).

(1) Brussel, *De l'usage général des fiefs en France*, t. I, p. 198.
(2) Du Cange, *Glossaire*, v° *moneta*.
(3) *Idem, id., id.*
(4) V. E. Boutaric, *Philippe-le-Bel*.
(5) Brussel, *De l'usage général des fiefs en France*, t. I, p. 216.

L'impôt royal lui-même n'est pas sorti de l'impôt romain qui, d'après certains auteurs, se serait transformé en cens privé; il a une origine féodale (1). Aux xɪᵉ et xɪɪᵉ siècles, les Etats généraux ne se sont pas encore réunis et n'ont pu formuler cette grande règle de notre droit public, à savoir qu'aucune contribution ne peut être levée en France sans le consentement des Etats; mais le roi, comme seigneur féodal, a déjà le droit de lever ou d'*indire* (2) une aide sur ses vassaux, comme il a le droit de les appeler au service militaire. L'aide est un subside extraordinaire, *auxilium*, que le seigneur haut-justicier peut percevoir, outre la taille, sans titre ni distinction de classes ou de terres, subside volontaire à l'origine, qui doit être librement consenti, et qui est perçu dans quatre cas:

1° Pour voyage d'outre-mer, c'est-à-dire pour les croisades;

2° Pour nouvelle chevalerie, lorsque le seigneur ou son fils aîné est armé chevalier;

3° Pour le mariage de la fille du seigneur;

4° Pour la rançon de ce seigneur, s'il vient à être fait prisonnier de guerre dans une expédition militaire pour le service du prince.

Ce n'est pas à dire que ce subside ne puisse être demandé aux vassaux par leur seigneur dans d'autres cas. Mais alors il faut qu'il y ait titre ou prescription suffisante. Par exemple, on peut indire aide quand on achète une terre en Bourgogne (3).

Ces aides sont, à l'origine, un impôt personnel, qui, par exception, frappe l'homme et non la terre, mais qui ne l'atteint que parce qu'il est habitant d'un lieu sur lequel

---

(1) Vuitry, *Etudes sur le régime financier de la France*, 1878.

(2) Qu'on se rappelle l'*indictio* romaine.

(3) Dunod, *Observat. sur la cout. du comté de Bourgogne*, p. 54. — Garnier, *Chartes communales en Bourgogne*. t. III, p. 419.

le seigneur étend sa suzeraineté (1). Le premier exemple
d'un subside de ce genre perçu par le roi dans tout son
royaume fut la taille levée par Louis-le-Jeune en 1147; puis
vint la *dime saladine*, imposée en 1188 par Philippe-
Auguste avant son départ pour la Terre-Sainte. Quiconque refusait de se croiser dut payer pendant un an le
dixième de ses revenus et le dixième de sa fortune mobilière. C'était, sous une forme peu déguisée, le rachat du
service militaire. Aussi la royauté s'empressa-t-elle de se
servir de ce précédent lorsqu'elle se trouva engagée dans
une guerre autre qu'une expédition en Palestine, et l'aide,
de volontaire qu'elle était d'abord, de restreinte à quatre
cas déterminés, devint bientôt une charge forcée du vassal
de la couronne, direct ou indirect, et se leva dans d'autres
circonstances que celles qui avaient été déterminées par
les anciennes coutumes. Philippe-le-Bel recourut à ce
système lorsqu'il obtint des Etats de 1303, pour ses guerres
de Flandre, une contribution d'un cinquième sur le revenu.
Ses successeurs levèrent souvent, sous le même prétexte,
des aides semblables. En 1337, à l'aube de la guerre de
cent ans, Philippe de Valois requit les habitants du
royaume de se préparer à venir en armes à son appel à la
prochaine Pentecôte, et engagea ses baillis à *finer* avec
ses sujets, en d'autres termes à les exempter du service
militaire, moyennant le paiement d'un subside convenable (2). Ces aides restèrent en apparence des octrois
librement acquittés par le peuple (3), mais, en fait, de

---

(1) Les aides prenaient quelquefois le nom de *tailles*. Ainsi,
une charte de Philippe-Auguste, de 1185, nous apprend que
l'évêque de Laon percevait de ses *hommes* du Laonnais, à titre de
taille, une somme de 700 livres et mille muids de vin pour trois
causes . « le service de la guerre du roi, le pape et la guerre manifeste de l'église de Laon. » (*Nouv. recueil des ordonnances*, p. 14.)
Les ecclésiastiques n'étaient pas plus exempts des aides que les
laïques.

(2) *Archives administr. de Reims*, t. II, p. 783, n° 441.

(3) En effet, on pouvait se racheter de l'aide en fournissant le
service militaire et réciproquement. V. Lettres de juillet 1315,
Ordonnances, t. I, p. 603.

temporaires qu'elles étaient elles devinrent peu à peu per-
manentes, et la prestation volontaire se changea insensiblement en une taxe obligatoire, que les Etats consacrèrent
au xiv° siècle, en la votant pour une certaine période déterminée, le plus souvent annuelle, et en introduisant dans
sa perception un principe inconnu jusqu'alors, l'égalité
devant l'impôt.

Ce n'est ni le lieu ni le moment de raconter la grande
révolution qui s'opéra à cet égard dans le droit public de
de la France. Qu'il suffise de dire qu'en autorisant le roi à
percevoir, dans tout son royaume, par délégation des trois
ordres, les tailles et les aides ou les autres subsides qu'il
levait jusqu'alors, comme seigneur féodal, ou qu'il devait
à la libéralité des villes et communautés (1), les Etats firent
peut-être plus pour la puissance et l'unité de la monarchie,
qu'ils semblaient toutefois mettre en tutelle, que les légistes
inspirés par le droit romain, en revendiquant pour le
souverain l'autocratie des empereurs de Bysance ; ils rom-
pirent à son profit le faisceau de la féodalité, et au-dessus
de l'autorité seigneuriale, dont le prince était jusqu'alors
réduit à invoquer les prérogatives et les maximes, ils pla-
cèrent deux pouvoirs, qui pendant de longs siècles mar-
cheront désormais unis, celui de la nation et celui du roi.

CHAPITRE XI

INFLUENCE DU RÉGIME DU FIEF SUR L'ADMINISTRATION DE LA JUSTICE

§ 1. *Justices seigneuriales*

Les historiens et les jurisconsultes sont loin d'être
d'accord sur l'origine des justices seigneuriales. D'après

---

(1) A l'occasion de l'aide féodale perçue pour la rançon du roi
Jean, Charles V organisa un personnel tout à fait nouveau et qui
dépendait uniquement de lui.

Loyseau, ce grand ennemi de la féodalité, il n'y avait originairement qu'une seule juridiction en France, mais
l'usurpation des seigneurs la fractionna en autant de parties qu'il y avait de fiefs. D'Argentré et Montesquieu ré-
futèrent cette opinion et soutinrent que la justice était une
dépendance naturelle du fief. Mais on leur objecta la
maxime coutumière : *fief et justice n'ont rien de commun.*
Comment leur système pouvait-il expliquer l'existence
avérée de fiefs sans justice et surtout de justices sans
fief ?

Un auteur moderne, M. Championnière, a cru résoudre
la question en distinguant l'*honor* du *beneficium*, le droit de
percevoir le cens et les amendes dus par les vassaux à leur
seigneur de la jouissance de la terre elle-même. Selon lui,
le premier a été légué par l'administration romaine à la
féodalité qui a perçu à son profit les impôts institués par
le fisc impérial ; le second est le fief proprement dit. A
l'origine, l'*honor* et le *beneficium* ont été les objets de deux
concessions distinctes, et l'on a pu dire ainsi que la justice
et le fief n'avaient rien de commun.

Malheureusement, les textes ne confirment pas cette
explication érudite et ingénieuse. En rappelant que le
seigneur dominant d'un fief pouvait à volonté concéder la
terre sans justice ou la justice sans terre, M. Pardessus a
justement substitué à la maxime coutumière celle-ci : *fief
et justice sont différents.* Mais d'où le seigneur tirait-il lui-
même son droit de juridiction ?

L'un des principaux attributs du *mundium* germanique
était la juridiction domestique. Le chef de famille rendait
la justice à tous ceux qui étaient placés en sa garde, sous
sa dépendance. Les lois des Allemands et des Ripuaires,
les Capitulaires mérovingiens et carlovingiens, l'édit de
Pistres reconnaissent nettement aux chefs le droit d'établir dans leurs terres des intendants ou juges chargés
d'administrer la justice, non seulement à leurs esclaves,

mais à tous les hommes qui relevaient d'eux (1). Il y avait
donc en dehors de la juridiction royale une juridiction
domestique, *virtute prædii*, dont le principe se trouvait
dans la possession du sol. La féodalité se borna à appliquer ce principe au fief, ét Beaumanoir put dire : « tout cil
qui tiennent en fief ont en lor fief toute justiche (2). » Par
la même raison, l'alleu, réputé noble jusqu'au XVIᵉ siècle,
fut investi du droit de justice, comme l'indique cette
maxime : *Justice étant en franc-alleu est exempte du prince.*

L'application en fut d'autant plus facile que la royauté
s'y prêta elle-même par les chartes d'immunité. On
donne ce nom aux dispenses accordées, du VIIIᵉ au Xᵉ siècles, par le prince à un possesseur de bénéfices de recevoir sur sa terre aucun officier public, aucun juge royal
chargé d'exiger des amendes, d'instruire des procédures ou
d'exécuter des sentences (3). Par là le bénéficier échappait
à la juridiction du comte et ses jugements ne ressortis-
saient plus que du tribunal du roi. Ce privilège fut sans
doute exceptionnel tout d'abord, et les Capitulaires cherchèrent même souvent à en resteindre l'étendue. Mais
on en oublia bientôt l'origine et chaque possesseur de fief
prétendit en avoir l'exercice en vertu de son droit de justice foncière

La juridiction demeura donc, en général, attachée à la
terre inféodée. Toutefois elle pouvait en être séparée, soit
par l'effet d'une réserve expresse dans l'acte de concession, soit par l'effet de partages, soit enfin parce
que le seigneur était impuissant à constituer sa cour
féodale. Dans ce dernier cas, les parties recouraient au
tribunal du seigneur dominant, ou, comme il y avait

---

(1) Baluze, *Capitul.*, t. I, col. 17 et s.; D. Bouquet, t. IV, p. 570,
615, 617 ; Marculfe, *Form.*, 3, 4, 7, 14, 17 ; *Capitul.* d'Anségise,
lib. IV, art. 66.

(2) *Cout. du Beauvoisis*, t. I, ch. 10, p. 150.

(3) Baluze, *Capitul.*, t. II, p. 1400, 1404, 1407.

alors *défaute de droit*, à celui du roi. Ainsi naquit l'axiome précité : *fief et justice n'ont rien decommun.*

Pour juger régulièrement, en effet, le seigneur devait composer sa cour de vassaux appelés par leur devoir féodal à s'associer à sa justice: il devait la *garnir suffisamment de pairs*, c'est-à-dire d'hommes égaux aux parties et soumis au même lien de vassalité. *Juger est le fait de plusieurs*, disait-on au moyen-âge. Le nombre *suffisant* variait selon les coutumes, mais en général il devait être de trois au moins. Les roturiers avaient également le droit d'être jugés par leurs pairs, les censitaires par des censitaires, mais ils n'étaient pas justiciables de la cour féodale réservée aux possesseurs d'arrière-fiefs. « Justice n'est mie à vilain, » dit à cet égard le livre de la reine Blanche. De plus, à la différence des autres vassaux, les hommes de poeste ne pouvaient recourir à la juridiction supérieure. « Entre toi et ton maistre, il n'y a autre juge, fors Dieu. »

Les justices seigneuriales se divisaient en trois classes : les hautes, les moyennes et les basses, correspondant aux grandes, médiocres et petites seigneuries. Les hauts justiciers étaient d'abord les ducs, les comtes et autres vassaux immédiats de la couronne. Ils connaissaient de toutes causes civiles et criminelles, sauf les cas royaux et les poursuites criminelles contre les nobles, à partir du moins de Saint Louis pour ces dernières. Ils pouvaient prononcer la peine capitale, sans appel ni révision de leurs jugements. Le moyen justicier n'apparaît guère qu'au XIVᵉ siècle, et même en Normandie il ne fut jamais distingué du bas justicier. Il pouvait, au civil, être saisi de toutes contestations, sauf des demandes de séparation de corps et d'interdiction et, au criminel, prononçait des amendes jusqu'à 60 sols. Quant à la basse justice, elle ne donnait compétence qu'à l'égard des contestations soulevées par les tenanciers relativement aux droits féodaux et, jusqu'à 60 sols, à l'égard des causes personnelles entre roturiers.

La procédure était simple devant ces tribunaux et empruntait ses formes principales aux lois d'origine germanique. La demande se formait par *claim*, plainte verbale si l'adversaire était présent à l'andience, ou par *semonce*, c'est-à-dire par ajournement, s'il était absent. Le défendeur était cité, à trois reprises différentes, devant la justice où il était « levant et couchant » par un sergent, lorsqu'il s'agissait d'un vilain, et par deux de ses pairs, lorsqu'il était noble. Le délai de comparution était fixé à sept jours pour le roturier et à quinze pour le possesseur de fief. Mais tous les efforts de la chicane tendaient le plus souvent à faire prolonger ce délai et à retarder la solution du procès. La partie défaillante était frappée d'une amende réitérée en cas de second défaut. Celle qui succombait n'était pas condamnée aux dépens, mais à une amende envers le juge dont elle avait inutilement occupé les instants.

Outre les justices seigneuriales, il existait dans un certain nombre de localités qui avaient obtenu des chartes de commune des justices municipales, images plus ou moins imparfaites des anciennes curies romaines, et dans lesquelles les bourgeois étaient jugés par leurs pairs, c'est-à-dire par des bourgeois. En leur concédant ce droit de juridiction, sauf certains cas réservés, comme l'homicide, le vol en récidive, le rapt et le feu bouté, ainsi que l'exécution des jugements criminels, la royauté céda peut-être moins au désir d'émanciper les villes qu'à celui de consolider, par la voie de l'appel, le pouvoir qu'elle retint sur les nouvelles communes.

§ 2. *Justices royales*

Sous les rois carlovingiens, la justice royale était rendue au premier degré par les comtes et les scabins, au second par les *missi dominici majores*, au troisième par la cour ou le *plaid* du roi, lorsque la sentence n'avait pas été rendue *selon la loi*. Après la disparition des *missi dominici*, le plaid royal continua de subsister, mais il fallut, au-dessous, organiser une juridiction de première instance pour le domaine royal. Voici quelle fut cette organisation.

Dans les terres *en l'obéissance le Roi*, des officiers particuliers nommés *prévôts* ou *baillis* étaient chargés de percevoir les revenus domaniaux, à l'imitation des officiers établis dans le même but par les seigneurs sur leurs fiefs. La perception de ces revenus soulevant de fréquentes questions litigieuses, Philippe-Auguste ordonna par son testament de 1190 que les prévôts établiraient dans chaque prévôté quatre prud'hommes, six à Paris, pour les aider à résoudre les procès qui leur seraient soumis. En 1203, le domaine de la couronne comptait 67 prévôtés appelées *prévôtés de France*, pour les distinguer de celles qui furent créées dans les terres achetées ou conquises. Les officiers qui les occupaient rendaient la justice à leurs administrés sous la surveillance du sénéchal qui faisait une tournée dans les prévôtés et recueillait en une cour spéciale les plaintes des habitants contre les prévôts.

En 1190, Philippe-Auguste supprima la charge de sénéchal et la remplaça par celles des *baillis royaux*, chargés de tenir une fois par mois des assises où étaient portées toutes les affaires concernant les droits du roi et le ressort de sa justice, et, comme le sénéchal, de surveiller les prévôts. Ils devaient tous les trimestres rendre compte de leur gestion au conseil ou au *jour* du Roi à **Paris**. Destituables en cas de meurtre, de rapt, de trahison, et nommés pour trois ans seulement (1), ces baillis qui cumulaient des fonctions multiples, puisqu'ils étaient également des chefs militaires et des percepteurs des deniers royaux, étaient surtout des magistrats, et leurs devoirs

---

(1) Ordonnance de Saint Louis de 1256. — V. aussi Beaumanoir.

judiciaires absorbèrent peu à peu les autres. On a cru
longtemps, sur la foi du *traité de la police* de De la Mare,
que Philippe-Auguste n'avait institué que quatre grands
baillis, ceux du Vermandois, de Sens, de Mâcon et de
Saint-Pierre-le-Moustier. Mais en 1202 il en existait déjà
beaucoup d'autres, à Orléans, Arras, Etampes, Mantes,
Senlis. Celui de Mâcon ne fut lui-même créé qu'en 1239.

Toutefois, cette nouvelle juridiction ne s'appliquait
qu'au domaine royal. Comment attirer à elle les justiciables des seigneurs ? La monarchie y parvint ainsi. Le roi
pouvait avoir évidemment des intérêts litigieux à débattre
avec les hommes des grands vassaux, et sa qualité de
souverain fieffeux lui interdisait de plaider devant la cour
de ses propres sujets. L'ordonnance de 1190 prévit le cas
et éleva, comme l'on dirait aujourd'hui, directement le
conflit. « Les baillis, dit-elle, devront juger les causes du
dehors qui regardent le roi. » Or, la royauté s'étant toujours refusée à définir les *cas royaux*, on y comprit bientôt
tout ce qu'on voulut. Grâce au vague dans lequel la jurisprudence des bailliages se complut à rester à cet égard,
les populations accoururent de toutes parts à leurs pré-
toires, et bien que certaines ordonnances arrachées au
pouvoir royal par les plaintes de la noblesse aient défendu
aux gens du roi de « justicier ès terres des nobles, si ce
n'est pour cause de ressort ou de souveraineté, (1) » les
baillis n'eurent pas de peine à retenir tous les justiciables
que les seigneurs avaient perdus.

Mais une autre cause non moins importante de l'extension de la justice royale fut le droit d'appel.

§ 3. *Voies de recours.*

Qu'il émanât d'un juge seigneurial ou d'un juge royal,
en principe le jugement ne pouvait être frappé d'appel.
Il devait manifestement en être ainsi lorsque le procès

---

(1) Ordonnance d'avril 1315 rendue pour la Bourgogne.

s'était terminé par le combat judiciaire. « Si la bataille est faite, dit Beaumanoir, la querelle est venue à fin : si n'est mestier de plus d'apiaux. » Quelques seigneurs avaient, il est vrai, surtout dans le Midi, institué des tribunaux d'appel pour les autres cas, mais ce furent des exceptions. En principe donc, le droit féodal n'admettait pas de recours à une juridiction supérieure. « Appel, disent les *Etablissements*, contient félonie et iniquité, » c'est-à-dire injure au seigneur qui a rendu la sentence.

Mais s'il repoussait l'appel proprement dit, ce droit reconnaissait, comme les Capitulaires, deux cas de recours au suzerain, le *faussement de jugement* et la *défaute de droit*.

On *faussait* le jugement lorsqu'on l'attaquait pour un vice grossier, imputé à la prévarication du tribunal. Le condamné mettait en cause moins la sentence que le juge. A l'origine, il appelait celui-ci en champ-clos pour défendre celle-là. Tous les membres de la cour devaient descendre dans la lice et se mesurer successivement avec lui. S'il n'avait pas qualifié leur œuvre de fausse, méchante et déloyale, cette œuvre était tenue pour bonne et la réformation n'en pouvait être prononcée.

Cette lutte à main armée étant aussi périlleuse pour le plaideur que pour le juge, se transforma peu à peu en lutte judiciaire et fut transportée devant le tribunal du suzerain, le plus fréquemment devant la cour du roi. Si le recours était jugé mal fondé, l'appelant perdait son fief. S'il était au contraire accueilli, le seigneur perdait l'obéissance de son homme et devenait passible d'une amende. Quant au vilain, il lui était interdit de fausser le jugement de son seigneur. De même, en principe, on ne pouvait appeler des décisions rendues par les juridictions royales, mais seulement se plaindre et supplier le roi d'examiner, de « dépiécer » la sentence et de la réformer, si elle lui paraissait violer la loi. En fait, cette prière équivalut à un appel et les ordonnances qni constituèrent les sénéchaux et les baillis, puis le parlement confirmèrent ce mode de recours.

Il y avait enfin *défaute de droit* en cas de déni de justice, lorsque le seigneur refusait de statuer sur le litige, ce qui était souvent le cas des petits possesseurs de fiefs, incapables de composer leur cour, faute de juges. Les parties n'attaquaient pas alors un jugement qui n'avait pas été rendu, elles en demandaient un au contraire au suzerain. Or, le roi étant le suzerain de tous les fiefs, elles pouvaient s'adresser à lui de préférence au seigneur dominant, malgré la règle formulée par Beaumanoir, que « l'appel se fait en montant, sans nul seigneur trespasser. (1). » Faculté remarquable dont on n'a peut-être pas assez signalé les conséquences. Dès qu'il fut admis que le haut vassal, coupable d'un déni de justice, pouvait perdre non seulement son droit de juridiction sur l'affaire, mais son justiciable, dès que la monarchie put, à l'aide d'un simple arrêt, faire passer des villes entières sous l'autorité de son parlement, la France moderne apparut vraiment debout sur les ruines de l'édifice féodal.

§ 4. *Les Parlements*

Je viens de prononcer un grand nom, qui désigne une grande chose, une grande institution qui, à elle seule, fit plus pour la royauté que vingt batailles rangées, j'ai cité le parlement. Quelle en fut l'origine ? Les rois de la 3ᵉ race avaient un conseil, *curia regis*, tour à tour assemblée politique et cour féodale, qui connaissait des causes sur lesquelles la cour du comte de Paris n'avait pas juridic-

---

(1) Voici l'ordre des appels tel que le réglait la coutume du Châtillon pour la Bourgogne. On appelait « du prévost à bailli, du bailli aux auditeurs à Beaulne, des auditeurs au parlement à Beaulne, du parlement de Beaulne en parlement à Paris; et là sépient la fin des causes » (art. 50.) Ch. Giraud, *Essais sur l'histoire du droit franç.*, t. II, p. 355.

tion. A ce conseil, qui suivait partout le prince, siégeaient les hauts barons astreints envers leur suzerain au devoir de justice. Mais, comme dans les autres cours seigneuriales, la présence de tous ces vassaux n'était pas obligatoire et le conseil pouvait statuer lorsqu'il était suffisamment garni de pairs, trois au moins. Il en résulta qu'à défaut des barons, qui préféraient le camp au prétoire, le service judiciaire se concentra peu à peu dans un nombre limité de personnes choisies parmi les familiers du roi, chevaliers ou clercs, parmi ses serviteurs immédiats, plus rapprochés de lui et aussi plus complaisants. La *chambre aux plets* tendit donc insensiblement à se séparer du conseil royal proprement dit, où se portaient les affaires politiques, et lorsque sa résidence fut fixée à Paris en 1302, sauf au temps des assises qu'elle devait chaque année tenir à Rouen et à Troyes, lorsque le roi cessa plus tard de dresser la liste de ses membres à l'ouverture de chaque session, et confirma ainsi implicitement les juges de la session antérieure dans leurs fonctions, ce qui en fit des magistrats permanents, le nouveau parlement ne se composa plus d'hommes de guerre, mais d'hommes de loi, statuant au nom du monarque, mais sans son concours, et non moins jaloux que lui d'étendre leur compétence avec son autorité.

Divisés en trois chambres, selon la nature des causes, par l'ordonnance de 1320, assistés d'un fonctionnaire chargé de « faire avancier les causes le roy, » et qui deviendra plus tard un officier du ministère public, juges souverains, car les parties ne pouvaient recourir au prince qu'en des cas exceptionnels d'erreur ou d'ambiguïté de leurs arrêts, les conseillers au Parlement attirent à eux toutes les grandes affaires du royaume et s'élèvent au-dessus de tous les tribunaux. Quand la couronne s'annexera de nouvelles provinces, elle y créera sans doute d'autres cours souveraines, mais celles-ci ne seront qu'une image et comme une émanation du Parlement de Paris et, malgré leur indépendance, elles s'honoreront jusqu'au xviii° siècle d'en être des *classes* détachées (1).

§ 5. *Duel judiciaire*

Un seul obstacle pouvait retarder le développement de l'usage des appels et par suite l'extension de la juridiction du Parlement. Cet obstacle, nous le connaissons déjà, c'est le combat judiciaire. Lorsque Dieu a prononcé, il n'appartient pas à l'homme de réformer sa sentence, et c'est Dieu lui-même qui prononce lorsque dans le champ clos il donne la victoire à l'un des champions sur l'autre. Après l'*aveu*, l'*évidence*, le *record* ou l'enquête par témoins, nous retrouvons encore au xiii° siècle, malgré les efforts de l'Eglise, le duel employé comme aux temps barbares à titre de preuve judiciaire, non seulement entre les parties elles-mêmes, mais entre elles et leurs juges, ou entre elles et les témoins dont la déclaration leur était défavorable. Ce mode absurde d'établir son droit était si fort enraciné dans les mœurs, que la royauté dut se contenter d'en limiter et d'en réglementer la pratique. En 1168 Louis-le-Jeune l'interdit à Orléans pour une dette inférieure à 5 sols. D'après les *Assises de Jérusalem*, on ne put y recourir que pour meurtre ou homicide apparent, perte d'un membre ou de l'honneur, querelle d'un marc d'argent au moins, ou trahison du seigneur. Les parties durent se soumettre à la sentence du juge qui décidait si le gage de bataille devait être ou non accepté, si elles étaient de condition et d'âge requis pour combattre, si le fait n'était pas assez notoire pour rendre inutile la provocation (2). On n'était admis au combat qu'après 21 ans et

---

(1) Le Parlement de Bretagne fut créé en 1475; celui de Normandie en 1499, et celui de Provence en 15'1 Pau, Metz, Besançon, Douai, Nancy reçurent postérieurement des cours souveraines et l'Alsace un conseil supérieur.

(2) *Cout. de Beauvoisis*, tit. *des apiaux*, ch. 61 à 67.

avant 60 ans. Les *méhaingnés* ou les estropiés, les infirmes, les lépreux étaient exclus du champ clos ; les
prêtres, les clercs, les moines en étaient également écartés.
Le serf, le bâtard ne pouvaient appeler qu'un homme de
leur condition ; le père ne pouvait provoquer son fils, ni
le fils son père, ou le filleul son parrain. La femme n'avait
la faculté de descendre en champ clos qu'avec l'autorisation de son mari et par le ministère d'un *avoué*, d'un
champion. La bataille était admise entre le suzerain et
son vassal, mais pour une contestation sur le fief seulement, et dans la cour du roi ou d'un baron choisi par le
vassal (1). De plus, l'appelant et l'appelé étaient tenus de
fournir des gages ou des ôtages, c'est-à-dire des cautions
suffisantes tant pour les dommages-intérêts attribués au
vainqueur que pour sûreté de l'amende due au seigneur
par le vaincu. De là ce quatrain :

> C'est un proverbe et commun dis
> Qu'en la coustume de Lorris,
> Quoiqu'on ait juste demande,
> Le battu paie l'amende.

Si les parties admises par jugement au combat venaient
à accommodement après avoir déposé leurs gages, elles devaient également une amende au seigneur. Il est à peine
besoin d'ajouter que le vaincu subissait la mort, lorsque
la cause du duel était un crime capital. Le noble était
alors pendu comme vilain, s'il avait provoqué un roturier
et ne pouvait d'ailleurs, en ce cas, le combattre qu'à pied,
avec un écu et un bâton, seules armes dont les hommes
de poeste pussent faire usage.

En 1260, saint Louis défendit l'usage du duel judiciaire
dans toute l'étendue de ses domaines, et y substitua la

---

(1) V. *Etablissements de Saint-Louis*, liv. i. art. 168 ; Brussel,
Usage général des fiefs, t. II, p. 968 ; *Ordonnance* de Philippe-le-Bel
de 1306.

preuve par témoins. Philippe-le-Bel l'interdit également, mais seulement pendant ses propres guerres, *durante nostra guerra*. Tel était l'empire du préjugé que Louis X crut devoir étendre l'usage du combat au cas de larcin qui n'était pas prévu par les anciennes coutumes. Mais ce fut le dernier effort de la législation barbare à cet égard. Le duel s'effaça peu à peu de nos mœurs et finit par disparaître complètement au XVIᵉ siècle.

§ 6. *Les Pairs de France*

« La coutume de notre nation, dit Du Cange dans son glossaire, est pour trier (juger) chacun home par ses égals, c'est à savoir par ses peeres. (1) » Pair vient donc du latin *par*, et non, comme le prétend Pasquier, de la dignité de patrice romain. De là, cette locution restée dans notre langage vulgaire: *pair et compagnon*. On regardait comme pairs tous les vassaux qui relevaient au même titre d'un même seigneur et qui pouvaient s'asseoir dans sa cour féodale. Cette idée d'égalité était énergiquement exprimée dans un Capitulaire de Charlemagne: « *Quicumque ex eis qui beneficium principis habent, parem suum contra hostes communes in exercitu pergentem dimiserit, et cum eo ire vel stare noluerit, honorem suum perdat. (2) »* C'étaient là les pairs de bénéfice, qui deviendront plus tard les pairs de fief, ceux que Mézeray définit ainsi : « les hommes qui relèvent immédiatement d'un grand fief et qui ont le droit de juger leurs pareils. »

A l'origine, les pairs de France devaient être tous les grands vassaux qui relevaient directement du roi. Quoiqu'ils n'en prissent pas le titre, il est certain, en principe, qu'ils avaient le droit d'assister le monarque dans ses con-

---

(1) Le droit canonique s'était lui-même approprié cette maxime: *Major à minori judicari non debet*, dit *Benedictus Levita*.

(2) Liv. III, art. 15.

seils et de prendre part au jugement de toutes les affaires litigieuses qui intéressaient leurs égaux. Cependant l'usage s'introduisit de réserver le nom de pairs de France aux plus puissants de ces seigneurs, aux ducs de Normandie, d'Aquitaine et de Bourgogne, aux comtes de Toulouse, de Flandre et de Champagne, le duché de France qui était aussi un grand fief ayant été réuni à la couronne après l'élévation d'Hugues Capet au trône royal. En attachant la pairie ecclésiastique à la dignité d'archevêque de Reims, d'évêque de Laon, de Beauvais, de Noyon, de Châlons et de Langres, Louis VII porta à douze le nombre des pairs de France. Cette qualification apparait pour la première fois dans le jugement rendu en 1202 contre Jean-sans-Terre, roi d'Angleterre, condamné à perdre son duché de Normandie pour le meurtre d'Arthur de Bretagne, puis en 1216 dans un arrêt donné entre la comtesse de Champagne et Erard de Brienne, enfin en 1224 dans la sentence rendue par la cour du Roi entre la comtesse de Flandre et Jean de Neeles. Il est même remarquable que dans cette dernière affaire, on invoque les anciennes coutumes, pour justifier la présence des grands officiers de l'hôtel du Roi, qui prétendaient avoir le droit de participer au jugement des causes des pairs avec les autres pairs du royaume.

Ainsi, de même qu'il y avait deux sortes de pairie, la pairie de France et la pairie de fief, il y avait deux cours de justice instituées pour juger les différends de ces pairs, la cour des pairs proprement dite et la cour féodale. La pairie de fief disparut comme institution légale avec les cours des seigneurs, mais la pairie de France subsista comme une dignité, à partir de l'ordonnance de 1237, par laquelle Philippe-le-Bel créa des pairies d'érection, et cette dignité suprême entraina avec elle un privilège de juridiction, respecté par l'ordonnance de 1363, qui réunit la cour des pairs au parlement. A dater de cette époque, cette cour ne s'assembla plus isolément, mais toutes les causes des possesseurs de grands fiefs érigés en pairies furent désormais portées au parlement de Paris, *suffisamment garni de pairs*, c'est-à-dire composé de tous ses magistrats ordinaires, auxquels s'adjoignaient un certain nombre de seigneurs revêtus de la dignité pairiale, et qui pouvaient, à ce titre, se qualifier de membres-nés de la première cour du royaume (1).

CHAPITRE XII

CONDITION DES PERSONNES SOUS LE RÉGIME FÉODAL

§ 1. *Relation de la personne à la terre*

Je l'ai déjà dit, mais on ne saurait trop le répéter : dans l'étude des législations antiques, on va de l'homme à la terre; dans celle du droit du moyen-âge, il faut aller de la terre à l'homme, sinon l'on ne comprendrait rien à la féodalité. Toutes ses institutions civiles, toutes celles qu'elle a épuisées, comme celles qu'elle a transmises au droit moderne, et qui ont été accommodées par celui-ci à des besoins, à des mœurs et à un esprit nouveaux, toutes, sans exception, proviennent des rapports qui s'établirent entre le sol et son habitant depuis l'invasion des races germaniques. La constitution de la propriété et la condition des personnes sont donc inséparables. Au lieu de dire : tant vaut l'homme, tant vaut la terre, il faudrait dire en ce temps : tant vaut la terre, tant vaut l'homme. En collant ses bras aux flancs du globe, celui-ci en a exprimé sa loi.

---

(1) *Recherches sur l'origine de la pairie en France,* à la tête du 17ᵉ vol. des *Historiens de France*; Brussel, *de l'usage général des fiefs,* t. I, p. 646 ; *des Pairs de France,* par Henrion de Pansey, et le mémoire de M. Bernardi, sur le même sujet, dans le t. X des *Mémoires* de l'Académie des inscriptions et belles-lettres.

Nous avons précédemment vu que, dans la première période du moyen-âge, les terres se divisaient en deux grandes classes : les alleux et les terres soumises à une redevance ou à un service seigneurial.

On appelait alleu ou franc-alleu tout héritage entièrement libre et qui n'était sujet envers un seigneur à aucun droit, à aucun devoir tant honorifique (comme la foi et l'hommage) que pécuniaire (comme le cens, ou le relief, le quint, etc.), en reconnaissance de la seigneurie directe. Le franc-alleu pouvait être d'ailleurs soumis à une justice royale ou seigneuriale, et même être chargé de quelque redevance annuelle, perpétuelle et non rachetable, pourvu qu'elle n'emportât point la directe, c'est-à-dire un lien envers un suzerain. Il pouvait être possédé soit par des nobles, soit par des roturiers, soit par des établissements de mainmorte. Il était noble, lorsqu'un fief ou une censive y était attaché et en relevait, ou lorsqu'une justice y était annexée. Ii était roturier, lorsqu'il n'avait aucune de ces marques de noblesse. Le *grand Coutumier de France* en donne la définition suivante : « Franc-alleu est un héritage tellement franc, que il ne doit point de fons de terre, ne d'icelluy n'est aulcun seigneur foncier, et ne doit vest ne devest, ne ventes, ne saisine, ne aultre servitude à quelque seigneur ; mais quant est à justice, il est bien subject à la justice ou juridiction d'aulcun. (1) »

Cet alleu correspond donc à la propriété foncière, telle que nous l'entendons aujourd'hui. Aux xe, xie et xiie siècles, il tend de plus en plus à disparaître dans le Nord surtout, par les raisons que j'ai déjà exposées. Le seigneur local eut le droit de mettre la main sur tout ce qui ne relevait de personne, en vertu de la règle *nulle terre sans seigneur*. Nul ne pouvait donc, au Nord, posséder de franc-alleu s'il n'en justifiait par titres. Cependant dans quelques coutu-

(1) Liv. ii. ch. 33. V. *supra*, p. 184 et 343.

mes dites *allodiales*, telles que celles de Chaumont, de
Troyes, de Vitry, la présomption était pour le franc-alleu;
mais ce n'était au Nord qu'une exception. Dans le Midi, au
contraire, dans les pays plus favorisés et moins pénétrés
par le germanisme, où régnait l'axiome déjà cité : *nul
seigneur sans titre*, l'allodialité se maintint davantage, si
bien que la propriété féodale n'y fut reconnue qu'à l'état
de dérogation au principe général de franchise. Pour dépouiller une terre de son caractère de franc-alleu, il fallait
reconnaitre expressément la directe d'un suzerain. L'achat
par un seigneur féodal ou censier ne suffisait pas.

Nous pouvons donc, dès maintenant, négliger le franc-
alleu, parce qu'il ne constitue pas une classe distincte
de personnes. Mais il en est autrement de la propriété
organisée selon le système de la féodalité.

Cette propriété se subdivise en trois catégories : 1° la
tenure noble, ou le fief ; 2° la *censive*, ou la propriété roturière; 3° la *tenure servile*, ou la propriété du serf. A ces
trois catégories correspondent trois classes de personnes :
1° les nobles; 2° les roturiers ou vilains; 3° les serfs, qui se
divisent eux-mêmes en deux familles, les serfs d'héritage
et les serfs de corps.

Je ne parle pas ici, bien entendu, des clercs, qui ne
relevaient pas du droit féodal, mais de la loi ecclésiastique. Je ne parle exclusivement que des laïques.

Bien que la condition des personnes ait été étroitement
liée au moyen-âge à la condition de la terre, il est à peine
besoin de faire remarquer que certaines circonstances
pouvaient dépouiller les individus de leur qualité et de leur
capacité civile sans altérer la nature ou l'état de la propriété. Le mot de *mort civile* n'est pas prononcé par la
législation feodale, mais la chose existe. Ainsi le religieux
est frappé d'incapacité absolue à partir de sa profession,
et sa succession s'ouvre, comme s'il était décédé. Il en
est de même du *forbanni* ou du contumace, auquel il

est interdit de prêter asile et qui est privé de tous ses
droits. Le lépreux est retranché de la société, condamné
à la solitude dans une maladrerie, dont il ne peut sortir
sans encourir des peines fort graves. Quelque chose de
semblable se pratique pour l'excommunié : si le fidèle
averti et menacé des censures ecclésiastiques ne se récon-
cilie pas avec l'Eglise à la suite des sommations itéra-
tives qu'elle lui adresse, il est exclu du corps catholique
et la loi civile sanctionne cette exclusion. Le Juif est de
même réputé de condition servile : *Judœi et omnia sua
regis sunt*; il est incapable d'exercer aucun emploi public,
et ne peut être tuteur d'un chrétien. La législation le
tolère, mais ne lui reconnait aucun droit.

§ 2. *Nobles*

Nous connaissons déjà la noblesse, dont nous avons
étudié la formation et le développement avec le fief. Plus
tard, grâce à l'extension de l'autorité royale, la noblesse
pourra s'acquérir directement, par d'autres voies que la
possession de la terre noble ; par l'exercice de grandes
charges et par les lettres d'anoblissement. Mais du x* au
xiii* siècles, c'est la terre qui fait le noble et c'est la naissance qui le continue. La propriété a été le réservoir de la
noblesse. Le principe est si absolu que toute concession
de fief à un roturier libre lui communique la noblesse
terrienne.

La terre noble réagit donc complètement sur la condition civile de son possesseur. Elle lui impose une loi réelle.
Cette condition est d'ailleurs héréditaire. Elle se transmet
aux descendants par mâles nés en légitime mariage. Dans
quelques lieux seulement, comme en Champagne, la mère
noble lègue sa noblesse à ses enfants, et la femme peut
même, dit-on, dans cette province, rendre noble son mari
roturier. (V. *infra*, liv. iv, ch. iv.)

La règle commune est ainsi formulée par Beaumanoir. *Gentilesse si est toujours raportée de par le père et non de par la mère.*» Nul ne peut être chevalier s'il n'est gentilhomme par son père : le baron ou le roi peut *trancher sur un fumier* les éperons de celui qui est noble seulement par sa mère. L'homme franc tire au contraire sa franchise du sang maternel : « *Ce que il ont de francise vient de par lor mères*, dit le bailli de Vermandois, *et quiconque net de france mère il est franc et ont france poeste de fere ce que lor plest.* »

§ 3. *Roturiers, hommes francs, bourgeois*

Il y a donc des hommes francs, des hommes libres, quoique non possesseurs d'alleux, et Beaumanoir donne à leur franchise une grande étendue, puisqu'il leur reconnaît, selon la définition précédente, le pouvoir de faire tout ce qui leur plait. Leur liberté est-elle aussi grande, aussi illimitée ? Nous allons le voir tout à l'heure : pour le moment, nous ne nous proposons que de rechercher comment s'est formée et se recrute cette classe d'hommes francs.

Il importe d'abord de bien préciser l'époque à laquelle nous nous plaçons. Nous sommes au XII° siècle, à une date où le Tiers-État est encore à naître. L'homme délié de toute obligation personnelle ou réelle, l'homme vraiment libre a presque entièrement disparu; partout il a des devoirs à remplir, il peut jouir d'une certaine liberté personnelle ; mais s'il possède une terre, il est soumis à certaines prestations pour cette terre ; s'il est habitant d'un lieu, il subit plus ou moins le joug du seigneur de ce lieu. Cependant il se produit à ce moment une révolution analogue à celle dont trois siècles auparavant le Capitulaire de Kiersy avait été le point de départ. Alors le bénéficiaire était devenu seigneur foncier, l'homme libre vassal, le colon homme libre, et le serf colon. De même, au XII° siècle, l'habitant des villes poursuit l'indépendance de sa commune ; l'habitant du bourg des franchises plus étendues, et le cultivateur des campagnes, serviteur de la glèbe, aspire à la liberté.

Il faut donc distinguer parmi les hommes francs qui tiennent des biens de roture. ceux qui sont fixés à la campagne et ceux qui résident dans les bourgs et dans les villes.

A la campagne, nous trouvons en premier lieu des hommes d'origine franche, des hommes libres qui ont offert leurs alleux aux églises pour la rémission de leurs péchés, ou aux barons pour obtenir leur protection. Ces hommes, qu'on appelle selon les lieux de différents noms, *franci homines, liberi homines, laïci, ignobiles*, exercent les droits de la propriété libre ; ils sont parfois autorisés à disposer des biens relevant du domaine, *casamentum* ; on les distingue partout des *censuales* et des serfs, quoique plusieurs, un grand nombre même tiennent des héritages en censive ; beaucoup d'entre eux deviendront plus tard des vassaux, des officiers des seigneurs à qui ils ont abandonné leurs terres, mais jusque là ils gardent une certaine somme et une certaine apparence de liberté.

A côté d'eux sont les anciens colons, les *villici*, les *homines nativi*, qui sont soumis à la coutume locale, *consuetudinaria servitia*, les *rustici*, les *probi homines*, les *censuales*, qui paient un cens, les *hospites*, les *gens de poeste*. Tous ces hommes obtiennent par la concession de terres, sous des conditions de redevances et de corvées tant réelles que personnelles, un rang supérieur à la servitude. Soumis à la taille comme les mainmortables, en proportion de la terre qu'ils possèdent dans la seigneurie, ils n'ont perdu le droit de disposer ni de leur personne ni de leurs biens. Ils grossissent le nombre des tenanciers de condition libre, nés de mariages mixtes et qui doivent au hasard de leur naissance le bénéfice de la liberté. Quoique *gens de poeste*, ces hommes peuvent, un peu plus tard, au XIVe siècle, élire, sans la permission de leur seigneur, des échevins, des procureurs, des prud'hommes, des gardiens de leurs récoltes. Ils ne peuvent, il est vrai, ni s'assembler, ni ester en justice sans l'autorisation de leur seigneur ; ils doivent, s'il les y appelle, le suivre à la guerre, assister à ses *jours*, et prêter main forte à ses arrêts ; ils sont soumis à toutes les prestations que la coutume a rendues obligatoires, comme le droit de gite, *gistum*, *arbergaria*, la nourriture des chevaux et des valets du seigneur, *marescalciæ*, *brennariæ* ; les corvées de charrue et de charroi, *precariæ* ; le parcours ; les cautions, *cautiones*, sorte de tailles ; les prises, c'est-à-dire l'obligation de fournir au seigneur et à sa suite les objets nécessaires à leur entretien ou jugés à leur convenance, et les surprises, *superprinæ*, qui en étaient la répétition ou le doublement ; mais pour tout le reste, ils sont libres.

Dans les bourgs et dans les villes fermées, on aperçoit également ces deux classes assez bien tranchées, mais sous des noms différents. Il ne faut pas croire que tous les habitants des cités soient des serfs ou des affranchis, avant l'apparition des institutions communales. D'une part, dans le Midi, les derniers vestiges des municipes romains ont servi à abriter une population qui s'est tenue en dehors de la servitude ; de l'autre, au delà de la Loire, il existe encore quelques souvenirs de la franchise germanique. Au Xe siècle, le cartulaire de Saint-Vincent de Mâcon nous montre la population urbaine composée de *burgenses*, de *cives*, de *fideles* et de *circummanentes*, d'où viendront les manants. Au XIe, les habitants d'Autun prennent encore le nom de *cives*, de *burgenses*, d'*homines de libera tamen persona*, pour se distinguer des *homines de corpore*, qui, sortis des familiers des églises et des serfs attirés du dehors par un régime plus doux et une suzeraineté plus tolérante, demeuraient encore plus ou moins engagés dans la servitude. A la même époque, pour ne pas sortir de la Bourgogne, à Dijon, il y avait trois ordres d'habitants : les bourgeois du duc, les hommes des églises, les hommes de la vicomté. Je ne parle pas en ce moment des deux dernières classes, qui se rapprochent de la mainmorte, et dont la condition peut se confondre avec celle du serf affranchi. Je ne parle que des bourgeois du duc, et je constate que tout en étant soumis à la capitation, au péage, à la vente, au droit d'étalage, au banvin, c'est-à-dire au droit réservé au duc de vendre son vin en taverne avant les autres habitants, au droit de prendre au nom du duc à crédit chez tous les manants les objets nécessaires à sa maison, sauf à en rembourser le prix à volonté, ces bourgeois disposent encore d'une certaine liberté.

Mais le grand mouvement communal qui se manifeste au xiiᵉ siècle, dans la région du Nord par des traités de paix conclus entre les villes et leurs seigneurs à la suite d'insurrections populaires, dans celle de l'Ouest par des concessions ou des affranchissements émanés directement du pouvoir royal ou du pouvoir seigneurial, dans celle du Midi par la transformation du régime municipal et ecclésiastique des anciens Gallo-Romains en un régime de quasi-indépendance et de *self-government*, ce grand mouvement communal, dis-je, qui donne naissance à une nouvelle autorité publique, celle des assemblées bourgeoises, donne aussi naissance à une nouvelle classe sociale, qui ne perdra point sans doute sa condition roturière, mais sera désormais protégée, dans la personne de ses membres et dans leurs propriétés, contre l'arbitraire des taxes et des droits seigneuriaux, contre les abus de juridiction, contre les exactions des sergents et la tyrannie des seigneurs (1). On lit dans la charte de Laon, qui date

(1) Un droit spécial, connu sous le nom de droit d'*attrait*, at-

de 1128, ces clauses remarquables qui sont le germe d'un
nouveau droit public et privé : «La mainmorte est abolie ;
les hommes de condition tributaire payent le cens et rien
de plus à leur seigneur ; nul ne pourra arrêter un homme
libre ou un serf sans l'intervention du juge ; le mariage
est libre entre personnes de conditions différentes, et
l'époux survivant conserve les biens acquis par le commerce pendant le mariage. » On lit dans celle de Lorris,
qui fut confirmée par Louis-le-Jeune en 1155 : « Personne,
ni le roi, ni aucun autre, n'exigera des hommes de Lorris
taille, offrande, ni subside ; il n'y aura plus de corvée,
si ce n'est pour le vin du roi ; et nul ne sera retenu en
prison s'il peut donner *pleige* (caution) de se représenter
en justice ; que chacun puisse vendre ses biens, s'il veut
les vendre, et après avoir reçu le prix de ses ventes, qu'il
puisse se retirer libre et tranquille si cela lui convient, à
moins qu'il n'ait commis quelque méfait dans la ville. »

Les chartes que je viens de citer ne prononcent pas
encore le nom de *bourgeois*, dont le roi Louis–le–Gros se
sert en 1134 à l'égard des habitants de Paris. Mais la
condition des hommes de Laon ou de Lorris est bien celle
d'un véritable possesseur du droit de bourgeoisie. Grâce
à ce droit qui s'achète, grâce à la possession dans la cité
d'une maison qui doit valoir au moins 60 sols parisis, le
citadin devient justiciable du Roi ou des hauts-seigneurs
dont il s'est avoué bourgeois, et leur paie la *jurée* qui té-
moigne de cette juridiction, à moins qu'il ne soit franc et
abonné. Il n'est pas dispensé d'aller plaider devant les
justices des seigneurs dans le territoire desquels il possède des héritages, mais désormais il n'est plus troublé

---

tractus, contribua beaucoup à accroître la population des communes. Ce droit donnait aux habitants d'une ville le pouvoir d'admettre et de recevoir parmi eux tout étranger qui venait chercher
dans leurs murs un refuge contre l'oppression. C'était une immunité fort précieuse, dont on trouve la trace, sous forme de concession directe, dans plusieurs chartes communales, notamment dans
celle de Dijon, de 1187. V. au surplus sur ce point *infra*, liv. IV

dans sa personne ou sa propriété, il a un défenseur au lieu d'avoir un maitre.

Ces nouveaux bourgeois se placent pour la plupart sous le patronage direct et la protection du roi, auquel ils jurent de rester fidèles contre tous ceux *qui peuvent vivre et mourir*, c'est-à-dire contre les barons mêmes dont ils relevaient autrefois. Ils invoquent même ce patronage avec une telle ardeur que la royauté est obligée de déterminer les formes et les conditions dans lesquelles la bourgeoisie pourra s'acquérir, et d'interdire à celui qui l'a déjà obtenue dans un lieu de la solliciter dans un autre (1). De son côté, elle se réserve, au XIIIe siècle, le droit de donner *commune*, droit qu'elle avait jusqu'alors partagé avec les hauts seigneurs (2), et le soin jaloux avec lequel elle défend le privilège de bourgeoisie en rehausse la valeur (3). En s'administrant eux-mêmes, sous la tutelle royale, les citadins honorés de cette immunité précieuse rompent tous les liens seigneuriaux et conquièrent définitivement le titre de *francs-hommes*. Encore quelques années, et, grâce à l'épargne, cette consommation ajournée que le temps accumule de génération en génération, ils arriveront à posséder des fiefs, en d'autres termes, à franchir la limite qui les sépare de la classe noble, à faire, par une détention prolongée du sol, souche de noblesse à leur tour.

§ 4. *Serfs, mainmortables*

Loysel dit avec un certain orgueil dans ses Institutes coutumières : « Toutes personnes sont franches en ce-

---

(1) Ordonn. de 1287. (*Nouv. recueil des ordonn.*, p. 368)

(2) Brussel, *Usage général des fiefs en France* t. I, p. 177.

(3) La royauté intervenait à cet égard, même en matière spirituelle. Les bourgeois de Beauvais s'étant plaints à la reine Blanche des excommunications que leur évêque prononçait « à tort et sans raison » contre eux, celle-ci fit ajourner l'évêque devant le « Parlement des princes et prélats, » c'est-à-dire devant le Conseil royal. (V. *Récits d'un ménestrel de Reims au* XIIIe *siècle*, publiés par N. de Wailly, 1876, n° 185 et suiv.)

roïaume ; et si tost qu'un esclave a atteint les marches d'icelui, se faisant baptiser, est affranchi. » La coutume bourguignonne répète aussi cette maxime : « Au duché de Bourgogne, dit-elle, n'a nuls hommes *serfs de corps*. (1) » Cela pouvait être vrai au temps où se rédigeait la coutume de ce duché et à celui où écrivait Loysel, mais cela était inexact dans la période à laquelle nous nous sommes placés, au XIIᵉ et au XIIIᵉ siècles, sauf en quelques localités, comme à Ypres, dans les Flandres, où les échevins disaient fièrement à une époque voisine : « Oncques n'avons oy de gens de serve condition ne de mortemain. » Au dernier degré de l'échelle sociale, il y avait encore des serfs de corps ou des esclaves, *homines de corpore*, qu'on appelait aussi dans le duché de Bourgogne *serfs servages* et que la législation anglo-normande caractérise par cette courte, mais féroce définition : « Serfs sont comme bestes en parcs, oyseaux en cage, poissons en servoir. » Beaumanoir nous apprend quelle était leur condition ; c'était celle du droit romain, la plus dure de toutes : « Les sers, dit-il, sont si saujet à lor seignor que lor sir pot penre quanques qu'il ont à mort et à vie, et leur corps tenir en prison toutes les fois qu'il lor plest, soit à tort, soit à droit, qu'il n'en est tenus à respondre fors à Dieu. » Le *livre de justice et de plet* apporte toutefois à cette puissance absolue une restriction qui existe plus, il est vrai, dans la forme que dans le fond. « Nus, dit-il, ne puet tormenter son serf sanz cause ; mès il le puet bien châteier atempréement (modérément). »

Mais au-dessus de cette classe, réduite par l'affranchissement, qui commence à apparaître d'une manière générale au XIᵉ siècle et surtout au XIIᵉ, entre la liberté et la complète servitude, il existe une classe intermédiaire qui s'accroît chaque jour, celle des anciens colons

---

(1) *Cout. de Bourgogne*, tit. des *main mortes*, art. 1.

attachés à la terre qu'ils cultivaient, et qui ne pouvaient
en être séparés, *glebæ addicti, censiti adscripti*, et celle de
ces *familiers* ou serfs volontaires qui, pour se soustraire
aux violences dont ils étaient menacés, avaient échangé
leur liberté contre la protection des monastères ou des
seigneurs, auxquels ils servent d'officiers et d'intendants
Les colons spécialement voués à la culture des terres,
suivent la destinée du sol auquel ils sont liés à chaque
mutation. Leur tenure reste servile, alors même qu'elle
passe en d'autres mains. Ils ont un pécule et une case,
mais ce pécule et cette demeure sont à la disposition de
leur seigneur qui peut les en dépouiller lorsqu'il le juge à
propos. C'est pour ce motif que Jean Faber dit : *nihil pos-
sident, sed potius possidentur à domino* (1). Ils paient à leur
maître une capitation, *chevagium* qui varie, en certaines
provinces comme en Bourgogne, de 2 à 4 deniers. Ils sont
soumis aux corvées et acquittent des redevances sur le
produit du sol qu'ils labourent. Après l'époque carlovingienne, de *mancipia*, qu'ils étaient d'abord, ils s'élèvent
à une condition un peu plus douce, et deviennent des
casati, des *homines gageati*, des *homines tailliabiles*, des
hommes *de conditione mansata* et *de manumortua*. On
voit apparaître pour la première fois ce mot distinctif au
IX.º siècle, mais il n'est réellement passé dans l'usage général qu'au XI.º.

Il est difficile d'indiquer avec précision comment s'o-
péra cet adoucissement de la servitude de la glèbe, et
comment les familiers des églises et des monastères devinrent, pour la plupart, des mainmortables. Dunod, dans
son traité *de la mainmorte*, n'a lui-même que très-impar-
faitement répondu à cette question, en attribuant l'origine
de cette condition nouvelle aux affranchissements. Sans
doute, la servitude de corps fut fréquemment allégée par

---

(1) Jean Faber, *in Instit.*, § *retinendæ, de interdict*, n.º 6.

la demi-liberté que les seigneurs accordaient à leurs serfs, soit en les retenant pour la culture de leurs propres terres, soit en les donnant à des églises ou à des monastères. Ainsi Guichenon nous a conservé un acte de manumission de l'an 1261, par lequel Humbert, damoiseau d'Asnières, affranchit son serf Guillaume Chavalet avec toute sa famille et le donne à la Chartreuse de Montmerle, en retenant le tiers de ses biens pour prix de l'affranchissement. Mais ces concessions d'une liberté imparfaite ne furent pas, tant s'en faut, les seules causes de la mainmorte, car elles étaient souvent si peu avantageuses pour les seigneurs que ceux-ci étaient admis à se faire restituer contre elles. Dans le même acte, Humbert renonce expressément à se prévaloir de ce droit de restitution contre ses anciens serfs, ce qui suppose l'existence d'une loi positive à cet égard. Quoi qu'il en soit, le fait n'est pas contestable ; Beaumanoir définit ainsi l'état de ces nouveaux colons : « Tant comme ils vivent, li seigneur ne leur povent riens demander, se ils ne meffont, fors leur cens et leurs rentes et leur redevance, que ils ont acostumé a païer por leurs servitudes. (1) »

Le mainmortable n'est donc qu'un détenteur d'usufruit, sujet à *échute*, c'est-à-dire dont les biens meubles et immeubles passent au seigneur lorsqu'il décède sans enfants ou parents lignagers de même condition, communs ou demeurant avec lui *à un pain et à un feu (2)*, mais qui est exempt de tous les droits de mutation, de lods et

---

(1) Voici, d'après Du Cange, ce qu'est l'état de mainmorte : *Homines manus-mortuæ*, dit-il, *sunt servi glebæ, quibus de bonis suis testamento cavere fas non est, perinde ac libertis apud Romanos, qui negato ultimæ voluntatis arbitrio, etiam quæ superstites habebant, morientes donare non poterant.*

(2) *Anc. Cout. de Bourgogne*, art. 144. (Bouhier, t. I, p. 151.) — Le seigneur qui avait l'échute ou qui recueillait la succession de son homme, n'était pas astreint à payer ses dettes « fors que tant les meubles s'étendent. » (*Idem*, art. 150). Il ne supportait que les frais de ses funérailles. (*Idem., id.*)

ventes, de *retenue* et de *remuage* (usités en Bourgogne), dûs par le nouvel acquéreur et l'héritier libre au seigneur de la censive.

C'est là une distinction considérable entre le mainmortable et le censitaire. Celui-ci a la propriété de la chose accensée, et doit par conséquent acquitter les droits seigneuriaux qui la grèvent ou sont la condition de sa transmission. Celui-là au contraire n'a qu'un droit réel sur la terre, ou plutôt c'est la terre qui le possède et qui le transmet avec elle. On disait : *ususfructus non dominii pars, servitus est*. Le domaine du seigneur se compose donc : 1° de métairies cultivées par des corvéables ou des serfs ; 2° de terres accensées ; 3° de terres mainmortables.

La mainmorte se contracte de différentes manières : par la naissance, par le mariage, par l'habitation, par une convention expresse ou tacite. L'enfant né de parents mainmortables suit la condition de ses parents, encore bien qu'il soit venu au monde dans un lieu franc. Il en est ainsi du moins dans plusieurs provinces, notamment dans les deux Bourgognes, si ce n'est dans celles où la coutume stipule positivement le contraire. Par dérogation à la règle féodale, d'après laquelle l'enfant non noble suit la condition de sa mère, l'enfant né sur terre franche d'une mère libre et d'un père mainmortable, naît en Bourgogne dans les liens de la mainmorte, et si le domaine appartient indivisément à plusieurs seigneurs, cet enfant devient le serf du seigneur de sa mère. Si un gentilhomme épouse une serve, ses enfants deviennent serfs au moins au temps de Beaumanoir, selon cette maxime : *le pire emporte le bon* (1). De même la femme

(1) Un adage allemand traduisait ainsi cet axiome : Si *tu abuses de ma poule, tu deviendras mon coq.* » — Cependant quelques coutumes admettaient à cet égard le principe opposé que le droit canonique leur avait transmis du droit romain. (*Cout. de Troyes,* art. 8 ; de *Bar,* art. 12 ; de *Meaux,* art. 5.)

franche ou noble qui épouse un mainmortable partage la servitude de son mari. Mais, à son veuvage, elle recouvre sa franchise, prend son douaire et peut quitter le lieu de la mainmorte. L'homme libre qui va fixer sa demeure dans un lieu serf, qui épouse une serve et qui avoue le serf, c'est-à-dire qui reconnait le seigneur du lieu, tombe dans la servitude, lui et toute sa postérité (1). C'est encore là une règle empruntée à la coutume de Bourgogne, que je cite à dessein de préférence parce que la mainmorte a joué un très grand rôle et occupé une place très importante dans cette province, dont elle n'a disparu que très tardivement.

La tenure du mainmortable est, je l'ai dit déjà, un usufruit. Mais c'est moins le bien de l'individu que celui de sa famille. Il ne peut en être dépouillé par son seigneur sans une infraction aux règles posées par la coutume. Il a la *mainmorte* pour disposer de sa chose. Ainsi, il lui est interdit, sous peine de confiscation, de la laisser par testament (2). Il ne peut s'obliger par contrat, aliéner, ni ester en justice sans la permission de son seigneur. La tenure est également confisquée, au moins pour un tiers des meubles et des immeubles qu'elle comprend, lorsqu'il contracte une union avec une femme étrangère sans la licence seigneuriale. On appelait cela le droit de *for mariage*. Mais si l'homme amène sa femme *gésir le premier soir dessous son seigneur*, c'est-à-dire habiter le *meix* mainmortable, et si elle continue d'y résider un an et un jour, il ne perd rien et sa femme est acquise au seigneur (3).

---

(1) *Anc. Cout. de Bourgogne*, art. 131. (Bouhier, t. I, p. 150.)

(2) *Anc. Cout. de Bourgogne*, art. 137. (Bouhier, t. I, p. 151.) — D'après d'autres coutumes cependant, comme celle de Troyes, le mainmortable peut disposer par testament de cinq sols tournois. (art. 6.)

(3) *Idem.*, art. 117. (Bouhier, t. I, p. 149.)

Le mainmortable paye la taille, les redevances ou *cou-tumes*, il acquitte les corvées, il est soumis aux banalités de four, de moulin, au banvin, à l'impôt, au droit d'indire une aide. Il ne peut ni chasser, ni porter des armes, ni faire le service militaire, sauf en cas de levée générale. Mais il peut choisir un champion, témoigner en justice, excepté dans les causes qui intéressent son seigneur.

Il existe plusieurs catégories de mainmortables : les uns le sont quant aux meubles, les autres relativement à leurs héritages, c'est-à-dire que les premiers ne peuvent disposer de leurs meubles, et les seconds de la terre qu'ils ont acquise (1).

Bien que plusieurs coutumes n'aient pas distingué la mainmorte de la taille, et qu'elles donnent, comme celle du Dauphiné, le nom de *taillable* au mainmortable, il faut se garder de les confondre ensemble.

Les taillables étaient soumis à la taille réelle perçue sur les produits du sol et à la taille personnelle payable en argent. Mais ces tailles pouvaient frapper l'homme de franche condition comme la mainmortable, à raison de l'héritage qu'il détenait en roture.

Le taillable est, dit l'ancienne coutume de Bourgogne, « serf à la vie et franc à la mort (2). » Cela signifiait que ses hoirs pouvaient hériter de ses biens, qu'il pouvait en disposer à son gré, mais avec ses égaux seulement, avec des personnes sujettes non seulement du même seigneur, mais de la même terre, qu'il avait la liberté d'accroître sa tenure, de l'aliéner en tout ou en partie, et qu'il n'était pas soumis, à cet égard, à une autorisation préalable de son seigneur. Le mainmortable au contraire, comme nous l'avons déjà vu, n'avait le pouvoir ni d'aliéner, ni

---

(1) *Cout. de Troyes.* art. 6 ; de *Vitry*, art. 103 ; de *Nivernais* ch. VIII, art. 25 ; d'*Auvergne*, ch. XXVII, art. 3.

(2) *Anc. Cout. de Bourgogne*, art. 121.

d'hypothéquer la terre dont il jouissait, sans un consentement exprès du maître (1), et il était même défendu à une personne de condition franche d'acheter un bien de mainmorte. Cependant il y avait entre le taillable et l'homme de mainmorte cette ressemblance que le premier était *homme de poursuite*, c'est-à-dire que la taille le suivait en quelque lieu qu'il allât se réfugier ; qu'il ne pouvait transférer son domicile hors de la terre de son seigneur, sous peine de saisie de tous ses biens et sans préjudice du droit de les réclamer en tous lieux. De même le mainmortable était enchaîné à la terre ; toutefois, dès le xiiiᵉ siècle, on l'admit, sous l'influence de l'Eglise, à abandonner sa tenure pour se soustraire au servage ; en d'autres termes, à désavouer son seigneur. Ainsi on trouve des exemples de désaveu en Bourgogne en 1232, et un titre de cette date rappelle même que le serf pouvait exercer cette action *ab antiquis temporibus*. Le désavouant autorisé avait la liberté d'emporter ses meubles avec lui. (V. Chasseneuz, *Burg. Cons.* p.1179.)

La mainmorte était en général imprescriptible. Cependant les *Etablissements de Saint Louis* reconnaissent que 20 ans de franchise peuvent prescrire en faveur du serf contre son ancien possesseur (II, 31). Mais l'affranchissement, obtenu à prix d'argent, pouvait fournir au vilain le moyen de conserver sa tenure en acquérant la liberté. Une seule condition était indispensable pour valider cet affranchissement. C'était l'aveu du seigneur supérieur. Le droit féodal s'opposait en effet à ce que le fief fût *abrégé*, c'est-à-dire diminué, et il souffrait une diminution manifeste lorsque les hommes qui en dépendaient étaient affranchis par leur possesseur immédiat. « Si j'ai mes serfs, dit Beaumanoir, lesquels je tiens du seigneur, et je les franchis sans l'autorité de li, je les perds... et mes sires les gaignera. » Mais les seigneurs suzerains s'y prêtèrent

---

(1) *Anc. Cout. de Bourgogne*, art. 135. (Bouhier, t. 1, p. 151.)

souvent, et le mainmortable put ainsi passer dans la classe plus élevée des censitaires. Quelques-uns restèrent pourtant soumis aux tailles et aux corvées réelles, tout en s'exonérant de la corvée personnelle. De son côté, le taillable à *merci* ou à la volonté du seigneur put s'abonner, surtout lorsqu'il vivait en communauté avec d'autres gens de sa condition ; sa redevance fut réglée par un contrat librement débattu entre son seigneur et lui : elle se changea même en une simple taxe due par l'héritage, au lieu d'être due par l'homme. Ainsi celui-ci devint peu à peu un tenancier libre, dont la condition différa peu de celle de l'homme franc. Ces résultats varièrent sans doute beaucoup selon les lieux, et surtout selon les conventions intervenues entre les communautés de taillables et leurs seigneurs. De là, la difficulté qu'éprouvent aujourd'hui les historiens et les juristes à définir exactement la condition du serf mainmortable, de l'homme de *poeste*, du *mortaillable*, et à déterminer rigoureusement les différences qui séparaient cette classe de celle du simple roturier ou vilain des campagnes. M. Guizot lui-même n'a pas échappé à des erreurs qu'explique une confusion toujours facile entre ces états cependant distincts. Il a cru que les hommes de *poeste* étaient seulement des colons, des mainmortables, tandis qu'il est certain, au témoignage de Beaumanoir, que l'homme franc pouvait être un homme de *poeste, in potestate domini,* quoiqu'il ne fût pas serf, lorsqu'il possédait un héritage servile. Mais cet homme franc pouvait, d'après certaines coutumes, perdre sa franchise en demeurant un an et un jour en possession d'une terre serve, dans le domaine d'un seigneur.

C'était, par exemple, le sort réservé aux *aubains*, aux étrangers ou aux gens du pays qui passaient d'un fief dans un autre fief. Un mot énergique peignait leur condition : ils étaient des *épaves*. On leur appliquait la règle dont j'ai déjà parlé tout à l'heure à propos des taillables de Bourgogne : ils vivaient comme libres et mouraient comme esclaves. Ils pouvaient se marier, acheter, vendre, louer, prêter, faire en un mot tous les actes du droit des gens, même donner et recevoir entre vifs, pourvu que ce ne fût pas en fraude du droit d'aubaine ; mais ils ne pouvaient transmettre leurs biens après leur décès ; ils étaient incapables de tester, comme les serfs, au delà de cinq sols, ils n'avaient pas d'héritiers *ab intestat*, sauf leurs enfants nés dans le royaume et leurs autres parents régnicoles (1). On alla même, à l'origine, jusqu'à les mettre hors la loi, jusqu'à les considérer comme la véritable chose du seigneur, s'ils demeuraient sur ses terres pendant un an et un jour, et si ce seigneur ne prenait pas possession d'eux, ils appartenaient au roi. La très ancienne coutume de Champagne disait dans son art. 58 : « Quant aucuns albains vient demourer dans la justice d'aucuns seigneurs et li sires dessus qu'il vient ne prend le service dedans l'an et jour, si les gens du roi le savent, ils en prennent le service et est acquis au roi. » Les coutumes du Beauvoisis et de Vitry contenaient une disposition à peu près semblable. D'après le *Grand Coutumier de France*, l'aubain était obligé de faire serment de fidélité à son seigneur : « Tu me jures que d'ici en avant tu me porteras foy et loyauté comme à ton seigneur, et que tu te maintiendras comme homme de telle condition comme tu es, que tu me payeras mes debtes et devoirs, bien et loyaument, toutes fois que payer les debvras, ni ne pourchasseras choses, pourquoy je perde l'obéissance de toy ne de tes hoirs. »

Il en était ainsi des bâtards, dans les premiers temps du régime féodal, au moins en plusieurs lieux. Mais on cessa bientôt de les considérer comme serfs, et on se con-

---

(1) « Se aucuns aubains ou bastard muert sans hoir ou sans lignaige, le roi est hoirs, ou li sires sous qui il est, se il muert le cuer du chastel. » (*Etablissements de Saint-Louis*, II, 30)

tenta de leur refuser la faculté de tester, sauf pour une valeur de cinq sols, comme les serfs (1). Puis ils furent autorisés à acquérir et à disposer de leurs biens, soit entre vifs, soit par testament. Mais s'ils ne laissaient pas de descendants légitimes, leurs propriétés étaient acquises, par droit de déshérence, au roi ou au seigneur dans la haute justice duquel ils étaient nés, domiciliés et décédés.

Dans son traité *de la mainmorte*, Dunod vante avec enthousiasme la condition du mainmortable et les avantages qui résultaient pour lui de la communauté de travaux auxquels celui-ci se livrait d'ordinaire avec ses communiers. Il affirme que les villages de mainmorte étaient encore, au xviiie siècle, plus riches, plus prospères et plus peuplés que les communes jouissant d'une pleine franchise. Dumoulin disait déjà avant lui, au sujet de la Franche-Comté, que l'humanité et l'hospitalité avaient fait plus de mainmortables que la guerre et l'esclavage. Bien que cette dernière remarque soit historiquement exacte, je n'irai pas jusqu'à célébrer avec le savant professeur de l'université de Besançon les bienfaits d'un régime demeuré si voisin de la servitude, malgré les adoucissements que le temps et les mœurs y apportèrent. Il est certain néanmoins que la mainmorte fut, à son origine, un véritable progrès dans le sens de la liberté. Elle rivait l'homme au sol, mais, à cela près, de l'esclavage de la glèbe ou de la condition de serf personnel, elle l'élevait au rang de simple tributaire. Je le répète, elle lui permettait même, du moins en Bourgogne, de *désavouer* son seigneur en délaissant le meix et l'héritage mainmortable et lui laissait ainsi le moyen d'acquérir la liberté pour lui et sa postérité. Elle lui attribuait une personnalité juridique, elle élargissait la sphère de son action, elle respectait sa vie privée, les liens,

---

(1) *Coutumes de Bretagne*, art. 277, 480 ; *Chalons*; art. 2; *Lorris*, ch. 15, art 6.

les attachements, les droits, la propriété de sa famille.
Enfin, elle l'arrachait à l'arbitraire de son maître, et le
mainmortable pouvait déjà se placer sous la protection
de ces nobles paroles de Pierre de Fontaines dans son
Conseil à un ami : « Et sache bien que, selon Dieu, tu n'as
mie plenière poeste sur ton vilain. Donc, se tu prens du
sien fors les droites redevences qui te doit, tu les prens
contre Dieu et seur le péril de l'âme et come *robières* (voleur). » Puis, il ajoute dans un langage que je regrette
d'affaiblir en le paraphrasant pour le rendre plus intelli-
gible : « On dit que tout ce que possède le vilain appartient
à son seigneur. Mais si cela était, il n'y aurait nulle différence entre le vilain et le serf. Oui, sans doute, entre
le seigneur et l'homme qui se lève et qui couche sur sa
terre, il n'existe pas d'autre juge que le juge éternel, le
juge suprême. Mais le vilain a des droits, ce sont ceux
que lui confère la commune, c'est-à-dire les charfes de
franchise ou la coutume. »

Lorsque la vérité, l'humanité et la justice s'échappent
dans une langue aussi énergique, malgré les préjugés du
temps et la réserve naturelle au légiste, lorsqu'un homme
aussi respectueux que l'était Pierre de Fontaines de l'autorité seigneuriale s'avance jusqu'à proclamer que le seigneur qui exige de son vilain autre chose que ses « droites
redevances » est un larron et un pillard, l'affranchissement
du sol n'est pas loin, et du sein même de son servage,
l'homme de *poeste* peut déjà surprendre à l'horizon les
premiers rayons d'une ère nouvelle qui ne connaîtra ni
privilège, ni servitude, ni arbitraire, ni injustice, ni inégalité consacrée par la loi.

CHAPITRE XIII

INSTITUTIONS DE FAMILLE SOUS LE RÉGIME FÉODAL

§ 1. *Puissance paternelle*

Au commencement du xiiie siècle, Accurse écrivait que les enfants étaient absolument affranchis en France de la puissance paternelle, et cette observation se retrouve sous la forme d'une règle dans les Institutes coutumières de Loysel : *droit de puissance paternelle n'a lieu* (1). Mais on tomberait dans une grossière erreur, si l'on prenait cette maxime à la lettre, et si l'on concluait que la loi féodale n'attribuait aucun droit au père sur son fils. D'une part, telle lui accordait partout la surveillance de ses enfants mineurs, qu'elle plaçait sous sa protection, sous sa *mainbournie* ou son *advouerie*. De l'autre, un grand nombre de coutumes, dont la rédaction est sans doute postérieure à la première période de la féodalité, mais qui en ont conservé l'esprit, comme celles de Bretagne, de Chartres, du Berry, de Reims, de Vitry, du Bourbonnais, admettaient la puissance paternelle avec ses conséquences ordinaires, telle que l'acquisition par le père des biens échus au fils non émancipé, au moins des biens meubles et des fruits des immeubles (2).

Les mêmes coutumes défendaient à l'enfant de contracter mariage sans le consentement de ses père et mère ; mais cette prescription, demeurée locale, ne se généralisa que beaucoup plus tard, au xviie siècle.

---

(1) *Instit. coutum.*, liv. i, art. 37.

(2) *Etablissements de Saint-Louis*, art. 140 ; *Grand coutumier de France*, liv. II, ch. 40 ; Boutillier ; Jean des Mares.

La puissance paternelle s'éteignait par le mariage ou la majorité de l'enfant, selon la tradition germanique. En général, le gentilhomme qui n'avait l'âge de combattre, de rendre hommage à raison de son fief et de recevoir la foi de ses vassaux qu'à 21 ans, ne sortait de l'état de minorité qu'à cette époque, et la fille noble entre 14 et 18 ans, le plus ordinairement à 15. « Gentilhoms n'a aage de soi combattre devant qu'il ait vingt et un ans, » disent les *Etablissements de Saint-Louis*. Dans le Beauvoisis cependant, la majorité féodale masculine était fixée à 15 ans et la féminine à 12 (1). L'âge devait s'entendre, paraît-il, de 21 ans commencés et non accomplis, comme on peut le voir dans l'ordonnance de 1246. C'est ce qui explique la diversité des coutumes dont les unes, telles que celles de Chartres, de Dreux, d'Orléans fixent à 21 ans la majorité noble, tandis qu'à Paris, en Normandie, en Anjou, en Bretagne, elle était acquise à 20 ans. Quant au roturier, il était en général majeur à 15 ans accomplis, sans distinction de sexe, et pouvait dès ce moment tenir un héritage en roture, disposer de ses meubles, jouir de ses biens, les administrer (2). Mais, sauf plusieurs exceptions, il n'était communément autorisé à aliéner ses immeubles qu'à 25 ans.

L'émancipation ne paraît pas avoir été généralement pratiquée avant le xiv° siècle. Boutillier en cite un exemple, lorsque, dit-il, « Mᵐᵉ de Raisse volut mettre hors de son pain et mainbournie Mˡˡᵉ de Wixte, sa fille, qu'elle avait eue de feu Mgr de Raisse, son mari. » Mais il a soin d'ajouter que cette émancipation se fit « à l'usage et coustume du païs, » ce qui suppose évidemment des précédents. J'en rencontre un notable dans la Bourgogne, qui avait, il est vrai, conservé de nombreux vestiges du droit

(1) *Cout. du Beauvoisis,* ch. xv, 14.
(2) *Etablissements de Saint-Louis,* i, 142.

romain. Lorsqu'en 1272 le duc Hugues IV voulut donner entre vifs le duché de Bourgogne à son fils Robert, il commença par l'émanciper, *liberare à patria potestate* (1).

§ 2. *Garde noble et garde bourgeoise*

La distinction établie entre les nobles et les roturiers au point de vue de la majorité se retrouvait avec une égale netteté, lorsqu'il s'agissait de régler l'administration des biens du mineur, en cas de décès du père ou de la mère. Cette administration, qu'il ne faut pas confondre avec notre tutelle, quoiqu'elle s'en rapproche sur certains points, s'appelait *bail* lorsqu'elle s'appliquait à des gentilshommes, et *garde* lorsqu'elle concernait des vilains. « *Bail si est de fié*, disent les *Etablissements de Saint-Louis, mès en vilenage si n'a point de bail.* » Plus tard, on confondit les termes en disant : *garde a lieu en ligne directe et bail en ligne collatérale*, mais la différence subsista au fond, et l'on continua toujours de distinguer la *garde noble* ou celle qui s'exerçait sur les fils de possesseurs de fiefs, de la *garde bourgeoise*, qui, dans les pays où elle fut reconnue par la coutume, affectait exclusivement les enfants des roturiers. Le droit de garde ou de bail de la terre noble était d'ailleurs tout à fait distinct du droit de garde de la personne mineure. Le premier appartenait au parent à qui devait revenir la terre par succession du côté du père ou de la mère ; le second était conféré soit au survivant de ceux-ci, soit à l'un de leurs parents ou amis. (V. *supra*, p. 312 et suiv.)

La garde s'ouvrait par le décès de l'un des père et mère, laissant des enfants mineurs. Elle conférait naturelle-

---

(1) Pérard, *Recueil de pièces curieuses*, p. 521. — En Bourgogne. le fils de famille noble tenant *feu et lieu* séparément de son père, était réputé émancipé. (V. Chasseneuz, sur l'art. 6 de l'ancienne coutume) Il n'était pas de même en Bretagne. (D'Argentré, sur l'art. 500 de la vieille coutume)

ment au père survivant du *sousâgé* (c'était ainsi qu'on appelait les mineurs) avec la mainbournie de ses enfants, tous les profits féodaux, la jouissance de tous les biens meubles ou immeubles qui leur étaient échus par la succession de l'époux prédécédé ou qui pouvaient leur échoir en ligne directe pendant la durée de la garde. Il en avait tous les revenus, tandis que la mère survivante n'y avait aucun droit. Cette différence provenait de ce que le père, étant chargé par la règle féodale de desservir le fief de son enfant mineur, s'indemnisait de cette charge par la perception de tous les fruits seigneuriaux. Lorsqu'en cas de décès du père et de la mère, la garde du *sousâgé* était confiée à un parent de la famille, ce gardien faisait également siens « tox les esplois, » les fruits du fief, mais du fief seulement, car pour ceux des héritages tenus en roture, il n'avait aucun droit à une jouissance qui n'aurait pas été justifiée par un service féodal dont le vilenage n'était pas chargé.

Ainsi le gardien noble percevait tous les droits féodaux, il jouissait par exemple du droit de patronage et pouvait exercer le retrait féodal; il nommait ou destituait tous les officiers du fief, s'il y avait nécessité. Il acquérait la propriété de tous les biens meubles laissés par le défunt, sauf ceux dont celui-ci aurait disposé par testament. Il touchait et s'appropriait les prestations dues au mineur, à l'exception du *roncin de service*, c'est-à-dire du cheval de guerre dû par le vassal de ce mineur (1). Il avait le droit d'engager le fief pour tout le temps que durerait sa jouissance, et pouvait concéder aux tiers des droits d'une durée égale à celle-ci. Tous ces privilèges conférés au gardien ne lui furent pas attribués dès le début; mais, comme le fait observer Laurière, ils furent, pour la plupart, le résultat d'usurpations consacrées par

---

(1) *Cout. du Beauvoisis.*, xv, 27.

la jurisprudence; « les baux, par succession de temps, devinrent, pour ainsi dire, un véritable pillage, » et cette extension abusive amena une réaction dans un certain nombre de coutumes qui interdirent aux nobles de s'emparer des biens des mineurs confiés à leur garde (1).

La garde *noble* ou *bourgeoise* n'était pas une charge publique. Quand elle était attribuée à un parent du mineur, elle ne devenait pas obligatoire pour lui; il devait l'accepter expressément devant le juge ordinaire du domicile du mineur. Mais dès qu'elle avait été acceptée par lui, elle le soumettait à des obligations assez étroites dont Beaumanoir indique tous les détails, et auxquelles il lui était interdit de se soustraire, comme il ne pouvait répudier la garde elle-même, après acceptation régulière. Ainsi, il devait entretenir le mineur de toutes choses nécessaires et pourvoir aux frais de son éducation, conformément à son état et à son rang. Il était tenu de faire inventaire des biens, lors même que la coutume locale lui attribuait la propriété des meubles, parce que les titres doivent au moins être inventoriés. Le gardien bourgeois devait en outre fournir caution, obligation qui n'était pas imposée au gentilhomme, dont la loyauté était légalement présumée, à raison de sa qualité. Il était tenu de promettre qu'il ne marierait pas le mineur de sa propre autorité. Il devait faire aux héritages toutes les réparations nécessaires et les rendre en bon état, sous peine d'être condamné à « bailler bone seurté de rendre le damace à l'oir (2). » S'il n'était pas tuteur, car les deux qualités pouvaient ne pas être réunies sur la même tête, il était tenu d'avancer au tuteur toutes les sommes qu'exigeraient les procès faits pour des causes qui n'intéressaient pas la garde. Enfin, d'après la maxime: *qui garde prend, quitte*

---

(1) Laurière, *Glossaire du droit français*, v° *Bail*.
(2) *Cout. du Beauvoisis*, xv, 12.

la rend, il devait acquitter toutes les dettes mobilières qui grevaient les biens placés sous sa protection, et payer les arrérages des rentes ou autres redevances annuelles. Les créanciers devaient s'adresser directement à lui, sous peine de perdre toute action contre le mineur. Quand il était à la fois gardien et tuteur, il était astreint à l'obligation de rendre à la majorité de son pupille un compte fidèle de sa gestion (1).

A la différence du baillistre noble, le gardien bourgeois devait, à la cessation de la garde, restituer tous les biens qui lui avaient été remis à son entrée en fonctions, tous ceux qui étaient échus au mineur à un titre quelconque, et même tous les fruits produits par ces biens pendant la durée de son administration, sauf à en déduire les dépenses qu'il avait faites pour l'entretien de l'enfant (2). C'était là du moins une règle établie par un certain nombre de coutumes, car quelques autres admettaient la garde fructuaire, comme celle de Paris (3). Mais il n'était jamais tenu, comme le gardien noble, de fournir lui-même, de ses propres deniers, les aliments nécessaires à la « pasture » de son pupille: par suite, si celui-ci avait un fief, les revenus des héritages non féodaux ne pouvaient être affectés à son usage: ils étaient accumulés pour lui être rendus à sa majorité (4).

Toutefois, il y avait un cas où le gardien bourgeois pouvait percevoir un émolument sur les biens de l'enfant confié à sa garde: c'est lorsqu'il s'était formé entre eux une société tacite, une *compaignie*, lorsqu'ils avaient mis en commun les propriétés qui leur appartenaient à l'un et à l'autre. Le gardien devenait alors un simple associé et, à l'expiration de la garde, partageait avec le sousâgé la

(1) *Cout de Beauvoisis*, xv, 7.
(2) *Cout. du Beauvoisis*, xiv, 30; xv, 7, 10; xxi, 10.
(3) Art. 267, 270.
(4) *Cout. du Beauvoisis*, xv, 6, 7.

masse sociale, quels que fussent ses bénéfices ou ses pertes (1).

La garde noble était déférée en certains lieux aux père, mère, aïeul ou aïeule noble; en d'autres, aux père et mère seulement. En ce cas, le père ou la mère, qui avait le *bail* de ses enfants, en avait aussi de plein droit la tutelle, *mainbournie*. Si l'ascendant refusait d'accepter la garde noble, celle-ci était, en Normandie, comme nous l'avons vu plus haut, déférée soit au roi comme seigneur suzerain, soit au seigneur immédiat du fief. Dans le premier cas, elle cessait à 21 ans; dans le second, à 20 ans. Mais les obligations du gardien demeuraient les mêmes.

La garde noble finissait avec la minorité féodale et la garde bourgeoise avec la minorité coutumière, qui était en général, comme nous l'avons vu, moins longue que l'autre. Le moyen-àge réputait majeurs ceux qui avaient l'âge suffisant pour exercer leur profession. Aussi les bourgeois, qui n'avaient point, sauf en cas d'appel du ban, l'obligation de porter les armes et qui se livraient pour la plupart au commerce, étaient majeurs avant les gentilshommes. C'est ce qu'explique le vieux coutumier anglais nommé *Fleta* : « Heres burgensis, dit-il, quam citius discretionem habebit denarios numerandi, pannos ulnandi et hujus modi, plenam ætatem dicitur obtinere, et tunc primo finitur tutela (2). »

Le mari avait aussi le *bail* ou la garde de sa femme qui restait en sa puissance ou *mainbournie*. C'est en cette qualité de baillistre qu'il avait la jouissance et l'administration de ses biens, plutôt qu'en celle de chef de la communauté. « Comme le mari, dit Loyseau, a puissance sur la personne de sa femme, aussi l'a-t-il à plus forte

(1) *Cont. du Beauvoisis,* xv, 8, 10 ; xxi, 23.
(2) Lib. i, c. 2, ? 72.

raison sur ses biens (1). » Il était le maitre, suivant l'expression d'un vieil auteur, « de les boire et de les manger, » ce qui ne s'entendait toutefois que des meubles et conquêts, car le mari n'était qu'usufruitier des immeubles propres à sa conjointe. Mais il pouvait arriver qu'il n'eût pas la garde de sa femme et que l'administration du fief passât à un tiers. Il en était ainsi lorsque la femme épousait un noble âgé de moins de 21 ans. Le mari, dans ce cas, ne pouvait rendre le service féodal et sa femme ne le pouvait davantage, puisqu'elle était en puissance conjugale. On lui donnait donc un gardien qui desservait le fief et en percevait les fruits.

§ 3. *Tutelle*

Quant à la tutelle proprement dite, les plus anciens coutumiers la confondent volontiers avec la garde noble ou bourgeoise, le bail, l'*advouerie*. Cependant l'on rencontre des cas fréquents où le mineur avait à la fois un tuteur et un gardien. Cela se produisait notamment lorsqu'à défaut de parent qui voulût ou pût prendre sa garde, celle-ci était attribuée au seigneur. Il était alors nécessaire de confier les détails de l'administration des biens du sousâgé à une personne qui prenait le nom de tuteur (2). En général, la tutelle était dative et se déférait, lorsque cela était possible, au parent le plus rapproché du sousâge. Si un autre y était appelé, il avait le droit de désigner un autre membre de la famille d'un degré plus proche que le sien. Le tuteur ne faisait aucun fruit sien, à moins qu'il ne fût le père, et il devait compte de son administration. Mais il faut reconnaître que les coutumes les plus anciennes n'ont pas tracé des règles très explicites à cet égard; c'est l'invasion du droit romain dans le droit coutumier qui a seule permis de déterminer

(1) *Du déguerpissement*, l. i, ch. 4, n° 7.
(2) *Cout. du Beauvoisis*, xvii, 2.

plus tard les obligations des tuteurs et les excuses qu'ils pouvaient invoquer pour se faire décharger de la tutelle.

Une autre tutelle que nous avons rencontrée dans les tribus germaines et qui, depuis lors, s'est conservée en quelques pays d'Europe jusqu'à nos jours, malgré son caractère suranné, est la tutelle perpétuelle des femmes, le *mundium* qui atteint la fille et la veuve comme l'épouse. Cette tutelle tend à disparaître du droit féodal, au moins pour les deux premières, et on ne la retrouve plus guère qu'à l'état d'exception, dès le XII° siècle, par exemple dans la charte communale d'Amiens ou, au siècle suivant, dans l'ancienne coutume de Bordeaux. Partout ailleurs, la fille majeure et la veuve sont émancipées et les incapacités dont elles étaient autrefois frappées se sont évanouies, sauf en ce qui concerne le service des fiefs, devant la notion plus claire et plus équitable de leurs droits.

§ 4. *Mariage*

La législation féodale ne s'est point occupée du mariage, au point de vue de sa célébration et de sa validité, parce que cette matière relevait uniquement du droit canonique. On ne rencontre, soit dans les *Assises de Jérusalem*, soit dans les *Etablissements de Saint-Louis*, soit dans la *Coutume du Beauvoisis*, que de rares dispositions relatives à l'union conjugale elle-même : le légiste ne se préoccupe alors que d'en déterminer les effets et les conséquences au point de vue des intérêts matériels et des propriétés. Voici cependant quelques règles sommairement indiquées, en passant, par ces documents de la première période coutumière.

Les conditions pour contracter mariage sont au nombre de trois, d'après les *Assises* : le consentement des époux, l'absence de liens de parenté et l'âge. Il en est une autre qui est en quelque sorte présupposée. Toutefois, les *Assises* en exigent la preuve expresse. Le futur et sa future doivent déclarer sous serment qu'ils n'ont fait aucune promesse de mariage à un tiers, à plus forte raison qu'ils ne sont engagés dans aucun autre lien.

L'union est précédée de fiançailles dans lesquelles le futur époux donne la main à la future épouse, et qui peuvent avoir lieu entre personnes n'ayant pas l'âge du mariage. Les deux familles échangent des arrhes qui sont acquises au père du futur conjoint délié de sa promesse, car cette promesse n'est pas un contrat obligatoire. On dit proverbialement : *fille fiancée n'est prise ni laissée*. C'est la célébration seule qui unit à jamais les époux. Dans le rituel de Rouen, le prêtre officiant doit dire au futur mari : « Veux-tu avoir celle-ci à femme et à épouse, et la garder saine et en ferme, et lui faire loyale partie de ton corps et de tes biens; ne pour pire, ne pour meilleure tu ne la changeras tous les temps de sa vie? Alors l'époux répond : Ouy. — Que lui bailles-tu? Ma foy. »

Les personnes de condition différente peuvent contracter mariage ensemble. Toutefois, le franc qui épouse une serve devient par là même serf, conformément à la loi salique, dont l'empire se fait sentir à cet égard jusqu'au moyen-âge. L'Eglise elle-même, qui avait fait des efforts pour légitimer les unions entre personnes de condition servile (1), n'ose s'élever contre cette dure loi de la politique féodale (2), qui ne disparaît guère qu'au xive siècle. De même, le sort des enfants issus d'une union disparate varie beaucoup selon les lieux, les temps et les conditions. J'ai déjà dit que l'enfant né d'un gentilhomme et d'une serve était toujours serf. Cette règle s'adoucit peu à peu avec les mœurs. Par exemple, au xive siècle, il fut admis que la femme franche non noble qui épousait un

(1) Concile de Châlon-sur-Saône, de 813.
(2) Loysel, *Institutes coutum.*, liv. i, tit. i, 25.

gentilhomme était anoblie par le mariage et que ses enfants étaient nobles; de plus, que ceux auxquels une serve mariée à un gentilhomme donnait naissance restaient bien serfs, mais pouvaient devenir nobles à la mort de leur mère, s'ils renonçaient à la succession de celle-ci. Toutefois, on hésita longtemps à admettre ce principe favorable à la liberté lorsqu'un gentilhomme épousait sa propre serve, parce que l'affranchissement de cette dernière et des enfants procréés par elle eût privé le seigneur dominant d'une partie des créatures humaines, ou plutôt des choses qui relevaient de sa suzeraineté. Le mari dut, en ce cas, pour assurer la liberté et la noblesse à sa femme et à ses enfants, indemniser le seigneur dominant, jusqu'au roi lui-même, ou, selon l'expression de Beaumanoir, le *restaurer* d'une manière quelconque, afin qu'il ne souffrît pas un préjudice de la franchise communiquée.

Le mari a sa femme dans sa *mainbournie*, sous sa protection et sa surveillance. Mais ce protectorat d'origine germanique est établi moins dans l'intérêt de la femme que dans celui de son conjoint ; en conséquence, il n'interdit pas à celui-ci de la réprimander, même de la battre, *flagellando uxorem*, dit le texte d'une vieille formule rapportée par Baluze, et qui n'est pas tombée en désuétude après les Carlovingiens, puisque Beaumanoir le reproduit en disant : « il loist bien à l'home à batre sa feme, sans mort et sans mehaing, quand ele fet mal. » Ce serait d'ailleurs une honte pour le mari de se laisser frapper par sa femme : « Les maris qui se laissent battre par leurs femmes, dit la coutume de Senlis, seront contrains et condemnez à chevauchier un asne, le visaige par devers la queue dudit asne. » On retrouve la même disposition dans la coutume de Dreux et dans celle de Saintonge.

Tout en demeurant sous le *mundium* marital, la femme conserve sa personnalité. Elle peut agir et consentir à côté de son époux qui l'autorise, ou bien, si celui-ci agit seul et sans elle, il doit justifier de sa procuration (1). Elle peut même s'obliger sans l'autorisation conjugale, dans les cas où cette autorisation est impossible ou difficile à demander (2). Enfin, elle peut contracter avec son mari et plaider contre lui (3). Toutefois, elle ne saurait, selon plusieurs vieux coutumiers, s'obliger à son profit (4), quoique la très ancienne coutume de Bretagne le lui permette (5).

§ 5. Douaire

Les peuples d'origine germanique se sont presque en tout temps préoccupés, mais surtout depuis l'établissement du Christianisme dans le monde occidental, de donner aux veuves le moyen de vivre honorablement selon la condition de leurs maris défunts. Je n'ai pas besoin de rappeler ici l'usage du *morgengabe* ou don du matin, introduit en Gaule par la législation des Francs Saliens ou Ripuaires, et nous verrons plus tard que cette institution s'était en quelque sorte reflétée, jusqu'au milieu des pays de droit écrit eux-mêmes, dans l'*augment de dot* et la *quarte* du conjoint pauvre. Dans les pays de droit féodal et coutumier, elle a donné naissance au *douaire, dotalicium*.

Jusqu'à Philippe-Auguste, le douaire était conventionnel. « Jadis, dit Loysel dans ses *Institutes coutumières*, femme n'avait douaire, fors le convenancé au mariage, par ces mots ; « *Et du douaire te done qui est devisé entre mes amis et les tiens.* » Il était remis par le mari à la porte de l'église ou du couvent où se célébrait le mariage, à

---

(1) *Grand Coutumier de Charles VI.* « Maritus est procurator legitimus et necessarius uxoris suæ. »

(2) Beaumanoir, XLIII, 28. — *Livre de justice et de plet*, p. 131. — *Établissements de Saint-Louis*, I, 447.

(3) Beaumanoir, LVII, 13

(4) *Cout. de Saint-Quentin*, écrite avant 1164, art. 20 ; *Cout. de Roye-en-Vermandois*, de l'an 1183, art. 17 ; *Cout. de Normandie.*

(5) Art. 68, 328.

l'*huis du moustier*, disent les *Etablissements de Saint-Louis* (1). En 1214, une ordonnance de Philippe-Auguste établit le douaire légal coutumier, et le fixa à la moitié des héritages appartenant au mari au jour du mariage, ou à lui échus postérieurement par succession en ligne directe. Plus tard, en conservant la proportion de moitié pour la femme roturière, les *Etablissements de Saint-Louis* réduisirent le douaire au tiers de l'héritage ou de la terre du mari pour la *gentisfame*, pour la femme noble. Cette diversité de taux passa dans les coutumes dont les unes, comme celles de Normandie, d'Angoumois, de Saint-Aignan, d'Anjou (2), adoptèrent le tiers de tous les biens du mari, et dont les autres fixèrent le douaire à la moitié des rotures et au tiers des fiefs. On a cru voir la raison de cette variété dans ce fait que la fixation du tiers, admise par la grande charte anglaise de 1215, s'était maintenue dans les provinces longtemps soumises au joug anglais ; mais on n'explique pas ainsi pourquoi les *Etablissements* auraient préféré une disposition de ce genre à celle qui avait été adoptée par Philippe-Auguste. Il est plus naturel de supposer que la réduction du douaire au tiers de l'héritage noble a été une concession faite aux exigences du droit féodal, qui ne voyait point sans regret s'amoindrir ainsi l'importance des fiefs tenus par des mains masculines, et c'est pour cette raison peut-être que le douaire ne porta jamais sur les terres de la couronne ni sur les grands fiefs réputés indivisibles.

Quoi qu'il en soit, le douaire conventionnel ou *préfix*, et le douaire légal ou coutumier continuèrent, depuis l'ordonnance de 1214, à subsister ensemble. Mais ils ne se cumulèrent point. Lorsque la veuve demandait l'un,

---

(1) *Etablissements*, 1, 187.

(2) *Cout. d'Anjou*, art. 299. V. une charte du seigneur de Craon et de Sablé, sénéchal d'Anjou, du 18 juin 1217, publiée par M. Marchegay dans les *Archives d'Anjou*, t. II, p. 222.

elle se privait de l'autre. A Paris, la stipulation d'un douaire conventionnel s'opposait à ce qu'elle se prévalût du coutumier. En d'autres lieux, à Reims, à Meaux, au contraire, la femme avait l'option. Il est probable qu'à partir du moment où la loi eut fixé à la moitié des biens du mari la quotité du douaire coutumier, le douaire préfix n'eut d'autre objet que d'autoriser la stipulation d'un excédant, d'une quotité supérieure. Mais les coutumes réagirent en général contre cette tendance, comme celles de Bourgogne, de Normandie, du Poitou, et plusieurs d'entre elles établirent en principe que le douaire conventionnel ne pourrait dépasser le douaire légal au moins pour les nobles. Cependant Laurière nous apprend que bien des femmes stipulaient des douaires qui excédaient la totalité des biens de leurs maris.

L'usage ne varia pas moins en ce qui concerne la nature des biens du mari, sur lesquels devait porter le douaire préfix ou coutumier. D'après les *Etablissements de Saint-Louis*, ce douaire se prélevait sur tous les biens provenant à l'époux de ses père, mère, aïeul, aïeule, et même sur ceux qui lui étaient advenus par succession collatérale ouverte avant le mariage; il pouvait même atteindre les propriétés de ses ascendants, bien qu'ils ne fussent pas décédés au moment de la mort du mari. Il atteignait enfin les biens vendus par celui-ci pendant la durée de l'union conjugale. D'après les anciens usages de l'Artois, la femme avait même un droit de suite sur les immeubles propres ou acquêts aliénés par son époux trente ou quarante ans avant sa mort (1). Au contraire, selon Beaumanoir, les biens échus en ligne collatérale ne devaient jamais être frappés par le douaire (2). Certaines coutumes même, au témoignage de Loysel, en écartaient les biens venus au

(1) *Anciens usages de l'Artois*: tit. 33.
(2) *Cout. du Beauvoisis*, ch. XIII, 13, p. 216, édit. Beugnot.

mari en ligne directe pendant le mariage. Mais on s'accordait à soustraire au douaire les biens donnés à l'époux par le roi ou un seigneur et les donjons ou forteresses, ne laissant à la veuve que le *chief manoir*, s'il n'était pas assimilable à un *castel*. Elle pouvait d'ailleurs occuper le château de son époux jusqu'à ce que l'héritier de la terre lui eût assigné un convenable *hébergement*.

Le douaire était uniquement un usufruit : *dotarium est solum donatio ususfructus*, disait Dumoulin (1). Il s'éteignait donc à la mort de la femme et ne profitait point aux enfants. Ainsi le voulaient au moins les *Etablissements de Saint-Louis*. Mais plusieurs coutumes, notamment celle de Paris, admirent les descendants de la femme à recueillir le douaire, même lorsque leur mère était morte avant son mari ou qu'elle avait été déclarée déchue de son droit, par exemple pour cause d'adultère, d'impudicité, de supposition de part ou d'abandon du domicile conjugal. Seulement il était nécessaire qu'ils eussent survécu à leur père et renoncé à sa succession. Leur jouissance commençait alors au décès de leurs ascendants et tous les actes par lesquels ceux-ci auraient préjudicié à la propriété du douaire étaient nuls et sans effet.

La femme acquérait son douaire par la consommation du mariage. Mais elle ne le gagnait, bien entendu, que dans le cas où elle survivait à son époux; car, selon la maxime de Loysel, « jamais mari ne païa douaire. » Toutefois, si les biens du mari étaient confisqués, s'il était forbanni, ou si ses héritages étaient saisis et vendus de son vivant, la femme avait le droit de demander une provision, sauf à n'en jouir qu'après le décès de son conjoint.

Le douaire coutumier saisissait la femme dès la mort de son époux, si ce n'est dans quelques coutumes, comme celle du Maine, de Normandie et de Blois. Elle n'était

(1) Dumoulin, *in cons. paris*, ₴ 135, n° 3.

donc pas tenue de demander la délivrance à l'héritier. Mais elle n'avait pas la saisine de droit lorsque le douaire résultait d'une convention, et dans tous les cas, c'était à l'héritier qu'il appartenait de choisir entre les lots faits par la veuve d'après la maxime : *la douairière lotit et l'héritier choisit* (1).

Les avantages faits à la femme en vue du mariage ne l'empêchaient pas de demander son douaire, qui ne portait jamais sur ces dons ou sur les conquêts de communauté. Les dons mutuels ne le compensaient pas. Elle avait droit à ce douaire, bien qu'elle n'eût rien apporté dans l'union conjugale et il lui était interdit d'y renoncer à l'avance pendant la vie de son époux. Toute quittance qu'elle en aurait donnée à ce moment était réputée nulle et sans valeur. Mais elle était admise à renoncer au douaire échu, comme à tout autre droit (2).

Beaumanoir nous apprend qu'il existait de son temps, à l'égard du douaire, en cas de secondes noces de l'époux, un usage qui s'est conservé longtemps dans plusieurs coutumes, et que l'on retrouve au XVIᵉ siècle, dans celle de Paris comme dans celle du Bourbonnais, sous cette forme : *douaire sur douaire n'a lieu* (3). Lorsque le mari, ayant des enfants du premier lit, convolait à un second mariage, le douaire de sa seconde femme n'était que du quart des propres, et ses enfants issus de la première union avaient droit, au nom de leur mère, à la moitié de ces immeubles. Lorsqu'il se remariait pour la troisième fois, ayant des enfants du second mariage, le douaire de la troisième épouse n'était plus que du huitième. « Et

---

(1) Beaumanoir, ch. XIII, 24 ; Boutillier, liv. I. 97.

(2) *Anciens usages de l'Artois*, tit. 34. Elle y renonçait devant le juge ecclésiastique par lettres de l'official contenant promesse *par sa foi* de ne jamais demander douaire. Si elle manquait à sa promesse, elle était excommuniée

(3) *Cout. de Paris*, art. 253 ; *Cout. du Bourbonnais*, art. 251.

aussi, ajoute-t-il prudemment, poés entendre de le quarte feme le seizième (1). » Cette disposition avait pour but d'assurer aux enfants de chaque lit une part dans les propres de leur père.

Enfin, en Normandie, ou plutôt dans les provinces qui avaient accepté les coutumes anglo-normandes, il existait une autre sorte de douaire, nommé le *douaire de la plus belle*, parce que la femme noble qui ne trouvait pas dans le fief noble des terres suffisantes pour asseoir son douaire, pouvait le faire porter, à son choix, sur les plus belles terres du fief roturier. De même, dans ces provinces, elle pouvait, lorsque son mari n'avait rien reçu de ses parents, ou rien apporté au moment du mariage, demander qu'un douaire lui fût assigné sur les biens de son beau-père, si celui-ci y consentait.

§ 6. *Communauté conjugale*

Au XIIIᵉ siècle, à partir de l'ordonnance de Philippe-Auguste, le douaire coutumier est constitué, il a acquis sa forme définitive et il subsistera dans cette forme jusqu'en 1789.

Mais il n'en est pas de même de la communauté conjugale, cette grande institution du moyen-âge, si étroitement liée à nos mœurs qu'elle a passé toute entière dans notre législation civile et qu'elle est devenue pour ainsi dire le pivot de la société conjugale. A l'époque où nous nous plaçons, elle est encore dans sa période de formation ; on la soupçonne plutôt qu'on ne la constate ; elle se prépare plutôt qu'elle n'est organisée.

Des auteurs qui ont essayé de percer les ténèbres de son origine, les uns ont voulu en découvrir les premières traces dans les mœurs et le droit galliques ; les autres, comme M. Laboulaye dans son traité *de la Condition des*

---

(1) *Cout. du Beauvoisis*, ch. XIII, 2.

femmes (p. 137 et suiv.), ont cru les retrouver dans la pratique romaine. D'autres enfin ont rattaché la communauté conjugale aux institutions germaniques. Il est certain qu'en attribuant à la femme le tiers de la collaboration commune, la loi des Francs Ripuaires, les formules de Marculfe et les Capitulaires eux-mêmes avaient largement propagé parmi nos ancêtres cette idée que le mariage, union des personnes, devait être aussi l'union des biens, meubles et immeubles, provenant du travail des époux, et qu'il entraînait une société dont la gestion était confiée au mari et dans laquelle il entrait non seulement avec la fonction d'administrateur, mais avec l'indépendance et l'autorité d'un maître. C'est l'idée qui ressort du moins de toutes les conventions matrimoniales dont le texte nous a été conservé pendant les deux dynasties mérovingienne et carlovingienne, et l'on ne peut raisonnablement en faire remonter la source qu'aux traditions germaniques. Mais entre cette part accordée à la femme dans la collaboration sociale et le principe de la transmission de son droit à ses héritiers, il y a une distance très grande. Comment l'a-t-on pu franchir?

Un commentateur de la coutume de Paris, Eusèbe de Laurière, attribue l'origine spéciale de la communauté dans cette coutume à une ordonnance donnée au Pont-de-l'Arche en 1219, par le roi Philippe-Auguste, pour la Normandie, et qui accorde au mari seul, en cas de prédécès de la femme sans enfants, la propriété de tous les biens acquis pendant le mariage. Le savant Laurière n'oublie qu'une chose, c'est que cette ordonnance était destinée à la Normandie exclusivement, et que cette province excluait la communauté de biens entre les époux. D'ailleurs, l'attribution faite au mari seul de tous les acquêts conjugaux était un privilège, bien loin d'être une consécration de l'égalité. Au lieu de la reconnaître, elle niait la communauté, puisqu'elle refusait tout droit aux héritiers collatéraux de la femme. Elle absorbait la personnalité de celle-ci dans la personnalité du mari : ce n'était plus une associée, mais une servante. La confusion des biens s'opérait sans doute, mais seulement au profit du *dominus consortii*.

Puisque le concours est ouvert entre toutes les hypothèses, qu'il me soit permis d'en proposer une à mon tour, bien qu'elle ne soit pas nouvelle.

On s'est étonné que les *Etablissements de Saint-Louis* n'aient fait une mention expresse ni de la dot ni de la communauté conjugale. Cependant ils reconnaissent implicitement cette dernière, puisqu'ils attribuent à la femme la moitié des meubles du mari en la chargeant de la moitié des dettes, et assurent aux héritiers respectifs des deux époux la moitié des acquêts existant au décès du survivant. Ils attribuent de plus à celui-ci l'usufruit de la part qui revient en propriété aux héritiers de son conjoint (1). Des dispositions analogues existaient déjà dans le royaume de Jérusalem, et se retrouvent inscrites en toutes lettres dans les assises des bourgeois (2). La femme a la moitié des acquêts, et si elle meurt la première, cette moitié passe à ses enfants. Son bien est affecté aux dettes de la communauté, et elle ne jouit pas, comme aujourd'hui, de la faculté de renonciation (3). Elle est donc une associée ordinaire, responsable à ce titre de la moitié des dettes de la société, quelque onéreuse qu'en soit la charge. Mais ce caractère indélébile de simple associée n'appartient qu'à la femme roturière, car les *Etablissements* reconnaissent formellement à la femme noble le droit de renoncer à la communauté pour s'affranchir des dettes. Ce n'est qu'au xvi° siècle seulement que la condition des

(1) *Etablissements de Saint-Louis*, liv. i, 15, 135, 136.
(2) *Assises des bourgeois*, art. 162, 165.
(3) *Id.*, art. 162, 165, 172.

femmes mariées, nobles et non nobles, est égalisée à cet égard, et que les unes comme les autres peuvent exercer le droit de renonciation.

Beaumanoir va peut-être nous apprendre d'où provient cette différence, d'où provient surtout, pour la femme roturière, l'obligation d'acquitter les dettes communes, comme si la communauté n'avait été pour elle qu'une société ordinaire. Dans un chapitre intitulé : *Comment compaignie se fet par couslume*, il traite longuement des associations conventionnelles ou tacites qui se formaient entre les agriculteurs du comté de Clermont, et ajoute que ces associations s'établissent de plusieurs manières, notamment par mariage. « Si tost comme mariage est fes, dit-il, li bien de l'un et de l'autre sont commun par le vertu du mariage. Mais voirs *(vrai)* est que tant comme ils vivent ensanble li hons en est mainburnissières *(gardien)*, et convient que le feme suefre *(souffre)* et obéisse de tant comme il apartient à lor meubles et as despuelles *(fruits)* de lor héritages ; tant soit ce que *(quoique)* li feme y voie se perte tout apertement, si convient-il qu'ele suefre *(souffre)* le volonté de son seigneur. Mais voirs *(vrai)* est que li treffons *(pleine propriété)* de l'héritage qui est de par le feme, ne pot li maris vendre, si ce n'est de l'otroi et de le volonté de se feme ; ne le sien meisme, se elle ne renonce à son doaire (1). »

Voilà bien les principes de la communauté de notre code civil ; la mise en commun des choses mobilières et des fruits des immeubles ; le droit d'administration du mari qui n'est à proprement parler qu'un gardien ; l'interdiction de vendre les propres de la femme sans le consentement de celle-ci, et la garantie des avantages qui lui ont été assurés, pour le cas de survie, sur les biens de son conjoint.

Mais la coutume du Beauvoisis ne s'arrête point là :

(1) *Cout. du Beauvoisis*, ch. XXI, 2, p. 303.

elle indique un autre principe qui complète les premiers. A la mort du père ou de la mère, l'enfant entre en communauté avec le survivant, et si l'époux qui survit vient à se remarier, cet enfant entre pour un tiers dans la nouvelle « compaignie, » à ce point que la mort de son père ou de sa mère remarié lui donne droit à deux parts dans l'actif (1). Seulement Beaumanoir a soin de nous apprendre que ce genre de *compaignie* n'est usité qu'entre *gens de poeste*, et qu'il n'existe pas pour les nobles. « Quant li enfant du premier mariage ou du secont, dit-il, demore aveques lor père ou lor mère et aveques lor parastre ou lor marastre, on ne l'appelle pas compaignie, mais garde (2). »

D'où venait cette coutume ainsi réservée aux roturiers ? Précisément de ces associations de cultivateurs et *gens de poeste* dont parle Beaumanoir, qui se mettaient en société pour exploiter un fonds, et qui appliquaient entre eux les règles communes des sociétés. On admettait alors une communauté tacite entre personnes de condition serve, communauté qui produisait ses effets par la cohabitation pendant un an et jour. A l'expiration de ce délai, quand les associés avaient vécu « en un manoir ensemble, à un pain et à un pot, » leurs meubles se confondaient et il n'y avait plus lieu qu'à un partage égal à la dissolution de la société. De cette association de manants, le principe passa à la société conjugale, avec cette seule modification que la célébration du mariage tint lieu du délai de l'an et jour.

Ainsi, la communauté conjugale tirerait, dans cette opinion, son origine principale des sociétés privées établies entre *gens de poeste* dans certaines provinces du Nord et de l'Ouest de la France. Ce qui semble le démontrer, outre les paroles de Beaumanoir, c'est la diffé-

---

(1) *Cout. du Beauvoisis*, ch. XXI, 8.
(2) *Idem.*, ch. XXI, 9.

rence qui se maintint pendant plusieurs siècles dans le
régime de cette communauté, selon qu'elle s'appliquait à
des nobles ou à des roturiers. Dans le premier cas, la
femme pouvait renoncer à la communauté pour s'exonérer
des dettes, mais les enfants ne continuaient pas de vivre
en indivision, en « compaignie » avec leur père ou leur
mère survivant. Dans le second, au contraire, la veuve
n'était pas admise à la renonciation, mais la communauté
se poursuivait, après la mort de l'un des époux, entre le
survivant et les enfants issus du mariage. Le *Grand Cou-*
tumier nous indique la raison de cette différence au sujet
de la faculté de renoncer, déjà accordée par les *Etablisse-*
ments de Saint-Louis à la femme noble. « Le mestier des
hommes nobles, dit-il, est d'aller ès guerres et voyages
d'outre-mer, et pour ce ils s'obligent et aucunes fois y
meurent, et leurs femmes ne peuvent être acertenées
(avoir certitude) de leurs obligations faites à cause de leurs
voyages, de leurs rançons et de leurs plegeries *(caution-*
nements)... pour ce, ont privilège de renonciation. » En
d'autres termes, la faculté de renoncer était accordée à la
veuve d'un noble, parce que l'incertitude des engagements
que prenait souvent le mari pour subvenir aux charges
des expéditions en Terre-Sainte, ne lui permettait pas de
s'assurer si les dettes de la communauté n'en dépasse-
raient pas l'actif. On l'admit alors à venir, en signe de renonciation, déposer sur la tombe de son époux sa bourse et
les clefs du logis (1). Ce fut dans cette forme que Marguerite,
duchesse de Bourgogne et femme de Philippe-le-Hardi,
renonça, à la mort de ce prince, à la communauté « pour
la doubte qu'elle avoit qu'elle ne trouvast trop grans
debtes (2). »

---

(1) « Se elle se desseinct sur la fosse de son mari, elle renunce
à tous mobles et acquestz. » *(Stilles de Bourgoingne*, art. 3. Giraud,
t. II, p. 269.)

(2) *Chroniques de Monstrelet*, t. I, p. 89, édit. Douet d'Arcq.

La femme de vilain, au contraire, n'était pas exposée au même « doubte, » elle connaissait, elle devait exactement connaître les engagements contractés pendant l'union par son mari, et, en acceptant la moitié des meubles et des conquêts, elle s'obligeait à payer toutes les dettes conjugales. On attribue au premier président du Parlement de Rouen, de Mesme, qui mourut en 1569, l'initiative de l'extension du droit de renonciation à la veuve roturière (1).

J'ai déjà incidemment indiqué les biens qui, à l'origine, tombaient dans la communauté. J'y reviens pour les préciser davantage. Tout d'abord, la communauté ne comprit que les meubles des deux époux qui leur appartenaient au jour du mariage, ou leur survenaient depuis. Elle comprenait en outre les immeubles acquis soit par les deux conjoints ensemble, soit par l'un d'eux séparément (2); ainsi les immeubles donnés ou légués par tout autre qu'un ascendant, les fiefs tombés en commise, et ceux qui étaient confisqués en vertu du droit de haute justice. Mais elle ne s'étendait ni aux immeubles propres ni à ceux qui étaient donnés par les parents aux époux en vue du mariage.

Le mari pouvait vendre les biens de la communauté, mais non les propres de sa femme, à moins de l'assentiment formel de celle-ci. Il ne pouvait disposer des biens communs au préjudice de son épouse par testament : *Dominus vivit, socius moritur.*

Le droit au remploi ou à la récompense en cas d'aliénation des biens propres de la femme n'existe pas encore. La femme et ses héritiers ne doivent aucune récompense aux héritiers du mari pour les améliorations faites sur

(1) Loysel, *Institutes coutum.*, i, 2, 30.
(2) « Le mari mort, ia femme prent la moictié ez moebles et ez acquestz de son mari et emporte cette moictié a tousiours mais. » (*Stilles de Bourgoingne,* art. 8. Giraud, t. II, p. 270.)

l'héritage de la femme et même pour les constructions qui auraient été élevées pendant le mariage. Ce sont là de simples actes d'administration, qui sont laissés à la charge du mari.

Les donations pendant le mariage sont interdites par les *Etablissements de Saint-Louis* à la femme en faveur de son mari, *à cause du grand amor qu'elle aurait à lui,* ou de *la crainte qu'il ne lui en fasse pis* (1). Mais elle peut, en cas de maladie, lui donner, à cause de mort et si elle n'a pas d'enfant mâle, le tiers de son héritage en toute propriété; tandis qu'avant l'union, elle ne peut lui donner que l'usufruit de ce tiers seulement. Quant au mari gen-tilhomme, il peut, soit avant, soit pendant le mariage, disposer en faveur de sa femme du tiers de ses biens, même en pleine propriété. L'auteur des *Etablissements* ne parait pas redouter qu'une affection trop grande puisse entrainer l'époux, comme l'épouse, dans des donations exagérées. Ici, le respect de la liberté du noble l'emporte évidemment sur le désir de maintenir intact le patrimoine de la famille. Ces règles fléchiront plus tard, et, sauf le don mutuel des conquêts de communauté, la majorité des coutumes interdira complètement aux époux toutes dona-tions soit entre vifs, soit testamentaires, ou les res-treindra du moins à l'usufruit. Mais au XIII° siècle, le gentilhomme jouit encore de la faculté de disposer d'une part de ses biens en faveur de son épouse si ce n'est en Orient où, d'après les *Assises de Jérusalem,* plus dé-fiantes de la séduction féminine, il est interdit à l'époux de faire aucune donation entre vifs à sa conjointe pen-dant le mariage.

(1) *Etablissem. de Saint-Louis,* l. I, 114.

CHAPITRE XIV

INSTITUTIONS SUCCESSORALES SOUS LE RÉGIME FÉODAL

§ 1. *Distinction des biens au point de vue successoral*

Que faut-il entendre par *meubles* et *immeubles*, par *propres* et *acquêts* dans le langage des coutumes?

La distinction des meubles et des immeubles, à peine visible dans le droit romain, qui n'en a fait usage que pour l'usucapion et les interdits, appartient en réalité au droit coutumier, d'où elle a passé dans la législation moderne. Elle reposait sur le principe que tout dérivait du sol et que les divers modes de la constitution de la propriété n'étaient, au moyen-âge, que les différentes manières de le décomposer et de s'en approprier la jouissance. L'immeuble était, à proprement parler, le sol lui-même, tout ce qui y adhérait ou le représentait : une maison, un champ, un domaine, un bois, un pré, une rente. Toutefois, la rente n'était considérée comme immeuble qu'au moment de sa constitution. Elle devenait meuble à son échéance. On donnait communément à l'immeuble le nom d'*héritage*. Beaumanoir le définit : « la chose qui ne peut être meue et qui vaut (qui rapporte) par anée au seigneur à qui elle appartient (1); » et il comprend dans cette classe les usages, les corvées, les hommages, les tonlieux, qui sont tenus de seigneurs. Le meuble, au contraire, est le produit du sol : c'est, dit encore Beaumanoir qui, seul de son temps, a fait de cette distinction l'objet d'une étude particulière, la chose qui sort de l'héritage, le bois quand il est coupé, le blé quand il est semé, le raisin quand il

(1) *Cout. du Beauvoisis*, ch xxiii, 3, p. 332.

est formé, la marchandise qui peut être transportée. Nous sommes loin des définitions modernes, et plus loin encore du sens de l'expression antique.

La différence n'est pas moins grande en ce qui concerne les *propres* et les *acquêts*.

Le *propre*, d'après le *grand Coutumier de France*, c'est « l'immeuble possédé à cause de succession par prochaineté de lignage (1) ; » c'est le patrimoine de la famille.

L'*acquêt*, au contraire, c'est l'immeuble acquis par don, achat, ou par quelque juste titre autre que la succession ou l'échange d'un bien successoral (2), et tout héritage est présumé acquêt, sauf la preuve du contraire, pour le règlement d'une succession. Mais l'acquêt du père devient le propre de l'enfant. Il suffit qu'il franchisse un degré dans la famille par succession, pour qu'il soit considéré comme faisant partie du patrimoine. Cette distinction avait une grande importance pour l'application de la règle coutumière que les *propres ne remontent pas*, car l'immeuble transmis en don et non par voie successive cessait d'être regardé comme un propre, quoiqu'il eût originairement appartenu à la famille. Elle en avait une non moins grande au point de vue des dispositions testamentaires, puisque celui qui avait des enfants légitimes pouvait disposer par testament de tous ses acquêts et de la cinquième partie seulement de ses immeubles propres.

§ 2. *Maxime : le mort saisit le vif*

Un autre principe aussi essentiel est celui qui concerne la saisine. Nous étudierons plus loin ce que le droit coutumier entendait par ce mot, et nous chercherons à expliquer la théorie obscure, mais originale, des effets de la

---

(1) *Grand Coutumier de France*, liv. II, ch. XII, p. 208, édit. Dareste et Laboulaye.

(2) *Idem.*

possession d'un an et jour, qui est une des créations juridiques les plus curieuses et les plus fécondes du moyen-âge. Qu'il suffise de dire en ce moment que dans la première période du droit féodal, la transmission de la propriété n'était opérée et ne devenait complète que lorsque le nouveau possesseur était *ensaisiné* par l'ancien propriétaire, ou tenait la propriété de celui qui en était saisi au moment de son décès. La tradition réelle ou symbolique était de rigueur. Pour le fief, il fallait l'investiture du seigneur dominant ; pour l'héritage tenu en censive, 'ensaisinement, le *vest*, le *dévest*, ou la cérémonie par laquelle le cédant *vétissait* le cessionnaire de la chose, lui communiquait tous ses droits.

Mais que se passait-il en cas de succession, lorsque le décès du propriétaire empêchait la tradition ? Le défunt était alors réputé s'être dessaisi de ses biens entre les mains de son seigneur, de sorte que les héritiers étaient obligés de les reprendre du seigneur, en lui rendant foi et hommage, et en lui payant le droit de relief s'il s'agissait d'un fief, ou les droits de saisine s'il s'agissait de biens de roture.

C'était là une obligation que Laurière qualifie d'odieuse. Pour en décharger l'héritier, le *de cujus* fut censé avoir remis en mourant ses biens entre les mains de son successible le plus rapproché. De là cette maxime : *le mort saisit le vif*. L'héritier reçut ainsi la possession de droit de l'héritage, bien qu'il n'eût pas la possession de fait. Dès lors il put exercer, non pas en son nom personnel, mais au nom de son auteur, le droit qui aurait appartenu à ce dernier de se faire rétablir dans la jouissance des biens dont il aurait été effectivement dessaisi. En un mot, on admit que l'héritier succédait directement à la saisine de son auteur, comme à la propriété de celui-ci, de sorte qu'il put joindre sa possession de fait à celle du *de cujus*, pour la compléter et acquérir ainsi la saisine de droit. Par exemple, s'il avait joui de l'héritage pendant six mois et si son auteur en avait également joui pendant six autres mois et un jour, sans aucun trouble, il avait la saisine de fait et la saisine de droit.

Toutefois, malgré les *Etablissements de St-Louis*, qui avaient proclamé d'une façon générale la maxime : *le mort saisit le vif*, et en avaient étendu l'application aux héritages nobles comme aux héritages roturiers, le droit féodal résista longtemps à l'extension de cette règle en matière de fiefs. Ainsi, les *décisions* de Jean des Mares et le *grand Coutumier* de Charles VI attestent qu'au xiv⁰ siècle le vassal n'était pas saisi de plein droit de la succession de son auteur, s'il ne prêtait foi et hommage à son seigneur. « Si c'est un fief noble, dit le *grand Coutumier*, saisine de droit ne aultre n'est acquise sans foy, car le seigneur direct est avant saisy que l'héritier ; mais par faire hommage et par relief, le seigneur direct doit saisir l'héritier. Et la raison si est, car le seigneur féodal a la seigneurie directe, à laquelle la *prouffitable* est adoncques conjointe et annexée par la mort du vassal (1). » La coutume de Paris conserva longtemps sur ce point, malgré les tempéraments apportés par les praticiens et Jean des Mares lui-même à cette doctrine rigoureuse, l'empreinte profonde du droit féodal. Elle se contenta de reconnaître que la maxime : *le mort saisit le vif* était applicable vis-à-vis des tiers, c'est-à-dire vis-à-vis de toutes personnes autres que le seigneur (2).

§ 3. *Règles communes et particulières des successions nobles et des successions roturières*

Cela dit, voyons quel était le régime successoral aux xii⁰ et xiii⁰ siècles.

---

(1) *Grand coutumier de France*, liv. ii, tit. 19, p 234.
(2) Jean des Mares, *décisions* 235, 236.

Une première observation à faire, c'est que les successions nobles et les successions roturières sont soumises à des règles très-différentes. Les premières reposent sur le principe de la masculinité et sur le droit d'aînesse ; les secondes sur celui de l'égalité absolue entre les enfants des deux sexes, dans les successions paternelle et maternelle, pour les meubles et les immeubles, les propres et les acquêts.

Nous connaissons déjà, en grande partie du moins, comment les successions se règlent entre les nobles, puisque nous avons étudié le régime du fief et son mode de transmission par hérédité dans la ligne directe. Je me bornerai donc à rappeler en peu de mots les dispositions principales des vieilles coutumes et notamment des *Etablissements de St-Louis* à cet égard.

D'après ceux-ci, le haut seigneur peut, de son vivant, partager sa baronnie entre ses enfants, mais s'il passe de vie à trépas sans avoir fait ce partage, ses biens ne se divisent pas entre ses descendants par parts égales. Le fief principal, le *chief manoir* échoit à l'aîné des fils, qui est seulement chargé d'établir convenablement ses frères et ses sœurs; en leur donnant d'autres biens meubles et immeubles.

S'il ne s'agit que de fiefs ordinaires, autres que des baronnies, l'aîné a les deux tiers et les puinés l'autre tiers. Mais l'aîné retient toujours le fief principal. Selon le *grand Coutumier*, « 'laîné emporte *l'hostel* avec un arpent de jardin tenant audit hostel, hors part, et quant au surplus de tous les fiefs, il emporte la moitié. » Il ne faut pas en effet que le fief soit divisé, et c'est la raison pour laquelle l'aîné faisait hommage pour tout le fief, tandis que ses frères *apparagés* relevaient de lui, non du seigneur.

Lorsque le *de cujus* ne laisse que des filles, l'aînée retient également le fief principal avec le *vol du chapon*, et le reste des biens se partage également entre ses sœurs cadettes.

Ainsi, droit de masculinité, droit d'aînesse, tels sont les deux principes constants en matière de successions nobles. Le premier a même précédé le second dans l'ordre chronologique. Mais tous deux sont d'essence éminemment féodale. Soit qu'ils proviennent de traditions germaniques, soit plutôt qu'ils aient été adoptés par les hauts seigneurs et après eux, par les simples possesseurs de fiefs, à l'imitation de la couronne royale, qui appartenait exclusivement à l'aîné des fils, ils ont pour but de concentrer les biens de la famille dans les mêmes mains, non seulement pour fortifier et perpétuer la noblesse, mais aussi pour assurer le service féodal.

C'est pour cette raison que les *Etablissements* attribuent au fils aîné un droit absolu sur les successions collatérales qui échoient entre frères depuis la mort de leur père. Mais s'il meurt sans laisser de représentant avant l'ouverture de la succession, le droit d'aînesse disparaît, et les biens sont partagés également entre tous les enfants, en retournant à la ligne d'où ils proviennent, suivant la règle *paterna paternis, materna maternis.* Toutefois presque partout les mâles excluent les femmes, lorsqu'ils se trouvent au même degré. Il en est ainsi du moins dans la première période du droit coutumier, tant que le principe de la masculinité subsiste intact, c'est-à-dire jusqu'après les croisades qui l'atteignirent profondément et le firent peu à peu battre en retraite devant la capacité successorale des femmes. Le principe demeura même entier dans la coutume de Paris, qui disait encore en 1510 : *En fief, le mâle exclut les femelles de pareil degré,* ce qu'affirmaient déjà au XIV° siècle les usages notoires du Châtelet par cet axiome : *les mâles emportent tous les fiefs.* »

Quel est le sens de la règle *paterna paternis, materna maternis* ? Elle signifie que dans chaque ligne paternelle ou maternelle, les biens propres — non les acquêts —

sont attribués, selon leur origine, aux collatéraux du plus proche degré (1).

Cette règle est encore une conséquence du système de la féodalité, qui tenait à conserver les biens patrimoniaux dans les familles d'où ils provenaient, et l'on peut en faire remonter l'origine à l'époque où les fiefs, de viagers qu'ils étaient d'abord, devinrent héréditaires. En investissant le vassal de son fief, le seigneur opérait en quelque sorte une substitution au profit des membres de la famille de ce vassal. Si dans la suite, celui-ci ou son successeur venait à décéder sans enfants, le fief devait retourner au plus proche parent du défunt, du côté et dans la ligne auxquels appartenait le premier vassal, et par conséquent au plus proche parent paternel, si le fief était paternel, ou au plus proche parent maternel, si ce fief était maternel, enfin au seigneur dans le cas où le défunt ne laissait aucun parent après lui. Les collatéraux de l'autre ligne n'y avaient en effet aucun droit, puisque l'investiture originaire n'avait pas eu lieu pour leur branche. Du fief, la règle *paterna paternis, materna maternis* passa ensuite aux alleux, aux autres propriétés, et devint d'application générale à la transmission des biens par succession collatérale. Mais il ne faut pas oublier qu'elle ne concerna jamais que les propres, et qu'elle demeura toujours étrangère aux acquêts.

Une autre règle, également spéciale aux propres, a la même origine ; c'est la maxime célèbre : *les propres ne remontent pas*, qui écartait les père et mère et autres ascendants de la succession des biens patrimoniaux, à la différence des meubles et des acquêts, qui pou-

(1) « Se la personne morte avoit héritages qui lui feussent advenuz de par son père, ils adviendront et escherront au lignaige de par le père. Et semblablement escherront li héritages de par la mère au lignaige de par icelle, sans que li lignaiges de par père y prengne riens. » (*Anciens stilles de Bourgogne, de successionibus*, art. 20 ; Giraud, t. II, p. 272.)

vaient être recueillis par ces ascendants, lorsque le défunt ne laissait pas de descendance directe. L'investiture du fief était donnée au vassal et à ses hoirs issus de son corps, et non à ses père et mère, de sorte que le seigneur reprenait son fief, si le concessionnaire ne laissait pas de postérité. Il n'est donc pas nécessaire d'exhumer les traditions celtiques pour justifier une règle qui trouve son application naturelle dans le droit féodal pur, et que les *Etablissements* ont consacrée en affectant exclusivement le patrimoine à chacune des branches de la famille.

Une troisième règle, commune aux successions nobles et aux roturières, portait que *nul n'est héritier qui ne veut*, c'est-à-dire que l'héritier présomptif pouvait renoncer aux successions qui lui étaient échues.

Enfin, soit pour les fiefs, soit pour les *vilenages*, il était dès le XIII⁰ siècle à peu près universellement admis qu'il n'y avait pas d'héritier nécessaire comme en droit romain, et que l'homme était incapable d'en faire un. Par conséquent, on ne reconnaissait d'autres successibles que les parents et, à leur défaut, le mari et la femme. En Orient, sous le régime des *Assises de Jérusalem*, la femme même était l'héritière du mari mort *ab intestat*, quoiqu'il laissât des enfants et des ascendants, ou, à défaut de ceux-ci, le seigneur haut justicier recueillait l'héritage.

Telles sont les règles qui s'appliquaient à la fois aux successions nobles et aux successions roturières. Examinons maintenant les points sur lesquels ces deux espèces de successions différaient.

La première différence et la plus importante, c'est que les biens de roture se divisent également entre les héritiers, soit en ligne directe, soit en ligne collatérale. Cette égalité est absolue. En vilenage, il n'y a pas de droit d'aînesse. « Quand homs coustumier, dit l'art. 132 des *Etablissements de Saint-Louis*, a enfans, autant a li uns comme a li autres, en la terre au père et à la mère par droit, soit fils ou fille,

et tout autant ès meubles et achas et ès conquêts, car loi
à vilain si est patremoine. »

Par conséquent, le père roturier ne peut avantager,
même dans ses meubles et acquêts, un de ses enfants au
détriment des autres.

Cette prohibition du droit d'aînesse s'applique aux fils
comme aux filles. Elle s'applique sans distinction de ceux
qui sont restés dans la maison paternelle et ont accru de
leur labeur le patrimoine commun, ou de ceux qui ont au
loin dissipé leurs ressources. Tous sont admis à partager,
à *fréragier*.

De plus, le principe de la masculinité est également
absent dans les plus anciennes coutumes roturières. En
ligne collatérale, les sœurs au même degré arrivent à la
succession comme les mâles. La fille dotée peut, il est
vrai, être exclue de l'hérédité paternelle, mais il en est de
même pour le fils marié, à moins de stipulation contraire.
C'est la disposition formelle des sentences du *Parlouer
aux bourgeois* de Paris.

Par suite, les enfants mariés des deux sexes, qui ont
reçu des biens de leurs parents au moment de leur mariage, doivent rapporter ces biens à la succession, et si
l'un d'eux a reçu plus que sa part héréditaire, ses cohéritiers peuvent le contraindre à restituer l'excédant (1).
Ils lui diront, selon la formule des *Établissements :* « Venez,
frère, fréragier avec nous, et faites-nous retour de droit. »
Toutefois, dans le cas où tous les enfants ont été établis
du vivant de leurs parents, ils ne sont pas tenus au rapport, encore bien qu'ils aient reçu des avantages inégaux,
à moins que l'inégalité de ces avantages n'ait établi entre
eux une différence de situation manifestement injuste (2).

---

(1) V. *Anc. cout. de Bourgogne*, art. 12, 13 et suiv. Giraud, t. II,
p. 271.

(2) *Cout. du Beauvoisis*, ch. xiv, 14, 15.

La même règle d'égalité se manifeste en cas de deux mariages. Si un homme coutumier, disent aussi les *Eta-blissements*, a eu deux femmes, les enfants issus des deux mères ont le droit de prendre autant les uns que les autres dans les propres paternels ; car, pour les acquêts faits pendant le mariage, la moitié appartient aux enfants du premier lit et l'autre moitié se partage entre les enfants des deux lits. Il en est de même lorsque la mère s'est mariée deux fois et a laissé postérité de ses deux unions.

L'égalité atteint jusqu'au fief apporté en mariage par une femme noble à un roturier. Ce fief se partage par portions égales entre tous les enfants, et l'aîné seul a droit à l'hébergement, au *vol du chapon* dans la terre noble laissée par sa mère.

§ 4. *Testaments*

Le testament, inconnu aux Germains, et qui n'a pénétré chez nous qu'à l'époque franque, sous l'influence des lois romaines, le testament est admis par le droit coutumier primaire. Beaumanoir et les *Etablissements de Saint-Louis* s'en occupent pour en déterminer la forme et les effets.

Ceux-ci formulent même une maxime en quelque sorte nouvelle dans le droit féodal, qui se préoccupe moins de respecter les dernières dispositions du défunt que de maintenir les biens dans sa famille : « Nulle chose n'est si grande come d'accomplir la volonté au mort. (1) » Mais le droit de tester est tempéré par la *réserve coutumière*. Celui qui a des enfants légitimes peut disposer par testament de tous ses biens meubles, de tous ses acquêts, et seulement du *quint* ou de la cinquième partie de ses propres. En d'autres termes, les quatre cinquièmes du patrimoine ne peuvent être légués au préjudice

---

(1) *Etablissements de Saint-Louis*, I, 89.

des enfants qui y ont un droit absolu (1). Ce c'nquième, qui forme la quotité disponible, ne peut même être donné à l'un des enfants, parce que l'égalité doit exister entre eux. Les *Etablissements* et les coutumes d'Anjou le portent même jusqu'au tiers. Seulement ils ne permettent pas à la femme, qui a des héritiers directs, de disposer de quoi que ce soit en faveur d'étrangers. Le mari seul a cette faculté. Si, au contraire, elle n'a pas d'enfant mâle, elle peut disposer à cause de mort du tiers de son héritage (2). La coutume de Paris admet également la réserve coutumière des quatre cinquièmes en faveur des collatéraux. Mais cette faveur est plus apparente que réelle, car le père de famille qui n'a pas d'héritiers directs peut disposer entre vifs de la totalité de ses biens propres au profit d'étrangers. Il peut donc ainsi dépouiller de leur réserve ses frères et autres collatéraux.

Lorsque le testateur a épuisé la quotité disponible, son légataire est chargé de toutes les dettes, à moins de renonciation au legs au profit des héritiers *ab intestat.* D'ailleurs, le droit du légataire de la quotité disponible, du *quint,* est si peu assuré, que les descendants du testateur, qui ne trouveraient pas dans leur part héréditaire des ressources suffisantes pour vivre conformément à leur état et qualité, ont le droit de reprendre sur le legs ce qui leur est nécessaire, pourvu que la quotité disponible ait été épuisée (3).

Enfin, conformément à la tradition germanique, la représentation était exclue en ligne directe comme en ligne collatérale. Elle ne fut admise qu'en 1510, dans la coutume

---

(1) *Coutumes du Châtelet de Paris,* de 1300 à 1387, art. 7 ; *Cout. du Beauvoisis,* ch. xii, 6 ; *Décisions* de Jean des Mares, 149 et 237.

(2) *Etablissements de Saint-Louis,* i, 114.

(3) « Doit estre retret du testament, tant que li hoir puissent resnablement vivre et avoir lor soustenance selonc lor estat, » à moins que « li hoir n'aient meffet » au testateur. (*Cout. du Beauvoisis,* ch. xii, 17.)

de Paris, et encore seulement pour la ligne directe. Jean des Mares nous apprend qu'elle ne pouvait avoir lieu soit en ligne directe, soit en ligne collatérale, qu'en cas de stipulation expresse lors du contrat de mariage (1). Pour la ligne collatérale, on ne la reçut définitivement qu'au moment de la réforme de la coutume, en 1580.

CHAPITRE XV

DROIT DES OBLIGATIONS SOUS LE RÉGIME FÉODAL

§ 1. *Notions générales. Insuffisance des coutumiers à cet égard*

La loi, cette règle de la vie humaine, n'est pas toujours l'expression la plus haute de l'intelligence et de la moralité d'un peuple, et le droit usuel d'une société n'est parfois qu'un expédient, une transaction qui s'accorde mal avec son idéal de justice. L'homme se contente souvent du médiocre pour éviter le mauvais. C'est ce qui semble s'être passé du xe au xiiie siècles pour le droit des obligations. Etrangères pour la plupart à son système politique, la féodalité dédaigna de régler les conventions privées et les abandonna au bon plaisir des praticiens. Ceux-ci se bornèrent donc à accommoder du mieux qu'ils purent aux mœurs et aux besoins de leurs contemporains les brèves notions qu'ils avaient recueillies sur les contrats dans la législation romaine ; mais ils n'eurent nul souci de faire œuvre de jurisconsulte et s'attachèrent plus à prémunir le justiciable contre les ressources de la chicane qu'à lui donner une claire notion du juste. Voyons pourtant ce qu'ils nous ont laissé.

(1) Décis., 238.

Les conventions ou les *convenances* peuvent s'établir, selon les *Etablissements de Saint-Louis*, de trois manières : 1° par l'aveu du débiteur qui reconnaît l'obligation et par les lettres du juge, prévôt ou autre, qui constatent cet aveu fait en justice, comme pourrait le faire un véritable jugement ; 2° par la preuve fournie en justice, soit à l'aide de témoins, soit à l'aide d'un titre ; 3° par la présomption résultant du défaut du débiteur, suivi d'une saisie de sa chose, saisie que le débiteur ne conteste pas, ou qu'il attaque tardivement.

Les contrats sont fréquemment passés par écrit. Beaumanoir nous apprend que l'on reconnaissait trois espèces de lettres ou de titres : 1° entre gentilshommes, les lettres revêtues de leur sceau : ce privilège du sceau n'appartenait pas au vilain ; 2° pour les nobles ou les hommes de poeste, les titres dressés devant le seigneur sur les terres duquel ils sont *levants et couchants*, ou devant le souverain; 3° les titres dressés devant l'*ordinaire de la chrétienté*, c'est-à-dire le curé de la paroisse (1).

D'après les *Etablissements*, les parties s'engagent en outre à exécuter les contrats par un serment que constatent les notaires ou officiers de justice (2).

L'exécution des obligations est, en effet, le point sur lequel se porte avec le plus de sollicitude l'attention des praticiens, et c'est celui qui donne lieu de leur part au plus grand nombre d'observations. Ainsi, les créances peuvent être cautionnées, mais les *Etablissements* admettent le bénéfice de discussion, et si la caution nie s'être engagée, le créancier peut lui déférer le serment (3).

A côté du cautionnement et du gage, destinés à corroborer les obligations, les documents du XI° au XIII° siècles

(1) *Cout. du Beauvoisis,* ch. XXXV, 18, t. II, p. 48, édit. Beugnot.

(2) *Etablissements de Saint-Louis,* art. 166.

(3) *Id.* I. 1 8.

nous révèlent l'existence d'une autre convention qui a le même but, et qui semble avoir été particulièrement en usage dans l'Est de la France et dans la Suisse occidentale, c'est-à-dire dans les provinces qui avaient fait partie de l'ancien royaume de Bourgogne. Je veux parler de l'*ostagium* ou *ôtage*, en allemand *Geiselschaft*. C'était un contrat par lequel le débiteur principal ou un tiers s'engageait, dans le cas de l'inexécution d'une obligation, à se rendre dans un lieu fixé d'avance et à y rester à ses frais, jusqu'au jour où le créancier aurait été désintéressé (1).

On peut fournir l'ôtage à l'appui de toutes les obligations; mais cette convention se produit surtout pour assurer le paiement ou la restitution de la dot, les transactions, les traités d'alliance et de paix jurée, les concessions de droits politiques ou l'exécution de sentences arbitrales. Sans être le monopole exclusif d'une classe sociale, elle intervient le plus souvent entre la noblesse et les abbayes ou les bourgeois. Elle était d'ailleurs rigoureusement personnelle et elle n'obligeait point l'héritier, à moins de stipulation expresse. Dans la plupart des cas, le débiteur principal ne servait pas d'ôtage lui-même, mais fournissait des garants, *obsides*, *fidejussores*, qui se constituaient en quelque sorte prisonniers jusqu'à la libération du garanti. Cette détention était assez douce, si l'on en croit le proverbe allemand : « repas d'ôtage, repas somptueux. » Mais, par là même, elle atteignait gravement les intérêts du débiteur, car toutes les dépenses faites par les *obsides* demeuraient à sa charge, et le créancier lui-même pouvait augmenter les frais en se faisant nourrir, entretenir dans le lieu choisi pour la rési-

---

(1) Guigue, *Documents inédits pour servir à l'histoire des Dombes*, I, n° 28; Guichenon, *Biblioth. Sébus*, I, p. 24: Valbonnais Histoire du Dauphiné, preuves, p. 10; *Gallia Christiana*, II, 496' 506, XI, p. 492; Rheinwald, *de jure obstagii*; Salvaing, II, p. 121'

dence des ôtages. Le pacte d'*ostagium* était un contrat
d'honneur : on n'a presque pas d'exemple de sa violation,
et l'Eglise en sanctionnait parfois elle-même l'exécution,
en menaçant d'excommunication les *fidejussores* qui ne se
rendraient pas, à la réquisition du débiteur, au lieu désigné pour le simulacre d'incarcération.

L'ôtage conventionnel remplaçait ainsi, dans certains
cas, la contrainte par corps.

Par une étrange contradiction, tandis que chez les Latins
d'Orient le débiteur insolvable devient l'esclave de son
créancier et porte un anneau de fer au bras en signe d'as-
servissement (1), la contrainte par corps n'est pas reconnue par les *Etablissements*, si ce n'est pour les
créances royales (2), et d'après la coutume du Beauvoisis
qui admet cette contrainte, après quarante jours de prison,
le débiteur qui abandonne à son créancier tout ce qu'il
possède, a le droit de recouvrer sa liberté, car « ce serait
contraire coze à humaine, ç'on laissait toz jors cors
d'homme en prison por dette, puis c'on voit que li crean-
ciers ne puist estre païés pour le prison (3). »

Les *Etablissements* autorisent également la cession de
biens du débiteur insolvable; seulement ils l'obligent à
jurer sur les saintes reliques qu'il payera dès qu'il arri-
vera à meilleure fortune (4).

Si ce débiteur ne se démet pas de ses biens, et s'il ne

(1) *Assises de Jérusalem*, t. I, p. 188.

(2) *Etablissements de Saint-Louis*, II, art. 21 : *Cout. du Beauvoisis*,
ch. XXIV, 12. — Encore l'ordonnance royale de 1254 pour le Languedoc supprima complètement la contrainte par corps envers
l'Etat. (Labbe, *Collection des conciles*, XI, 757). — Il faut ajouter que
la défense d'exercer la contrainte par corps était souvent violée.
Dans l'enquête ordonnée par Saint Louis en 1268 pour redresser
les abus des baillis, on voit une habitante de Compiègne se plaindre
de ce que le bailli l'avait condamnée à une amende pour avoir tenu
son débiteur enchaîné dans son hôtel.

(3) *Cout. du Beauvoisis*, ch. LI, t. II, p. 278.

(4) *Etablissements*, II, 21, 40.

les vend pas dans le délai de quarante jours pour acquitter sa dette, le créancier a le droit de les saisir et de les mettre en vente.

La saisie permise au créancier ne s'étend pas au surplus à tous les objets mobiliers possédés par le débiteur. Ainsi, d'après les anciens *stilles* de Bourgogne, on ne peut saisir ni les bestiaux servant au labour, ni la pioche (*fessoux*) du vigneron, ni le palefroi du chevalier, ni le lit, la robe ou la coiffure dont la femme use chaque jour (1).

Outre la saisie et la contrainte par corps, restreinte ainsi dans des limites bien plus humaines que celles de notre loi de 1832, la législation du temps indique un autre moyen, plus sûr peut-être encore, de contraindre le débiteur; c'est l'excommunication pendant sa vie et la privation des prières publiques après sa mort (2). Les exemples d'excommunication pour dettes sont fréquents aux XIIIᵉ et XIVᵉ siècles, et ceux d'un fils payant le passif de son père pour libérer sa mémoire et faire prier en sa faveur sont plus nombreux encore.

Du reste, le prêt à intérêt, déjà proscrit par le Capitulaire d'Aix-la-Chapelle, de l'an 789, et ceux de 813, de 829, de 840, est formellement défendu par les ordonnances royales de 1230, de 1254 et par les *Établissements de Saint-Louis*, qui s'inspirent à cet égard des prohibitions du droit canonique, notamment du décret du pape saint Léon, admis en France comme en Italie. Il est défendu non seulement aux clercs, mais même aux laïques, à l'égard desquels l'Eglise s'était longtemps montrée plus tolérante. Il constitue à la fois un péché spirituel et un délit civil, et entraine la confiscation au profit du baron des meubles du prêteur, que l'on appelle *usurier* (3). Cette

---

(1) *Anc. Cout. de Bourgogne*, art. 361, 362. (Bouhier, t. I p.174.)

(2) *Établissem. de Saint-Louis*, I, 123. — L'excommunication entrainait l'incapacité de toute fonction publique.

(3) *Anc. Cout. de Bourgogne*, art. 369.

interdiction, à laquelle il n'est dérogé qu'en ce qui concerne les deniers appartenant à des mineurs (dérogation abolie d'ailleurs plus tard sur les réclamations de l'Eglise), sera reproduite par tous nos rois jusqu'aux temps modernes : on la rencontre encore dans l'ordonnance de 1673 sur le commerce, tit. VI, art. 1, et les Lombards, les Juifs seuls pourront user d'un privilège qui soulèvera contre eux la haine populaire plus encore que la sentence de malédiction prononcée par le Christianisme contre leur race (1).

Un des contrats les plus curieux du xiiie siècle, c'est le contrat de société, dont j'ai déjà parlé à propos de la communauté conjugale. La *compaignie* peut s'établir non seulement entre mari et femme, entre les laboureurs d'un même champ, entre les habitants d'une même demeure, pourvu qu'ils vivent ensemble, *à un pain et à un pot*, pendant un an et un jour, mais encore entre tous les habitants d'une ville qui ne possède pas de commune, pour l'entretien de leurs chaussées, de leurs puits et de leurs gués. Ce contrat répand dans toutes les classes de la société, mais particulièrement dans la plus humble et la plus pauvre, les germes féconds du principe d'association, le véritable principe démocratique de l'époque.

Aussi son usage se multiplie-t-il à ce point que la *compaignie* se présume de droit, lorsqu'elle existe du moins entre deux ou trois personnes, si d'avance on n'a pris la précaution de protester contre elle devant le seigneur (2). Toutefois, cette présomption n'a lieu qu'à l'égard des sociétés tacites existant entre villageois et mainmortables : les francs, les nobles, les citadins, les ecclésiastiques ne sont réputés ainsi associés que lorsqu'ils le prouvent, lorsqu'ils établissent qu'ils ont voulu contracter une union

_____

(1) Les biens des Juifs appartenaient en Bourgogne, à leur décès, à « Mgr le Duc. » (art 370.)

(2) *Cout. du Beauvoisis*, ch. xxi, 6.

de ce genre, qu'ils ont laissé leurs biens et leurs revenus en commun, vécu à frais communs, fait ensemble des acquisitions, en un mot agi dans un esprit d'association pendant un temps prolongé (1). Quand la *compaignie* a lieu pour un objet déterminé, pour l'exploitation d'une terre ou la coupe d'un bois, elle se comporte comme notre société en participation et se dissout lorsque l'affaire en vue de laquelle elle a été contractée a été consommée. C'est la *convenance* ou convention qui règle et les apports des associés et la quotité ou le mode de partage des bénéfices entre eux. Lorsque les associés possèdent depuis dix ans séparément les biens qui avaient été mis en commun, le partage est réputé accompli, à moins qu'il n'y ait une inégalité considérable.

Reconnaissons-le toutefois, à l'exception de la société, le droit coutumier primaire présenterait peu d'originalité au point de vue des contrats, si nous n'y rencontrions deux institutions juridiques, spéciales à nos vieilles coutumes, qui en donnent une théorie complète, je veux parler des retraits et de la saisine.

§ 2. *Des Retraits*

Dans tous les temps, chez tous les peuples, le contrat de vente sera toujours le même. Les formes seules varieront, ainsi que les modes de tradition de la chose vendue. Cependant la vente peut être frappée au profit de certaines personnes de certains droits de préemption, ou rescindée au profit de tiers intéressés à ce que les biens du vendeur ne passent pas en d'autres mains. Dans quels cas ces tiers seront-ils préférés à l'acquéreur ? C'est ce que nous apprendra l'étude de la *rescousse des héritages* ou des *retraits*.

On distinguait trois espèces de retraits : 1° le retrait

(1) *Cout. du Poitou*, art. 231 ; Béchet, sur l'art. 73 des usages de Saintes ; Dunod, sur la *Cout. du comté de Bourgogne*, p. 631.

seigneurial, qui se divisait lui-même en retrait féodal et retrait censuel ; 2° le retrait conventionnel ; 3° le retrait lignager.

A. *Retrait seigneurial.* — L'une des conséquences principales du droit de suzeraineté ou de la directe du seigneur sur l'héritage donné par lui en fief ou en censive était la faculté qui était accordée à ce seigneur de prendre ou de retenir, en vertu de sa seule qualité, l'héritage vendu par son vassal ou son censitaire, à la charge de rembourser à l'acquéreur le prix et les loyaux-coûts, dans un certain délai après l'acquisition. Comme je l'ai déjà fait remarquer, cette faculté découlait pour le seigneur de cette règle éminemment féodale, que le possesseur du fief ou de la terre donnée à cens ne pouvait établir sur cette terre un successeur contre la volonté de celui qui en avait le domaine direct, la suzeraineté. Si donc le vassal venait à céder ou à vendre le fief, le seigneur pouvait, dans les quarante jours de la notification de la vente, exercer, soit par lui-même, soit par tout cessionnaire, le retrait féodal : il reprenait le fief en payant le prix de la vente, et ne perdait ce droit que lorsqu'il avait reçu l'acquéreur à foi et à hommage. Il en était de même pour la simple censive, en certains lieux du moins, comme dans le Maine et l'Anjou.

B. Le *retrait conventionnel* était la clause par laquelle le vendeur d'un immeuble se réservait la faculté de le reprendre et de le racheter, soit dans un délai déterminé, soit sans détermination de délai, dans un laps de trente ans. C'était un droit de *réméré*. Il passait aux héritiers et même au cessionnaire du vendeur, et primait généralement le retrait féodal, comme le retrait lignager.

C. Le *retrait lignager*, au contraire, était un droit déterminé par la coutume, qui s'était introduit d'abord pour les fiefs seulement, et qui avait été ensuite étendu aux héritages tenus en roture, mais dans le même but, pour conserver les propres dans les familles. Lorsqu'un homme vendait à prix d'argent la terre qu'il détenait soit à titre de fief, soit à titre de cens, son plus proche parent, son *lignager*, pouvait reprendre cette terre dans l'an et jour, en remboursant le prix à l'acheteur.

L'origine du retrait lignager est fort obscure. Quelques écrivains l'ont cherchée dans les usages celtiques ; d'autres ont cru la rencontrer, avec plus de vraisemblance, dans les institutions germaniques qui accordaient à la famille le droit de vengeance privée en échange de l'étroite solidarité et de la responsabilité pécuniaire qui pesaient sur chacun de ses membres. Cette responsabilité n'eût pas été équitable, en effet, si les *lignagers* n'avaient joui d'un certain droit, d'une sorte de *condominium* sur les biens de leur ligne (1). Montesquieu, se plaçant à un point de vue plus élevé, explique le retrait lignager par le principe aristocratique qui s'opposait, dit-il, à ce que la prodigalité d'un parent affaiblit la puissance et la fortune de la noblesse. Ce retrait aurait donc, selon lui, une origine purement féodale. J'estime plus vrai d'en chercher l'origine dans le respect germanique de la famille et dans le désir de maintenir celle-ci, qu'elle soit noble ou roturière, en possession du patrimoine héréditaire. Cette opinion semble moins douteuse, lorsqu'on voit, dès le temps de Beaumanoir, le retrait lignager pratiqué pour les terres tenues en censive comme pour les héritages nobles, et appliqué seulement aux biens propres du vendeur, non à ses conquêts. « En conquest ne gist le retrait, » disait la coutume du Beauvoisis. Celles de Normandie, du Poitou et de l'Angoumois seules l'autorisaient pour les acquêts, ce qui était évidemment une dérogation à la règle générale. On

---

(1) La loi des Saxons, tit. XVII, dit que celui qui veut disposer de son *hereditas* à cause d'une nécessité pressante, *necessitate coactus*, doit l'offrir de préférence à son plus proche parent, *primo proximo suo*.

entendait par propre, en ce cas, l'immeuble échu par succession directe ou collatérale ou par donation en ligne
directe.

L'exercice du retrait lignager était subordonné à plusieurs conditions :

Il fallait d'abord que l'héritage eût été vendu à une
personne étrangère à la ligne du vendeur.

Il fallait qu'il eût été vendu, et qu'il y ait eu ce qu'on
appelait *bourse déliée*. Le retrait lignager n'avait pas lieu
au cas d'échange d'un héritage contre un autre, ni lorsque
la vente était faite au prince ou dans l'intérêt public.

Il fallait en outre que le parent retrayant fût un *lignager*
du vendeur au degré successif, c'est-à-dire au-dessous
du septième (1). Ce parent ne pouvait céder son droit
à un étranger ; toute cession de ce genre était absolument nulle. Dans le concours de *lignagers* de la même
ligne, le plus proche était préféré au plus éloigné, pourvu
qu'il eût effectué le retrait en remboursant le prix et les
impenses nécessaires à l'entretien de l'immeuble.

Il fallait enfin que le retrait lignager fût exercé dans le
délai d'un an et jour après l'ensaisinement pour les biens
en roture et après la prestation de foi et hommage pour les
fiefs, à moins que le parent ne résidât pas dans le diocèse.
L'action en retrait qui pouvait d'ailleurs être dirigée contre
tout tiers possesseur, se portait devant le juge du domicile de l'acquéreur ou de l'héritage à retrayer, selon les
coutumes, et l'ajournement devait, en tout cas, être accompagné de l'offre de payer le prix en argent (2). C'était à
partir de ce jour que commençait pour le lignager le
droit aux fruits pendant par racines de l'immeuble.

Le retrait lignager était primé par le retrait conventionnel, mais il était lui-même préféré au retrait seigneu-

<hr/>

(1) *Coul. du Beauvoisis*, ch. XLIV, 7.
(2) *Idem*, ch. XLIV, 7.

rial, qu'il s'agit d'un fief ou d'un héritage tenu en censive. « Le lignager habile à retraire, disent les *Olim* (1), préfère et empesche le seigneur féodal qui le pourroit avoir par puissance de fief ; voire l'eust jà eu le seigneur de fief, le lignager vient à temps dedans l'an et jour de vente. » Cela signifie que le retrait lignager pouvait s'exercer même après l'exercice du retrait féodal et bien que la cause en fût postérieure, comme si, par exemple, le vendeur d'un immeuble sujet au retrait venait à mourir dans l'an et le jour de la vente.

J'ai dit plus haut que l'affectation du patrimoine à la famille, dont nous avons trouvé le germe dans les coutumes germaniques, semble avoir été le principe générateur du retrait lignager, comme le droit de suzeraineté ou de directe a été l'origine du retrait féodal. Ce qui confirme cette opinion, c'est que dans certains pays du Nord, plus pénétrés des traditions germaines, le retrait lignager avait été dépassé ; l'aliénation des propres y était entourée de telles précautions qu'il en résultait presque une prohibition absolue.

Ainsi, tandis qu'il était défendu, dans le Hainaut, de disposer entre vifs ou par testament de ses immeubles sans le consentement des proches parents et l'accomplissement de certaines formalités solennelles que l'on appelait *deshéritance*, tandis qu'un père ne pouvait même faire un don à l'un de ses enfants puînés ou à ses filles sans l'avis de ses parents, *advis d'assène d'enfants*, en Artois la coutume interdisait pour un motif semblable au propriétaire de vendre ses immeubles propres sans l'assentiment de ses hoirs ou sans y être contraint par la pauvreté. Dans ce dernier cas, le vendeur devait à la fois prouver son indigence devant le juge par une enquête et une production de témoins et affirmer, sous serment, avec trois cojurateurs,

(1) T. I; p. 666.

qu'il était obligé de se dessaisir de son patrimoine (1).
On appelait ce mode de vente : *nécessité jurée*. C'était évidemment un souvenir direct de la loi des Saxons qui
interdisait à chacun de disposer de son hérédité, à moins
d'un besoin impérieux. C'était, mieux que cela, l'application du principe germanique de la solidarité de la famille,
et de cette responsabilité commune que laissaient peser
sur tous ses membres les actes de chacun d'eux. Les lois
franques et les Capitulaires avaient, il est vrai, proclamé
la liberté de disposer de ses biens ; mais ils l'avaient pro-
clamée sous l'influence de l'Eglise, intéressée à ce que
les donateurs ou les testateurs ne fussent pas gênés dans
leurs libéralités au profit du domaine ecclésiastique, et
cette liberté, affirmée en théorie, fut bientôt enchaînée
dans la pratique par des liens si étroits que l'on dut souvent recourir à des artifices pour éluder la règle commune. Ainsi dans le Hainaut, à Valenciennes, où il était
interdit de disposer de ses propres par testament, on s'en
dessaisissait entre vifs entre les mains d'un acquéreur
fictif, qui en avait seulement la garde, à la condition tacite d'exécuter ensuite les dispositions du défunt. De
même, dans le pays messin, où l'on pouvait engager ses
biens, avec la faculté de les reprendre en remboursant
l'engagiste, on simulait un engagement, on créait des
biens *gagiaires* fictifs, afin d'arriver à en disposer librement. En un mot, partout, dans la France coutumière,
qu'il s'agisse de réserve, de retrait lignager, de légitime,
de vente ou de donation entre vifs, nous retrouvons l'influence du droit germanique qui se préoccupe avant tout
de protéger le patrimoine héréditaire contre son détenteur, considéré par lui presque comme un simple usufruitier, et qui semble préférer l'héritier ou le parent au propriétaire lui-même, tant il a souci de la conservation
de la famille.

(1) *Anciens usages d'Artois*, tit. xxiv, art. 13.

§ 3. De la Saisine

Une seconde institution spéciale au droit coutumier primitif, et qui tire, comme le retrait lignager, son origine des traditions germaniques, une institution éminemment neuve et originale, c'est celle de la saisine (1).

Nous n'entendons guère aujourd'hui par ce mot de saisine que le droit qui appartient à l'héritier du sang ou au légataire universel de se mettre en possession des biens successifs sans avoir besoin de demander au juge son envoi en possession.

Autrefois, dans l'ancien droit, cette expression avait un sens beaucoup plus étendu. Elle embrassait le pouvoir que l'on exerce en fait sur une chose et les droits qui découlent de ce pouvoir. Elle comprenait donc à la fois ce que les Romains entendaient par possession et ce qu'ils entendaient par simple détention.

Pour que la possession existât en droit romain, il fallait unir la détention matérielle de la chose et la volonté de la posséder en qualité de propriétaire, il fallait en un mot joindre l'*animus domini* au *corpus* lui-même. Si cette volonté faisait défaut, si la chose était détenue à un autre titre qu'à celui d'une propriété actuelle ou éventuelle, il n'y avait plus possession, il n'y avait plus à proprement parler de droit, mais seulement un fait, une détention dénuée de toute garantie juridique. Sans doute, au possessoire, ce fait jouissait d'une certaine protection près du juge. Mais cette protection ne lui était accordée que parce que le trouble imputé à l'adversaire dont la mauvaise foi, la violence avait provoqué l'action, constituait en quelque sorte un délit et méritait d'être réprimé.

Le droit issu des traditions germaniques, sans négliger

(1) Sur l'origine du mot *Saisine*, v. Brodeau, *sur la cout. de Paris*, art. LXXXII, nᵒˢ 10, 11.

l'élément de l'*animus domini*, sans méconnaitre cette
condition importante de la possession légale, se préoccu-
pait beaucoup moins de ce pouvoir absolu du propriétaire
et attribuait certains effets au pouvoir relatif de celui qui,
en dehors de toute prétention à la propriété même de la
chose, la détenait cependant entre ses mains (1). En d'autres termes, il tenait compte du fait seul de la détention
auquel le droit romain refusait tout effet juridique. Par
conséquent, il regardait comme un possesseur l'homme
qui avait la jouissance matérielle de la chose, bien qu'un
autre en eût, en réalité, la propriété. C'est ainsi que le
commodataire, le dépositaire, le créancier gagiste, le
fermier, la femme mariée qui détenait sous clef des objets sur lesquels néanmoins elle ne prétendait aucun
droit efficace pendant le mariage, et même le possesseur
de mauvaise foi avaient la saisine, ou plutôt une espèce
particulière de saisine. Cette saisine donnait au détenteur la faculté d'user à son gré de la chose dont il était
saisi, mais seulement comme une conséquence de la possession de fait. A la différence du droit romain, qui ne
comprenait cette possession que comme un pouvoir absolu sur la chose, [comme une quasi-propriété, le droit
germanique et le droit coutumier accordaient une protection au moins provisoire et passagère au simple fait
de la détention, parce que ce fait créait une relation
propre et distincte entre la chose et son détenteur. Ils

---

(1) Une des traces les plus anciennes de la protection accordée
à la possession dans notre ancien droit, c'est la *clameur de Haro*,
usitée en Normandie dès la fin du ixᵉ siècle. On appelait ainsi le
cri dont la foule poursuivait les criminels, et, parsuite, elle s'appliqua à tous les cas de dépossession, abstraction faite de toute violence coupable Dans les usages du vieux droit normand, la procédure de *haro* était employée pour le jugement des questions de
possession, distinguées des questions de propriété. « L'en doit
avant tretier de la possession que de la propriété. » disent les
*Établissements et coutumes, assises et arréts de l'échiquier de Nor-
mandie,* publiés par M. Marnier.

étaient·ainsi arrivés à distinguer la saisine *de fait* de la saisine *de droit*. La première était la possession effective, celle qui correspondait à la détention matérielle; la seconde était la possession idéale ou juridique, celle de l'homme qui pouvait réclamer un pouvoir de fait sur la chose, mais qui ne l'exerçait cependant point actuellement par lui-même.

Cette distinction est parfaitement formulée par le *livre de justice et de plet* qui donne la définition suivante de la saisine : « Nos apelons vraie saisine quand aucun remaint saisi an et jor comme sires et par justice à la veue et à la sçeue de celui qui demander peut et ne veut demander et se tait. » Cette vraie saisine, que Pierre de Fontaines appelle *droite tenue* et le Grand Coutumier de Charles VI *entière saisine*, est la possession ou la saisine par excellence, la saisine de droit, celle qui présuppose un titre, jugement, droit de succession, en un mot qui s'appuie sur un fondement juridique précis et jouit par cela même d'une protection officielle plus complète. Beaumanoir dit que « cheli avoue bon garant qui met avant resgnable cause. » Cette raisonnable cause, qui doit faire gagner le procès, c'est le titre ou le fondement juridique sur lequel repose la saisine de droit.

Les historiens et les jurisconsultes ne sont pas d'accord sur l'origine de la vraie saisine. Aux yeux du savant auteur de l'*Histoire du droit civil de Rome et du droit français*, elle serait sortie des vieux usages de la Gaule, comme en témoignent les lois d'Hoël-le-Bon ; effacée à demi par l'invasion du droit romain, elle aurait reparu après la chute de l'empire, grâce à l'*interpretatio* du Bréviaire d'Alaric, et aurait ainsi passé dans le système législatif du moyen-âge (1). D'autres, au contraire, ont cru rencontrer directement la saisine dans le titre XLVIII de la

(1) Laferrière, t. II, *passim*, notamm. p. 123, 124, 567, 568.

Lex Salica, de migrantibus, d'après lequel celui qui s'établissait dans une *villa* ne pouvait, après l'expiration d'un an et jour, *infra XII menses,* être forcé de la quitter. Il acquérait par une sorte de prescription le droit d'habitation dans la *villa* et la participation aux fruits des biens qui en dépendaient (1). Quelques autres, enfin, estiment que la vraie saisine se révèle nettement pour la première fois dans un capitulaire de 803 sur la procédure par contumace (2), inspiré peut-être par une confuse tradition romaine.

Quoi qu'il en soit, pour constituer la vraie saisine, il faut quelque chose de plus qu'un titre ou un jugement, la raisonnable cause dont parle Beaumanoir. Il faut la possession de la chose pendant un an et jour, soit que le saisi ait conservé de fait la saisine, soit qu'il ne l'ait pas conservée, sans qu'un autre toutefois l'ait acquise, mais pourvu qu'il ait eu déjà cette possession dans un temps passé. Lorsqu'à une des causes de la saisine de droit se joint la détention de l'objet pendant un an et jour, elle devient inattaquable comme fait et comme droit, et l'emporte sur toute autre saisine, soit de fait, soit de droit seulement.

Il peut arriver en effet que la saisine de droit et la saisine de fait reposent sur des têtes différentes.

Ainsi, l'héritier a la saisine de droit de l'hérédité, et jouit de la protection légale que cette saisine assurait au défunt, avant d'avoir pris possession effective des biens de la succession. L'acquéreur d'un immeuble qui a été ensaisiné par le seigneur ou par le juge en a la saisine, quoiqu'il ne s'y soit pas encore matériellement installé. Lorsqu'il en a pris possession réelle, il en conserve la

(1) V. Waitz, *Das alte Recht der Salischen Franken,* 1846; Parieu. *Etudes sur les actions possessoires.*

(2) Heusler, de Bâle, *Die Gewere,* Weimar, 1872. — V. Et. Pasquier, *Recherches sur la France,* liv. IV, ch. 32; Du Cange, *Gloss.,* v° *annus et dies*; Bruns, *das Recht des Besikes,* 1848.

saisine, alors même qu'il en serait dépossédé par la violence, ou que des obstacles de fait l'empêcheraient d'en jouir réellement, de le détenir. Si un jugement accorde la saisine d'un immeuble à un individu, celui-ci peut se défendre contre l'usurpateur avant d'être mis effectivement en possession, car la saisine de droit est acquise au moment même de la décision de justice.

La saisine de fait, qui est la simple détention de la chose, confère certains droits au détenteur, mais ces droits, comme nous allons le voir, sont beaucoup moins étendus que ceux qui découlent de la vraie saisine.

Ainsi, celui qui en jouit peut repousser, même à main armée, toute voie de fait, toute agression violente commise sur la chose dont il est saisi. « Si l'en me vient ma chose efforcier, dit Beaumanoir, je le puis bien rescoure à force, se le force est tel moie, mes que che soit présentement quand l'en me vient le force fere (1). »

Lorsqu'il est troublé dans sa possession, le détenteur a contre le perturbateur une action possessoire, s'il a laissé consommer l'acte de violence sans se défendre (2). C'est le principe du droit canon, principe éminemment moral et chrétien : *spoliatus ante omnia venit restituendus* (3). Toutefois, si l'usurpateur ne s'est pas emparé de la chose par la force, le simple détenteur ne peut exercer aucune action contre l'auteur du trouble. Son silence suffit à opérer la transmission de la saisine de fait. il ne peut désormais exercer, s'il les possède, que les droits du propriétaire (4). Enfin, il ne peut être dépossédé que par un jugement rendu dans les formes légales, et il jouit dans le procès des bénéfices de la défense. Une vieille loi du

---

(1) *Cout. du Beauvoisis*, 32.

(2) *Idem*, ch. XXXII, 26.

(3) *Etablissements de Saint-Louis*, liv. II, ch. 6.

(4) *Grand coutumier de France*, liv. II, ch. 21.

roi Ethelred disait déjà : « le possesseur est plus près de
s'approprier la chose que celui qui se borne à la lui disputer. » De là aussi l'adage : *qui possidet et contendit Deum
tentat et offendit.* Il y a une présomption légale qui milite
en faveur du détenteur. Par suite, dit la *coutume primitive*
de Bourgogne, « se aucun me vent héritage et devant ce
qu'il me ait baillé la possession, le vent à un autre et lui
en baille la possession de fait, je ne pourroye demander à
cellui qui tient ladite possession, mais à cellui qui m'a
vendu (1). »

La vraie saisine, au contraire, la saisine de celui qui a
possédé un an et un jour, autorise celui qui en jouit à
demander en justice sa réintégration dans la possession
de la chose, non seulement lorsqu'il en a été dépouillé par
la force ou la violence, mais même lorsque cette chose a été
égarée ou perdue. Elle lui donne le droit de former une
action pour simple trouble. Elle lui conserve, pour les
immeubles et les universalités de choses mobilières, la
saisine de droit, en cas d'aliénation, sur la chose aliénée
jusqu'à ce qu'il y ait eu ensaisissement ou investiture par
le seigneur ou par le juge, à l'aide d'un acte solennel, ou que
l'acquéreur ait joui de l'immeuble pendant le laps d'un an
et jour. Enfin, la saisine de droit passe aux héritiers
du sang, dès l'instant de la mort de leur auteur.

Je viens de dire que la vraie saisine n'avait lieu que
pour les immeubles ou les universalités de meubles. On
ne pouvait intenter une complainte pour les simples meubles, à moins qu'ils ne fussent compris dans une saisine
immobilière, comme celle du justicier, ou dans une succession. « Si je me fonde seulement, dit le grand coutumier de France, en invoquant ici le droit romain, *super re
mobili, non competeret interdictum uti possidetis* (2). »

---

(1) Art. 62. Ch. Giraud, *Essais sur l'histoire du droit français au
moyen-âge,* t. II, p. 279.

(2) *Grand coutumier de France,* liv. II, ch. 21.

Pour avoir droit de suite sur un meuble, il fallait en avoir
été injustement dépossédé, « outre son gré », selon l'expression de Pierre de Fontaines (1). Par conséquent, celui
qui n'avait jamais eu la possession de fait d'un meuble,
ou qui l'avait laissé passer en la main d'autrui sans protester, sans résistance, ne pouvait le revendiquer plus
tard. Aussi, lorsqu'il le réclamait, on lui faisait jurer sur
les saints qu'il n'avait rien fait pour perdre sa saisine (2).
C'est à une époque plus récente que le droit s'est
spécialement occupé des objets mobiliers et qu'il a admis
une saisine de meubles. Mais la vraie saisine conférait au
saisi de fait et de droit ou de droit seulement la possession de tous les objets mobiliers garnissant l'immeuble
auquel elle s'appliquait, à l'égard de tous les tiers qui
pouvaient prétendre des droits sur ces objets. En conséquence, la personne qui avait la vraie saisine sur un héritage pouvait suivre toutes les choses qui en auraient été
diverties sans son assentiment, sans son congé. Ce principe du droit de suite a été recueilli par l'art. 2102 § 1 de
notre code civil, qui autorise le propriétaire à saisir les
meubles garnissant sa maison ou sa ferme, lorsqu'ils ont
été déplacés sans permission, et la jurisprudence a inter-
prété cet article dans le sens de l'ancien droit, en reconnaissant que, dans ce cas, le propriétaire revendique non
la propriété, mais la possession des meubles ainsi
divertis.

La théorie de la saisine reposait sur ce principe que la
possession de chacun était alors un fait notoire lorsqu'un
homme avait pendant un an et un jour joui sans trouble
d'un héritage au vu et au su de celui qui y pouvait prétendre des droits; ce dernier était présumé avoir renoncé
à contester la possession du détenteur transformée par là

(1) *Conseil à un ami*, ch 12, § 3.
(2) *Etablissements de Saint-Louis*, liv. II, ch. 17.

en une véritable propriété. Ainsi, l'ancien coutumier
d'Artois disait qu'il suffisait d'un an et jour pour gagner
héritage par longue tenure (1), et le *Grand Coutumier*
affirme que, selon l'opinion de quelques-uns, on acquérait
par an et jour la saisine simplement et entièrement.

Ce délai de l'an et jour s'appliquait à toutes choses et à
tous droits. Lorsque l'acheteur avait été en saisine pendant
ce laps de temps au vu et au su de son vendeur, celui-ci
était non recevable à réclamer le prix de vente (2). La péti-
tion d'hérédité devait, de même, être faite dans l'an et jour,
et les successions vacantes étaient acquises au seigneur
dans le même délai. Après ce temps écoulé, on ne pouvait revenir sur un partage entre cohéritiers (3). L'é-
change d'immeubles n'était parfait que lorsqu'une année
entière était révolue, à ce point qu'en cas d'éviction, dans
l'intervalle, de l'un des coéchangistes, celui-ci pouvait
revendiquer l'immeuble échangé et revendu entre les
mains du tiers acquéreur. Lorsque la saisine était adjugée par jugement, la partie qui était reconnue n'avoir
point cette saisine et qui laissait passer un an et jour sans
réassigner sur la propriété, perdait tout droit sur la
chose (4). Le retrait lignager ne pouvait être exercé lorsque
l'acheteur avait possédé un an et jour : *Si quis aliquam
teneaturam*, dit la *Charte de Saint-Quentin*, de 1195, *anno
et die in pace tenuerit, postea eam in pace teneat.* « Saisine
et possession, disaient également les *Coutumes notoires
du Châtelet de Paris*, gaignée par droit et par jugement, et
par tenure paisible, après an et jour, traite à soi et gaigne
la propriété de l'héritage, et ne serait partie, qui a perdu
la possession, reçue à demander après an et jour (5). »

(1) *Anc. Cout. d'Artois*, ch. 26, § 5. — *Charte* de Noyon, de
1181, art. 13, et *Charte* de Roye, de 1183, art. 3; *Cout. de Saint-
Dizier*, à la suite des *Olim*, art. 285.

(2) *Cout. du Beauvoisis*, ch. 8.

(3) *Idem.*

(4) Pierre de Fontaines; *Conseil à un ami*, ch. xxi, § 9, 12, 19, 54.

(5) *Cout. notoires du Châtelet*, art. 181.

Saisine était réputée juste de soi, comme le fait remarquer le *Grand Coutumier*, *propter temporis adminiculum*, et c'est la grande différence qu'il établit entre la ·vraie saisine et la simple possession, résultant de la seule détention de la chose sans laps de temps. Par suite, lorsque plusieurs personnes prétendaient à la saisine au même titre, c'était la plus récente saisine qui l'emportait. En effet, la partie qui prouvait avoir été en saisine pendant la dernière année, prouvait par là même que la possession de son adversaire avait été interrompue pendant un an et jour et avait, en conséquence, perdu le caractère de la vraie saisine. S'il s'agissait au contraire de plusieurs saisines de droit en collision entre elles, il devenait indispensable de peser et de comparer les titres sur lesquels elles reposaient et la victoire appartenait au plaideur qui produisait le titre le plus ancien (1). De là cette règle constante : « En simple saisine, les plus anciens exploits valent mieux (2 . »

Plus tard, les relations humaines s'étant développées et étendues, les croisades et les guerres ayant fait naitre de fréquentes occasions d'absence pour les propriétaires et les possesseurs, contre lesquels le délai d'an et jour ne pouvait équitablement courir, ce délai parut trop bref, parce qu'il donnait naissance à des forclusions injustes. On recourut alors aux dispositions du droit romain, plus favorable à la propriété; le terme de l'annalité s'allongea et on en arriva, après les avoir confondues d'abord, à substituer la prescription romaine à la possession annale germanique (3). Mais celle-ci demeura tou-

---

(1) *Etablissements de Saint-Louis*, liv. ii, ch. 4.

(2) Loisel, *Institutes coutumières*, liv. v, tit. 4, règle 26.

(3) Laurière a démontré que le tènement de cinq ans des coutumes du Maine, de la Touraine et de l'Anjou n'était que la prescription annale prorogée successivement d'un à trois et de trois à cinq ans. *(Dissertation sur le tènement de cinq ans)*. — La charte d'Amiens de 1190 admit une prescription de sept ans. *(Ord.*

jours, comme le fondement d'une présomption légale, dans les actions possessoires dont l'origine est romaine, et, sous l'influence du droit canonique, on se borna à transformer l'interdit *unde vi* en une véritable action, la *reintégrande*, comme l'interdit *utrubi* devint la *complainte*, à la condition de justifier de la possession annale. Dès lors, la saisine fut restreinte au droit de possession, et ces deux mots, saisine et possession, furent considérés comme synonymes à ce point de tromper d'éminents jurisconsultes, tels que Laurière.

D'après l'auteur du *Grand Coutumier*, ce changement s'opéra dans la seconde moitié de XIVᵉ siècle, sous l'inspiration du premier président du parlement de Paris, Simon de Bucy, qui aurait introduit la grande distinction entre le possessoire et le pétitoire, distinction si énergiquement adoptée dans la pratique, *ès cas de nouvelletés*, que l'on cessa de faire allusion à la propriété dans les actes de procédure sur la possession. Mais, avant Simon de Bucy, Beaumanoir avait déjà donné dans sa *Coutume du Beauvoisis* une théorie remarquable des actions possessoires, théorie qui atteste la naissance d'un droit rationel et savant dont les formules précises vont bientôt succéder aux pratiques confuses, aux dispositions rares et laconiques de la législation adoptée pendant l'époque barbare. Jusqu'au bailli de Clermont, en effet, les monuments juridiques ne font guère allusion qu'à deux cas, qu'à deux genres d'attaque à la possession, donnant lieu à autant de moyens de répression correspondants, la *force* et la *dessaisine*. Jusqu'à lui, on ne connaissait que la dépossession opérée par des actes de violence plus ou moins caractérisés, et si la loi ou la jurisprudence admettait en ce cas

de Laurière, t. XI, p. 264, art. 26 de la charte.) La coutume de Mons, en Hainaut, adopta de même une prescription de six années. (*Jurisprudence du Hainaut français*, tit. 7, art. 1 des *Coutumes*.)

un recours au juge, c'était uniquement dans le but d'éviter que le possesseur, dépouillé par la force, ne fît usage de celle-ci pour rentrer en possession (1). Beaumanoir au contraire distingue trois cas où l'action possessoire peut être employée et où *ad superioris auxilium erit recurrendum* : la force, la nouvelle dessaisine et le *trouble nouvel*. « Nouviax torbles, dit-il, si est se j'ai esté en saisine an et jor d'une coze pesivlement et on le m'empeeque, si que je ne puis pas goïr en autele manière comme je fesoie devant, tout soit ce que cil qui m'empeeque m'emport pas le coze. Aussi comme s'on oste mes vendengeurs ou mes ouvriers d'une vigne ou d'une terre dont j'aurai esté en saisine an et jor ou en asses d'autres cas senllavles : ce sont nouvel torble et je me puis plaindre, et ai bone action de moi plaindre, si que le coze me soit mise arrière en pesivle estat (2). »

C'est bien là l'interdit *uti possidetis* de Rome, et Beaumanoir peut légitimement revendiquer l'honneur de l'avoir retrouvé au milieu des ténèbres juridiques du moyen-âge, tel qu'il existait à l'époque du plein épanouissement de la science des jurisconsultes latins (3).

Aussi, dès ce moment, l'importance des actions possessoires se révéla avec une telle puissance que le jugement en fut réservé aux juges royaux, d'abord au parlement, puis aux baillis et sénéchaux (4), même en matière ecclésiastique, en matière bénéficiale, et cela du consentement de la papauté qui y adhéra par ses bulles de 1413 et de 1432.

Celui qui intentait l'action possessoire demandait que

(1) *Assises de Jérusalem, Conseil à un ami.*

(2) *Cout. du Beauvoisis*, ch. xxxii, § 3.

(3) Les *Olim* attestent qu'au xiii⁰ siècle déjà on faisait la distinction entre le possesoire et le pétitoire.

(4) Décision du 7 janvier 1277. (Guy-Pape, quæst. 552; du Breuil, *Stylus parliamenti* ; Brodeau, sur la *Coutume de Paris*) — Ord. du 13 mai 1315.

la chose litigieuse fût enlevée à son adversaire et placée
sous la main de justice. Mais sa demande n'était accueillie
que s'il donnait *plège* ou caution de poursuivre le plaid et
d'acquitter les dommages-intérêts qui pourraient être
alloués au défendeur. Lorsque la caution avait été fournie,
l'adversaire était sommé d'en présenter une de son côté.
En cas de refus de sa part, le demandeur obtenait la saisine de l'objet. Si au contraire le défendeur *contrapplé-
geait,* la chose litigieuse était mise sous main de justice et y demeurait jusqu'à la sentence sur le possessoire (1).

Nous pouvons rapprocher de la saisine ce que nous
avons déjà dit de l'investiture au sujet du fief et de l'ensaisinement à l'égard de la censive. L'acquéreur ne devenait maître de la chose que lorsqu'il en avait été investi
par le vendeur, sauf à poursuivre l'ensaisinement devant
le juge, dont la sentence équivalait alors à une véritable
saisine ou mise en possession légale. Par suite, le vendeur
pouvait exercer une action possessoire contre un tiers,
tant qu'il n'avait pas saisi l'acheteur, tant qu'il ne l'avait
pas *vêtu,* ou tant que celui-ci n'avait pas joui de la chose
vendue pendant un an et jour (2).

Ainsi, pour acquérir la saisine de droit sur un immeuble,
sur une universalité de meubles ou sur un droit incor-
porel immobilier, une formalité était absolument indispensable : c'était la tradition ou la prise de possession,
non de fait, mais judiciaire ou, si l'on aime mieux, juridique. Cette tradition consistait en la foi et l'hommage, ou
la souffrance baillée par le seigneur pour les fiefs, en l'ensaisinement de l'acquéreur par le seigneur censuel pour
les censives et les héritages roturiers, en la formalité de

(1) V. *Etablissements de Saint-Louis,* et Laurière sur Ragueau,
v° *applégement.* V. égalem. *Cout. du Beauvoisis,* ch. xxxii, § 4 et
ch. lii, § 21.

(2) *Cout. du Beauvoisis,* ch. xxxiv.

l'insinuation pour les alleux, enfin, dans le cas où il y avait contestation, en un jugement qui ordonnait l'entrée en possession, l'*adhéritement* de l'acquéreur. Cette obligation, générale dans le droit du XIIe et du XIIIe siècles, ne se conserva plus tard que dans les coutumes dites *de saisine* ou *de nantissement*, comme en Picardie, en Artois, à Senlis et dans le Vermandois, sauf à Châlons-sur-Marne. Les seigneurs devaient tenir dans ces lieux un registre des saisines pour en constater l'existence et la date et faire courir le délai du retrait lignager. On peut rattacher à cet usage l'origine de l'insinuation, ou tout au moins regarder cette institution comme un legs commun fait par le droit coutumier et le droit romain (1).

En résumé, ce qu'il importe de remarquer, parce que c'est le côté le plus ingénieux de la théorie de la saisine coutumière, qui a exercé la patience de tant de jurisconsultes, sans qu'aucun d'eux peut-être puisse se flatter de l'avoir définitivement élucidée, c'est que la vraie saisine était un droit particulier, distinct et indépendant de la propriété, mais qui se transmettait comme elle.

Par application de ce principe, l'héritier succédait à la saisine de son auteur, comme il succédait à l'héritage lui-même. S'il n'avait pas la possession d'un an et jour, il pouvait joindre la possession du *de cujus* à la sienne, pour compléter la vraie saisine. C'est dans ce sens qu'on

---

(1) La forme de l'ensaisinement nous a été conservée par l'ancien coutumier d'Artois, ch. 24, § 5 à 12. « Et convient le vendeur raporter tout l'iretaige par raim et par baston en le main dou seigneur pour ahireter l'achateur... Le raport fait en ceste manière, li sires doit conjurer ses hommes, s'il en ont tant fait, qu'il n'i ait mais droit. Demander leur doit qu'il en a à faire ; et il doivent dire par jugement que li sires en ahiretece l'acateur. Li sires l'en doit tantost ahireter, demandé avant au vendeur qui se tient por paiiet et lui seur de se droiture ; saisir le doit en disant : Je vous en saisi, sauf tous drois, en main. Ce fait, le sires doit conjurer ses hommes, s'il en est bien ahiretés et à loy. Li homme doivent dire qu'il en est bien ahiretés et à loy. S'il est ainsi fait, il i ert fait bien et sollenpneument, et si comme drois et coustume le requert. »

disait : *le mort saisit le vif son hoir*. Il lui transmettait un droit suffisant, à lui seul, pour le défendre contre toute agression extérieure et ce droit était un droit réel, dont un laps de temps très court faisait un droit incommutable, même au regard du véritable propriétaire (1).

(1) V. à cet égard le *Grand Coutumier de Charles VI*, p. 525.

LIVRE IV

LE DROIT DU XIIIe AU XVIe SIÈCLES

CHAPITRE PREMIER

SOURCES DU DROIT COUTUMIER

§ 1. *Recueils de praticiens*

Jusqu'ici, nous nous sommes bornés à étudier le droit dans ses rapports avec la féodalité ou pendant la période d'épanouissement du régime qui a porté ce nom. Nous n'avons pas, à de rares exceptions près, dépassé chronologiquement le XIIIe siècle qui est l'époque extrême de son apogée. Nous allons désormais assister à sa décadence, sinon à sa chute. A mesure que les années s'avancent, il s'efface, il cède le pas au droit coutumier pur. Sans doute il continue d'exister à l'état de législation officielle et il en sera ainsi jusqu'à la Révolution de 1789. Mais il perd une grande part de son influence et de son autorité, et tandis que les coutumes se civilisent et s'améliorent sous la double pression du droit romain et du droit canonique, sous l'action réflexe des mœurs, le droit féodal, d'origine politique, subit le contre-coup du discrédit qui atteint les institutions dont il est issu. A mesure que la royauté se fortifie, à mesure que les classes inférieures s'élèvent, la seigneurie féodale s'abaisse, et avec elle les règles juridiques qu'elle avait créées à son usage, dans l'intérêt de sa prépondérance et de sa conservation.

Voici déjà le moment où, à travers les troubles, les agitations des guerres nationales et privées, les villes, les communautés de campagne, les faibles, les opprimés, tous ceux qui souffrent ou qui tremblent commencent à appeler le droit à leur secours et à tourner leurs regards vers le grand justicier, le souverain. C'est au nom de leur ancêtre, le bon roi saint Louis, que Philippe-le-Bel et Louis X proclament en 1302 et en 1315 l'émancipation des serfs, l'un dans les domaines de la couronne situés au Midi, l'autre dans ceux du Nord, et qu'ils renoncent à certains privilèges de suzeraineté, afin de favoriser l'abolition du servage dans les terres des seigneurs. En affirmant l'imprescriptible droit de l'homme à la liberté civile, la monarchie recule par là même les frontières de la coutume, puisqu'elle crée une nouvelle classe d'hommes auxquelles elle confère de nouveaux droits : en étendant les grands bailliages, elle lui donne de nouveaux justiciables ; en appelant le tiers aux Etats-Généraux, elle ne fait pas seulement du peuple une puissance politique, elle le prend pour auxiliaire et pour allié dans l'œuvre des réformes législatives. Le XIV° et le XV° siècles, le XIV° surtout sont les années des grandes épreuves et des grands désastres pour la France, mais ce sont aussi celles des grandes idées et des grands progrès ; cette époque est particulièrement féconde pour le droit coutumier qui se consolide et s'asseoit définitivement dans les provinces où l'on ne connaissait jusque là que des *usements* locaux, protégés et abrités en quelque sorte par le droit féodal. La coutume que ne fixe ni ne consacre encore une rédaction officielle, se localise sans doute, elle s'impose elle-même des limites, qui seront le plus souvent celles des grands fiefs et des seigneuries. En cela, elle subit encore l'influence de la féodalité, contre laquelle elle suscite cependant l'esprit d'indépendance et d'individualité ; mais cette localisation ne nuit pas à son succès, au contraire : chaque pays s'attache étroitement à sa loi particulière et le culte du droit se fortifie d'autant plus que cette loi est plus rapprochée de ceux qui doivent la connaître et y obéir. La coutume donne ainsi naissance, au sein du peuple, à deux religions qui se confondent étroitement et remplissent le moyen-âge : la religion de la justice, bien souvent reniée ou trahie, mais plus fervente chez les uns à mesure qu'elle est plus violée par les autres, et la religion du patriotisme, d'un patriotisme de clocher sans doute, mais aussi chaleureux et aussi sincère en ce temps qu'il est devenu plus tard froid, silencieux et dédaigné.

Toutefois, si le XIVᵉ siècle réveille partout en notre pays la noble idée du droit, il ne donne pas naissance à de puissantes innovations dans le domaine juridique. La féodalité souveraine avait eu ses grands codes, inspirés ou rédigés, sous son influence, par de grands rois, ou plutôt par de grands chefs de la chevalerie : les *Assises de Jérusalem*, les Lois anglo-normandes, le *Livre des fiefs*, les lois espagnoles, les *Etablissements de Saint-Louis* eux-mêmes, dont les parrains sinon les pères s'appelaient Godefroy de Bouillon, Guillaume le Conquérant, Frédéric II, empereur d'Allemagne, Alphonse le Sage, Louis IX. Après Philippe-le-Bel, il n'y a plus de codes monarchiques, plus même de compilations qui empruntent le prestige et l'autorité du nom royal. On ne rencontre plus que des coutumes, qui se transmettent de génération en génération, ou des commentaires, des livres de praticiens qui enrichissent l'arsenal de la chicane. Ce sont des baillis, des procureurs qui rassemblent leurs souvenirs de greffe. A l'exemple de Beaumanoir qui, au XIIIᵉ siècle, s'était déjà efforcé de recueillir les principales règles de la procédure féodale et ecclésiastique, de Pierre de Fontaines et de l'auteur du *Livre de plet*, qui s'étaient surtout inspirés de la procédure romaine, du rédacteur des *Etablissements* qui avait opéré un mélange de ces trois procédures, les légistes du XIV° siècle s'attachent surtout à déterminer exactement, pour les fortifier, les usages et les formes judiciaires. Ainsi apparaissent successivement, mais à peu de distance les uns des autres, le *Style du Parlement*, de Du Brueil, les *Coutumes notoires du Châtelet de Paris*, le *Grand Coutumier de France*, la *Pratique*, de Mazuer, les *Décisions* de Jean des Mares, la *Somme rurale* de Boutillier (1).

Chacun de ces ouvrages démontre combien, depuis Philippe-le-Bel et l'institution du Parlement sédentaire, la classe des gens de robe a grandi, mais tous ne méritent pas une étude spéciale. Arrêtons-nous seulement aux deux principaux.

Grand Coutumier de France ou *de Charles VI.* — Malgré son titre, ce livre auquel le roi dont il porte le nom est resté complètement étranger, n'est pas un recueil de coutumes, mais une simple compilation des usages du Parlement et du Châtelet de Paris, faite, dit-elle, tant pour « instruire et doctriner » les jeunes gens que pour « oster et obvier à l'oisiveté et afin de s'employer à quelque chose. » L'auteur et la date nous en sont également inconnus. On peut seulement affirmer que cette compilation a été faite au XIV° siècle et plutôt à la fin qu'au commencement, car elle cite des arrêts de 1372, 1382, 1387 dans son IV° livre. On y a même inséré, mais postérieurement

---

(1) Le *Stylus curiæ parlamenti* de Guillaume du Brueil a été rédigé vers 1330 et imprimé pour la première fois en 1515. Son auteur était avocat au Parlement de Paris.

Les *Coutumes notoires du Châtelet* sont un recueil de 186 décisions rendues de 1300 à 1384 et provenant soit d'avis émanés du Parloir aux bourgeois, soit d'enquêtes par tourbes faites au Châtelet de Paris. Elles ont été publiées par Brodeau, t. II, *in fine.*

Les *Décisions* de Jean Des Mares sont également un recueil de sentences ou d'usages du Châtelet, qui a été formé par un avocat général du Parlement de Paris, condamné à mort dans les troubles de 1382.

sans doute,une ordonnance de 1402 sur les eaux et forêts,
avec son collationnement |de 1422. De ses quatre livres
ou parties, un seul est consacré au droit proprement dit ;
les trois autres, composés de pièces assemblées au ha—
sard, traitent du style usité devant le Parlement de Paris,
des cas de *nouvelletés* ou actions possessoires, des fiefs,
de la saisine, des douaires, des retraits lignagers, des testaments, des servitudes, des exceptions, des défauts, des
formules d'assignation, des enquêtes par témoins, des
tutelles et curatelles, de la procédure civile et criminelle,
surtout de la première. On y rencontre pourtant un caté-
chisme du droit féodal, rédigé par demandes et par ré—
ponses, d'après les *Etablissements de Saint-Louis*, et un
petit traité des pénalités, avec un grand nombre de formules à l'usage des plaideurs et des hommes d'affaires.
Evidemment l'auteur ignoré du *Grand Coutumier* n'était
pas un jurisconsulte, et ne prétendait nullement à ce
titre. Mais c'était un praticien habile, qui avait souci
d'instruire le public des formes judiciaires et de mettre
entre ses mains un *memento* des règles du Palais. Les
nombreux manuscrits et les éditions de ce recueil données
jusqu'au XVIᵉ siècle attestent que son compilateur avait
atteint son but, et répondu à un besoin universel. On peut
y retrouver sans peine plusieurs dispositions de la coutume de Paris, qui ne sera rédigée qu'en 1510. On y voit
déjà apparaître une certaine égalité entre les nobles et
les vilains qui sont appelés devant la justice. Ainsi, tandis
que dans la période précédente le délai de l'ajournement
était, comme à l'époque franque, de sept jours pour le roturier et de quinze pour le gentilhomme, « en cas de propriété, soit en fief, soit en villenage, dit le *Coutumier*, il
convient que l'adjournement soit fait hors huitaine. »

Somme rurale de Boutillier. — Bien qu'elle justifie peu
l'éloge de Cujas, qui l'appelait *liber optimus*, ou de Denys
Godefroy, qui croyait trouver réunis dans ses pages le

digeste, le code et la coutume, bien qu'elle soit également
une compilation surtout destinée à la pratique, la *Somme
rurale* est très supérieure, par le choix et la variété des
documents dont elle fait usage, au *Grand Coutumier de
Charles VI*. Elle est pour le jurisconsulte et l'historien
surtout une source de renseignements infiniment précieux, en ce sens qu'elle constitue un résumé complet
du droit coutumier au xive siècle, résumé fait, comme
son nom l'indique, par un homme *rural* pour l'habitant
des champs, pour le pauvre, pour le roturier, pour celui
qui éprouve déjà, sinon la haine, du moins la défiance
et l'éloignement du monde féodal, en un mot par un écrivain qui n'a ni les préjugés, ni le culte de la noblesse
dont s'inspirait Beaumanoir. Jean Boutillier est, en effet,
malgré ses armoiries et l'artillerie de son château, un
bourgeois de Tournay, « plus enclin à la noble pratique
et patrocination de stille de court laye » qu'au fier métier
des armes ; c'est un juge royal, un bailli, un conseiller du
roi, qui entend l'aristocratie à sa manière, car il se montre peu respectueux pour le menu peuple, pour le nombre,
et n'estime que les riches et les notables, dont l'avis, dit-
il, « poise plus au faict de la chose publique que ne font
les petits qui ne désirent que leur propre voulenté, » mais
qui ressent surtout une sourde rancune contre les puissants du jour, les seigneurs et les grands vassaux, sans
cependant s'apitoyer sur les misères du serf, dont la race
est à ses yeux une race maudite, la droite lignée de
Cham.

Boutillier, qui écrivait après 1333, et qui écrivait surtout pour le Nord, dont il cite un grand nombre de coutumes, Boutillier est donc un témoin intéressant de la
législation coutumière qui tente silencieusement de se
substituer à la législation féodale, en se rattachant à des
principes généraux dont elle emprunte une bonne part
au droit romain. Son répertoire est une œuvre d'em-

prunt, souvent diffuse, embarrassée, indigeste, toujours
froide et sans accent, mais qui obéit à une pensée très-
arrêtée : passer au crible du droit commun tous les usages
de son temps et rejeter tout ce que la classe moyenne,
l'homme de robe, considère déjà comme un droit *haineux*,
contraire à la loi écrite. Le respect que lui inspire cette
dernière ne l'empêche pas de se livrer sur elle à des
mutilations étranges : il accouple parfois les doctrines
les plus hétérogènes; mais, sous ces alliances grossières
qui nous étonnent, on sent à la fois l'ambition de réduire
le droit féodal à l'état d'exception et celle de compléter
la coutume à l'aide des jurisconsultes romains. Aussi
embrasse-t-il, sauf la loi canonique, le cercle entier des
connaissances juridiques du moyen-âge et, pour être sans
doute mieux compris des *amparliers* (1), il néglige la
théorie au profit de la pratique, il se résume en conseils
de jurisprudence positive et en notions usuelles de procédure. C'est dans ce but qu'il traite spécialement des
ajournements, des excuses ou *ensoignes*, des défauts,
des actions et des exceptions, de la preuve et de l'instruction criminelle, enfin de la filiation et de la minorité, du
gage, de la *plègerie* ou caution, des donations entre époux,
des successions et des testaments. C'est dans ce but qu'il
définit les cas royaux et s'arrête complaisamment à décrire l'organisation judiciaire depuis le parlement jusqu'au sergent, qu'il cite tous les arrêts dont il a eu personnellement connaissance « en court laye », à Paris ou au
dehors, tout en s'abstenant de les commenter, car, pour
lui, tout débat doit cesser lorsqu'il ajoute : « à cela s'accorde la loi écrite », ou « si je l'ay veu juger. »

On l'a comparé à Pothier, et on lui a fait un trop grand
honneur, parce qu'il n'en possède ni la sérénité ni l'ampleur du jugement : je crois plus juste de le rappro-

---

(1) *Avant-parliers, præloculores*, les avocats. (Carpentier, *Glossaire*, v° *Amparlarii.*

cher de Dalloz, parce qu'en effet personne n'est plus
propre que lui à nous faire connaître les progrès accomplis
par la jurisprudence dans le droit coutumier pur, pendant
la période de transition du xive au xve siècles. Avec lui,
nous sortons en effet du droit féodal proprement dit, de
ce droit issu de la féodalité germanique et militaire qui
reconnaissait pour principe la force, pour liens le serment
de fidélité et l'hommage, pour institutions la cour seigneuriale, le duel judiciaire, les guerres privées, pour moyens
de conservation le privilège de masculinité, le droit d'aînesse et l'affectation exclusive des biens patrimoniaux à
la famille. Nous entrons dans un droit que je n'oserais
pas qualifier de nouveau, car il enfonce également ses
racines dans le sol féodal, mais qui est pourtant distinct,
en ce qu'il s'applique surtout à une nouvelle classe, répond
à de nouveaux besoins et se préoccupe moins de consolider le régime politique au sein duquel il a pris naissance
que d'assurer à la société qui se transforme le bénéfice
d'une législation civile mieux en harmonie avec ses
développements et ses progrès. Sans aspirer à une unité
ou à une uniformité que ses contemporains n'attendent
pas encore et qu'il ne conçoit peut-être pas lui-
même, Boutillier s'efforce de ramener les usages locaux
du nord de la France à ce qu'il appelle le droit commun,
à celui qui est à la fois conforme au droit écrit et à la
coutume, seul cas, dit-il, où la coutume soit tolérable ; il
n'omet rien des formes ou des pratiques qu'il rencontre
autour de lui, mais il les rattache avec soin aux règles de
la législation romaine, et la coutume qu'il se proposait de
condenser finit par n'être plus, sous sa plume, qu'une
exception à la loi toujours vivante de la société latine.
C'est ce procédé à la fois ambitieux et naïf qui donne à la
Somme rurale une physionomie particulière et qui, malgré
la grossièreté même avec laquelle il est mis en œuvre,
assigne au recueil du bourgeois tournaisien une place à

part parmi les monuments du droit contumier de son époque, de ce droit que l'on peut appeler le droit civil de la féodalité.

§ 2. *Usages locaux*

Nous avons dit précédemment (*liv. III, ch. V, § 1*) que les usages locaux étaient une source importante, quoique secondaire, du droit féodal. Loin de diminuer ou de se tarir à mesure que décroissait la féodalité, cette source grandit et s'accrut. Le motif en est simple : plus le pouvoir des seigneurs s'affaiblissait, plus le roturier, le *coutumier* acquérait de droits, et plus les règles destinées à définir et à protéger ces droits devaient naturellement se multiplier. Plus les rapports entre les hommes habitant une même seigneurie ou une même ville se développaient, et plus le juge était appelé à les préciser ou à les constater. Dans de telles conditions, la coutume était, à vrai dire, une loi conventionnelle, selon l'expression de Bouhier, une loi d'essence populaire : c'était le peuple qui faisait son droit et Beaumanoir avait déjà formulé au xiiie siècle ce principe que « les uz acostumez de lonc tans pour vivre en paix » ne pouvaient être modifiés par le roi ou le seigneur qu'en temps de guerre, en d'autres termes, lorsqu'il y avait urgence et nécessité, car le « commun pourfit » et le salut public excusent tout. Aussi, lors de la rédaction officielle des coutumes, les trois Etats furent appelés à donner leur consentement au texte proposé, car la coutume ne liait que ceux qui s'y étaient volontairemest soumis (1).

L'existence de ces usages locaux était constatée de diverses manières. En 1302, Philippe-le-Bel avait ordonné à ses sénéchaux et à ses baillis de les recueillir dans leurs circonscriptions, et de s'attacher surtout à ceux qui étaient

---

(1) Dumoulin, *Cons.* 53, n° 12 ; d'Argentré, *in Consuet. brit.* § 218, gl. 6, n° 12.

en vigueur au temps de saint Louis. Mais cette ordonnance demeura malheureusement sans exécution. Des praticiens formèrent certains recueils pour leur usage particulier, toutefois ces recueils n'avaient qu'une autorité doctrinale et non législative. Quelques autres usages furent réunis dans ce que Boutillier appelle les livres coutumiers des greffes, c'est-à-dire dans les registres ou mémoriaux tenus par les greffiers des justices, et où ceux-ci avaient l'habitude d'inscrire les règles admises comme l'expression d'un usage constant par des décisions judiciaires. D'autres encore furent relevés par les procès-verbaux dressés à la suite des *enquêtes par tourbes*, que prescrivaient les juges, lorsqu'une partie alléguait un usage local, dont l'existence était contestée par son adversaire (1). Quelques-uns enfin furent l'objet d'une rédaction spéciale, comme les anciens usages d'Anjou, à la suite du mandement adressé par saint Louis à ses baillis pour faire envoyer au parlement le texte des coutumes suivies dans les bailliages.

§ 3. *Chartes et coutumes écrites*

Mais à côté de ces usages généraux, consacrés par l'obéissance populaire, il existait une autre classe de coutumes, que j'appellerai *positives*, parce qu'émanant de la concession directe des seigneurs, elles revêtaient une forme plus concrète et plus précise et dont la conservation était confiée à l'écriture. C'étaient les lois particulières

---

(1) Jusqu'à l'ordonnance de Blois, de mars 1498, qui exigea deux tourbes ou deux enquêtes, l'existence des coutumes non écrites s'établissait par une seule audition de témoins. « *Item*, dit Jean des Mares dans sa décision 275ᵐᵉ, pour prouver coustume deument, usage ou stile alleguiez, il convient nécessairement que ladite prove soit faite et rapportée en *tourbe* par dix sages coustumiers, rendans certaine et affirmative cause de leurs dépositions, ou par plus, et se par mens de dix personnes en tourbe la coustume estoit témoignée, cette prouve ne suffiroit pas, mais seroit ainsi comme nulle de soy. » Depuis l'ordonnance de Blois, on admit la règle suivante : « Coutume se doit vérifier par deux tourbes et chacune d'icelles par dix témoins. »

qui résultaient de chartes spéciales, de privilèges ou d'immunités concédés aux habitants de certaines contrées ou de certaines localités par les hauts-barons dans l'étendue de leurs seigneuries (1), par le roi dans celle de ses domaines, ou par le monarque lui-même dans les pays situés hors de son obéissance, mais seulement à partir du jour où la royauté s'attribua le droit de faire de « nouveaux établissements pour le commun pourfit de son royaume (2). » Ces chartes, véritables traités de paix conclus entre les bourgeois et leur seigneur, contenaient de nombreuses dispositions relatives au droit civil, parce qu'elles étaient toutes destinées à améliorer la condition des personnes et des lieux auxquels elles étaient accordées ; elles énuméraient aussi fréquemment, pour les confirmer, d'anciennes usances locales, dont l'existence avait été préalablement constatée par un plaid général des habitants qui devaient en profiter.

Toutes ces chartes d'affranchissement ou d'immunité, qui consacrent la coutume ancienne ou qui introduisent une législation nouvelle, constatent également le droit que possèdent encore à ce moment les seigneurs de donner en cette qualité des lois à leurs sujets. Il n'est pas jusqu'à la charte donnée en 1320 par l'archevêque Pierre de Savoie à la ville de Lyon, pourtant placée en pays de droit écrit, qui, tout en rappelant que la cité de Munatius Plancus continue de jouir du *jus italicum*, de la liberté civile et municipale

(1) V. comme exemple de ces coutumes les curieuses lettres par lesquelles Guillaume de Dampierre accorde en 1228 aux habitants de Saint-Dizier des privilèges qui constituent un véritable coutumier (Beugnot, *Olim*, t. II, p. 702). Ce qui donne un caractère original à cette charte, c'est que son auteur place la commune de Saint-Dizier sous la loi et la juridiction immédiate des échevins d'Ypres, ville qui ne relevait pas du comte de Champagne.

(2) Du Cange paraît croire qu'il n'y a jamais eu de charte de coutume sans charte de commune. C'est une erreur qu'a combattue M. Pardessus dans son *Mémoire sur l'origine du droit coutumier*. (*Mém. de l'académie des inscriptions et belles-lettres*, t. X, p. 728.)

dont elle n'avait jamais perdu le bénéfice depuis la domination romaine, et en sanctionnant ainsi les franchises du passé, semble réserver à l'archevêque le droit de modifier la législation civile des habitants, puisqu'elle réserve au prélat et au chapitre la juridiction temporelle.

Ainsi, avant la rédaction officielle des coutumes, nous trouvons trois sources différentes des institutions coutumières, auxquelles puiseront plus tard les commissaires chargés de cette rédaction : les recueils des praticiens, ou les traités particuliers dans lesquels des légistes se sont efforcés de fondre leurs propres observations avec les traditions, écrites ou parlées, qu'ils sont parvenus à recueillir, en les mélangeant le plus souvent de maximes et de brocards empruntés au droit romain; les papiers et registres coutumiers des greffes qui conservaient la trace des enquêtes faites pour établir l'existence des usages et les formules ou les notes conservées par les hommes de loi pour leur instruction personnelle ou celle de leurs clients; enfin, en troisième lieu, les chartes de concession des rois ou des seigneurs et les coutumes écrites dressées de leur aveu et sous leur autorité par les principaux et les prud'hommes du pays.

CHAPITRE II

GÉOGRAPHIE DE LA FRANCE COUTUMIÈRE

Maintenant que nous connaissons les sources principales du droit coutumier avant la rédaction officielle des coutumes, nous pouvons entreprendre un travail très aride et très ingrat sans doute, mais indispensable pour l'intelligence des dispositions de ces coutumes. Je veux parler de la carte géographique de la France dressée au point de vue de ces institutions.

Mais tout d'abord, nous devons nous garder d'une tentation et d'un péril. La tentation serait de considérer les limites de chaque province comme les frontières obligées de sa législation, et les lignes de démarcation que nous allons essayer de tracer comme des lignes infranchissables. Il n'en était rien. Même au XVIIIᵉ siècle, la même intendance ou le ressort du même parlement pouvait compter plusieurs coutumes ou se partager entre le droit coutumier et le droit écrit. Ainsi le parlement de Paris connaissait des affaires qui provenaient du Lyonnais, où la loi romaine était en vigueur, et d'une partie du Nivernais, où il n'existait pas de coutumes écrites et où les usages se prouvaient à l'aide d'une enquête par tourbes. Le péril consisterait à croire, d'une part, que dans les pays de droit coutumier le droit romain était complètement inconnu, et que dans ceux de droit écrit il n'existait aucun statut local; de l'autre, que lorsqu'une province possédait une coutume générale, il ne pouvait y être dérogé par des usages particuliers.

Non seulement nous avons déjà vu dans Pierre de Fontaines, dans le *livre de justice et de plet*, dans Boutillier, dans le *grand Coutumier de France* le droit romain mêlé au droit coutumier, et nous verrons plus tard que le Languedoc, le Dauphiné, la Provence, pays de droit écrit, avaient des usages locaux, de véritables coutumes qui dérogeaient au droit de Rome (1), mais nous verrons aussi que de grandes provinces coutumières, comme la Champagne, n'avaient pas de coutumes générales, et reconnaissaient une foule de petites coutumes particulières. D'autres circonscriptions, comme les duchés de Bretagne et de

---

(1) V. les statuts d'Arles, d'Alby, de Montpellier, de Carcassonne, d'Apt, publiés par M. Giraud, dans son *Essai sur l'histoire du droit français au moyen-âge*.

Normandie, possédaient chacune une coutume générale, qui portait le nom du pays ; néanmoins à cette loi d'ensemble s'adjoignaient des usances locales qui la contredisaient parfois expressément. Enfin, il arrivait fréquemment que dans le même bailliage, comme dans celui d'Amiens, chacune des prévôtés obéissait à une coutume différente ; non seulement chaque seigneurie avait la sienne, mais dans l'étendue de cette seigneurie la loi différait d'un bourg à l'autre, d'un village à son plus immédiat voisin, même d'un quartier à l'autre d'une ville. L'hôtel épiscopal de Meaux, avec la grande place qui le précédait vers l'église cathédrale, était régi par la coutume de Paris et ressortissait à la prévôté parisienne, lorsque le reste de la cité était soumis à la coutume de Meaux. Dans la petite ville de Lourdes, la rue du Bourg avait un droit différent de celui des autres rues, et les filles y étaient exclues par les mâles de la succession paternelle ou maternelle. Pour jouir d'une coutume plus favorable qu'une autre, des villages se faisaient ériger en annexes d'une cité privilégiée. En quelques localités, les habitants reconnaissaient une première coutume pour une matière, par exemple pour le régime successoral, et une seconde à l'égard d'une autre, comme pour le règlement des biens entre les époux. Il y avait même certaines terres, certaines paroisses situées sur les confins de plusieurs provinces, et qui, sans posséder des usages locaux particuliers, usaient concurremment des coutumes des pays limitrophes ou abandonnaient à la partie la plus diligente le choix de la loi par celui du tribunal qui était le premier saisi. C'est ce qu'on appelait les *marches séparantes* de Bretagne, d'Anjou et de Poitou.

§ 1. *Pays de droit écrit*

Cette observation faite, nous devons diviser la France, du XIIIᵉ au XVIIIᵉ siècles, en deux tronçons d'inégale étendue, l'un situé au Nord, et qui comprend tous les pays de droit coutumier, où les coutumes d'origine germanique formaient l'élément prédominant du droit civil, et l'autre, au Midi, qui se compose de tous les pays de droit écrit, c'est-à-dire de ceux où la loi romaine n'a jamais cessé d'être appliquée comme la loi commune des intérêts privés, en un mot comme une législation générale. Dans cette région, on ne se contente pas d'accorder au droit de Rome une autorité de doctrine, une supériorité de raison écrite, et de lui emprunter des règles supplétives, des analogies et des interprétations fécondes, ainsi qu'on le fait dans certains pays coutumiers, dans le Bourbonnais, dans la Haute-Marche, dans le duché et surtout le comté de Bourgogne ; mais on se sert de ce droit à l'égal d'une coutume, comme l'indique nettement Philippe-le-Bel dans ses lettres de juillet 1302, sur l'étude du droit civil et canon à Orléans, *consuetudine juxta juris scripti exemplar moribus introducta* (1).

Cette dernière région est la moins étendue, quoiqu'on ait, à tort, évalué sa superficie à la moitié de la France. Elle comprend les provinces situées entre l'Océan, les Pyrénées, la Méditerranée, les Alpes, et s'arrête à la Saintonge, aux confins de l'Auvergne, de la Basse-Marche, du Limousin, au Mâconnais, au Beaujolais, à la Bresse et au Bugey, au Lyonnais qu'elle embrasse sous son régime législatif ; ainsi l'Armagnac, la Guyenne, la Gascogne, le Languedoc, le Roussillon, la Provence, le Dauphiné, le Comtat Venaissin, la Navarre, le Béarn sont des pays de droit écrit. Il faut y joindre une partie de l'Auvergne, le Velay, une partie de la Basse-Marche, et, comme je viens de le dire, le Lyonnais, qui ressortent du parlement de Paris. Plusieurs de ces contrées ont cependant des cou-

---

(1) *Recueil des anc. ordonn.*, t. I, p. 366, n° 59. — Bouhier fait également remarquer avec justesse que les pays de droit écrit pouvaient, à certains égards, être appelés coutumiers. *(Observat. sur la Cout. de Bourgogne*, t. I, p. 380.)

tumes générales ou locales. Bordeaux, Agen, Toulouse, Alby, Alais, Carcassonne, Narbonne, Limoges, le
pays de Lavedan, Mende, Viviers, Le Puy, le pays de
Marsan ont des usages généraux, comme le Béarn a ses
anciens *fors* (1) et la Navarre ses vieilles coutumes. En
Provence et dans le Dauphiné, il existe également un
grand nombre de statuts provinciaux ou particuliers,
comme ceux du comté de Forcalquier, d'Aix, d'Arles, de
Marseille, comme les statuts du dauphin Humbert pour
le Dauphiné, et plus près de nous, dans le rayon immédiat de notre ville, les usages de Bresse, ou les lois particulières de la petite principauté de Dombes constituée en
1523 et celles du Beaujolais, ou encore, à l'extrémité méridionale du territoire, les usages locaux de Perpignan, de
Bayonne, de Cahors et de la Lomagne. On peut même y
ajouter les *usatici barchinione patrie* ou usages de Barcelone, qui datent de 1068, et qui constituent un code de la
féodalité commun à la Catalogne, à la Cerdagne et au
Roussillon.

Ces coutumes générales et locales n'altèrent pas sans
doute le fond commun du droit romain, que la science des
romanistes tendra d'ailleurs toujours à étendre et à pro-
pager, surtout à partir du xvɪᵉ siècle. Mais elles commu-
niquent à la législation du Midi un caractère en quelque
sorte provincial et parlementaire, qui se conserva malgré
les efforts des jurisconsultes de l'école de Cujas, malgré
les ordonnances royales qui chercheront plus tard à diminuer l'autorité de la jurisprudence locale en favorisant
l'exécution dans le Midi des arrêts rendus par les Parlements du Nord (édit des *Pareatis*) et en permettant les
évocations (édit de 1560).

Bien que le droit romain soit dans toute cette région un

_____

(1) V. sur les *fors* du Béarn, art. de M. Kœnigswarter, *Revue de
législation*, août-sept. 1842, p. 177.) — Ce mot *fors* s'entend surtout des privilèges de communauté relatifs au droit public.

droit réel et territorial, ainsi que le reconnaît formellement Saint Louis dans ses lettres-patentes du 3 avril 1250, relatives aux sénéchaussées de Toulouse, de Cahors et du Rouergue, — *terra illa regi consuevit, ut dicitur, et adhuc regitur jure scripto*, — le Parlement de Toulouse maintient énergiquement les coutumes du Languedoc et du Roussillon qui sont contraires au droit romain dans un grand nombre de leurs dispositions ; celui de Bordeaux va même jusqu'à proclamer la supériorité de la coutume et de la jurisprudence coutumière sur le droit écrit et n'admet celui-ci que lorsque les usances locales ou voisines et le droit naturel font complètement défaut· « L'usage est, en Bordelais, disent *Las Coutumaz de la villa de Bordeu*, que, si le cas qui se présente ne peut être jugé d'après la coutume, muette à cet égard, on doit recourir aux coutumes analogues ; s'il n'y a pas de coutume semblable, il faut recourir à la raison naturelle, le meilleur supplément de la coutume ; et si toutes ces choses manquent, on doit recourir au droit écrit. » Le Parlement de Pau s'attache surtout à faire respecter les *fors* de Béarn et de Navarre, qui, par un étonnant mélange, s'imprègnent à la fois d'un esprit de féodalité et d'un esprit de liberté, tout à fait étrangers au droit romain. Le Parlement d'Aix, héritier tardif de la cour du sénéchal de Provence, et placé au centre d'une province qui semblait devoir être pour la législation de Rome comme une seconde patrie, défend avec plus d'obstination encore les lois municipales et provinciales, la charte du consulat d'Arles et les statuts de Pierre de Ferrières, archevêque de cette dernière ville et chancelier du royaume de Sicile en 1304 ; grâce à sa jurisprudence, grâce à l'influence du *Livre des fiefs*, reçu par les Provençaux comme leur droit commun, la féodalité règne en maîtresse dans la Provence ; elle y triomphe du principe romain de la liberté de la propriété, et sauf la patrimonialité des fiefs, sauf le droit d'ainesse qui n'y pénétrèrent que tardivement et à grand'peine, elle y plante ses institutions si profondément qu'à la veille de la Révolution la société provençale est encore presque toute entière constituée à l'image de la société féodale, et que les seigneurs *possédant fiefs* en **Provence** deviennent les premières victimes de la terrible réaction démocratique qui se déchaîne à la fin du XVIIIᵉ siècle. Par contre, dans le Dauphiné, dont la réunion à la couronne de France ne s'est effectuée que sous la réserve « de toutes les libertés, franchises, privilèges, bons us et bonnes coutumes du pays, » tout en admettant, au témoignage de Guy-Pape, le droit du *Livre des fiefs* lombards comme le droit écrit de la province, les coutumes maintiennent le principe latin de l'égalité successorale et testamentaire pour les terres nobles ou roturières, et, en proclamant l'abolition de la mainmorte, en permettant au vassal de prescrire par cent ans la foi et l'hommage du fief contre son seigneur, elles conservent dans les mœurs du pays cet esprit d'indépendance personnelle et de liberté politique qui s'y perpétuera jusqu'à nos jours.

Nous ne pouvons parcourir une à une toutes les coutumes qui s'étaient ainsi, à la faveur de diverses circonstances, établies dans les provinces de droit écrit et avaient apporté des dérogations plus ou moins profondes à la législation romaine. Il convient pourtant d'indiquer très sommairement les points principaux sur lesquels elles différaient de la loi de Justinien et se rapprochaient des institutions d'origine germanique ou féodale.

Ainsi, pour partir du Lyonnais, qui est presque comme le Bugey et la Bresse une terre d'empire, et dont les habitants suivent le droit latin, *Lugdunenses Galli juris italici sunt*, si le franc alleu est la loi territoriale, on y rencontre aussi le fief d'honneur, le fief-lige, qui est une tradition de la féodalité militaire, et le privilège de noblesse personnelle qui affranchit de l'impôt les terres roturières, comme les terres nobles ; on trouve dans le Bugey, inféodé à titre d'apanage à la maison de Savoie, l'augment de dot qui constitue une sorte de douaire, et, dans la Bresse, à défaut d'augment, le gain de survie stipulé au profit des époux. Dans le Dauphiné, la patrimonialité des fiefs a peine à s'établir, et n'y existe pendant longtemps qu'en matière de succession, c'est-à-dire qu'on peut les transmettre à son héritier, mais que jusqu'à la fin du xve siècle on ne peut les donner entre vifs ni les aliéner sans le consentement du seigneur. Le retrait féodal y est admis, mais à la condition d'être stipulé expressément, comme le droit de lods et ventes, qui ne peut être perçu qu'en cas de convention formelle au moment de l'investiture.

En Provence, la charte consulaire d'Arles de 1142 proclame, contrairement au droit romain, l'exclusion des filles dotées de la succession paternelle ou maternelle, et interdit aux consuls de recevoir leur demande d'adition d'hérédité, *si velint exigere frayresiam*, comme disent les statuts de la ville de Salon, si elles veulent exiger la part d'un frère dans la succession. Ce droit de masculinité, introduit pour la conservation des maisons nobles et autres, *tant noblas quant autras*, disent les Etats de Provence en 1472, devint la règle générale du pays, au moins pour les successions *ab intestat* ; mais il fut tempéré par une réserve, faite en faveur des filles, de la légitime ou d'un supplément de légitime, réserve évidemment due à l'influence du droit romain et surtout de la religion chrétienne.

Nous retrouvons la même exclusion des filles dotées, quelle que soit l'exiguité de la dot, dans les coutumes de Montpellier, d'Alais et de Toulouse, qui, à cet égard, s'inspirent à la fois du droit féodal et des vieilles traditions celtiques. A Toulouse, par une contradiction étrange, la condition des femmes est à la fois très large et très restreinte : sur certains points, leur capacité équivaut à celle de l'homme libre ; sur d'autres, elle est à peine celle d'un serf. Par exemple, la fille dotée est émancipée tacitement par le mariage. Veuve, elle peut faire de sa dot ce qu'il lui plaît, et la donner à un second mari. Elle peut librement tester du vivant de son père. Elle peut même, ce qui est interdit à son époux, déshériter ses enfants sans cause et tacitement manquer à tous ses devoirs de mère de famille. Elle peut, à douze ans, s'obliger, emprunter, cautionner. Le sénatus-consulte Velléien n'a aucune application ni pour la femme mariée, ni pour la fille *sui juris*. Rien ne les protège contre leur faiblesse, leur inexpérience, ni contre l'ascendant d'un époux. Et cependant elles sont déclarées incapables de témoigner devant la justice civile, sauf en matière de testament, probablement parce qu'il ne convient pas à leur sexe, comme le dit au XIII° siècle une constitution du pape Boniface VIII, de se mêler aux assemblées des hommes : *mulieres, quas vagari non convenit nec vivorum cœtibus immisceri*, ou parce qu'elles ne peuvent soutenir leur témoignage par la périlleuse procédure du combat judiciaire.

Une autre disposition remarquable des anciennes coutumes de Toulouse, c'est celle qui dispense les tuteurs et curateurs de faire inventaire et de donner caution, et qui les autorise à vendre les immeubles de leurs pupilles sans fournir de garantie pour l'emploi des deniers ni pour la reddition de leurs comptes. Mais cet usage engendra de tels abus et trahit si brutalement la « malice » des tuteurs, qu'en 1285, deux commissaires royaux envoyés dans le Midi *pro reformatione patriæ et correctione curialium*, pour la réformation des mœurs et des officiers de justice, durent rendre un arrêté qui, modifiant sur ce point la coutume, et obligeant, sous peine de destitution et même de confiscation, les tuteurs à donner caution, à faire inventaire et à rendre compte de leur gestion, protégea désormais les incapables contre les audacieuses spoliations dont ils étaient trop souvent victimes.

Au point de vue féodal, la coutume de Toulouse ne s'écartait pas moins en certaines matières du droit civil, des règles pures de la féodalité que des dispositions du droit romain. Ainsi tandis qu'elle maintenait rigoureusement la servitude de corps et la faculté d'aliéner sa liberté personnelle et celle de sa famille, elle admettait que le territoire toulousain était un lieu d'asile et d'affranchissement pour les serfs, qui devenaient libres dès qu'ils l'avaient foulé ; elle repoussait le droit d'aubaine pour les étrangers, c'est-à-dire qu'elle les autorisait à tester et à disposer librement de leurs biens ; elle reconnaissait le principe romain de la libre propriété de la terre, avec cette maxime : *nul seigneur sans litre*, et méritait en conséquence d'être considérée comme une coutume essentiellement allodiale ; enfin, seule dans tout le Midi avec celles de Cahors et de Limoges, elle excluait le retrait féodal et censuel. En un mot, elle consacrait dans ce cas avec énergie la règle romaine : *nostri juris sunt, quæ in proprietate nostra esse noscuntur*. Au contraire, elle s'attachait opiniâtrement au droit féodal, en frappant les personnes religieuses de l'incapacité absolue de retenir des fiefs, sans constituer un représentant laïque, qui était chargé d'acquitter tous les droits et services seigneuriaux, et à la mort duquel les droits de relief ou de succession étaient dus (1). Cette proscription des biens de mainmorte parut si rigoureuse à la royauté elle-même qu'elle ne fut pas ratifiée en 1285 par Philippe-le-Bel, au moment de la constatation officielle des usages du Languedoc, et que le roi se réserva d'en délibérer plus tard, comme sur quelques autres articles. *Non placet vel deliberabimus*, dit le texte de la sanction royale.

Plus près des Pyrénées, dans les montagnes qui servent d'asile à la race escuarienne ou basque, qui obéit à ses *fueros* ou à ses *fors* héréditaires, rédigés, parait-il, au

---

(1) Casaveteri, *de feudis*, fol. 66, 1.

xie siècle, et aux *costumas deu royaume de Navarra*, nous rencontrons une législation plus originale encore, et qui n'a certes rien retenu du droit écrit. La famille y est constituée à l'état d'une sorte de communauté qui reconnaît pour chef le père, ou, à son défaut, la mère, l'aïeul ou l'aïeule et ainsi de suite. Le père et la mère ont les mêmes droits, la même puissance sur leurs enfants ; lorsque ceux-ci sont mariés et dotés, ils deviennent copropriétaires de tous les biens patrimoniaux avec leur père et leur mère, dont ils ne quittent pas la demeure, et peuvent, en cas de nécessité, disposer de la moitié de ces biens, comme s'ils en étaient les maîtres. De leur côté, les père et mère peuvent disposer de la dot de la bru pour racheter ce qui aurait été vendu des biens héréditaires, pour payer les dettes de la famille ou pour marier leurs autres enfants. Cette communauté s'étend à toutes les générations légitimes des communistes. Mais les enfants peuvent en sortir en se mariant hors de la maison paternelle, et la communauté n'existe plus alors qu'entre les deux époux, pour tous les acquêts faits pendant le mariage. Chacun d'eux peut disposer de sa part dans la communauté par donation à cause de mort ou par testament. Toutefois, à part le cas où un gain de survie a été stipulé, le mari n'a pas la faculté de vendre les biens de sa femme prédécédée, ni la femme ceux du mari, sans le consentement des enfants.

L'aîné seul des enfants succède aux propres et les transmet à sa postérité par ordre de primogéniture. « Le premier né du mariage, soit mâle, soit femelle, disent les anciennes coutumes de Bagnères et de Lavedan, ici conformes à celles du pays basque, est héritier de toutes sortes de biens, de quelque nature qu'ils soient, de souche et *avitins*, possédés par les pères et mères, aïeuls et aïeules ou autre en ligne supérieure et ascendante (1). » Il succède

_____

(1) V. la *Coutume de Barège conférée avec les usages*, ou *coutume non écrite du pays de Lavedan*, par Noguès.

également à la part attribuée dans leurs acquêts par ses
père et mère à leurs autres enfants, lorsque ceux-ci décè-
dent sans héritiers de leur sang. Tous les biens de famille
doivent retourner à la famille, représentée par l'aîné ou
par l'aînée, qu'ils soient nobles ou roturiers ; il n'y a donc
pas de succession collatérale en faveur des autres frères
ou sœurs. C'est la maison paternelle, occupée par le premier né, qui recueille tout ce qui en est sorti, c'est elle
qui sera, à perpétuité, le siège et le chef-lieu de la famille.
Ce droit est le droit antique de la nation basque, ce n'est
ni un emprunt, ni une imitation de la féodalité.

Dans les *fors* du Béarn, au contraire, l'influence de la
féodalité militaire apparaît toute puissante et chasse loin
d'elle celle du droit romain, qui ne se soutient qu'à l'égard
de la propriété non-noble et des bourgeois ou roturiers.

Il y a, d'après ces anciennes coutumes, dont la rédaction ou plutôt la réunion s'étend de l'an 1030 à 1228, trois
classes de nobles, qui ont chacune sa cour de justice, les
barons, les chevaliers et les simples seigneurs, et en
dehors de cette noblesse, *gentilessa*, les gens de commune
ou bourgeois, qui ont eux-mêmes une cour de *jurats*,
présidée par un magistrat à la nomination du vicomte, le
bayle, mais sans voix délibérative. On reconnaît des terres
allodiales, c'est-à-dire que toute propriété ne relève pas
d'un seigneur ; les terres censitaires sont entourées de
grandes faveurs, car on peut prescrire la liberté de son
héritage par vingt ans entre absents et dix années entre
présents ; mais la vente des biens nobles n'est pas libre,
et ne peut avoir lieu que du consentement du seigneur
suzerain et entre les mains du seigneur immédiat ou de
son bailli. Par conséquent, le retrait féodal est inconnu
dans le Béarn. Le fief est indivisible, selon la règle de la
féodalité militaire, et cette règle pénètre si bien dans les
mœurs qu'elle fut étendue en 1551 de l'héritage noble à
l'héritage rural ou roturier. Jusque là, conformément au

droit romain, les successions bourgeoises s'étaient partagées également entre les enfants. Mais le droit d'ainesse,
accouplé au privilège de masculinité, qui régissait les
successions nobles, passa, à la même époque, dans le
régime successoral des vilains, et le fils ainé, ou à son
défaut l'ainée des filles, recueillit universellement les
biens de la famille. Le retrait lignager, destiné à maintenir le patrimoine dans le lignage, existait dans les *fors*
béarnais sous le nom de *tornius*, pour tous les immeubles,
nobles ou roturiers, et, sans la mentionner expressément,
la coutume ancienne présupposait en conséquence l'application de la règle *paterna paternis, materna maternis*. Il
était interdit au père ou à la mère d'aliéner l'héritage patrimonial sans l'aveu de ses enfants.

La puissance paternelle ne s'exerçait que jusqu'à la majorité, fixée à 12 ans pour les filles, à 15 pour les fils.
L'enfant qui en était délié par son âge pouvait, s'il n'avait
pas de mauvaises mœurs, obliger son père à lui fournir
des aliments ; mais celui-ci était autorisé à les lui refuser,
s'il ne pouvait y satisfaire qu'en vendant son bien.

Il n'existait aucune communauté de biens entre le mari
et la femme, pas même de société d'acquêts. La femme
n'avait aucun droit sur les choses acquises avec son époux
pendant le mariage et il lui était interdit de disposer par
testament de ses propres sans l'autorisation de celui-ci(1).
Cependant ce dernier n'était pas le maître du bien dotal.
Il pouvait seulement le vendre du consentement de sa
femme et, à plus forte raison, l'hypothéquer. Cette dot
était considérée moins comme la propriété de la femme
que comme celle de sa descendance: ainsi la veuve n'avait
pas la faculté de la reprendre tant que vivait un de ses
enfants. En cas de second mariage, la moitié en appartenait de droit à la postérité issue du premier lit, tandis

(1) *For général de Béarn ; de mari et femme*, art. 256, rubr. 83.

que, dans le même cas, le père pouvait choisir son héritier dans ses deux lignées. On voit, par toutes ces dispositions, que, sauf en ce qui concerne la communauté, l'esprit féodal avait fortement réagi sur le droit écrit et que s'il avait, à l'origine, respecté la liberté de la propriété romaine, au moins pour les biens ordinaires, il l'avait emporté sur les souvenirs laissés par la *lex romana* en donnant la prépondérance au droit collectif de la famille.

Nous devons, dans cette rapide nomenclature, négliger les usages des pays intermédiaires, ceux de Comminges, de Bigorre, de Foix, du Roussillon, de Perpignan, même les *usatici* de Barcelone, qui furent la loi féodale des pays situés en deçà comme au delà des Pyrénées. Dans l'impuissance où nous sommes de parcourir toutes ces coutumes locales, il faut s'arrêter à celles qui ont le caractère le plus original et qui représentent le mieux l'esprit général et les mœurs de nos provinces du Midi. Nous arrivons donc immédiatement, en passant sous silence les usages de l'Armagnac, de Condom et d'Agen, qui sont un mélange de droit romain, de droit basque et de droit canonique, aux vieilles coutumes de Bordeaux, qui portent une profonde empreinte de la domination anglaise dans la Guyenne, et méritent par là même un examen plus attentif.

Les institutions des bords de la Garonne se distinguent de celles que nous venons d'analyser par deux signes principaux, la prédominance de l'élément populaire, démocratique et municipal, et, au point de vue de la propriété, celle du franc-alleu. A Bordeaux, la justice est rendue non par le seigneur, mais par des *jurats*, par des bourgeois élus, et de la cité reine de la Guyenne, qui forme une sorte de petite république municipale, ce régime s'étend à presque tous les pays limitrophes, au Rouergue, au Limousin, au Quercy, jusque sur les rives de la Dordogne et de la Vienne. En 1273, le maire et les jurats de Bordeaux déclarent au roi d'Angleterre Edouard, qui était aussi duc de Guyenne, que leur territoire et leurs vignes sont pour la plupart allodiales, que leur ville a toujours joui de la liberté, que tous les hommes et toutes les terres sont de condition libre, et qu'ils regardent la servitude comme contraire au droit commun. On se tromperait toutefois, si l'on croyait que cette franchise municipale encouragée et protégée par les Anglais a été un obstacle à l'introduction de la féodalité. Les longues guerres qui ont désolé le pays ont fait naitre le besoin de concentrer la force entre les mains de puissants seigneurs ; par suite, les grands fiefs, ceux de baronnie, de chevalerie sont indivisibles ; ils se transmettent en entier au fils ainé, tandis que les simples fiefs peuvent se partager entre tous les enfants du vassal, même sans l'aveu du seigneur, qui doit seulement les requérir de venir recevoir son investiture. Le retrait féodal est préféré au retrait lignager, le droit du seigneur l'emporte sur l'intérêt de la famille. Cependant les rapports du vassal et de son suzerain sont moins âpres et plus doux que dans le Nord. Ainsi la félonie du second est traitée plus sévèrement que celle du premier. Mais la rudesse des mœurs reprend tout son empire dans les relations de la vie civile. Le mari a un pouvoir absolu sur sa femme, que le mariage a émancipée de la puissance paternelle pour la livrer à l'autorité sans contrôle de son époux. Celui-ci est le seul juge, non seulement de ses fautes conjugales, mais encore de toutes ses affaires. Elle peut seulement appeler de sa sentence au maire et du maire au sénéchal. Elle n'a aucune part dans les acquêts faits pendant le mariage. Elle ne possède nulle capacité, si ce n'est pour donner à son époux, elle ne peut disposer par testament de ses biens, qui se partagent également par tête et sans représentation entre tous ses enfants. Le père exerce sur ces derniers une domination presque romaine : il peut les donner en gage pour se tirer de la pauvreté ou de la prison; toutefois, il ne lui est pas permis de les vendre. Le fils ne peut rien gagner pour lui-même, en l'absence de son père; tout ce qu'il acquiert appartient à celui-ci, à moins qu'il n'hérite de sa mère ou de la branche maternelle, ou que son père ne l'autorise à conserver une partie de son gain. L'institution d'héritier et le droit de tester sont reconnus; mais on ne peut disposer que du tiers des propres au préjudice de la famille, soit en ligne directe, soit en ligne collatérale, et le testament est nul si son auteur omet un parent ou attribue au plus éloigné une part plus grande qu'au plus rapproché. Quoique le mort saisisse le vif, le fils ne recueille pas l'hérédité de son père décédé victime d'un meurtre, avant d'avoir vengé l'homicide paternel, et il en est de même pour le simple parent. La peine du talion est admise, et le meurtrier est enterré tout vif sous le cadavre de celui dont il a répandu le sang. En un mot, le droit romain, le droit celtique et le droit féodal s'unissent dans ces coutumes purement civiles pour leur communiquer une dureté qui contraste étrangement avec les maximes libérales dont elles s'inspirent dans le régime politique de la cité.

Tous ces exemples un peu pris au hasard et cités avec une brièveté que je regrette, mais à laquelle l'espace me contraint, suffisent pourtant à démontrer que les pays de droit écrit n'étaient pas eux-mêmes dépourvus d'institutions coutumières et que les chartes de commune, les statuts municipaux, les usages locaux constituaient dans ces contrées où la législation romaine semblait régner en souveraine unique, autant de lois particulières, qui étaient, selon l'expression d'un commentateur, des *retranchements* ou des exceptions, des dérogations apportées par les mœurs au droit commun, et dont l'autorité ne différait pas, dans l'application, de celle des coutumes que nous allons désormais étudier comme la loi générale, nationale du nord de la France.

§ 2. *Pays de droit coutumier*

En 1699, deux jurisconsultes, l'un originaire de Moulins, Claude Berroyer, et l'autre de Paris, Eusèbe de Laurière, conçurent le projet de réunir dans une nouvelle et vaste compilation toutes les coutumes, rédigées par écrit, qui avaient eu ou qui avaient encore à leur époque force de loi dans le royaume, et ils publièrent, comme une préface à ce recueil, une liste historique des coutumiers généraux déjà livrés à la publicité depuis l'année 1517, avec celle de tous les statuts ou usages locaux, imprimés de leur temps et dont ils avaient pu se procurer la connaissance. Leur projet fut réalisé quelques années après, en 1724, par Bourdot de Richebourg, qui rassembla en 4 vol. in-fol. les coutumes encore en vigueur à son époque. Cependant cet auteur négligea un grand nombre de coutumiers des XIIe, XIIIe et XIVe siècles, qui n'étaient pas encore publiés, et dont plusieurs sont, même de nos jours, restés inédits. On ne saurait donc reprocher au droit français d'avoir été stérile, et il est en effet aujourd'hui à peu près impossible de donner une liste complète de toutes ces lois, générales ou locales, dont, grâce aux recherches des érudits, le nombre s'accroît presque chaque année encore. Il suffira d'indiquer les 52 coutumes générales qui se partageaient la France coutumière proprement dite, ou tout au moins de désigner les pays auxquels elles s'appliquaient, en citant seulement ceux des usages particuliers qui prenaient aussi le nom de coutumes, mais qui n'étaient pourtant que des dérogations en quelque sorte accidentelles à ces lois d'une application plus large et plus étendue. A cet égard, la France coutumière peut se diviser en quatre régions, celles du Nord, de l'Est, de l'Ouest et du Centre ou du milieu.

1° *Région du Nord.* — Au Nord, dans la Flandre Wallonne, nous rencontrons d'abord la coutume générale du

bailliage et de la châtellenie de Lille, qu'il faut distinguer
de celle de la ville et de l'échevinage de ce nom, et autour
de laquelle se groupent une foule de petites coutumes
locales, dont l'empire s'étend jusqu'au delà de la ville de
Gand. Puis les coutumes générales de Tournay, de Douai,
auxquelles se rattachent celles d'Orchies, de Cassel, de
Bourbourg, de Bergues ; les coutumes de Mons et de Valenciennes qui se partagent le Hainaut, et qui se suppléent
par le droit écrit et les usages voisins ; celle de Cambrai,
qui s'applique à un petit triangle compris entre Douai,
Landrecies et Péronne ; les cinq coutumes de Péronne,
d'Amiens, de Ponthieu, du Boulenais et de Calais, qui
régissent la Picardie ; puis, entre Boulogne et Cambrai, la
coutume générale de l'Artois, l'une des plus complètes du
moyen-âge, avec les coutumes locales d'Arras, de Saint-
Pol, de Saint-Vaast, de Saint-Omer, de Villiers-Châtel et
de Bapaume. Entre Péronne et le bailliage de Vermandois,
se trouve enclavé le petit territoire des coutumes des bailliage et prévôté de Chauny, qui est réputé faire partie
de l'Ile de France. Quant au Vermandois, dont le chef-lieu
est à Laon, il possède aussi une coutume générale, avec
quatre coutumes locales, celles de Noyon, de Saint-Quentin,
de Ribemont et de Couci. Un peu au-dessous, à l'ouest, les
bailliage et comté de Clermont obéissent à la coutume du
Beauvoisis ; les bailliage et duché de Valois ont aussi leur
coutume qui s'étend à un petit nombre de châtellenies,
et celle de Senlis englobe , avec le bailliage de ce nom,
une partie du Beauvoisis et du Vexin français.

2° *Région de l'Est.* — En partant de la frontière belge
actuelle, c'est-à-dire de celle du Luxembourg, et en descendant du duché de Bouillon et de la principauté souveraine de Sedan, qui ont l'un et l'autre des coutumes, nous
entrons sur ce qu'on appelait les terres d'Empire, qui ne
sont devenues terres françaises que bien postérieurement
au xv° siècle, et nous mettons le pied d'abord dans les trois

évêchés, Metz, Toul et Verdun, dont le territoire est régi par cinq coutumes différentes, parmi lesquelles celle de Metz fait exception au droit coutumier du Nord en reconnaissant la maxime : *nul seigneur sans titre*, et en n'admettant la communauté conjugale qu'en cas de stipulation expresse. Entre Verdun et Metz au Nord, Vitry et Commercy au Sud, s'étend le Barrois, dont une partie se gouverne par la coutume du bailliage de Saint-Mihiel, et l'autre par celle de Sens. La Lorraine, également indépendante à la même époque de la couronne de France, a trois coutumes, celle de Lorraine, rédigée en 1594 seulement, mais sur les anciens usages attestés par les Etats généraux de la province, celle du bailliage d'Epinal, et celle du comté de Clermont-en-Argonne, outre la coutume locale de la petite ville de Marsal. Enfin, plus à l'Ouest encore, l'Alsace, morcelée en une multitude d'états indépendants dont chacun a ses usages particuliers, est gouvernée par le droit national et commun du pays, c'est-à-dire par le Miroir de Souabe et par les Constitutions du Saint-Empire germanique, subsidiairement complétés par le droit romain, car celui-ci n'y eut jamais la précellence sur la coutume. Il serait inutile de donner la liste de tous ces statuts locaux, dont le texte écrit était suppléé, en cas d'insuffisance ou d'obscurité, par la tradition non écrite, constante, immémoriale, attestée par des enquêtes. Il me suffira de citer ceux de Strasbourg et les coutumes de la Haute-Alsace, dites de Ferrette, rédigées au xvie siècle, mais dont les dispositions profondément germaniques attestent l'antiquité.

Le droit coutumier d'Alsace est un droit presque entièrement étranger à celui de France. Le principe de la masculinité y domine le régime des fiefs, sauf pour ceux qui sont acquis moyennant finance et pour les fiefs *oblats* ou de *reprise*. La représentation est admise à l'infini en ligne directe dans la succession féodale et lorsqu'il ne reste comme successible qu'un ascendant, la terre noble retourne au suzerain. Le fief est inaliénable et insaisissable par les créanciers de son possesseur. Le retrait lignager n'a lieu que dans certaines localités ; on ne reconnaît point la distinction établie en France entre les biens paternels et les biens maternels, les propres et les acquêts. Aucune restriction n'est apportée aux avantages entre époux dans l'intérêt des familles : les conjoints peuvent admettre ou exclure le droit de dévolution, en vertu duquel, quand il n'existe point de convention spéciale, les enfants recueillent tous les immeubles de leur père ou de leur mère prédécédé, à la charge de respecter l'usufruit attribué au survivant, qui a la propriété de la totalité des meubles, mais sous la réserve de payer les dettes mobilières et de doter les enfants au moment de leur mariage. Les père et mère succèdent à leurs descendants morts *ab intestat* et sans postérité. Au décès du chef de famille, la maison paternelle échoit au plus jeune des fils ou, s'il n'y en a pas, à la fille cadette, qui est présumée n'avoir pu s'établir au dehors. Enfin, lors de la dissolution de la communauté, le mari a droit aux deux tiers des biens communs, et la femme ou ses représentants à un tiers, conformément à la tradition germanique.

En revenant sur nos pas dans l'intérieur de la France, nous rencontrons à l'ouest de la Lorraine et du Barrois une grande province qui ne possède pas de coutume générale, mais dont les habitants obéissent à plusieurs coutumes particulières, qui, par l'étendue des contrées auxquelles elles s'appliquent, méritent cependant, plus que beaucoup d'autres, l'épithète de générales. Ce sont d'abord les coutumes de Reims, qui embrassent tout le pays situé depuis le territoire de la coutume de Laon jusqu'à la Meuse et même au-delà; celle de Châlons-sur-Marne et celle de Vitry, dont l'empire s'étend de Château-Thierry à Sainte-Menehould, Epernay, Commercy et Châtillon-sur-Marne ; celle de Troyes, dont le territoire, coupé en deux parties par la coutume de Sens, va d'Arcis-sur-Aube aux portes de Tonnerre, et celle du Bassigny, qui comprend Chaumont, Vassy, Bar-sur-Aube, Brienne, jusque près de Langres.

Au-dessous, dans la direction de l'Est, sont deux autres grandes provinces, qui méritent d'être classées parmi les pays coutumiers, quoiqu'elles admettent également, en certaines matières, surtout à titre supplétif, l'autorité du droit écrit, le duché et la comté de Bourgogne, dont les extrémités inférieures touchent au Mâconnais et à la Bresse, régis par la loi romaine. Ces deux provinces possèdent l'une et l'autre leurs coutumes générales, qui ont plus d'un point de contact entre elles.

3° *Région de l'Ouest.* — Les ressorts des deux parlements de Rouen et de Rennes, c'est-à-dire la Normandie et la Bretagne, ne sont régis que par deux coutumes générales, la normande et la bretonne. La première d'entre elles, qui dérive à la fois du droit neustrien, du droit scandinave et du droit anglo-normand, date, dans sa forme primitive, du XIII° siècle. Mais il existe plusieurs usances locales, qui dérogent à ces deux grands coutumiers. Telles sont, en Normandie, celle de Caux, qui embrasse tout le bailliage de ce nom, celles de Jumièges, de Gisors, de Caen, de Bayeux et de Falaise, d'Alençon et du comté d'Eu, et, en Bretagne, les usances de Rennes, de Vannes, de Nantes, de la vicomté de Rohan, de Vitré et de Saint-Malo.

Les coutumes générales du Maine et de l'Anjou, dont M. Beautemps-Beaupré publie en ce moment les anciens styles, ne gouvernent guère un territoire moins étendu. Celle du bailliage de Touraine confine aux pays régis par la coutume de Blois, à l'Orléanais, et s'étend sur une partie du Berry, le long de la rivière d'Indre, en laissant de côté un petit canton, enclavé entre la Touraine, l'Anjou et le Poitou, la ville de Loudun, qui possède également sa coutume. Le Poitou tout entier ne reconnaît qu'une coutume générale, qu'il faut distinguer d'autres plus récentes, car elles n'ont été rédigées pour la première fois qu'en 1514, je veux parler de celles de l'Angoumois, de la Rochelle et de la sénéchaussée de Saintonge, dont le siège est à Saint-Jean-d'Angély, mais qui s'arrête à la Charente. C'est la limite du droit coutumier qui, dans l'Angoumois surtout, a conservé un caractère très féodal, malgré l'influence du jurisconsulte Jean Faber, dont les œuvres avaient, dès le xive siècle, introduit dans la jurisprudence d'en deçà la Charente l'esprit du droit romain, étudié avec amour par lui à l'Université de Montpellier. Au-delà du fleuve, nous entrons dans le domaine du droit écrit.

4° *Région du centre.* — La région du milieu est la plus riche en coutumes, surtout en coutumes locales. C'est d'abord, au-dessous de celle de Senlis, la coutume des prévôté et vicomté de Paris, qui ne s'applique, à l'origine, que dans un rayon de six lieues autour de la capitale, et qui, au commencement du xve siècle, n'embrassait que quatre châtellenies, Gonesse, Montlhéry, Corbeil et Poissy. Mantes et Montfort-l'Amaury avaient leurs coutumes locales; Melun avait aussi la sienne. Mais la coutume de Paris grandira bientôt et, comme elle se rapproche beaucoup par son esprit de ses voisines, elle ne tardera point à prendre la prépondérance, à être considérée comme la vraie coutume française, ainsi que le disait par anticipation un contrat de 1256 qui figure au cartulaire de Morigny, sur le territoire d'Etampes, *ad usus consuetudinis Franciæ, seu Parisius.* Autour d'elle gravitent plusieurs coutumes locales, à Dreux, à Châteauneuf, à Dourdan, à Chartres, à Meaux. Derrière cette ceinture plus ou moins étroite, se trouve un second anneau plus épais et plus large, qui est formé par les coutumes des comté et bailliage du Grand-Perche, comprenant Mortagne, Mollène et Nogent-le-Rotrou, celle du Perche-Gouet ou des cinq baronnies, celle de Blois qui s'étend dans le Vendômois, le Blaisois, la Sologne, et même jusque dans le Berry; celle d'Orléans, anciennement appelée royale coutume de Lorris, parce qu'elle a été rédigée dans la châtellenie de ce nom vers 1330, quoique nous ne possédions que la rédaction faite en 1493, en vertu de l'édit de Charles VII; celle de Montargis, qui confine aux territoires de Sens, d'Auxerre, de Bourges, ou au moins de Vierzon; enfin les coutumes de Sens et d'Auxerre, qui touchent au Nivernais d'un côté, à la Bourgogne et à la Champagne de l'autre. Nevers a aussi sa coutume, rédigée seulement en 1490, et appliquée des limites du Berry et du Bourbonnais jusqu'à Clamecy inclusivement au Nord. Cette coutume, qui tient à la fois de celles du Berry, de Bourgogne et de Paris, doit surtout sa célébrité à son commentateur Guy Coquille, dont les observations sont plus originales que le texte révisé sur lequel il a exercé sa science perspicace et ingénieuse.

Le Berry possède également un vieux coutumier, compilé au commencement du xiv⁰ siècle, et d'anciens usages suivis dans la ville et *septaine* (1) de Bourges, une cité libre, dont tous les habitants sont francs et de franche condition, tandis que le servage et la mainmorte dominent dans le reste de la contrée et dans les provinces voisines, quoique la maxime *nul seigneur sans titre* soit la règle fondamentale du droit du Berry, du Bourbonnais, du Nivernais et de l'Auvergne.

Au sud du Berry, nous rencontrons trois grandes coutumes, mais d'origine plus récente, car pendant longtemps les contrées auxquelles elles s'appliquaient avaient

(1) *Septaine* vient de *septum*, enceinte, banlieue Faut-il croire, avec Laurière, que la banlieue de Bourges mesurait 7.000 pas ? C'est un peu douteux. (*Glossaire* de Laurière, v⁰ *Septaine*, p. 358).

suivi, en grande partie du moins, la loi bérichonne : ce
sont les coutumes du Bourbonnais, qui s'étendent sur tout
le duché de ce nom, et qui ont été illustrées par les notes
de Dumoulin ; celle de l'Auvergne, sur laquelle se greffent
une multitude d'usages locaux, dont le commentateur
Chabrol a donné la nomenclature, et celle de la Marche,
la plus jeune de toutes, puisqu'elle date de 1521, mais
qui a conservé de nombreuses traces des règles et des formules anciennement adoptées dans la contrée, comme le
droit coutumier de l'Auvergne, compilé en 1510 par le
chancelier du Prat, avait lui-même largement puisé dans
la pratique de Masüer, source unique de la jurisprudence
locale au xv° siècle. Cette coutume ne s'étend d'ailleurs
qu'à la Haute-Marche, à la Marche du Limousin, car la
Basse-Marche est en partie pays de droit écrit et en partie
soumise aux coutumes générales du Poitou.

CHAPITRE III

INSTITUTIONS FÉODALES DU XIIIe AU XVIe SIÈCLES

Pour étudier les institutions juridiques de la seconde
période du droit coutumier, jusqu'à la rédaction officielle
des coutumes, il faut distinguer le droit féodal du droit
purement civil, du droit qui s'applique aux choses et aux
personnes roturières.

§ 1. *Le fief.*

Les biens immeubles se divisent encore à ce moment,
quant à la manière dont ils sont tenus, en biens féodaux,
en biens censuels et en alleux.

La maxime : *Nulle terre sans seigneur* est toujours la
maxime fondamentale du droit féodal, en ce sens que la

présomption n'a pas cessé d'exister en faveur du seigneur, comme au temps de Beaumanoir. Mais cette présomption commence à n'être plus aussi absolue, et peut être détruite par un titre contraire. L'art. 124 de la *Coutume de Paris* dit, il est vrai, que « le droict de cens ne se prescrit par le détempteur de l'héritage contre le seigneur censier, encore qu'il y ait cent ans, *quand il y a titre ancien, ou recognoissance faite dudit cens.* » Mais par ces derniers mots il indique que le seigneur doit produire son titre et justifier de l'aveu fait par le possesseur de l'héritage accensé. C'est supposer deux choses : l'une que toutes les tenures en censive étaient prouvées par des actes, et, de fait, on ne rencontre pas, depuis cette époque, un seul exemple d'un seigneur réclamant un cens sans être muni d'un titre ; l'autre, qu'il pouvait exister des terres tenues en franc-alleu, et la même coutume nous apprend qu'il en existait en effet dans les pays placés sous son empire, puisque son art. 68 déclare que « le franc-alleu auquel y a justice, censive ou fief mouvant de luy, se partit comme fief noble. » Seulement, pour tenir une terre allodiale, un titre était nécessaire. En Bretagne cependant, l'alleu demeure toujours proscrit en vertu de cette règle : « *Nul ne peut tenir terre en Bretagne sans seigneur.* »

Quant aux fiefs, bien que le service du vassal se réduise désormais, sauf l'appel extraordinaire de l'arrière-ban, à la foi et à l'hommage, ces fiefs sont restés, à peu de chose près, ce qu'ils étaient aux XIIe et XIIIe siècles.

On continue à distinguer différentes espèces de fiefs : les fiefs corporels et les fiefs incorporels ou *fiefs en l'air*, qui ne consistent qu'en un simple droit tenu à foi et à hommage, mais dont peuvent relever des arrière-fiefs ou des terres tenues à cens ; les fiefs de dignité et les fiefs inférieurs ; les fiefs simples et les fiefs liges ; enfin les fiefs *de danger*.

Les fiefs de dignité sont les duchés, comtés, marquisats,

baronnies, les fiefs de *haubert* ou de chevalerie, dans les provinces normandes les sergenteries, c'est-à-dire des fiefs anciens qui relèvent immédiatement du prince. Pour toutes ces terres, la règle générale est que le fief est indivisible. Ainsi, en Bretagne et en Normandie, les deux provinces les plus féodales du royaume, le principe de l'indivisibilité se joint à celui de la masculinité et au droit d'aînesse pour conserver au fief de dignité ce caractère exclusif que lui avait donné la féodalité militaire: l'aîné des fils du comte ou du baron recueille le comté tout entier ou la baronnie toute entière, sauf récompense à ses frères en argent ou en autres héritages. Tandis qu'en Bourgogne, par exemple, les fiefs, quels qu'ils soient, se partagent également entre les enfants, en vertu ou plutôt en mémoire de l'ancienne loi romaine des Burgondes, dans la Bretagne, où l'égalité celtique de ce partage, sans privilège de sexe, s'était perpétuée sans obstacle jusqu'en 1185, on distingue depuis cette date la succession des grands fiefs de dignité, de la succession des fiefs inférieurs, distinction maintenue jusqu'aux temps modernes. On va même plus loin au moment de la réforme de la coutume en 1580, et le droit d'aînesse paraît alors si favorable à la noblesse, qu'on l'applique aux menues terres inféodées, en abandonnant, comme par dédain, le principe de l'égalité aux successions roturières. De même, en Normandie, l'indivisibilité des grands fiefs, consacrée par le *livre de l'Echiquier* et par le *Grand Coutumier*, s'étend avec les années aux simples *vavassories*, aux fiefs ordinaires et aux tènements roturiers, et dans cette province, l'égalité du partage n'est observée que pour les biens de *bourgage*, qui formaient une classe intermédiaire entre le fief et l'alleu. Dans la Flandre française et le Brabant, où les traditions germaniques ont également conservé un grand empire, le principe de masculinité domine encore dans les fiefs, en ce sens que la fille aînée ne peut les re-

cueillir qu'à défaut d'*hoirs mâles de corps*, mais la cinquième partie, le *quint*, est distraite de la terre attribuée
au fils aîné au profit de ses frères puînés et de ses sœurs,
et les mêmes traditions font exclure la représentation
comme en Artois, en Picardie, dans le Ponthieu et à Boulogne.

Le fief *simple* est encore, comme à l'origine du système
féodal, celui qui est simplement tenu à foi et à hommage
tant que le vassal reste détenteur de la terre inféodée.

Le fief *lige* est celui qui oblige personnellement le
vassal à servir son seigneur pendant toute sa vie, envers
et contre tous. Mais il se restreint de plus en plus et l'on
tend à admettre que l'hommage-lige ne peut être rendu
qu'au souverain. Toutefois, en Bretagne, il reste très
usité, et maintient le vassal dans la dépendance exclusive
de son seigneur.

On appelle aussi fief *simple*, par opposition au fief de
danger, celui qui, à défaut de foi et hommage ou de paiement des droits féodaux, n'est sujet qu'à la saisie féodale,
tandis que, pour le fief de *danger*, le vassal qui ne rend
pas l'hommage et ne reçoit pas ainsi l'investiture voit sa
terre tomber en commise. La commise se distinguait
donc de la saisie féodale, en ce qu'elle était la révocation
absolue du fief en faveur du seigneur dominant, tandis
que la saisie donnait seulement lieu à la perception des
fruits par le seigneur. Si celui-ci ne les recueillait pas,
ils demeuraient au vassal, malgré la saisie, ce qu'on
exprimait par cette maxime : *Quand le seigneur dort, le
vassal veille ; quand le seigneur veille, le vassal dort* (1). La
commise n'avait lieu que pour cause de félonie ou de
désaveu du seigneur par le vassal. La saisie au contraire
était pratiquée lorsque le vassal avait omis d'opérer le

(1) Pasquier, *Recherches de la France*, liv. viii, ch. 25 ; Dumoulin, *in antiq. consuet. paris.*, § 43 ; d'Argentré, p. 1448 et suiv.

dénombrement ou d'acquitter les droits seigneuriaux. Mais, dans le premier cas, elle n'autorisait pas le seigneur à faire les fruits siens ou à exploiter le fonds comme dans le second. Elle lui permettait seulement d'y placer des gardiens dont il était responsable vis-à-vis son vassal. Cette saisie devait être renouvelée au bout de trois ans, à peine de forclusion, si les causes qui l'avaient provoquée existaient encore (1). Il est à peine besoin d'ajouter que le seigneur devait jouir, en bon père de famille, de l'héritage saisi par lui féodalement, *secundum consuetudinem regionis, conditionem et qualitatem rei et destinationem patris familias*. Jusqu'au temps de Dumoulin, on estimait qu'il ne pouvait opérer de saisie avant « d'être entré lui-même en foi », c'est-à-dire avant l'hommage qui seul conférait l'investiture au vassal. Mais cette règle disparut de la plupart des coutumes au moment de leur rédaction, et l'on admit que le silence du seigneur dominant était un consentement tacite à ce que le vassal exerçât les droits du fief, jusqu'à ce qu'il en eût rempli les obligations (2).

Dans la première période du droit féodal, les formalités de la foi et de l'hommage étaient rigoureuses et devaient être minutieusement accomplies. Mais au XV° et surtout au XVI° siècles, les mœurs se montrent moins exigeantes pour ces cérémonies, et, si la coutume de Paris veut encore que le vassal s'agenouille, nû-tête et sans éperons, devant son seigneur, d'autres, comme celle d'Orléans, ne lui imposent plus cette attitude humiliante, symbole frappant de sa dépendance, qui disparaîtra même plus tard, dans la pratique, de l'usage féodal,

---

(1) Sur les formes de la saisie féodale, v. La Thaumassière, *sur la cout. de Lorris*, p. 525, 527 ; Loyseau, *des Seigneuries*, ch. XI, n. 45.

(2) La Thaumassière, *Sur la coutume de Lorris*, p. 907 ; Coquille, *sur Nivernais*, p. 83, 85 93 ; Dumoulin, *sur cout. de Paris*, art 42, § 27 ; d'Argentré, p. 1475 ; La Lande, *sur Orléans*, art. 24.

lorsque l'hommage consistera dans un simple procès-
verbal dressé par un homme d'affaires (1).

De même, le consentement du seigneur cesse d'être
une condition préalable du mariage de la vassale ; nul
ne songe plus à la contraindre comme auparavant à prendre un époux.

Le droit féodal primitif avait posé une autre règle non
moins impérieuse, et qui dérivait de l'essence même du
fief. C'est que celui-ci ne pouvait être démembré sans le
consentement du seigneur. Ainsi que nous l'avons vu
déjà, cette règle était la conséquence du principe admis
à l'origine dans les contrées où la féodalité militaire s'était
établie en maitresse, et qui interdisait au vassal, en dispo-
sant de la chose inféodée sans l'assentiment de son suzerain, de faire passer sur une autre tête les charges ou les
services du fief. Mais, depuis que ce fief est devenu la
propriété incommutable de son possesseur, depuis qu'il
peut être vendu, engagé, aliéné par lui en tout ou en partie sans l'aveu seigneurial, il est facile de comprendre
que la prohibition absolue du démembrement a dû fléchir, et que la jurisprudence y a apporté de nombreux
tempéraments. Si la coutume de Paris continue à dire
que le vassal ne peut démembrer son fief au préjudice et
sans le consentement de son seigneur, elle n'entend point
parler de l'héritage lui-même, mais seulement du titre de

---

(1) Elle n'avait cependant point disparu partout, même au
XVIIe siècle. On lit, par exemple, dans un acte de prestation de foi
et hommage, dressé le 21 août 1641, pour la terre de la Tour-de-
Vers, mouvante du marquisat de Sennecey, en Bourgogne, que le
procureur du vassal, Nicolas Perreney, ôta son épée et ses éperons
et mit un genou en terre avant de rendre hommage au seigneur,
en la personne de son châtelain et principal officier. De plus, il
baisa les chaines du pont-levis du château de Sennecey en signe de
foi et hommage et de l'accomplissement du devoir « féodoal. » —
Dans la même terre de Sennecey-le-Grand, tous les ans, la veille
de la Saint-Julien, suivant la coutume du terrier, la population
s'assemblait sur le pont du château et rendait hommage au seigneur. Chaque défaillant était condamné à 7 sols d'amende.

fief lui-même, de la foi. La terre pourra se partager, le vassal aura la faculté d'en distraire une partie par une vente ou autrement, mais à la condition que cette fraction détachée ne formera point un fief séparé, et qu'elle continuera de relever du même seigneur, comme si elle n'avait pas été vendue. En un mot, malgré l'aliénation, l'ancien fief doit demeurer ce qu'il était auparavant. Dans ce cas, le démembrement peut s'effectuer sans le consentement du seigneur. Cette autorisation n'est indispensable que lorsque la portion démembrée passe entre les mains de son nouveau possesseur à titre de fief distinct, et qu'elle relève ainsi soit du même seigneur dominant, soit à plus forte raison d'un autre.

Un certain nombre de coutumes vont même plus loin et permettent au vassal de *se jouer* de son fief sans le consentement de son suzerain, c'est à-dire de l'aliéner dans une proportion variable, deux tiers à Paris, un tiers en Anjou, dans le Maine et la Touraine (1), mais en retenant sa foi ou, en d'autres termes, en demeurant chargé des devoirs féodaux pour la totalité du fief. Il demeure, en ce cas, toujours l'homme de son seigneur, même pour la terre aliénée, et se réserve sur celle-ci un droit domanial et seigneurial, qui ne permet pas à l'acquéreur de se dire son covassal, mais seulement son tenancier.

Par la même raison, le consentement du seigneur dominant n'est pas exigé pour la *réunion* des fiefs, pour le retour au fonds dominant des héritages tenus en fief ou en censive qui en avaient été démembrés. Ainsi le possesseur d'un fief peut réunir à son fief un héritage qu'il acquiert en sa censive sans l'aveu du seigneur. De même, le propriétaire d'une terre accensée qui achète le fief dont dépen-

---

(1) D'après l'ancienne coutume de Paris et celle d'Orléans, le jeu de fief était permis, même pour la totalité des héritages tenus en fief. (Pothier, *Traité des fiefs*, ch. vii, art. 2; Loysel, *Institutes coutumières*, liv. iv, tit. III 40 et suiv).

dait cette terre les réunit tous les deux de plein droit, sans
être contraint de solliciter l'autorisation du seigneur domi·
nant. Par suite, lorsqu'une roture tombe dans la communauté, pendant la durée de celle-ci, elle se confond, *ipso
facto*, avec le fief possédé par le mari, pourvu qu'il y ait
un titre translatif de propriété.

Les droits et profits seigneuriaux sont à peu près dans
la seconde période du droit coutumier et féodal ce qu'ils
étaient dans la première. Cependant la *taille de haut en
bas*, la *taille à miséricorde*, celle qui frappait les mainmortables à la volonté du seigneur, a presque complètement
disparu, et les historiens qui succèdent à Froissart ne
peuvent plus admirer, comme lui, la bonne fortune et la
« grande chevance » des seigneurs de leur temps, « qui
taillent leur peuple à volonté, » tandis qu'autrefois, dit-il,
ils n'osoient fors de leurs rentes et revenus. » Mais les
loyaux aides subsistent sinon en cas de chevalerie et de
voyage en Terre-Sainte, car les croisades sont depuis
longtemps finies et la qualité de chevalerie ne se confère
presque plus, au moins en cas de mariage de la fille
aînée (1), et pour payer la rançon du seigneur fait prisonnier au service du roi. Ces aides, qui n'ont pour fondement, d'après d'Argentré, que la courtoisie des sujets
et dont la quotité devrait, en conséquence, être abandonnée
à leur libre fixation, s'élèvent en général au double des
redevances dues par le fonds. Pourtant, certaines coutumes, comme celles du Maine et d'Anjou, en arrêtent le
maximun à 25 sols (2).

Les corvées qui atteignent non seulement les serfs,
mais aussi les hommes libres non nobles soumis au seigneur, et les nobles eux-mêmes, lorsqu'elles sont réelles,

---

(1) *Coutumes de Normandie*, art. 169 ; d'*Anjou*, art. 128, du *Maine*,
art. 138 ; de *Touraine*, art. 85. Celles de Bourgogne et de Bretagne
disent : *pour le mariage d'une fille seulement*.

(2) *Coul. d'Anjou*, art. 128 ; *Coul. du Maine*, art. 138.

c'est-à-dire lorsqu'elles affectent non la personne, mais
l'héritage (1), les corvées n'ont pas cessé d'être en usage,
mais les coutumes cherchent à en limiter le fardeau,
« quoique peine de vilain soit pour rien comptée, » lorsqu'elles sont abandonnées à la discrétion du seigneur.
Ainsi, celles d'Auvergne, du Bourbonnais, de la Marche et
de Paris n'autorisent pas celui-ci à en exiger plus de douze
par an, et de trois par mois, en diverses semaines (2).

Les droits de *quint*, dus en cas de mutation par vente
du fief, et les lods et ventes, perçus dans le même cas sur
l'héritage roturier ou vilain, demeurent également, par
le soin avec lequel ou les réglemente, les plus importants
et les plus productifs de tous les revenus seigneuriaux.
On sait qu'ils devaient leur origine à l'obligation imposée
au vassal de solliciter le consentement du seigneur à
l'aliénation de l'héritage tenu en fief ou à cens et de s'en
dévêtir entre ses mains quand il voulait s'en dessaisir.
Mais, comme tous les droits fiscaux, ils ont survécu à la
règle qui leur avait donné naissance, et se sont même
fortifiés depuis que les tenures sont devenues patrimoniales et librement disponibles. Ainsi, ils sont dus dès le
jour du contrat, et même lorsque la vente conditionnelle
vient à être résiliée par suite de l'événement de la condition. De là ce principe admis dans notre fiscalité moderne, qu'un droit perçu régulièrement n'est jamais res-
titué. Toutefois, le seigneur ne peut percevoir les lods et
ventes pour les partages et licitations entre cohéritiers et
autres communistes, ou « comparçonniers, » principe important que soutiendra énergiquement Dumoulin, et d'où
sortira l'art. 883 de notre code civil (3). C'est la première

---

(1) La Thaumassière. sur *Cout. du Berry*, partie I, ch. 12.

(2) *Cout. d'Auvergne*, tit. 25, art. 18; *Cout. de la Marche*, art. 134;
Cout. du Bourbonnais, art. 339; *Cout de Paris*, art. 71.

(3) La Thaumassière, sur l'art. 28, du tit. 6 de la *Coutume de
Berry* ; *Cout. de Paris*, art 80 ; d'Argentré, *de Laudimiis*, 9, 24 et 53.

application de la célèbre maxime que le partage est déclaratif et non translatif de propriété.

A côté des droits de quint et de lods et ventes se placent ceux de *relief* ou de *rachat* dus dans tous les cas de mutation autres que la vente et, d'après la plupart des coutumes, autres que la succession en ligne directe, car lorsqu'un enfant succède à son père, ou un père à son enfant, il semble qu'il n'y ait pas de mutation, *pater et filius una eademque persona censentur*. Il n'y a pas lieu à rachat ou à relief lorsque la femme accepte la communauté ou, en cas d'échange, lorsque les héritages échangés se trouvent sous une même tenure féodale; mais ce droit atteint jusqu'aux fiefs apportés en mariage par la femme, bien qu'elle n'en perde point la propriété, mais seulement l'administration confiée au mari, car il y a alors, à proprement parler, mutation de vassal. Cependant, parmi les coutumes qui admettent ainsi le seigneur à percevoir le droit de rachat sur le mariage, quelques-unes en affranchissent la femme dont le frère aurait rendu foi et hommage pour elle et serait par là devenu l'homme du seigneur à raison de son fief.

Le retrait féodal est également passé de l'ancien droit dans le droit coutumier secondaire, qui le transmettra à celui du XVIe siècle. Toutefois il n'existe pas dans quelques usages locaux du nord, comme à Lille et à Arras, et si, en général, il est primé par le retrait lignager, contrairement à la règle admise dans les provinces de droit écrit, il est certains lieux, tels que la Bretagne, où la féodalité militaire a jeté des racines si puissantes et étouffé avec tant d'énergie l'esprit de famille, que le retrait lignager a dû s'effacer complètement devant le droit de prélation du seigneur et s'appliquer seulement aux biens roturiers.

A la suite de ces droits à proprement parler juridiques, quoiqu'ils ne laissent pas d'être une source considérable de lucre pour le seigneur, il est inutile, il serait même presque impossible d'énumérer les autres droits, les servitudes réelles, les services fonciers que les coutumes accordaient au détenteur de fief sous le nom de *banalités*. Tous ces droits, qui constituent un privilège pour le seigneur, et par conséquent une prohibition pour le vilain, comme le droit de chasse, de pêche, de moulin, de pressoir, de colombier, de garenne, de clapier, de foire et de marché, le ban de vendange, le droit de faire son vin, de fouler ses draps, d'aiguiser ses outils à sa meule, etc., sont en général des réserves faites par le seigneur lors du premier accensement de ses terres; ce sont des droits conventionnels, reconnus par les coutumes moins comme des attributs inséparables de la seigneurie que comme des restrictions consenties à la liberté et d'ailleurs légitimées par une longue possession.

Enfin le seigneur continue, dans cette période, à jouir des droits de justice, lorsque le fief et la justice ne sont point séparés, car *fief, ressort et justice n'ont rien de commun*, dit la maxime coutumière, à laquelle il faut joindre cette autre : *la justice est patrimoniale*. Si le droit de juridiction est un droit patrimonial et héréditaire, il peut être cédé comme les autres biens, et détaché du fief, pourvu que le seigneur dominant y consente ou n'en souffre pas et que le cédant se borne à transmettre exclusivement ce qu'il possède lui-même (1). Par conséquent, un fief peut être dans la mouvance d'un seigneur et dans la justice d'un autre, et celui qui possède une terre noble avec une juridiction peut les tenir de deux suzerains différents. Quelques coutumes pourtant estiment qu'il n'y a pas de justice sans fief, ni de fief sans justice. Mais ces coutumes

---

(1) Bacquet, *des Droits de justice*, ch. VIII, nº 8 — Coquille, sur la *Coutume du Nivernais*, ch. I.

sont rares et pour ainsi dire isolées dans l'ouest, en Poitou, en Anjou, dans le Maine (1).

Aux xv° et xvi° siècles, les justices sont divisées en trois classes, les hautes, les moyennes et les basses, dont les attributions varient selon les contrées et les usages. Communément, le signe de la simple haute justice est le pilori à deux piliers; celui du châtelain en a trois, celui du baron quatre, celui du comte ou du marquis six, et celui du duc huit. Les épaves, biens vacants et terres sans propriétaire appartiennent de droit au haut justicier, ainsi qu'une portion du trésor trouvé dans son domaine, et qui se partage de la manière suivante : un tiers à l'inventeur, un tiers au propriétaire du fonds où le trésor a été rencontré et un tiers au seigneur haut justicier. La justice foncière, qu'admettaient certaines coutumes dans la première époque du droit féodal (2), a presque entièrement disparu dans la seconde. Cette justice autorisait le seigneur censier auquel le cens n'était pas payé, à frapper le censitaire d'une amende de cinq sols et à avoir un siège « d'une forme ou d'une table » pour recevoir ses redevances. Depuis l'abolition de cette juridiction spéciale, le seigneur censier qui n'a point de justice ne dispose que d'une action contre son débiteur récalcitrant.

Comme rémunération des frais de justice qui demeurent à leur charge, et dont ils doivent faire à l'avance, les seigneurs justiciers ont le produit des confiscations et des amendes prononcées par leurs juges, car ils n'ont plus, à l'époque où nous sommes parvenus, le droit de statuer eux-mêmes sur les causes de leurs justiciables (3).

---

(1) Loyseau, *des Seigneuries*, ch. IV, n°s 26, 27, et ch. XII, n° 48.

(2) *Cout. de Sens*, art. 20, 21, 22; *Cout. d'Auxerre*, art. 20, 21, 22; *Cout. de Chartres*, art. 3.

(3) Ordonnance de 1287.

§ 2. *La censive*

Comme nous l'avons vu, le cens est une redevance seigneuriale, mais une redevance qui frappe une terre essentiellement roturière. Si quelques coutumes reconnaissent des fiefs nobles et des fiefs roturiers ou ruraux (1), on ne saurait rencontrer nulle part au moyen-âge un domaine accensé qui possède le caractère de noblesse. Un gentilhomme pouvait sans doute détenir un héritage à cens, mais il ne lui communiquait pas sa qualité; bien mieux, il n'était lui-même, au regard du seigneur censier, qu'un simple censitaire, soumis aux mêmes charges que les autres.

Pour donner une terre à cens, il fallait jouir sur elle d'un droit de propriété qui renfermât une seigneurie honorifique. Ainsi le propriétaire d'un franc-alleu pouvait l'accenser, c'est-à-dire l'abandonner à charge d'une redevance, mais en s'en réservant la seigneurie directe, puisqu'il ne reconnaissait lui-même aucun seigneur.

De même, le détenteur d'un fief pouvait le donner à cens, parce que, s'il avait un seigneur dominant auquel la directe appartenait, cependant il était encore qualifié lui-même de seigneur du fief, il possédait sur celui-ci des droits honorifiques, dont la réserve à son profit constituait une supériorité sur la terre accensée.

Mais le possesseur d'un héritage soumis au cens n'avait pas la faculté de le transporter à autrui sous la même condition. Il pouvait le louer, le céder à charge d'une rente foncière, mais non l'accenser, parce qu'il ne pouvait retenir ni droit honorifique ni directe. C'est ce que la coutume d'Orléans exprimait par cette maxime: *cens sur cens n'a lieu* (2). Le droit coutumier et féodal de

---

(1) *Cout. d'Amiens*, art 225, 232; *Cout. du Nivernais*, ch. IV. art. 29.

(2) *Cout. d'Orléans*, art 122.

la période secondaire semble sur ce point s'être écarté du droit de l'époque de Beaumanoir (1), qui admettait un *surcens ou cens costier*. Au temps de Pothier, le surcens existe encore, mais ce n'est plus qu'une simple rente foncière, sujette à prescription.

Quoi qu'il en soit, l'usage de la censive se répandit de plus en plus dans les pays coutumiers, et comme d'ordinaire la redevance stipulée était très inférieure au produit net du sol, les coutumes se préoccupèrent d'assurer aux seigneurs des profits plus sérieux, et c'est ainsi que la plupart d'entre elles fixèrent au douzième du prix de vente le droit qu'ils pouvaient percevoir lors de la vente de l'héritage accensé.

Par la même raison, un autre contrat se multiplia à la même époque, quoiqu'il existât déjà au XIII° siècle, c'est le bail à rente foncière qui conférait au preneur la directe et le domaine utile à la seule condition du paiement d'une redevance. Ces rentes n'étaient pas divisibles comme le cens l'était lui-même sous l'empire de quelques coutumes, parce qu'elles étaient un véritable revenu pour les seigneurs, tandis que le cens ne constituait, à vrai dire, qu'une charge destinée à assurer la reconnaissance de la seigneurie.

CHAPITRE IV

INSTITUTIONS CIVILES DU XIII° AU XVI° SIÈCLES

§I. *Condition des personnes*

Aux xv° et xvi° siècles, la grande division des personnes en personnes libres et en personnes serviles subsiste encore, mais la seconde de ces classes s'est allégée des

---

(1) *Cout. du Beauvoisis*, ch. xxiv, 20.

serfs de corps, des serfs-servages, comme on les nommait en Bourgogne, et qui ont presque disparu de la surface de la France, à certaines exceptions près. La royauté
a donné le signal de cette disparition dès 1315, en affranchissant, moyennant finance, les serfs de son domaine,
« afin que le royaume puisse en vérité être appelé le royaume
des Francs, » et les seigneurs suivent son exemple (1).

Loysel dit : les hommes sont nobles ou roturiers et les
roturiers sont bourgeois ou vilains (2). Il faut entendre
par ce dernier terme ceux qui possèdent des héritages
tenus en *vilenage*, c'est-à-dire des terres chargées de
rentes, de cens, de champarts, et non les serfs. Ce sont
les habitants des campagnes que Loysel oppose ainsi aux
bourgeois ou aux citadins, mais ces habitants jouissent,
au point de vue de la liberté corporelle, de la même condition et de la même franchise. Les *mainmortables*, encore
nombreux, appartiennent à la classe servile, quoiqu'ils
possèdent une demi-liberté (3).

La bourgeoisie est la partie arrivée des roturiers. Le
droit de bourgeoisie peut s'acquérir de deux manières :
1° par la résidence dans une ville jouissant du droit de
commune pendant un an et jour ; 2° par aveu.

---

(1) Les exceptions ne laissent pourtant pas que d'être encore
assez nombreuses, surtout aux XIVᵉ et XVᵉ siècles, car on rencontre
à cette époque des chartes ou lettres d'affranchissement (V.
comme exemple, lettres de Charles VI, du 20 janv. 1381; *Choix de
pièces inédites*, publiées par M. Douët d'Arcq, 1864, t. II, p. 129).
Mais le fait important, c'est que ce ne sont plus désormais que
des exceptions.

(2) Loysel, *Institutes coutumières*, liv. I, 7 et 8.

(3) V. sur la condition des mainmortables, pendant cette période, les *Chartes de commune et d'affranchissement en Bourgogne*,
publiées par M. J. Garnier, 3 vol. in-4°, 1867-1877. — On lit
dans une charte accordée en 1420 aux habitants de Ciel (Saône-
et-Loire), par leur seigneur Humbert de Luyrieux, qu'il leur
« quitte la mainmorte et les restitue à pure ingénuité et franchise,
comme frans citiens de Rome, sauf à lui et à ses successeurs, tous
obsèques, révérences et obéissance, que liberté doit prester et porter à leur patron. »

On s'avoue *bourgeois du roi* en payant à son fisc un droit de jurée, moyennant lequel on devient justiciable des juges royaux, en défendant, dans toutes les causes personnelles, bien que l'on continue d'habiter la terre et le ressort de la justice d'un seigneur. Cependant cette faculté précieuse d'aveu n'appartient qu'aux roturiers qui résident en des lieux dont les seigneurs n'ont pas racheté les droits royaux, notamment celui de faire ainsi des bourgeois. Le *bourgeois du roi par aveu* était obligé de faire son aveu en forme et de prouver sa bourgeoisie par lettres.

On peut également devenir *bourgeois de parcours*, et cela verbalement, sans titre. Pour comprendre cette expression, il faut se rappeler que l'homme libre, mais non noble, qui s'établissait dans un lieu de servitude de corps, était autrefois acquis au seigneur de ce lieu en qualité de serf, soit dès le jour où il s'y installait, soit au bout d'un an et jour (1). Pour favoriser les relations et les transactions commerciales, plusieurs des contrées ainsi soumises à cette rude loi du servage, obtinrent de convenir ensemble que leurs habitants francs et non nobles pourraient désormais passer de l'une à l'autre, sans être dépouillés de leur liberté. On appela par suite *bourgeois de parcours* celui qui, arrivant dans une autre terre que celle où il jouissait du droit de bourgeoisie, s'avouait bourgeois du roi pour conserver sa franchise.

Il y a deux classes de nobles, les nobles de race et les nobles par anoblissement. Ces derniers reçoivent les privilèges de la noblesse soit par lettres ou chevalerie du prince, soit par l'exercice de fonctions ou d'offices élevés en dignité (2). « Nul ne se peut anoblir, dit Boutillier, sans l'autorité du Roy, en son royaume. A le Roy la cognoissance d'anoblir un homme,.... et ainsi fust-il fait

---

(1) Beaumanoir, *Cout. du Beauvoisis*, ch. XLV.
(2) Loyseau, *Des offices*, I, 110.

d'un bourgeois de Tournay, appelé Jacques Mouton, lequel fut anobly par le Roy, et avec ce fut licentié de porter harnas doré en tous ses estats et habits (1). » Mais la noblesse de dignité est encore le plus souvent viagère, si ce n'est pour les grands offices de la couronne, et elle ne devient transmissible aux héritiers que beaucoup plus tard pour les charges de judicature, par exemple pour celles de membres des parlements (2).

La qualité de noble se transmet dans la plupart des coutumes par le père ; cependant, en Champagne on admet la noblesse maternelle, avec cette maxime : *Ventre affranchit et anoblit*, maxime contestée, quoiqu'elle soit reconnue par les coutumes de Châlons, Vitry, Troyes, Chaumont, Sens et Langres, à l'exception de celle de Reims. Ce qu'il y a de certain, c'est que, d'après la coutume de Châlons-sur-Marne, la femme noble, veuve d'un roturier, et dont la noblesse était restée en suspens pendant la vie de son mari, la recouvrait avec tous ses avantages à la mort de celui-ci, en déclarant devant le juge compétent qu'elle entendait désormais vivre noblement. Par suite, la succession ne se partageait pas roturièrement, comme celle de la bourgeoise mariée à un gentilhomme (3). A Troyes, à Melun, à Mantes, à Clermont, à Troyes et à Vitry, la roturière veuve d'un noble jouissait du privilège de noblesse pendant toute sa viduité. Mais elle reprenait sa première condition en se remariant à un roturier (4).

---

(1) Boutillier, *Somme rurale*, liv. II, tit. 1. — Chantereau-Lefèvre, *Traité des fiefs* p. 171.

(2) Ces deux classes de nobles, dont la seconde aspire pourtant à se confondre avec la première, ont un dédain souverain l'une pour l'autre. Comme le dira plus tard Montesquieu, tel qu'on devrait mépriser parce qu'il n'est qu'un sot, ne l'est que parce qu'il est un homme de robe.

(3) V. sur ces questions le *Glossaire* de Laurière, v° *Noblesse de par les mères*.

(4) Sur la question de savoir si le fief anoblissait son possesseur, v. *supra*, p. 317 et suiv., 358.

La noblesse est imprescriptible : elle ne s'arrête pas, comme en Italie, aux petits enfants ; elle ne se perd ni par la pauvreté ni par le non usage, mais par l'effet d'une condamnation capitale ou par dérogeance. On entend par là l'exercice d'une charge ou d'une profession vile, ou d'un art mécanique. L'auteur du grand coutumier tenait qu'entre autres privilèges, le noble, étant sujet du roi, n'était justiciable, en cas de délit, que de la justice royale. Mais l'usage contraire prévalut et les nobles *levant et couchant* sur la terre d'un seigneur justicier demeurèrent le plus souvent sous sa juridiction pour toutes les affaires qui rentraient dans sa compétence (1).

§ 2. *Capacité personnelle*

« Droit de puissance paternelle n'a lieu, » dit Loysel dans ses *Institutes coutumières* (2). Il ne faudrait pas conclure de cette règle, d'origine germanique, et empruntée à l'art. 221 de la coutume de Senlis, rédigée en 1539, que soit dans le droit coutumier primitif, soit dans le droit coutumier secondaire, les enfants aient échappé, quel que fût leur âge, à l'autorité du père de famille. Nous nous en sommes déjà expliqué pour la période du xᵉ au xIIIᵉ siècles, et nous pouvons ajouter que, dans la suivante, rien n'a été modifié à cet égard. Mais l'émancipation devient plus usitée, et la jurisprudence du parlement de Paris devance notre code civil en reconnaissant qu'elle peut résulter, *ipso facto*, d'un mariage légitime. Il en est de même, en quelques lieux, de la prêtrise et de la demeure séparée.

Le droit de garde du père sur ses enfants cesse à leur majorité. Mais il y a deux sortes de majorité, la majorité féodale et la majorité coutumière. La première ne s'applique qu'aux droits et services féodaux ; la seconde s'étend

---

(1) Bacquet, *des droits de justice*, ch. vII et IX ; Loyseau, *des seigneuries*, ch. xIV, nᵒ 25. V. *supra*, p. 344.

(2) *Instit. cout.*, liv. I, tit. 1, nᵒ 37.

à toutes les autres matières, et l'âge qui les détermine est
différent. Tandis que le vassal devient majeur, quant à
son fief, de 18 à 21 ans pour les mâles, de 14 à 18 pour les
filles dans certaines coutumes (1), ou de 14 à 15 pour les
premiers et de 11 à 12 pour les secondes dans d'autres (2),
la minorité coutumière cesse presque partout à 25 ans,
comme en droit romain. Cependant l'usage admet dans
plusieurs contrées le mineur de 25 ans à jouir de ses biens,
à les administrer et à disposer de ses meubles, mais non
de ses immeubles, avant cette époque. Par exemple, à
Paris, à Châlons, en Normandie, il entre en possession
de ce droit à vingt ans. En Bretagne même, le roturier
peut être émancipé à 17.

Cet âge de 20 années pour les hommes, de 18 pour
les femmes est aussi généralement l'époque à laquelle on
obtient le droit de tester. Pourtant, en Normandie, dès la
seizième année, on peut disposer par testament du tiers
de ses meubles.

Il ne faut pas confondre la durée de la minorité avec
celle de la *garde noble* et de la *garde bourgeoise*, dont nous
avons parlé en examinant le droit de la première période
et que nous retrouvons presque sans changement dans la
seconde. Cette garde, qui s'ouvre au décès de l'un des
père et mère laissant des enfants mineurs, cesse quelquefois pour les nobles avant que les mineurs aient atteint
leur majorité, et pour les roturiers en général, à 14 ans
à l'égard des fils, à 12 en ce qui concerne les filles. Un
certain nombre de coutumes, comme celle de Mantes
(art. 285), n'admettent pas d'ailleurs la garde bourgeoise ;
ainsi, dans celle de Paris, elle n'est accordée qu'aux bourgeois de la capitale, et n'appartient qu'aux père et mère,

---

(1) Ile-de-France, Vermandois, Champagne, Normandie, Bretagne, Auvergne, Maine, Anjou, Bourbonnais, Touraine.

(2) Artois, Picardie, Bourgogne (duché), Berry, Nivernais et
une partie de la Champagne.

jamais aux ascendants. Il est inutile de revenir sur ce qui a été déjà dit au sujet de la garde noble et bourgeoise, dont les règles variaient à l'infini selon les lieux. Il convient seulement de remarquer que si elle avait été, à l'origine, instituée surtout dans l'intérêt du suzerain pour le fief et de la famille pour les biens roturiers, la pratique finit par la considérer comme créée dans celui du mineur, et tendit par conséquent à restreindre les avantages considérables qui en résultaient pour le gardien. Ainsi, dans la coutume de Paris rédigée en 1510, le second mariage du père ou de la mère investi de la garde fit cesser de plein droit cette garde et ses effets. L'existence d'un gardien n'excluait point d'ailleurs la nomination d'un tuteur, car la tutelle était toujours dative dans les pays de droit coutumier et était déférée par le juge du domicile du père du mineur, sur l'avis des parents de celui-ci (1).

§ 3. *Mariage*

De même que le père survivant a la garde de son enfant mineur, de même le mari a le *bail* de sa femme ; il relève les fiefs qui lui appartiennent, il administre ses biens, il exerce ses actions, il l'autorise à s'obliger, à ester en justice ; mais il ne peut aliéner ni hypothéquer ses immeubles sans son consentement (2). D'après certaines coutumes même, comme celles de Normandie, d'Artois, de Bar, de Clermont-en-Argonne, du Nivernais, l'autorisation maritale est nécessaire pour que l'épouse puisse tester. Cependant l'union conjugale l'a émancipée, et c'est là un privilège qu'elle ne partage pas toujours avec son mari, puisqu'en Normandie, dans le comté de Bourgogne, en

---

(1) *Cout. de Reims*, art. 328, 329 ; *Cout. d'Anjou*, art. 88 ; *du Maine*, art. 101 ; *de Chaumont*, art. 12 ; *d'Amiens*, art. 133 ; *de Vitry*, art. 64 ; *de Châlons*, art. 9 ; *du Bourbonnais*, art. 131 ; *de Péronne*, art. 232 ; *de Blois*, art. 7.

(2) *Cout. de Paris*, art. 226.

Auvergne, l'émancipation ne résulte pas de plein droit du mariage pour l'époux mineur, et que, dans le Bourbonnais, le père peut stipuler que son fils marié restera sous sa puissance jusqu'à sa majorité (1). Dans les coutumes d'Angoumois et du Poitou, le roturier est, il est vrai, émancipé par le mariage, mais à la condition d'habiter pendant un an et un jour une demeure séparée de celle de son père (2).

Par exception à la règle générale qui interdit à la femme mariée de contracter aucun engagement sans l'assentiment formel de son époux, celle-ci peut s'obliger seule pour tirer son mari de prison, pour doter son fils ou pour subvenir aux besoins du ménage commun ; marchande publique, elle peut traiter dans l'intérêt de son commerce ; elle peut également s'obliger pour la réparation d'un délit personnel. Si elle est séparée de biens, soit conventionnellement, c'est-à-dire par une stipulation de son contrat de mariage, dont l'usage commence à s'établir au XIV° siècle, soit judiciairement, par une sentence du juge, elle a la faculté de contracter sans l'autorisation conjugale, quoiqu'elle ne puisse aliéner ses immeubles ni les hypothéquer (3). Cependant elle pouvait les donner en dot à ses filles ou à ses fils en avancement d'hoirie. A côté de la séparation de biens, les coutumes reconnaissaient la *séparation d'habitation*, pour sévices et mauvais traitements, et qui équivalait à notre séparation de corps actuelle. Néanmoins, cette dernière séparation ne s'opposait point à ce que la femme acceptât la communauté, tandis que la séparation de biens seuls formait un obstacle insurmontable à cette acceptation. Si les époux séparés d'habitation se réunissaient, la communauté était rétablie comme si elle n'avait jamais été interrompue.

(1) *Cout. du Bourbonnais,* art. 166.
(2) *Cout. du Poitou,* art. 225, 276, 312, 314 ; *Cout. d'Angoumois,* art. 120.
(3) *Cout. de Montargis,* ch. 8, art. 6 ; *Cout. du Dunois,* art. 58.

Pendant longtemps, au témoignage de Loysel, l'usage admit la légitimité des épousailles contractées *par paroles de futur* et suivies de cohabitation. On entendait par là la promesse réciproquement échangée de se prendre pour époux et épouse. Mais cet usage, toujours repoussé par l'Eglise qui le condamna au concile de Trente, fut aboli par l'ordonnance de Blois (1), qui exigea la publication de bans. Aussi Loysel s'empresse-t-il d'ajouter : « Il faut que l'Eglise y passe. »

§ 4. *Communauté conjugale*

A l'exception de l'Auvergne, de la Haute-Marche et de la Normandie, toute la France coutumière reconnaît la communauté conjugale. C'est la règle générale du nord de notre pays qui fonde, par un souvenir manifeste de la tradition germanique, la société de l'homme et de la femme sur le mélange et la confusion de leurs biens. Il faut donc bien se garder de prendre à la lettre la disposition suivante de la coutume de Reims : « Homme et femme conjoints par mariage ne sont uns et communs en biens meubles et conquests immeubles faits durant et constant le mariage; ainsi le mari seul, sans l'advis et consentement de sa femme, en peut disposer comme et à qui bon lui semblera (2). » Cette disposition, qui est immédiatement après démentie par de nombreuses règles relatives à l'organisation de la communauté, n'a trait évidemment qu'au droit d'administration réservé à l'époux.

Cette communauté commence généralement le jour même de la célébration des noces (3). Cependant, dans le

---

(1) Art. 40 et 44.

(2) *Cout. de Reims*, art. 239.

(3) *Cout. de Paris*, art. 220; *Cout. de Dourdan*, art. 77; *du Valois*, art. 94; *de Laon*, art. 17; *de Châlons*, art. 19; *du Poitou*, art. 229; *de Saintonge*, art. 62, etc.

Maine, dans l'Anjou, dans le Grand-Perche, en Bretagne, à Loudun, à Chartres, elle ne prend cours qu'à partir d'un an et jour après la bénédiction nuptiale, mais avec effet rétroactif à cette date.

Elle s'établit de plein droit, sans stipulation expresse, en vertu de la coutume du lieu où le mariage est célébré et où le mari a son domicile. Mais une convention est nécessaire dans les pays où, comme en Auvergne, le droit romain a fait adopter le régime dotal, quoiqu'on y admette des dérogations particulières. Seule de toutes les provinces françaises, la Normandie repousse la communauté conjugale avec une telle énergie que sa coutume va jusqu'à interdire de la stipuler, et que son parlement invalide les contrats par lesquels, pour tourner la difficulté et adopter la communauté de biens, les parties déclarent se marier sous l'empire de la coutume de Paris. Les Normands n'accordent à la femme qu'une unique et chétive faveur : elle est héritière de plein droit pour un tiers dans les meubles de son mari, s'il y a des enfants issus du mariage, et pour moitié, s'il n'y en a point (1). C'est un souvenir direct des vieilles coutumes scandinaves. Lorsque le père de famille accordait sa fille à un jeune homme, il lui disait d'après la loi suédoise : « Je te donne ma fille pour épouse en toute honnêteté, pour dormir avec toi, pour tenir les clefs de tes serrures et pour posséder la *tierce* partie de tous les biens mobiliers que vous possédez maintenant et que vous posséderez dans l'avenir (2). » De plus, en Normandie, la femme a droit, après la dissolution du mariage, à la propriété de la moitié des biens acquis en bourgage, c'est à dire des biens tenus roturièrement dans les villes, bourgs et leur banlieue, et ce droit, elle le transmet à ses

(1) *Grand coutum. de Normandie*, art. 392.
(2) *Leges Suecorum Gothorumque*, lib. III, *de jure connubiali*, c. v, p. 83.

héritiers, si elle meurt la première (1). Par conséquent, à l'égard de ces derniers biens roturiers, malgré la prohibition de la société conjugale, elle possédait un véritable droit de communauté, qui dérivait sans doute des anciennes coutumes scandinaves, dans lesquelles on lit que les époux d'humble condition sont de plein droit communs pour les biens acquis : *ubi conjuges ab initio, quamvis egeni, facultates lucrati sunt, leges eorum bona in communione declarant* (2). Quant aux conquêts faits hors bourgage, la femme en a le tiers en usufruit, sauf dans le pays de Caux, où elle en a la moitié, et dans le bailliage de Gisors où on lui en accorde aussi la moitié en toute propriété. De plus, la femme normande peut renoncer à la succession de son mari, et reprend alors, outre ses biens dotaux, ses paraphernaux, c'est-à-dire tous les objets affectés à son usage personnel, pourvu que la valeur n'en excède pas le sixième des meubles (3). L'époux a la propriété de toutes les choses mobilières qui adviennent à l'épouse pendant l'union, à la charge d'en employer la moitié, si elles dépassent une certaine quotité, à l'achat de rentes ou d'héritages qui retiendront les nom, côté et ligne de sa femme (4). La coutume de Normandie était ainsi, au point de vue du régime conjugal, à la fois en dehors du droit coutumier et du droit écrit ; elle constituait une législation à part, l'une des plus originales de France.

La communauté adoptée par les autres coutumes comprend, outre les meubles, tous les acquêts immobiliers faits pendant le mariage, même les immeubles donnés entre vifs ou par testament à l'un des époux par tous autres qu'un ascendant, fiefs tombés en commise ou héritages confisqués par suite de l'exercice du droit de haute justice.

(1) *Cout. de Normandie*, art. 329.
(2) *Gragàs*, tit. XXII, t. I, p. 335.
(3) *Cout. de Normandie*, art. 394, 395.
(4) *Id.* art. 390.

Mais les propres ou les acquêts qui appartiennent à l'un des conjoints au moment de la célébration de l'union en sont exclus, à moins qu'ils ne soient l'objet d'une clause d'ameublissement. Ainsi, les biens échus à l'un des époux par succession directe ou collatérale, les biens légués ou donnés par un ascendant ne tombent pas dans la communauté, de même que les offices possédés par le mari au moment du mariage.

Le mari est le chef et seigneur de la communauté ; s'il n'a pas un droit de propriété sur les biens qui la composent, il peut néanmoins en disposer même par donation entre vifs, sans le concours de sa femme, pourvu que cette donation soit faite sans fraude.

A la dissolution de la communauté, la femme ou ses héritiers peuvent l'accepter ou la répudier, à la condition de faire un bon et loyal inventaire dans un délai variable, que les ordonnances fixeront plus tard à 40 jours. Bien que le droit de renonciation ait été réservé par quelques coutumes à la veuve noble seulement, la pratique tend désormais visiblement à l'étendre à la veuve roturière qui en jouira définitivement lors de la réforme de la coutume de Paris en 1580. Cette répudiation ne s'oppose pas, selon quelques coutumes, à ce qu'elle emporte une partie de ses vêtements et habits, de valeur et qualité moyenne (1), et dans le Nivernais, par une disposition que Bouhier qualifie d'exorbitante et de contraire au droit commun, elle autorise la femme qui renonce à se décharger des dettes même qu'elle a contractées avec son mari (2).

Une autre distinction qui résulte de la faveur accordée à la noblesse au moyen-âge, c'est qu'entre nobles le survivant a un préciput, il gagne tous les meubles, s'il

---

(1) *Cout. de Ponthieu*, art. 48 ; *de Laon*, art. 22, 27 ; *d'Amiens*, art. 101 ; *de Reims*, art. 242 ; *de Touraine*, art. 293, 307 ; *de Bar*, art. 80.

(2) *Cout. du Nivernais*, ch. XXIII, art. 24.

n'y a pas d'enfants, à la charge d'acquitter toutes les dettes (1). Dans le comté de Bourgogne, ce privilège n'appartient qu'au mari noble seulement, et dans le Valois, le survivant noble a de plus l'usufruit de moitié des conquêts échus aux héritiers du conjoint prédécédé. Le préciput est essentiellement coutumier. Dans certains pays de droit écrit cependant, on stipulait en faveur de la femme des gains de survie et, même dans le Lyonnais, on finit par les lui accorder sans convention expresse.

S'il n'y a pas eu inventaire, la communauté se poursuit entre le survivant et les enfants mineurs issus du mariage. C'est une seconde communauté que ne fait pas cesser le second mariage de l'époux, mais sur laquelle cette nouvelle union en greffe une troisième. Quelques coutumes, comme celles d'Orléans, du Poitou et d'Angoumois, n'admettent toutefois cette continuation de la société qu'entre roturiers, et d'autres, telles que celle du Bassigny, lorsque l'indivision a duré un an et jour. Les anciennes coutumes de Paris ne l'admettaient pas à l'origine, mais, dès le temps de Charles VI, au témoignage du grand coutumier, on voit paraître cet usage dans la capitale, par souvenir sans doute des « compaignies » que nous a décrites Beaumanoir. Ce qui semble le démontrer, c'est qu'une communauté tacite du même genre peut, d'après les coutumes de Champagne, d'Auxerre et du Berry, s'établir entre toutes personnes autres que des conjoints, pourvu qu'elles aient vécu *à pot commun* pendant un an et jour, et qu'elles soient roturières et majeures, disent les coutumes de Saintonge, d'Angoumois, du Poitou (2).

---

(1) *Cout. de Paris*, art. 238 ; *de Chaumont*, art. 6, 7 ; *de Berry*, viii, 13 ; *de Vitry*, art. 74 ; *de Sens*, art. 83 ; *de Mantes*, art. 131 ; *de Châlons*, art. 28

(2) *Cout. de Saintonge*, art. 58 ; *du Poitou*, art. 231 ; *d'Angoumois*, art. 42.

Je viens de parler du *préciput* ou du *gain de survie* qui modifiait jusqu'à un certain point le régime de la communauté conjugale. Une autre institution, d'un caractère plus large et plus libre, apparaît au XIVe siècle pour se substituer presque complètement dans l'usage au gain de survie, tel qu'il avait été reconnu par les *Etablissements de Saint-Louis*, institution qui s'applique non en vertu de la loi, mais en vertu de la volonté des époux, et qui est pourtant une institution coutumière, puisqu'elle a été sanctionnée par la coutume. C'est le *don mutuel*.

Bien que certains usages locaux autorisassent entre mari et femme toute espèce de donation entre vifs ou testamentaire, par exemple dans le Poitou, à Noyon, à Montfort, le droit coutumier n'admettait pas, en général, les avantages entre époux. Une seule libéralité était à peu près universellement permise, à raison de son caractère de réciprocité, c'était le don mutuel. On en trouve la première trace dans la *Somme rurale* de Boutillier, sous le nom de *revestissement*, dans les décisions de Jean des Mares et dans le *Grand Coutumier* de Charles VI. La coutume de Paris le consacre définitivement dans son art. 280 : « Homme et femme conjoints par mariage, estans en santé, peuvent et leur loist (est loisible) faire donation mutuelle l'un à l'autre, esgalement de tous les biens meubles et conquests immeubles, faits durant et constant leur mariage, et qui sont trouvés à eux appartenir et estre communs entre eux, à l'heure du trespas du premier mourant des dits conjoincts : pour en jouyr par le survivant d'iceux conjoincts sa vie durant seulement, en baillant par luy caution suffisante de restituer lesdits biens après son trespas : pourveu qu'il n'y ait enfans, soit des deux conjoints, ou de l'un d'eux, lors du décès du premier mourant. »

Ainsi, la donation mutuelle, dans le système de cette coutume, n'embrassait que les biens de communauté. Elle

reposait sur le principe de l'égalité absolue, égalité qui
eût été violée, si les propres avaient pu y être compris.
C'est pourquoi d'Argentré soutenait que la donation d'immeubles propres à l'un des époux était radicalement nulle.
Le don mutuel eût été également vicié par l'existence
d'enfants au moment du décès de l'un des époux. Il l'était
aussi, lorsqu'il était stipulé pendant la maladie de l'un
des conjoints, parce qu'en ce cas les chances de survie
ne se trouvaient plus égales. Enfin il ne devenait irrévocable qu'après avoir été insinué à la diligence de l'une
des parties, ou à celle d'un tiers en leur nom. Toutefois,
quand il était fait par testament, il pouvait être révoqué
par l'un des époux, à l'insu de l'autre. Le donataire devait,
en général, demander la délivrance du don aux héritiers
de l'époux prédécédé. Sa jouissance commençait quand il
avait donné suffisante caution.

§ 5. *Douaire*

Nous retrouvons dans la seconde période du droit coutumier le douaire tel qu'il était dans la première. Presque
partout, il consiste dans l'usufruit de la moitié des immeubles possédés par le mari au jour de la célébration
des noces, et de ceux qui lui sont advenus depuis par
succession en ligne directe. Cependant, dans la Normandie, la Bretagne, l'Anjou, le Poitou, le Maine, il continue à
n'être que l'usufruit du tiers, qu'il s'agisse de biens nobles
ou roturiers, tandis que dans la Touraine et le Loudunois,
entre roturiers, il peut s'élever jusqu'à la moitié. Dans l'Artois, au contraire, la proportion est renversée ; il porte sur
la moitié des fiefs et sur le tiers des immeubles de *vilenage*.
En Franche-Comté, le douaire noble est de la moitié des
héritages du mari, et le douaire bourgeois du tiers de la
dot apportée par la femme, par ce motif que la veuve
d'un gentilhomme doit avoir un plus ample revenu pour

soutenir le nom de son mari (1). Comme par le passé, on distingue le douaire coutumier du douaire préfix ou conventionnel, mais celui-ci ne doit point excéder celui-là et, s'il le dépasse, il y a lieu d'en réduire la quotité stipulée à celle qu'a fixée la coutume.

Lorsque les enfants, renonçant à la succession de leur père, déclarent s'en tenir au douaire de leur mère, ils recueillent celui-ci et le partagent également, parce qu'ils le reçoivent *jure contractus*, et non *jure successionis*. C'est ce que l'on entend par la règle : *en douaire n'y a droit d'ainesse* (2). Cependant, dans le Valois, en Normandie et à Melun, on appliquait même en ce cas la prérogative de l'ainé, au moins pour les fiefs (3).

§ 6. *Distinction des biens*

Outre la distinction générale faite entre les fiefs, les héritages en roture et les alleux, les biens se divisent dans la seconde période du droit coutumier, comme dans la première, en deux grandes classes, les meubles et les immeubles (4).

Ceux-ci se subdivisent eux-mêmes en deux sections: les immeubles véritables et les immeubles fictifs. Dans la première, on range le sol et tous les édifices qui s'élèvent à sa surface; la seconde comprend tous les objets placés à perpétuelle demeure dans un héritage pour son exploitation, les ustensiles attachés à fer et à clou, les moulins élevés sur pilotis dans une rivière, les pressoirs établis en terre, les poissons en étang, les pigeons en colombier, les lapins en garenne, les ruches d'abeilles, les échalas

---

(1) *Cout. du comté de Pourgogne*, tit. *des gens mariés*, art. 3.

(2) *Cout. de Paris*, art. 250.

(3) *Cout. du Valois*, art. 112 ; *de Melun*, art. 97 ; *de Normandie*, art. 402 ; *d'Etampes*, art. 132.

(4) *Cout. de Paris*, art. 88 ; *de Calais*, art. 1 ; *de Reims*, art. 16.

en vigne, les foins, pailles et fumiers, les armes employées
à la défense d'une forteresse, les ornements des cha-
pelles, des châteaux, les matériaux de démolition d'une
maison, et les deniers provenant de la vente des propres
d'un époux ou donnés par un ascendant à ses enfants en
vue du mariage, pour être affectés à l'achat d'une terre.

En général, les fruits sont ameublis par leur séparation
du fonds. Cependant quelques coutumes fixent une époque
de l'année à laquelle ils deviennent meubles sans être
séparés du sol. Ainsi, les raisins sont mobilisés avant la
vendange, dès la mi-septembre, et les blés après la Saint-
Jean. Ces coutumes admettent ainsi une classe intermédiaire de biens entre les meubles et les immeubles. Ce
sont les *cattels* ou *catheur*, et quelques-unes y rangent, avec
les fruits ainsi mobilisés à une certaine époque de l'année,
les bois blancs qui ne sont point arrivés au terme de leur
coupe ordinaire, les granges, les étables et les écuries (1).
Ces biens appartiennent à l'héritier des meubles. A Arras
on va plus loin encore, et l'on déclare meubles tous les
héritages situés dans cette ville, sa banlieue et son échevinage (2), à l'exception des édifices compris en la *mote* et
la *fremeté*, c'est-à-dire le château et les fortifications. De
même, à Troyes, à Chaumont, à Montargis, dans l'Anjou
et le Berry, les coutumes considèrent comme meubles
les fruits industriels produits à frais communs par une communauté, bien qu'ils ne soient pas encore récoltés et que
la culture ne soit pas même terminée au moment où cette
communauté se dissout. Dans le Nivernais, les fruits
de la terre sont meubles, eu égard au partage de la communauté, dès que les labourages sont achevés. Il en est
de même, d'après la coutume de Blois, pour le poisson

(1) *Cout. d'Artois*, art. 139, 141, 144. 146 : *du Boulenois*, art. 73.
(2) *Cout. locale d'Arras*, art. 4 et 5; *Cout. de Cambrai*, tit. II,
art. 10, et tit. VIII.

d'un étang pêché dans l'année où arrive la dissolution de
la communauté (1).

En revanche, celle de Normandie répute immeubles
les vaisseaux et bâtiments de mer après leur saisie (2), et
les mêmes coutumes qui regardent comme *catheux*, c'est-
à-dire qui ont mobilisé, au point de vue des successions,
les granges ou les écuries, rendent à ces édifices leur véritable caractère immobilier lorsqu'il s'agit de former le
douaire de la veuve (3).

§ 7. *Régime successoral*

Parmi les lois civiles relatives aux biens, aucune n'a
plus d'importance que celle qui régit le patrimoine laissé
par l'homme à son décès. De cette loi dépendent non seulement la juste distribution de l'avoir du *de cujus* et la
création de nouvelles richesses à l'aide des premières,
mais encore la constitution de la famille, les rapports de
ses membres, le bon accord qui doit régner entre eux, et
par conséquent l'ordre public. Il ne faut donc pas s'étonner si le régime successoral est la matière la plus com-
pliquée, la plus difficile peut-être du droit coutumier, et
celle qui offre le plus de variété. Mais cette diversité n'est
qu'apparente : presque toutes les coutumes, très éloignées
sur ce point par le détail, reconnaissent un principe do-
minateur commun. Assurer le service du fief, conserver
les biens dans les familles, tel est le double but qu'elles
se proposent. Ce but n'est pas toujours directement atteint, parfois même il semble qu'il soit négligé ou dépassé ; cependant, au fond, la législation coutumière y
tend sans cesse et, si loin qu'elle s'en écarte en apparence, on peut être certain que, dût-elle prendre un
chemin de traverse, elle y reviendra toujours en réalité.

(1) *Cout. de Blois*, art. 184, 185.
(2) *Cout. de Normandie*, art. 519.
(3) *Cout. du Boulenois*, art. 108.

Pour mieux suivre, dans l'application, les développements de l'idée mère à laquelle cette législation obéit en matière successorale, il est indispensable de faire précéder l'étude des successions proprement dites de l'examen des règles principales à l'aide desquelles les coutumes s'étaient efforcées de garantir les droits éventuels des héritiers. Cela nous amène aux dispositions entre vifs ou testamentaires.

A. *Dispositions entre vifs et testamentaires*. — Nous avons déjà vu que, d'après les plus anciens usages de l'Artois, probablement inspirés par une tradition gallique, l'aliénation des héritages propres n'était permise que dans trois cas : lorsque l'héritier apparent y consentait ; lorsqu'il y avait nécessité jurée par le vendeur et vérifiée par deux témoins dignes de foi ; enfin lorsque les deniers de la vente devaient être employés à l'achat « d'un plus suffisant héritage (1). » Cette disposition si significative et si curieuse se retrouve, à l'époque où nous sommes arrivés, dans les coutumes de Ponthieu et du Boulenois (2), et avec quelques variantes dans celles du Maine, de l'Anjou, de Touraine, du Loudunois et de Normandie (3), sous l'empire desquelles le père qui a marié un de ses enfants ou descendants comme son principal héritier, ne peut disposer, au préjudice de celui-ci, de tout ou partie de ses propres et même de ses acquêts, sauf le cas d'absolue nécessité ou de rançon.

Le retrait lignager n'avait pas un but différent, quoiqu'il s'appliquât moins à protéger les droits de l'héritier que ceux de la famille en général. « Retrait est introduit, disait la coutume de Chauny, en faveur des parents lignagers, et afin que les héritages venant de ligne ne sortent

___

(1) *Anciens usages d'Artois*, XXIV ; *Coutume d'Artois*, art. 133.

(2) *Cout. de Ponthieu*, art. 19 ; *du Boulenois*, art. 92, 124.

(3) *Cout. du Maine*. art. 262, 263 ; *d'Anjou*, art. 245, 246 ; *de Touraine*, art. 252, 253 ; *du Loudunois*, XXVI, 4 ; *de Normandie*, art. 244.

hors de la ligne (1). » C'était la garantie accordée au lignage dans les pays où l'aliénation des immeubles était permise sans le consentement de l'héritier.

Par la même raison, le droit du xvᵉ siècle n'autorise les libéralités que dans une certaine mesure et s'oppose à ce qu'elles excèdent la quotité disponible, dont le principe est général, mais dont l'importance varie selon les lieux.

Ainsi, pour les donations entre vifs ou *donaisons*, elles sont restreintes, quant aux propres, à la moitié par les coutumes de Reims, de Blois, de Touraine, du Berry, de Calais (2), au tiers par celles de Châlons, du Maine, du Poitou, de La Rochelle, de Saintonge et d'Angoumois (3); à la cinquième partie par celles de Montfort, de Ponthieu et du Boulenois (4). Cette dernière tempère pourtant la rigueur de la réserve par l'autorisation de disposer de trois années de revenu. A Clermont-en-Argonne, on ne peut disposer entre vifs de ses propres ni en totalité ni en partie lorsqu'il y a des enfants. A Laon on peut en donner la moitié à des étrangers, mais le surplus est réservé aux *hoirs procréés de corps* (5). D'autres coutumes vont plus loin encore et restreignent jusqu'à la libre disposition des acquêts. Celle de Touraine défend aux nobles et aux roturiers qui ont des enfants de disposer en faveur d'étrangers de plus de la moitié de leurs acquêts en usufruit seulement, et cette quotité reste la même dans le Loudunois, qu'il existe ou non des descendants. Dans l'Anjou et dans le Maine, le père de famille n'a pas la liberté de

---

(1) *Cout. de Chauny*, art. 114.

(2) *Cout. de Reims*, art. 232; *de Touraine*, art. 233, 238, 247, 325; *du Berry*, vii, art. 9, xviii, art. 5; *de Calais*, art 66, 84.

(3) *Cout. de Châlons*, art. 63, 73; *du Maine*, art. 332, 336, 352; *du Poitou*, art. 203, 223; *de La Rochelle*, art. 43, 44, *de la Saintonge*. art. 84-89; *d'Angoumois*, art. 49, 52.

(4) *Cout. de Montfort*, art. 87, 88, 145, 146; *de Ponthieu*, art. 19, 20, 25; *du Boulenois*, art. 87, 88.

(5) *Cout. de Laon*, art. 51, 52, 60.

donner plus du tiers de ses acquêts à vie *liberis exstan-*
tibus. En Normandie la proportion est semblable, si ce
n'est qu'il peut disposer non seulement de l'usufruit,
mais encore de la propriété (1). Lorsqu'il n'a ni biens propres, ni immeubles acquis, lorsque tout son avoir se
compose exclusivement de meubles, il ne peut en faire
libéralité au-delà du tiers, excepté dans ces deux dernières provinces où il est autorisé à aller jusqu'à la
moitié.

Toutes ces prescriptions, qui ne diffèrent que par le
détail, sont issues d'une pensée identique : constituer une
véritable réserve en faveur des descendants et des collatéraux : repousser les étrangers qui se trouveraient en
concurrence avec la famille et qui viendraient la dépouiller non seulement de son patrimoine héréditaire, mais
encore du produit des travaux de chacun de ses membres.
Un grand nombre d'autres coutumes, il est vrai, comme
celles de Paris, d'Orléans, d'Auxerre, du Nivernais,
d'Amiens, de Senlis, de Sens, tolèrent la libre disposition, par acte entre vifs, de la totalité des propres et des
acquêts (2); mais cette tolérance provient évidemment du
droit germanique, très favorable à la donation entre vifs,
et se compense par les restrictions apportées, sous la
même influence, à la liberté des dispositions testamentaires. Une seule province coutumière avait adopté en
cette matière le système du droit romain, c'était le duché
de Bourgogne. Là aucune quotité disponible n'était fixée
à l'avance au donateur : les enfants avaient seulement
droit à une légitime, qui était du tiers des biens laissés
par le testateur, s'ils étaient moins de quatre, et de la
moitié s'ils dépassaient ce nombre (3).

(1) *Cout. de Normandie*, art. 414, 418 et suiv.
(2) *Cout. de Paris*, art. 272, 292; *d'Orléans*, art. ?75, 292; *d'Au-*
xerre, art. 218, 225; *du Nivernais*, XXVII, art. 4; *de Senlis*, art. 210,
219; *de Sens*, art. 68, 109.
(3) *Cout. du duché de Bourgogne*, tit. des *successions*, art. 7. (OEuvres de Bouhier, t. I, p. 284).

Le respect des droits de la famille avait donné naissance à une autre règle, plus ou moins expressément
formulée dans les coutumes : toute donation entre vifs
faite en haine des héritiers ou en fraude de leur légitime
attente était nulle, lors même qu'elle ne dépassait pas
la quotité disponible. On l'exprimait ainsi : « *Donner et
retenir ne vaut* (1). Par suite, la libéralité n'était pas valable, lorsque le donateur imposait au donataire la
charge de payer toutes ses dettes au jour du décès,
lorsqu'il se réservait la faculté de disposer de la chose, ou
lorsqu'il conservait la possession de cette chose jusqu'à
sa mort. Toutefois, cette maxime ne s'appliquait ni aux
dons mutuels, ni aux donations par contrat de mariage (2).

En vertu de ce principe, les biens donnés devaient être
l'objet d'une tradition réelle. Les coutumes du Bourbonnais, de Senlis, du Valois, d'Amiens et de Reims, qui
exigeaient rigoureusement que le donataire fût mis en
possession effective de la chose, étaient appelées pour ce
motif *coutumes de nantissement*. D'autres se contentaient
d'une transmission fictive, et comme l'on ne pouvait interdire au donateur de se borner à un don de nue-pro-
priété et de retenir l'usufruit à son profit, on admit que la
tradition pourrait résulter de la clause même par laquelle
cet usufruit serait réservé, ou d'une clause de constitut et
de précaire. Cependant, même dans ce cas, certaines coutumes demeurèrent si étroitement attachées au principe de
la tradition réelle, comme celles de Vitry et de Chaumont,
qu'elles imposèrent au donateur, lorsqu'il s'agit d'un fief,
l'obligation de se dessaisir en recevant le donataire à foi et
à hommage (3). Si la dessaisine n'avait pas eu lieu du
vivant du donateur, l'héritier légitime demeurait saisi de

___

(1) *Cout. de Paris*, art. 273, 274 ; *Ancien Coutumier de Champagne*, art. 44.

(2) *Cout. du Bourbonnais*, art. 219.

(3) *Cout. de Vitry*, art. 3 ; *de Chaumont*, art. 76.

la chose donnée, et le donataire n'avait aucune action
contre lui pour se la faire livrer. Il en était du moins ainsi
sous l'empire des coutumes de Châlons et de Clermont-
en-Argonne, tandis que celles de Touraine, d'Amiens, du
Boulenois et d'Anjou, tout en laissant la saisine à l'héritier,
autorisaient le donataire à le poursuivre pour obtenir la
livraison de la chose donnée.

Des libéralités entre vifs aux libéralités testamentaires,
il n'y a qu'un pas, et l'on comprend facilement que les
restrictions apportées aux premières dans l'intérêt de la
famille devaient également s'appliquer aux secondes.
Néanmoins, il semble que la généralité des coutumes
soit moins favorablement disposée pour le testament que
pour la donation.

Sans doute, elles reconnaissent l'usage des dispositions testamentaires que le droit romain a acclimatées en
France, malgré la répugnance des traditions germaniques. Elles ne l'interdisent qu'à deux classes d'hommes,
les serfs et les colons ; elles en déterminent la forme, qui
peut être olographe ou authentique ; elles précisent l'âge
auquel il est permis de tester, les biens dont on peut disposer et les personnes capables de les recevoir (1). Mais
la réglementation en cette matière est à la fois si minu-
tieuse et si sévère, les solennités du testament sont si

_____

(1) D'après la coutume de Paris, il fallait avoir 20 ans accomplis pour disposer de ses meubles et de ses acquêts par testament,
et 25 ans pour disposer de ses propres (art. 292). A Melun et à
Montfort, une fille pouvait tester à 18 ans. Dans le silence des
coutumes, on admettait l'âge fixé par le droit romain : 14 ans
pour les mâles et 12 ans pour les filles.
On ne pouvait tester en faveur de son tuteur, curateur, baillistre
ou gardien, jusqu'à l'apurement des comptes. (*Cout. de Paris*,
art. 276). On ne pouvait faire un legs aux témoins ni au notaire ou
au curé qui avait reçu le testament Le domestique, l'apprenti ne
pouvait rien laisser à son maître, ni l'écolier à son instituteur, à la
femme de celui-ci ou à son enfant. Quelques coutumes autorisaient
l'enfant naturel à recevoir, mais d'autres interdisaient de lui faire
un autre legs que celui de l'usufruit.

nombreuses 'et si compliquées qu'il n'y a pas à se mé-
prendre sur les intentions qui les ont dictées. La libéralité pour cause de mort est évidemment suspecte au droit
coutumier; il est visible qu'il a fait malgré lui cet emprunt à la législation romaine, et qu'il se défie des suggestions dont le testateur est assailli sur sa couche funè-
bre.

Malheureusement le but est dépassé en voulant écarter
ces suggestions et ces fraudes par des formalités multipliées; le droit coutumier frappe de nullité plus de volontés libres et sincères que de volontés captées et domi-
nées. La convoitise artificieuse qui parvient à dicter un
acte sait tourner les écueils sur lesquels échoue l'igno-
rance du testateur abandonné à lui-même.

Il faut que le testament soit dicté par le testateur ou
écrit par lui : le *testament par interrogat*, c'est-à-dire celui
qui est fait sur des questions posées par les témoins ou
le notaire est annulable pour cause de suggestion ; il faut
qu'il soit relu par l'officier public qui le reçoit et qu'il
mentionne la dictée et la lecture ; il doit, en outre, indiquer qu'il a été fait *sans suggestion* ; que les témoins ont
été spécialement appelés, et, s'ils n'ont pas signé, qu'ils ont
été interpellés de le faire. Il doit enfin contenir la signature de son auteur, sinon l'indication de la cause qui l'a
empêché de l'apposer. — Une simple déclaration de volonté contraire peut révoquer un testament solennel; l'on
admet même, tant la coutume se défie des suggestions
possibles, le testateur à insérer dans l'acte une clause
par laquelle il révoque à l'avance ses propres révocations
postérieures : « Je veux et entends que ce présent testament soit exécuté selon sa forme et teneur, sans qu'il
puisse être révoqué par tout autre que je pourrai faire
ci-après, si la clause suivante n'y est insérée : *Si iniqui-
tates observaveris, Domine*, etc. » Enfin la coutume de

Normandie va jusqu'à annuler les testaments faits moins de trois mois avant la mort du testateur (1).

Le droit coutumier ne se borne pas à ces prescriptions rigoureuses. Il pose comme maxime qu'*institution d'héritier n'a point lieu* (2). Faut-il entendre par là que l'institution d'héritier n'est pas requise pour la validité d'un testament ? Non ; mais cela signifie que le testateur ne peut instituer que des légataires, car Dieu seul peut faire un héritier, *solus Deus heredem facere potest, non homo* (3). L'institution d'héritier vaut seulement comme legs, jusqu'à concurrence des biens dont le testateur peut disposer. La coutume de Berry admet bien l'axiome contraire (4), et celle de Bourgogne requiert une institution d'héritier pour la validité des testaments en ligne directe, quoiqu'elle n'ait pas la même exigence en ligne collatérale. Mais ce sont là des exceptions qui confirment la règle générale posée par la coutume de Paris et admise dans le Nivernais, le Bourbonnais, l'Auvergne, la Marche, à Vitry, à Montargis où cette institution est regardée comme radicalement nulle. En conséquence, le plus proche parent du défunt, l'héritier légitime conserve toujours la saisine de la succession, quel que soit le testament, et le légataire doit lui demander la délivrance de son legs, lors même qu'il serait lui-même en possession.

Cela n'est pas suffisant encore. La liberté de tester est limitée de deux autres manières, par la réserve coutumière et par la légitime. Nous avons déjà examiné sommairement cette réserve dans le droit coutumier primaire, notamment à l'aide de l'ancienne coutume de Paris, et nous

---

(1) *Cout. de Normandie*, art. 462.

(2) *Cout. de Paris*, art. 299.

(3) Glanville, *de Legibus Angliæ*, lib. VII, cap. 1. *Regiam majestatem*, lib. II, cap. 2, n° 4.

(4) *Cout. de Berry*, tit. XVIII, art. 4.

avons vu que le testateur sans enfants pouvait disposer
de la totalité de ses meubles, de ses acquêts immeubles
et de la cinquième partie du *quint* de ses propres. Cette
faculté continue à être observée aux xve et xvie siècles,
jusqu'à la Révolution même, dans le ressort du Parlement
de Paris à quelques exceptions près, dans la Picardie,
l'Orléanais, le Nivernais, à Melun, à Auxerre, dans le
Grand-Perche, ainsi que pour les fiefs, en Artois, à Dreux,
à Blois, à Montargis. Cependant les coutumes de Meaux,
de Vitry, de Troyes, de Chaumont (1) sont un peu plus
libérales et permettent de donner par testament jusqu'au
tiers des propres, ou même à Laon, jusqu'à la moitié,
lorsqu'il s'agit de biens de roture. Dans la Haute-Marche,
l'usage ne distingue point entre les acquêts, les propres
et les meubles ; il autorise le testateur à en disposer également jusqu'à concurrence du tiers, s'il a des enfants (2),
et il en est de même en Bretagne (3). A La Rochelle, on
peut donner par testament tous ses meubles et acquêts,
pourvu que l'on ait des propres, car, s'il n'y en a point, ces
meubles et acquêts sont considérés comme des biens patrimoniaux indisponibles (4). Parfois, ainsi qu'on vient
de le voir, cette réserve est déterminée par l'intérêt des
descendants du testateur. Mais le plus souvent elle est
indépendante de leur existence. C'est une restriction
apportée à la capacité de celui qui dispose, et qui profi-
tera à des collatéraux comme à des hoirs directs. La coutume ne tient compte que du lignage en général ; elle suppose qu'un membre de la famille, si éloigné soit-il, doit
toujours être préféré à un étranger, et, à l'aide de la

(1) *Cout. de Meaux*, art. 26 ; *de Chaumont*, art. 82 ; *de Vitry*,
art. 100-112 ; *de Troyes*, art. 95, 138.
(2) *Cout. de la Haute-Marche*, art. 212.
(3) *Cout. de Bretagne*, art. 199, 200, 203.
(4) *Cout. de la Rochelle*, art. 44.

réserve, elle forme une masse au partage de laquelle elle appelle collectivement tous les héritiers.

Le testateur rencontre un autre obstacle légal à la liberté de tester dans la légitime de ses enfants. Ici c'est un droit individuel, précis, et non simplement éventuel, collectif, comme le précédent, qui est exercé sur sa succession par les légitimaires. Il frappe tous les biens, quelle que soit leur nature; meubles, immeubles, propres, acquêts, tous doivent entrer dans la masse pour le calcul de la légitime, qui atteint, s'il en est besoin, toutes les libéralités antérieures, en remontant de la plus récente à la plus ancienne. Les coutumes du moyen-âge ont manifestement emprunté la légitime et la plainte d'inofficiosité au droit romain, auquel d'ailleurs quelques-unes d'entre elles, comme celle du duché de Bourgogne, se réfèrent simplement, et qui, dans le silence des autres, devient sur ce point la règle commune, même dans les pays de droit coutumier. Ainsi, d'après la Novelle de Justinien, adoptée en plusieurs lieux, la légitime est de la moitié de la succession si les enfants sont plus de quatre, et du tiers, s'ils sont au-dessous de ce nombre. Dans le système de la coutume de Paris (1), suivi le plus généralement, elle est de la moitié de la part que chacun d'eux aurait eue si leur père était mort intestat. Certaines coutumes ne l'accordent qu'aux enfants mâles. D'autres regardent comme une légitime suffisante pour les filles le don qui leur est fait par leur père au moment de leur mariage, et que l'on nomme le *chapel de roses* (2). Mais quelle que soit leur diversité au point de vue de la quotité, ce sont les principes de la législation romaine qui deviennent en cette matière applicables, et il est intéressant de voir l'empressement avec lequel le droit coutu-

---

(1) *Cout. de Paris*, art. 298.
(2) *Cout. de Touraine*, art. 284; *du Maine*, art. 258; *d'Anjou*, art. 241.

mier va puiser à cette source étrangère des règles et des
maximes dont l'importance ne lui échappe pas, bien qu'à
cet égard les deux législations se placent à deux points
de vue différents.

B. *Institutions contractuelles.* — A côté des dispositions
entre vifs et testamentaires, il faut placer les institutions
contractuelles d'héritier qui sont spéciales au droit coutumier français et que nous voyons plus particulièrement
pratiquées dans les xiv°, xv° et xvi° siècles, quoique Loysel, par une confusion grossière avec le *Morgengabe*, en
fasse remonter l'origine jusqu'à la loi salique. Laurière
et après lui Montesquieu estiment qu'elles dérivent du
premier droit féodal, et qu'elles ont été pour les nobles
voués à la vie militaire, pour les hommes de fief ce
qu'étaient les libres pactes des soldats romains sur les
successions futures, un moyen d'assurer le service du
fief par leurs héritiers (1). Quoi qu'il en soit, l'institution
contractuelle, que l'on rencontre avant la rédaction des
coutumes dans les usages du Berry, d'Auvergne, du
Nivernais et du Bourbonnais (2), était un moyen de conserver les familles anciennes, et rentre par conséquent
dans le cercle des dispositions par lesquelles le droit du
moyen-âge s'efforçait de réserver les biens patrimoniaux
à la lignée, tout en favorisant les mariages. Elle consistait
en général dans une donation entre vifs qu'une personne
faisait de sa succession future ou de partie de cette suc-
cesion à une autre personne qui se mariait. Mais elle
pouvait également revêtir d'autres formes particulières.
Ainsi, il y avait institution contractuelle, lorsqu'un père
reconnaissait dans le contrat de mariage de son fils aîné

---

(1) Laurière, *Instit. Contract.*, t. I, n° 27. — Montesquieu, *Esprit des lois*, liv. xxxi, ch. 34.
(2) La Thaumassière, *Cout. locales*, ch. xiii, art. 2. — Guy-Co-
quille, *Cout. du Nivernais*, ch. xxvii, art. 42. — *Anc. Cout. du
Bourbonnais*, t. v, art. 1.

que celui-ci était son principal héritier et qu'il disposait
en sa faveur de sa part d'aîné dans la succession, comme
s'il mourait au moment de l'union. On donnait le même
nom à la promesse faite par les père et mère de conserver
à leur enfant qu'ils mariaient son préciput et son droit
d'aînesse, ou sa portion héréditaire, ou une portion plus
considérable. Quand une fille renonçait dans le contrat
de mariage de son frère à la succession de son père et de
sa mère en faveur de ce frère, il y avait également une
institution contractuelle. L'irrévocabilité était le caractère
distinctif de ces dispositions, considérées comme donations entre vifs; elles interdisaient au donateur de choisir
un autre héritier, de donner, de dissiper les biens possédés
par l'instituant au jour du contrat, au préjudice de la part
accordée à l'institué ; mais elles ne lui défendaient pas de
disposer de ceux qu'il aurait acquis postérieurement à
l'institution. De plus, plusieurs coutumes décidaient
que la « reconnaissance générale d'un héritier principal
et fils aîné, » c'est-à-dire celle qui se faisait sans la promesse expresse de lui garder son héritage, et qui tenait
alors plus de la donation entre vifs que de l'institution
contractuelle ordinaire (1), ne s'opposait point à ce que
le père « s'aidât de son bien, » en d'autres termes,
en disposât à titre onéreux pour ses besoins, « pour
son extrême nécessité de vivre, » selon l'expression de la coutume d'Anjou, ou, pour améliorer sa
situation, qu'il le vendît, par exemple, afin d'acheter une
autre terre ou une charge. « N'empêche institution d'héritier ou convention de succéder, disait même l'art. 220
de la coutume du Bourbonnais, que l'instituant ne puisse
aliéner ses biens par contrats entre vifs. » En général, les
institutions contractuelles étaient réservées aux nobles (2),

(1) *Cout. de Normandie,* art. 244.
(2) *Cout. d'Anjou,* art. 245.

à l'origine surtout. Mais elles s'étendirent peu à peu aux roturiers, et on les rencontre même pratiquées sans distinction par les uns et les autres en Nivernais, en Berry et dans l'Auvergne, d'où elles se répandirent dans le reste de la France.

C. *Partage des successions.* — Après avoir examiné les actes divers par lesquels, dans la seconde période du droit coutumier, l'on pouvait modifier l'ordre successoral et disposer d'une partie de ses biens, nous arrivons maintenant aux successions proprement dites et aux modes de leur partage.

C'était, nous l'avons déjà vu, un principe presque universellement admis que la volonté de l'homme était incapable de faire un héritier. « Institution d'héritier n'a point de lieu. » Les seuls héritiers reconnus en France étaient les parents, ou, à leur défaut, le mari et la femme, sinon les seigneurs hauts-justiciers en vertu du droit de déshérence (1). La succession testamentaire ne pouvait prendre la place de la succession *ab intestat.* En conséquence, selon la maxime bien connue, *le mort saisit le vif,* celui qui se trouve habile à succéder à un défunt au moment de sa mort est saisi *ipso jure* de la succession, et, s'il décède lui-même avant d'avoir accepté ou refusé cette succession, il transmet ses droits à ses propres héritiers. Cependant quelques personnes en sont exclues à raison de leur qualité ou de leur situation. Par exemple, l'homme absent de son domicile depuis sept années est présumé décédé et ne peut succéder. Les religieux sont également déclarés incapables de recueillir une hérédité pour eux-mêmes ou pour leur monastère. On les tient pour morts dès qu'ils ont fait profession (2). Les bâtards, les aubains ou étrangers sont frappés d'une exclusion semblable.

---

(1) Bacquet, *du droit de déshérence,* ch. 2, 3, 4.

(2) L'habit ne fait point le moine. dit Loysel, mais la profession. (*Instit. Coutum.,* liv. II, tit. 5, 30.) — *Cout. de Paris,* art 337.

Un autre principe commun à toutes les coutumes, et qui a passé du droit primaire dans le droit secondaire, c'est que « n'est héritier qui ne veut (1). » L'héritier présomptif peut donc renoncer à la succession, mais ses créanciers ont le droit de l'accepter en son nom, à leurs risques et périls.

Le paiement des dettes de la succession est à la charge de l'héritier dans la proportion de son émolument. S'il y a plusieurs héritiers, ils doivent les acquitter en commun, et peuvent être poursuivis chacun pour sa part, « au fur de ce chacun en amende (2). » De là est venu l'art. 873 de notre code civil. Cependant cette règle générale comporte des exceptions. Ainsi, en Normandie, en Bretagne, en Auvergne, les dettes ne se divisent pas, conformément à la loi romaine ; mais tous les héritiers en sont débiteurs solidaires, parce que chacun d'eux, dit J. Godefroy, représente le défunt (3). C'est, dans ces pays essentiellement attachés aux traditions féodales, le triomphe de l'esprit de famille sur l'équité. D'autres coutumes, comme celles de Lorris, de Mantes et de Senlis, laissent les dettes à la charge exclusive de l'héritier des acquêts et des meubles (4). En Auvergne et dans la Marche, les héritiers du côté paternel supportent les dettes faites par le père, et les héritiers de la branche maternelle celles de la mère (5).

---

(1) *Cout. de Paris*, art. 316.

(2) *Cout. de Paris*, art. 334.

(3) *Cout. d'Auvergne*, art. 102. — Hévin, sur Frain, II, p. 848. — *Cout. de Normandie*. tit. XII. — Masüer, tit. XXXI, n° 1. — *Placités de Rouen*, art. 130. — L'art. 592 de la *Nouvelle coutume de Bretagne* contient une disposition contraire.

(4) *Cout. de Mantes*, art. 71 ; *de Senlis*, art. 144 ; *de Lorris*, ch. XV, art. 11 ; *de Touraine*, art. 310 ; *d'Anjou* art. 247 ; *du Maine*, art. 252 ; *de Melun*, art. 467 ; *du Boulonnais*, art. 316 ; *du Nivernais*, tit. XXXIV, art. 4 ; *de Sens*, art. 94 ; *de Valois*, art. 79 ; *d'Amiens*, art. 59, 90, 91.

(5) *Cout. d'Auvergne*, tit. XII art. 17 ; *de la Marche*, art. 234 et suiv.

Enfin un privilège est admis en faveur des aînés, qui, nonobstant leur préciput, ne collaborent au paiement des dettes que dans une proportion égale à celle de leurs cohéritiers (1).

L'héritier, continuateur de la personne du défunt, doit évidemment supporter ses dettes. Cependant, il peut prendre un tiers-parti, il peut accepter la succession sous bénéfice d'inventaire. Cette faculté est originaire du droit romain, qui la consacra à une époque où la Gaule était séparée de l'empire. Aussi, lorsque le bénéfice d'inventaire se présenta au XII° siècle dans la législation ou plutôt dans la jurisprudence coutumière, il fut regardé comme un étranger et ne fut point accueilli sans difficulté. On ne l'admit qu'à titre de dérogation au droit commun, qu'à titre de faveur exceptionnelle ; pour l'invoquer, il fallut une manifestation expresse de la volonté du prince, il fallut des *lettres de bénéfice*. Certaines coutumes exprimèrent plus énergiquement même la répugnance que ce privilège leur inspirait. Elles estimèrent que l'héritier sous bénéfice d'inventaire n'était pas un véritable héritier, mais un successible subsidiaire, et, dans l'intérêt des créanciers du défunt, elles ne l'autorisèrent à recueillir la succession qu'à défaut d'un héritier pur et simple, d'un degré inférieur (2). Cependant, à mesure que les idées romaines prirent du crédit et se répandirent dans les tribunaux, ceux-ci se montrèrent moins rigoureux sur l'application de cette règle à l'égard des descendants, et l'usage des lettres du prince ne se maintint qu'en ligne collatérale ; mais, ainsi restreint, il gagna jusqu'aux pays de droit écrit, grâce au génie envahissant du fisc.

Au surplus si, sauf l'acceptation sous bénéfice d'inven-

---

(1) *Cout. de Paris*, art. 334.

(2) V. *Cout. de Paris*, art. 242, 243 ; Pithou, sur la *Cout. de Troyes*, art. 107 ; La Thaumassière, *Quest. sur la Cout. de Berry*, cent. 2, ch. 82.

taire, l'héritier, continuateur de la personne du défunt, était autre chose qu'un simple successeur aux biens, le droit coutumier reconnaissait plus d'une différence entre lui et son auteur. Ainsi, le défunt était obligé sous hypothèque générale sur tous ses biens présents et à venir, tandis que l'héritier n'était pas tenu par cette hypothèque sur ses biens personnels, à moins d'y avoir consenti expressément ou d'être condamné à payer la dette. Les lettres exécutoires contre le défunt ne l'étaient pas de plein droit contre son héritier. Le décès de l'obligé mettait obstacle à toute exécution postérieure : pour saisir les biens de la succession, il était nécessaire de faire un commandement à l'héritier lui-même, qui ne s'identifiait point à cet égard avec le défunt (1).

En général, nul ne peut être à la fois héritier et légataire, c'est-à-dire que les héritiers du sang, appelés par la coutume à la succession d'un défunt ne peuvent se prévaloir en même temps de leur qualité d'héritier et de celle de légataire, parce que le défunt, qui a laissé le partage de ses biens à la disposition de la loi, ne doit point, par des libéralités particulières, faire la condition d'un de ses successeurs meilleure que celle des autres (2). Cette règle ne s'applique, d'ailleurs, que dans le cas où il existe un autre héritier en concurrence avec le successible avantagé d'un legs. Mais elle n'interdit point, bien entendu, au père de famille qui dispose, en vertu même de la loi, de ses biens par testament, donation entre vifs ou institution contractuelle, de constituer un de ses enfants à la fois légataire universel et donataire entre vifs, et d'accumuler, comme il lui plaît, ces différents titres sur sa tête. Ce sont des

(1) V. Pothier, *Obligations*. n° 164-3°.

(2) *Cout. de Paris*, art. 300. — D'autres coutumes, au contraire, comme celles de Tournay, de Péronne et de Reims, autorisaient le cumul des deux qualités. On les appelait *coutumes de compatibilité*.

avantages licites, qui ne laissent aux autres descendants que le droit de demander leur légitime. Le successible avantagé peut en effet presque toujours, sauf à Châlons et dans le Grand-Perche, renoncer à la succession et s'en tenir à son don ou à son legs, s'il respecte la part de ses frères et sœurs (1).

Mais les enfants venant à la succession de leurs père et mère sont généralement contraints de rapporter en nature ou en moins prenant les dons qu'ils en ont reçus, et, dans ce dernier cas, leurs cohéritiers se récompensent en choses de même valeur et qualité ou en argent. Quand la succession directe est partagée par souches, chaque souche doit rapporter les dons faits à chacun de ses membres· Ainsi un héritier peut être obligé de rapporter les avantages faits à son père ou à ses frères, quoiqu'il ait renoncé à leur succession. Il faut remarquer toutefois, à cet égard, que plusieurs coutumes, qui admettent la règle : nul ne peut être à la fois héritier et légataire, n'assujettissent pas le donataire au rapport, lorsqu'il vient comme héritier à la succession du donateur. Ainsi, dans le Bourbonnais, les donations entre vifs ne se rapportent point en ligne directe, lorsqu'elles sont faites par préciput en contrat de mariage, et jamais en ligne collatérale.

Un certain nombre de coutumes, qui s'inspirent à cet égard du droit romain, autorisent le père de famille à exhéréder ses enfants pour certaines causes, malgré la maxime que la loi seule peut faire un héritier. Parmi ces coutumes, il ne faut pas s'étonner de rencontrer celle du duché de Bourgogne, qui a beaucoup emprunté à la *lex romana* burgonde; mais il est curieux de trouver aussi dans le nombre des coutumes éminemment féodales et par conséquent très favorables à la conservation des biens

---

(1) *Cout. de Paris*, art. 307 ; *de Senlis*, art. 160, 161, 217 ; *d'Orléans*, art. 273, 286, 288.

dans les familles, telles que celles de Bretagne, du Loudunois et de l'Anjou (1). On ne peut expliquer ce phénomène que par l'influence du droit canonique qui, dans ces
provinces, battit énergiquement en brèche les traditions
germaniques et les usages de la féodalité.

Sauf dans les coutumes du Boulenois, de Ponthieu, de
Chauny, d'Artois et du Hainaut, qui ne reconnaissent
comme véritable héritier que l'*hoir de corps*, la représentation, proscrite autrefois par le droit germanique, et
même encore à Paris au temps de Charles VI, est admise
partout en ligne directe à l'infini, et en ligne collatérale
jusqu'aux enfants des frères et sœurs, quand ils concourent
avec leurs oncles ou tantes, mais non lorsqu'ils sont seuls
en présence les uns des autres (2). On va même, à Paris,
jusqu'à admettre que les fils et les filles de l'aîné représentent leur père dans son droit d'aînesse pour la succession
de leur aïeul ou aïeule. Les neveux viennent de leur chef
et succèdent par têtes et non par souches, lorsqu'il n'existe
ni frères ni sœurs. Quelques coutumes cependant restreignent la représentation aux propres et ne l'admettent pas
pour les acquêts ; d'autres, telles que celle du Nivernais (3), la repoussent pour les meubles et ne l'acceptent
que pour les immeubles. Enfin, dans l'Anjou, le Maine, la
Touraine, le Grand-Perche, le Poitou, l'Auvergne, la Bre-

---

(1) *Cout. du duché de Bourgogne*, VII, 2 ; *de Bretagne*. art. 495 ; *du
Loudunois*, XXV, 12 ; XXVII, 28 ; *de Touraine*. art. 286, 303 ; *du
Maine*, art. 237, 269 ; *de l'Anjou*, art. 251, 271 ; *du Berry*, XVIII.
art. 5 ; *du Bourbonnais*, art. 312 ; *de Dreux*, art. 91 ; *de la Haute-
Marche*, art. 247.

(2) *Cout. de Paris*, art. 319, 320, 321 ; *d'Orléans*, art. 305, 318,
319 ; *de Chartres*, art 93 ; *de Dreux*, art. 83 ; *du Berry*, tit. XIX,
art. 43 ; *du Valois*, art 87 ; *d'Amiens*, art. 69, 70 ; *de Laon*, art. 74
à 76 ; *de Bar*, art 119, 128 ; *du Bassigny*, art. 139, 145 ; *de Troyes*,
art. 92 ; *de Châlons*. art. 81 à 83 ; *du Bourbonnais*, art. 306 ; *de
l'Angoumois*, art. 83 ; *de la Rochelle*, art. 53 ; *de Sens*, art. 88 à 96,
etc.

(3) *Cout. du Nivernais*, tit. XXXIV, art. 10 à 13.

tagne, la Saintonge, elle est admise à l'infini tant en ligne collatérale qu'en ligne directe; mais à Reims elle ne s'étend, en ligne collatérale, à tous les degrés du lignage que pour les biens de roture seulement, tandis qu'à Meaux elle est exclue, dans cette dernière ligne, sans exception. En somme, le système équitable de la représentation avait presque partout triomphé dans la seconde période du droit coutumier, et la pratique même tendait à adoucir la rigueur des rares coutumes qui la proscrivaient absolument, en autorisant le père à faire un *rappel* par testament, c'est-à-dire à rapprocher ses petits-enfants d'un degré et à leur conférer ainsi, par une disposition spéciale, les avantages de la représentation. Mais on ne pouvait faire un rappel à succession que jusqu'à concurrence de ce dont il était possible de disposer à titre testamentaire, parce que le testateur avait bien la liberté de faire un légataire, mais non d'instituer un héritier.

Enfin, un certain nombre de coutumes admettaient, dans l'ordre de succession en ligne directe, ce qu'on appelait la préférence du *double lien*, en vertu de laquelle les frères et sœurs germains excluaient, pour le partage des biens meubles et des acquêts immeubles de l'auteur commun, leurs frères et sœurs consanguins ou utérins (1). Toutefois, cette prérogative était repoussée par les coutumes de Paris, de Sens, de Melun et plusieurs autres. A Reims, les enfants consanguins et utérins étaient admis à concourir dans leur ligne avec leurs frères germains qui prenaient part dans les deux lignes, ainsi que le code civil le décide actuellement. Dans le duché de

_____

(1) *Cout. d'Artois*, art. 105 ; de Péronne. art. 189, 190 ; *d'Orléans*, art. 330 ; *de Troyes*, art. 93 ; *de Blois*, art. 155 ; *de Touraine*, art. 289 ; *de Bar*, art. 129, 130 ; *du Poitou*, art. 29 ; *du Nivernais*, xxxiv, art. 16 ; *de Chaumont*, art. 80 ; *de la Rochelle*, art. 51 ; *du Bourbonnais*, art. 317 ; *de Montargis*, tit. xv, art. 12 ; *de Saintonge*, art. 98.

Bourgogne et dans le Berry, le privilège du double lien
avait lieu même pour les propres (1).

Tels sont les principes généraux que, sauf quelques
exceptions, le droit coutumier reconnaissait sans difficulté
en matière successorale. On peut ajouter que, pour fixer
la proximité des degrés des successibles, à l'époque historique où nous sommes arrivés, ce droit se rapprochait
beaucoup plus du mode de computation romaine que de
celui qui avait été adopté par les coutumes primitives,
d'après lesquelles on procédait par troncs et lignages et
l'on ne comptait par génération que dans chaque lignage,
seulement. Mais les divergences se produisent et les systèmes se compliquent singulièrement lorsqu'on recherche
les règles qui déterminent le mode du partage et les
droits des cohéritiers. A cet égard, il faut distinguer les
successions des biens nobles et celles des biens roturiers,
les successions des biens propres et celles des acquêts,
les successions directes et les successions collatérales, et
parmi les premières, celles des descendants et celles des
ascendants.

Lorsqu'il s'agit de fiefs ou de francs-alleux nobles, car
il existe aussi, comme on l'a vu, des fiefs et des alleux
roturiers (2), la règle commune est que le partage ne
s'effectue point par parts égales entre les cohéritiers de
la ligne directe. Les droits de masculinité et d'aînesse
sont en ce cas reconnus par presque toutes les coutumes,
mais dans des proportions différentes. Le plus souvent,
l'aîné mâle, succédant en ligne directe, a seul le droit
d'aînesse ; toutefois, en quelques provinces, à défaut de
fils, l'aînée des filles est admise à jouir de ce droit. Il en
est ainsi dans la Touraine, dans le Loudunois, dans le

---

(1) *Cout. du duché de Bourgogne*, tit. VII, art. 20 ; *du Berry*, tit.
XIX, art. 6 et 7.

(2) On appelait noble l'alleu qui possédait une justice ou qui
avait un fief mouvant de lui.

Poitou, dans l'Angoumois, à la Rochelle, dans la Saintonge, dans la Flandre française, le Brabant, le Maine et l'Anjou (1). En ligne collatérale, au contraire, la règle la plus générale est qu'il n'existe pas de droit d'ainesse, mais seulement un privilège de masculinité, qui permet aux mâles, venant de leur chef, d'exclure les filles au même degré, et de concourir avec elles, lorsqu'ils viennent par représentation, en degré inégal (2). La coutume d'Auxerre déroge pourtant à ce principe, car elle permet, dans la succession d'un fief propre de ligne, à la fille appartenant à cette ligne de repousser les fils qui n'en proviennent pas.

Dans le duché et le comté de Bourgogne, par exception, l'égalité des partages l'emporte, même pour le fief, sur le droit d'origine féodale. *Patri matrive intestatis filii filiæque æquo jure succedant*, disait autrefois la *lex romana* des Burgondes. Cette règle s'est perpétuée dans les vieilles coutumes bourguignonnes et a été transmise par elles aux plus récentes (3).

Ce privilège accordé à l'aîné est, dans presque toutes les provinces du nord de la France et notamment dans le ressort de la coutume de Paris, un privilège réel, c'est-à-dire qu'il s'attache à la terre et non à la personne. On l'exerce toutes les fois que la terre est noble, lors même qu'on serait roturier. En Touraine, dans le Poitou, le Maine et l'Anjou, il est applicable également au non-noble qui succède à un fief, pourvu toutefois que ce fief soit ancien ou qu'il soit tenu en tierce foi, en d'autres

---

(1) *Cout. de Touraine*, art. 260 et suiv.; *du Loudunois*, tit. xxiii, art. 3, 7, 13 et suiv.; xxix, art. 2 5; *d'Angoumois*, art 85 à 91; *de Saintonge*, art. 91 à 96, 102, 103, etc.

(2) *Cout. de Paris.* art. 331; *de Senlis.* art. 126-137; *du Valois*, art. 57-60; *d'Orléans*, art. 89, 90, 305, 320, 321; *de Chartres*, art. 5, 6. 96, 97; *de Melun.* art. 89-92, 96-99; *de Blois*, art. 143-145, 152, 153; *de Châteauneuf*, art. 5, 6, 119. etc.

(3) *Cout. du duché de Bourgogne*, ch. vii, art. 6; *du Comté*, ch iii.

termes qu'il y ait eu trois hommages successifs par lesquels
la condition roturière de l'acquéreur a été purgée. Le gentilhomme qui ne recueille que des héritages en roture
dans la succession paternelle n'a pas à prétendre au droit
d'aînesse, qui est une faveur accordée au sol. Cependant,
cette règle si importante, et qui porte si bien l'empreinte
du droit féodal, fléchit dans les provinces du centre, où
les coutumes du Bourbonnais, du Berry, de l'Auvergne,
de la Haute-Marche, du Nivernais, de l'Aunis n'accordent
le droit de primogéniture qu'aux nobles seulement.

Afin de diminuer les effets iniques de l'exercice de ce
privilège qui dépouillait tous les membres de la famille
au profit d'un seul, moins dans l'intérêt de sa personne
que dans celui de son nom et de son fief, la plupart des
coutumes imposent à l'aîné l'obligation de pourvoir à
l'établissement de ses frères et sœurs, en fournissant aux
premiers des moyens d'existence et aux secondes une dot.
C'est une sorte de demi-légitime que la loi ne définit pas, et
dont elle ne croit pas même devoir déterminer la quotité,
si ce n'est qu'elle en fixe le maximum à un tiers pour
toutes les filles, quel que soit leur nombre, mais qui
donne lieu à ce que la coutume de Normandie appelle
le *mariage avenant*, c'est-à-dire au mariage en faveur duquel le frère fait à sa sœur un don plus ou moins léger
qui lui tient lieu de légitime.

En quoi consiste le droit d'aînesse, et comment s'applique la prérogative de masculinité ? C'est ici surtout que
les coutumes varient, et que leur diversité rend à peu
près impossible, quoiqu'on l'ait tenté, de tracer un tableau
général de leurs dispositions, principalement en ce qui
concerne les successions collatérales.

En ligne directe, voici comment s'exprime la coutume
de Paris, art. 13 :

« Au fils aisné appartient par préciput le chasteau ou manoir
principal, et basse-cour attenant et contigue audit manoir, destinée

à iceluy, encore que le fossé du chasteau ou quelque chemin fust entre deux. Et outre luy appartient un arpent de terre de l'enclos ou jardin joignant ledit manoir. si tant y en a ; et si ledit clos contient davantage, l'aisné peut retenir le tout en baillant récom_ pense aux puisnez de ce qui est outre ledit arpent en terre de mesme fief, si tant y en a, sinon en autres terres ou héritages de ladite succession, à la commodité des puisnez, le plus que faire se pourra, au dire de prud'hommes. Et s'entend l'enclos de ce qui est fermé de murs, fo-sez ou haies vives. »

Art. 14. « Si dedans l'enclos du préciput de l'aisné, y a moulin, four ou pressoir, le corps dudit moulin, four ou pressoir appartient à l'aisné : mais le profit du moulin bannal ou non bannal, et du four ou pressoir, s'ils sont bannaux, se partira comme le reste du fief..... »

Art. 15. « Quand père et mère ayans fiefs et héritages tenus noblement, vont de vie à trespas, délaissés seulement deux en- fans venans à leur succession, au fils aisné pour son droict d'ais- nesse appartient par préciput en chacune desdites successions, tant de père que de mère, un hostel tenu en fief, tel qu'il veut choisir, pour manoir principal, avec l'enclos et basse-cour, comme dessus est dit : et les deux tiers des susdits fief et héritages tenus noblement Et à l'autre desdits enfans compète et appartient l'au- tre tiers et résidu desdits fiefs et héritages noblement tenus estant desdites successions. »

Art. 16. « S'il y a plusieurs enfans, excédant le nombre de deux, venans à leur succession, au fils aisné par préciput pour son droit d'aisnesse, appartient en chacune desdites successions tant de père que de mère, un hostel tenu en fief tel qu'il veut choisir pour principal manoir, avec l'enclos et basse-cour, ainsi que dit est, et la moitié de tous les autres héritages tenus en fief, et à tous autres enfans ensemble l'autre moitié et résidu desdits fiefs et hé- ritages tenus noblement. »

Art. 17. « Si esdites successions de père et de mère, ayeul ou ayeule, y a un seul fief, consistant seulement en un manoir, basse- cour et enclos d'un arpent, sans autre appartenance, ni au- tres biens, audit fils aisné seul appartient ledit manoir, basse- cour et enclos, comme dessus ; sauf toutefois aux autres enfans leurs droicts de légitime. ou droicts de douaire coutumier ou pré- fix à prendre sur ledit fief. Et où il y auroit autres biens qui ne fussent suffisans pour fournir lesdits droictz aux enfans, le sup- plément de ladite légitime ou dudit douaire se prendra sur ledit fief. Et toutefois, audit cas, le fils aisné peut bailler aux puisnez récompense en argent, au dire de prud'hommes, de la portion qu'ils pourroient prétendre sur ledit fief. »

Ce système est suivi, avec quelques variantes, dans le ressort de la coutume de Paris, l'Orléanais, le Beauvoisis, le Vexin, à Laon, à Reims, en Touraine. Toutefois, à Melun, lorsque la succession ne comprend qu'un seul fief, ce fief se partage également entre les héritiers directs, sans privilège d'ainesse. Dans d'autres pays, au contraire, comme à Châlons et à Vitry, à Meaux, dans le Bassigny, à Sens, dans le Berry, le Bourbonnais, l'Auvergne (1), le fils ainé n'a droit qu'au manoir principal, avec le *vol du chapon* plus ou moins étendu. Dans quelques autres, tels que l'Angoumois et la Saintonge, il y joint le quint des fiefs nobles. Mais dans d'autres, comme en Normandie, il a seul la saisine de la succession et peut prendre par préciput tel fief que bon lui semble, ou, s'il n'y en a qu'un seul, il le garde, à la charge de donner le tiers de ses revenus à ses frères puinés. En Bretagne, il a aussi la saisine, et avec le principal manoir s'approprie les deux tiers des propres et des acquêts, meubles ou immeubles. En Artois, à Péronne, à Chauny, dans le Boulenois, il prend tous les fiefs, propres ou acquêts, à l'exception d'un quint réservé aux cadets, qui, dans le Ponthieu, n'ont même droit à cette fraction qu'à titre viager (2).

Pour les successions en ligne collatérale, qui, comme on l'a vu plus haut, n'admettent pas, en général, le droit d'ainesse, la coutume de Normandie contient une dispo-

<hr>

(1) *Cout. de Châlons*, art. 150-159, 175, 176; *de Vitry*, art. 55-59; *de Meaux*, art. 160-165; *de Bassigny*, art. 28, 35, 36; *de Sens*, art. 201-204; *d'Auxerre*, art. 53, 54, 58, 59; *du Berry*, tit. XIX, 31; *du Bourbonnais*, art. 301-309; *de l'Auvergne*, tit. XII, art. 25, 31, 51, 52.

(2) *Cout. d'Artois*, art. 94-97, 99, 100, 103, 104; *d'Amiens*, art. 71, 72 et suiv.; *de Péronne*, art. 169, 175-183; *du Ponthieu*, art. 1-3, 13-15, 59, 60.

sition curieuse : si l'aîné meurt avant les partages accompli, le puîné prend un préciput du chef de son frère et un autre du sien : si de même un frère cadet décède avant ce partage, l'aîné, qui est son héritier, a droit à deux préciputs. Mais entre collatéraux plus éloignés, il n'existe point d'avantage (1).

Il est presque inutile de répéter ici que ces règles ne sont pas applicables aux fiefs de dignité, aux fiefs de *haubert*, qui sont indivisibles et qui appartiennent pour le tout au frère aîné, sauf à faire une provision à ses puînés et à doter ses sœurs.

A la différence des biens nobles, les héritages en roture, propres ou acquêts, et les meubles se partagent également entre tous les enfants appelés à la succession de leurs père et mère. Toutefois à ce principe général il est encore des exceptions, car certaines coutumes admettent les droits de primogéniture et de masculinité pour toutes sortes de biens, lorsque les cohéritiers sont nobles (2). Par exemple, en Bretagne, l'aîné prélève les deux tiers des meubles, et laisse le reste se diviser par parts égales entre ses puînés et ses sœurs. En Touraine, il peut retenir même tous les meubles, si cela lui convient, outre les deux tiers des héritages roturiers, propres ou acquêts. Dans le Ponthieu, comme cela a été indiqué plus haut, la coutume ne reconnait qu'un héritier, l'aîné. Mais ce sont là des dérogations locales qui n'altèrent pas la sévérité uniforme du principe d'égalité absolue admis par les coutumes en matière de succession roturière dans la ligne directe. Quant aux successions collatérales des meubles et des acquêts tenus en roture, elles se partagent de même entre tous les successibles qui se trouvent au même

(1) *Cout. de Normandie*, art. 272-309, 318, 335, 347.
(2) Il en était ainsi dans le Grand-Perche, le Maine, l'Anjou, le Loudunois et la Touraine.

degré, les plus proches excluant les plus éloignés, sans
distinction de côté ou de ligne. Quelques coutumes pourtant divisent par moitié ces successions entre les deux
lignes paternelle et maternelle (1), et l'une d'elles les subdivise même par la *refente* entre les diverses branches de
la même ligne, ce qui multiplie les opérations du partage
à l'infini (2). C'est, ainsi que nous le verrons tout à l'heure,
le système adopté pour la succession collatérale des
propres.

Jusqu'à présent, nous n'avons examiné le régime successoral coutumier qu'au point de vue de la division des
biens en biens nobles et en biens de roture. Il faut maintenant l'étudier au point de vue d'une autre division non
moins importante, celle des biens propres et des acquêts.

L'ordre successif le plus généralement adopté est celui-
ci : les premiers héritiers appelés sont les descendants
en ligne directe qui succèdent par tête, sauf l'exercice des
privilèges de masculinité et d'ainesse dans les cas où ces
privilèges doivent s'appliquer. A défaut de descendants,
le père et la mère, et, s'ils sont décédés, les autres ascendants recueillent la succession. Enfin, lorsqu'il n'existe ni
descendants ni ascendants, la coutume appelle les collatéraux. Mais cet ordre peut être profondément modifié par la
nature des biens dont se compose l'hérédité. En effet,
pour certains d'entre eux, comme les propres, les collatéraux sont préférés aux ascendants.

On nomme propres de succession les immeubles patrimoniaux échus par succession, ou donnés en avancement
d'hoirie, ou retirés par l'exercice du retrait lignager. Il
peut y avoir aussi des propres fictifs ou conventionnels,
c'est-à-dire des effets mobiliers ou des sommes d'argent
auxquels les stipulations des contrats de mariage ont

(1) *Coutumes de Touraine*, art. 312 ; d'Anjou, art. 268 ; *du Maine*,
art. 286 ; *de Péronne*, art. 199 ; *du Bassigny*, art. 143.

(2) *Coutume de Bretagne*, art. 593.

conféré la qualité de propres. Mais en matière successorale, à moins de clause contraire, on ne reconnaît que des
propres naturels. Les autres immeubles sont réputés acquêts.

La plupart des coutumes appellent les père et mère et les
autres ascendants à succéder par tête aux meubles et
acquêts de leurs enfants décédés sans postérité, et excluent
à cet égard tous les collatéraux. Elles les appellent également à recueillir, par droit de succession et non par
droit de retour, les immeubles qu'ils auraient donnés à
leurs descendants et qui se retrouvent dans l'hérédité (1).
Par exemple, si un aïeul a donné à son petit-fils un héritage, qui n'était pas vendu au jour du décès de celui-ci,
il succède à cet héritage, de préférence même au père
du *de cujus*. Cependant, les coutumes du Loudunois,
d'Angoumois, du Maine, de l'Anjou, du Berry et du Poitou font exception à cette règle à peu près universelle,
et n'autorisent les ascendants à succéder qu'aux meubles
et à l'usufruit des immeubles acquêts de leurs enfants (2).
Quelques autres, telles que celles du Bourbonnais, de
Bourgogne et de Ribemont (3), admettent même les père
et mère à concourir avec les enfants du décédé à la succession des meubles et des acquêts immeubles, ce qui
était conforme au droit écrit, mais contraire à l'esprit
général du droit coutumier. D'après la coutume de Saintonge, qui ne reconnaît pas également ce principe exclusif
du concours des ascendants avec les descendants et les
collatéraux, les premiers prennent seuls les meubles, mais
partagent les acquêts avec les frères et sœurs du défunt (4).

(1) *Cout. de Paris*, art. 311 et 313 ; *d'Orléans*, art. 313.

(2) *Cout. du Loudunois*, tit. xxix, art 13 ; *d'Angoumois*, art. 87 ;
du Maine, art. 283 ; *du Poitou*, art. 284 ; *d'Anjou*, art. 270 ; *du
Berry*, tit. xix, art. 3.

(3) *Cout. du Bourbonnais*, art. 314 ; *du duché de Bourgogne*, tit.
des *Successions*, art. 14.

(4) *Cout. de Saintonge*, art. 97.

Une autre, celle de Montargis, appelle à la succession des meubles et des acquêts le parent le plus proche, sans distinguer entre les collatéraux et les ascendants (1). Enfin, en Auvergne, les acquêts sont réputés biens paternels et se partagent comme les propres du père (2).

Les père et mère, appelés à la succession des meubles et des conquêts, concourent ensemble et se divisent l'hérédité par parts égales, excepté en Normandie, où le premier est préféré à la seconde (3). Dans cette province, dont la coutume est si originale et si particulière, on n'admet aucun ascendant à succéder tant qu'il existe des hoirs procréés de son corps, en vertu de cette maxime : « Nos biens ne sont pas à nous, mais à nos familles. » Par suite, lorsque le défunt laisse des frères ou des sœurs, des neveux ou des nièces, son père ou sa mère n'a aucun droit sur sa successsion, et ses aïeul ou aïeule n'y sont pas appelés s'il laisse des oncles ou des tantes (4).

Quant aux propres, les ascendants en sont presque partout exclus (5). C'est l'application de la règle : *les propres ne remontent pas*, qui était universellement admise dans l'Europe au moyen-âge (6). Les coutumes d'Amiens et de Sens font seules exception à cette règle, dont l'origine est essentiellement féodale (7). On n'y tolère de dérogation dans les autres provinces de la France qu'à l'égard de l'usufruit, accordé sur les propres aux père et mère par les coutumes de Paris et du Nivernais (8), ou pour exclure,

(1) *Cout. de Montargis*, tit. xv, art. 10.

(2) *Cout. d'Auvergne*, tit. xii, art. 6, 7, 19. La *Coutume de la Haute-Marche*, art. 232, 233, a la même disposition.

(3) *Cout. de Normandie*, art. 310, 325-328..

(4) *Cout. de Normandie*, art. 241, 242.

(5 *Cout. de Paris*, art. 312 ; *Anc Coutume de Champagne*, art. 54; *Cout. de Bayonne*, tit. des *Successions*, art. 24.

(6) *Fors d'Aragon*. lib. vi, fol. 128. — Cowel, *Institutes du droit anglais*, liv. iii, tit. 1, § 10 ; Littleton, liv. i, ch. i.

(7) *Cout. d'Amiens*, art. 68, 88.

(8) *Cout. de Paris*, art. 312, du *Nivernais*, tit. xxxiv, art. 9.

contrairement à ce qui se pratiquait dans le droit primitif (1), les prétentions du fisc sur la succession des descendants, lorsqu'il n'existe pas de collatéraux habiles à
succéder (2).

Si donc le défunt ne laisse pas d'héritier de son sang,
procréé de son corps, les propres retournent aux collatéraux les plus proches des côté et ligne dont ils proviennent,
en vertu de l'adage : *paterna paternis, materna maternis*,
adage qui des fiefs a ensuite passé aux alleux (3), afin
de conserver les biens dans les familles. Dans le cas
où il n'existe plus de parents du côté d'où vient l'héritage,
il n'y a dévolution d'une ligne à l'autre, comme il n'y a
dévolution aux ascendants, que pour éviter la deshérence
et exclure le fisc (4).

Cependant la règle *paterna paternis, materna maternis*
reçoit des applications bien diverses. On distingue à cet
égard les coutumes d'*estoc et de ligne*, d'après lesquelles,
pour succéder à un propre, il faut être parent des côté et
ligne de celui par qui l'héritage est entré dans la famille (5), et les coutumes *souchères* qui l'attribuent au
collatéral descendant en ligne directe du premier acquéreur par lequel le bien a été apporté dans la lignée (6).

(1) Masuër, *de successionibus*, nᵒ 8.

(2) *Cout. de Melun*, art. 269 ; *de Poitou*, art. 284 ; *d'Orléans*, art·
326 ; *de Touraine*, art. 319 ; *d'Angoumois*, art. 87 ; *de Mantes*, art.
170 ; *de Montfort*, art. 101 ; *de Laon*, art. 81 ; *de Châlons*, art. 96 ;
de Péronne, art. 199 ; *de Clermont-en-Argonne*, tit. viii, art. 11 ;
d'Artois, art. 107 ; *Observ*. de Dumoulin.

(3) Boutillier, *Somme rurale*, liv. i, tit. 76, p. 447. — Cujas, *ad*
tit. ii, lib. 2 et *ad tit*. 59, *lib*. 4 *feudor*. — Cowel, *Institutes*, lib. ii,
tit. 2, § 13.

(4) *Cout. de Paris*, art 330 ; *de Calais*, art. 118 ; *de Reims*, art.
316 ; *d'Orléans*, art. 326 ; *du Berry*, tit. xix, art. 1 ; *de Laon*,
art. 82.

(5) *Cout. de Paris*, art. 326.

(6) *Cout. de Mantes*, art. 166, 167 ; *de Dourdan*, art. 116-118 ; *de*
Melun, art. 20 ; *de Montargis*, tit. xv, art. 3, 7, 10 ; *de Touraine*,
art. 287, 288, 310.

D'autres coutumes enfin, comme celle de Chartres, appellent à la succession le plus proche parent du défunt, du
côté de son père ou de sa mère, sans rechercher l'origine
des acquisitions. Dans celle du Nivernais, les propres ne
remontent pas en ligne collatérale (1), mais seulement
en ligne directe.

Telles sont les règles principales adoptées par le droit
coutumier secondaire en matière successorale. Il eût été
facile de développer cette étude et d'agrandir le cercle
dans lequel je me suis enfermé jusqu'à ce moment pour
y faire entrer les dérogations nombreuses que les coutumes apportaient à ces principes dans l'application et
dans les détails. Mais je ne me suis pas proposé de donner un tableau complet du droit usité aux xiv°, xv° et xvi°
siècles au point de vue des successions ; je crois d'ailleurs
qu'il serait presque impossible d'arriver à cet égard à une
perfection et surtout à une clarté que n'a atteintes jusqu'ici aucun auteur. Ce qu'il importait, c'était d'indiquer
le but que la législation de l'ancienne France s'était marqué
et les vues auxquelles elle obéissait sur un sujet si
grave. Ce but, nous le connaissons maintenant, et deux
mots suffisent à l'exprimer : la conservation, la perpétuité
de la famille. Quant aux divergences locales, quant aux
variations infinies qui se produisaient d'une province à
l'autre, il peut être intéressant, mais il n'est pas nécessaire,
il serait peut-être même dangereux de les étudier ici par
le menu, car la confusion qui naîtrait de cette étude ne
pourrait qu'en accroître l'obscurité. L'un des jurisconsultes qui, de nos jours, a le mieux possédé le droit coutumier, Henri Klimrath, a voulu, sous une forme brève,
réduire tous ces usages divers à un certain nombre de
systèmes. Mais ni sa science profonde, ni son talent d'ex-
position ne l'a préservé de l'écueil qu'il cherchait à fuir

_____

(1) *Cout. du Nivernais*, tit. xxxiv, art. 8.

lui-même ; il a beaucoup abrégé, beaucoup simplifié l'épaisse *Conférence* de Guénois (1) : par malheur, et je crois que la tâche est au-dessus des forces humaines, il ne l'a pas suffisamment éclairée.

§ 8. *Obligations et contrats*

Si les jurisconsultes de la première époque du droit coutumier commençaient déjà à emprunter au droit romain la plupart des règles relatives aux obligations, il n'y a pas lieu d'être surpris que ces emprunts soient à la fois plus hardis et plus nombreux dans la seconde période. Ce n'est pas en effet la coutume, mais la jurisprudence et la pratique qui tracent à ce moment la théorie des contrats, ou plutôt qui s'efforcent d'accommoder les doctrines romaines aux usages locaux. Cette théorie sortira définitive et complète des travaux juridiques du xvie siecle, et des œuvres de Dumoulin, de Cujas passera par l'intermédiaire de Pothier dans notre code civil. Mais, à la veille de la rédaction des coutumes, elle est encore loin d'avoir reçu sa forme moderne, et l'on peut même ajouter qu'aucun juriste, si romaniste qu'il fût, n'a tenté de la lui donner. L'indigence du droit national est à cet égard si grande que les quinze maximes contenues dans le titre *des conventions* des *Institutes coutumières* de Loysel, rédigées pourtant au xviie siècle, sont pour la plupart des traductions en langue proverbiale et vulgaire du titre *de regulis juris*, ou de la glose, comme celle-ci : « *On lie les bœufs par les cornes et les hommes par les paroles* » :

> *Verba ligant homines, taurorum cornua funes.*

Le véritable esprit de notre vieux droit ne se retrouve que dans la phrase qui suit : « *Et autant vaut une simple*

(1) *Conférence des coutumes*, par Guénois, 1596, 1 vol. in-fol. de plus de 1600 pages.

*promesse ou convenance que les stipulations du droit ro-
main.* » C'est encore la maxime de la féodalité et des
Assises de Jérusalem: « *Charte ne vaut rien, ni ne doit la
charte être crue en court,* (1) » ou celle de Boutillier :
« *témoins passent lettres.* »

Nous devons donc nous borner à jeter un coup d'œil
sur quelques contrats isolés, mais sans espérer d'y découvrir de larges vues d'ensemble.

A. *Sociétés.* — Les *compaignies* rurales dont Beaumanoir nous a laissé la description, ces communautés tacites
entre laboureurs libres ou mainmortables qui mettaient
quelque chose en commun et vivaient ensemble *à même
chanteau, pendant l'an et jour,* se retrouvent encore,
quoique plus rares qu'au XIII° siècle, sous le nom de sociétés taisibles dans le Berry, le Bourbonnais, l'Auvergne,
la Marche, les deux Bourgognes, le Nivernais, l'Angoumois, le Poitou, la Saintonge. Elles ont survécu à l'émancipation des serfs qui leur avait donné naissance, et créent
des relations particulières entre les communiers. Ainsi,
les gens de mainmorte, qui vivent en commun en Franche-
Comté, ne peuvent disposer même de leurs biens meubles
et de leurs biens francs qu'au profit des parents en com-
munion avec eux au jour de leur décès (2). Ils ne mettent pas
dans la communauté la propriété des biens qu'ils possédaient avant la formation de la société ou qu'ils ont
acquis depuis: ils ne lui apportent que leur industrie, leur
travail et leurs revenus, mais ils les lui apportent sans
réserve, tant qu'ils habitent sous le même toit. De même,
sous les coutumes du Berry, de Chaumont, de Troyes, la
société embrasse tous les meubles et les conquêts immeubles. Dans le Nivernais, le Poitou, la Saintonge (3),

----

(1) *Assises des bourgeois,* ch. 127.

(2) Dunod, *Mainmorte,* p. 81.

(3) *Cout. du Poitou,* art. 31 et 231 ; *de la Saintonge,* art. 58 ; *de
l'Angoumois,* art. 41.

elle ne peut se former qu'entre roturiers majeurs, maîtres de leurs droits, tandis qu'à Troyes (1), les nobles y sont admis. En général, cependant, ces associations, qui n'étaient pas admises par la coutume d'Orléans, n'existent qu'entre mortaillables ou mainmortables, et ne s'appliquent qu'aux acquisitions postérieures à leur constitution. C'est même la communauté de ces acquêts qui, avec la *demourance* commune, est le caractère principal, typique de la société taisible.

B. *Louage.* — L'avènement des serfs à la liberté et à la propriété, qui est consommé dans la seconde période du droit coutumier, rend de plus en plus fréquent un autre genre de contrat, qui, sous une de ses formes au moins, n'est pas sans analogie avec la société, je veux parler du louage. Le louage à colonage partiaire, par lequel le propriétaire met en commun la jouissance de ses terres, tandis que le colon fournit son travail, à la condition de partager les fruits, tenait plus en effet de l'association que du bail à loyer. Mais celui-ci se développe également, sous l'influence des affranchissements, et se diversifie à l'infini : baux à rente, à colonge, à métairie perpétuelle, à complant et à champart, à domaine congéable, agriers, etc., chaque province a son mode de louage, qui s'étend parfois, comme le colonage perpétuel, jusqu'à la concession indéfinie de la jouissance de la terre au preneur, sous la réserve d'un partage de fruits. Le bail à colonge, sorte de bail à rente foncière, était surtout usité en Alsace ; le colonage perpétuel dans la Marche et le Limousin ; le domaine congéable ou bail à convenant, dans la partie de la Bretagne qui forme aujourd'hui les départements du Finistère, des Côtes-du-Nord et du Morbihan ; c'était, comme nous l'avons déjà vu, la concession indéfinie de la jouissance d'un fonds, moyennant le payement d'une

(1) *Cout. de Troyes*, art. 101.

rente annuelle, et avec aliénation des *édifices et superfices*, mais avec cette condition que le concédant pourrait congédier le concessionnaire en lui remboursant la valeur des améliorations faites, des *édifices et superfices* existant sur le fonds au moment du congé. Enfin, le bail à complant, qui avait pour objet de favoriser la culture de la vigne, et par lequel le propriétaire d'un terrain le cédait à un fermier pour le planter et le mettre en rapport, à la charge de lui rendre dans son pressoir une certaine quantité de fruits, était surtout répandu dans le Midi et dans le ressort des coutumes d'Anjou, du Maine, de Saintonge, du Poitou, du Dauphiné, du Nivernais.

C. *Rentes constituées*. — « On peut mettre sa terre en gagnage, comme dit Loysel, par baux à rente, cens ou fief, (1) » c'est-à-dire on peut tirer profit de sa terre en la baillant à cens ou à rente. Mais peut-on tirer également un loyer de son argent ? On n'a pas oublié qu'au moyen-âge l'Eglise réprouvait le prêt à intérêt, bien qu'un official de Reims, Ruffinus de Fiteclo, auteur du *Liber practicus de consuetudine remensi* (2), ait soutenu au XIIIe siècle que l'usure n'était pas un péché contre le droit naturel. Conformément à cette réprobation, les *Etablissements de Saint Louis*, les ordonnances royales et la jurisprudence condamnaient unanimement toute stipulation d'intérêt, quelque modique qu'elle fût (3). Cependant,

_____

(1) Loysel, *Institutes Coutumières*, liv. IV, tit. 1er, 1.

(2) Publié par M. Varin dans le *Recueil des documents inédits sur l'histoire de France*, Archives de Reims.

(3) On lit dans un manuscrit du *Grand Coutumier de France* : « L'an mil cinq cent xxxv, par arrest de la Court de parlement ont esté pugniz plusieurs bourgeoys, marchans de Paris exerceant usures, et les facteurs en grosses amendes, tant envers le roy nostre sire, que envers les parties, et dommages-intérests, et à tenir prison, portant torches allumées depuis la Conciergerie jusqu'à Nostre-Dame de Paris, l'église du Sépulcre et autres églises, et les aucuns tournez au pillory. » (ch. LXXI.) — Cependant, malgré ces rigueurs, la prohibition était très souvent violée. A Lyon, on

comme il était dur de laisser les capitaux improduc-
tifs, la pratique, toujours ingénieuse, imagina de constituer des rentes à prix d'argent, c'est-à-dire d'aliéner
une somme moyennant un revenu annuel, payable par
l'acquéreur à perpétuité. Ce nouveau contrat fut déclaré
valide par la bulle *Regimini* du pape Martin V en 1425. A
l'origine, la rente ainsi constituée n'était pas rachetable ;
si on eût pu la racheter, en effet, le contrat aurait cessé
d'être une aliénation, mais serait devenu un simple prêt.
En 1569, le pape Pie V, ému par les plaintes de quelques
théologiens, exigea dans sa bulle *Cum unus* que les rentes
constituées à prix d'argent eussent toujours une assiette
sur un fonds de terre déterminé et productif, ce qui
devait leur donner le caractère de rentes foncières ou de
rentes non rachetables. Mais cette bulle ne fut pas reçue
en France, et le souverain Pontife la modifia lui-même
en 1570, de façon qu'à partir de cette décision, déjà
devancée d'ailleurs par un arrêt du parlement de Paris,
du 12 mars 1552, rendu à la suite de la vigoureuse campagne entreprise par Dumoulin dans son traité *de Usuris*,
les rentes constituées à prix d'argent purent toujours
être rachetées. Ce contrat ne fut désormais en conséquence qu'un prêt à intérêt mal déguisé.

D. *Ventes et retraits lignagers.* — Le droit coutumier
secondaire n'a apporté aucune modification intéressante
au contrat de vente qui suit de plus en plus les règles
du droit romain. Cependant la pratique tente d'apporter
quelques dérogations aux principes du code de Justinien,
telle que cette maxime, formulée par Loysel : « L'on n'a

---

pratiquait publiquement le prêt à intérêt (Henrys. t. II. liv. IV,
quest 110). Il en était de même à Nantes *dissert théol. sur
l'usure*, p. 176 et 177), dans la Bresse, le Bugey, le Dauphiné, la
Lorraine, le Barrois et dans le ressort du Parlement d'Aix. (V.
Riston, *Cout. de Lorraine*, p. 319; Despeisses, v° *Prêt*, Brodeau
sur Louet, t. I, p. 396.)

pas plutôt vendu la chose qu'on n'y a plus rien. » D'après cette règle, dès que la vente est parfaite, la propriété de la chose vendue passe sans tradition à l'acquéreur, malgré les dispositions de la loi 20 Cod. de pactis, et, en cas de vente à deux personnes différentes, le premier acheteur est préféré au second, contrairement à la loi quotiens Cod. de reivendicatione. Mais l'esprit du droit coutumier résista encore vivement à la pratique sur ce point, et la jurisprudence même ne s'y montra pas toujours favorable. La tradition réelle, l'ensaisinement, exigé par un certain nombre de coutumes (1), demeurera longtemps encore une condition essentielle de la perfection de la vente.

Cependant les ventes faites par autorité de justice sont parfaites et incommutables. « En chose vendue par décret éviction n'a point de lieu. » Il faut en conclure que la vente judiciaire, qui est accompagnée d'une publicité et d'une solennité suffisantes, purge les charges dont le fonds serait affecté, à l'exception toutefois de l'hypothèque du douaire (2), lorsque les biens du mari sont décrétés pendant sa vie, et qu'elle ne peut être attaquée pour lésion de plus de moitié (3).

Le *retrait lignager*, qui s'exerce en cas de vente d'un propre, peut trouver place dans le droit des obligations, bien qu'il soit au nombre de ces institutions que le droit coutumier avait créées dans le but de conserver le patrimoine des familles et qu'à ce titre il ait pu être classé parmi les institutions accessoires du régime successoral.

Le retrait lignager a lieu, dans le second état du droit

---

(1) *Cout. du Vermandois*, art. 198, 199; *de Reims*, art. 166, 167.
(2) Chopin, sur la *Coutume d' Anjou*, liv. III, ch. 2. tit. 1, n° 12; Coquille, sur la *Cout. du Nivernais*, tit. XXXII. art. 54; La Rocheflavin. liv. VI, tit. 35; Dumoulin, sur la *Cout. du Perche*, art. 119.
(3) Loysel, *Institutes Coutumières*, liv. III, tit. 4, 11.

coutumier, non seulement pour les fiefs, mais aussi pour
les rotures ; il se pratique même en cas d'adjudication
judiciaire par suite de décret forcé (1). Il ne s'applique,
comme on l'a déjà vu, ni aux meubles, à moins qu'ils ne
soient très précieux, comme reliques, joyaux et livres, ni
aux acquêts (2), ni à l'usufruit des immeubles, ni aux baux
à rente non rachetable ou aux baux emphytéotiques, quoique certaines coutumes l'admettent par exception en ces
deux derniers cas (3), ni aux offices publics vénaux ou
aux fonctions publiques dont la nomination appartenait
à l'autorité royale, bien qu'on les acquit à prix d'argent.
Il ne peut être exercé, en général, que par un parent, un
lignager du vendeur, des côtés et ligne de l'immeuble
vendu (4). D'après les coutumes souchères, le retrayant
doit descendre en ligne directe de celui qui a acheté
l'héritage et l'a mis dans la famille (5). Quelques autres,
telle que celle de Reims, se contentent qu'il soit parent
du vendeur du côté d'où le bien est échu à celui-ci, mais
sans l'être du premier acquéreur. Il est impossible de
suivre les usages locaux dans les divergences infinies
qui existaient entre eux sur les questions de retrait ou
sur le délai dans lequel le retrayant doit agir (6). Il suffit
d'indiquer les principes généraux qui étaient reconnus

(1) *Cout. de Paris*, art. 150. — Cependant les *Coutumes d'Orléans*
art. 400, *de Touraine* et *du Loudunois* ne l'autorisent pas en ce
cas.

(2) Sauf dans le ressort de quelques coutumes, comme celles de
Norm ndie, art. 452, 469. 170 ; *de Bretagne*, art. 298 ; *du Maine*,
art. 358 ; *de l'Anjou*, art. 346 ; *du Poitou*, art. 319.

(3) *Cout. de Châlons, Sens, Laon, Montfort.*

(4) *Cout. de Paris*, art. 128, 129, 130, 142.

(5) *Cout. d'Orléans.* art. 373 ; *de Normandie.* art. 438 ; *de Melun*,
art. 130, 264 ; *du Nivernais*, tit. XXVI, art. 13.

(6) Ce délai est de 60 jours dans le Berry, de trois mois en Auvergne, de six mois dans le Bourbonnais pour les droits immobiliers incorporels et de trois mois pour les immeubles, etc. Cependant, il est fixé, comme dans le droit primitif, en général à l'an et
jour.

à cet égard par la plupart des coutumes, et qui précisent le but auquel elles tendaient. « Qui ne serait habile à succéder ne peut à retrait aspirer, » dit Loysel en paraphrasant l'art. 158 de la coutume de Paris. Par conséquent, « bastards ne sont receus à retrait ; » cette interdiction, formulée par l'ancienne coutume (1), est répétée dans la nouvelle, quoique la répétition paraisse à vrai dire inutile.

E. *Gage et hypothèque.* — Outre le gage mobilier, celui que dans sa *Somme rurale* Boutillier appelle *nampt* ou *nans* (2), d'où est venu le mot *nantissement*, le droit coutumier de la première comme de la seconde époque connaissait le gage immobilier, le gage réel, auquel la féodalité, trop souvent à court d'argent, malgré ses immenses propriétés territoriales, avait d'habitude recours, à défaut des usuriers lombards, pour remplir son trésor épuisé par ses expéditions lointaines, son luxe et ses largesses. Il en distinguait même deux sortes : le *vif-gage,* celui qui s'acquittait de lui-même, et dont le créancier gardait les fruits, non à titre d'intérêts, mais à valoir sur le principal même de sa créance (3), et le *mort-gage,* ou antichrèse, qui avait pour résultat de donner au créancier, avec la possession d'un immeuble, les fruits de cet immeuble, en guise d'intérêts et sans imputation sur le capital (4). Le droit canonique, qui condamnait le prêt à intérêt, prohibait par suite le *mort-gage,* admis pourtant en quelques cas par le droit commun : 1° lorsque le vassal

---

(1) *Anc. Cout. de Paris*, art. 296.

(2) *Somme rurale,* liv. I, ch. 102.

(3) *Somme rurale,* liv. I, ch. 25 ; Hévin sur Frain, t. I, p. 310 et 312 ; traité de *l'origine du droit d'amortissement,* p. 179.

(4) Loyseau, *Déguerpissement,* liv. I, ch. 7, n° 13 ; Dumoulin, *De usuris,* quest. 35 ; Du Cange, Gloss., v^{is} *Vadium* et *Pignus mortuum*; d'Argentré, sur les art. 54 et 55 de la *Coutume de Bretagne*; Duparc-Poullain, t. III, p. 121 ; Cujas, sur *les Décrétales,* t. XX et *de feudis,* ch. I.

donnait à antichrèse à son seigneur l'immeuble qu'il
tenait de lui, parce qu'alors le vassal étant dispensé des
droits féodaux, les fruits étaient réputés demeurer au
seigneur, non plus *vice usurarum*, mais *vice servilii* ;
2° lorsqu'il avait pour but de faire des dons et des aumônes
à l'Eglise ; 3° enfin, en cas de mariage de maisnés ou de
filles, lorsque le père donnait à son gendre, en sûreté de
la dot promise, un immeuble à antichrèse, parce qu'alors
les fruits étaient censés perçus non comme des intérêts,
mais pour servir à l'entretien du ménage (1). Afin de se
soustraire à cette prohibition, la pratique inventa le contrat pignoratif, qui consistait dans la vente d'un immeuble
avec faculté de rachat, et relocation au vendeur moyennant un fermage déterminé (2). Il était, comme on le
comprend, souvent fort difficile de distinguer le contrat
d'impignoration de la vente à réméré, et ce fut l'objet
de grandes hésitations dans la jurisprudence, qui sanctionnait de son autorité les défenses ecclésiastiques. Aussi,
grâce à cet expédient, l'usage du *mort-gage* ne disparut
point, au contraire, et il se répandit même ouvertement
dans les provinces où le prêt à intérêt était toléré.

Les coutumes admettaient, comme le droit romain,
trois espèces d'hypothèque, l'hypothèque conventionnelle,
l'hypothèque légale et l'hypothèque judiciaire.

La première résultait de tout acte notarié et frappait,
sans stipulation expresse, tous les biens présents et à venir
du débiteur (3). Cependant les contrats passés en cour
d'Eglise n'emportaient pas hypothèque, d'après un arrêt
du Parlement de Paris, en date du 4 juillet 1357, parce que
les tribunaux ecclésiastiques n'avaient pas juridiction sur

---

(1) Pierre de Fontaines, *Conseil à un ami*, ch. xv, § 14.
(2) Bacquet, *Traité des droits de justice*, ch. xxi; n° 234; Duparc-
Poullain, t. III, p. 120, n° 123.
(3) *Cout. de Paris*, art. 107.

les laïques et ne possédaient compétence qu'en matière religieuse ou considérée comme telle.

L'hypothèque légale ou taisible comprenait l'hypothèque du mineur sur les biens de son tuteur, et même, en Normandie, l'hypothèque du tuteur sur les biens du pupille, pour ce qui pourrait lui être dû par celui-ci en vertu de la tutelle; celle du prodigue sur ceux de son protuteur ou curateur; l'hypothèque de la femme sur les immeubles du mari, pour sa dot et son douaire; celle du mari sur les biens de celui qui avait promis la dot; celle des légataires sur les immeubles successifs; celle des héritiers sur les mêmes biens, pour la garantie de leurs lots; celle des hôpitaux sur les biens de leurs administrateurs; l'hypothèque du fisc pour le recouvrement des impôts. Les grevés de substitution étaient également soumis à une hypothèque vis-à-vis des appelés, pour les garantir contre leur mauvaise administration.

L'hypothèque judiciaire, la plus tard venue, car elle ne fut généralisée que par l'ordonnance de Moulins, de 1556, existait néanmoins dans le droit coutumier, puisque l'art. 107 de la coutume de Paris déclare que la cédule privée portant promesse de payer emporte hypothèque lorsqu'elle est « tenue par jugement pour confessée. »

En certains pays, appelés *pays de nantissement* (1), on ne pouvait acquérir sur un immeuble un droit réel, et par conséquent un droit d'hypothèque, sans en être nanti par le seigneur ou par des officiers procédant en son nom, et avec des formalités appelées *œuvres de loi, devoirs de loi, mainmise, mise de fait*, formalités qui avaient pour but de manifester la translation du droit. Mais le nantissement n'était pas nécessaire pour les hypothèques judiciaires,

(1) Reims, Senlis, Abbeville, Valois, Vermandois, Boulenois, Ponthieu, Amiens, Châlons, Montreuil. Dans le ressort du Parlement de Paris, l'usage du nantissement se maintint jusqu'à l'édit de juin 1711.

ni pour celles des femmes mariées, des mineurs, ou pour le privilège du vendeur, à raison du prix qui lui était dû, et celui du seigneur à raison de ses droits seigneuriaux (1).

Quant aux privilèges sur les immeubles ou sur les meubles, les coutumes paraissent les avoir négligés ou du moins avoir abandonné au droit romain, à la jurisprudence surtout le soin de les déterminer et d'en fixer l'ordre de priorité, comme celui des hypothèques elles-mêmes. Il serait par conséquent difficile de s'en référer à leur texte seul pour énumérer les privilèges qu'elles reconnaissaient. En général toutefois ces privilèges étaient les suivants :

Sur les immeubles : 1° celui qui était accordé pour les frais de vente ; 2° celui du seigneur pour ses droits seigneuriaux ; 3° celui du vendeur non payé ; 4° celui du prêteur qui avait fourni des fonds pour le payement ; 5° celui des ouvriers qui avaient construit ou réparé une maison.

Sur les meubles, les créances privilégiées étaient : 1° les frais de justice pour la saisie et la vente des meubles ; 2° les frais funéraires ; 3° les salaires des médecins, chirurgiens et apothicaires pour les soins donnés dans la dernière maladie ; 4° les loyers des maisons et des fermes : pour les premiers, le privilège portait sur les meubles garnissant l'habitation, et pour les seconds sur les fruits de l'héritage loué, ainsi que, d'après quelques coutumes (2), sur les meubles et effets mobiliers du fermier ; 5° les dépenses d'*hostelage*, sur le prix des choses conservées dans l'hôtellerie (3) ; 6° la créance du gagiste sur les biens donnés en gage ; 7° les frais de voiture sur le prix des choses transportées ; 8° les gages des domestiques pendant la

---

(1) Louet, lettre H, sommaire 25 ; Denisart, v^e *Privilège*, n° 28.

(2) *Cout. de Paris*, art. 171.

(3) *Cout. de Paris*, art. 175.

dernière année. Ajoutons que le vendeur non payé d'une chose mobilière pouvait, d'après la coutume de Paris, poursuivre cette chose en quelque lieu qu'elle fût transportée, et, si elle se trouvait saisie sur le débiteur par un autre créancier, en empêcher la vente, de manière à être préféré aux autres créanciers (1).

Comme je l'ai dit plus haut, les décrets ou ventes forcées purgeaient les hypothèques, à l'exception de celles qui étaient prises pour la conservation des droits seigneuriaux. Quant aux aliénations volontaires, elles ne pouvaient avoir le même résultat; mais, dans le Nord, sous l'empire des coutumes de Lille et de Tournay (2), on suppléait au décret par des *lettres de purge*, passées sous le scel royal, et qui étaient adressées au juge de la situation des biens. Le prix était alors consigné par l'acquéreur entre les mains de ce juge et l'on faisait trois *criées* ou publications pour avertir les créanciers connus. L'entérinement de ces lettres de purge affranchissait ensuite l'immeuble de toute charge hypothécaire. En Bretagne, on procédait par voie d'*appropriance*. L'acquéreur faisait faire trois *bannies* ou publications du contrat et de sa prise de possession, et, dans le délai de huitaine qui suivait la dernière, les créanciers hypothécaires étaient admis à faire valoir leurs droits sur le prix de vente ou à surenchérir. Passé ce délai, le uge certifiait les *bannies* et son acte rendait l'acquéreur propriétaire incommutable (3). Enfin, dans d'autres lieux, pour parvenir à la purge, on simulait une aliénation par décret, ce qu'on appelait le *décret volontaire*. Un tiers aisait, en vertu d'une obligation supposée, saisir et vendre l'immeuble par autorité de justice, et mettait ainsi les

_____

(1) *Cout. de Paris*, art. 176, 177.

(2) *out. de Tournay*, ch. VII; *de Lille*, tit. XXIV. — *Style gothique* du Châtelet, p. 23; *Glossaire du droit français*, v° *Garnir la main*; Brodeau, sur l'art. 164 de la *Coutume de Paris*.

(3) *Cout. de Bretagne*, art. 269.

créanciers hypothécaires dans l'obligation de former opposition sous peine de déchéance. S'ils se taisaient, la propriété se trouvait désormais assurée à l'acquéreur sans danger d'éviction.

F. *Saisine et actions possessoires* — Bien que la saisine et les actions possessoires se rattachent plus étroitement au droit de la propriété, je les placerai, comme dans le livre précédent, à la suite des obligations, auxquelles elles se relient par la vente.

La théorie de la saisine, dans le droit coutumier secondaire, ne s'éloigne pas de ce que nous l'avons vue, d'après les *Etablissements de Saint-Louis* et surtout Beaumanoir, dans le droit coutumier de l'époque féodale. Toutefois, grâce aux écrits des jurisconsultes qui s'inspirent de plus en plus du droit romain, elle apparaît moins nette, moins bien comprise, et une diversité plus grande se trahit à son égard dans les coutumes.

J'ai précédemment fait remarquer que dans la période féodale, pour avoir la saisine, il fallait soit une possession d'an et jour, soit une transmission par *décret*, c'est-à-dire par jugement, ou par ensaisinement, et, devançant les années, j'ai ajouté que la nécessité de cet ensaisinement solennel, de cette *appropriance*, comme on l'appelait en Bretagne, finirait bientôt par disparaître, sauf dans les coutumes *de nantissement* (1). C'est, en effet, le régime commun aux XIVᵉ et XVᵉ siècles : la simple tradition, sans autre publicité, suffit pour rendre l'acquéreur maître de la chose. La possession qui en résulte paraît un fait assez public, lorsqu'elle se prolonge sans contradiction, pour remplacer les formes du *vest* et du *dévest*, pour attester que le possesseur a un droit sur l'objet qu'il détient.

La saisine ne peut toujours s'appliquer qu'aux immeubles ou aux universalités de meubles. Par suite, l'action

(1) V. *Supra*, p. 434 et suiv.

de *nouvelleté* ne saurait être exercée à l'égard des meubles isolés : *pro possessione mobilium non datur*, dit Jean Faber (1). Toutefois, Boutillier reconnaissait dans sa *Somme rurale*, ch. 31, qu'on pouvait « asseoir complainte de nouvelleté sur chose mobilière, personnelle, réelle, spirituelle, corporelle, puisqu'on en auroit possession acquise par temps suffisant. » *Mobilium vilis et abjecta possessio*, disait-on pour justifier cette sorte de prescription instantanée, en vertu de laquelle le droit de propriété devait, à l'égard des meubles, céder le pas à une possession non vicieuse et de bonne foi. On ne pouvait revendiquer les meubles, en général, que lorsqu'ils avaient été dérobés ou distraits. Par exception, certaines coutumes, comme celles de Saintonge, d'Anjou, du Poitou, du Maine et de la Touraine (2), admettaient une revendication mobilière connue sous le nom d'*adveu*, *arrêt et ban* ou *dénoncement*. A l'aide de cette procédure, qui confondait le possessoire et le pétitoire, quoique ce cumul fût interdit par les ordonnances royales, le détenteur d'un meuble qui l'avait perdu contre son gré pouvait en poursuivre la restitution (3).

Malgré les termes du *Grand Coutumier*, dit de *Charles VI*, qui distingue trois espèces de possession suffisant à saisine (4), il n'y avait qu'une saisine résultant de la possession d'un an et jour. Seulement, comme la vraie saisine ou saisine de droit était transmissible, l'héritier ou l'acquéreur d'un immeuble pouvait remonter jusqu'à celui de ses auteurs qui avait possédé pendant le délai fixé par les coutumes pour faire acquérir la saisine, à la condition

---

(1) Inst *de interdictis*, § *retinendæ*.

(2) *Cout. d'Anjou*, art. 420 ; *de Saintonge*, art. 114 ; *du Maine*, art. 415 ; *du Poitou*, art. 385, 397, 404 ; *de Touraine*, art. 310 ; *de La Roche le*, art. 20 et 25 ; *de Bayonne*, tit. XIV, art. 1. — Dans la Marche, l'*aveu* s'appelait *exhibition*. (*Cout.* art. 7.)

(3) Imbert, *Institut. forenses*, ch. XVII.

(4) *Grand Coutumier*, liv. II, *des cas de nouvelleté*.

d'intenter son action possessoire dans l'année qui suivait sa dessaisine ou la mort de celui dont il était ou se prétendait l'ayant-droit.

Nous avons vu précédemment que Beaumanoir avait introduit une division tripartite dans le système des actions possessoires. Mais cette division était restée plutôt théorique que pratique ; aux xive et xve siècles, les trois actions connues auparavant sous le nom de *force, nouvelle dessaisine* et *trouble nouvel* se sont définitivement fusionnées en une seule, qui s'appelle *trouble* ou *nouvelleté* : on admit par fiction que le possesseur d'an et jour dessaisi ne serait point considéré comme ayant perdu la saisine, dit Klimrath, mais comme y étant seulement troublé et empêché : la nouvelle dessaisine fut dès lors assimilée au nouveau trouble. Le premier président Simon de Bucy fut-il l'auteur de cette importante révolution opérée dans le régime des actions possessoires, ou se borna-t-il, comme cela paraît plus probable, à sanctionner de son autorité une modification que les écrits des jurisconsultes et surtout les efforts des praticiens commençaient déjà à introduire dans l'usage ? Il est assez difficile de se prononcer sur cette question. Quoi qu'il eu soit, à partir du milieu du xive siècle, soit que la jurisprudence ait brusquement changé, soit que les mœurs en s'adoucissant aient rendu les violences moins fréquentes, les cas de dépossession et de trouble furent désormais assujettis à des règles identiques, et la complainte en cas de saisine et de nouvelleté devint l'action possessoire par excellence, quoique Boutillier fasse encore une allusion spéciale à la *nouvelleté de force faite*, c'est-à-dire à l'action réservée à celui qui avait été violemment expulsé de l'héritage qu'il détenait. Celle-ci conserva, sous le nom de réintégrande, consacré plus tard par les art. 62 et 63 de l'ordonnance de Villers-Cotterets, en 1539, une existence rendue de jour en jour plus précaire par la rareté de ses applications.

Elle se distinguait de la complainte, en ce qu'elle avait un caractère essentiellement provisoire et pouvait généralement s'exercer sans condition d'annalité. En Dauphiné, d'après le statut de 1408 *Si quis per litteras*, il suffisait, en l'absence de tout titre d'acquisition, d'une possession de dix jours pour avoir la faculté de l'exercer en cas de spoliation. La voie de la complainte, au contraire, ne pouvait être employée qu'en cas de saisine, c'est-à-dire de possession annale, à laquelle ce nom spécial de saisine était réservé, celui de possession étant exclusivement attribué à la simple détention d'une chose, sans condition de durée.

Quelques auteurs regardent comme une action originale et distincte de la réintégrande et de la complainte celle que plusieurs coutumes appellent l'action de *simple saisine*, et à laquelle j'ai déjà fait allusion dans le paragraphe consacré à la saisine pendant la période féodale. Ils en fixent même l'apparition au milieu du XIV° siècle (1). En effet, on lit dans le *Grand Coutumier de Charles VI*, liv. II, ch. 21: « Qui succombe en la nouvelleté, peut intenter libelle sur simple saisine; car il n'a pas perdu la saisine simplement. Mais il en est reculé ou débouté, en tant que touche cette qualité de nouvelleté seulement. » De son côté, Loysel déclare dans ses Institutes coutumières : « Qui chet en la nouvelleté, pour n'avoir joui an et jour avant le trouble, peut intenter le cas de simple saisine (2). » C'était une sorte d'interdit *recuperandæ possessionis* qui se cumulait avec le pétitoire, et certains jurisconsultes y crurent discerner un héritage direct du droit romain (3). Pour recouvrer la possession perdue

---

(1) Parieu, *Etudes sur les actions possessoires*; notes de Laurière sur Loysel.

(2) *Instit. cout.*, liv. v, tit. 4, règle 23.

(3) Masuer, tit. *de possessorio*, §§ 5 et 32.

par le cas de simple saisine, il fallait justifier d'une
jouissance décennale, ou, selon quelques documents,
d'une possession antérieure à l'année du trouble, dans
le délai de dix ans à partir de celui-ci (1). C'est ce
qu'exprimait l'art. 265 de la coutume de Péronne en disant
que « jouissance de dix ans vaut saisine, » règle que
Loysel s'est appropriée dans l'art. 9 du titre de la possession de ses *Institutes coutumières* (2). M. Klimrath a
combattu la distinction indiquée plus haut et n'a voulu
voir dans le terme de simple saisine employé par les
coutumiers du xv° siècle qu'une expression synonyme de
propriété (3).

Je serais disposé à reconnaître l'existence de l'action
de simple saisine à cette époque, mais en restreignant
son emploi à la protection des servitudes, des prestations, tailles ou des autres charges réelles. Boutillier disait en effet : « Simple saisine ne se doit asseoir que
sur trouble de servitude et de propriété sur la chose de
héritage et sous propriétaire (4). » C'est ainsi que l'entendaient l'article 98 de la coutume de Paris et l'art. 118
de celle de Valois. En tout cas, cette action tomba promptement en désuétude et ne paraît pas avoir survécu au
xvi° siècle.

La complainte se formait par requête adressée au seigneur : « Je vous prie, lui disait-on, que vous prengniez
la chose en vostre main. » D'après un édit de 1347, les
baillis devaient procéder sans aucun retard au rétablissement du demandeur, soit par eux-mêmes, soit par le

_____

(1) Masuer, *de posesssorio*, § 32. — *Charles de Hainaut*, ch. 4,
art. 3.

(2) Par là, on entendait que l'acquéreur qui avait joui pendant
dix ans paisiblement de la chose acquise, en était aussi bien ensaisiné que s'il avait reçu la saisine par décision du juge.

(3) *Etude historique sur la saisine*, t. II des *Travaux sur l'histoire du droit français*, p. 369.

(4) *Somme rurale*, liv. I, ch. 31.

ministère d'un sergent, *uno die imo una hora*, lorsque
l'auteur du trouble reconnaissait ses torts, ou mettre la
chose contentieuse sous le séquestre, afin d'éviter que les
parties ne recourent à la violence (1). On passait alors, à
la suite du rapport du sergent, à un débat judiciaire, pendant lequel l'une des parties pouvait obtenir la *recréance*
ou la garde de l'objet litigieux. Du reste, il n'était pas indispensable de procéder ainsi par voie de complainte sur
les lieux ; le plaideur qui exerçait l'action en cas de nouvelleté pouvait également saisir le juge par un simple
ajournement, et il n'y avait alors lieu à la nomination
d'un séquestre que lorsque celui-ci était formellement
demandé (2), ce qui constituait un incident distinct de la
procédure sur l'action elle-même.

J'ai déjà dit plus haut que, contrairement au droit canonique et au droit romain, le droit coutumier prohibait
en principe le cumul du possessoire et du pétitoire.
Beaumanoir ne laisse aucun doute à cet égard pour la
période féodale (3), et les *Décisions* de Des Mares confirment ce précepte, évidemment inspiré aux jurisconsultes
du moyen-âge par la présomption de propriété qu'ils attachaient à la possession. Une contestation sur le fond du
droit devait naturellement, à leurs yeux, absorber l'action
possessoire. Cependant, au témoignage des *Olim* et des
recueils de formules laissés par les praticiens de cette
époque, les demandeurs avaient l'habitude d'alléguer,
dans leurs complaintes, une possession plus qu'annale,
souvent même immémoriale et indéterminée. De leur
côté, les défendeurs recouraient parfois, pour fortifier
leur résistance à l'action de nouvelleté, à une action pétitoire dont l'apparition motivait la jonction des deux ins-

(1) *Grand Coutumier de Charles VI*, liv. ii, ch. 21.
(2) *Idem, id.*
(3) *Cout. du Beauvoisis*, ch. xxxii, § 29.

tances et par suite la prolongation du procès. L'ordonnance de Montils-les-Tours, l'une de ces grandes œuvres législatives qui suivaient les sessions des Etats-Généraux (1), eut pour objet dans son art. 72 d'interdire absolument ces jonctions abusives et sa défense à cet égard fut depuis consacrée par l'ordonnance d'Is-sur-Tille, qui sépara complètement le possessoire du pétitoire.

G. *Prescription.* — L'étude de la saisine et des actions possessoires dans la période qui s'étend du XIIIe au XVIe siècles nous amène naturellement à celle de la prescription qui s'y attache d'une façon si étroite. Mais en cette matière le droit coutumier ne peut prétendre à beaucoup d'originalité (2), car il se borne à faire des emprunts au droit canonique qui en avait fait lui-même au droit romain. Ces emprunts furent spontanés et en quelque sorte nécessaires. Lorsque la loi des Visigoths déclarait que la prescription trentenaire lui paraissait résulter de la nature même des choses, elle exprimait d'avance la secrète pensée des jurisconsultes du moyen-âge, de ceux-là surtout qui s'efforçaient de substituer à une jurisprudence, toute de procédés, selon l'expression de Montesquieu, des règles plus fixes, plus stables, plus scientifiques, mieux en harmonie avec les progrès accomplis par la civilisation.

---

(1) 1453.

(2) Il convient de rappeler cependant que d'après le droit féodal pur, la possession d'an et jour avait le caractère d'une prescription acquisitive de propriété. Ce caractère apparaît surtout dans les *Assises de Jérusalem.* (V. *Assises des bourgeois,* art. 29, 93, 167.) Un célèbre passage de Guillaume de Tyr (liv. IX, ch. 19) rapporte à cet égard la législation des croisés : « *Ut annua præscriptio locum haberet, et eorum foveret partes, qui, in tribulatione perseverantes, per annum et diem tranquille et sine quæstione possederant.* » Les législateurs de l'Orient se conformaient sans doute sur ce point à la coutume française du XIe siècle. Mais ils cherchaient aussi à atteindre par là les propriétaires qui désertaient leur poste de combat, quand il fallait défendre le sol conquis, et s'exonéraient ainsi de l'obligation féodale du service militaire.

Pour suppléer au combat judiciaire qui, après avoir été longtemps le seul mode de régler les contestations principalement soulevées entre les possesseurs de fiefs, tendait de plus en plus à disparaître des mœurs, on chercha de nouveaux moyens de fixer la propriété féodale. On découvrit dans le recueil de Justinien les lois qui concernaient la prescription. C'était peut-être les plus sages que la Rome antique ait léguées au monde moderne. On s'empressa de les adopter, et, comme l'avait déjà fait Pierre de Fontaines dans son *Conseil à un ami*, on n'osa pas même y porter une main profane, on les accepta tout entières, sans en altérer l'ensemble par un mélange des usages nationaux. Sans doute, la diversité fut grande entre les diverses coutumes, lorsqu'il s'agit de déterminer la durée de la prescription : il y eut aussi des applications nouvelles, dépendant des circonstances et de l'interprétation des juges ou des commentateurs. Mais le fond demeura intact et, si l'on a pu dire que la loi de Rome fut le droit commun de la France dans les pays de coutumes, jamais cette proposition ne se montra moins contestable qu'à l'égard de la prescription (1).

Il est donc inutile d'analyser les dispositions souvent contradictoires des coutumes sur cette durée. Il suffit de rappeler qu'en général elles admettaient, comme le droit romain, la prescription libératoire de trente ans contre toutes les actions soit personnelles, soit réelles, soit mixtes ; la prescription acquisitive de dix ans entre présents et de vingt ans entre absents, à l'aide de laquelle les tiers acquéreurs de bonne foi prescrivaient l'immeuble et les charges auxquels il était assujetti ; et la prescrip-

---

(1) Merlin a donné dans son *Répertoire*, v° *prescription*, une liste de toutes les prescriptions qui existaient dans le droit coutumier.

tion de quarante ans, opposable à l'action hypothécaire par le débiteur ou ses héritiers. On ne pouvait opposer au Roi que la prescription centenaire ; d'où ce proverbe : « *qui a plumé l'oie du roi, cent ans après en rend la plume.* » De même, 'es laïques ne pouvaient prescrire que par quarante ans contre l'Eglise, et même il leur était impossible de prescrire les dîmes, quelque longue que fût leur possession, sauf à invoquer la prescription quadragénaire à l'égard de la quotité de celles-ci. Toutefois, lorsqu'ils prouvaient leur possession immémoriale d'une dime inféodée, ils étaient présumés avoir un titre antérieur au concile de Latran, qui avait prohibé ce mode d'aliénation (1).

Tel était le respect inspiré par le droit romain en matière de prescription que, malgré le concile de Latran et les décrétales (2), d'après lesquelles il n'y avait point de prescription, même immémoriale, sans une bonne foi existant non seulement à l'origine de la possession, mais pendant toute sa durée, les jurisconsultes français finirent par admettre que la mauvaise foi du possesseur ne l'empêchait pas de prescrire par une jouissance paisible de trente ans. Il en était autrement, il est vrai, à l'égard de la prescription acquisitive de dix et vingt années, qui resta toujours soumise aux dispositions du droit canonique sur ce point. Mais, sauf de rares exceptions (3), presque toutes les coutumes du royaume estimaient que la possession trentenaire faisait présumer la bonne foi de celui qui pouvait l'invoquer. Au moins, pour interrompre la prescription, fallait-il une mauvaise foi formelle, tout à fait inexcusable et accompagnée de dol.

(1) Grimaudet, *des Dimes*, liv. ii, ch. 6 ; *Instit.* de Coquille.

(2) Concile de Latran, cap. xli ; Décrétales, *de præscriptionibus*, chap. *Quoniam.*

(3) *Cout. de Bailleul*, art. 1er, rubr. 21 ; *de Berghes*, tit. *des prescript.*, art. 1er.

Expilly donnait de cette dérogation aux règles canoniques une explication plus naïve en apparence qu'en réalité : « Les empereurs qui ont été, dit-il, auteurs des lois civiles (des lois romaines), n'ont considéré ni le paradis ni l'enfer, mais le bien public qui admet les prescriptions (1). » C'est qu'en effet la recherche de la mauvaise foi, qui aurait obligé la partie, selon l'expression d'un auteur, à fouiller dans un abîme, à poursuivre dans des actes que le temps a couverts de son voile l'explication des pensées les plus secrètes de son adversaire, eût entraîné de nombreux procès, des troubles dans les familles, de véritables désordres dans la société.

J'ai dit tout à l'heure que les coutumes françaises, fidèles en ceci à l'esprit de l'Eglise, avaient toutes admis la nécessité et la légitimité de la prescription, *propter vitandam miserorum segnitiem et longi temporis errorem et confusionem*, ainsi que le disaient les canons. Cette assertion est vraie en principe; mais lorsqu'on pénètre dans la législation coutumière, on rencontre toujours des exceptions. Je n'en connais pourtant qu'une seule, c'est celle qui nous est fournie par la coutume de Saint Amand, ville des environs de Tournay. Cette coutume proscrivait toute espèce de possession, fût-elle immémoriale, dès qu'elle était contraire à un titre. Voici comment elle s'exprimait : « S'il avient que homme ou femme ait été expatrié par quelqu'espace de temps que ce soit, ou que sans estre expatrié on ait possessé d'héritaiges, rentes héritières ou autres biens, nonobstant ladite possession intervenue par quelque laps de temps que ce soit, s'il avient que par tel homme ou femme soit montré tels biens lui appartenir héritièrement, il doit

---

(1) Expilly. *plaidoyer* 27, n° 23. — V. aussi Bretonnier sur Henrys, liv. 4, quest. 77.

revenir à son droit héritier. » C'était sans doute témoigner d'un grand respect pour les droits de la famille et de l'hérédité ; mais n'était-ce point également, et par contre-coup, exposer la propriété à une instabilité plus grande encore ?

CHAPITRE V

CONCLUSION ET RÉSUMÉ

Grâce à notre marche rapide, nous sommes arrivés à la veille de la rédaction officielle des coutumes, c'est-à-dire au moment ou notre droit national, ou, si l'on aime mieux, le droit particulier de nos provinces, dont Saint Louis et Louis XI rêvaient de faire la loi commune de la France (1), où ce droit va recevoir une forme définitive et une consécration souveraine. Il est donc temps de s'arrêter, non sans exprimer le regret qu'une matière si riche nous ait interdit de l'embrasser tout entière et nous ait contraint de négliger les détails, afin de ne point voiler l'ensemble.

Quelque imparfait qu'ait été cet exposé, il a suffi pour nous permettre de mesurer l'étendue du sujet et, sous une apparente diversité, d'en reconnaître la réelle harmonie. On ne saurait assurément dire du droit coutumier ce que Cicéron disait du droit romain : « En trois jours, on peut former un jurisconsulte : *triduo me jurisconsultum esse profitebor* (2). » Ce n'est pas cette science banale, frivole,

_____

(1) V. Chopin, *de communibus Gallicarum consuetudinum præceptis libellus*, part. ii, n° 5.

(2) *Orat pro Murena.*

augurale, toute en vaines subtilités et en vaines formules,
que le célèbre orateur décrie en se jouant, sans penser d'ailleurs un seul mot des railleries auxquelles il s'abandonne
dans l'intérêt et au nom de son client. J'ai à peine effleuré les
sommets de la législation coutumière, et l'on a pu déjà
pourtant se convaincre qu'il faudrait une vie d'homme
pour s'y créer quelque compétence. Qu'on ne s'y trompe
pas : ce n'est ici ni une réhabilitation ni une apologie ; je
n'ignore pas que le genre humain ne recule jamais vers le
passé, mais, si mal que nous la connaissions aujourd'hui,
cette législation ne semble point mériter nos dédains ;
quoiqu'elle soit loin de soulever une admiration sans
mélange, les progrès qu'elle n'a cessé d'accomplir sur elle-
même sont au moins dignes de notre respect. A son origine même, ou peu de jours après la naissance du régime
féodal, quand l'esprit humain, vaincu et comme anéanti
par la violence matérielle, paraît déserter la lutte et s'abi-
mer dans un sommeil éternel, c'est le droit qui le secoue
de sa léthargie et qui, de concert avec l'Eglise, le venge
de sa défaite passagère en protestant contre les abus de la
force. Comme les individus, les peuples chrétiens ont une
conscience dont les palpitations peuvent se ralentir, mais
ne s'étouffent pas. Tant qu'ils n'ont point abjuré leur foi,
la vitalité spirituelle, la loi morale peut chez eux subir des
éclipses, elle ne s'éteint jamais. A n'en juger que d'après
les apparences, au XIᵉ et au XIIᵉ siècles, c'en est fait de la
liberté et de la personnalité de l'homme : la terre a tout
absorbé, et dans une société gouvernée par le glaive, où
l'on n'est quelqu'un qu'à la condition d'avoir conquis quelque chose, il semble que la notion même du droit pur, du
droit dépouillé de la contrainte brutale qui l'impose et
oblige à le reconnaître, ait complètement disparu. Il n'en
est rien pourtant : par cela seul que la force réclamait des
droits, elle apprit à la faiblesse à les contester ou à y aspirer
à son tour ; la féodalité engendra ainsi l'émancipation

communale et les croisades qui transportèrent le fief militaire en Orient n'eurent peut-être, au point de vue civil,
pas de conséquence plus grave que de le réduire et d'en
corrompre le caractère exclusif au milieu de nous. Le roturier prit ainsi insensiblement la place du noble, et le
sol dont le second s'était réservé la jouissance afin d'im-
mobiliser le pouvoir et la richesse dans sa famille, devint
la base jusqu'à nos jours inébranlable de la lente, mais
progressive fortune du premier.

En même temps, cette société qui paraissait tout devoir
à la matière et tout attendre d'elle, introduit dans son droit
un principe ou plutôt un sentiment que le monde antique
n'avait point connu : l'honneur, la fidélité à la parole, le
lien purement moral qui unit le serviteur au maître, le
subalterne au chef, le vassal à son suzerain, le compagnon
à son compagnon, l'homme libre à l'homme libre, qui a
reçu la foi d'autrui en échange de la sienne. Sans doute,
le paganisme grec ou romain connaissait et pratiquait
même le respect du serment ; la philosophie stoïcienne
imposait l'obéissance comme un devoir, indépendamment
de toute sanction pénale. Mais il était réservé à ce temps
prétendu barbare et qui par d'autres côtés a justifié cette
épithète, il était réservé à ce moyen-âge, si décrié d'ailleurs, d'élever à la hauteur d'un dogme politique et social,
presque religieux, la libre soumission d'une volonté indépendante à une volonté étrangère, la confiance réciproque
de l'inférieur et du supérieur, la fidélité due à celui dont
on s'est déclaré le *féal*, et de créer même, pour exprimer
cette relation de la conscience, un mot que l'on ne rencontre dans aucune langue de l'antiquité, le mot de *loyauté*.
Que ce mot ait été importé dans les idiomes d'origine germanique, comme l'anglais, que celui d'*honneur* ait été
traduit en allemand, nul ne le conteste. Mais qu'il ne soit
point de source exclusivement française, et qu'il n'ait pas
eu dans notre pays un sens précis, juridique, avant d'ac-

quérir la même portée et la même signification à l'étranger, voilà ce que la vérité, non moins que le patriotisme, nous interdirait de soutenir.

Sans entrer dans une discussion philologique, il est aisé de constater l'exactitude de cette proposition en jetant un coup d'œil sur l'histoire de la théorie des conventions. C'est en France, sous l'influence de l'Eglise, que la volonté humaine s'est relevée pour la première fois des entraves que lui imposaient, dans les contrats, le formalisme politique du droit romain et le matérialisme barbare du droit germanique ; c'est en France que, malgré la persistance des formes symboliques, le droit a reconnu pour la première fois que le germe de l'obligation repose dans la volonté même et non dans l'exécution figurée de cette volonté. L'esprit novateur de la jurisprudence coutumière a modifié à cet égard la lettre rigoureuse des vieilles coutumes ; il s'est inspiré d'un spiritualisme que ne laissait pas soupçonner peut-être leur texte, mais qui était, au fond, plus encore dans les mœurs et les désirs de notre nation, dans sa conscience et dans son âme que dans ses traditions parlées ou écrites. Vainement le Nord conservera jusqu'à la fin la trace vivante des antiques symboles : ce ne sera plus qu'un accident au regard de la loi commune, et Pothier n'y fera pas même allusion dans son immortel *Traité des obligations*. Presque au même moment, cette jurisprudence, cédant à un mobile semblable, développe la faculté de transmission en reconnaissant un principe aussi fécond que nouveau : *le mort saisit le vif*, le successible tient l'héritage immédiatement de son auteur. Désormais la translation matérielle deviendra inutile et l'on sera dispensé de demander l'investiture au seigneur.

D'un autre côté, qu'est-ce que cette maxime : *le mort saisit le vif*, sinon l'expression la plus concrète et la plus énergique d'une idée non moins spiritualiste et dans laquelle se révèle l'aspiration de l'homme à des destinées immortelles, je veux parler de l'idée de conservation, de perpétuité de la famille ? L'amour de la famille, le besoin de la consolider et d'en assurer la durée expliquent, à eux seuls, presque toutes les institutions coutumières : la distinction entre les biens paternels et les biens maternels, le retrait lignager, la réserve, le douaire, la communauté conjugale, les sociétés taisibles entre parents, les entraves apportées aux dispositions testamentaires, le droit d'ainesse, le privilège de masculinité, etc. Aujourd'hui que l'individualisme est devenu la loi sociale, les moyens employés par les coutumes pour concentrer dans un seul foyer les forces vitales de l'association domestique nous étonnent, et nous avons peine à nous dépouiller des fortes préventions que nous inspire une législation qui consacrait l'inégalité des enfants issus de la même souche. Et pourtant cette inégalité n'est dictée ni par le caprice, ni par une prédilection injuste ou aveugle. Quoiqu'elle soit d'essence féodale, on la retrouve jusque dans les pays les moins aristocratiques et les plus pauvres, à qui la nécessité l'a imposée. Groupée autour d'un chef, propriétaire unique, qui réunit entre ses mains toutes les ressources de la maison, mais qui, par compensation, en supporte toutes les charges et tous les devoirs, la parenté entière peut espérer de vivre, tandis que l'isolement de ses membres et la séparation de leurs intérêts les eussent du même coup réduits à la mendicité. De même que le mariage, sous le régime de la communauté coutumière, est une société de travail dont la gérance appartient au mari, de même, sous l'empire du droit d'ainesse, tel que l'amendent du moins quelques coutumes, la famille semble n'être qu'une société civile, dont l'administration est abandonnée au premier-né.

Il serait facile de poursuivre cette analyse et de montrer le caractère profondément humain du droit coutumier,

même dans celles de ses dispositions qui répugnent le plus
à nos idées et à nos mœurs modernes. Il serait facile
d'établir que, s'il fut, à certains égards, inférieur au droit
romain, il l'emporta du moins constamment sur lui par
un vrai libéralisme, par un vif sentiment de miséricorde
et de charité fraternelle qui, en face de l'abjection du servage, le poussa sans relâche vers un triple but: l'affranchissement de l'homme, la libération progressive de la
terre, la consolidation et le développement de la famille.

Mais cet examen nous entrainerait trop loin; qu'il me
soit cependant permis de le répéter ; dans les longues
et sanglantes mêlées des rudes barons du moyen-âge, au
milieu de ce monde aux passions brutales, aux appétits
indomptés, aux misères sans nom, à l'heure même où
les faibles et les deshérités se courbent sous un mépris
qui leur dénie jusqu'à l'existence légale, ce sont les bons
et naïfs rédacteurs de nos coutumiers du xiiie siècle qui
prennent en pitié la femme et l'enfant, le pauvre et l'op-
primé; leurs entrailles s'émeuvent ; eux seuls, *nourris du
lait de l'humaine tendresse*, élèvent la voix en leur faveur
et opposent le cri de la nature désarmée aux iniquités de
la force triomphante. Justice ! justice ! s'écrient-ils sans
cesse en face de l'arbitraire. « Gouverner le peuple par la
verge de justice, » telle est la règle du prince, dit le
Grand coutumier de Normandie, c'est-à-dire gouverner
par le droit et seulement par le droit. Un mot explique à
la fois l'audace et la supériorité morale de ces modestes
praticiens sur les jurisconsultes de Rome dont, comme
par défiance d'eux-mêmes, ils invoquent pourtant le
témoignage : ils étaient chrétiens et ne se contentaient
pas d'affirmer platoniquement leur foi; ils la mettaient
humblement, mais sincère m ent e pratique. Le Christianisme est la loi d'amour qui peut seule, à leurs yeux,
tempérer les rigueurs et l'inégalité de la loi civile :
descendants des Romains et descendants des barbares,

nobles et roturiers, vainqueurs et vaincus, maîtres opu-
lents et esclaves fléchissant sous le fouet, vagabonds
qui meurent au bord de la route, prisonniers qu'on
égorge sur le champ de bataille, tous peuvent entrer
dans la cité céleste, tous sont les fils d'un même Dieu,
tous ont là-haut la même patrie. Ce fut la lumière qui
éclaira et féconda les travaux des obcurs légistes du
moyen-âge, ce fut l'unique secret de leur courage et
la raison la plus solide de leur laborieuse victoire. Les
coutumes n'eussent été dignes ni de notre attention,
ni de notre estime, elles n'eussent pas assurément mérité
l'honneur de préparer notre code civil, si le divin ferment
d'une religion miséricordieuse n'avait rejeté de leur sein
la dureté et la barbarie que les lois germaines leur avaient
inoculées à l'origine; si, dans leurs pages d'un jour, elles
n'avaient en définitive consacré l'éternel triomphe du droit
sur la force.

FIN

TABLE DES MATIÈRES

LYON. — IMP. A STORCK, RUE DE L'HÔTEL-DE-VILLE, 78.